「視線」からみた日本近代

——明治期図画教育史研究

中村隆文

規子へ

文部省の検定を受けた教科書（東京書籍教科書図書館「東書文庫」所蔵）
朱筆や付箋にそのあとが見える．キャプションの（ ）内は検定番号と検定日．

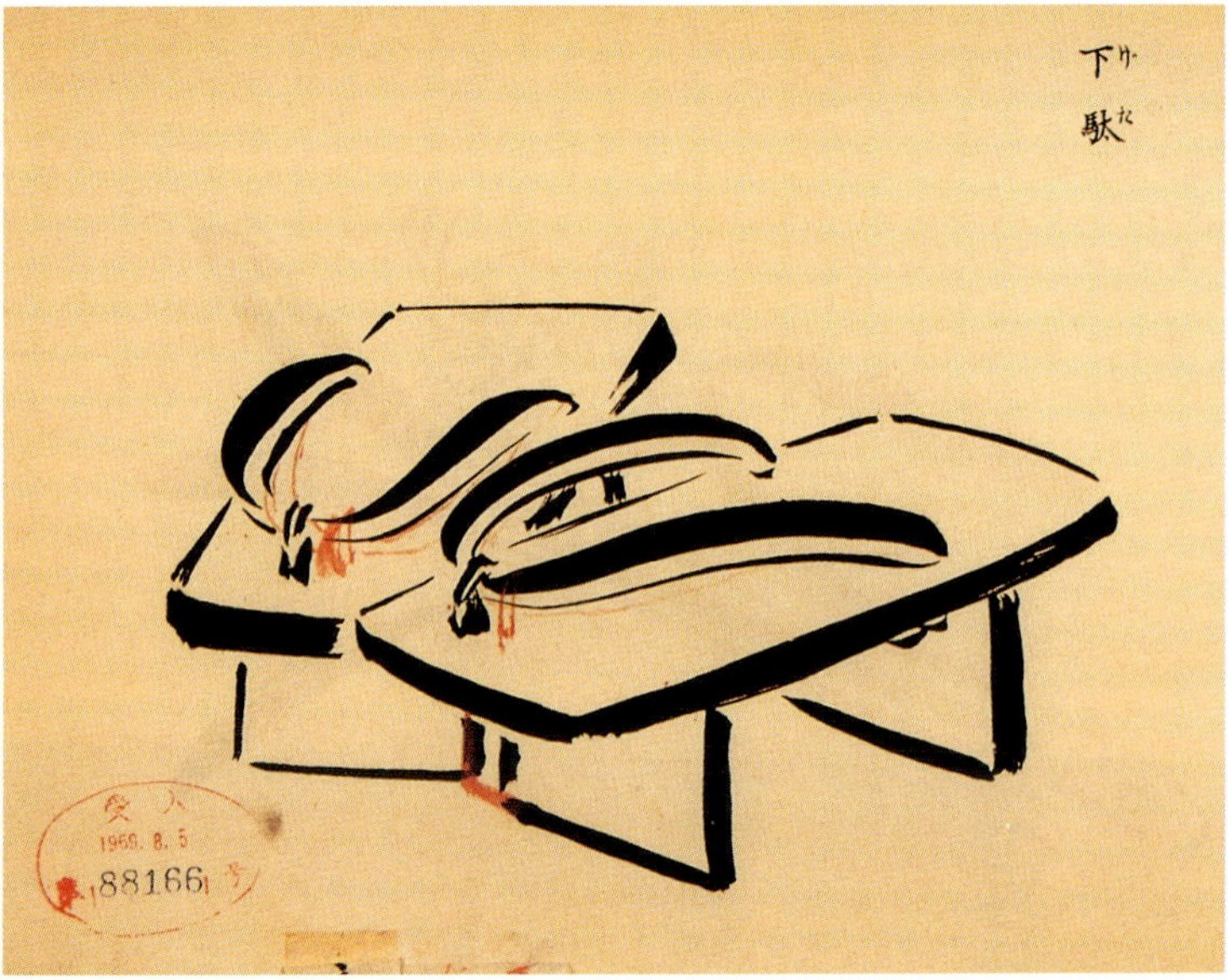

川端玉章「下駄」 岡倉覚三賛助『帝國毛筆新画帖』後編，第三，三省堂，明治 28 年 3 月 14 日訂正再版．（未図甲一二六号，同年 5 月 3 日検定）

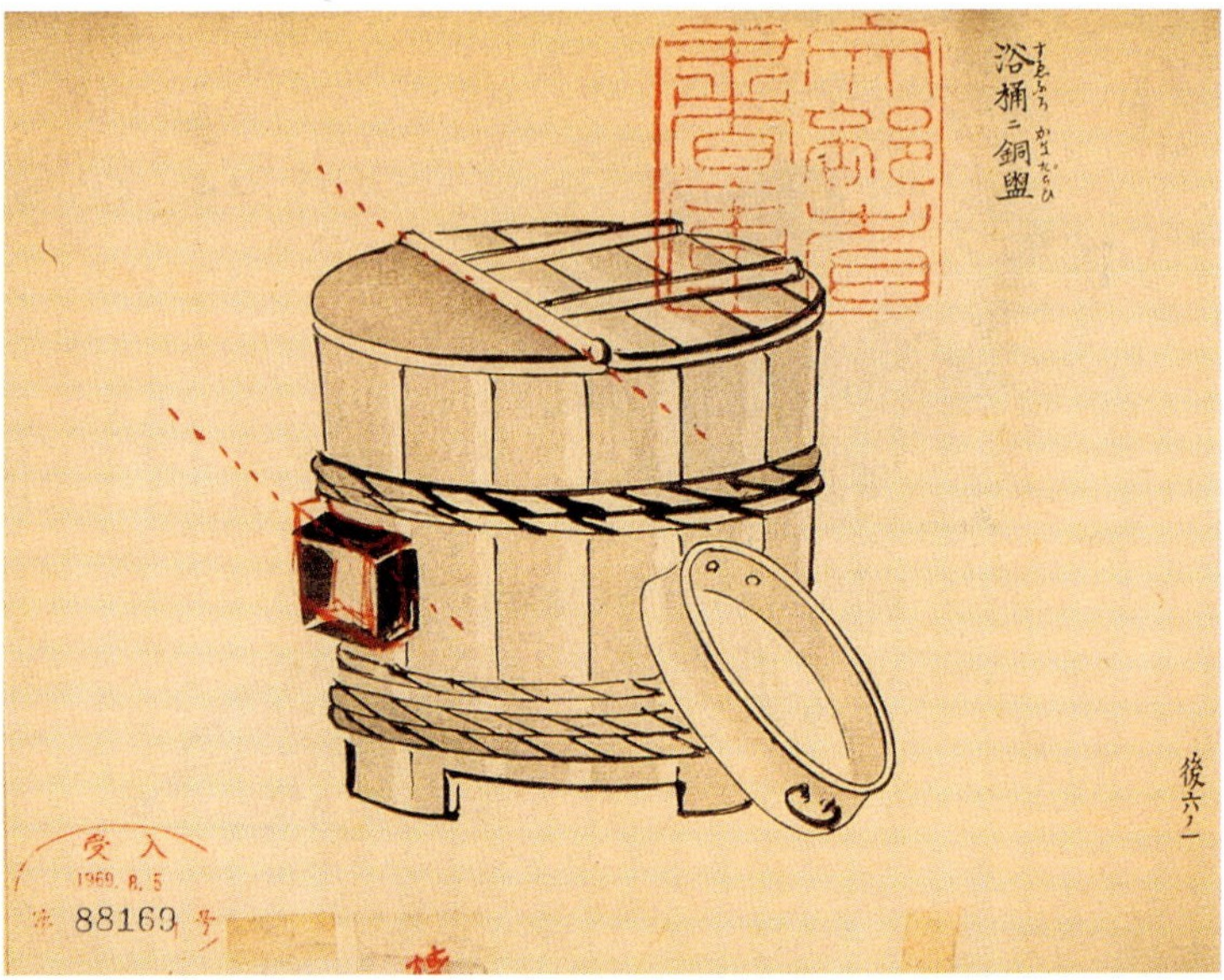

川端玉章「浴桶ニ銅盥」 同前書，後編，第六，第一図．

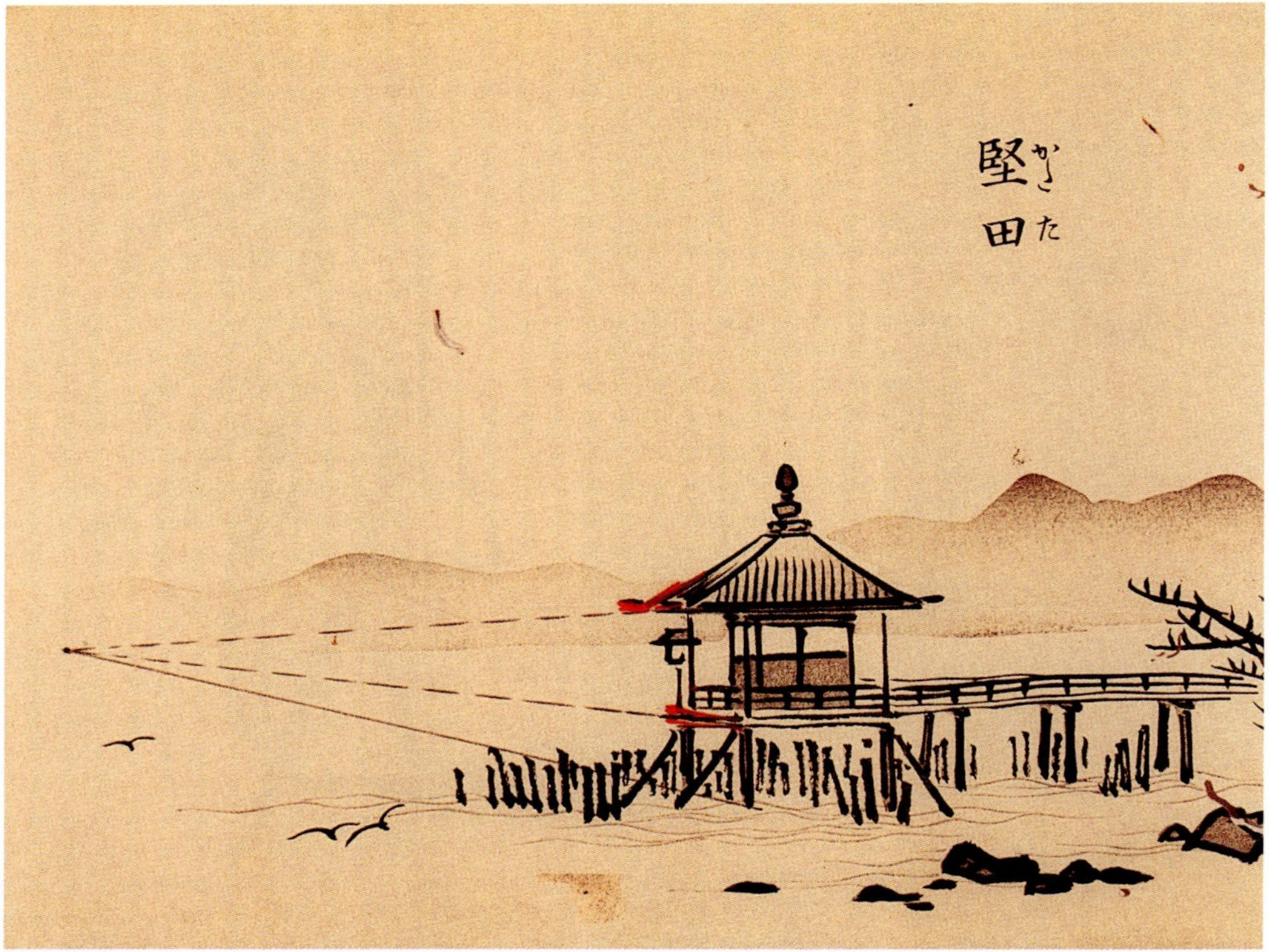

菊池芳文「堅田」『日本毛筆画帖』第八巻，第二一図，吉岡寳文軒，明治 33 年 12 月 28 日.（丑図甲一一四五号，明治 34 年 10 月 2 日検定）

橋本雅邦「高楼」『小學毛筆畫』乙種，第七巻，高七ノ一二図，文學社，明治 32 年 2 月 21 日．（亥図甲一四七号，同年 4 月 27 日検定）

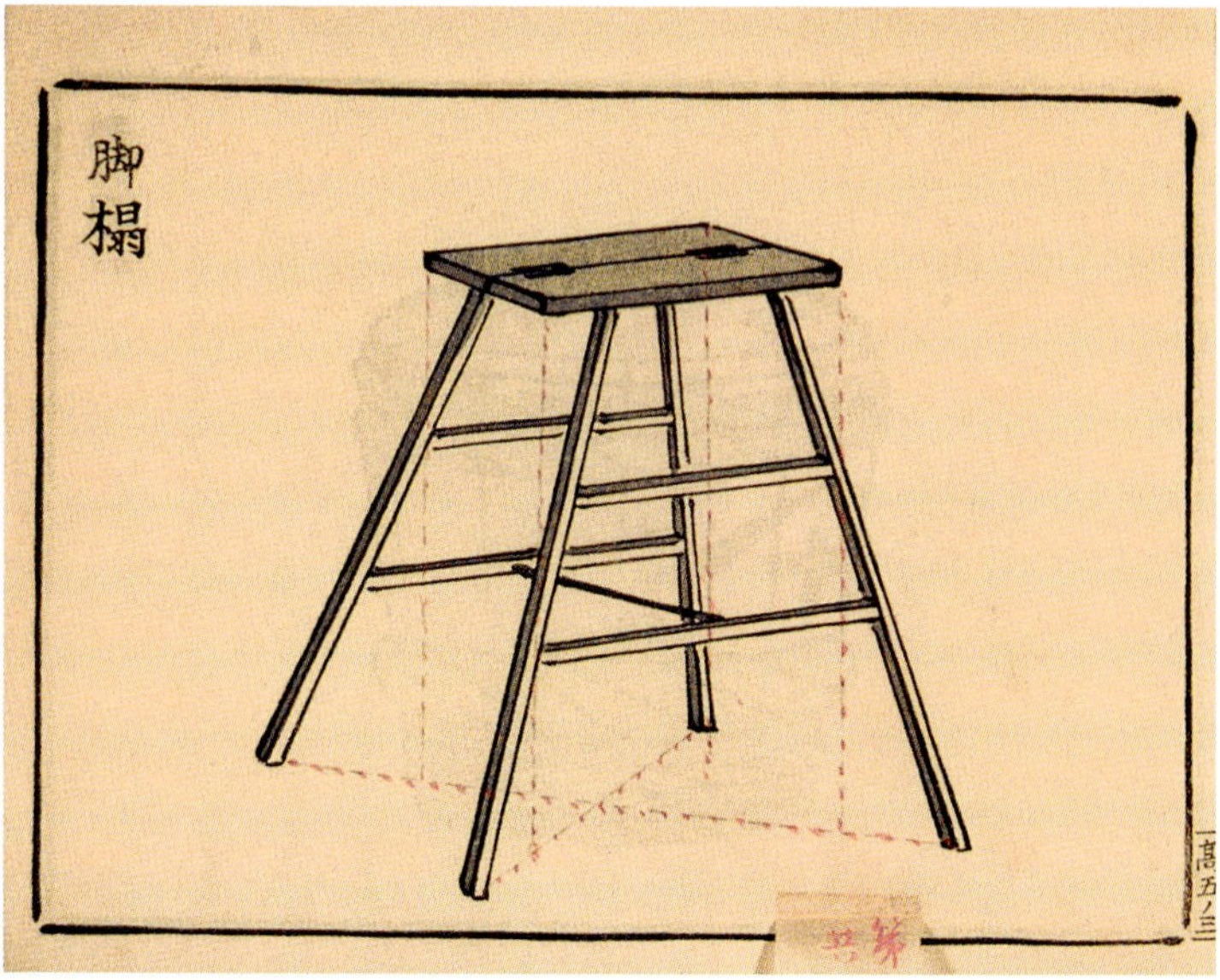

野村文挙「脚榻」『新毛筆畫帖』第一三，高五ノ三図，大倉書店，明治 32 年 3 月 10 日．（亥甲三一〇号，同年 5 月 18 日検定）

荒木寛畝「土蔵」『小學毛筆畫手本』下編，高等科，第四年級，第九図，金港堂，明治 29 年 8 月 28 日．(申図甲三五二号，同年 8 月 28 日検定)

竹内栖鳳「亀」『小學日本畫帖』乙種，四之上，七の上八，普及社，明治 34 年 12 月 12 日．(図画第一六五八号，同年 11 月 29 日受付)

はじめに

問題のはじまり

この本のテーマの一つは、視線である。視線といっても、その対象によって、色々なものがある。例えば、読書する視線、絵画を見る視線、日常生活に必要な視線、誘惑する視線など、数え上げればきりがないほど多くの視線が存在している。そしてそれぞれ視線には、単にものが見えるといった現象だけではなく、なんらかの目的または意図が付随している。

当たり前のことだが、目は視覚的に対象を認識する器官である。しかしそれは同時に、視覚を通じて、あらゆる情報を身体化する器官でもある。もちろん、その情報は、目において考えられるわけではなく、脳で処理されている。とするならば、私たちのいま見ている世界は、果たしていつの時代でも同じように見えていたのだろうか。また私の隣人たちは私と同じように同じものを見ていたのだろうか。私には、こうした疑問が次々と湧いてくるのである。

全て人は同一の対象を同じように見ることはできない。少し変だなと思われる読者もおられるだろうが、私にとってこれは当然の命題に感じられるのである。人それぞれによって生物的な個体差があるとともに、その獲得してきた資質にも差異があるからである。例えば、私の目で左右対称に見えるデッサンが、その道のプロにはそう見えなかったり、鮮度が良いと思えた魚介が、実はすでに古いものだったりするのも、こうした差異を表している。その資質には、職能的なものや世代的なもの、さらには歴史的なものや民族的ないし国家の違いによるものなどあるが、恐らくそれぞれの条件によって私たちの視線は微妙な偏差を強いられているのかもしれない。

さて長々と視線について、医学の研究者でも、美学の研究者でもない私が、お話をしてきたが、その意図は、近代的な視線は存在しているのか、という点に興味を持ったからである。本書では、近代といっても日本のことを指しているのだが、特に欧米の文化的衝撃とともに近代の幕開けを体験した日本では、こうした視線の偏差が欧米に比べて明確に見いだせるのではないか、と考え始めたからである。

教科書検定の意味するもの

では、そろそろ本題に入らせてもらおう。口絵のカラー図版を見てもらいたい。この図版は明治二〇年代以降に代表的な日本画家[1]が制作した図画教科書のものである。上から順に見ていくと、川端玉章※の「下駄」(岡倉覚三賛助『帝國毛筆新画帖』後編、第三)、同じく「浴桶ニ銅盥」(同書、後編、第六、一図)、菊池芳文※の「堅田」(『日本毛筆画帖』第八巻、二一図)、橋本雅邦※の「高楼」

川端玉章　一八四二～一九一三。円山派の中島来章に師事し、多くの国内博で受賞する。東京美術学校開校の前年(八八年)から、円山派の教師として採用され、九〇年教授(～一九一二年)となる。九六年から帝室技芸員に任命される。

菊池芳文　一八六二～一九一八。竹内栖鳳と同時期の一八八一年に、四条派の幸野楳嶺に入門し、八三年に京都府画学校出仕、八九年に助教諭、同年退職する。しかし再び、九四年に改称された京都市美術学校教諭となり、一九一七年京都市立絵画専門学校教授、後死亡するまで在職している。芳文は、この間常に京都の美術界をリードし続け、一七年、帝室技芸員に任命される。

橋本雅邦　一八三五～一九〇八。川越藩絵師橋本晴園養邦の子として生まれる。狩野雅信

（『小學毛筆畫』乙種、第七巻、高七ノ一二図）、野村文挙※の「脚榻」（『新毛筆畫帖』第一三、高五ノ三図）、荒木寛畝※の「土蔵」（『小學毛筆畫手本』下編、高等科、第四年級、九図）、竹内栖鳳※の「亀」（『小學日本畫帖』乙種、四之上、七の上八）である。

周知のように、雅邦は岡倉覚三（天心）とともに、国粋主義的潮流に属する日本美術復興派を率い、狩野芳崖と並んで狩野派最後の巨匠であった。また玉章は円山派の指導者であった。この両名とも東京美術学校に奉職し、帝室技芸員(2)となる。芳文と栖鳳は、京都画壇を代表する四条派の画家であり、京都市立絵画専門学校の教員であった。なかでも栖鳳は、文化勲章の第一号として著名である。寛畝は、雅邦の後任として東京美術学校教授となり、以後日本画壇の重鎮として勢力をふるった。文挙は、京都府画学校の設立メンバーの一人として名を連ね、また当時学習院教授でありかつ四条派の指導者でもある。こうしたそうそうたる面々が、作り上げたのが、当時の小学校で使用された図画教科書であった。

この図版を、よく注意して見ていただくと、元の図版の上から朱筆および鉛筆などで不可思議な加筆がなされていたり、図版の下に和紙の付箋が貼り付けられている。これは、単なるいたずら書きなどではない。それぞれの教科書が、教科書検定※を受けた際に、文部省側が訂正した痕跡なのである。

ここに描かれた鉛筆と朱筆の表しているものは、果たしてなんなのだろうか。順に説明していくと、例えば玉章の「下駄」であれば、下の付箋に、「訂正指示ノヶ處」として「下駄前歯狭

（勝川院）に入門し、同期の狩野芳崖と親交を結ぶ。一八五四年勝川院の塾頭になる。七一年海軍兵学寮に出仕、七三年同図画教官、七六年海軍兵学校図画掛（〜八六年）に任命される。八四年芳崖とともにフェノロサの鑑画会に参加し、東京美術学校開校の前年（八八年）から同校雇、九〇年同校教授（〜九八年）、帝室技芸員となる。

野村文挙　一八五四〜一九一一。塩川文麟に四条派を学び、後に森寛斎に師事する。一八八〇年京都府画学校出仕、以降多くの国内外展に出品する。八九年、学習院教授となる。一九〇八年第二回文展で審査員に任命される。

荒木寛畝　一八三一〜一九一五。江戸に生まれ、一八五九年に山内容堂（土佐藩主）の絵所預に採用される。宮内省の御用画を多く描き、国内はもとより

キニ失シ且前鼻緒一方ニ偏ス　上原　小川」と書き記されている。この上原と小川は、この教科書が検定された一八九五（明治二八）年五月三日より少し後の文部省職員録（同年一二月七日調べ）によれば、当時文部省大臣官房に所属していた図書課の上原六四郎※、および学務局属の小川鉦太郎であることが確認できる。また同じく「浴桶ニ銅盥」では、「焚口ノ位置　蓋ノ位置ハ相適ハズ　小川　上原」と記されている。

芳文の「堅田」では、画面左奥にある透視図法の消失点とおぼしき所から、放射状に「浮御堂」に向かって引かれている破線と実線が、その軒先、高欄、筋違いの部分を指し、その軒先と高欄には、朱筆が入っている。この訂正は、水平に引かれた軒先をやや左さがりのラインに、同じく高欄を右さがりのラインへと書き変えているのである。雅邦の「高楼」では、屋根のラインに訂正が入っている。

さらに文挙の「脚榻」では、踏み台の上面の四隅から鉛直に破線が下ろされ、脚部からの対角線と交差させている。つまり本来ならば、この四本の垂線は全て対角線に接しなければならないのに、右奥の垂線は、ずれているのである。

また寛畝の「土蔵」では、土蔵の位置と塀の関係が指摘されている。画面には「塀ニ倣フテ土蔵ヲ正スカ（画面右、筆者）此線ニ倣フテ塀ヲ正スカ（画面左、筆者）」と書き込まれている。

最後の栖鳳の「亀」は、朱筆は入っていないが、訂正の付箋が貼り付けてある。この図を見れば了解できるが、亀の前足と後ろ足の大きさ、画面奥の前足と手前の前足の位置関係などに

ウィーン博を始め多くの海外博に出品し、受賞を重ねている。また雅邦の後任として九八年から東京美術学校教授（〜一九〇八年）を務め、一九〇〇年に帝室技芸員に任命される。

竹内栖鳳　一八六四〜一九四二。芳文と同時期に幸野楳嶺に入門し、多くの国内海外展で受賞を重ねる。特に一九〇〇年のパリ博では、ターナーやコローに感銘を受け、雅号の棲鳳を栖鳳に変えるなど、西洋画を積極的に摂取した。一八八三年京都府画学校に出仕し、九四年京都市美術学校教諭、一九一七年京都市立絵画専門学校教授（〜二四年）となる。一三年帝室技芸員、一九年帝国芸術院会員となり、三七年第一回文化勲章、二四年レジオン・ドヌール勲章などを受勲している。

教科書検定　教科書検定制度は、一八八六年

誤りがあると思われる。

説明するまでもなく、こうした訂正は、透視図法および遠近画法的な視点からなされていることは明らかである。日本画への西洋画法による訂正を示しているこれらの図版は、本書の問題意識を見事に象徴しているのである。

当時すでに日本画家として著名な作家たちの絵画に入れられた朱筆、この意味するものは何だろうか。通常、第一線の画家と呼ばれる人々の作品に、他人が手を加えることは、まずないであろう。しかしこの修正図をみれば理解できるようにその絵画が、教科書用の図版として提出される限りにおいて、確実に訂正が施されたのである。こうした例は、これに止まらず、教科書を作成した全ての作家の作品に見られるのである。当時、教科書を著した作家たち(3)は、日本画、洋画を問わず、当然のことながら例外なく検閲されたのである。検閲とは、文部省の明らかな意志である。そしてその意思どおりに直された図版とは、いかなる種類の絵画なのであろうか。

この研究は、こうした疑問から出発した。それは、同時に私自身の視線に対する疑いでもあった。日本のモチーフを毛筆で描いた絵画、それはかつての私の常識から言えば、日本画という呼び名をつけてもおかしくないものであった。しかしたばこ盆や、火鉢と猫が毛筆で描かれていても、その構図把握が、明確な西洋画法、つまり一点透視図法ないし二点透視図法などでなされているならば、それを旧来からある日本の絵画と言う意味合いから日本画と呼ぶのはふさ

の第一次小学校令から始まる。ここに紹介したものは一八九〇年の第二次小学校令とその翌年に定められた小学校教則大綱に準拠したものと、一九〇〇年の第三次小学校令および同令施行規則に規定されたものである。こうして文部省によって検定されたものの中から、各府県は審査委員会によって各自の教科書を採択していた。

上原六四郎　一八四八～一九一三。岩槻藩士として江戸に生まれる。一八六九年東京開成所卒業、翌年大学少得業生となり、文部権少助教、八二年文部省専門学務局兼音楽取調掛を経て専門学務局課長職を歴任する。八九年東京美術学校講師兼東京工業学校教諭、九〇年両校の教授となる。手工教育を普及するのに努力し、加えて音楽教育でも大きな影響力を持った。

わしくないだろう。当時の西洋画の最大の特徴は、遠近画法による一貫した画面把握と、そのもたらす写実性にあったからである。そして何よりも当時の文部省は、そのことにこだわり、図画教育界は、それをめぐって紛糾していたからである。

さて、こうした疑問の解明は、本文にゆだねるとして、まず本書のテーマを明瞭とする作業から試みてみたい。

日本「近代」と図画教育

本書の課題は、日本「近代」の成立との連関のもとに、明治期における図画教育を検討することで、現在に連なる美術教育の拠って来る所を明らかにし、ひいては日本の近代的文化構造を理解する端緒をも見いだそうとするものである。

日本における「近代」の成立は、いまだに種々の議論が存する所であるが、その近代文化の成立という視点から見る限り、筆者の見解では、一九世紀末から二〇世紀初頭にかけての時期がその画期と考えられる。それは明治初頭から大量に流入してきた欧米情報が、産業資本主義の成立とともに、当時の日本社会に定着しはじめ、国民の日常的な社会生活が「近代」的なものへと大きく変換した時期であり、同時に議会制度および政党政治などの政治的領域においても、限定的ではあれ、国民の意見の一定の部分が反映される体制が実現し、その範囲において活発な議論が戦わされたことなどに由来する。

こうした日本「近代」の形成期において、図画教育も相応する変遷を経てきたと言えよう。つまり明治初年における欧米文化の摂取による図画教育の開始（学制　一八七二年）から、その定着化（翻訳教科書からの脱皮）、さらに欧化主義・国粋主義の対立を背景とした図画教育方針についての論争（鉛筆画・毛筆画論争）を経て、日清戦後の国際化の時代に対応した新たな図画教育政策が形成されるまで、まさしく日本「近代」の形成に即応した数々の方針転換や政策変更がなされてきた。言い換えれば日本の近代化の混迷を図画教育もともに歩んできたと考えられるのである。

本論ではこうした図画教育の歴史的展開を基軸に据え、できるだけ広汎に資料を求めることで従来とは異なった視座からこの問題を追究していきたい。つまり従来の図画教育史研究[4]に見られる「図画」に限定された視点から「教育」さらには「文化」に至る視線へとその裾野を広げたいと思う。そのため一方では、資料としての価値が重要でありながらも、かつて取り上げられることのなかった図画教科書の図版を分析検討することで、図画教育そのものが実際の教育現場において何を求めていたのか、ないし何を求められていたのかを明らかにしようと試み、他方においては、国際会議や万国博覧会を契機に登場する国際化の潮流と図画教育方針形成の連関を解明する。[5]では次に、本書の構成を簡単に述べておこう。

本書の構成

第一章は、「教育としての『図画』の出発」である。ここでは一八七二（明治五）年の学制に盛り込まれた図画科が、普通教育の文脈にどのように位置づけられていくのかという点について検討する。特に東京師範学校での高嶺秀夫らの開発主義教育学による図画科の理解は、「図画」という意味からではなく「教育」として図画科を捉えるためには重要な視点である。従来はこの時期において教育学と図画科との連関を意識すること無く、図画科そのものを教育全般の中から突出したもの、あるいは無関係なものとして取り扱いがちであった。図画科は明治初年から消極的ではあれ飽くまでも普通教育の一科目として（これは「学制」にも明瞭であるが、）構想されていたということに言及する。

第二章は、「西洋画教育への反発」である。この章では、明治初年から開始された欧米教育学の直輸入であった図画教育への反発について述べてみる。従来この反発についても欧化主義および国粋主義の対立との関連で理解されることがほとんどであった。すなわち欧米への反発であり、かつ欧米の技法としての図画科への反対運動としてである。しかしその反発への形態は二様あった。

まず教育現場からの反発について京都府を例に挙げて検討する。当初から図画教育は現在で言う西洋的デッサン（以下、デッサンと略す、筆者）中心の教育として日本へ導入されたため、その用筆については鉛筆であり、用紙についても洋紙であった。このことが意味することは、教育現場にとっては非常に重要なことであった。つまり普通教育を義務として国民の間に普及させるという事業は当時の日本の経済状態から言っても相当に困難を伴うものであり、それに加えて鉛筆や洋紙はほとんどが輸入品に頼っていたため高価なものであったからである。図画科を実施するにもその用具を購入する費用が捻出できないという、極めて現実的な問題から、鉛筆・洋紙の使用を見合わせるという反対論が生じたのである。

次にもう一方の反発は、先述した国粋主義的な立場からの反対意見である。この意見は、九鬼隆一を後ろ楯とした岡倉覚三（天心）とフェノロサが主軸になって、西洋画排斥を意図して作り上げた「美術組織計画案」に集約されている。この計画案では、西洋画法の集約でもあるデッサン技法（透視図法、投影図法、陰影画法など）を排斥し、日本の伝統的な画法を導入することを目的にしていた。デッサンとは、まさに西洋そのものと認識されていたのである。そして今までの図画教育の研究領域においては、こうした方針でその後の日本の図画教育が展開されたと解釈する立場の研究者がほとんどであった。

しかしそれは事実ではない。森有礼が文部省入りすると同時に、九鬼はそこから排除され、それに伴って岡倉らの提案も廃棄されていたのである。つまり森はデッサン技法を排斥することなく、前者教育現場の意見を受け入れつつ用筆・用紙を毛筆・和紙へと変更することを許容した図画教育政策を展開したのであった。

こうした見解に基づき、従来西洋画派と日本画派の対立が反映したものと見なされていた鉛筆画・毛筆画論争を、次に再考する。言うまでもなくこの論争は欧化・国粋主義論争の単純なアナロジーではあり得ない。それは飽くまでも教育という異なった媒介項を通しての論争であったからである。つまりこの論争の結果、西洋画派と日本画派は排除され、結論として、普通教育を前提条件として考えていた森ら普通学務局の図画教育方針が生き残ったのである。

第三章は、「図画教科書の分析——毛筆画教科書の成立をめぐって」である。この章では、明治前半期に流布した鉛筆画教科書と、第二章で展開した京都府の図画教育方針を踏まえて登場した毛筆画教科書、およびそれよりも少し早く出版された石川県の毛筆画教科書、さらに岡倉覚三賛助の典型的な毛筆画教科書と呼ばれているものを比較分析する。この章の目的は、日本最初期に編纂された毛筆画教科書の図版分析を通して当時の毛筆画教科書の成り立ちおよびその意図を再検討することにある。従来こうした毛筆画教科書は、日本画教科書と読み替えられてきた。果たしてそうなのであろうか。教科書の「前書き」や「はしがき」などに見られる書記的な分析はともあれ、その主要な内容である図版のビジュアル分析を通して検証してみる。

第四章の「『独乙教育学』と『美育』の登場」は、第一章で検討した高嶺秀夫らの図画教育論に引き続く内容である。ペスタロッチー主義を基本に置く高嶺らの開発主義教授法によって普通教育の中に位置づけられた図画科は、森有礼が文部省に入る頃から、その教育学的内容が変化してくる。なかでも大きな変化は、従来従属的な位置に置かれてきた美育的な要素が、図画科の目的の中心へ移行することである。それは、児童に「多方面の興味」を喚起することで「道徳的品性の陶冶」を実現することを図画科の目的としたヘルバルト教育学の導入によるものであった。これによって文部省における図画科への解釈は変化し、第三次小学校令（一九〇〇年）では「美感」の養成が図画教育の主要目的の一つに数えられたのである。

第五章は、「一九〇〇年パリ万国博覧会とその影響」である。パリ万博と図画教育の関連は今まで研究対象とはされていなかったが、日本のパリ万博での不評と併設された「図画教育に関する万国会議」の影響は無視できない。日清戦後はじめての万博であったこの博覧会で、日本は欧米列強の序列に参入しようと過去最高の予算を組み参加するが、その結果は惨々たるものであった。過去の万博では常に利益を上げていた経験から当時の世論は沸騰し、その原因を欧化主義・国粋主義の対立以来いまだに和解をみない西洋画派と日本画派の対抗関係に見いだす。帝国教育会会長辻新次はこうした現状を打開すべく、帝国教育会に美術部を創設し、芸術界の大同団結運動を展開したのである。要するにこうした動きは、後発帝国主義国として国際場裡で認知されることを目的としたもので、当時「平和の戦闘」と称された貿易拡大の方針と一致していた。つまり国際化を旗印として日本全体が総力を上げて世界に通用する美術品・工芸品・工業品を作りだし、世界に販売を拡大するとともに帝国主義国日本の国際的な立場を形成しようとする一連の動きである。これ以後この「国際化」は、教育・文化等の各方面において重要な課題として登場する。

当然のことながら図画教育においても万国博覧会の開催は大きな刺激となった。欧米社会において図画教育は、こうした商品の開発にとって重要な基本要素の一つであり、国際競争力を国民全体に涵養するための前提条件となっていたからである。さらに、同時に開催された「図画教育に関する万国会議」は、こうした欧米列強の図画教育についての共通基盤や共通認識を形成するものとして大きな影響力を持っていたのである。それゆえ日本においても、欧米に通用する図画教育という意味合いからこの会議の影響を受け、従来の図画教育は再考されることになる。その結果、文部省は一九〇二（明治三五）年「普通教育ニ於ケル図画取調委員会」を開催し、第四次小学校令（一九〇七年）での図画科の必修化を目指して新たな図画教育方針を模索しはじめるのであった。

第六章は、「図画教育会と『尋常小學新定畫帖』」である。第五章で検討した新たな図画教育方針は、東京美術学校校長であった正木直彦の下で実現されることになる。その際、最も重要な役割を担ったのが図画教育会である。同会は、会長正木および彼のブレーンであった東京美術学校教授白浜徴の構想で、全国に図画教育を普及するために創設された。正木は、同会を図画教育の内容的統一および「国際化」の推進機関とし、同時に日本全国の図画科教員を組織するために活用する。一方白浜は、自らも委員の一人であった「普通教育ニ於ケル図画取調委員会」報告書の実現を目指して新たな国定図画教科書を作成し、一九一〇（明治四三）年に『尋常小學新定畫帖』として上梓したのである。こうした正木らの活動によって、それ以後の日本の図画教育は一応の安定期を迎えたのであった。

付言するならば、とりわけ最終節で述べる『尋常小學新定畫帖』は、こうした時代の要請を体現したものと言えよう。つまりそれは「国際化」という至上課題を踏まえながらも、いかにその中に「日本」を取り入れるかという難問を解決するために作成されたものでもあった。

そしてまた、このことは次のような問題をも提起しているのである。つまり明治初年より常に日本人が抱えていた西洋と日本という対立図式は、果たしてどのように処理されたのであろうか。欧化主義対国粋主義という図式が「国際化」によって一振りの剣の両面に位置するというアンビバレントな関係性に還元され、日本の文化そのものが過去のこうした対立図式として語ることができない時代になる。そのことは、果たして日本の「文化」をどのような方向に導いたのであろうか。本書の底流に流れる問題意識は、こうした「文化」に連関する「教育」の行方なのである。

註

(1) 本論では、日本画の意味するところを、図画教育政策において焦点となった西洋画法か否かという問題に限定してとらえる。言われるように、日本画という言葉は、明治一〇年代に西洋画の対極として語られ始めたものであり、在来の日本の絵画全てを包摂した非常に広い領域を指し示すものである。そのなかには、西洋画法をその一部として創始されたもの（円山派や洋風画と呼ばれたもの）や南画のようなものもあるが、混乱を避けるため、西洋画法をその主な方法として描かれたものを西洋画、それ以外のものを日本画と呼称することを寛恕願いたい。またそうした意味からこの日本画家という言葉を理解されたい。

(2) 帝室技芸員は、一八九〇（明治二三）年宮内省に設置された官職である。その役割は、「帝室技芸員は本邦美術を奨励する為、古を徴し今を稽へ、工芸技術を錬磨し後進を誘導するを旨とすべし」とその命令書にある。定員は二五名で、欠員が生じた場合だけ補充された。なお身分は高等官待遇で、毎年一〇〇円ずつ下賜金が渡されている。（島田康寛『京都の日本画　近代の揺籃』、京都新聞社、一九九一年、一九六～一九九頁参照）

（3）画家として、著名な人々をその例としてあげると、当時の日本画家では、巨勢小石、久保田米僊、瀧和亭、岡倉秋水、久保田金僊、本多天城、守住周魚など、洋画家では、浅井忠、黒田清輝、小山正太郎、本多錦吉郎、藤島武二などが教科書を著している。

（4）管見によれば、先行研究のいずれもが明治当初の図画教育の開始期から毛筆画教科書の成立期までを教育との連関から考察していない。そのことは結果として図画教育が普通教育の一科目として成立していながら、教育的範疇から除外された科目として「教育」ではなく「図画」として検討され、その教育的な側面に関心が払われることがなかったことの原因ともなっている。そのためその後の明治中期から後期にかけての図画教育への見通しに大きな影響をあたえる鉛筆画・毛筆画論争でさえ、西洋画と日本画の対立すなわち欧化主義と国粋主義の社会的領域の対立に還元されている。つまり鉛筆画教科書は西洋画教科書と、毛筆画教科書は日本画教科書と直ちに読み替えられ、その間に教育的理解が介在する暇は無かったのである。それゆえ、そうした対立が無化した一九〇〇年前後になって、各論考ともやにわに「教育」という文字を「図画」に冠し始めるのである。本論で明らかにするように、あくまでも図画教育は、教育領域の問題として社会的な枠組みの影響は受けつつも教育独特の規範を形成し、その規範を前提としつつ普通教育の一科目として展開していったのである。

先行研究としては、山形寛『日本美術教育史』（黎明書房、一九六七年）、林曼麗『近代日本図画教育方法史研究』（東京大学出版会、一九八九年）が特徴的である。その時代区分は、前者によれば、阿部七五三吉『実験圖畫教授法』（弘道館、一九一一年、山形前掲書三～七頁所収）に従い「鉛筆画時代（西洋模倣時代）」（一八七二年～八五年）、「毛筆画時代（国粋保存時代）」（一八八六年～一九〇二年）、「毛筆画・鉛筆画優劣論時代」（一九〇三年～〇九年）、「新定画帖時代」（一九一〇年～一九年）としている。また、後者によれば、「図画教育の特質をもたず、一種の技術教育にすぎなかった」時代（一八七二年～八五年）（同書、二四頁）、「純芸術的日本画教育」の時代（一八八六年～九八年）（同書、六五頁）、「『教育的』図画教育」の時代（一八九九年～一九一八年）（同書、七五頁）としている。以上の両者に共通する時期区分の背景には、毛筆画教育を一方的に国粋保存論に基づくものとする見解がある（山形前掲書八七～八八頁、林前掲書七五頁）。この点は本論でも言及するが、明らかに岡倉覚三（天心）、アーネスト・F・フェノロサら日本美術復興派への過大評価が感じられ、教育的な視点からの図画教育解釈を推進した文部官僚や現場教師達の動向を考慮していないということが指摘できよう。

なお、特記すべき他の論考として金子一夫『近代日本美術教育の研究――明治時代――』（中央公論美術出版、一九九二年）があるが、この著作も時期区分においては従来とほぼ同様の見解をとっている。しかし、その毛筆画教育理解については、先述の著作とは異なり、地方教育会等の影響が考慮されている（同書、二八〇頁、二九四頁）。この点については本論でも検討するが、その「毛筆画時代（明治二〇年代～三〇年代前半）」を「専門的絵画と普通教育の図画とは、本質的には同じものと考えられていた」（同書、二二～二三頁）時期とする指摘には直ちに首肯できないものがある。

（5）国際化の流れに関しては、山崎高哉『ケルシェンシュタイナー教育学の特質と意義』（玉川大学出版部、一九九三年）が参考になった。特にそのII部第三章「図画の教科課程の改訂と子どもの描画能力の発達の研究」は、一九世紀末から興隆するドイツの芸術教育運動と日本の二〇世紀初頭の帝国教育会「美術部」の活動を対比するという視点を筆者に与えてくれた。また同氏の示唆により、關衛『芸術教育思想史』（厚生閣、一九二五年）を知り欧米における芸術教育会議の状態が理解できたことは、本論執筆上において大きなメリットとなったことを明記しておく。

「視線」からみた日本近代
——明治期図画教育史研究

目　次

凡例

一、本書の引用文は、できるだけ原文に忠実にと心がけたが、読みやすくするため、必要に応じて新字や常用漢字に換え、濁点をつけて分かち書きにしたので、ご了承願いたい。

二、脚註は、本文を理解するために必要な人名や用語等に※印を付して説明した。入りきらない場合は、次頁以降にもまたがっているので注意されたい。

三、章末註は、主に専門的な研究者を対象として作成した。

第一章　教育としての「図画」の出発

本章の課題は「教育」としての図画教育の形成過程を検討することにある。周知のように図画科は、他の諸科目と同様に明治初年に西洋から日本へ移入されたものである。その舶来の図画教育がどのようにして日本の公教育の中に定着していくのかという過程を明らかにするのも、本章のもう一つの課題である。従来、この時期の図画教育研究は、教育サイドというよりも図画ないしは美術サイドからの論考が多く、その教育との内在的なつながりが明らかとはなっていない。そのことはこの時期の理解を限定し、例えば、一八八〇年代半ばにもちあがる日本画・西洋画論争を直ちに図画教育に反映させる見解や図画教科書のさし絵の筆法や出版総量によって時期区分をする見解などが見受けられるのである(1)。

しかしあくまでも図画教育は、一つの科目として公教育の中に位置づけられたものであり、当時の教育総体の中から理解されなければならないものである。本章においては、こうした図画教育と教育一般との連関を重視し、その上でどのように図画教育が実施されるに至ったのかという過程を考察していきたい。また本章で取り扱う図画教育とは主に初等教育段階のものをさすが、その科目としての性質上、行論の中では中等あるいは高等教育段階のものにも触れざるを得ないため単に「図画教育」と表記したことを諒承されたい。

本章の時期区分およびその概要については、第一節において、一八七二(明治五)年から一八七七(明治一〇)年の間の政府の図画教育構想を取り扱い、第二節では一八七八(明治一一)年から一八八四(明治一七)年頃までの東京師範学校における図画教育理解を検討する。

第一節　明治初期の図画教育構想

普通教育における図画教育は、学制（一八七二年）のカリキュラムに初めて「罫画」として登場する。当初は、必修科目ではなく、地方の状況に応じて採用するという選択科目の一つであった。そのため図画教育の必要な産業、例えば染色や陶芸などの工芸領域を地場産業に持つ地域は、この科目を採用しようとしていた。一方、文部当局は、こうした地域に限らず、普通教育の一科目として将来的には全国的な実施を考えていたといえる。一八七七（明治一〇）年、当時の文部大書記官西村茂樹は、第二大学区巡視報告において、次のように図画教育について語っている。

図学ハ生徒ニ実益ヲ与フルノ至テ多キコトハ近今欧米ノ教育家ノ説ヲ以テ知ルベシ、故ニ本邦ノ小学ニモ必ズ此科目ヲ加ヘタキモノナリ。(2)

ここで西村が述べている図画教育のイメージとはどのようなものであったのだろうか。そして彼ら文部省当局者の理解していた図画教育とはいかなるものであったろうか。次に当時の文部省が欧米の教育知識を普及するために刊行していた『教育雑誌』の記事から、この点を検討してみる。

二つの技芸教育理解

同誌は従来発行されてきた『文部省雑誌』を改称したもので、その第一号は、一八七六（明治九）年四月に出版されている。この雑誌の中で図画教育は、多くの場合「技芸教育」の一部として取り上げられている。「技芸教育」とは、技術・工芸教育つまり工業・音楽・図画・彫刻・陶芸・木工・建築などの教育を指しており、その範囲は初等教育から高等教育にまでわたっているが、本章では初等教育について述べられている部分に注目する。この雑誌の記事に関する限り「技芸教育」については、大まかに言って次の二つの意見があったと考えられる。

まずその一方は、「大塚綏次郎訳　米国スカマホルン氏教育月報抄　技芸教育ノ緊要ナルヲ論ズ」において見られる「技芸教育」についての理解である。

その中で論者は、「技芸教育」を、

最緊要ナル所以ハ各個人々《ママ》労力人及都人トナリテ人間ノ生活ニ利益アルヲ以テナリ　故ニ児童ノ未ダ生長セザルニ先ダチテ已ニ汝成長シテ何業ヲ為サント欲スル乎ノ問題ヲ発ス　故ニ職業ノ普通預備ナル初等諸学科ヲ学ビ得ルノ後ハ必大ニ奮発シテ将来期スル所ノ職業ノ補助トナルベキ専

門科ヲ学バント欲スルニ至ルベシ[3]

と述べている。技芸教育とは、人々が社会人となったときに生活に利益をもたらす実業教育の最も重要なものであり、将来の職業選択に際しての予備的な教育として位置づけられるため、初等教育から考慮されるべきものである、と主張されている。

次にもう一方の意見は、「四屋純三郎訳　米国ハルリス氏開化論抄　技芸ト学術トノ効用ヲ論ズ」に見られる。この記事において、論者はまず、

各種ノ技芸ハ其直接ノ影響ヲ各人並ニ国民ニ及ボスコト大ニシテ開化ノ高度ニ進達シ人民ノ精神ヲ磨礪煥発スルニハ必然缺ク可カラザルモノタリ（中略、筆者）夫レ技芸ヨリ生ズル影響ハ知力ト徳義トニ関渉ス[4]

と述べ、「技芸教育」を実業教育とは切り離し、知育・徳育に関係したものと位置づける。さらに、その諸科目の中でも、

詠歌、図画、音楽ノ三技ハ人心ヲ清潔高尚ニスルノ効アルコト殆ド神ノ如ク[5]

と言うように、唱歌、図画、音楽を徳育の上で重要視している。

なかでも、

殊ニ図画咏歌ノ二技ハ世ニ大動ヲ奏シ若クハ国ニ栄誉ヲ加ヘタル偉人英士ノ鴻業ヲ表著頌賛スルヲ得ルガ故ニ世人ヲシテ大ニ感動ヲ起サシムルニ足レリ(6)

と特筆されているように、図画、唱歌の二科目は、世の中に大きな影響を与えたり、国家に栄誉を加えたりした人々を顕彰する意味合いから、国民への広範な影響力をもっていると考えられていた。

そして、結論として、

凡ソ一国ニ流行セル技芸ノ状況ヲ観レバ以テ略ボ其国民ノ知力、徳義ノ状況ヲ測知スルヲ得ベシ(7)

と、国民の知力、徳義の状況は、技芸教育のレベルを見れば理解できる、と断言していたのである。

こうした「技芸教育」についての二つの意見は、当時の文部省および教育関係者の図画教育に対する理解において大きな影響力を持っていたと考えられる。前者の意見は、文頭で述べた西村の図画教育理解および学制制定（一八七二年八月）当初の文部省の方針において顕著に見られる。そして後者の意見は、文部省の初等中等教育普及実施本部ともよべる東京師範学校が明治一〇年代より開始する教育学的な図画教育理解の中にその反映が見られるのである。本節では、まず前者の意見を当時の文部省の学校体系の中で検証していき、後者の意見は次節において検討する。

実業の基礎としての図画

当時の文部当局の図画科への理解は、構想されていた小学・中学・大学教育の言わば学校体系の中でのその位置を知ることによって明瞭となる。学制に従って制定された小学教則（一八七二〈明治五〉年）には、「上等小学」（四年制全八級）に「罫画」として図画教育が課され、第六級から最高学年の第一級まで表1-1のような配当時間と順序で指導がなされている。

この指導法に見られるように、小学段階における図画教育は、西洋画法の特徴である点・線・面の指導から始まり、幾何形態の描写練習、陰影画法の初歩、そして最終的な目標として地図を描かせるというものであった。こうした西洋画法による図画教育の内容は、一八七三（明治六）年に改正された小学教則においても同様であった。

ついで中学段階における指導内容に注目してみる。一八七二（明治五）年に制定された中学教則によれば「下等中学」（三年制全六級）および「上等中学」（三年制全六級）の全学年に「図画」が設けられている。[8] しかし、その指導内容が不明のため、同年に制定された「外国教師ニテ教授スル中学教則」によって、その大略を概観してみよう。この教則では中学教則とは異なり、「下等中学」の第四級以上の学年に「図画」が設置さ

表1-1　1872（明治5）年　上等小学課業表

第6級	「一週二字　南校板罫画本ヲ用ヰテ点線正形ノ類ヲ学バシムル事習字ノ法ノ如シ」.
第5級	「一週二字　机案ノ類ヲ画カシムルコト前級ノ如シ」.
第4級	「一週二字　西畫指南等ヲ用ヒ平面直線体ノ類ヲ画カシム」.
第3級	「一週二字　平面直線体ニ陰影アルモノヲ画カシム」.
第2級	「一週三字　弧線体ヲ画カシム」.
第1級	「一週四字　地図ヲ画カシメ其他種種アルベシ」.

南校板罫画本は大学南校出版の『西畫指南』を指す.
教育史編纂会編『明治以降教育制度発達史』第1巻，文部省，1938年，408～414頁より作成.

れ、その配当時間と指導内容は表1-2のようなものである。

この教則は、小学段階の程度をさらに深め、当時の西洋画法の指導書であった『圖法階梯』（山岡成章編画、一八七二年）に始まり、順を追って複雑な対象の描写に進み、ついには建築および「器械」の略図を描かせるという図学的内容をもつものである。

また一八七六（明治九）年に改正された開成学校予科課程（「上等中学」に相当する）によれば、「画学」として、表1-3のような内容が記されている。

この内容は、上述した「下等中学」のものよりさらに図学的色彩が強く、自在画法※や用器画法※を学んだ後、最終的には製図演習にまで到達すべきものとなっている。ついで一八七七（明治一〇）年同予科は、東京英語学校と合併され東京大学予備門となるが、その第一学年から第四学年の全課程にも「画学」が必修科目として設置されている。(9)

次に大学段階における図画教育を見てみる。一八七六（明治九）年の開成学校本科において予科から継続して図画教育を受け継いでいるのは、工学本科の「図画推算学」（第一学年）、「機械図」（第二学年）、物理学本科の「罫画」（第一～三学年）である。(10) また一八七七（明治一〇）年に設立された東京大学理学部（化学科、数学物理学及星学科、生物学科、工学科、地質学及採鉱学科）の第一学年には「画学」がおかれ、そのうち工学科では「機

表1-2　1872（明治5）年
外国教師ニテ教授スル下等中学課業表

第4級	「一週間二時　圖法階梯第一南校版」.
第3級	「一週間二時　前書第二」.
第2級	「一週間二時　自然物ヲ写ス」.
第1級	「一週間二時　草木ヲ写ス」.

外国教師ニテ教授スル上等中学課業表

第6級	「一週間二時　人像及動物ヲ写ス」.
第5級	「一週間二時　人像及動物ヲ写ス」.
第4級	「一週間二時　景色ヲ写ス」.
第3級	「一週間二時　地図ヲ画ク」.
第2級	「一週間二時　建築ノ略図ヲ画ク」.
第1級	「一週間二時　器械ノ略図ヲ画ク」.

発達史，第1巻，512～541頁より作成.

自在画法　一般的には自在画と呼ばれるが、現在で言うフリーハンドによる描写をさす。

用器画法　定規、コンパスなどの器具を用いて描写する画法の総称である。

械図」が第二学年、第三学年における必修科目とされていた。また同学部物理学科（開成学校時代の仏語専攻生徒を対象とした学科）では、第一学年から第三学年まで「罫画」が設置されている。[11] こうした大学段階の図画教育はもちろん最も高度な図学的範疇に入るものであるが、その科目名には依然として「罫画」、「画学」という小中学段階の名称が使われている。このことは小学段階から一貫して追求されている西洋画法とりわけ図学的要素の展開が、最終的には大学それも理工系学科における幾何画法・製図法などの科学技術的な技法の修得を目指していたことを示唆している。

この点は、当時の小学図画教科書であった『畫學書』（文部省編纂、文書局出版、一八七三年）、『小學普通畫学本』（宮本三平編、文部省印行、一八七八年）、などにおいて、同教科書の内容が中学に継続する旨が、

進ンデ中学ニ至テ當ニ細陰影ヲ全具シテ挙示スベキナリ[12]（前者、凡例）、

夫レ精密ノ法ノ如キハ編ヲ次ギテ中学ノ部ニ至ルヲ待ツベシ[13]（後者、凡例）

と明記されていることからも了解できるだろう。

こうした図学的図画教育とも呼べる教育内容は、当初の文部省の図画教育への期待を担ったものとして、小学から大学への一貫した姿勢をもち、いささか現実離れをしたものではあったが、ひとまず出発したのである。

表 1-3　1876（明治 9）年　開成学校予科課程表

第 1 年第 1 期	「自在法（描画及簡易の模型写法）」.
第 1 年第 2 期	「自在画法　円体及実体写法　実体写陰法」.
第 2 年第 1 期	「自在画法　真写画法　花果及人体」.
第 2 年第 2 期	「自在画法　真写画法　景色及築造物」.
第 3 年第 1 期	「用器画法　幾何図法及投影法」.
第 3 年第 2 期	「遠景　機器図　製図演習」.

発達史，第 1 巻，646～648 頁より作成.

第二節　教育としての「図画」の形成――英米教育学とその影響

本節では、前節で述べた「実益」つまり工芸、工業に結びつくものとして構想された図画教育が、教育全般との結びつきを深めてゆく過程を検討する。その際、当時の初等中等教育の実施および内容改善に関する文部省側のセンターであった東京師範学校を中心に考察していく。

文部省留学生伊沢修二・高嶺秀夫の帰国

一八七八（明治一一）年四月から五月の間に、初の文部省留学生であった高嶺秀夫※、伊沢修二※があいついで米国から帰国する。彼らは一八七五（明治八）年七月、師範学校調査のため渡米し、前者はオスウィーゴー師範学校に、後者はブリッジウォーター師範学校に留学していた。彼らは帰国するとすぐに東京師範学校に所属し、同年一〇月伊沢は同校校長補、高嶺は同校校長補心得に任ぜられる。これ以後、東京師範学校は急速に改革され、当時の日本の初等・中等教育の基礎固めの中心となる。当初両者は同校の教則を次のように改正（一八七九年二月）し、その目的を達成しようとした。

高嶺秀夫　一八五四〜一九一〇、会津若松藩士族出身。藩学日新館を経て、一八七一年から三年間慶應義塾で英学を修める。七五年に文部省八等出仕となり同時に文部省留学生として、伊沢修二、神津専三郎とともに渡米し、ペスタロッチー主義教育の感化の下で学生生活を送る。その後、東京師範学校長補心得、同校長、高等師範学校教頭、同校長、女子高等師範学校長、帝室技芸員選択委員、東京美術学校長などを歴任する。

伊沢修二　一八五一〜一九一七、高遠藩士族出身。貢進生として大学南校に学び、文部省に出仕する。第一番中学監事、愛知師範学校長を経験した後、文部省留学生として渡米する。帰国後、東京師範学校長補となる。一八八六年文部省編輯局長、参事官を経験し、一八九一年免職となり野に下る。その後、国家教従来、本校の目的は小・中学校の授業法を研究するをもって本旨とし、其予備として各学科を授くるにあったが、今回の改正に於ては、本校を以て専ら普通学科小学中学の教員たるべき者を養成する所となし、従来よりも其意義を広くし、且学科と教授法とを分離せざることとした。(14)

この改正によって同校は、小学・中学の普通科教員の養成を第一義とし、加えてさらに各科教育法を学ばせるという正規の教員養成機関となったのである。(15)その改革と前後して、新たな図画科の教員に小山正太郎が選任（一八七八年一二月）される。小山は、日本最初の図画教科書『西畫指南』※（文部省、一八七一年）の編纂者である川上寛（冬涯）※の下で修業をし、士官学校図画教授掛、工部寮附属美術学校助手を経た洋画家であった。小山の東京師範学校着任への経緯は、当時の文部少輔神田孝平から「普通学としての図画を一般に伝ふるの急務」を説かれ、彼の紹介で伊沢修二に面会し、その結果採用されたというものである。(16)

では小山の採用以前の教則（表1-4）とそれ以後の伊沢・高嶺による改正教則（表1-5）の図

表1-4　1877（明治10）年7月東京師範学校小学師範科・中学師範科教則

小学師範科	第1年前半期	ナシ
	第1年後半期	手本
	第2年前半期	手本
	第2年後半期	ナシ
中学師範科	第1年前半期	ナシ
	第1年後半期	ナシ
	第2年前半期	ナシ
	第2年後半期	罫画
	第3年前半期	罫画見取
	第3年後半期	罫画見取
	第4年前半期	ナシ

東京文理科大学編『創立六十年』，東亜印刷，1931年，18～20頁より作成．

育社を中心として活躍し、学制研究会や楽石社を通じて、日本の教育のあらゆる分野に影響を与えた。

『西畫指南』　一八七一（明治四）年に当時文部省助教であった川上寛（冬崖）が、イギリス人「ロベルト・スコットボルン」（Robert Scott Burn）の“The Illustrated Drawing Book”, 1857を編訳したものである。その内容は、以後の鉛筆画教科書に引き継がれる西洋画法の初歩的な指導書である。

川上寛（冬崖）　一八二八～八一、本姓は山岸、信濃国松代領福島新田村に生まれる。一八五一年幕臣川上家の養子となり、五六年頃、蕃書調所へ入所し蘭学をもって出仕するが、その画才を認められて、翌年絵図調出役となる。六一年同所画学局設置にともない、画学出役、その後、明治維新を迎え沼津兵学画に関する項目を比較してみよう。

この両表を比べてみると、表1-4において不明瞭であった課程が表1-5においては明確な方針をもって表れている。小学教員へのコースは予科および本科を通過することであり、その内容は臨画※・幾何画法※・透視画法※・投影画法※という西洋画法を基調にした図学教育の初歩を修得させるものであった。また中学教員へのコースは、予科、高等予科、本科を経ることで、その内容はさらにレベルの高い技術的および図学的な写生・製図へと至るものである。高嶺らは、小山を採用することで西洋画法による図画指導法を一層充実させようとしたと考えられよう⒄。

そしてこうしたカリキュラムの背景には、後述する高嶺らの図画についての教育学にのっとる理解があったのである。周知のように高嶺・伊沢らの留学当時のアメリカ合衆国は北東部を中心にペスタロッチー主義教育学の全盛期であり、中でも高嶺の留学先オスウィーゴー師範学校はその中心地であった。高嶺は、同校校長E・A・シェルドン※の紹介で、同校教育学教授J・H・ヘルマン・クルージー※の下に止宿し、教育学および進化論についての

表1-5　1879（明治12）年2月
東京師範学校学科課程表

芸術		
図画		
予科	第1年4級	臨画
	第1年3級	臨画・幾何画法
	第2年2級	同上
	第2年1級	透視画法・投影画法
高等予科	第3年4級	臨画
	第3年3級	臨画・透視画法・写生
	第4年2級	写生・製図
	第4年1級	ナシ
本科	第3・5年下級	教授術研究
	上級	授業（実地授業，筆者）

国立教育研究所編『日本近代教育百年史』第3巻，文唱堂，1974年，896頁より作成．

校、開成所、大学南校の図画御用掛、七二年には陸軍兵学寮出仕、七四年には陸軍士官学校図画教授掛、陸軍参謀局専任、七八年には参謀本部地図課に所属している。先述した『西畫指南』の編訳者。

E・A・シェルドン（Edward Austin Sheldon 一八二三～九七）ニューヨーク出身。ペリーセンター・アカデミー、ハミルトン・カレッジを卒業ののち、ニューヨーク・オスウィーゴーで孤児教育やフリースクール事業に携わる。一八五三年にオスウィーゴーのボード・オブ・エデュケーションの書記、六〇年にステート・ティーチャーズ・アソシエーションの代表となる。六一年に彼の提案でオスウィーゴー師範学校が創設されると、その翌年から校長となり生涯その職に就く。彼は、オスウィーゴー運動の中心的人物

研究に没頭した。帰国後こうした勉学の最初の成果が、伊沢とともに着手した教則改正であったと言える。(18) これ以後、一八九〇年代前半まで高嶺らの主唱するペスタロッチー主義教育学、つまり「開発主義」教育学が、東京師範学校を中心として全国へ伝幡していくのである。

ところが高嶺の書き残した教育論は意外に少なく、翻訳書『教育新論』（一八八五年・一八八六年発行）の他、彼自身の著作は『東京茗渓会雑誌』に散見される教育論がその主なものである。『教育新論』は高嶺の留学時代の知人であるJ・ジョホノット（高嶺と親交のあった時期はミズリー州ワレンスバーグ師範学校長）の〝Principles and Practice of Teaching〟（一八七八年発行）を翻訳したもので、高嶺は本書を東京師範学校での講義の底本に使っていた。そのため高嶺の最も普及に力を入れた『教育新論』をまじえながら、彼の図画教育に対する見解を検討してみる。

高嶺の図画教育論

高嶺は、一八八三（明治一六）年一月の講演において、普通教育の教授目的について次のよう

であり、その影響はニューヨーク州にオスウィーゴーをモデルとした六つの師範学校が新設されるまでに及んでいる。

J・H・ヘルマン・クルージー　（Johann Heinrich Hermann Krüsi 一八一七〜一九〇三）スイス、イフェルドン出身。父は同地のペスタロッチー学校の教師であった。一八四五年から五二年までイギリスのチーム・プライベート・スクール、キングスクロスのホーム・アンド・インファント訓練学校に勤める。翌年米国のランカスターにあるニューイングランド・ノーマルカレッジに転勤、その後トレントン師範学校（ニュージャージー）、そして一八六二年にシェルドンによってオスウィーゴー師範学校に招聘され、以後二五年間、同校で実物教育を研究し続ける。

臨画　明治期の図画教育の主流を占めた描画法。本論で扱う図画教科書はほとんどこの画法のために編纂されたものである。手本の図版を模写することで技術的な向上をねらう、習字にも通ずる図画練習法である。

幾何画法　数学の幾何学を応用した画法である。主に直線・曲線などを使用し、多様な図形を描写する。自在画および用器画の両者に分類されることがある。

透視画法　物体の形状や遠近を目に見えるのと同じように描写する立体幾何画法である。この場合、一点透視図法、二点透視図法などの透視図法を指す。

投影画法　空間にある立体を表現するために、平行光線によって平面上に書き表す一種の立体幾何画法である。平面図・立面図（正面図）・側面図などによって構成され、建物や機械の設計図など工業生産品の設計図などに用いられる。

に語っている。

普通教育ニ於智育ニ関スル諸学科ヲ教授スルノ目的ニ二ツノ緊要ナモノアリ。一ハ授クル所ノ学科ニ就キ確実ノ知識ヲ与フルコトナリ。他ノ一ハ授クル所ノ学科ニヨリ学ブ人ト心力ヲ使用セシメ観察記憶概括等ノ作用ヲ鋭敏強確ナラシメ以強壮ナル精神ヲ作ルニアリ（中略、筆者）故ニ諸学科ヲ学ブニ当タリ第一ニ注意スベキハ学ブ者ノ学ブベキ事物ヲ精確ニ観察スルコトナリ[19]。

高嶺は、普通教育の知育に関する学科の教授目的として、授ける学科の確実な知識を獲得することと、観察力・記憶力・概括力などを鍛え強壮な精神を養成することを挙げる。そのため全ての学習において、第一に重要な点として学習対象の正確な観察を要求していたのである。こうした教授上の高嶺の見解は、とりわけ図画への理解において特徴的なものとなる。

その点について、高嶺は、

総ベテ教授ハ実物的ノ性質ヲ有スベシ（中略、筆者）実物ハ諸君ノ知ラル、如ク最モ能ク注意ヲ惹起スルモノニシテ正確ノ観念ヲ把捉セシムルタメニハ最高ノ価値ヲ有スルモノナリ。之ニ次ゲルモノハ図画トス而シテ言語文字ガ此二者ニ次ゲルモノナリ[20]

と述べている。

ここで高嶺の述べる主張は、もちろん留学によって彼の学んできたペスタロッチー主義教育学の流れを汲むものである。ここに言われる「実物」とは、読んで字のごとく児童がある事物を認識する際に、最もその理解を明瞭にするものとして、その事物そのものを提示することを指している。例えば、象を理解させるのに実際の象そのものを見せるのが、子どもにとって最も理解しやすい、というものである。加えて「実物」による教育は、ペスタロッチー主義教育学の教授法における最重要課題でもあった。そうした「実物」につぐ第二の地位に図画を位置づけ、「言語文字」よりも正確な認識能力を獲得させる教授手段として評価していたのである。

ついで彼は、クルージーの友人であり、スイスからアメリカ合衆国へと招かれた博物学者J・L・R・アガジーズ（日本名としてはアガシが一般的である）※の言葉を交え、図画教育の重要性を次のように展開している。まず、高嶺は、

図画ハ一般学生ニ皆要用ナリト云フヲ得ベシ。(21)

と、普通教育における図画の必要性を宣言している。その理由として、アガジーズの意見を、

有名ノ博物家アガジーズ氏嘗テ云ヘルコトアリ。顕微鏡ハ第二ノ眼ヲ与ヘ図画ハ第三ノ眼ヲ与フルト　是レ実ニ名言ニテ顕微鏡ハ固ヨリ肉眼ニ比スレバ精確ノ観念ヲ与フルト雖モ　単ニ顕微鏡ニテ見タルノミニテハ其効少シ　其ノ見タルモノヲ模写スルトキハ始メテ能ク精確ナリト云フベキナリ。独リ此場合ノミナラズ通常肉眼ニテ見タルモノニテモ　之ヲ模写スルトセザルトハ非常

※J・L・R・アガジーズ（Jean Louis Rodolphe Agassiz　一八〇七～七三）スイス、モンティエ・アン・ヴェリ出身。ローザンヌ大学、チューリッヒ大学、ミュンヘン大学を卒業し、反進化論的な立場から「反復説」を研究する。一八三六年に「大氷河期説」を確立、四八年には、ハーバード大学動物学地質学の教授として渡米、翌年に「反復説の拡張」理論を発表する。五九年にハーバード大学比較動物学博物館を設立し、晩年は、現職教員らの再教育（Anderson School of Nature History）などに取り組み、米国に自然科学研究の方法をもたらした人物として著名であった。

ノ差異アリ。図画ハ実ニ観察ヲ密ニスルモノト謂フベキナリ。(22)

と引用しながら、自説を展開していた。高嶺は、アガジーズの顕微鏡は第二の目であり、図画は第三の目である、という言葉は、図画による模写がより正確な観察力を獲得させる手段として有効であることを指摘している、と述べる。

つまり高嶺は、図画の第一の効用をその模写による正確な観察という点に見いだしたのである。このことは、高嶺が図画教育を認識力獲得のための「一般学生ニ皆要用」な基本的かつ重要な科目として理解していることを示している。この点は、ジョホノットも同様で、『教育新論』におけるアガジーズに関する項目で、次のように指摘している。

ジョホノットは、アガジーズの図画への位置づけの淵源が、

氏ハ実地上大ニ「フレベル」氏ノ最特別ナル主義即眼ト手トヲ練習スルコトノ必要ナルコトヲ主張セリ(23)

と、フレーベルにあったと述べている。この「眼ト手トヲ練習」すること、つまり見たものを描くないしは、書くことの練習は、

図画ヲ以心意ノ発達ト各種ノ学校ニ於テ智識ノ識得トニ最重要ナル補助ノ一トナセリ(24)

と記されるように、「心意ノ発達」と「智識ノ識得」に欠かすことのできない重要な教育手段だったのである。

それゆえに、

図画ノ科ヲ以テ普通学校ニ於テ学習スベキ科程《ママ》中最要ナルモノ、一(25)

として挙げ、図画科は一般的学習においての必須のものとして理解されていた。

ここに見られるアガジーズの図画に対する見解が、言わば高嶺の図画教育論の骨子となっていたことは明瞭であろう。

ジョホノットの図画教育論

では次に、ジョホノット※自身の図画教育についての意見を見てみる。ジョホノットは、図画を「美育」の章に分類し、まず「美育」について以下のように述べている。

美育ハ一方ニ於テハ理学ニ達シ、一方ニ於テハ道徳ニ達スル(26)

彼は、美育を自然科学と道徳の二領域に関わるものと位置づけている。ついで、美育を達成する科目として図画をあげ、さらに詳しく説明している。

※J・ジョホノット（James Johonnot 一八二三～八八）米国出身。バーモントで初等教育を受け、オルバニー師範学校を卒業後、バーモント・ニューヨーク諸学校の教師、校長を歴任し、イリノイ州ジョリーエット高等学校長、ミズリー州立ワレンスバーグ師範学校長、ニューヨークの視学官となる。その教育思想は、当時アメリカで普及していた諸説を総合したもので、教育を知識・身体・道徳・好尚から分析し、特に知識教育については実物教育（ペスタロッチー）を説いていた。なお自然科学と教育の関係（アガジーズ）を重視していた。その著作は、『教育新論』に訳出されたもの以外に、"School Architecture", 1872 が有名である。

此目的（美育、筆者）ヲ達ス可キ練習ハ図画ニアリ、故ニ図画ヲ以テ学校ノ各級ニ通ジテ日日練習ノ一部分ト為サザル可ラザルナリ。図画ハ世人ノ一般ニ想像スルガ如ク単ニ画工ノ研究ス可キ学科ニ非ズ、何等ノ人ニ取リテモ之ヲ研究スルトキハ最モ有用ナルモノナリ。即チ身体上ニ於テハ観察力ヲ正路ニ導キ、美妙上ニ於テハ形状ノ美ヲ品評製作スル才能ヲ養成ス可シ(27)

彼の主張も、アガジーズと同様に、図画は専門的な「画工」だけでなく、一般の人々にとっても重要なものとしている。つまり身体的には、全ての人々に正確な観察力を獲得させ、美感のうえにおいては、形態的に美的なものを評価し、制作できる能力を身につけさせることが、図画科の最大の目的なのである。こうしたジョホノットの意見は、アガジーズの図画教育への見解に加えて、美的教育の要素をも考慮したものと言えるだろう。

この点について、高嶺は「実物教育」の説明に触れた講義において、

児童ヲシテ実物ヲ表出セシムル為ニハ図画ヲ知ラシムルベキナリ　図画ハ風致、意巧、工夫等ヲ養成スルモノニシテ実物的教授ノ為ニハ最モ有効ノ補助ト云フベシ(28)

と、図画が観察したものを描き表す能力に加え、美の認識力や創造力をも養成すると述べている。しかしこうしたジョホノットの意見を積極的に取り入れていたのは、高嶺の門下生である若林虎三郎（当時、東京師範学校助教諭※）、および白井毅（当時、同校附属小学校訓導※）であった。彼

若林虎三郎　一八五五〜一八八五、名古屋藩士族出身。一八七五年東京師範学校卒業、同年より八五年まで同校および附属小学校教員として在職、高嶺秀夫の直接の指導を受け、白井毅とともに『改正教授術』（一八八四年）を著す。同書は、開発主義教授法を実践上に普及することに大きな役割を果たしたと評価されている。その他、同教授法に基づく『地理小学』（一八八三年）、『小学読本』（一八八四年）などの教科書を残している。

白井毅　一八五七〜一九二五。一八八〇年東京師範学校小学師範科を卒業し、同校附属小学校訓導になる。若林虎三郎とともに『改正教授術』を著してのち、八四年長野県一等訓導として南安曇郡小学督業となり、長野県尋常師範学校附属小学校訓導となっている。その他、著作としては、『学級教授術』（一八八七

らは、高嶺の理論を実地に応用するため著したと言われる[29]『改正教授術』（一八八四年発行）において、ペスタロッチーの教育理論の中に図画教育を位置づけ、次のように述べている。

ペスタロヂー曰ク形体数目及音響ノ三者ハ心力ヲ開発スルニ必用ナル物料ヲ給与スルモノナリト今此ノ画学ナル者ハ実ニ形体ニ属従スル所ニシテ最要ナル教授ノ方便ヲ付与ス（中略、筆者）人皆以為ク此課ヲ教授スレバ模倣力ヲ練習スルヲ得ベシト　勿論模倣力ナルモノハ眼力及手臂ヲ錬磨スルハ吾人ノ許ス所ナレドモ惟模倣力ノミヲ練習スルモノトセバ此課ノ用甚ダ大ナラズト云フモ可ナラン其用豈此ニ止ランヤ[30]

ここで若林らは、まずペスタロッチーにおける教授の基本要素である形・数・語の形に図画教育を分類する。そして目で見たものを手で描くことによって、認識の基本を訓練すること、すなわち「模倣力」を養成することをその目的にしている。しかしそれだけでは図画教育は十分ではないとし、さらにそれ以上のものとして「日耳曼（オスマン、筆者）ノ碩学セリン」を例にあげ以下のように述べている。

セリンハ創造力ヲ以テ工芸上必要ナル根元トナセリ　吾人ハ今此課ノ初歩教授ニ於テ漸次ニ此ノ重要ナル力ヲ培養スルノ順序ヲ記シ且同時ニ雅致ヲモ養成セントス[31]

彼らは図画教育に、「創造力」と「雅致」つまり美を認識する力の養成という意義を加え、ジョ

年）、『小学修身科要旨』（一八八九年）、『教授新案』（一八九一年）などがある。

ホノットの言う美的教育の要素を導入しようと試みていたと言えよう。

こうした高嶺―若林・白井と繋がる東京師範学校の図画教育理解をひとまず概括してみよう。まず高嶺において日本の図画教育を当時のペスタロッチー主義教育学の中に位置づけ、「心力」の「開発」という普通教育の課題を担った一般教科目の一つとしての図画を全国の教育現場に普及しようと試みた。ついで、若林・白井がその路線を継承しつつも、美育的な図画教育理解を加味していったと考えられよう。しかしここで注意すべきは、文部省当局の採用するに至った方向は、前者高嶺の意見であり、後者の主張が全面に浮上するには、まだ時間的な蓄積が必要であった。

文部省は、当時初めて図画科の目的を明確にした教則として小学校教則綱領（一八八一〈明治一四〉年五月）を改正教育令（一八八〇年一二月）に基づいて制定するが、その中には高嶺の図画教育論の影響が以下のように見て取れる。

第十六条　図画　図画ハ中等科ニ至テ之ヲ課シ、直線、曲線、及其単形ヨリ始メ漸次紋画、器具、花葉、家屋等ニ及フベシ。高等科ニ至リテハ草木、禽獣、蟲魚、ヨリ漸次山水等ニ及ヒ兼テ幾何画法ヲ授クベシ。凡図画ヲ授クルニハ眼及手ノ練習ヲ主トシテ初ハ輪郭ヲ画カシメ漸ク進テ陰影ヲ画カシムベシ。(32)

この条文の前半における教授順序は、従来から行われてきた西洋画法を踏襲するものであるが、特に注意すべき点は、図画教育の目的として初めて登場した「凡図画ヲ授クルニハ眼及手ノ練習ヲ主トシテ」という章句である。高嶺は江木千之※とともにこの綱領の策定に携わっている[33]が、綱領を作成する際、彼の図画教育理解の基本ともなったアガジーズの「『フレベル』氏ノ最特別ナル主義即眼ト手トヲ練習スルコトノ必要」という文章の一部を採用したと考えられよう。これ以後、この章句は、当時の日本のペスタロッチー主義教育学的な図画教育理解を象徴するフレーズとして、しばしば用いられることになったのである。

註

（１）この点については、本論「はじめに」註（４）に挙げてある先行研究がその主なものである。
（２）教育史編纂会編『明治以降教育制度発達史』第一巻、文部省、一九三八年（以下、発達史、と略す）、四七一頁。
（３）文部省編『教育雑誌』第二九号、一八七七年三月一〇日、二頁。
（４）同前誌、第五九号、一八七八年二月二八日、一七頁。
（５）～（７）同前誌、二二頁。
（８）一八七三年改正の中学教則においては、「下等中学」第六から一級まで「図画」、「上等中学」第六から一級まで「罫画」という名称で図画教育がなされている。
（９）一八七八年改正においても、同様に「画学」が設置されている（発達史、第一巻、七七一～七七四頁）。
（10）「仏語を以て教授する物理学科」では、「図画」として第一から三学年まで履習させている（同前書、六五一～六五四頁）。
（11）発達史、第一巻、七三五～七四三頁。
（12）海後宗臣編『日本教科書大系近代編第二六巻図画』、講談社、一九六六年、九頁。
（13）同前書、二九頁。

※江木千之　一八五三～一九三二、岩国藩士族出身。大阪の兵学寮、開拓使仮学校、工部省工学寮を経て、一八七四年文部省出仕、学監事務所詰、臨時事務取調掛などに就き、教育令改正や、小学校教員心得の起草、また小学校教則綱領制定の主任官となる。この後、視学官、参事官を歴任し、八八年から小学校令改正案取調委員として第二次小学校令策定に取り組む。九一年普通学務局長となるが、翌年内務省に転じ、県治局長、茨城県知事、栃木県知事などになり、一九〇四年貴族院議員となる。二四年一月文部大臣（～同年六月）となり、文政審議会を設置する。

(14) 東京文理科大学編『創立六十年』、東亜印刷、一九三一年、二四頁。
(15) 国立教育研究所編『日本近代教育百年史』第三巻、文唱堂、一九七四年、八九二頁。
(16) 高村眞夫編『小山正太郎先生』、不同舎旧友会、一九三四年、三〇五頁。
(17) 東京師範学校の一八八三年八月および九月の教則改正において、この方針はさらに徹底したものとなっている。そのときの小学師範学科および初等中学師範学科課程表によれば、表1-6のようなカリキュラムが組まれている。
(18) 伊沢修二君還暦祝賀会著『楽石自伝　教界周遊前記』、同会、一九一一年、四九～五一頁参照。
(19) 「記事論説」『東京茗渓会雑誌』第二号、一八八三年一月二〇日、一〇頁。
(20) 「高嶺秀夫君口述ノ続」、同前誌、第一六号、一八八四年五月二〇日、一二～一三頁。
(21) 同前誌、一五頁。
(22) 同前誌、一五～一六頁。
(23) J. Johonnot 著、高嶺秀夫訳『教育新論』巻二、東京茗渓会、一八八五年、三一八頁。
(24) 同前書、三一九頁。
(25) 同前書、三一九頁。
(26) 同前書、巻三、一八八六年、五一〇頁。
(27) 同前書、五一九頁。
(28) 東京茗渓会前掲書、「高嶺秀夫君口述ノ続」、一五頁。
(29) 東京文理科大学前掲書、一八六頁参照。
(30) 若林虎三郎・白井毅著『改正教授術』巻二、普及舎、三八～三九頁。
(31) 同前書、三九頁。
(32) 発達史、第二巻、二五五頁。
(33) 高嶺は、一八八〇年三月一〇日、文部省教則取調掛を兼務する（高嶺秀夫先生紀念事業会著『高嶺秀夫先生傳』、培風館、一九二一年、「高嶺秀夫先生年譜」、四頁、また稲垣忠彦著『明治教授理論史研究』、評論社、一九六六年、三一頁、三四頁も参照）。

表1-6　1886（明治16）年改正の東京師範学校学科課程表

		第一年		第二年		第三年		第四年	
		第四級		第三級		第二級		第一級	
		前期	後期	前期	後期	前期	後期	前期	後期
小学師範学科課程表	配当時間	二	二	二	二	二	二		
	科目内容	臨画	臨画	幾何画法	投影画法	照鏡画法	写生		
初等中学師範科課程表	配当時間	二	二	二	二	二	二		
	科目内容	臨画	臨画	幾何画法	投影画法	照鏡画法	写生・製図		

若林虎三郎，白井毅編『改正教授術・続編』巻二，普及舎，1884年，17頁，49～51頁より作成.

第二章　西洋画教育への反発

本章では、一八八〇年代当初から始まる西洋画教育への反発を検討する。この反発は、教育現場からの要求および国粋主義的な主張の二者からおもに形成されたものと考えられる。そのため第一節においては、図画教育に一貫して力を入れ、かつ日本画および工芸の中心地であった京都における政策レベルの実態を明らかにする。次に第二節においては、岡倉覚三（天心）およびアーネスト・F・フェノロサらを中心とする日本画復興派の図画教育論を検討する。

第一節　毛筆画教育への要求——京都府の図画教育政策とその実態

京都府の図画教育に対する積極的な姿勢は、明治初年から開始されるが[1]、槇村正直※が府権知事に任官する一八七五（明治八）年以降さらに明瞭となる。槇村は初期の京都府政において勧業政策および教育政策を強力に推進し、その政治姿勢は、専制的開明主義とも評されている人物[2]であるが、それは、図画教育政策についても同様であった。一八七四（明治七）年一月（当時槇村は府大参事）の「改正京都府下小学上等課業表」[3]において、京都府は、文部省の改正小学教則（一八七三年五月）に規定されている罫画の時間数（上等小学第六級から第一級まで）より多い、第八級から第一級まで、つまり全学年に図画教育を実施する。こうした姿勢は以後も続き、一八七

槇村正直　一八三八～九六、長州藩出身。彼の京都府における経歴は、次のようなものである。一八六八年九月議政官史官試補、同年同月京都府出仕、六九年七月、京都府権参事、七一年九月大参事、七五年七月権知事、七七年一月知事、八一年一月元老院議官に転出する。

九（明治一二）年一一月には、府内の中学校での「画学」が従来第四級以上に実施されていたことを改正し、全学年（第八級〜第一級）に実施したい旨を槇村は文部卿寺島宗則へ打診している。(4)ついで翌一八八〇（明治一三）年四月の「京都府下下等小学教則模本」(5)では、第六級から第一級まで「画学」の授業を新設している。従来上等小学においてしか実施していなかった「画学」を下等小学にまで拡張することは当時でも稀有のことと考えられるが鉛筆、洋紙などの画材で民衆の負担を増すこの政策に対しては、当然のことながら各地方からの不満が集中した。

翌一八八一（明治一四）年四月、府四等属吉田秀穀※は、「小学科画学記簿法之儀伺」を同年一月に元老院議官に転出した槇村のあとをうけた府知事北垣国道※宛に提出している。その内容は、

画学記簿法ハ府下従来上等小学課業中ニ有之候処別紙之通土地之情況ニより《ママ》相省き《ママ》申度段願出候(6)

というような図画教員不足を理由（別紙）とする画学および簿記科目の省略願への対策である。吉田は、これに対して、

画学記簿法ハ普通科必需之者ニ付教員伝習是又相当ト相考へ候(7)

と意見を述べ、各郡の教員を二〜三名ずつ京都へ呼び出し、師範学校で同科目を伝習させ、それを府下全域の下等小学で実施するよう主張していた。(8)この方針を北垣は即時に承認し、指令案を示したのである。(9)

吉田秀穀　京都府出身の官僚で、槇村府政の初期、一八七六年一一月に京都府へ任官し、八六年一月には学務課御用係となり、同年三月から京都府画学校校長を九三年三月まで務める。

北垣国道　一八三六〜一九一六、但馬養父郡出身。二八才のとき、平野国臣に率いられた「生野の乱」に参加、戊辰戦争に鳥取藩兵として出征し、その後新政府の弾正台に政府官僚として勤務する。一八八一年から京都府知事になり、在任中に琵琶湖疏水工事を完成させた。以後、内務次官、北海道庁長官などを歴任し、男爵を受ける。晩年は、貴族院議員、枢密顧問官となる。

一八八二（明治一五）年一月、京都府は前年公布された小学校教則綱領に対応するために小学校教則を全面改定する。この綱領によって従来下等上等（全八年課程）に二分されていた小学校教育は、初等科（三年）、中等科（三年）、高等科（二年）に三分される。京都府は中等科および高等科の課程に「図画」科を設置し、従来からの西洋画法に従って教授を開始する。[10]

毛筆による図画教育のはじまり

ところが、同年六月、同府天田郡の第二六～三二番学区の七校の訓導（小学校教員）総代および同学区学務委員総代の名義で北垣知事へ、中等科の「図画」科廃止を求める嘆願書が提出されている。その理由書は、

図画ノ要タル授業要旨之通リ可有之　形状ヲ模写シ学術工芸ノ智識ヲ附与スルノ一端ナリト雖モ地方ノ実況ヲ見ルニ中等科ニテハ図画施行ノ今日ニ至ラザル故高等科ニ配附致シ　其余力ヲ以テ読書算術等ノ諸科ヲ習熟セシメントス[11]

と記されている。つまり図画教育は、いまだ中等科に実施されていないのが現状なので、高等科だけに配当し、その時間を読書や算術などの教科に振り分けたいという嘆願書であった。しかしこれに対する府学務課の回答は、

中等科ニ於テ図画ヲ廃シ高等科ニ移サントスルノ理由ハ　地方ノ実況中等科ニテ図画ヲ施行スルニ至ラズト云ニアリ　図画ハ児童天賦ノ性能ニ於テ如何ナル関係ヲ有スルカハ勿論明解セラル、ヲ信ズル（中略、筆者）中等科ニ於テ図画ヲ廃スル事ハ御見込ノ通到底不可然義ト相考候(12)

というものであった。府当局は、土地の実情にあわないため中等科「図画」を廃止したいという郡部からの要望に対して、児童の能力との関係から見て、高等科よりも早い中等科において図画を教授しなければならないという教育上の理由をもって、それを却下したのである。

とはいえ、こうした現場の要求は、これだけに止まらなかった。翌一八八三（明治一六）年三月には、さらに切実な要望が、上京区の一三の学区から北垣知事に提出される。それは、同じく中等科「図画」の廃止にかかわるものであるが、その理由として次のような意見が述べられている。

小学図画之義ハ中等科ヨリ教授可致御成規之処　学生父兄ニ不満足之者モ往々有之時ニ教授上之不便ヲ来シ候場合有之大ニ困難仕候　尤其原由ハ確認不致候得共或ハ幼児之鉛筆画紙等ヲ冗費シ資用之夥多ヲ患フル向モ可有之　或ハ該学科ノ切用ヲ覚知不致　不急物ト誤認候向モ可有之　必竟普通学科ノ要旨ヲ了解不致者ト存候得共不信用ノ学科ヲ強而教授致候テハ他日之影響モ可相関ニ付漸時誘導仕父兄之了知スルヲ待テ教授可致見込ニ有之候間　当分該学科ハ中等科ニ於テ相廃シ高等科ニ到テ相課シ可然哉(13)。

つまり図画科を中等科から教授しなければならないと、規則上決まっていても、生徒も父兄も不満を持つ者が多く、授業にも差し支えるときがある。その理由は、はっきりと確認していないが、おそらく鉛筆や画用紙の購入費用がかかりすぎることや、図画科の必要性が理解できていないため、急いで学習しなくてもよいと、彼らは理解しているからだろう。こうした人々に対して、強いて図画教育を実施することは、将来的に見て、あまり好ましくないと思われる。それゆえ、父兄を誘導して、図画科への了解が得られるまで、中等科での開講を見合わせ、高等科のみにしてはどうか、と要望していたのである。

ここには中等科「図画」廃止の理由が、具体的に明記されている。まず父兄および生徒からの不満がその主な原因であり、つまるところ（一）鉛筆、画用紙の費用がかさむこと、および（二）「図画」科の必要性が理解できず、もう少し年長になってからでよいという認識があること、という二点が理由であった。

こうした現場の要求について、府学務課は、

図画之義ハ中等ニ於テ之ヲ課スルハ修課ノ順序適当ニ有之　殊ニ該学区之義ハ職工ヲ専ラトスル人民多キ土地ニシテ図画ハ別テ緊要ノモノト存候(14)

と答えている。要するに、図画科は、カリキュラムの構成上中等科から必要であること、またこの地域は、「職工」が多いため実業教育としても図画科が必須のものであるという二つの理由

で、廃止は不可能であると結論している。しかし同課は、理由（一）については、別に「小学図画科用筆用紙適用心得」という費用を抑えるための代替案を一八八三（明治一六）年五月に府師範学校図画科教員に作らせ[15]、それにのっとった授業を要請していた。

では次にこの「心得」を検討してみる。この「心得」の内容は、前文に、図画科用筆紙の採用にあたって土地の状況や父兄の状態によって画一化できないため五つの方法を設けると述べられている[16]。その方法とは、

（一）「正則」――「画学普通ノ法」、
（二）「変則」――「土地ノ状況ニヨリ施行スベキ」もの、
（三）「万止ムヲ得ザル時ニ用フベキモノ」、
（四）「初進ノ徒ニ限リ暫く用フベキモノ」、
（五）「高等生徒ノ既ニ稍熟練セル者ニ伝フ法」、

という五種類である[17]。

この（一）にあたるものは、「舶齎」つまり舶来の鉛筆と「画紙」、（二）にあたるものは国産の鉛筆（石川県下大聖寺松島社製）と「其質堅緻其色清白」の半紙（この半紙は使用後、習字用に再利用する）、（三）にあたるものは毛筆と半紙、（四）にあたるものは石筆と石盤、（五）にあたるものはクレヨンと画紙を用いるものと指定している[18]。要するに、当局は鉛筆と画用紙による西洋

画法の教授を「正則」と位置づけながらも、経費削減の最後の手段として、（三）の毛筆と半紙の使用を初めて認めるに至ったのである。

ではその（三）の内容をもう少し詳しく述べてみる。当局の見解は、

此法ハ甚ダ好マザル所ナレドモ　其軽便ナルト省費ノ益アルトハ大ヒニ他法ニ優レリ　即チ第一ニ画板（図ヲ画クニ当テ紙下ニ用フル梃子）ヲ要セザルヲ以テ其費ヲ省キ　第二ニ纔ニ一二ノ筆ヲ購ヘバ事足ルベク又第三ニハ間接ニ習字ノ筆法ヲシテ端整ナラシムルノ一助トナルベシ[19]

というものであった。当局は、採用したくない手段としながらも、画板が必要ないこと、新たに一、二本の筆を買うだけで十分なこと、習字の筆法をより向上させるという三項目の利点をあげている。この経済性と習字修得の補助という利点は、この時期以降各地で毛筆画要求が掲げられるに至って大きく強調される項目となっていくのである。

毛筆画教育の実施

毛筆画へと世論が傾き始めるのは、一八八五（明治一八）年に入ってからである。その頃までに京都府当局は、以上に述べた現実的な要請を踏まえて毛筆画採用への検討を進めていたと考えられる。その動きは、同年三月、京都府画学

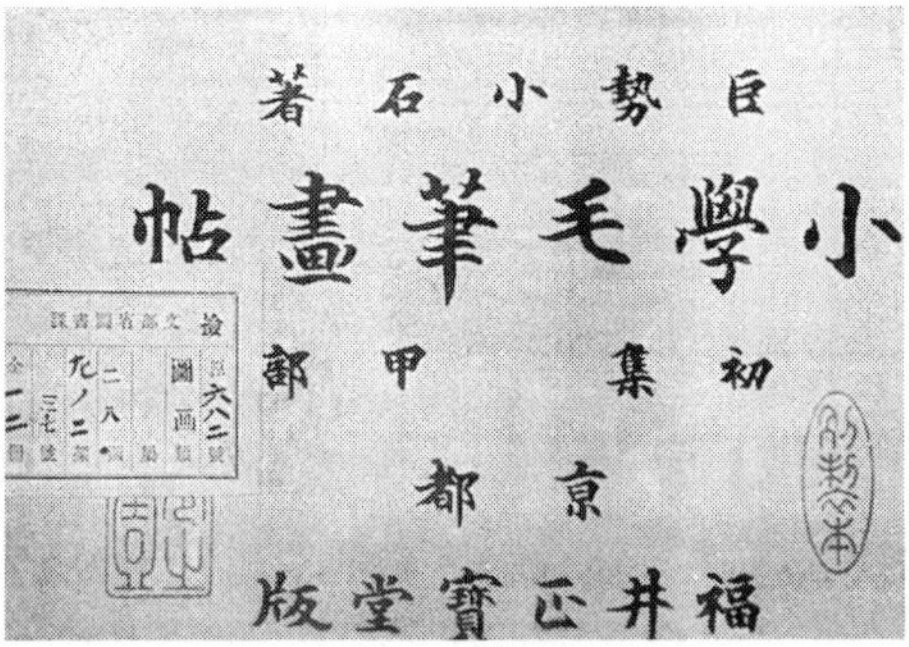

図A　『小學毛筆畫帖』表紙

校校長心得笠井喜佐吉（在職期間　一八八四年二月〜八六年三月）※が『京都府教育会雑誌』に、「普通学課中ノ西洋画ヲ日本画ニ改ムベキ説」を寄稿した頃から表面化する。笠井は、後に学務課員三吉艾※と協力して毛筆画教育を推進し、日本画家巨勢小石※を起用して日本最初期の毛筆画教科書の一つといわれる『小學毛筆畫帖』（一八八八年一〇月）（図A）を出版することになる。[20]

ではまず、笠井論文の主張を見てみる。笠井はまず「画学」の教育的側面を次のように述べている。

画学ヲ小学教課《ママ》ノ一部トシテ教授スル所以ハ　其功用ノ直接ト間接トヲ問ハズ総テ形体上ニ就キ其理解力ヲ詳密ナラシメンガ為メ　眼目手腕ヲ教育スルコトト抽象形質ヲ合ハセテ全体ヲ搆造スル心力ヲ養成スルコトニアリ　若シ画学ノ如キ形体上ノ教育ナキトキハ理解力ハ全ク不精密タルヲ免ガレザルナリ。[21]

笠井は、「画学」の教育的目的を形体上の理解力を精密にするための目と手の訓練および抽象的なものを総合して構造化する能力の養成にあると述べている。この主張が、開発主義教授法の影響を受けていることは、図画を「形体」の教育に分類し、「心力」の養成をその目的としていることからもうかがえる。

ついで笠井は、その「実用」的な側面に、言語で表せない観念を伝える手段、「技術職業」の予習、「思考ヲ高尚風雅ニ導クコト」などがあるとし、[22]以上を「画学」の「効益」として次の三

笠井喜佐吉　千石喜佐吉、笠井直とも言う。福井県士族の出身であり、石川県師範学校、岐阜県師範学校、京都府師範学校に勤務の後、京都府画学校校長心得となり、一八八六年に第一高等中学校助教諭（判任官第四等）となる。以後第五高等中学校へ転勤する。

三吉艾　一八五三年に生まれる。山口県士族出身、七七年京都府師範学校を卒業後、同府小学校訓導になる。八〇年から京都府女学校三等教諭となり、八五年一二月京都府学務課督学掛七等属任官、八八年同課六等属に昇進、九六年に兵庫県属内務部第三課に転ずるが、翌九七年再び京都府小学校長となる。その後一九〇〇年四月から一九〇四年二月まで岐阜高等女学校長を務め、同月中に香川県立高松高等女学校長に転任し、一三年八月に同校を依願退職している。その著作としては、

点にまとめている。それは、第一に「心力ヲ練修スルコト」、第二に「手腕ノ力ヲ修練スルコト」、第三に「技芸ニ達スルコト」である。(23) これらの三点について、「日本画」が西洋画に劣らないということを笠井は論ずるが、ただ従来の「日本画」の教授法については難点があると以下のように述べている。

> 必竟今日日本画ヲシテ直チニ普通用画法タラシメ難キハ　日本画ノ悪シキニ非ズシテ之ヲ施用スル方法ノ規矩順序ニ乏シキガ故ナリ　故ニ日本画ニシテ方規ヲ改定セバ国家ノ利益ニ関シテ其洋画ニ勝レルコト蓋シ数等ナル可シ。(24)

笠井は、日本画そのものは決して悪いものではないとしながらも、日本画の画法を普通教育に採用することが困難であるとする。その理由は、教授するときの順序が確立されていない点にあった。それゆえその教授方法の改革さえ施せば、西洋画よりも日本画のほうが、国家的な利益を数倍ももたらすに違いない、と主張していたのである。

ではその教授方法とはどのようなものだったのだろうか。この点を笠井論文発表後四ヵ月経過した同年七月に『教育時論』誌に掲載された関西府県連合学事会における京都府の議案によって検討してみる。

京都府は第九議案として「普通学科中ノ自在画ヲ日本画ニ改ムル議」を提出している。その内容は次のようなものである。

『小学図画改正論』（一八八八年、福井正寶堂）などがある。

巨勢小石　一八四三〜一九一九、京都府出身。南画を岸連山、中西耕石に学び、この間、巨勢金岡三八代の孫と称して仏画、花鳥画を得意とする。京都府画学校の設立メンバーであり、一八八〇年の設立から八六年までは出仕、同年八月から三等教員、九月南宗事務取扱、八八年五月から同年一〇月まで教諭を務める。翌年東京美術学校開校に伴い大和絵系を代表して同校雇、九〇年から教授となる（〜九四年）。

凡テ画風ノ如何ヲ問ハズ心力ヲ練ルト手腕ノ働キ意ノ如ク活動スルヲ要スルハ論ヲ俟タザルナリ従来日本画ノ一般ニ用キラレザリシハ学術上ノ講究ニ乏シク之ヲ施用スルノ規矩順序ノ未立タザルノ為メニシテ画ノ悪キニアラザルナリ　手腕ノ意ノ如クナルハ毛筆ノ自在ナルニ若カズ　其ノ便捷ナルハ世ノ許ス所ナリ　況ヤ邦人幼児ヨリ手指ヲ用ユルニ慣ルルヲヤ　経済上ヨリ之ヲ観ルモ筆紙等ヲ求ムルノ軽便アリテ習字ノ力ヲ助クルノ効アリ　且職工上ニ向ツテハ尤直接ノ効用アレバナリ　故ニ日本画ニ改メ其ノ規矩順序ノ如キハ西洋画法ヲ折衷シ高尚ノ美術ニ馳セズ務メテ応用ヲ主トシ普通画ノ本旨ヲ失ハザラシメントス。(25)

この議案は、笠井論文の主張と同様な視点から作られている。まず最初に、普通教育の図画科の目的を「心力」と「手腕ノ働キ」の向上という開発主義教授法的な文脈に位置づける。そして日本画の図画科への導入が困難な理由を笠井と同じくその教授方法の不適切さに求めている。しかし日本画の利点として次のように、多くのものをあげている。第一に、手腕の働きを向上させるには毛筆が最もよく、ついで日本の子どもたちにも親しみやすいと述べ、さらに日本画を指導すれば、筆紙を購入しやすく、習字の補助にもなり、また「職工」となる子どもたちにとっては、直接的な利益となるなどの長所がある、としている。そしてこうした長所をいかすには、日本画を改良する必要があると結論づけている。その改良点とは、教授方法に西洋画法を導入することであった。「西洋画法ヲ折衷」した日本画の採用、この方法が京都府の図画教育への活路として登場したのである。

京都府は、教育現場からの要請をその図画教育方針に反映させたといえるだろう。当初、図画教育は費用が嵩み、その必要性が理解できなかった小学生とその父兄の不満は高じていった。そのため授業もままならなくなり、京都府の市部および郡部の教員の総代や学務委員は府知事に図画教育の軽減を上申することになる。しかし京都府は、当時から日本最大の美術工芸地域をかかえていた。それゆえ、京都府の初等教育における図画教育を低減することが、ひいては地場産業の基盤を萎縮させることにも繋がる意味合いから、府当局としても軽々に肯定することはできなかったのである。そこで苦肉の策として出てくるのが、「小学図画科用筆用紙適用心得」であった。この「心得」にある毛筆と半紙を使用して従来の鉛筆と洋紙で行っていた図画教育を実施させたことが、新たな図画教育方法を生み出したのである。そしてこのことを境に図画教育は変化する。なによりも経済的に楽であり、従来からの習字と関連づけて教育できるこの方法は、それ以後の京都府の図画教育方針を決定付け、この方法による毛筆画図画教科書を新たに生み出し、さらには全国的に大きな影響を与えたのであった。

この新たな図画教育方針の最大の特色は、「日本画」を、西洋画法の教授方法によって再編することにある。換言すれば、それは西洋画法による毛筆画の開始であるということができるだろう。

第二節　岡倉覚三と「美術組織計画案」

一八八三（明治一六）年鹿鳴館が三年がかりの工事の後完成する。この文明開化のシンボルとも呼ばれるルネッサンス式の迎賓館の誕生は、その背景に条約改正問題を抱えていたとはいえ、当時の欧化模倣風潮の隆盛ぶりを示していたと言える。一方その完成の前後には、こうした欧化主義政策に対する不満が種々の領域において醸成されていたのである。美術領域において注目されるのは、文部少輔九鬼隆一※を旗頭として、文部省専門学務局岡倉覚三※、東京大学教授アーネスト・F・フェノロサ※らを中心とする日本美術復興を唱える人々であった。彼らの動きは、九鬼が当時の文部行政、とりわけ美術行政の実権を掌握していた関係から、一般の国粋主義的運動よりも比較的早い時期から顕著になる。

国粋主義としての美術教育

まず彼らが目指したものは、本来の日本美術復興とともに、それに敵対しているとみなしていた洋画派の弾圧であった。一八八二（明治一五）年五月、フェノロサは龍池会[26]席上において、

九鬼隆一　一八五二〜一九三一、摂津三田藩主の家に生まれる。学制期から改正教育令期にかけての文部行政官、明治後期から大正期にかけての美術行政家。一八七二年文部省一一等出仕として官途につく。七四年文部少丞、七六年文部大丞、七七年文部大書記官、八〇年文部少輔に昇進する。八四年五月特命全権公使に任ぜられ、文部省を離れ、渡米する。八九年帝国博物館総長、帝室技芸員詮考委員、古社寺保存会長などを歴任し、美術の保護育成に尽くした。男爵、枢密顧問官。

岡倉覚三（天心）　一八六二〜一九一三、福井藩士族出身。東京外国語学校、東京大学文学部を一八八〇年に卒業後、文部省に出仕し、音楽取調掛を経て、八六年図画取調主幹に任じられる。同年一〇月、美術取調委員として、浜尾新、フェノロサとともに渡欧し、翌年帰

後に彼の『美術真説』にまとめられる講演を行い日本美術の復興を唱えた。また、同年八月から一二月にわたって岡倉は、東京師範学校教諭小山正太郎※の「書ハ美術ナラズ」(『東洋学芸雑誌』第八、九、一〇号所収)に対して、「書ハ美術ナラズノ論ヲ読ム」(同誌、第一一、一二、一五号所収)を掲載し、それを批判している。岡倉はこの論説で

嗚呼西洋開化ハ利欲ノ開化ナリ。利欲ノ開化ハ道徳ノ心ヲ損ジ、風雅ノ情ヲ破リ人身ヲシテ唯ダ一箇ノ射利器械タラシム(中略、筆者)美術ヲ論ズルニ金銭ノ得失ヲ以テセバ大ニ方向ヲ誤リ、品位ヲ卑クシ美術ノ美術タル所以ヲ失ハシムル者ナリ(27)

と述べ、小山が「書」を対外貿易において高価に売れない点、また工芸復興の基礎とならない点において、「美術」ではないと判断していることを論難している。まさに岡倉にとって洋画派は「利欲ノ開化」を象徴し、日本美術をおとしめる役割を果たしているものと認識されていたのである。こうした岡倉らの洋画排斥の気運は、同年一〇月に開催された第一回内国絵画共進会(農商務省主催)において、洋画の出品が拒否されるという事態を引きおこす。それ以後、一八九〇年代半ばまで、洋画派は政府の所管する展覧会や博覧会において、しばしば出品拒否を受けるという不遇の時代を過ごすことになる。

こうした言わば日本美術復興派とも呼べる集団の理論的支柱は、先述したフェノロサであった。彼は、

国し東京美術学校幹事となる。九〇年同校校長、九八年三月東京美術学校事件が起こり、同校を非職となり、同一〇月日本美術院を設立する。その後、一九〇四年ボストン美術館に招かれ渡米し、『日本の目覚め』(一九〇四年)、『茶の本』(一九〇六年)などをニューヨークで出版する。国粋主義を代表する思想家である。

アーネスト・F・フェノロサ (Ernest Francisco Fenollosa) 一八五三〜一九〇八、米国出身。ハーバード大学を卒業後、一八七八年八月に東京大学文学部に着任し、八六年八月まで倫理学、哲学、論理学を教授する。八二年五月、龍池会席上で演説した「美術真説」は、当時衰退していた日本美術の復興に大きな影響を与えた。九〇年に帰国し、再び九八年に来日する。

小山正太郎　一八五七

西洋世界が採用すべきであり、たぶんそうするであろう日本画を、日本人自身が放棄し、西洋世界がまさに捨て去らんとしている油絵を取り上げようとするのは、愚かなこと[28]（一八八一年四月）

ではないか、と述べるように、西洋美術に対する日本美術の優越を主張し続けたのである。

こうした岡倉、フェノロサらの意見が、図画教育に大きく反映する時機が到来した。それは一八八四（明治一七）年一〇月、文部省によって図画教育調査会が設置されたことである。この調査会の構成員は、フェノロサ、岡倉、上原六四郎、今泉雄作※、狩野友信※、狩野芳崖※、多賀章人※、河村重固※、山路一遊※、小山正太郎の総数一〇名であった。同調査会は第一回会合を同年一一月一五日に開催し、岡倉提出の

「（一）日本の自在画法を学校に導入することの利、不利を決すること」、

「（二）普通学校における美術教育の方法を改正すること」、

「（三）職工学校、実業学校における美術教育の方法を改正すること」、

「（四）美術教師養成の最善の手段を討議すること」、

という四つの議題が討議された[29]。

岡倉らの眼目は、（一）の議題にあり、彼らの言う「日本画法」の学校導入を決定することで、（二）、（三）、（四）にその議論を及ぼすことであった。岡倉はその点について、

〜一九一六、長岡藩藩医の長男として生まれる。一八七一年川上寛の画塾聴香読画塾に入門する。七四年陸軍兵学寮士官学校図画教育係となり、ここでフランス人アベル・ゲリノーから図学・水彩画法を習得する。七六年工部美術学校が開設されたため同校に入学し、翌年助手となる。七九年東京師範学校洋画訓導、八三年同校教諭、八七年教科用図書検査委員、八九年明治美術会を創立、九〇年東京高等師範学校を解任される。一九〇〇年パリ博の出品監査委員として渡欧、帰国後直ちに東京高等師範学校講師、一九〇三年から図画教科書編纂委員、一九〇七年から一五年まで文展洋画部審査委員を務める。

今泉雄作　一八五〇〜一九三一、江戸に生まれる。一八八四年文部省御用掛専門学務、八六年編輯局第一課属、八七年専門学務局第三

私どもは最初に幾何学的画法を除外します。そのことによって科学的、数学的理由に基く画法すべてを除外することになります。さらに、厳密には幾何学的ではないが、地図作画も除外します。このような画法は必然的に外国式になされなければならないという事実を、私どもは認識しているのです。(30)

と述べている。要するに岡倉は、西洋画法なかでも図学的画法を一切排除することによって、自らの主張する「日本画法」を図画教育に定着させようと考えていたと言えよう。

この調査会で、岡倉らに同調しなかった委員は、小山、山路の二名であったが(31)、結局彼らの反論は容れられず、ほぼ岡倉らの意見通りの報告書が提出される。その報告書である「普通学校教科用図画調査」によれば、「美術画法」としての「日本画法」の採用は次のように位置づけられている。

用器画法及理学画法ハ　専門家ノ学ブベキモノニシテ効用ノ範囲ハ広大ナラズト雖　美術画法ノ効用ハ　第一社会一般ノ精神上ノ進歩ヲ幇助シ高尚優美ノ風ヲ醸シ　第二諸種ノ工芸ヲ裨益シ加之美術画ヲ能クスルモノハ容易ニ他ノ画法ヲ修ムベキヲ以テ画法中最モ重要広大ノ実用ヲ達スルモノト謂フベシ。故ニ普通教育ニ設クル図画ハ　美術画法ニヨラザルベカラズ。(32)

つまり、用器画法（図Ｂ）、理学画法などの図学的画法を専門領域に属するものとして図画教

課属、九〇年東京美術学校教授、九三年五月京都市美術学校に図案法講座開設、九四年一一月から京都市美術学校長（〜九八年一月）を務める。

狩野友信　一八四三〜一九一二、狩野家第八代当主の長男として江戸に生まれる。狩野雅信に師事し、芳崖、雅邦らと同門で学ぶ。一八七三年より開成学校で画学を教授し、その後東京大学予備門助教諭になる。八四年鑑画会鑑定委員、八五年図画取調掛委員、八九年東京美術学校雇、九一年同校助教授（〜九六年）を務める。

狩野芳崖　一八二八〜八八、長門国長府藩の藩御用絵師の家に生まれる。一八七九年頃島津家雇、八四年からフェノロサの鑑画会を舞台に活躍し、同年文部省御用掛、八六年図画取調掛雇、八八年東京美術学校雇となる。

育から退け、そのかわりに社会一般に道徳的かつ高尚優美な雰囲気を作り出し、また諸種の工芸にとって有益な「美術画法」すなわち「日本画法」を普及させることが、普通教育としての図画教育には必要である、としている。そして岡倉、フェノロサに共通するこうした理解は、図画すなわち美術という「美」を頂点とする図画教育への認識であった。

ではこうした「日本画法」は、どのように指導されるのであろうか。先の報告書には、「手段」として、

筆ハ最モ美術的画法ニ適切ノモノニシテ且ツ我普通教育上習字其ノ他ニ於テ運筆ヲ教フルヲ以テ本邦ノ美術画法ハ筆ヲ使用スルヲ最モ便ナリトス(33)

と、従来の鉛筆に替え、まず毛筆の使用が規定されている。

さらに「教授順序」の項目には、

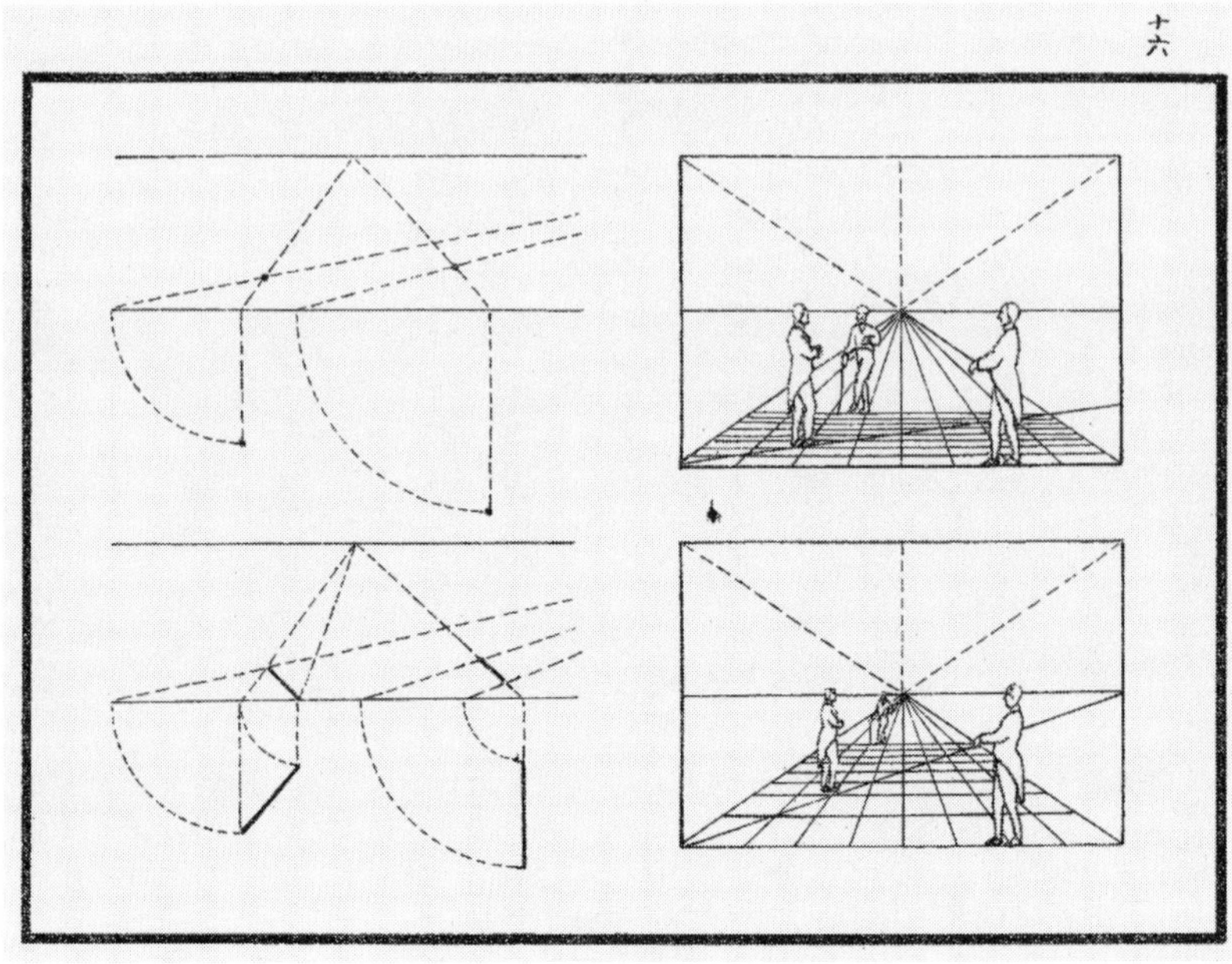

図B　定規，コンパスなどの器具を用いて描写する用器画法の例．宮本三平編『小學普通畫學本』乙之部第十二（明治12年6月，文部省印行）第十八業十六頁より．

線・濃淡・色ヨリ教授シ古大家ノ名画ニヨリ其応用ヲ学バシメ終ニ天然ノ事物ニツキ思想ヲ自在ナラシム。蓋シ先ズ抽象的ニ学バシムルヲ可トス。(34)

と、記されている。

この順序によれば、線・墨の濃淡・色を教えた後、昔の日本の名画によってその応用を学ばせ、最終的な段階において実物を描かせるというものである。

以上、岡倉、フェノロサらの図画教育への見解を見たが、彼らの主張は、日本画そのものに将来の「美」を見とり、それを復興するという点において構想されていた。報告書に記された

公立学校における図画の目的は、美術的目的のために描くことを教えることである(35)

という目的が、集約的な彼らの意見であった。そして、それは工芸・工業を目指す図学的図画教育はもちろんのこと、東京師範学校において形作られた教育的な視点からの図画教育理解や教育現場からの要請として登場する毛筆画教育とも相容れない、全ての西洋画法的要素を排除した図画教育論だと言えよう。

森有礼対日本美術復興派

翌一八八五(明治一八)年一二月、文部省学務一局(旧、専門学務局)に美術学校創立準備のた

多賀章人　東京府平民出身。英国のロンドン大学キングスカレッジに短期留学をする。一八八四年東京職工学校教諭、八七年同校助教諭、九〇年同校教授(～九三年)。著書に『図法一斑』(一八八一年)がある。

河村重固　広島県士族出身。一八八六年～八七年文部省用度課長。著書に『時学及時刻学』(一八七六年、文部省)、『給水沿渫掘渠篇』(一八七六年、文部省)、『牛及採乳方』(一八七六年、文部省)などがある。

山路一遊　一八五八～一九三二、松山藩士族出身。藩校明教館を経て大阪英語学校、東京師範学校に学ぶ。一八八四年文部省出仕、八六年文部省局課未定属(高知師範学校長)、八七年普通学務局長付書記、香川県師範学校長兼学務課長から九四年に千葉県集成学校長、兵庫師範学校長、愛知

めの図画取調掛が設置され、岡倉はフェノロサ、狩野芳崖、狩野友信とともにその委員となる。さらに彼らの構想を現実化するため、古美術調査、美術展の開催などに精力的に活動し、翌一八八六（明治一九）年一〇月には、美術取調委員としてヨーロッパへ九ヵ月間の調査旅行へ出発する。しかしこうした岡倉らの順風満帆に見えたかの活動も、このヨーロッパ出張の間に大きな転機を迎える。

それは、その前年（一八八五年一二月）、文部大臣に就任したばかりの森有礼※およびその側近が、必ずしも岡倉らの意見に賛意を表していなかったという点に発している。このことは、岡倉らの「美術画法」振興策を中心とする図画教育調査会報告のあと、森が立案した小学校令（一八八六年四月）に基づく「小学校ノ学科及其程度」（同年五月）第一〇条にある「図画ハ自在画及用器画」という規定[36]からも理解できる。森は、「用器画」つまり科学、工学に関わる西洋画法の修得が依然として重要なものと認識していたのである。

岡倉は、ヨーロッパから帰国した翌日（一八八七年一〇月一二日）、彼の重要な支持者でありかつ上司でもあった特命全権公使九鬼隆一（在ワシントン）に次のような書簡を送っている。

廟堂の上忽地の風雲　教育部も亦多少の変更あり　美術上の仕事も一年前とは気抜の体に候　小生も不平多く候へ共先ハ耐忍可仕候　美術学校設立の事は相定マリ候　金も少ナく思わしからず候へ共人間の事頭ヲ回らせば概ネ愚俗に御座候呵々　唯閣下の帰らるゝを相待チ候（カタカナは

師範学校長、埼玉県視学官、福島県視学官を歴任し、一九〇二年から滋賀師範学校長となる。以後一三年愛媛師範学校長となり、二三年に退官する。著作として、『読書法』、『学校管理法』などがある。

森有礼　一八四七～八九、薩摩藩士族出身。一八六四年開成所に入る。六五年薩摩藩留学生として渡英、ロンドン大学に学ぶ。六八年帰国、七〇年米国駐在少弁務使としてワシントンに赴任する。七三年帰国し、明六社の創設に参加、七五年特命全権公使として清国にわたり、八〇年からは英国へ特命全権公使として着任する。八四年帰国し、参事院議官、文部省御用掛、翌年一二月内閣制度発足とともに初代文部大臣となる。小学校令を始めとする諸学校令を公布し、明治期の教育全般に大きな影響を与えた。

ママ、筆者）[37]。

政府は大きな変革を迎え、教育担当部局でも多少の変更がありました。そのため美術教育の仕事も一年前に比べると気が抜けるような状態で、自分自身も不平を多くもっていますが、当面は堪え忍ぶしかありません。美術学校の件は決定しましたが、経済的にも縮小され思わしくありません。しかし考えあぐねても、仕方がないので、笑っているしかありません。ただ閣下が帰国するのを待っているだけです、と岡倉は記している。

この書面に見られるように、岡倉らの運動は、美術方面においても教育方面においても後退を余儀なくされていた。この事態に対して、彼らは浜尾新※専門学務局長らに助力をたのみ、森への巻き返しをはかるが、抗し切れず、彼らの図画教育案をも含む「美術組織計画案」は廃案へと追い込まれたのである。

この点についてフェノロサは、ハーバード大学での同窓であった旧知の金子堅太郎への書簡で次のように述べている。

> 我々は美術組織計画案を完成、浜尾博士はそれを内閣に提出するよう森子爵に依頼しました。最初彼は美術に暗いからといって断り、責任を回避しようとしました。そこで浜尾博士が自ら計画案を内閣に提出しようとすると、森子爵は態度を変え、自分が引受けようといい、書類を受け取っておいて握りつぶしたのです。それから我々の美術学校計画案、教科課程、教授陣、方法等一切の微に

※浜尾新　一八四九〜一九二五、豊岡藩士族として江戸に生まれる。藩学終了後、一八七二年文部省に入り、アメリカ留学の後七四年に帰国、開成学校長心得、同校長補、東京大学副総理などを歴任し、八〇年文部省官立学務局長、専門学務局長となる。九〇年貴族院議員、九三年帝国大学総長、九七年松方内閣の文部大臣を務め、一九〇五年再び東京帝国大学総長となる。のち枢密顧問官、枢密院議長などを務めた。

入り細にわたる質問攻めが始まりました。そして彼はすべてに不満の意を表明し、しまいに彼自身の計画の大要を作成しました。この計画案は我々をはじめ我々の計画、日本美術発展の目的を完全に無視し、たぶん外山（正一、筆者）が関係したものでした。(38)

岡倉、フェノロサらの美術学校計画は、森およびその側近の動きによって中止され、その代わりに、森らの立案した計画案が浮上したのである。この案の内容は、同じく岡倉およびフェノロサ書簡によってその概略を知ることができる。岡倉書簡によれば森案の骨子となった外山正一※の意見が次のように記載されている。

外山は、美術学校において、

日本式のものと外国式のものを並行的に採用し、成り行きはすべて自然淘汰にまかせるべきであると主張していた。さらにこの外山案から、森は、

一般教科課程に外国式方式を取り入れ、他は個人の選択にまかせ(40)て、カリキュラムを組むという方針を打ち出したものと思われる。このことは森が、美術学校ではなく美術師範学校の創設を意図(41)していたことと、それに加えて、フェノロサ書簡に記された森の主張として、

(39)

※外山正一　一八四八～一九〇〇、旗本の子弟として江戸に生まれる。一八六一年蕃書取調所に入り、六三年開成所教授方になる。六六年幕府留学生としてユニバーシティ・カレッジ・スクール（ロンドン）に入学し、六八年に帰国する。その後静岡学問所の教授となり、七〇年外務省弁務少記となり森有礼の傘下として米国に渡る。ミシガン大学で三年間の教育を受け、七六年に帰国し、開成学校教授となる。七七年東京大学文学部教授、八六年帝国大学文科大学長、九七年東京帝国大学総長、九八年伊藤内閣の文部大臣を務めた。森有礼との関係は、渡米以降、盟友谷田部良吉とともに親密なものがあった。

美術にはその科学的機構以外教え得るものは何もなく、予備訓練を通過する生徒は彼自身の孤立無援の性癖しか頼るものがない(42)

と記されていることからも了解できる。

つまり森の美術学校案とは、まず図学的画法＝西洋画法を基礎として教え、それ以後の教育については、生徒個人の任意において西洋画および日本画等の科目を選択すればよいとするものであった。

こうした森の意見は、一八八九（明治二二）年二月に開校された東京美術学校の総則およびカリキュラムにも大きな影響を与えている。その総則の第一条には、

東京美術学校ハ絵画彫刻建築及図案ノ師匠（教員若クハ制作ニ従事スベキ者）ヲ養成スル所トス

と規定され、さらに第二条では、

本校ニ普通科及専修科ヲ置キ普通科ヲ卒リタル者ハ普通図画ノ教員タルニ適応スベク又ハ教員会議ヲ以テ専修科ノ生徒ニ選挙セラルルヲ得ベシ(43)

と記されている。この条文は、岡倉らが美術家養成を第一義としていたことに比べて、教員の養成をも重視した、明らかに森の言う美術師範学校の色合の強いものとなっている。

さらに、そのカリキュラムにおいては、双方の違いが明らかである。なお、ここで注意すべき点は、同校が当初は絵画科（日本画）、彫刻科（木彫）、美術工芸科金工部（彫金）、漆工科の四科でスタートしたことである。言うならば、この四科の内容は、従来からの日本の伝統的な美術工芸に類するものであり、そこに敢えて欧米の文化的要素を導入する必要性はなかったと考えられるからである。次の表2-1は、岡倉によるカリキュラム原案のうち、普通科、師範科および絵画科にあたる部分をまとめたものである。ついで表2-2は、開校当時の東京美術学校カリキュラムの普通科および絵画科・専修科の部分を抜粋したものである。

普通科について比較すれば、表2-2には当時の学科に欧米の美術工芸が含まれていないにもかかわらず、第一学年に幾何画法および理科・数学が加えられ、第二学年には「透視画法」および理科・数学が付加されている。さらに表2-1の絵画科と表2-2の専修科・絵画科を比べると、同じく表2-2には、第一学年に「透視画法」が加わっている。こうした西洋画法および理数科の設置は、一般教養課程に図学的要素を取り入れようとした森案の反映と理解できるだ

表2-1　岡倉覚三筆カリキュラム

普通科	第一年	美術形式の諸要素（画格）　デザイン（図案）　モデリング（造形）　美学　文学（和漢文）　道徳
	第二年	美術形式の諸要素　デザイン　モデリング　美学　美術史　文学・道徳
師範科	第一年	美術形式の諸要素　デザイン　表現の諸要素　美学・美術史　モデリング　文学・道徳
	第二年	美術形式の諸要素　デザイン　表現の諸要素　美学・美術史　モデリング　文学・道徳　教育実習
絵画科（日本画科）	第一年	表現の諸要素　古画研究（臨模）　美学・美術史　自然研究（写生）　文学・道徳　独創的構図（新案）
	第二年	独創的構図　自然研究　解剖学　美学・美術史　建築術大意　技術と方法　文学・道徳
	第三年	独創的構図　建築装飾（法）　絵画彫刻（彫刻彩色法）　歴史

［原註　（　）内は東京美術学校教科］．
村形明子編訳『アーネスト・F・フェノロサ資料』第2巻，ミュージアム出版，1984年，170〜171頁より作成．

ろう。

フェノロサが「書簡関係メモ」に残した、

文部省で美術を教える希望を持っていたが、森の措置により不可能になってしまった(44)

という言葉が示しているように、岡倉、フェノロサらの美術教育構想は、文部大臣森の登場によって政府内部での完全な実現を見ることができなかったのである。

表 2-2　東京美術学校普通科・専修科カリキュラム

普通科	第一年	画格	毎週九時
		図案	同六時
		造型	同六時
		幾何画法	同二時
		理科及数学	同四時
		歴史	同二時
		和漢文	同二時
	第二年	画格	毎週七時
		図案	同六時
		造型	同六時
		透視画法	同二時
		理科及数学	同四時
		美学及美術史	同二時
		歴史	同二時
		和漢文	同二時
専修科・絵画科	第一年	古画臨模	毎週六時
		写生	同一一時
		新案	同六時
		美術解剖	同二時
		透視画法	同二時
		美学及美術史	同三時
		歴史及古物学	同二時
		和漢文	同二時
	第二年	古画臨模	毎週六時
		写生	同一〇時
		新案	同一〇時
		材料及手訣	同一時
		建築術大意	同一時
		美学及美術史	同三時
		歴史及古物学	同三時
	第三年	新案	毎週二六時
		建築装飾術	同六時
		彫刻物彩色法	同二時

磯崎康彦・吉田千鶴子共著，桑原実監修『東京美術学校の歴史』，日本文教出版，1977 年，52 頁より作成.

しかし日本美術の振興を目的とした「日本画法」＝「美術画法」の普及という彼らの主張は、漸く動き始めた国粋主義的な運動や、実業振興を目的とする工芸教育推進の要請などを背景に、先述した教育現場の要求として登場する毛筆画採用の動きと相まって、従来西洋画一辺倒であった図画教育の現状を揺り動かす大きな刺激となり得たのである。

第三節　鉛筆画・毛筆画論争とその帰結

論争の性格

一般に鉛筆画・毛筆画論争は、西洋画・日本画論争と混同されるが、その原因は、この論争が前節で触れたように西洋画派である小山正太郎と日本美術復興派である岡倉覚三、アーネスト・F・フェノロサとの対立に始まるからと考えられる。しかし鉛筆画・毛筆画論争については、問題が小学校教育の図画科をめぐるものだけに、単なる西洋画対日本画という図式では理解することはできない。その対立は一八八二（明治一五）年の小山と岡倉の論争から始まり、一八八四（明治一七）年の図画教育調査会における両派の対立において一度そのピークを迎えるが、それが世論一般で問題化されるのは、一八八八（明治二一）年頃からである。本節では、この時期以降を対象とし、その論争の性格を検討する。

論争の流れは大まかに言って、三つあると考えられる。それは、

（一）旧来からある西洋画法による鉛筆画支持派[45]、

（二）岡倉・フェノロサにつらなる日本美術復興を基調とする西洋画法を排除した毛筆画支持派[46]、

（三）教育現場の要求を反映させた西洋画法をとりこんだ毛筆画支持派[47]、

である。

では、次に、これら三者の意見が特徴的にあらわれる一八八九（明治二二）年に開かれた大日本教育会第六回総集会における論議を見てみよう。その会議の文芸部会で取り上げられた議題は、龍池会会員で日本美術復興派の大森惟中が発議した「教育上鉛筆画ト毛筆画トノ得失如何」というものである。大森は毛筆画廃止論が近頃主張されているため、この議題を提出したと述べ[48]、次のような議論を展開している。

サテ教育ハ重ニ西洋風ヲ取リテ毛筆画ヲ不便トシ、鉛筆画ヲ採用スル様ニ聞キ及ブ、併シ若モ毛筆画ヲ足ラズトシテ鉛筆画トスレバ、西洋ノ教育者ハソレニテ宜シト云フカ知レザレド、日本ニハ日本ノ教育アリ、日本ノ将来即チ実業等ニ関係ヲ有スル所ヲ考フルハ我邦ノ教育上必要ナルベシ。日

本ノ教育ニ対シテ云ヘバ、決シテ毛筆画ヲ全廃スルコト宜カラズ、毛筆画ハ第一指ノ運動ヲ習練スルモノニテ、本邦ノ美術上ノ名誉アルハコレニ基因ス。（中略、筆者）詰リ毛筆画ハ教育上便利ナリト主張ス(49)

大森は、日本の教育が西洋風を採用しているため、毛筆画をとらず鉛筆画を実施していると前置きし、欧化主義的な教育政策を批判している。そしてその文脈から日本には日本の教育が必要であり、そのためには日本の美術を支えている毛筆画を欠くことができない、と主張していた。

ここで大森が反論しようとしている毛筆画全廃の主張は、前年におこった岡倉、フェノロサらの美術教育計画の失敗に伴って生じた文部省内での風潮であると推測できるが、大森はあくまでも日本美術復興派の立場にたち、日本の美術および工芸を支える意味から毛筆画を推賞しようとしている。

この意見に対して、批判を浴びせるのは当時文部省編輯局長であった伊沢修二である。伊沢は、教育的な視点からの図画教育という立場から、毛筆画を次のように攻撃している。

只今発題者（大森、筆者）ノ云ハレタルコトハ余程道理ノアルコトト思ハル、茲ニ少シク注意ヲ要スベキコトアリ、即チ教育上ノ図画ト美術ト稍モスルト混同スル傾キアルコト是ナリ(50)

伊沢は、まず最初に大森の意見に対して、普通教育に課される図画科と一般的な美術とを混同しているのではないか、という点に疑問を投げかける。この疑問は、当時の日本美術復興派と文部省の確執を物語っているといえよう。さらに伊沢はそれに続けて、国粋主義的な論調が盛んとなっていた社会的な状況に触れながら、

日本ノ美術ニシテ取ルベキモノハ取ルト云フ論誠ニ此頃盛ニナリテ、ドウカスルト普通教育ニ用フル図画モ矢張美術トシテ用フベキモノト云フ考ヲ持スル者アルガ如シ、果シテ然ラバ大ニ間違ヒタルコトナリ(51)

と述べている。日本美術の学ぶべき所は学ばねばならないという一般的な論調が、近頃盛んになっているが、この考えを普通教育の図画科に拡大することは、大きな間違いである、とそうした論調を批判し、その理由を次のように展開している。

普通教育ニ於テ図画ヲ授クル肝要トスル目的ハ目ト手トノ練習ナリ。今日迄毛筆画ヲ教フル仕方ハ大概初メニ蘭トカ竹トカ云フモノヲ書ク手ノ練習ト云フコトニナリテ居ル。本員ハ第一ニ普通教育ニ用フル図画ハ美術的ノモノニアラズトノ考ヲ充分ニ抱カザルベカラズト思フ(52)

伊沢によれば、図画科の目的は、「目ト手トノ練習」であり、蘭とか竹の描写から開始される従来の毛筆画教育は不適当であり、こうした美術的な図画教育は普通教育に使用することはで

きないと、自らの意見をはっきりと打ち出している。ここに言われる「目ト手トノ練習」が開発主義教授法の文脈から語られていることは、第一章で説明したが、教科書検定の実質的なトップである伊沢の主張は、当時の文部省の図画教育方針の一端を指し示しているといえよう。ついで伊沢は、教育と美術を分離して図画科のあるべき姿を次のように語っている。

普通教育ノ図画ハ百般ノ規形ヲナス所ノ土台トスル為ニ授クルガ大主意ナレバ、我輩ハ毛筆画ヲ賛成スルコト能ハズ。然シ若国粋保存ノ為トカ、美術ノ為ト云フコトナラバ宜シト思フ(53)

普通教育の図画科については、全ての教育の基礎とするために教授するものであるから、毛筆画を採用することはできないが、教育とは別に「国粋保存」のためとか美術のためとかに毛筆画を普及するのなら問題がない、と伊沢はまとめている。

伊沢の論点は、明瞭である。日本美術復興派の主張の眼目であった美術としての図画教育という視点を真向から批判し、教育としての図画教育を擁護する立場から、毛筆画を普通教育に適さないものとして退けている。伊沢によれば国粋保存や美術のための図画教育は普通教育とは別の領域で行う限りにおいて認められるものであり、その意味から普通教育においては鉛筆画が最適なものとされているのである。

こうした伊沢の毛筆画への攻撃に対して、毛筆画導入を検討している他の数人の議員が反論している。なかでも、石川県代表議員檜垣直右※は次のように毛筆と鉛筆の併用について述べて

檜垣直右　一八五一～一九二九、山口県出身。一八八六年から石川県尋常師範学校校長（～八七年）、また同県学務課長を務め、その後、九〇年頃文部省普通学務局第二課長、同年一二月兼視学官（第三地方担当）、富山県知事を経て、一九〇二年から岡山県知事（～一九〇六年休職）となる。当時檜垣は、次章で触れる日本最初の毛筆画教科書を作製した石川県教育会の代表者である。

いる。

毛筆画ト立テテ鉛筆画ヲ要スル時ハ之ヲ課シテモ可ナリ。経済上ヨリ云フモ小学抔ニハ至極必要ナリ。毛筆画トスレバ紙モ筆モ今日ノ侭ニテ宜ク、鉛筆画トスレバ紙ハ或ハ間ニ合フモ其他ノ物ヲ要ス。毛筆画トシテモ、手ト目ノ練習出来ズトハ決シテ断言スベカラズ、却テ《ママ》毛筆画ヨリ宜シキカトモ思ハル。学校ニ至リテ見ルト生徒ガ鉛筆デ書ク時ニ度度消シテ初メノ格ヲ無ニスル如キコトアリテ充分ノ練習ヲ得ルコト能ハズ、サレバ毛筆画ヲ悪シト云フハ不可ナリ。又反対者ハ器械図ノ如キハ毛筆ニテ出来ズト云ヒタルガ、毛筆画ト鉛筆画ヲ合セ用フル時ハ不都合ナシ(54)

檜垣は、毛筆画教育であっても、別段鉛筆画が必要ならばそれを実施すればよいと、述べながら、毛筆画を支持している。その理由は、毛筆画は鉛筆画に比べて筆や紙を新たに購入する必要がないなど、経済性が優れている点があげられている。その利点を生かし、器械図などは鉛筆画にするなど、毛筆・鉛筆を併用すれば問題はないとしている。

檜垣の意見は、基本的に毛筆画を採用しつつも、その欠点は鉛筆画でおぎなうという、(三)の流れに属するものである。その毛筆画支持の根拠は、主にその経済性にある。このことは、既に述べた京都府における毛筆画教科書の登場と軌を一にするものと言えるだろう。なお檜垣は、京都府と同じく最初期の毛筆画教科書を作成した石川県の議員であり、後述するが同県はこの時期すでに毛筆画教育を実施していた。

ではこうした論争はどのような方向で収束へと向かうのであろうか。この点は次項で明らかにする。

論争の行方

㈠教育現場と毛筆画教育

この論争が表面化する三年ほど前の一八八六（明治一九）年四月、東京師範学校は師範学校令（同年四月九日）によって高等師範学校に改組される。それと同時に、従来鉛筆画を推進してきた同校において大きな変化がおこる。それは、毛筆画の教師として岡吉壽※を雇用したことである[55]。

高等師範学校では、前年の関西府県連合学事会での京都府の毛筆画採用提案などの毛筆画への教育現場における志向を、いよいよ本格的に検討する時期が到来したと判断したのだと考えられる。このときから同校では、鉛筆画の小山正太郎と毛筆画の岡吉壽との双頭体制がとられたのである[56]。

一八八八（明治二一）年二月二〇日に発行された『東京茗渓会雑誌』第六一号には、筆名「は、こ、」という人物の「中小学校ノ図画教授論」と題した毛筆画、鉛筆画の融合論が展開されている。その内容は、まず精密な観察力および創造力の養成という教育的な視点からの図画教育解釈を第一におしだすが[57]、その論考の眼目は、

※岡吉壽　一八六九年福井県生まれ。一八八一年から二年間狩野友信に洋画および日本画を学ぶ。その後、狩野芳崖に師事する。八六年高等師範学校に勤める。八九年東京美術学校第一回生として入学、九〇年九月退学の後、八六年高等師範学校付属学校教授係補助、九一年本校付属学校教授係補助、九五年活水女学校図画教員、九七年長崎県立中学玖島学館、一九〇〇年四月東京府女子師範学校（〜一九〇二年五月）、同年八月東京府立第二高等女学校に兼勤する。その著作に、『畫手本』（日置友次郎、一八九〇年）などがある。

中小学校ニテ課スベキ図画ハ通例器械画自在画トスレドモ従来ノ如ク西洋ノ画法ヲ其侭ニ用ヒテ十分ノ効能アルベキヤ否ヤ(58)

という点にあった。
まず「器械画」つまり用器画については、

西洋ノ画法ヲ其侭ニ用ヒルノ外他ニ為スベキノ術ナシ(59)

とするが、

自在画ニ至リテハ我ニ固有ノ画法アリテ万国ニ誇ルベキ技倆ヲ有スレバ今日小学校ノ図画モ此固有ノ画法ト西洋ノ画法トヲ折衷シテ別ニ新規ノ方法順序ヲ立ツレバ図画ノ効昔日ニ倍徙スベシ(60)

と述べている。

つまり自在画の内容を日本画法と西洋画法とを折衷した新たな毛筆画法に組替えようとする主張である。では、その方法とはどのようなものであったのだろうか。彼はまず双方の画法の違いを、

我国ノ画ハ線ヲ主トシ西洋ノ画ハ陰影ヲ主トスルニ在ルガ如シ(61)

ととらえ、その「線」を重視するところから教授方法を次のように述べている。

是迄ハ鉛筆画ヲ練習セシモ是レ西洋画法ニシテ線ノ練習ニ益ナケレバ　更ニ鉛筆ヲ廃シ始メヨリ日本筆ヲ用ヒテ筆ノ運ビ方線ノ引キ方ヲ習ハシメ以テ簡単ナル実物ヲ画カシメ　続テ墨色ノ濃淡即隈取リノ方ヲ教ヘテ陰影及ビ遠近ノ理ヲ示シ　遂ニ彩色法ヲ教ヘ兼テ西洋ノ陰影画法透視画法ヲ教ヘテ実地ニ之ヲ活用セシムルコトヲ勉ムベシ(62)。

論者は、従来までの「線」の練習は鉛筆によるものなので、毛筆のようにその内容は多様ではないため、鉛筆に替えて毛筆を使用することにする、と述べる。つまり毛筆ならば一本の線を引いても、その線には細い太いがあり、かつ墨による濃淡を表現でき、鉛筆より利益が多いと考えている。ついで四角形の描き方を学ばせ、簡単な実物写生へと進み、墨の濃淡の描き分けを理解した後、陰影画法および透視図法にのっとった描写法ならびに彩色法を教えればよい、と提案していたのである。

要するにこの方法とは、陰影画法や遠近画法を重視するなど、西洋画法の指導順序に従うと同時に、日本画法の筆法、とりわけ「線」の多様性の習得を加味したものと言えよう。

こうした毛筆画への模索は、これ以後も続けられる。なかでも一八九〇（明治二三）年東京師範学校時代以来の図画科の主任であり、かつ西洋画派の巨頭であった小山が、その強硬な毛筆画排斥論のために高嶺秀夫の手で非職となってからは(63)、そうした毛筆画支持派の勢いはますます強まったと考えられる。

翌一八九一（明治二四）年東京府尋常師範学校幹事岡村増太郎は、同じく『東京茗渓会雑誌』に毛筆画教授の実験結果を公表する。岡村はその実験の理由を、

小学ニ用フル毛筆画トノ得失ニ就キテハ大日本教育会ヲ始メ各府県教育会ニ於テ審議討論セシコトアリシガ　多クハ確実ナル実験ニ微《ママ》セシコト少ナク各脳裏ノ空想ニ基キテ（予モ亦其一人ナリ）甲論乙駁　遂ニ前回ニ於テハ毛筆画ヲ可トシ後回ノ討論場ニ於テハ鉛筆画ヲ可トスルニ多数ノ同意者アリシ　斯ノ如キ結果ナルヲ以テ予ハ廿三年四月ヨリ尋常科一年生ト高等科一年生トニ毛筆画ヲ課シ次ノ項目ニヨリテ河野富永両教師ニ報告書ヲ記載スルコトヲ約シタリ(64)

と述べている。

毛筆画、鉛筆画をめぐる大日本教育会および各府県教育会の混乱を収拾しようと、岡村は自らの管轄の学校で毛筆画による実験を行ったのである。その結果、実験にあたった二名の教員の報告書においては、いずれもおおむね毛筆画に有利な成績が収められた。では次に、その教授順序および利点について表2-3にまとめてみる。

表2-3において、教授の順序に注目すれば、両者とも西洋画法の順序を毛筆画に組み込もうとしている。このことは河野が、日本画について、

其教授ノ順序ニ至テハ甚ダ幼稚ニシテ只画家ノ随意ニ任セテ教授シ来レリ　故ニ是ゾト云フ鉛筆画ノ如キ一定ノ順序方法ハ各流トモナシ　然レドモ其中ニハ往々善キ順序アリトテ各其法ヲ示サレタレ共　此ハ専門家養成ノ目的ヲ以テ立タル順序ナレバ小学児童ニハ適シタルモノナシ(65)

と述べるように、普通教育に用いる順序方法が日本画に見いだせなかったからである。さらに生徒の進歩、好み、父兄の感触においても毛筆画が優れ、なかでもその経済性においては抜きんでているという評価である。

以上、高等師範学校に関わる毛筆画への評価を検討したが、そのいずれもが毛筆画への傾斜を深めていると考えられる。しかし注意すべきは、こうした毛筆画論は日本美術復興派の唱える美をその中心におくものではなく、前節で伊沢が主張し

表 2-3　毛筆画実施指導調査

	尋常科一年（担当　富永てる）	高等科一年（担当　河野鎗次郎）
教授ノ順序	最初ハ直線ノ練習ヨリシ熟達スルニ随ヒ縦線横線斜線ノ結合形ヲ画カシメ進ミテ簡単ナル物形ノ表面画ニ移ラシメタリ	毛筆画ノ教授ニハ鉛筆画ノ順序ヲ少シク斟酌シテ授ケナバ敢テ不都合ナカルベシ
進歩ノ良否	稍速力	家庭或ハ学校ニ於テ掛物掛図絵本等日夜目撃スルコトノ多キモノモ亦毛筆画ナリ故ニ知ラズ識ラズ平常其素チ養フニ由リ進歩ノ度一層速ナリ
生徒ノ嗜好	鉛筆画ヨリ一層嗜ムモノヽ如シ	鉛筆画ヨリ毛筆画ヲ好ムモノ多シ
父兄感觸	著シキ感觸ヲ聞カザレドモ或父兄ハ児童ガ入学日浅ケレドモ簡易ノ物形ヲ模写シウルヲ見テ喜ブモノアリ或ル物ハ屡用紙鉛筆ノ類ヲ請求セズシテ繁雑ナルコトナキヲ喜ブモノアリト聞ケリ	毛筆画ニ就テ賛美スルノ言ハ聞タルモ未ダ苦情ハ聞カザルナリ殊ニ男子ノ父兄ニシテ賛成ノ伝言シタルモノハ二十七人其余ハ（十七人）甚ダ冷淡ナリ恰モ子弟ノ教育ニ関セザルモノヽ如シ
毛筆画ニ付テ費用ノ概算	一ケ月駿河半紙ノ使用高参拾枚此価壹銭五厘　筆墨ハ習字ト兼用スルヲ以テ別ニ費用ヲ要セズ	一ケ年僅ニ二一円二十五銭一ケ月十銭ト三厘余ナリ是ニテ吾人ノ思想ヲ代表スルニ足ル画ヲ一通リ畫クコトヲ得ルニ至ルトハ豈廉ナラズヤ

富永てる「尋常科一年級一学期間毛筆画ニ付テノ報告書」，河野鎗次郎「毛筆教授ノ報告書」，東京茗渓会前掲誌，第102号，1891年7月20日，9〜22頁より作成.

た普通教育を前提とした教育的視点と、教育現場の経済性等への要求を背景としたものであるという点にある。言わば鉛筆画の本質である西洋画法を毛筆画の中心に据えることで、従来の鉛筆画を毛筆画が吸収するという新たな図画教育方針の登場とも考えることができるだろう。

一八九三（明治二六）年に井上毅が文部大臣に就任する。井上はこうした論争を収束すべく、「小学校ニ於ケル鉛筆画ト毛筆画トノ得失如何[66]」という諮問を、当時の高等師範学校校長嘉納治五郎に下している。嘉納は、

小学校ノ図画ハ用器画ニハ鉛筆ヲ用ヒ、自在画ニハ毛筆ヲ用フルヲ可ナリト思考ス[67]

と回答し、自在画に毛筆を使用する理由として次のような事項をあげている。それは、

（一）児童が興味を示し進歩が速いこと、
（二）「吾邦ノ実業」と関係があること、
（三）教授上、習字と連絡があり相互に助けあうことができること、
（四）経済性があること[68]、

という四点である。

では、ここで嘉納が述べる毛筆画とはどのようなものだろうか。嘉納が高等師範学校在任中（一八九三年九月〜九七年八月）、岡吉壽の後をうけ図画科の主任として毛筆画を教授した白浜徴

（一八九五年九月〜一九〇一年一一月まで在任）※の毛筆画教授方法を見ることで、その方向性を明らかにしておく。白浜は、一八九七（明治三〇）年に自らの高等師範学校での教授経験をまとめて、毛筆画教科書『日本臨畫帖』を出版する。その教授書『日本臨畫帖教授法』（一八九八年出版）において、彼は図画を「臨画」、「写生」、「新案」※の三項に大別している。[69] まず「臨画」の教授順序は、直線の引き方から始まり、直線による図形、曲線も加えた図形、やや複雑な形、という西洋画法に従った方法をとる。[70] ついで「写生」においては、遠近画法および、透視図法の初歩を指導し、[71]「臨画」と「写生」で学んだ表現を組み合わせる「新案」では以上の総合的な能力を学習させるのである。[72] こうした白浜の毛筆画指導法は、先述した『東京茗渓会雑誌』誌上で展開された毛筆画教育を受け継ぎ、さらに深めたものと言うことができよう。そして嘉納のいう毛筆画の内容も、こうした白浜らの毛筆画理解へと結実するような内容であったと考えられるのである。

㈡美術的図画教育論

一方、こうした教育的視点からの図画教育論と相容れない日本美術復興派の美術的図画教育論はどのように展開したのであろうか。彼らの主張は普通教育の領域から後退を余儀なくされ、日本の貿易を支えていた美術工芸教育の分野でその勢力を拡大する。では次にその領袖とも呼べる九鬼隆一（発言当時、宮内省図書頭）の主張を見てみよう。

白浜徴　一八六五〜一九二七、長崎県士族出身。東京美術学校を卒業後、東京高等師範学校助教授、日本女子大学校・東京美術学校教授を歴任する。その間、文部省図画教育調査委員（一九〇二年）など政府委員に任命され、明治後半期の図画教育を正木直彦とともに主導する。

新案　例えば、「新案」の練習方法として、「急須」と「茶碗」と別々に練習させ、その後、その両者を適当に配置した絵を作成させるなどが指示されている。つまり「新案」とは、既に学んだ表現を組み合わせて創作させる練習項目の総称である。

日本ニ取リテハ別ニ美術ニ就テ憤発ヲ要スルモノアリ、国家理財ノ関係是ナリ。（中略、筆者）美術ニ係ル工業ハ本邦ノ学術制度中最モ称賛ヲ海外ニ博シ、欧米ノ市場ニ於テモ別ニ顕然タル旗旄ヲ翻ヘシ、輝々タル光采ヲ宇宙間ニ発ツモノナリ、故ニ本邦ニ於テハ美術工芸ノ奨励教育等ニ満分ノ力ヲ用フベキ必要アリ、是喋々予ガ言ヲ俟タザルモ、従来外国貿易ノ成績ニヨツテ判然タリ。（中略、筆者）蓋シ本邦ノ美術ニハ一種不可奪ノ風采ヲ存シ、殊ニ工芸図案ニ至テハ現今天下独歩タルコト欧州識者ノ許ス所ナリ。（中略、筆者）美術教育ヲ振興シテ将来ノ名工ヲ養成セザルベカラズ（一八八八年八月）(73)

九鬼は、国家財政の関係から、美術に特に注目しなければならないと述べ、その理由を展開している。つまり美術に関わる工業が、日本の学術制度のなかで海外から最大の評価を受けており、欧米市場でも大きな成果を上げているため、美術工芸教育に力を十分に注がなければならないと唱えている。ついで日本の美術は、欧米においても独特の風格を持ち、特に工芸図案で抜きんでていることは欧米の知識人の間でもよく知られているので、この意味からも美術工芸教育を振興して、将来の名工を養成しなければならない、と主張していた。

つまり九鬼は美術工芸教育を、工芸生産の要としてとらえ、日本が海外市場に進出するための最も有効な手段であると見ている。そして美術教育は、明らかにそうした専門家を養成する手段として認識されていたのである。

こうした美術工芸教育についての主張は、時を経るごとに受け容れられ、一八九二（明治二五）年には自由党の「教育上に関する自由党の方針」の中に、

我国ハ通商航海ニ適シ、又タ工芸美術ニ長ズルヲ以テ此等ノ学校（美術学校、筆者）ハ最モ之ヲ盛ンニセザル可カラズ(74)

として取り入れられている。さらに、一八九五（明治二八）年には、第八回帝国議会に「美術学校拡張に関する建議案」（末広重恭〈無所属〉他四名の建議）が提出され、一八九七（明治三〇）年には、自由党がその報告書において再度工芸振興を唱えた(75)。一八九九（明治三二）年の第一三回帝国議会では「美術工芸学校を京都に設立するの建議」（金子堅太郎〈研究会〉他三名の建議）、一九〇〇（明治三三）年の第一四回帝国議会で「美術奨励に関する建議案」（根本正〈憲政会〉他一名の建議）が出された。しかも、これら帝国議会の建議はそのいずれもが可決されているのである(76)。

以上のように日本美術復興派の主張は、鉛筆画・毛筆画論争という普通教育の枠内から大きく踏みだし、国粋主義的な潮流を背景に、専門教育機関である美術学校、工芸学校等の拡充、設立の方向へ進んでいくのである。

以上、論争の三潮流を検討したが、（一）「旧来からある西洋画法による鉛筆画支持派」は、高等師範学校を中心とする（三）「教育現場の要求を反映させた西洋画法をとりこんだ毛筆画支持派」に包摂されその論争での主導権を失い、また（二）「岡倉・フェノロサにつらなる日本美術

復興を基調とする西洋画法を排除した毛筆画支持派」は、その主張する美術的図画教育理解を（三）グループの教育的図画教育理解によって批判され、美術工芸教育へとその活動領域を移していくのである。

明治前半期における図画教育は、その前期では、教育との出遭いの過程であり、その後期では、教育的な視点において図画教育をとらえるフラクションと美術的な視点で図画教育をとらえるフラクションとの衝突の過程であった。そしてその衝突の過程において、鉛筆画を西洋画と、そして毛筆画を日本画と分かち難く結びつけた人々は普通教育の枠内から排除されていったのである。ここにはあくまでも教育という舞台上で、教育の現実を官僚的にせよ理解した人々しか残らなかった。しかしこのことは図画教育を彼らが正当に理解したということをさし示しはしない。図画教育は現在の我々が了解しているように、それ独自の価値を生み出しながら、彼らの予期せぬ方向へ走り出すのである。そしてその種子は、明治後半期の日本の社会と国際環境に胚胎していたのである。言うならば、新たなる日本と西洋の文化的な連関の形成を苗床として、瑞々しい蕾が色づき始めるのである。

しかし、その時代に急ぐ前に、これまでの二つの章で取り上げた図画教科書を、実証的に分析しなければならない。迂遠のように思われるだろうが、そうした作業こそ重要なものなのである。つまりこれまでの通説では、次章に展開するような図版分析が、全くなされず、その結果として誤った図画教育理解を導いていたからである。

註

（1）一八七四年一月に改正された「改正京都府下小学上等課業表」（表2-4）には既に京都府独自のカリキュラムが登場する。本文表1-1で表した小学教則（一八七二年）と比較すれば、学習時間も長くレベルが高かったと考えられる。
（2）小股憲明著「明治期京都府の教育改策」本山幸彦編『京都府会と教育政策』、日本図書センター、一九九〇年、一二九～一三〇頁参照。
（3）本章　註（1）参照のこと。
（4）京都市教育研究所蔵『故徳重浅吉氏所蔵資料』（以下、徳重文書、と略す）、一二三五～一二三七頁参照。なお、徳重文書については、京都府教育会編『京都府教育史』（京都府、一九四〇年）発刊の際、刊行予定であった資料編に当たる部分であり、徳重を編集主任とし、高橋俊乗らによって、京都府所蔵の公文書を中心に筆写されたものである。
（5）そのカリキュラムおよび授業方針は表2-5のようなものである。
（6）徳重文書、四六二頁。
（7）同前書、四六三頁。
（8）同前書、四六二頁。
（9）同前書、四六四頁参照。
（10）小学校教則綱領に対応して改正された小学教則は表2-6、2-7のようなものである。
（11）徳重文書、七八九三頁。
（12）同前書、七九〇五～七九〇六頁。
（13）同前書、七九六〇～七九六二頁。
（14）同前書、七九八〇～七九八一頁。
（15）同前書、七九六六頁参照。
（16）同前書、七九六七頁。
（17）同前書、七九六七～七九六八頁。
（18）同前書、七九六八～七九七四頁。
（19）同前書、七九七一～七九七二頁。
（20）『京都小学校五十年誌』京都府立総合資料館蔵、一九一八年（奥付け不明）、三五五～三五六頁。

表 2-4　改正京都府下小学上等課業表　1874 年 1 月

八級	七級	六級	五級	四級	三級	二級	一級
圖法階梯	圖法階梯	西畫指南	西畫指南	西畫指南	西畫指南	西畫指南	地圖ノ類

京都市小学校創立三十年記念会編『京都小学三十年史』，合資商報会社，1902 年，172 頁より作成.

表 2-5　「京都府下下等小学教則模本」画学　1880 年 4 月

		下等小学授業心得
六級	線	線形体地図等ノ講習ハ別ニ読書問答ノ科ニ収メタリト雖モ之ヲ筆スルノ法亦学バザルベカラズ故ニ此科ニ縁リ以テ罫畫ノ初歩ヲ起サシムベシ
五級	形	此級ニ於テハ正方形以下ノ諸形ヲ授クベシ
四級	体	此級ニ於テハ正方体等ノ諸体ヲ描カシムベシ
三級	地図	地図ハ本邦ヲ三分シテ此級ヨリ一級迄ニ分チ描カシムベシ．此級ニ於テハ第一図第二図ト五畿内トノ略図ヲ描カシムベシ
二級	地図	地図ハ東海東山北陸北海四道ヲ描カシムベシ
一級	地図	南海西海二道ト琉球トヲ模写セシムベシ

京都市小学校創立三十年記念会前掲書，243～265 頁より作成.

表 2-6　京都府小学校教則中等科図画　1882 年 1 月 24 日

六級	毎週一時　一度　初メニ縦横斜弧ノ線ヲ描クコトニ慣レシメ次ニ其線ヲ種々ニ結合シ漸次物形ヲ作為スルノ楷梯ヲ開ク
五級	毎週一時　一度　前期ノ続キ稍々其業ニ熟練セシム
四級	毎週一時　一度　簡単ナル紋形ヲ示シ之ヲ描クコトニ習熟セシメ眼目，手腕ノ働ヲ養生シ娯楽ト工夫トヲ以テ種々ノ形状ヲ作ラシム
三級	毎週一時　一度　器具，花果，家屋ノ類ヲ描カシム（凡ソ自在画ヲ授クルニハ其級ニ応ジテ範本ヲ与ヘ或ハ塗板上ニ図ヲ描キ画稿線ノ使用及平衡割合等ノ事ヲ説明スルヲ要ス図ハ初メニ輪郭ヲ描キ次ニ巨細ノ部ヨリ陰影ニ及ブヲ法トス之ヲ授クル勉テ注意，理会ノ心ヲ起コサシムルヲ要ス）
二級	毎週二時　二度　前期ノ続キ
一級	毎週二時　二度　容易キ草木禽獣ノ類ヲ描カシム

京都市小学校創立三十年記念会前掲書，291～313 頁より作成.

表 2-7　京都府小学校教則高等科図画　1882 年 1 月 24 日

四級	毎週二時　二度　前期ノ続キ
三級	毎週二時　二度　山水，人物ノ類ヲ描カシム
二級	毎週二時　二度　幾何画法（初メニ規矩ノ用法及曲，直線等ニ属スル諸題ヨリ次ニ比例，楕円形等ヲ授ク凡ソ問題ヲ与フルニハ生徒ヲシテ充分ノ工夫ヲ用ヰシメ然ル後其画法ヲ教フルヲ要ス）
一級	毎週二時　二度　正写画ノ初歩（実体ニ就キ其画法ノ論理ヲ説明シ点線ニ関スル正写法ヲ授ク此画ハ工作図ニ必要ノ原理ナルヲ以テ実地活用ノ力ヲ養成センコトヲ要ス）

京都市小学校創立三十年記念会前掲書，291～313 頁より作成.

(21)『京都府教育会雑誌』第一〇号、京都府教育会、一八八五年三月、一八頁。
(22)同前誌、一八頁。
(23)同前誌、一九～二二頁。
(24)同前誌、二四頁。
(25)『教育時論』第八号、教育開発社、一八八五年七月五日、五～六頁。
(26)佐野常民を会頭として、鹽田真、河瀬秀治、山高信雄らが上野不忍池畔天龍山生院で結成した日本美術系の団体。なおこの会の実質的な指導者は岡倉、フェノロサなどの日本美術復興派である。
(27)岡倉天心著『岡倉天心全集』第三巻、平凡社、一九七九年、一一頁。
(28)アーネスト・F・フェノロサ「東京の美術家達を前にした美術に関する講演、一八八一年四月十日」村形明子編訳『アーネスト・F・フェノロサ資料』第二巻、ミュージアム出版、一九八四年（以下、『フェノロサ資料』と略す）、六頁。
(29)「フェノロサ宛岡倉書簡、一八八四年一二月五日」、岡倉前掲書、第六巻、一九八〇年、一二頁。
(30)同前書、一二頁。
(31)同前書、一四頁。
(32)「普通学校教科用図画調査（故限元謙次郎氏蔵写本）」『フェノロサ資料』第一巻、一九八二年、三三五頁。
(33)同前書、三三五頁。
(34)同前書、三三五～三三六頁。
(35)「フェノロサ宛岡倉覚三書簡、一八八四年一二月八日」、『フェノロサ資料』第一巻、一一一頁。
(36)『明治以降教育制度発達史』、第三巻、四一頁。
(37)岡倉前掲書、第六巻、二九頁。
(38)「金子堅太郎宛フェノロサ書簡」『フェノロサ資料』第一巻、一三七頁。
(39)「フェノロサ宛岡倉覚三書簡、一八八八年二月八日」、同前書、一一六頁。
(40)同前書、一一六頁。
(41)同前書、一一六頁。
(42)「森有礼宛フェノロサ書簡(1)」、同前書、一二二頁。
(43)磯崎康彦・吉田千鶴子共著、桑原実監修『東京美術学校の歴史』、日本文教出版、一九七七年、五一頁。
(44)E・F・フェノロサ「書簡関係メモ」『フェノロサ資料』第一巻、一四六頁。

(45) この派に属する代表的な論説は以下のようなものである。木下邦昌（東京師範学校卒）「図画教授法」『教育時論』第二〇号、一八八五年一一月五日、一四～一六頁。日比野勇次郎「図画教授法ニ感アリ」『京都教育会雑誌』第二号、一八八六年一月、一六～三四頁。笠井直「上下両京区各小学校教員画学伝習初会ノ演辞」、同前誌、第四号、一八八六年三月、三～一〇頁。小早川潔「図画ノ効用及教授法ノ一班」『信濃教育会雑誌』第一四号、信濃教育会事務所、一八八七年一一月二五日、二～九頁。市島金吾「日本画ノ将来如何」『教育報知』第一五三号、東京教育社、一八八九年一月一二日、二頁。

(46) この派に属する代表的な論説は以下のようなものである。鹽田力蔵「普通学科ニ洋画」『教育報知』第一四八号、一八八四年一二月八日、二～三頁。河合金太郎「画学偶感」、同前誌、第一四九号、一八九八年一二月一五日、三～五頁。片岡碧光「教育上図画ノ採択」、同前誌、第一七三号、一八八八年三月二五日、九～一〇頁。

(47) この派に属する代表的な論説は以下のようなものである。河野次郎「鉛筆画及毛筆画ニ就テ」『信濃教育会雑誌』第三三～三四号、一八八八年六・七月、一一～一五頁・一四～一九頁。石川県尋常師範学校画学教員「再ビ石川県小学校ノ毛筆画ヲ論ズ」『大日本教育会雑誌』第八九号、一八八九年八月一〇日、六四四～六五二頁。著名無し「図画教授の一方案」『教育報知』第二五〇号、一八九一年一月一〇日、八頁。津島壹城「尋常科ニ於ケル図画」『信濃教育会雑誌』第六一号、一八九一年一〇月、一二～一七頁。「全国教育連合会議事筆記録」『大日本教育会雑誌』第一一二号付録、一八九一年一二月一八日、二一〇頁。

(48) 「第六回総集会記事第二」『大日本教育会雑誌』号外、一八八九年一〇月、一五九頁。

(49) 同前誌、一五九頁。

(50) 同前誌、一五九頁。

(51) 同前誌、一五九頁。

(52) 同前誌、一五九～一六〇頁。

(53) 同前誌、一六〇頁。

(54) 同前誌、一六一頁。

(55) 東京文理科大学編『創立六十年』、二六七頁。

(56) 岡吉壽の採用時期には二説がある。それは前掲『創立六十年』の本文と、同書付の「東京高等師範学校教官在職図表（二）」との違いである。前者には「明治十九年、岡吉壽をして始めて毛筆画を教授せしめた」（二六七頁）と記載されている。一方後者および筑波大学所蔵の同校職員録には、その在職期間が明治二三年から二八年の間と記されている。しかし高等師範学校での岡の実質的な後任者でありかつ、明治後半期の図画教育を主導した白浜徴の『文部省講習会圖畫教授法』（大日本図書、一九〇四年、五六頁）などにも前者同様の記載があり、「在職表」には記載がないが、単なる前者の記憶間違いとはやにわに判定しがたい。それゆえ本論では、欠落箇所等の多々ある後者をとらず、いわば同校および文部省での通説であり、かつ毛筆画教育実施の思想的文脈としても納得のいく前者本文の年代を採用した。

(57)「中小学校ノ図画教授論」『東京茗渓会雑誌』第六一号、一八八八年二月二〇日、一四頁。なお、この著者名については、本号の原文において印刷が不明瞭のため「は、ま、」ないし「は、き、」と読める。しかし翌月発行の同誌第六二号の二八頁および三一頁において同一著者の署名が「は、こ、」と明瞭に記載されているため、本論ではそれを採用した。

(58) 同前誌、一五頁。

(59) 同前誌、一五頁。

(60) 同前誌、一五頁。

(61) 同前誌、一七頁。

(62) 同前誌、一七～一八頁。

(63) 東京文理科大学前掲書、二六七～二六八頁、高村前掲書、一一一頁参照。

(64) 岡村増太郎「毛筆画取調の成績」『東京茗渓会雑誌』第一〇二号、一八九一年七月二〇日、八頁。

(65) 河野鎗次郎「毛筆教授ノ報告書」、東京茗渓会前掲誌、第一〇二号、一八九一年七月二〇日、一三頁。

(66)「梧陰文庫」B-三〇三五、國學院大学蔵。

(67) 同前書、B-三〇三六。

(68) 同前書、B-三〇三六。

(69) 白浜徴『日本臨畫帖教授法』大日本図書、一八九八年、一六頁、東書文庫蔵。

(70) 同前書、二七～六一頁。

(71) 同前書、六四～六七頁。

(72) 同前書、六八～七〇頁。

(73)「美術ニ関スル九鬼図書頭ノ演説」『教育報知』第一三四号、一八八八年九月一日、三～六頁。

(74)『教育時論』第二六三号、一八九二年八月五日、二四頁。

(75) 同前誌、第四三四号、一八九七年五月五日、二八頁。

（76）本山幸彦編『帝国議会と教育政策』、思文閣出版、一九八一年、二五～四一頁。

第三章　図画教科書の分析

——毛筆画教科書の成立をめぐって

周知のように、明治期の図画教科書には毛筆画教科書および鉛筆画教科書の二種類のものが存在している。その内在的な連関については前章で展開しているが、この章では、こうした図画教科書がどのような構想のもとに作成されたのかを、その教育内容分析および図画教科書図版の分析を通して再検討したい。その際、鉛筆画教科書が西洋画法によって描かれているという見解については通説でもほとんど異論はないので、教育内容ないし指導内容の分析に止める。

この分析は、これまでの研究ではほとんど見られなかったアプローチの仕方である。言説を中心に図画教育を書記的に分析したことや「教育」との連関を過少に評価していたことなどから分析が不十分となり、大きくこの時期の図画教育についての実態を見誤る危険性を招いたことを忘れてはならない。この章においては、前轍を踏むことなく、具体的な図画教科書そのものを対象にすることで図画科の教育的な内実を明らかにしたい。

とりわけ、この点において議論の焦点となるのは、毛筆画教科書についてである。同教科書は前章でも詳しく述べた通り、従来日本画教科書として理解されていた。そのため、本論ではそこに徹底的な批判を加えてきた。ここでは、結論的には重複する結果となるが、ヴィジュアル分析を加えることでさらに本論の主張を補強したいと考えている。

また本論の構成は、第一節では、本論の前提となるべき鉛筆画教科書の教育内容を知るために、明治初期から中期に至る代表的な鉛筆画教科書を、第二節では、まず毛筆画教育への教育現場からの要請を石川県を中心に検討し、次にそうして作られた日本最初期の毛筆画教科書である『圖畫帖』、京都府によって作られた『小學毛筆畫帖』およびもう一冊の教科書を分析する。さらに第三節では、毛筆画教科書の全国普及にあたって典型的な教科書として評価された『帝國毛筆新画帖　前編』および『帝國毛筆新画帖教授法　前・後編』を考察する。

なお図画教科書図版分析は本論中に組み込むべきものであるが、その図版枚数が大量なことと図版一枚一枚の分析が先行研究を批判するために重要と考えられるので、「図画教科書図版分析資料」（以下、「分析資料」と略す、筆者）として巻末にまとめておいた。本論との相互的な連関があるため、「図版Ⅳ-1」というようにローマ数字との組み合わせで図版を示すことになる。よろしくご参照をお願いしたい。

第一節　鉛筆画教科書の成立

本節で取り扱う対象は、学制の公布（一八七二〈明治五〉年八月）から明治一〇年代に至る期間において図画教育の主流として位置づけられていた鉛筆画教科書である。その最初の図画教科書といわれるものは、ロベルト・スコットボルンが著し川上寛（冬涯）の纂訳した『西畫指南』（一八七一年、文部省刊）だと言われている。本節ではそれ以後、日本人の手によって編纂・著述さ

れた代表的な教科書である（一）『小學畫學書』（文部省編・山岡成章画、文書局刊、一八七三年）、（二）『小學普通畫學本　甲之部』（宮本三平編、文部省刊、一八七八年）、（三）『普通小學畫學楷梯　前編』（岡村政子著、岡村竹四郎刊、一八八六年）を検討する。(1)

『小學畫學書』・『小學普通畫學本　甲之部』の検討

学制公布に伴い、小学校の普及・発展を促進するために「小学教則」（一八七二年九月）が、その翌月に制定される。『小學畫學書』は、後に文部省の手で、その教則に準じて編纂されたものである。当初、「小学教則」における図画科（当時は、罫画科）のカリキュラム（第一章、表1-1参照）は、『南校板罫畫本』や『西畫指南』などの西洋画法の指導書を用い、点・

表 3-1 『小學畫學書』教育内容分析表

号　　数	図　　版	内　　容	図数
第 1 号 総 32 図	1〜6 図	直線の練習	6
	7〜16 図	直線の組み合わせの図	10
	17〜21 図	曲線の練習	5
	22〜24 図	直線の組み合わせの図	3
	25〜32 図	直・曲線を組み合わせた図〜投影図・立体図―透視図法	8
第 2 号 「諸物品ノ図」―線の細太による陰影 総 28 図	1〜6 図	投影図（モチーフ／西洋の墓・モニュメント等）	6
	7〜20・22・25〜27 図	透視図法による立体図（モチーフ／洋本・洋樽・イーゼル・門・扉等）	18
	21・23・24・28 図	投影図	4
第 3 号 「輪郭結搆間架ノ布置ヲ熟知セシメ随テ陰影ヲ並写スルヲ習ハシム」 総 36 図	1〜36 図	陰影をつけた透視図法の立体図（モチーフ／西洋の工具・道具類―チーズ作り・靴修理台・コーヒーミル等）	36
第 4 号 建築物 総 28 図	1〜4・7・8・10〜21・23〜25 図	投影図（モチーフ／全て西洋建築）	21
	5・6・9・22・26〜28 図	投影図に陰影を施したもの	7

文部省編「小學畫學書」海後宗臣編『日本教科書大系近代編　第 26 巻　図画』，講談社，1966 年，19〜25 頁より作成.

線・面の指導から始め陰影画法等の技術を習得させ、小学校の最終学年には地図を描写させる、という西洋画法を中心とするものであった。

では次に、『小學畫學書』の内容を検討してみる。著者が、その「画学序」において、

> 此画法は初心を導くに就て肝要なる工夫を挙て示すものにして手始めの素画なり故に初学の徒これを手本にして稍く習熟すれば随つて臨写する時其図画の生意を得る眼目の旨趣に達し②

と言うように、この教科書は臨写つまり手本として模写するために作成されている。こうした図画教科書＝臨画本（臨写の手本）という図式は、明治期から大正期にかけての日本の図画教育の特徴とも言える。

ついでその教科書内容の構成を表3-1に示してみる。

この表に見られる構成は、技法的にはまず(a)直線の練習、(b)直線の組み合わせによる図形、(c)曲線の練習、(d)直・曲両線による図形――投影図③・立体図（透視図法）、(e)陰影画法による立体図、というものである。またモチーフについて見れば、そのほとんどが西洋の物品である。確かに、チーズ作り器、コーヒーミル（図C）やイーゼル（図D）などの、当時の日本において理解しがたい物品が描かれている。しかし

図C　『小學畫學書』第二十八図

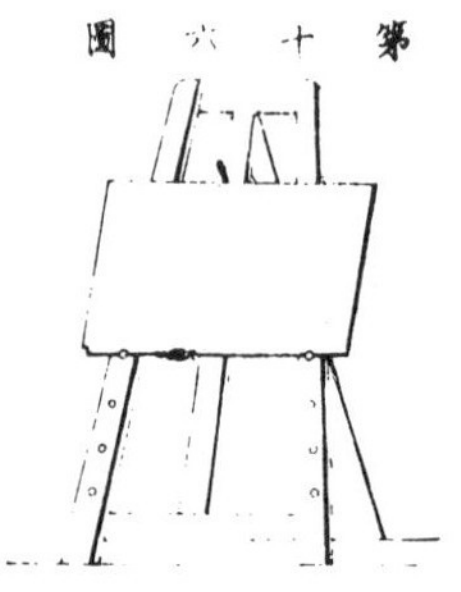

図D　『小學畫學書』第十六図

こうした物品も西洋では、日常的に接することの多い道具・工具類であり、最終的に描写させるモチーフには建築物が選ばれている。こうした西洋の図画指導書を下敷きとした図画教科書が当時の図画教育の基礎を作っていたわけである。(4)

では次に、『小學普通畫學本　甲之部』を検討してみよう。同書は、その「凡例」において、

此ノ編ハ画学ノ階梯タリ　故ニ其ノ示ス所ハ運筆ニ練熟スルト物品ノ形状及輪郭結搆ヲ詳ニシ線ノ細大ニ因リテ陰影ノ別ヲナスコトヲ知ルニ止マレリ　夫レ精密ノ法ノ如キハ編ヲ次ギテ中学ノ

表 3-2 『小學普通畫學本　甲之部』教育内容分析表

業数	図版	内　　容	図数
第 1 業	1〜4 図	縦横斜線ノ起式	8
	5〜7 図	直線ヨリ成レル単図	19
第 2 業	1〜3 図	弧線，円形，楕円，卵形，渦線，円柱，円錐等ヲ描ク法及弧線ヨリ成レル単図	25
	4 図	直線及弧線ヨリ成レル単図	9
第 3 業	1 図	器具ノ正面或ハ側面単図	44
	2 図	壺類ヲ描ク法	6
	3 図	家屋並鉄橋ノ単図 附遊戯ノ具並小児手遊ノ具	15
第 4 業	1 図	幾何画法ヲ示ス	15
	2 図	同法単図	42
	3 図	同諸具ノ単図	
第 5 業	1 図	葉形之大略	31
	2 図	花形之大略附花葉之連続	27
第 6 業	1 図	草木之花	21
	2 図	果之類	17
第 7 業	1 図	野菜之類	31
	2 図	菌之類	9
第 8 業	1 図	農具之類	61
第 9 業	1〜4 図	樹木之類	22
第 10 業	1 図	家屋之部分	10
	2 図	同結搆	8
第 11 業	1〜7 図	橋梁之類	7
第 12 業	1〜8 図	舟之類	7
	9〜13 図	車之類	7
第 13 業	1 図	魚ノ類	31
第 14 業	1 図	介類	13
	2 図	亀，蜥蜴，蛇，甲殻，蝦蟆ノ類	11
	3 図	蟲ノ類	13

なお図数を数える際，破線による輪郭図および筆法の指導図表は計算に入れていない．宮本三平編「小學普通畫學本　甲之部」海後前掲書，29〜65 頁より作成．

部ニ至ルヲ待ツベシ(5)

と述べている。この教科書では、中学との進度における一貫性を前提として、小学レベルでの技法的段階を線の「細大」による遠近の表現までにおいている。その内容構成は、表3-2のようなものである。

　この教科書の内容構成は、(a)直線の練習、(b)直線の組み合わせ図、(c)曲線の練習、(d)直・曲両線による図形、(e)投影図、(f)幾何画法―透視図法による立体図、(g)動植物などの博物図、となっている。また(f)までの図版の大多数には、中心線や輪郭線などの基準線を用いてモチーフを単純な形体でとらえる西洋画法独特の形体把握の技法（図E、F）（幾何形態の適用、として「分析資料」には掲示、筆者）が図示されている。さらに特徴的な点は、総図数五〇九図中三二六図（六四%）を博物図が占めていることである。これについては、当時の図画科の学習が他教科（主に問答科・算術科など）との関連をもちながら実施されていたことや、次項で述べる小学校教則綱領制定以降は、初等教育

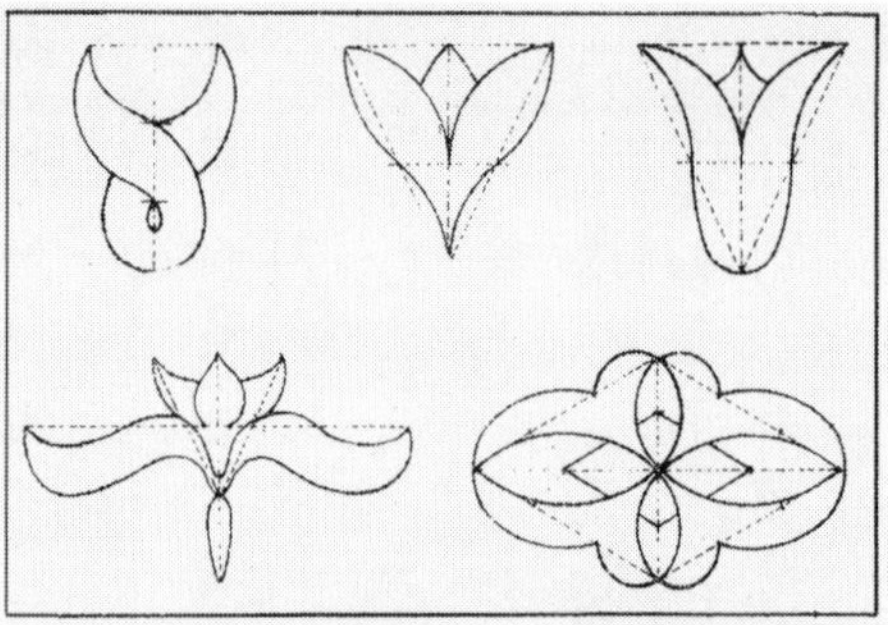

図E　『小學普通畫學本』甲之部第一第二業第三図十七頁.

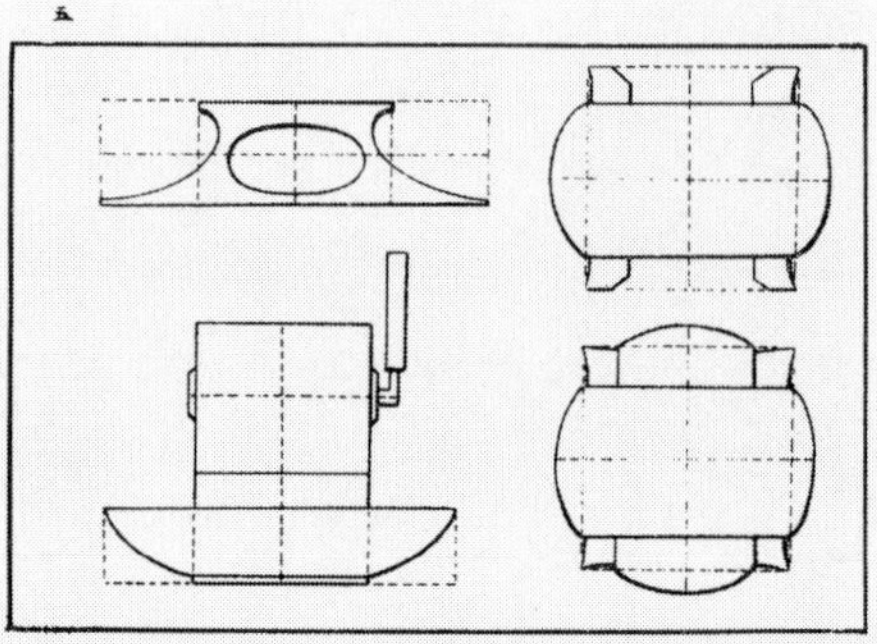

図F　同上甲之部第二，五頁.

科目中に博物科※が登場することなどから、そうした教科的ないしは教授法的（主に開発主義教授法的）な影響を受けたものとも考えられる。(6) ついでモチーフに関しては、この教科書から日本的なものが数多く見られ、生徒の日常的に接する事物を描写させるように取り計らわれている。

『普通小學畫學楷梯　前編』の検討

一八八一（明治一四）年五月、前年の改正教育令をうけて小学校教則綱領が制定される。この綱領において、図画科の目的が初めて規定されている。(7) 改正教育令によって、従来下等・上等小学と区分されていた小学校教育は、初等・中等・高等小学校に三分され、その中等および高等に図画科が設置された。基本的な指導方針は、前項で検討した教科書に見られるものと同様の直線・曲線およびそれらを用いた単図から始まり、単図の繰り返しとなる紋画（模様画）、器具、植物、建築物などの描写を中等科の領域とし、高等科では博物学的なモチーフ、風景画、そしてそうした練習の過程で幾何画法（主に透視図法）を兼習させるというものである。

加えて、この綱領では、「眼及手ノ練習」という目的が先述したように付け加えられている。この目的は、単に「眼で見たものを手で描く」という意味だけでなく、高嶺秀夫ら東京師範学校の人々によって主導されたペスタロッチー主義教育学（開発主義教育学）の図画教育理解を反映したものである。東京師範学校は、当時の小学・中学教育の全国的な指導機関として機能しており、高嶺らは、従来の技法中心の図画に対して、「教育としての図画」をペスタロッチー主

博物科　この科目は、現在の理科に含まれる一科目で、改正教育令（一八八〇年）に準拠した小学校教則綱領（一八八一年）によって物理・化学・生理と並んで小学校中等科および高等科に設けられる。その内容は、開発主義教授法にのっとり、通常の動物・植物・鉱物などについての名称・性質・効用等を教授した。なおこの学科は、第一次小学校令（一八八六年）以降、理科に統合される。

義にのっとり構想していたのであった。高嶺によれば、図画は「眼で見たものを手で描く」ことによって養成される正確な観察力獲得の手段として教育的な評価を受けるものであった。つまりこの観察力の養成は、彼らの理解の内では教育全般に必要な認識能力の一つとして把握されていたのである。

要するにこうした目的を実現する手段として再確認されたのが、輪郭の描写から段階的に陰影画法の習得へと進む西洋画法の指導順序であったと言えよう。では次にこの綱領の下で編纂された『普通小學畫學楷梯　前編』の内容を見てみよう。

この教科書は、その凡例において、

> 此編ハ画学専門ノ子弟ノ為ニ設クルニ非ザルヲ以テ簡ニシテ要ヲ得ルヲ旨趣トス[8]

と述べるように、専門家教育ではなく普通教育を意識した書き出しで始まる。そして縦・横・斜線の練習から「区分点式」[9]（図G）に移行し、ついで簡単な形体から輪郭をとる練習に入り、それが十分にできた後、ようやく陰影画法を学ぶという、綱領の趣旨に合った構成となっている。その内容の詳細は次に表示する（表3-3）。

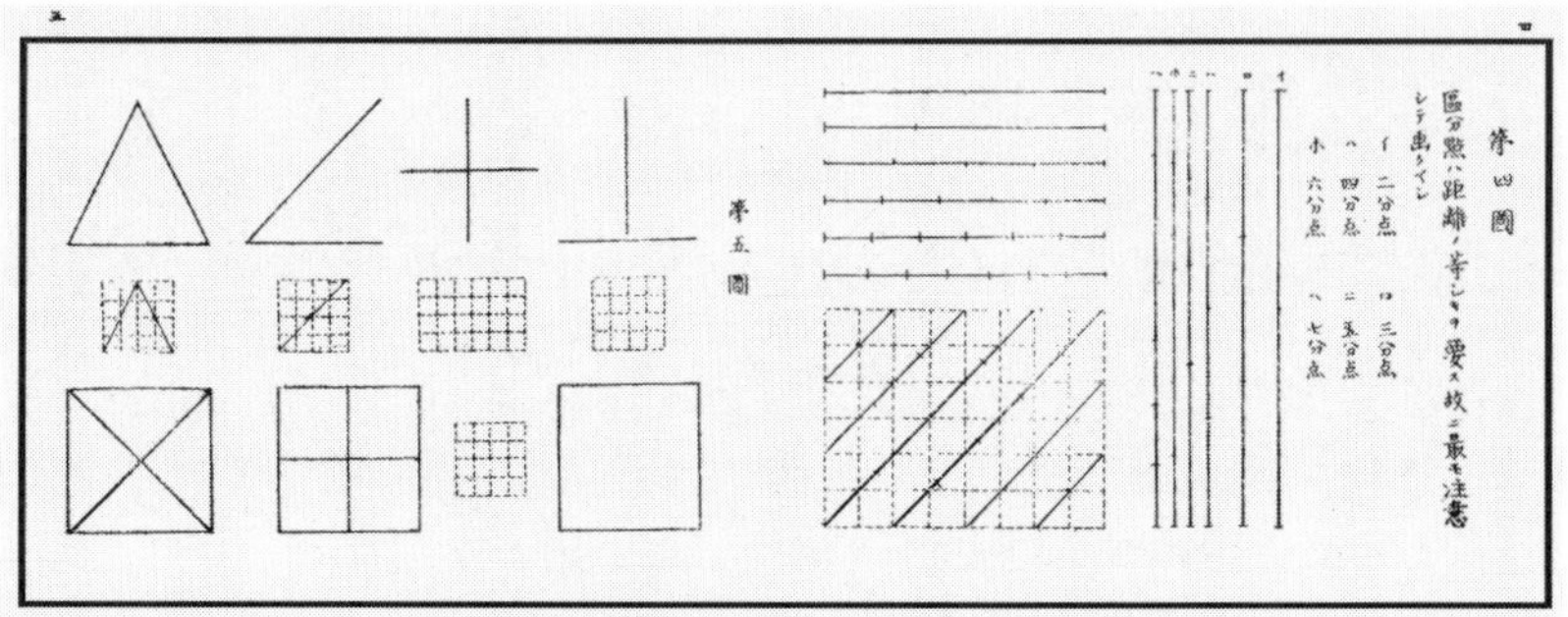

図G　碁盤目のような線と等間隔に打った点をたよりに描く「区分点式」の例．『小學普通畫學本』乙之部第一第四図（四頁），第五図（五頁）より．

この表に見られるように、その内容構成は、従来の教科書を引き継ぎ、さらに整理されたものとなっている。そしてこの教科書の場合、博物図および詳細な幾何画法についての指導は、後編においてなされることになる。「後編目録」によれば、全五巻中の第一巻から第四巻までで陰影画法および草花・樹木・動物・鳥・人物・建築物・乗物・風景などのモチーフが指導され、第五巻では「幾何初歩ノ図」が学習の課題となっている。(10)

以上、学制以降明治一〇年代に至る主要な図画教科書を検討したが、そこには初期図画教育における一定の共通項が了解できる。つまりこの時期には、西洋の図画指導書を基準として、対象を正確に認識し、描写するという目的で教科書が編纂されており、その意味から教科書の図版編成は当初「直線・曲線の練習→投影図→透視図法による立体図→陰影画法」という順序で組み立てられている。そして一〇年代にはいると、それに加えて他教科との関連も踏まえ幾何画法(より詳細なもの)および「博物図」の描写が課されることになるのである。

こうした過程を経ていわゆる鉛筆画教科書が成

表 3-3 『普通小學畫學楷梯』教育内容分析表

巻	図版	内　容	図数
第 1 巻	1～35 図	直線の練習・直線による単図	35
第 2 巻	1～13 図	家具・家屋・簞笥・机等の投影図	13
第 3 巻	1～5 図	曲線の練習・円・楕円・卵形	5
	6～12 図	曲線による投影図(団扇・壺・時計等)	7
	13～22 図	直線による連続形・紋画	10
第 4 巻	1～2 図	直線による紋画	2
	3～4 図	曲線による紋画	2
	5～10 図	直・曲線による紋画	6
	11～18 図	透視図法による立体図(机・本・燭台等)	8
	19～22 図	花葉	4
第 5 巻	1・3～6・8・10～12 図	透視図法による立体図(火鉢・急須・石灯ろう・壺・家屋等)	9
	2・7・9 図	花葉	3
付録	1～12 図	陰影画法による立体図(果実・野菜)	12

岡村政子『普通小學畫學楷梯　前編』,海後前掲書,69～82 頁より作成.

立する。当初予測していたように、鉛筆画教科書は、西洋画法の指導書であった。しかし注意すべき点は、単なる画法の指導にとどまらず、あくまでも教育学の流れに沿った形で、その編集がなされていたことにある。ここに当時の文部省側の図画教育への意図を明瞭に読みとることができよう。さて次節以降では、新たに登場する毛筆画教科書がどのような内容をもつものであったのか、そしてそれが鉛筆画教科書とどのように関連するのかを検討したい。

第二節　毛筆画教科書の形成

毛筆画教育への要請――石川県の図画教育方針をめぐって

本項では、まず毛筆画教科書が要請されるに至った経緯を前章よりさらに踏みこんで見ていく。次に明治二〇年代初頭に石川県で編纂された現在確認される限りにおいて、日本最初の毛筆画教科書『圖畫帖』(関元平、岡本勝元著、鹿田治吉発行、一八八八年七月)の成立に至るまでの同県の図画教育方針を検討する。

毛筆画教科書は、従来岡倉覚三およびアーネスト・F・フェノロサらを中心とする日本美術復興派の国粋主義的な運動の流れの中で形成されたとする見解が、通説的なものであった。しかし当然のことながら本論ではこうした立場には立たない。もちろん、日本美術復興派の影響は拭うべくもないが、それに加えて教育現場からの要請が一層重要なものとして存在したのである。

明治初年から日本政府は、教育の拡充に大きな力を使ってきた。なかでも最も重視したのは、全国民を対象とする小学校教育である。しかし当時の民衆はいまだ前近代的な生産様式の下で生活しており、教育に資金を割くほどの十分な経済力を持ちえなかった。こうした当時の状況は、教育令の制定（一八七九年）、同令改正（一八八〇年）、小学校教則綱領制定（一八八一年）、教育令再改正（一八八五年）、小学校令の公布（一八八六年）などのまさに朝令暮改とも言える教育法令の度重なる改廃にも反映していると言えよう。[11] 当時の政府は教育政策の緊縮弛緩を国民の経済的な豊かさと貧しさに、さらに言えば農耕の豊作不作に合わさざるをえなかったのである。毛筆画教科書への要請もまたこうした教育状況の中から出現するのである。

毛筆画教科書を日本で最初期に系統的に考案するのは、前章で詳しく述べたが日本の工芸の中心地京都である。京都府の図画教育への傾倒は、明治初年から深く、槇村正直・北垣国道の両知事の府政（一八七五〜九二年）の時期にはさらに一層の努力が払われている。槇村府政の最晩期の一八八〇（明治一三）年においては、従来上等小学でしか実施していなかった「画学」の授業を下等小学でも行っている。当時の図画指導は、もちろん西洋画法によるもので、鉛筆・洋紙などの舶来の高価な画材を使うものである。しかし先述したように、庶民の経済状況は余り芳しいものではなく、そのためさまざまな不満が巻き起こっていた。翌一八八一年を始めとして、一八八二年、一八八三年には、各地の学区から図画教育廃止の嘆願書が寄せられ、深まる不況と相まって府当局も今までのように強引に図画教育を実施するわけにはいかなくなる。そのため当局は、弥縫策として毛筆による図画指導を試みることになったのである。その図画指導の内容は、心力の開発という当時教育学で主流を占めていた開発主義教授法の原則を前提として、その経済性、習字習得の補助機能、そして工芸振興の意味において、優れた特質を持つ「日本画」を西洋画の教授方法によって再編することにあった。つまり、それは西洋画法による毛筆画の開始、すなわち毛筆による西洋画教育であった。

そしてこうした当時の大都市の一つであった京都府の図画教育状況は、多かれ少なかれ京都より経済的に立ち遅れていた他の地方についてもあてはまることと思える。一八八二年以降打ち続く全国的な不況・凶作に喘ぐ諸地方が、節約的な図画教育の普及を考える際、この京都府の主張を無視することはできなかったと思われるのである。では次にこうした地方情況を、毛筆画教科書成立期の京都府に当初から図画教員を留学させ、京都府より少し早く毛筆画教科書を作り上げた石川県を例に挙げて検討してみる。

石川県の図画教育

石川県の図画教育は、同県が京都府と同様に工芸を重視していたため明治初年から実施されている。同県での図画科の設置された正確な時期は定かではないが、最初に確認できるものが、一八七五（明治八）年七月に開設された石川県師範学校付属小学校のカリキュラムに記載されている上等小学校の「画学」という項目である。[12]

ついで「画学」が登場する一八七七（明治一〇）年に制定された師範学校通則では、表3-4のようにその内容が記載されている。

この時期の図画教育の内容を具体的に知るものとして、一八七七年度の同師範学校入学生の「母校在学当時の思出」には、図画科について「図画＝鉛筆画手本の印刷物[13]」という記載がある。要するに、鉛筆画教科書を使用した臨画教育であったことが了解できよう。

一八七九（明治一二）年の小学科準則では、「画学　一週三時」と規定され、そのカリキュラムも「男児小学」・「女児小学」ともに第八級から第一級まで抜けることなく課題が盛り込まれている。[14] その後、一八八一（明治一四）年、同県金沢市区会は区費をもって水野治三郎、内海周太郎を京都府画学校へ入学させる。両名は一八八五（明治一八）年一一月および一二月と続いて同校東宗（土佐派・円山派などの大和絵の専門学科）を卒業し、水野は石川県専門学校兼師範学校の画学教員助手に、内海は小学校巡回教師に任じられている。[15] そして図画教育への石川県のこうした関心は、翌年二月、全国に先がけた毛筆を使った図画教育の開始を導き[16]、文部大臣森有礼の評価を次のように受けていたのである。

表3-4　1877年度石川県師範学校通則図画科カリキュラム

師範学校本科	図　　画
第四級　第一期六ヵ月	罫画器物
第三級　第二期六ヵ月	植物　動物
第二級　第三期六ヵ月	植物　動物　液体　気体
第一級　第四期六ヵ月	なし

徳光八郎編『石川県師範教育史』，金沢大学教育学部明倫同窓会，1953年，32頁より作成．

> 毛筆画ヲ課スル事　小学ニ毛筆画ヲ課セルハ、石川県ニ於テ始メテ見タリ、最モ好スベシ、後日東京美術学校ノ画学モ、毛筆画ヲ主トスルノ見込ナリ、最初ハ西洋ノ画法ヨリ後ニ至リテ鉛筆画ト併課スルヲ良トス、毛筆画ハ本邦固有ノ芸ナレバ、之ヲ忽諸ニ付スベカラズトナリ、惜ラクバ石川県ハ夙ニ毛筆画ノ端ヲ開キナガラ、教授方法等十分ニ力ヲ用ヰルモノ少ク、今ニ善良ノ結果ヲ見ルニ至ラザルコトヲ。[17]

森は一八八七（明治二〇）年一〇月に第四高等中学校開校式に出席するため、石川県金沢市を訪れる。その際、当地の小学校を視察し、その感想を語ったものと思われる。前章で森の図画教育方針について述べたが、ここでも彼の意図が明瞭に読み取れよう。つまり森はあくまでも西洋画法を基本として教授し、その後に鉛筆画と並んで毛筆画（この場合は日本画、筆者）を指導する方針を最善と考えていたのである。それに加えて、森は二年後に開校予定の東京美術学校（一八八九年二月開校）のカリキュラムにも、こうした方針を導入することを示唆していたのである。

では毛筆画教育を開始した石川県の図画科カリキュラムはどのようになっていたのだろうか。一八八六（明治一九）年一二月一二日、同県は表3-5のような「小学校学科程度実施方法」を制定し、翌年四月から実施している。

このカリキュラムを見ると、前節で分析した鉛筆画教科書とほとんど同様の指導内容を持つものであることが分かる。森に評価された毛筆画教育とはこうした西洋画法のカリキュラムに基づいた毛筆画指導であったことが了解できるだろう。

こうしたカリキュラムを実施するために石川県当局は適切な教科書を求めるが、結果的に見つからず[18]、二年後の一八八八（明治二一）年七月五日、関元平（一八七九年度石川県師範学校小学師範科生入学）[19]、岡本勝元（一八八六年度石川県尋常師範学校中等小学師範学科生入学）[20]によって日本最初の毛筆画教科書『圖畫帖』が金沢市において発行されることになったのである。ここでは同書の図版分析を行うが、まずその理論的な支柱とも考えられる関の先輩であり、岡本の教師でもあった市村才吉郎（石川県師範学校図画教員）※の主張を同書出版の翌年に、市村が発表した『畫學教授大意』で検討してみる。

市村才吉郎の図画教授論

この著作は、その「緒言」によれば、

> 石川県尋常師範学校ニテ画学ノ講会ニテ小生ガ教師ノ選ニ当リタレバ　此ノ草稿ヲ演舌為セシニ　之ヲ印刷シテ分テトノ議[21]

が起こったため、まとめられたとある。いうならば、師範学校公認の図画教授書と

表 3-5　1886 年度石川県「小学校学科程度実施方法」

尋常小学校ノ学科及其程度ノ配当表		高等小学校ノ学科及其程度ノ配当表	
学科	図画	学科	図画
第一年	直線 曲線 単形	第一年	自在画　輪郭画
第二年	簡易ナル輪郭画　工夫画	第二年	同上　　簡易ナル陰影画
第三年	前年ノ続	第三年	前年ノ続
第四年	前年ノ続	第四年	自在画前年ノ続　実物模写 用器画　簡易ナル幾何画及器具
第五年	温習		

和田文次郎編『稿本金沢市史　学事編第三』，金沢市役所，1921 年，923～926 頁より作成．

して石川県下に流布したものと考えられる。

ついで「第一　忽論」として、

> 普通学課ニ図画ヲ教ヘントスルモノハ　先ヅ普通学課ニハ何ノ為メニ図画ヲ教ユルコトヲ要スルヤト云フ問ヒニ付キ考究セザル可ラズ(22)

という普通教育における図画科の位置についての問題提起がなされている。

それに対応して、

> 図画課ハ普通課ニ於テ正画《ママ》ナル画　即チ尤モ実物ニ近キ画ヲ模シ出サシムルコト必用ナルニ　或ハ高尚ノ専門部ニ歩ヲ馳セテ一筆画ノ如キモノヲ以テ画カシムルハ恐クハ普通学課目的ヲ誤ルモノト云フ可シ(23)

と図画は正確な画すなわち実物に則した画を描くことが、目的であり、高尚な絵画の専門家のような指導をしてはならない、と述べている。それ以下九項目にわたって「画図ノ普通学ニ於ケル効用」を箇条書きにしている(24)。こうした市村の意見は、彼自身が西洋画家として薫陶を受け、その立場から毛筆画教育を構想していたことを示しているだろう。

彼の毛筆画教育についての意見は、まず旧来の日本画批判から始まる。

市村才吉郎　一八六七年に大聖寺藩士族として石川県江沼郡大聖寺に生まれる。明治期石川県の図画教育を語るうえで恐らく最も重要な人物の一人である。大聖寺藩学校、金沢英仏学校で学んだのち、七二年から七四年まで福井中学校のワイコフ(M. N. Wyckoff 米国)に理化学・図学・算術を師事する。七五年に小学師範科生として石川県師範学校に入学し、卒業後県内の小学校訓導を務め、七七年から八一年まで東京の洋画家五姓田義松に師事している。その後石川県師範学校の図画教員として同年九月から九〇年一一月まで在職し、言わば明治初期の鉛筆画教育から明治中期の毛筆画教育への移行を日本で最初に実践した人物である。その後、石川県中学校、石川県工業学校などの図画教員を務めている。

形状ノ不正ナル上ニ誤ヲ伝ヘテ彌々形状ノ不正ヲ増進シタルハ　日本画流派ハ何レノモノモ同様ナルニ　或ハ此ノ不正ヲ以テ妙トナシ此ノ不正ナルモノガ目ニサハラヌガ妙ナリナド称讃スレ共此ノ不正ヲ見慣レタル日本人ノ目ニ障ラヌモノニテ猶ホ野蛮人ガ裸体ノ目ニ障ラザルモノ、如シ此不正ナル眼目ヲ改良スルモ小学普通学課ガ日本後来ノ人民ニ向テノ義務ト謂ハザル可ラザルナリ。(25)

つまり従来の日本画派の絵画において描写上「不正」確な部分を「妙」として評価していた慣習があるため、当時の人々の視線は「不正」確なものに慣らされ、正確なものが見えなくなっている。それゆえ、今後の日本人の視線を正確なものに変えていくのが小学校普通科における図画科の任務であると主張している。

そのため「鉛筆及ビ毛筆」という項目で、

普通小学課ニ用ウル所ノ画ハ　筆ノ乾潤ヲ問ハズ　其ノ形ノ正確ナル写生ヨリ出テ実地実用ナルモノ撰ブヘシ（中略、筆者）其土地人情風俗及ビ土地ノ便否ト生活ノ必要トニ依テ　鉛筆ニセヨ毛筆ニセヨ勝手ニ画カシムベシ（中略、筆者）毛筆画トハ日本在来ノ毛筆ヲ以テ画カシムルモノ(26)

と述べている。実際的実用的なものであれば用筆は鉛筆でも毛筆でもよく、その原則は正確な写生を行うことが重要であり、毛筆画についても単に日本の毛筆を使用した絵画という意味に使っているのである。

以上のように、石川県においても京都府と同様に毛筆による西洋画法を基本とした図画教育が実施されていたことが明らかとなった。特にその主張の第一として挙げられるものは、正確な描写能力の養成である。明治期の図画教育を当初から熱心に実施し、毛筆画教科書を最初期に作り上げたこの両府県のいずれもが、このような意図のもとに図画教科書を編纂したことは、その後、毛筆画教科書が全国的に普及していく最大の要因が、当時の教育現場にあったことを指し示しているだろう。文部大臣森有礼が制定した小学校令（一八八六年）の最大の方針の一つである普通教育（初等教育）の普及は、ある意味で教育の実質的な大衆化を目指し、そのために安上がりでありかつ実際的な図画教育として毛筆画教育が志向されたとも考えられるのである。

『圖畫帖』の分析

本項で分析する教科書の最初のものは、現在確認できる日本最初の毛筆画教科書の『圖畫帖』である。まずその教育内容がどのようなものであったのか表3-6に示してみる。なおその際、「〜図」とは「分析資料」の筆者側の図版番号を指している。この点については同「資料」の凡例を参照されたい。

また表3-6の教育内容分析と巻末の「分析資料」表の数値は異なっている。それは「分析資料」は描写法から厳密に個別の図版内容を分析しているのに対して、表3-6は教材の配列に合わせて、その内容の流れを見るためのものとして制作したためである。つまり当時の日本の多くの画家はたとえ西洋画法を支持していようと、その描写能力においては十分な実力を持っていたとは言いがたい。そのため画家自身が遠近画法や透視図法を用いて描写しようと考えてい

表 3-6 『圖畫帖』教育内容分析表

巻数	図番号	内容	図数
第壱	3〜18 図	直線の練習と直線による図形	38
	19〜29 図	直線を使った投影図（立面図）	22
	30〜36 図	曲線を使った図形	10
第貳	40〜45・47・49 図	直線を使った投影図（立面図）	11
	38・39・46・48・50・51・52 図	直線を使った透視図	8
	53 図	曲線を使った図形（星型）	4
	54 図	円形・楕円形	2
	55・56・60・62〜64・65-1・66〜69・71〜73 図	直線・曲線による投影図（立面図）	16
	57〜59・61・65-2・70・74〜76 図	直線・曲線による透視図	9
	77〜81 図	複雑な幾何図形	12
第参	83・89・92〜96・98〜110・112〜122 図	直線が主に用いられている遠近画および透視図	31
	84〜88・90〜91・97・111 図	直線・曲線による投影図（立面図）	9
	123〜124 図	幾何形体を適用した花葉図	4
	125〜133 図	遠近画法による植物図	9
	134〜136 図	直線・曲線を使った複雑な幾何図形	6
第四	138〜139 図	一点透視図法の説明	2
	140 図	二点透視図法の説明	1
	141〜154 図	日常の品々を遠近画法で描写	14
	155〜174 図	植物・果実を遠近画法で描写	20
	175〜179 図	建築物・景色を遠近画法で描写	5
	180〜184 図	生物の遠近画法による描写	5
	185〜186 図	手・足の遠近画法による描写	2
	187 図	顔の比率による分割を用いた描写	1
	188〜189 図	陰影をつけた人物描写	2
	190〜192 図	幾何的な模様と直線による図形	3

関元平・岡本勝元『圖畫帖』（鹿田治吉刊行，1888 年 7 月）より作成．

ても、必ずしもそうした絵画が表現されているとは限らない。そのため教育内容の流れを大まかにみると、それらの図版の伝達したい内容がより明瞭となりやすいので、個別の厳密な分析とは異なった、全体的な構造を把握する意味あいから表3-6を提示した（以後、教育内容分析表については同様である）。また厳密な図版分析は巻末「分析資料」表IXをご覧いただきたい。

『圖畫帖』の教育内容分析によれば、この教科書の内容構成は、(a)直線の練習、(b)直線の組み合わせ図、(c)曲線による図形、(d)直・曲両線による図形、(e)投影図、(f)幾何画法―透視図法による立体図、(g)遠近画法・透視図法による博物図、となっている。大まかに言えば「直線・曲線の練習→投影図→透視図法による立体図」という順序で組み立てられている。このことは、第一節で検討した鉛筆画教科書と基本的に同じような内容をもっていることを示している。確かにその図版一枚一枚を見るとこうした画法や図法が十全に発揮されてはいない。しかし例えば138図（図H）・139図（図I）の一点透視図法の説明図や140図（図J）の二点透視図法の説明図に見られるように、著者側としてはあくまでも西洋画法にのっとった毛筆画教科書を制作しようとしていたのである。その凡例によれば、

> 物形ヲ画クニハ最モ其形状ヲ摸スルコトニ注意スベシ　形状ヲ摸スルニハ線ノ長短ヲ見定ムルコト肝要ナリト雖　熟セザル間ハ筆等ニテ之レガ割合ヲ度ルベシ（同書、第二　凡例）

と言うように、形態の模倣を第一とし、そのためには筆で割合を測ってもよいとされていた。

この筆で割合を測るとは、現在でもデッサン教育の際になされるように木炭・筆・鉛筆などを介して、描写対象を見透し、その比率を認識することで描写を容易にする方法のことであろう。こうして正確な描写の練習を積み重ねた後、「第四」編に至って次のような教育目的が提示されている。

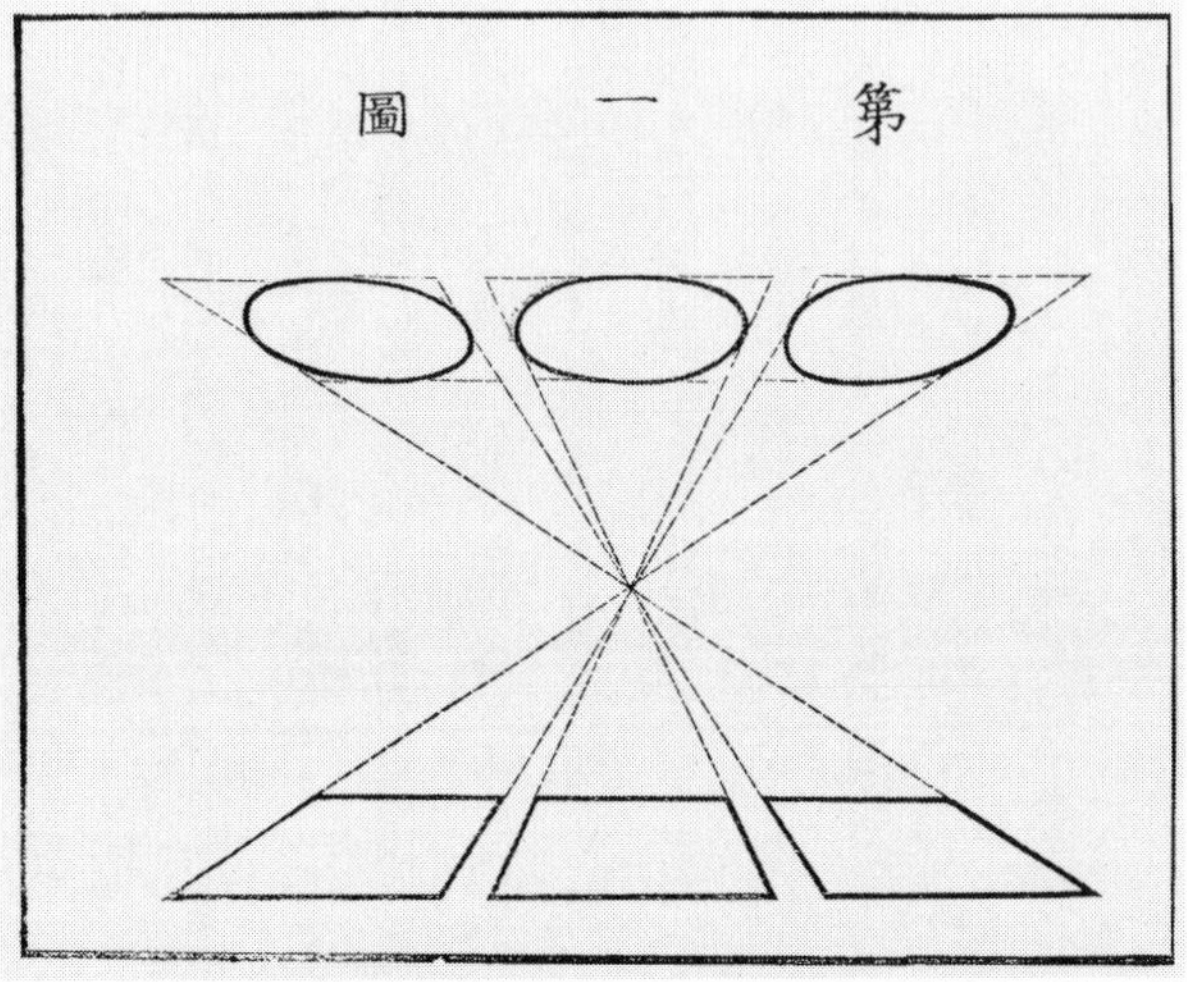

図H　一点透視図法の説明図．『圖畫帖』より．

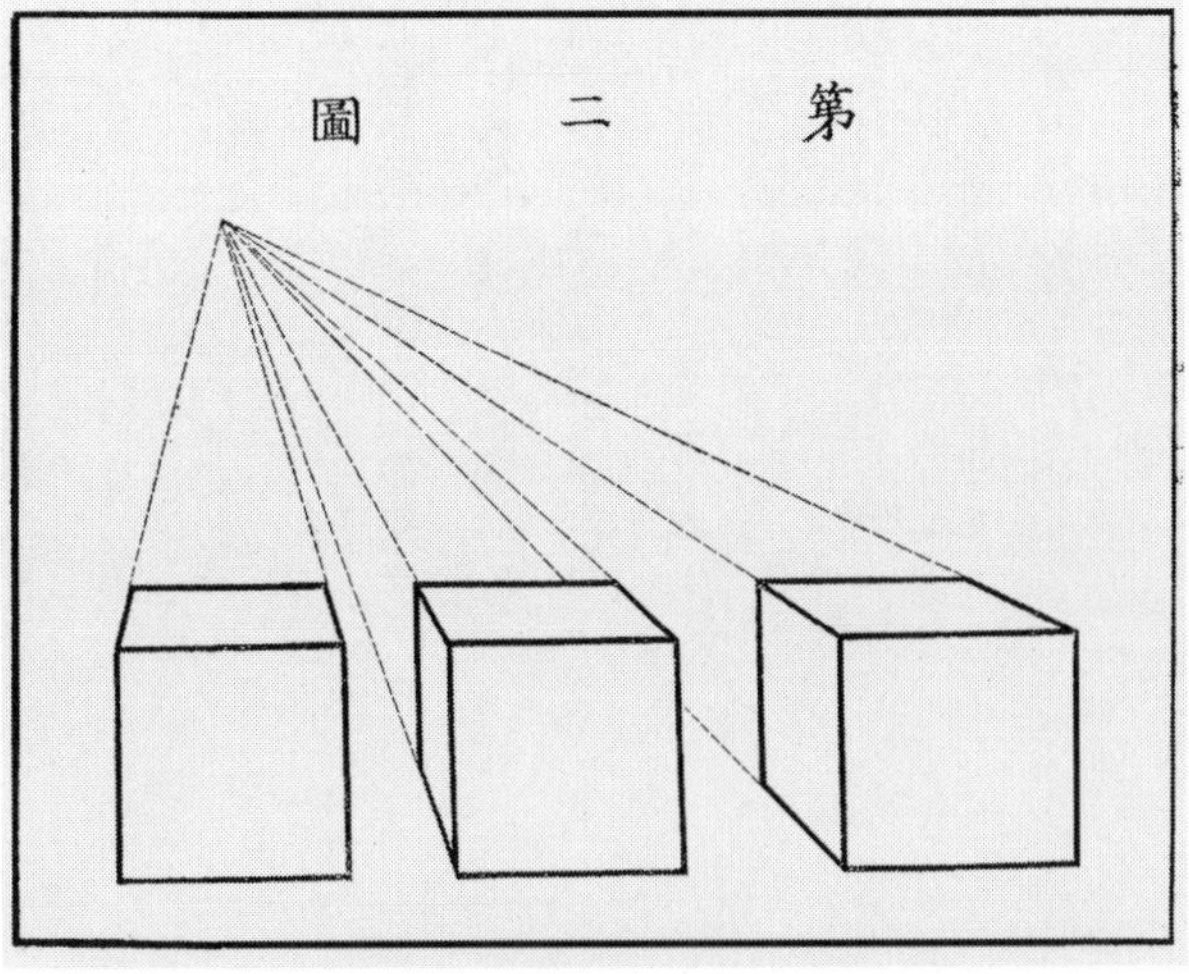

図I　一点透視図法の説明図．
『圖畫帖』より．

一　前数編ニ於テハ専ラ形状ト運筆トヲ学バシメ此編ニ至テ初テ学理上ノ定則ヲ理解セシム

一　此編ニ画ク所ノ器具及ヒ動植物ハ必シモ一定ノ叙次シタルニ非ズト雖専ラ物ノ遠近高低及ビ線ノ陰陽ノ理ヲ授ク

一　輪郭画ニアリテハ物ノ遠近ハ線ノ長短ト疎密トニヨリテ之レヲ示サヾルヲ得ズ　又陰陽ハ其細太ニヨリテ顕ハス即近キ者《ママ》ハ大ニシテ密ニ遠キ物ハ小ニシテ疎ナルヲ要ス　又線の細キハ陽（即光ニ面スル部）ニシテ太キハ陰　（即光ニ背ク部）ナリ

一　編中点線ヲ以遠近ノ理ヲ示スモノアリ　其点線ノ相会スル所ハ消点ニシテ常ニ水平線ニ位ス（第四　凡例）

ここに記されている内容こそが、この教科書の到達目標である。つまり「第一」編から「第三」編までは運筆の練習であり、「第四」編で初めてそうした描写の理論的な基礎を学習させたのである。ここには鉛筆ではなく、毛筆だからこそ容易に理解できる線の細太による遠近画法や陰影画法、透視図法の消失点についてなど、西洋画法の要点とも言うべき内容が盛り込まれていたのである。

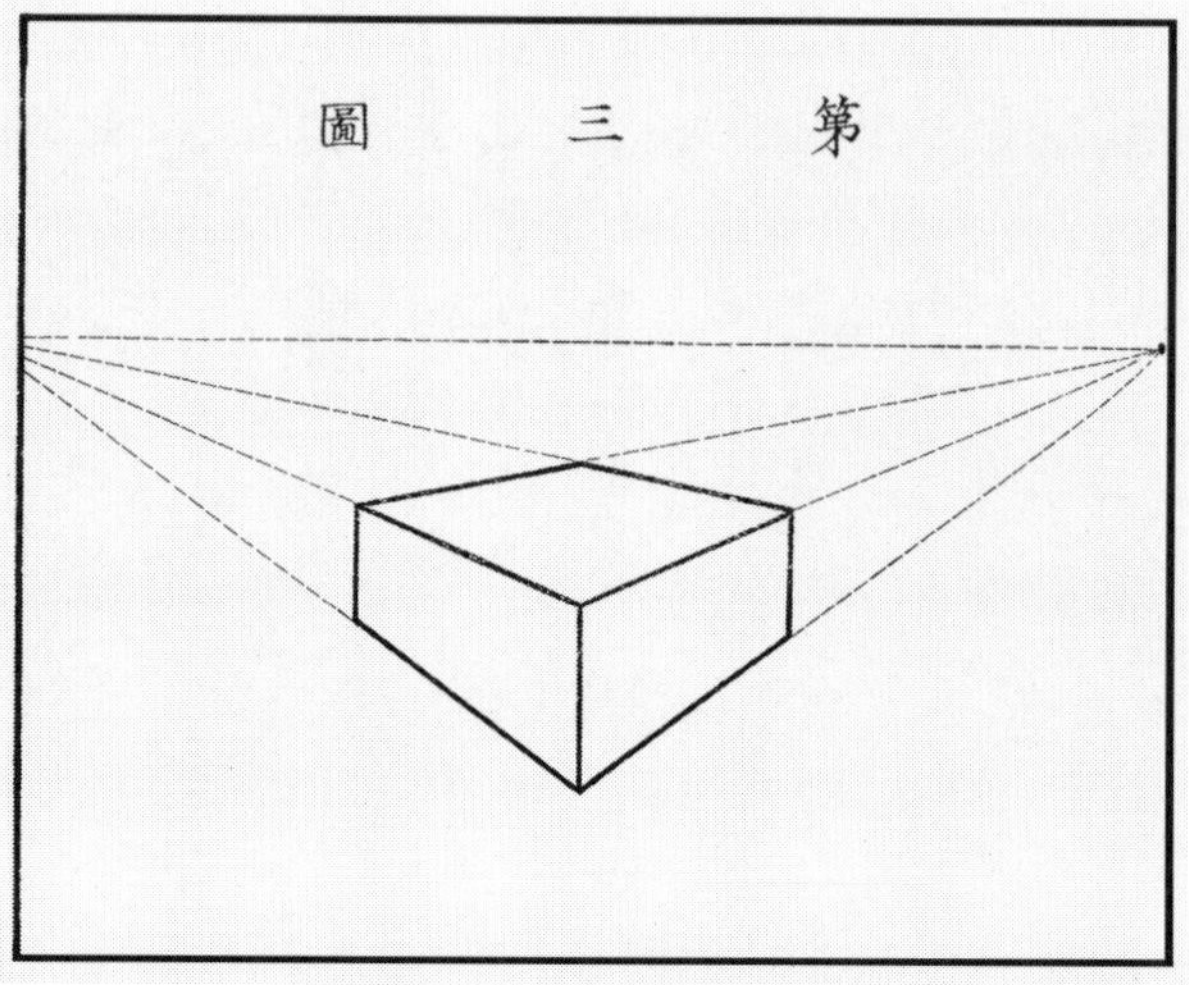

図J　二点透視図法の説明図．『圖畫帖』より．

ではこの点を、巻末の「分析資料」で検討してみよう。表IX－1によれば、明瞭に遠近画法を使用した図版は四七枚であり、西洋画法を使用した図版の総合計は一七三枚である。つまり総図版数二四八枚のうちで、前者が一八・九％、後者が六九・七％という割合になる。このことは、『圖畫帖』そのものの構成が、図版分析上から言っても明らかに西洋画法にのっとって成立していることを証明しているのである。

『小學毛筆畫帖』の分析

次の分析課題は、京都府の毛筆画導入に伴って編纂された巨勢小石著『小學毛筆畫帖』（一八八八年一〇月）である。この教科書は、図画教育の普及と停滞する経済状況という言わば相矛盾する地方の教育状態を打開するために生み出されたものである。この教科書が刊行された二ヵ月後の一二月に京都府は、府下の小学校教員を召集し（定員五〇名）、府画学校で毛筆画伝習会を開催している。[27] では、その内容を検討してみよう。

その最初の頁にある「注意」には、

本帖ハ毛筆ヲ用ヰテ通常半紙ニ模写セシムルヲ以テ目的トス

とその趣旨を述べ、さらに、

用筆ハ習字用ニ供スル普通ノ水筆ヲ兼用シ用紙モ亦習字用ニ供スル普通ノ半紙ヲ用ウベシ而シテ浄写ノ外通常ノ習写ハ習字ト草紙ヲ兼用スルモ妨ナシ

と筆紙についての節約法が記されている。またこの教科書は、甲部四冊、乙部八冊からなっており、前者を運筆法の練習に、後者を物形の模写の練習に使用し、甲部は乙部と初めから互用するように編集されている。では次にその教育内容を表3-7に示してみる。

ここに表れている教育内容は、同じく前節で検討した一八七〇年代から一八八〇年代半ばまでの鉛筆画教科書と同系統のものである。つまり細部の描写法（羽毛・岩石など）を除いて、その構成は「直線・曲線の練習→投影図→遠近画法による立体図→陰影画法」および博物図という順序でなされており、その目的とするところは、対象を正確に捉えるという西洋画法による認識力の養成である。この教科書の教授書『小學毛筆畫教授法』(28)によれば、その描写法について日本画の技法の一つである没骨法※を用いず、白描法※を使用している。その理由として、

白描法ニ在テハ鉛筆画ノ所謂輪郭画ナレバ児童ハ容易ニ学習シ得ベク(29)

と言うように、鉛筆画と共通することから白描法を採用している。さらにその指導順序も、

鉛筆画ノ如ク直線ヨリ曲線ニ及ボセリ(30)

没骨法　伴逓之助『小學毛筆畫教授法』巻之上（福井正寶堂、一八九一年）一頁によれば、「没骨トハ骨書ヲナサズ直チニ肉ノミヲ描ク法ニシテ例ヘバ通常描ク所ノ四君子ノ図ノ如ク一筆若クハ数筆ニテ巧ニ葉蕾等ヲ描クモノ是ナリ」とある。

白描法　同前書、一頁によれば、「白描法トハ骨書ノミヲナシ肉ヲ描カザルモノ即巨勢氏著ス所ノ毛筆画帖及ビ毛筆画の手ほときニ主トシテ描ク所ノ図是ナリ」とある。

と記しているように鉛筆画教科書をモデルとしてその教育内容が組まれていたのである。

「分析資料」では、総図版数一六七枚のうち遠近画法の使用は四八枚、西洋画法の使用全体では七四枚であり、その割合は前者二八・七%、後者四四・三%であった。全体の割合は『圖畫帖』の六九・七%より下がっているが、遠近画法の使用が『圖畫帖』の一八・九%より大幅に増えている。この点について同教授書に「布置」の説明つまり画面における描写対象の配置について、

> 前中後ト遠近ヲ区別スルトキハ布置其宜ヲ得ルナリ[31]

と言うようにモチーフを近くから遠くへと配置することで、遠近が描き分けやすいように指導したり、

表 3-7 『小學毛筆畫帖』教育内容分析表

甲部

巻数	図版	内容	図数
巻之一	1〜3 図	直線の練習 直線による図形	3
	4〜5 図	曲線の練習 曲線による図形	2
	6・10〜12 図	曲線による模様画	4
	7・9 図	直線による模様画	2
	8 図	直線・曲線による模様画	1
巻之二	13〜24 図	さらに複雑な模様画	12
巻之三	25〜36 図	同上	12
巻之四	37〜41 図	同上	6
	42〜43 図	獣毛の描写法	2
	44〜45 図	岩石の描写法	2
	46・48 図	枝幹の描写法	2
	47 図	葉の描写法	1

乙部

巻数	図版	内容	図数
巻之一	49〜60 図	物品の簡単な投影図	24
巻之二	61〜72 図	遠近画法による立体図（日用品）	24
巻之三	73〜84 図	花葉類の図	12
巻之四	85〜96 図	蔬果類の図	12
巻之五	97〜108 図	蟲魚類の図	12
巻之六	109〜120 図	鳥類の図	12
巻之七	121〜132 図	獣類の図	12
巻之八	133〜143 図	小景類（風景・建物）の図	11

但し，初歩的な陰影画法は博物図・風景図（巻之三〜八）の中に混在しているため，表中には含めなかった．

一個ノ器具ヲ描クニモ遠近ノ別アリ景色画ニ於テハ殊ニ之ニ注意シ近景ノモノハ精シク且大ニ遠景ノモノハ疎ニシテ且小サク描キテ遠近ヲ明瞭ニナスベシ[32]

と写生画についての遠近画法による描写を解説していることからも、遠近画法の重視がこの教科書の目的の一つであったといえるだろう。

『小學生徒毛筆畫の手ほとき』の分析

では次に同一著者によってその翌一八八九（明治二二）年に編纂された図画教科書を見てみよう。『小學生徒毛筆畫の手ほとき』の緒言において、巨勢は、

余曩ニ小學毛筆畫帖十二冊ヲ著シ既ニ世ニ公ニス　爾后考フル所アリテ今此一編ヲ纂著ス　唯組立及程度等ニ於テ少シク異ニシタル所アルノミ[33]

と述べている。この教科書は、全体で八巻構成となっており、前著に比べると分量的には約三分の二程度に縮小され、それに加えて図版構成が簡潔に整理されている。前著では、甲部を常時使用しながら乙部を学ぶという、些か煩雑な構成となっていたが、この書では、順次それぞれの巻を学べばよいように変更されている。そしてさらに、各巻の巻末には文章による作図問題が付けられ、意匠および応用力の練習が可能となっている。ではその内容構成を、表3-8で

見てみよう。

この教科書の特徴は、まず構成において従来の鉛筆画教科書の教育内容を継承しながらも、陰影画法については線の細太による初歩的なもの（巻四・五の立体図に使用）しか採用していない点にある。しかし一方で「分析資料」表IX-2で見ると西洋画法の使用は『小學毛筆畫帖』の四四・三％から総図版数一〇三枚のうち六一枚＝五九・二％と大きく増えている。また教育内容から見ると幾何画法の幾何図の描写を大幅に増やし（五・四％→一五・五％）、正確な対象把握ないし対象認識の能力を積極的に養成しようとしている。また博物図については、花葉の描写を除いては大幅な削減が行われ、その分は巻末の練習課題に

表 3-8 『小學生徒毛筆畫の手ほとき』教育内容分析表

巻数	図　版	内　容	図数
第一巻	1〜4 図	直線の練習	4
	5〜8 図	直線による図形	4
	9〜10 図	曲線による模様画	4
	原文 11 頁-問題文	練習課題-幾何学初歩（直線）	12 題
第二巻	11〜12 図	曲線の練習	2
	13〜18 図	曲線による図形	6
	19〜20 図	曲線による模様画	4
	原文 11 頁-問題文	練習課題-幾何学初歩（曲線）	12 題
第三巻	21〜28 図	直線・曲線による投影図（日用品）	16
	29〜30 図	直線・曲線による模様画	3
	原文 11 頁-問題文	練習課題-日用品の描写	10 題
第四巻	31〜38 図	遠近画法による立体図	9
	39〜40 図	直線・曲線による模様画	4
	原文 11 頁-問題文	練習課題-日用品の描写	10 題
第五巻	41〜48 図	遠近画法による立体図	8
	49〜50 図	直線・曲線による模様画	4
	原文 11 頁-問題文	練習課題-日用品の描写	10 題
第六巻	51〜58 図	花葉の図	8
	59〜60 図	直線・曲線による模様画	3
	原文 11 頁-問題文	練習課題-花葉の描写	10 題
第七巻	61〜68 図	花葉の図	8
	69〜70 図	直線・曲線による模様画	4
	原文 11 頁-問題文	練習課題-花の描写	10 題
第八巻	71〜78 図	蔬果・虫・蛙・雀・鹿の図	8
	79〜80 図	曲線による模様画	4
	原文 11 頁-問題文	練習課題-蔬果・虫・蛙・雀・鹿の描写	10 題

よって補うよう配慮されている。そして模様画は、従来家紋・着物およびその他の模様等が無作為的に収録されていたのに反し、全て古来から使用されていた工芸的な紋様、なかでもその多くが同一パターンを繰り返す幾何学的図柄に変更されている。言わばこの教科書は、前著よりも簡素に図画の目的（認識能力の養成）を達成させ、これに加えて京都という地域性（工芸の中心地）をも反映させたものと言えるだろう。

以上、毛筆画教科書の形成について検討したが、こうした石川県・京都府の動向がどのように他の地域に波及するのかという点については、次節における教科書内容の分析を通して展開する。

第三節　毛筆画教科書の成立

『小學毛筆畫帖』が出版されてから三年後の一八九一（明治二四）年一一月、前年の小学校令改正をうけて小学校教則大綱が公布される。この大綱において、図画科は、第九条で次のように規定されている。

図画ハ眼及手ヲ練習シテ通常ノ形体ヲ看取シ正シク之ヲ画クノ能ヲ養ヒ兼ネテ意匠ヲ練リ形体ノ美ヲ辨知セシムルヲ以テ要旨トス　尋常小学校ノ教科ニ図画ヲ加フルトキハ直線曲線及其単形ヨリ始メ時々直線曲線ニ基キタル諸形ヲ工夫シテ之ヲ画カシメ漸ク進ミテハ簡単ナル形体ヲ画カシムベシ　高等小学校ニ於テハ初メハ前項ニ準ジ漸ク進ミテハ諸般ノ形体ニ移リ実物若クハ手本ニ就キテ画カシメ又時々自己ノ工夫ヲ以テ図案セシメ兼ネテ簡易ナル用器画ヲ授クベシ(34)

この条文によれば、対象を正確に認識し、それを描写できる能力を養成するとともに、デザイン力を身につけ、その美しさを理解できる能力を獲得させることが、目的となっている。その後半の「意匠」と「美」に関する項目の追加は、当時世論で大きく取り上げられてきた貿易伸張を目指す工芸教育振興策との関連で、設けられたものと考えられる。そしてそれを実現する方法として、尋常小学校では「直線・曲線の練習→その単形（○・△・□など）→簡単な形体（単形より複雑な形体）」、高等小学校では尋常小学校に引き続き「諸般の形体→実物・手本による描写→工夫による図案作成」および用器画（定規・コンパスなどを使用して描写する幾何画を引き継いだもの）が教授されることになる。またこの教科課程には、旧来の小学校教則綱領とは異なって博物的なモチーフを描写させるという指定がなされていない。では次にこうした方針が、どのように具体化されたのかを、当時の毛筆画教科書を分析することで検討してみる。

『帝國毛筆新画帖　前編』の分析

ここで取り上げる毛筆画教科書は、『帝國毛筆新画帖　前編』(一八九五年)である。これは、日本美術復興派の中心人物の一人である岡倉覚三(当時、東京美術学校校長)が賛助し、明治期の代表的な日本画家である川端玉章(当時、東京美術学校教授)が編画したこの時期の典型的な毛筆画教科書である。さらに、その教科書の教師用指導書として編まれた『帝國毛筆新画帖　教授法　前・後編』(川端玉章編画、一八九四年)をも加えて検討したい。

前者の「例言」において、その指導順序はまず、

本画帖ハ図画学習ノ第一歩トシテ最緊要ナル直線曲線ノ練習ヨリ始ムト雖トモ単ニ線ノ練習ノミヲ永続スルトキハ興味ヲ欠キ倦厭ヲ招クノ恐アルヲ以テ　之ガ一二ヲ示スノ後直チニ簡略ナル物形ニ依リテ愉快ヲ感ジナガラ線ノ練習ヲ積マシメ　以テ其ノ基礎ヲ造リ次第ニ程度ヲ進メ　遂ニ動植物及人物ノ稍ヤ複雑ナルモノヲ挿入シ　薄墨ヲ用ヰ又彩色少許ヲ加ヘタリ

と記されている。この画帖によれば、まず図画学習の第一歩として重要な直線・曲線の練習から開始するが、その間にも生徒に飽きさせないように簡単な物形の指導をも差し挟み、愉快さを感じながら線の練習を積ませる。そして基礎ができあがってからは、徐々に程度を上げ、動植物や人物の少し複雑なものを練習させ、薄墨や絵の具による彩色を指導する、というものである。この画帖においても、原則的な指導法は、従来の西洋画法に依拠しているのである。

ついで、複雑な描写をする際には西洋画材を使用し、

画帖中稍ヤ複雑ノ図ニ至リテハ焼筆ト羽箒トヲ要ス　是レ下図ヲ描ク具ニシテ洋画ノ所謂輪郭ヲ製スルニ用ヰルモノナレバ　初年ニ於テハ可成用ヰザルヲ可トス(35)

と説明されている。つまり複雑な図版では、西洋画材である焼筆（現在の油絵を描くときに用いる「木炭」art charcoal）と羽箒を使用して、輪郭を描かせるのである。

要するに、この画帖の指導方針は、「直線・曲線の練習→簡単な物形→複雑な形（動植物等）→彩色」の順序で指導し、複雑な形については「下図」（輪郭線）を油絵的手法で描写させるという、従来から比べても欧米的な傾向のものであった。では次にその内容構成を表3-9に示してみよう。

この表によれば、「直線・曲線の練習→簡単な物形→複雑な形（動植物等）→彩色」という順序は、技法的に見れば、「直線・曲線の練習→正面図→透視図法による立体図」および彩色ということになる。つまり前章で検討した教科書と比べると、透視図法による立体図がさらにその量を増やし、その一方で陰影画法的要素が省かれていること、および彩色が付加されていることが、異なっている部分である。また博物図については、大綱の影響を受けてか、その量は大きく減少したと言えよう。

「分析資料」では、この教科書に相当する図版番号を凡例に示しているが、遠近画法の使用に

関しては三〇・八％であり、西洋画法の使用については四七・五％となっている。さらに『帝國毛筆新画帖教授法　前編』では、遠近画法の使用は三一・四％、西洋画法全体の使用は四七・九％となり、同教授法がやや説明図版を増やしている分、西洋画法の使用率が上昇している。

　では次にこの教科書の後編をその指導書によって検討してみる。後編は、高等小学校用に編纂されたもので、大綱においては「諸般の形体→実物・手本による描写→工夫による図案作成」にあたる部分である。「実物による描写」＝「写生」画、「工夫による図案作成」＝「工夫」画および「用器画」＝「幾何画」は、尋常および高

表3-9『帝國毛筆新画帖　前編』教育内容分析表

巻数	図　版	内　容	図数
第一巻	1.2.3-1/4.4-2/4図	直線の練習 直線による単図（椅子・火鉢等）―投影図	12
	3-2/3.4-1図	曲線の練習 曲線による単図―月に霞等―投影図	3
第二巻	5〜8図	直線・曲線の練習・投影図から立体図へ	15
第三巻	9〜12.補1図	同上　図版は特に透視図法が明瞭	17
第四巻	14-1/4.18図	投影図―ガス灯・兜・電灯	3
	13.14-2.19-1/3.補2.補3図	透視図法による立体図・博物図―楓	12
第五巻	15〜17.9-2/4.20.補4図	透視図法による立体図・博物図―枇杷	18
第六巻	21.22.23-1/2/3.24.補5.補6図	透視図法による立体図 博物図―牽牛花・瓢箪	16
	23-4図	単図―月に雁 指導書では博物図として指導	1
第七巻	25-1.26-1.27-4.28-1.補8図	投影図 博物図―とんぼ・雌鳥・花菖蒲・桔梗	5
	25-2/3.25-4.26-2/3/4.27-1/2/3.28-2/4.補7図	透視図法による立体図・博物図―兎	12
第八巻	29.30-1/3/4.31-1/2/3.32.補9.補10	透視図法による立体図 博物図―甘藷ニ栗	15
	7.10.13図	博物図―菜ニ胡蝶・浮草ニ水蠅・鶏	3

図版の欄に例えば「1.2.3-1/4.4-2/4図」とあるのは「1図，2図，3-1図，3-4図，4-2図，4-4図」の意味である．
川端玉章『帝國毛筆新画帖　前編』，海後前掲書，85〜106頁より作成．

等両小学校の余剰時間（年間四〇週のうちの一〇週分）において実施されると「例言」に注記されているため、この教科書で扱われるのは、「諸般の形体」および「手本による形体」である。事実その実質的な内容は、大部分が陰影を施した透視図法による立体図であり、Ⅳ-53-2図およびⅣ-61-2図、61-3図（図K）のように基準線と比率でモチーフおよび風景を捉えるよう指導されている。(36)

以上、『帝國毛筆新画帖　前編』および『帝國毛筆新画帖教授法　前・後編』を検討したが、後者の前・後編を通しての技法については遠近画法の使用が二六・七％、西洋画法全体の使用が四四・八％となっており、図版順序においても従来のものと余り変化はない。この意味から、その教育内容の基底は、第一章で見た鉛筆画教科書に連なるものであり、毛筆画教科書としては第二節の教科書を引き継ぐものと考えられるのである。しかし一方で、教科書以外の部分で「工夫画」・「写生画」・「用器画」などが要請されている点は、大綱の影響を大きく受けていると思われる。また大綱に付け加えられた「意匠」および「美ヲ辨知」する能力の養成については、図画教科書の内容自体に大きな影響を及ぼしていないと考えられ、先述の「余剰時間」および実際の授業時間中になんらかの方策がとられたものと思われる。

後年一九〇二（明治三五）年に発行された川端玉章、柿山蕃雄共著『帝國毛筆新画帖教授法全』ではさらに明瞭にその目的として、適切ナル方法ヲ授ケテ、正シク画クコトノ技能ヲ養成セザルベカラズ、其方法トハ他ニアラズ、形体ニ関スル観念ヲ明瞭ナラシメ、実物ト紙上ニ表出シタル図画ト比較対照シテ、物ノ形体ニ関スル観念ヲ正確ナラシムルニアリ[37]

と記されている。つまりモチーフと描画を比較して、正確に描写できたか否かを確認させ、モチーフを正確に認識させることが、図画科における目的である、としていたのである。

さらにまた写生の指導にからめ、透視図法の必要性を、

透視画ノ法ハ、人ノ眼目ニ幻スル実体ノ影像ヲ究メタル画法ニシテ、此理ヲ離レタル写生図ハ、凡テ虚偽ナルモノナリ[38]

と述べている。この教授法によれば、透視図法の原理を使用していない写生画は、そのモチー

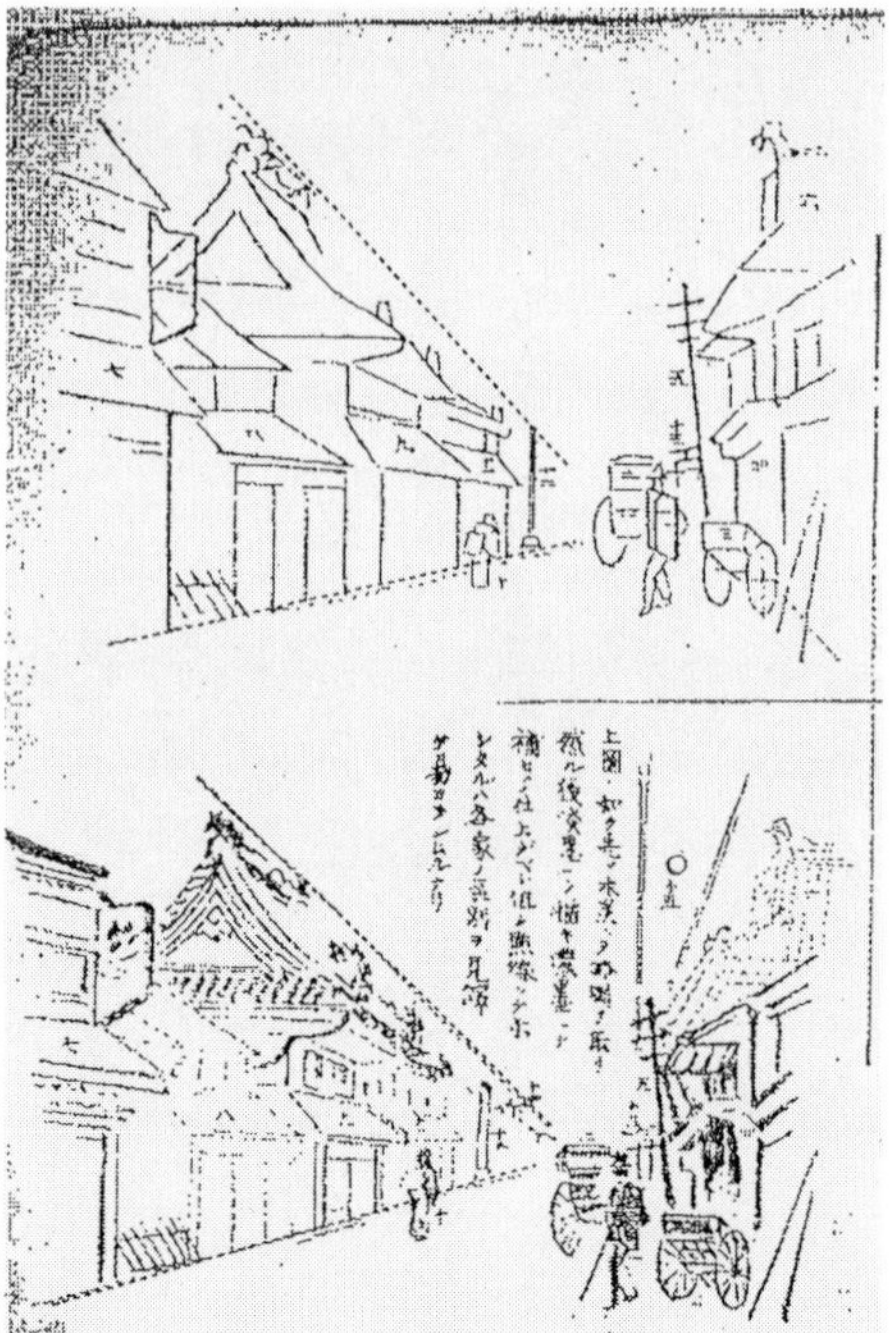

図K　透視図法で風景を捉える．『帝國毛筆新画帖教授法　後編』より．図版上半分がIV-61-2図，下半分が61-3図．

フの実体を描写できず、全て虚偽であると論断されていた。しかしその図法を初心者に指導する際は、

此法ハ甚複雑ニシテ、中学生ト雖ドモ難ンズル所ナリ、故ニ図画教授ノ初歩ニ於テ、之レガ注入ヲ試ムル事ハ効ナクシテ、幼稚ナル児童ヲシテ、却テ迷ニ陥ラシムル弊アルモノトス、反テ工人ノ下図等ニ於テハ、透視画法ニ基カザル投影画法的略図ノ利益アルコト、往々ニシテ之アリ(39)

と注意している。つまり透視図法は、非常に複雑なため中学生でも難問である。それゆえに、図画教育初歩の児童にとっては、教えてもかえって困惑させるだけであり、まだしも投影図法的な略図の指導のほうが職工などの仕事に就く場合にも有益であると指摘している。そのためこの図法は、生徒のレベルが高くなってから指導すべき技法とし、

高等科児童教授ニ於テ、透視画ノ原理、即遠キモノハ近キモノヨリ其割合小ニ見ユルコト、漸次小ニ見ユルコト、眼ノ位置遠近ニヨリ、同一物体ト雖トモ種々ノ変形ヲナスコト、又視線ニ平行スル線ノ一点ニ集合スルガ如ク見ユル等ノ事ニツキ、最簡明ナル説明、及要求ヲナスコトハ、甚有益ナルコトナルベシ(40)

と小学校高等科段階で教授するものとされていた。

ここには尋常小学校段階においては、透視図法の指導は困難であるが、高等小学校において

はその原理および説明を教授すべきであるとの主張が見える。もちろんこの教授書は、後年になって新たに出版されたものなので、その時期の図画教育への要求が反映したものと考えられるが、教科書出版当初からその基本的な編集方針は余り変化していないものと思われる。

毛筆画教科書は、その内容構成から見る限り、鉛筆画教科書の西洋画的技法を受け継ぎ、当時の図画教育状況を反映して登場してくる。その基本的な目標は、明治初年から続く教育学的な認識の獲得、つまり正確な観察力の養成にあったと言えよう。小学校教則大綱以降は、それに加えて「意匠」・「美ヲ辨知」する能力といった美的な要素も付加されるが、当初の目標は依然として重要な位置を占めていた。

このことから従来先行研究で主張されてきたような毛筆画＝日本画、ないし毛筆画帖＝日本画帖という見地は、直ちに首肯できるものではないだろう。さらに当時の図画教育状況を鑑みれば、毛筆画教育支持者をすなわち国粋主義的潮流に属する人々と、鉛筆画教育支持者をすなわち欧化主義的潮流に属する人々とやにわに即断することは避けなければならない。

註

（1）当時の主要教科書を選択するについては多くの問題が残されているが、本論においては鉛筆画教科書については海後宗臣編『日本教科書体系近代編　第二十六巻　図画』（講談社、一九六六年）に従った。

（2）文部省編『小學畫學書』海後前掲書所収、九頁。

（3）投影図と表記した部分は、現在でいう立面図のことをさす。つまり投影図法における立面図である。

（4）日本最初の図画教科書と言われる川上寛『西畫指南』は、いうまでもなく、この項で取り上げた二書についても、西洋の図画教授書をそのテキストとして使用していることは、先行研究（金子一夫『近代日本美術教育の研究――明治時代――』）において既に明らかにされている。
（5）海後前掲書、二九頁。
（6）例えば、一八七五（明治八）年の京都府下下等小学教則の問答科第八級には、「人体ノ部分通常物及ビ色ノ図ヲ問答ス」、さらに第七級では、「形体線度図及ビ地理初歩府県名地球儀管内地理等ヲ問答ス」と述べられている（東京文理科大学編『創立六十年』、一八五～一八六頁）。つまり下等小学校では、問答科において図画科（罫画科）の初歩を指導し、上等小学校の図画科へと接続させている。また一八七七（明治一〇）年の京都府下上等小学教則では、第三級で算術科の「幾何初歩第二」に対応させて「罫画」では「点線面体ノ類」、第二級では「幾何初歩第三」に対応させて「幾何罫画法」を指導している（同前書、二二六～二二七頁）。また東京師範学校では、一八七二（明治五）年の開校以来七九（明治一二）年まで、博物科を学科の一つ（但し、一八七三年六月～七四年三月の間は博物科のかわりに植物学が入っている）として教授しており、七九（明治一二）年の同校附属小学校の改正教則では実物科が設置され、その中で動物・植物・人工物等が教授されている（東京文理科大学前掲書、一～二四頁、東京教育大学図書館所蔵「東京師範学校附属小学校教則」稲垣忠彦『明治教授理論史研究』、評論社、一九六六年、七九～八二頁）。なお博物図の博物学書からの原典引用については、金子前掲書（二四〇～二四八頁）に詳しい叙述がある。
（7）本論第一章、二〇頁参照。
（8）海後前掲書、六九頁。
（9）「所収教科書解題」海後前掲書（三七九頁）によれば、「これはどこからどこまで線をひくか、線の区分がどのような割合になっているか等を見定めて線をひくために、要所要所に点を打つ練習をすることを指している」と説明されている。
（10）同前書、六九頁。
（11）倉沢剛『小学校の歴史　II』、ジャパンライブラリービューロー、一九六五年、三六〇～三六一頁参照。
（12）徳光八郎編『石川県師範教育史』、金沢大学教育学部明倫同窓会、一九五三年、五二五頁。
（13）同前書、四一頁。
（14）そのカリキュラムは表3-10である。
（15）「画学校卒業生」（『大日本美術新報』第二七号、一八八六年、一五頁）には、両名とも一二月卒業とあるが、「京都府画学校卒業者」（『百年史　京都市立芸術大学』一八六頁）には、水野は一一月、内海は一二月に卒業したと記載されているため、本書では後者に従った。

(16) 毛筆画指導の開始に際して、石川県師範学校校長に前章で(三)「教育現場の要求を反映させた西洋画法をとりこんだ毛筆画支持派」の代表として取り上げた檜垣直右が就任（一八八七年～八八年）していることは、こうした図画教育方針の内容を物語るものと言えよう（石川師範同窓会『石川師範同窓会百年記念誌』、同会、一九八八年、九三頁）。

(17) 和田前掲書（『稿本金沢市史　学事編第三』）、八六五～八六六頁。

(18) 石川県はこうしたカリキュラムに適した教科書を求め、一八八七（明治二〇）年三月一四日、四月より実施の小学校学科程度に適応した教科用図書を仮決定するが、「尋常小学科及高等小学科教科用書小学校仮定一覧表」では、尋常科第一年から第四年、高等科第一年から第四年までの教科書は「用書未定」となっている（同前書、九二九～九三〇頁）。そして次年度においても「尋常小学科及高等小学科教科用図書一覧表」では前年と同様、尋常科第一年から第四年、高等科第一年から第四年までの教科書は「未定」となっている（同前書、九八一～九八二頁）。

(19) 石川師範同窓会前掲書、九七頁。

(20) 同前書、一六七頁。なお岡本勝元は、石川県士族出身であり、一八九五年一二月七日調べの『文部省職員録』（国会図書館蔵）には、東京美術学校助教授に登用されている。

(21) 市村才吉郎『畫學教授大意』、鹿田治吉刊、一八八九年二月、一頁。

(22) 同前書、二頁。

(23) 同前書、三頁。

(24) その項目は以下のものである。

（一）「小学児童ノ多分ハ他日職業ニ就事スルモノナレバ　製図ニ関スルモノ摸様類ニ関スルモノ等　職業ノ上ニツキテ便益ヲ与フルコト鮮少ナラザル可シト雖ドモ　若モ此ノ課ヲ以テ此ノ方向ニ偏セシメバ　普通画学目的ヲ達シタリト云フ可ラズ　何トナレバ多数ノ児童ハ悉ク同一ノ職業ニ就事スルモノニアラザレバナリ」。

（二）全ての学科において、図画を理解することは必要であるために「教師モ亦タ教授上図画ヲ応用スルコトノ必用ハ吾輩ノ喋々ヲ待ザルナリ」。

表3-10　1879年度石川県小学科準則カリキュラム

	第三号男児小学準則教科表	第三号女児小学準則教科表
第八級	罫画　物形	罫画　物形
第七級	前級ノ如シ	前級ノ如シ
第六級	器物	器物
第五級	前級ノ如シ	前級ノ如シ
第四級	花草	花草
第三級	前級ノ如シ	前級ノ如シ
第二級	山水　動物	山水　動物
第一級	前級ノ如シ	前級ノ如シ

和田文次郎編『稿本金沢市史　学事編第三』，金沢市役所，1921年，719～720頁より作成．

(三)「普通画図学課(ママ)ハ尤モ手近キ実用ニ傾クモノト雖ドモ　自然其徳性ヲ涵養スルコトヲ得可シ」。
(四)「古来学問トサヘイヘバ重ニ無形上ニ関スルモノ多クシテ　指腕ノ発達ヲ求ムルコト少ナク不器用ノ人ヲ養成スル傾キアリ」、そのため図画によってそれを矯正できる。
(五)「物ヲ比較スル力ヲ養成スルコトハ　図画ニ依テ大ニ発達スル」。
(六)「工夫構造ノ力ヲ発達セシムルコトヲ得ベシ(中略)画図学ノ養成ニ依テ物ヲ工夫シ構造スルノ力ヲ養成シ　新発明基礎ヲ爰ニ定ムルコトヲ得ハ　画図ノ教授ヲ以テ世ニ立ツモノ、面目是ニ増スモノアランヤ」。
(七)「想像力ノ養成」。
(八)「記憶力ヲ養成スルコトヲ得ル」。
(九)「美育ハ当時智徳体ノ三育ニ加ヘテ四育ト為スト云フコトハ世ノ一問題トナリタル　美育ノ養成ハ此ノ課ノ長所タルコト」(以上、同前書、三～四頁)。
またそれ以外に「第三　児童ト図画トノ関係」として一〇項目を挙げている。
(一)「夫レ図画ハ初学児童ノ尤モ其ノ意味ヲ解シ易キモノ」。
(二)「他学課ノ損害及ヒ他日身体上ノ害ヲ熟考シテ適度ノ教授ヲ施シ其ノ平均ヲ取ラザル可ラズ」。
(三)「高尚ナル元理ヲ述ベテ淡白無味ノ練習ヲ薄弱ナル児童ニ為サシムルコトハ　児童ガ画図ヲ厭フノ念ヲ生ズルノ根元ナレ」。
(四)「年齢稍々長スルニ及ンデ矢鱈自ラ高尚ブリ図画位ハト云フ面付ニテ居ルト云フ風」は、「日本古学ノ風ハ無形ノ学ヲ尚ンデ有形上ノモノヲ軽視シタルノ風習」があるためである。
(五)「児童ノ力ニ高尚ニ過グル画ヲ画カシムルコトハ　遂ニ児童ヲシテ倦厭ヲ来タスベシ」。
(六)「同一ノ画ヲ長ク画カシムルコトモ亦タ児童ノ倦怠ヲ来ス可シ」。
(七)「不精密ナル画」や「精密ニ過テ一画意ニ叶ハザル」画は直ちに改作させること。
(八)臨本について「精密ナル画ハ児童ニ精密ナル念慮ヲ起サシムル」。
(九)生徒を「鼓舞」して進歩させるようにする。そのため「下拙ナル生徒ニモ時々誉言ヲ与ヘテ之ヲ鼓舞セザル可ラズ」。
(一〇)「規律正シキコト精密ナル心ヲ保持スルコト画形ヲ明カニ暁ラシムルコトナドハ教授者常ニ慎ミテ心ヲ爰ニ置カザルトキハ　直ニ一席ノ紛擾ヲ生ジ又タ収ム可ラザルニ至ル可シ」(以上、同前書、四

〜五頁）。
(25) 同前書、一四〜一五頁。
(26) 同前書、一五頁。
(27) 京都市立芸術大学百年史編纂委員会『百年史　京都市立芸術大学』、同大学、一九八一年、二九頁。
(28) 伴遖之助『小學毛筆畫教授法』巻之上・下、福井正寶堂、一八九一年。
(29) 同前書、巻之上、二頁。
(30) 同前書、七頁。
(31) 同前書、巻之下、一四頁。
(32) 同前書、三五〜三六頁。
(33) 巨勢小石『小學生徒毛筆畫の手ほとき』、福井正寶堂、一八八九年、京都、東書文庫所蔵。
(34) 発達史、第三巻、九九頁。
(35) 海後前掲書、八五頁。
(36) 川端玉章『帝國毛筆新画帖教授法　後編』、三省堂、一八九四年、頁記載無し。
(37) 川端玉章・柿山蕃雄共著『帝國毛筆新画帖教授法　全』、三省堂、一九〇二年、五頁。
(38)〜(40) 同前書、四三頁。

第四章　「独乙教育学」と「美育」の登場

本章の課題は、第一章第二節に引き続き、図画教育と教育学の連関を検討することである。同時にそうした図画教育理解がどのように教育法と関係し、どのように展開したのかについても考察したい。「はじめに」において、本論の課題の一つとして挙げた公教育としての図画教育、ないし普通教育の一科目としての図画科の位置づけは、こうした教育学、教育法との相互関係のうちに明瞭になってくるのである。

一八七〇年代末から一八八〇年代前半に影響力を持ったペスタロッチー主義教育学は、その後半期に大きな転機を迎える。その転換点ともなるのは、森有礼文部大臣の就任（一八八五年一二月）である。周知のように森の登用は、明治立憲体制構築の立役者である伊藤博文の画策であり、その森に与えられた任務は、立憲体制に適合する教育システムを作り上げることにあった。その際、森は憲法草案がプロシア憲法に拠って構想されたことに鑑み、教育体制の模範を同じくプロシアに求めようとしていた。

こうした政府首脳の考えによって、教育法制の整備を目的としてプロシアより招聘されたのが内閣顧問・教育科顧問員H・テッヒョー※であった[(1)]。当然のことながらプロシア的な教育体制の整備は、教育学の領域をも例外とはしなかった。テッヒョウの意見を参考としながら、森は、教育令再改正（一八八五年八月）、さらには小学校令（一八八六年四月）を始めとする各種学校令の公布という当面の法制の整備を完了する。ついで森は、帝国大学教育学担当教師として同じくプロシア出身のE・ハウスクネヒト※の招聘を帝国大学令発布（一八八六年三月）の同年四月の

H・テッヒョー（Hermann Techow）ドイツから一八八三年に外務省公法顧問、太政官雇（法律草案取調）として来日した法律家で、伊藤博文のもとで民事訴訟法草案や教育法などの法律案の起草に活躍する。

E・ハウスクネヒト（Emil Hausknecht）一八五三〜一九二七、ドイツ出身。ベルリンのフォルク・ギムナジウムで教鞭をとっていた教育学者。一八八七年に東京帝国大学文科大学に招かれ、ケルン（H. Kern）およびライン（W. Rein）のテキストに従って講義した。八九年からは同校で教育学科特約生を募り、大学卒業生であって、高等中学校、尋常中学校の教師になろうとする者にヘルバルト主義教育学を教授した。彼の一門には、谷本富、湯原元一などがいる。

閣議に請議し、認許されている。[2] 一八八七（明治二〇）年一月に帝国大学に着任したハウスクネヒトは、同年四月からヘルバルト主義に基づく教育学を講義し、一八八九（明治二二）年四月から約一年半の期間にわたって特約生教育学科の初代教師をも兼任している。要するに、このハウスクネヒトの招聘がその後の日本におけるヘルバルト主義教育学※隆盛の礎を開いたと考えられ、これ以降徐々に従来のペスタロッチー主義教育学が衰退していくのである。

第一節　ハウスクネヒトと図画教育

ハウスクネヒトの初等教育論

ハウスクネヒトは、一八八七（明治二〇）年一月から一八九〇（明治二三）年六月までの約三年間、日本において教育学の普及に努める。その際、彼がその教育学のなかで図画教育をどのように位置づけていたのかという点について検討してみる。彼は「小学校ノ編制」と題する『教育報知』誌上に掲載した論文において、小学校教育について次のように述べている。

まず対象となる小学校の種類について、

※ヘルバルト主義教育学　ヘルバルト（Johann Friedrich Herbart　一七七六〜一八四一）の作り上げた教育学を基礎として、それを展開した学派を指す。ヘルバルトは、教育の目的を倫理学に、その方法を心理学に求め、この二つの学問を基本として、教育学を科学として建設しようとした最初の学者である。彼は教育の目的を道徳的品性の陶冶に求め、それは思想界の陶冶によってのみ実現可能なものとした。彼の学説は、チラー（T. Ziller）、シュトイ（K. Stoy）、ケルンやラインなどに影響を与え、日本では主にラインの学説に基づく五段階教授法が普及する。

余ガ此ノ研究ニ就テ教育学ナルモノアリテ余ヲ助ケ余ガ研究ヲ判断スルモノトセバ、余ガ茲ニ注意スル所ノ学校ハ教育学上ノ目的ヲ追ヒ、教育学上ノ編制ト方便ヲ使用セントスル所ノ者ノミニアリ。専門学又ハ一定ノ技芸ニ係ル所ノ学校ハ余ガ観察ノ外域ニアルモノト知ルベシ[3]

と、論じている。つまり教育学から小学校を検討する場合、教育学上の目的、編成、方法を適用する小学校、すなわち普通教育を目的とした一般の小学校が、対象となり、それ以外の専門学校や技芸学校的なものは除外されるとしている。

　そしてそうした小学校での教育目的を、

余ハ全体ノ内部的人類的ノ生活ノ養成　人間ノ発達ヲ勉ムル所ノ学校ノミノ編制ト位置ヲ談ゼントス、教授ニ由テ独リ智力ノミナラズ兼テ高尚ノ興味ヲ喚記《ママ》シ而シテ之ニ由テ意思ヲ喚発スル所ノ学校即訓育的教授ヲ授ケント欲シ、而シテ訓練及学校公法トシテ独リ智力ノミナラズ温柔ナル心意、上品ナル心、徳性ヲ培養シ且ツ之ヲ勉ムル所ノ学校ニアリ、実際教育ノ目的ハ徳性ヲ強壮ナラシムルニアリ、教育ノ目的ハ道徳上善良ナル者ヲ自由ニ撰択スル能力ヲ付スルニアリ、教育ハ児童ノ意思ニ此目的ニ適スル方向ヲ授クルニアリ[4]

と書き記している。普通教育の小学校は、人間の精神的な発達を通じての人間形成を目的としているので、訓育的教授つまり「智力」だけでなく「高尚ノ興味」を呼び起こし、生徒の「意思」つまり「温柔ナル心意」、「上品ナル心」や徳性を育てなければならない。教育の目的とは、徳性を強固にすることであり、そのため道徳的に善良なものを自由に選択することができる能力を獲得させることにある。教育とは、児童の「意思」を、こうした目的に適した方向に導くことである、と主張していた。

ハウスクネヒトは小学校教育の目的を「徳性」の涵養ないしは「道徳上善良ナル」ものを選択できる能力の養成に置き、知育を第二義的なものとしている。そしてその「徳性」の涵養を求めるためには、

学校ハ道徳的営造物タラザルベカラザルガ故ニ学校服務ハ児童ノ徳性ヲ涵養スベキノ責アリ、此ノ意思ノ礎ハ児童ノ思念界及ビ之ヨリ生ジタル興味ニ在リ、故ニ興味心ヲ起ス様ニ児童ノ思界ヲ養成スル事即チ教授コソ徳性涵養ノ最大要務ナリ(5)

と語っている。つまりハウスクネヒトの主張は、学校とは道徳的な営造物でなければならないため、道徳性の獲得を小学校教育の最大の目標とし、学校の授業はそれを目指す「興味心」すなわちヘルバルトの言うところの「多方不偏ノ興味(6)」を引き起こす教授によって統括されねばならないとするものであった。

ハウスクネヒトの図画教育論

ではこうした意見を持つハウスクネヒトは、各種学科目についてどのような見解を持っていたのだろうか。彼は学科を大きく二つに大別し、その一つを「史学科」、他の一つを「理学科」と述べ、前者に歴史科・国語科・唱歌科・修身科を、後者に理科・数学科・図画科・体操科及び手工科を分類している。(7) 「史学科」とは「感情ニ関セル興味ヲ惹起」(8) するものであり、そしてもう一方の「理学科」に、図画科は含まれている。それは「専ラ智力ニ関セル興味ヲ惹起」(9) するもので、「智力上ノ興味」すなわち「見聞ノ興味」、「思弁ノ興味」、「好尚ノ興味」(10) の三種の「興味」をおこさせるものである。

ついで数学科および図画科について、さらに詳しく次のように記している。

数学ト図画トハ其理学ヲ補助スルノ外更ニ教育上又固有ノ価格ヲ有ス　即数学ハ主トシテ思弁ニ関セル種類ノ興味ヲ悉ク喚ビ起シ　図画ハ形体ノ観察及ヒ好尚上ノ判断ヲナサシメ　更ニ形体ノ観察中人間ノ外貌特ニ其顔貌ノ如何ニ精密ノ注意ヲ促スヲ以テ又幾分カ感情上ノ興味ヲモ惹キ起スモノトス(11)

ハウスクネヒトは、図画科は数学科と並んで「理学」を補助するものであり、かつ図画科の特性として、(一)形体の観察、(二)好尚上の判断、(三)感情上の興味、を養成するという価値を持つものとしている。さらに実際上の教授にあたっては、

第一ハ諸種ノ学科ヲ可成同時ニ授ケズシテ相続キテ教フルコト
第二性質相近キモノハ可成分離セザルコト[12]

という原則をたてている。つまり色々な種類の学科を同時に教えず、それぞれの学科を系統立てて連続して教えること、および類似した学科は分離せず教えることの二点である。

ついで、その原則に従って次のように規定している。

其初ハ前ニ述ベタル如ク直線及曲線ニ起リ漸ク進テ習字ノ練習ヨリ分離シ且地理、理科等ト能ク連絡セシメ更ニ進テ歴史科理科ノ両者ヲ連絡スルノ方便トナスコトヲ得、又画学ハ動植物ヲ画クトキハ以テ博物学ニ、理化学ノ諸器械ヲ画クトキ殊ニ投影画　水彩画ヲ教フルトキハ以テ理化学ニ、地図ヲ画クトキハ以テ地理学ニ、摸型、画像、彫刻品ヲ画クトキハ以テ美術史ニ、単線ヲ画クトキハ以テ幾何学ニ皆能ク連絡セシメ得ベシ[13]

つまり図画科を教授するにあたり、当初は習字から関連づけて直線や曲線の練習をさせ、続いて習字から分離した後、地理・理科と十分に関連を持たせ、さらに歴史科と理科という二つの分野を接続する手段となすことができる、としている。またそれ以外にも、動植物を描写するときは博物学と、理化学の機械図を制作するとき、中でも特に投影図や水彩画を描くときは理化学と、地図を描くときは地理学と、模型、画像、彫刻を描くときは美術史と、「単線」を描くときは幾何学と関連づけ、こうした諸科目との相互の連絡を重視して教えるべきである、と述べている。

以上、ハウスクネヒトの図画教育についての見解を検討したが、それは従来の知育に力点を置き、「心力」を開発するために「観察力」の養成を説いた開発主義教授法から大きく変化している。彼によれば、図画科とは、道徳性の養成を第一目的とする小学校の普通教育科目の一学科であり、そのため道徳性涵養のための最大の要件である「多方不偏ノ興味」のうち「好尚ノ興味」を、言い換えれば「善ヲ好ミ美ヲ愛セント欲スルノ念(14)」を主要に喚起し、兼ねて「感情ノ興味」をも引き起こすものとされている。加えて図画科は、さらにそうした「興味」を持たせる前提として「形体」を「観察」する能力を獲得させ、他の諸学科との関連をも多く持った科目として理解されていたのである。ここにおいて図画教育の目的は、道徳性および美への興味を養成することが第一義のものと認識されるに至ったのである。

第二節　小学校教則大綱とヘルバルト主義教育学

開発主義からヘルバルト主義へ

第二次小学校令公布の四ヵ月前の一八九〇（明治二三）年六月に、高嶺秀夫は全国教育者大集会の席上において次のような演説を試みている。

現今ノ教育ニ関シテ緊要ナル事項ヲ掲グレバ其数枚挙ニ暇アラザルベキモ　中ニ就キ其最モ重ナルモノヲ挙グレバ　第一徳育ノ主義確定セザレバトテ徳性ノ修練ヲ忽ニスベカラズ（中略、筆者）教育ノ大主眼トスル所ハ知識ヲ開発スルト同時ニ人間ノ品性ヲ高ムルニアレバナリ（中略、筆者）世人ハ皆修身ノ外ニ徳育ノ課ナシト思ヘルハ大ナル誤ナリ　地理ニセヨ歴史ニセヨ将タ物理化学ニセヨ習字算術ニセヨ皆ナ一トシテ徳育ノ範囲外ニ出ルモノナシ(15)

高嶺は、現在の教育について緊要な課題として、徳育の主義が確定していないからといって道徳性の修練をゆるがせにしてはならない、と強調している。教育の目的としては、知識の開発も重要であるが、同時に「人間ノ品性」も高めなければならない。一般に道徳は修身科によって学ぶものと理解されているが、それは大間違いであり、地理、歴史、物理、化学、習字、算術など全ての科目が徳育の範囲に入っている、と説いている。

この高嶺の説は、もちろんこの年の一〇月に公布される教育勅語を睨んだものであろうが、彼が従来のペスタロッチー主義を奉じていた時期とは一線を画する。以前の高嶺であれば、その教育についての大目的となるべきものは当然「心力ノ開発」と言う開発主義的な文言になったに違いないが、この演説では「徳育」となっている。さらに、その「徳育」が全ての学科目を包摂し、「徳育」の範囲外の科目はない、と断言することもなかったであろう。ここに見える高嶺の主張は明らかに「徳育」をその全ての学科の中心に据えるヘルバルト主義教育学を意識し、それに同化しようとする彼の姿と言えよう。

当時、高等師範学校および女子高等師範学校両校の教頭を兼務し、文部省内の種々の要職を占めていた高嶺がこうした姿勢を取らざるをえなかった事情は、何よりも文部大臣ないし文部省総体の方針がヘルバルト主義教育学を求めていたことに発すると考えられる。

小学校教則大綱と図画教育――「美育」の登場

こうしたヘルバルト主義教育学の図画教育理解が、教育法令に影響を与えるのは、第二次小学校令に対応して一八九一（明治二四）年一一月に公布された小学校教則大綱が最初である。(16) この大綱の作成は、文部省普通学務局長久保田譲のもと新法令施行法審査委員として選ばれた

野尻精一　一八六〇～一九三二、姫路藩士族出身。一八八二年東京師範学校中学師範科を卒業し、文部省御用掛となる。山形県師範学校教諭、同校長、同県中学校長を経て、八六年森有礼の師範学校振興策によってドイツへ留学し、プロシア官立ノイチェルリ師範学校、ベルリン大学、ライプチッヒ大学で教育学・哲学を学び、日本にヘルバルト主義教育学を導入する。九〇年に帰国し、以後高等師範学校教授、帝国大学文科大学講師、九二年東京府師範学校長、九七年文部省視学官、一九〇八年奈良女子高等師範学校長（～一九年）を歴任する。

村岡範為馳　一八五三～一九二九、鳥取藩士族出身。蘭学を緒方洪庵、大村益次郎に学ぶ。藩校尚徳館から一八七〇年に貢進生として大学南校に入り、開成学校へ進む。七五年文部省報告課に出仕し、七

（一八九一年一月任官）高嶺・野尻精一※・村岡範為馳※・篠田利英※が関係したものと考えられる。なかでも野尻は、一八八六（明治一九）年六月に東京師範学校監督を兼任していた森有礼文部大臣によって、同校卒業生の中から抜擢されてドイツ留学へ旅立ち、プロシア官立ノイチェルリ師範学校を卒業したのち、ベルリン大学、ライプチッヒ大学を経て帰国（一八九〇年六月）後、高等師範学校教授に就任したヘルバルト派の教育学者であった[17]。言わばこの大綱は、ペスタロッチー主義教育学を代表する高嶺が、ヘルバルト主義教育学を代表する野尻らの主張を踏まえつつ作成したものと思われるのである。では、次に大綱の内容を検討してみよう。

大綱における図画科の目的は、

図画ハ眼及手ヲ練習シテ通常ノ形体ヲ看取シ正シク之ヲ画クノ能ヲ養ヒ兼ネテ意匠ヲ練リ形体ノ美ヲ弁知セシムルヲ以テ要旨トス[18]

と規定されている。つまり従来の綱領にもあった「眼及手」の練習という項目、すなわち形体を観察して、正しく描写する能力の養成と、新たに付加された「意匠」つまりデザインを創造し、形体の「美」を理解させるという項目から成り立っている。

ついで教授順序は、

尋常小学校ノ教科ニ図画ヲ加フルトキハ　直線曲線及其単形ヨリ始メ時々直線曲線ニ基キタル諸

七年東京女子師範学校理学教員、東京大学理学部出仕、七八年師範学科取調べのためドイツへ留学し、ストラスブルク大学で博士号を取得、またストラスブルク師範学校を卒業する。八一年東京大学予備門教諭、第一高等中学校教諭兼教頭、東京音楽学校商議員に任じられ、八八年再び欧州へ派遣される。九〇年帰国後、女子高等師範学校教授兼教頭、九二年東京音楽学校長、九三年第三高等中学校教授、九八年京都帝国大学理工科大学教授となった。わが国の音響学の創始者の一人であり、X線の日本最初の実験者であった。その翻訳にツェーケルの『平民学校論略』がある。

篠田利英　一八五六年、松本藩士族篠田正汎の次男として生まれる。慶應義塾、東京高等師範学校卒業、群馬県師範学校、高等師範学校教授、一八八七年

形ヲ工夫シテ之ヲ画カシメ　漸ク進ミテハ簡単ナル形体ヲ画カシムベシ　高等小学校ニ於テハ初メハ前項ニ準ジ　漸ク進ミテハ諸般ノ形体ニ移リ実物若クハ手本ニ就キテ画カシメ　又時々自己ノ工夫ヲ以テ図案セシメ　兼ネテ簡易ナル用器画ヲ授クベシ(19)

と記されている。つまり尋常小学校では直線・曲線・単形から始め、簡単な形体に進み、高等小学校では、それに準じながら色々な形体を描写し、実物ないし手本の写生および各自の工夫による図案の作成、簡単な用器画を練習させるのである。

さらにその指導上の注意として、

図画ヲ授クルニハ他ノ教科目ニ於テ授ケタル物体及児童ノ日常目撃セル物体中ニ就キテ之ヲ画カシメ　兼ネテ清潔ヲ好ミ綿密ヲ尚ブノ習慣ヲ養ハンコトヲ要ス(20)

と付加されている。

まず、その目的において、第一章で検討した小学校教則綱領と共通した「眼及手ヲ練習」するという開発主義（ペスタロッチー主義）教育学の影響が、依然として見られるが、一方で「兼ネテ意匠ヲ練リ形体ノ美ヲ弁知セシムル」という美育を含む新たな内容を持つ項目が加筆されている。ついで教授順序については、当時喧しかった毛筆画・鉛筆画論争を警戒してか、西洋画法とあからさまに了解できるものは「用器画」のみとなり、綱領に見られた「陰影」画法につ

米国留学（ジョンズホプキンス大学、～九〇年）、帰国後東京高等師範学校教授兼文部省視学官、東京女子高等師範学校教授を歴任する。一九一三年病気のために官職を辞任、平癒後旅順高等女学校長を務める。

いての記述が削除されている。そして新たに指導上の注意として、他教科と関連するモチーフおよび生徒にとって日常的なモチーフを採用すること、清潔さ、綿密さの重視が書き加えられているが、この中でも、他教科との関連を重視する項目については明らかにヘルバルト主義教育学の教科編成論[21]の影響が見られよう。

高等師範学校と小学校教授細目

では次に、高等師範学校附属小学科教授細目を検討することで、大綱の持つ内容に関してさらに詳しく見てみる。この細目は、東京茗渓会（東京高等師範学校同窓会）が、小学校令の施行にともなう教授細目の参考書として出版したものである。[22] 東京高等師範学校の性格上、この附属学校の教則類は、常に一定の公的な権威を持つものとして全国の学校に受け入れられてきた。当時、高嶺を校長[23]として戴き、さらに野尻が教鞭を取っていた同校の大綱についての解釈は、文部省そのものの大綱理解に最も近いと考えられる。細目作成にあたって、その編纂に携わった町田則文（当時、同校教授）※は、この細目について、次のように語っている。

尚茲に一事の特筆大書すべきものあり。明治二十五年先生（高嶺、筆者）の校長時代に附属学校教員をして小学部の各学科教授細目を編纂せしめられたること是なり。(中略、筆者）是れ即ち現今の全国小学校教授法の基礎となりたるものなり。蓋し是より以前我国の教授法は主として北米合衆

※町田則文　一八五六〜一九二九、土浦藩士族として茨城県に生まれる。一八七六年東京師範学校中学師範科に入学し、七八年から茨城師範学校、茨城中学校教頭、茨城第二中学校長、愛媛県師範学校教諭、同校教頭、同校校長、埼玉県尋常師範学校長を経て、九二年高等師範学校教授となる。九六年同職を退し、台湾総督府国語学校長、一九〇〇年女子高等師範学校教授となり一〇年に東京盲学校長に任ぜられる（〜二九年）。高嶺秀夫の弟子として、教育現場の改革を主に担当した。

国の方法を参照したりしが、是より以後は専ら独逸国の方法を参照したるものと謂ふ可し。夫の五段教授法の世に唱道せられたるは正に此の時の事なり。(24)

町田の説明によれば、特筆しなければならないこととして、高嶺が細目作成について、附属学校教員に各学科教授細目の編纂を指示したことを文頭に掲げている。さらにこの細目が、往時の全国的な小学校教授法の基本として普及し、その内容もアメリカ合衆国の教授法つまり開発主義教授法から、ドイツの教授法つまりヘルバルト主義教授法に変化した点を強調し、同主義に基づく五段階教授法※がこの細目から初めて唱道されたと述べる。

要するにこの細目は高嶺の指導のもと、ヘルバルト主義教授法を参照することで作成され、言わば大綱の正統的な解釈・実施の指導書と位置づけられていたとされている。

ではこの点について、次に細目そのものを見てみよう。細目は、その「図画科」の「緒言」において、

図画ハ目ト手トヲ練習シテ通常ノ形体ヲ看取シ正シク之ヲ画クノ能ヲ養ヒ　兼ネテ自然ノ風致ヲ悟得シ高尚ナル気風ヲ養成シ且想像注意等ノ諸能力ヲ錬磨スルヲ以テ其要旨トシ　之ヲ小学科第一学年ヨリ課ス(25)

と、その目的を記している。大綱のこの部分に相当する箇所と比較すると、美育についての項

※五段階教授法　日本で普及した五段階教授法は、主にライン（Wilhelm Rein　一八四七～一九二九）によるものである。本来ヘルバルトが、明瞭・連合・系統・方法の四段階とした教授法を、チラーが、分析・総合・連合・系統・方法の五段階とし、さらにラインが、予備・提示・比較・総括・応用に再編した。能勢栄が一八九五年にラインの 'System der Pädagogik in Grundriss'（一八九一年）を翻訳した『莱因氏教育学』を発表して以来、五段階教授法は全国に大流行し、その影響は約一〇年間にもわたった。

目がさらに詳しく述べられている。つまり大綱では「意匠ヲ練リ形体ノ美ヲ弁知セシムル」と書かれた部分が、細目では「自然ノ風致」つまり自然の美しさの理解、「高尚ナル気風」の養成、創造力・注意力の錬磨、と言い換えられているのである。

さらに、美育に関して「教授上ノ主義」という項で次のように述べている。

小学科ニ於テ図画ヲ授クルハ固ヨリ霊妙ノ画ヲ作ラシムルニアラスシテ美情ヲ発育セシメ眼ト手トノ練習ヲナサシムルニアレバ　実物臨本相倚リテ簡易ナル形体ヨリ画カシメ以テ自然ノ興味ヲ与フルニアリ(26)

この記載によれば、小学校においての図画教育は、「霊妙」な絵画を制作させるのではなく、「美情」を発育させ「眼ト手トノ練習」をさせることにあり、そのため実物と模写用の手本を使って簡単な形体から描写させ、自発的に興味を覚えさせることにある、としてある。

ここでは旧来の「眼ト手トノ練習」というフレーズは、従来占めていた序列から一段下げられ、「美情」の発育がその第一の順位に据えられている。つまり、開発主義教育学を象徴する「眼ト手」の訓練が、「自然ノ風致」の理解、「高尚ナル気風」の養成、創造力・注意力の錬磨といった言わば徳育的な価値を持つ美的な教育目標にその位置を譲り渡した体裁となっているのである。

以上、大綱および細目における、図画教育理解を検討したが、図画教育は当初の開発主義（ペスタロッチー主義）教育学から徐々に、その比重をヘルバルト主義教育学へと移し、その結果として従来あまり第一目標として掲げられることの無かった美育的な要素が次第にクローズアップされてきたと言えるだろう。

第三節　それ以後の展開

大綱の成立以後、ヘルバルト主義教育学の普及は圧倒的なものとなり、ペスタロッチー主義教育学の影響はほとんど影をひそめてしまった。ヘルバルト主義に基づく、翻訳書や教育学書、教授法書などの新たな書籍は、当時の日本の教育界を席巻し、ヘルバルト主義教育学の全盛期となったのである。本節では、そうした書物の中でも特に教育現場とのつながりが密接であった高等師範学校関係者の著作を中心に、その後の図画教育理解の進展を検討したい。

その際、主として取り上げる著作は、一八九四（明治二七）年に発行された谷本富『実用教育学及教授法』および一八九九（明治三二）年発行の森岡常蔵『小學教授法』の二書としたい。前書は、ヘルバルト主義が全国的に普及する契機ともなった著書であり、後書は、ヘルバルト主義教育学を日本の教育状況に適応させるため一定の修正と改編を加え、当時の各科教授法に適用しようと試みた、いずれもその時期を代表する著作である。

谷本富の図画教育論

谷本富※は、ハウスクネヒトの特約生教育学科において、ヘルバルト主義教育学を学び、卒業後ハウスクネヒトの推薦で山口高等中学校に就職し、その後、東京高等師範学校教授（一八九四年任官）となる。谷本は、ヘルバルト主義教育学を当時の日本の政治状況に応じて次のように解釈している。

> 我が初等教育は国家将来の一員として個人的に徳性を涵養するを旨とし、国民の歴史的心情を斟酌して之れを行ふべし（中略、筆者）勅語の旨を奉体するは、実に教育の目的なりと。蓋し申すも畏しけれど勅語は実に個人的及び国家的道徳を、国民の歴史的心性に従うて涵養すべきことを示したまへるなり(27)

つまり日本の初等教育の目的は、将来の国民の一人として生徒の徳性を涵養することにあり、その方法は日本の国民の歴史的心情を斟酌して行うべきである、としている。そのため日本国民の歴史的心情に従った個人的かつ国家的道徳である教育勅語の趣旨こそが、教育の目的である、と断言している。谷本にとって、ヘルバルト主義教育学と教育勅語は矛盾なく結びつき、同教育学の最大の主張の一つである「徳性」の涵養でさえ教育勅語の徳目と同次元で理解され

谷本富　一八六七～一九四六、高松市出身。高松中学校、高松医学校を経て、一八八九年にハウスクネヒトの第一期生として帝国大学文科大学特約生教育学科を卒業し、翌年山口高等中学校教授となる。一八九九～一九〇二年まで欧州に留学し、ドモラン（J. E. Demolins）の影響を強く受けて帰国し、一九〇六年に京都帝国大学文科大学教授（～一三年）になる。当初ヘルバルト主義教育学の主唱者であり、その後それをヴィルマンの学説によって国家主義的教育学へと展開させ、留学後はドモランの新教育運動を唱え、最終的には民主主義的な教育学を支持するという思想的な変遷をたどる。

ていたのである。

さてこの谷本の著作において、図画教育は次のように規定されていた。

図画は児童天然の好尚なり、従てこれが興味を催進し発展するは敢て難しとせず。之に由りて容易に審美の情感を培養することを得るは勿論、また経験推理の興味を振起することも少なからず。将又図画は実に是れ一個の言語なりと作せば、之に由りて同情、公共の心志を発揚する効果は決して他の詩歌、文章に譲らざるなり。況んや宗教と絵画との関係親密なるは、古今東西寺院殿堂の装飾に徴して昭かなるをや。余輩は図絵を以て多方興味を振起する者なりと信ずるなり。若夫れ其実業上に於ける必要の如きは、別に弁ずるを待たずして知られぬべし。図画の教育上に於ける価値斯の如し(28)

谷本は、図画は児童が本来好むものなので、興味を持たせることは容易であり、そのため「審美の情感」を育成することはもちろんのことながら、「経験推理の興味」も獲得させることができる。同時に図画は言語的な機能も持つため、図画によって同情心や公共心を呼び起こすことは、詩歌や文章に劣ることはない。また宗教と絵画の関係は、世界中の寺院や殿堂の装飾を見れば明らかである。このことは図画によって「多方興味」を起こすことができることを裏付けている。さらに実業上の利益が大きいことは今更説明することもないであろう、と述べている。

ここにおいて谷本は、図画教育の性格を「審美」的興味を第一としながらも、「経験推理の興味」、「同情」心、「公共」心、敬虔心をも含めた「多方興味を振起する」ものと位置づけ、ハウスクネヒトよりもさらにその教科としての重要性を評価している。このことは谷本が、何よりも図画教育を道徳的品性の陶冶を目指すヘルバルト主義教育学に相応しいものとして捉えていたことを物語っているだろう。

谷本富の図画教授法

ではそうした図画教育を、谷本はどうした教授法で普及すべきだと考えていたのであろうか。谷本はこの点について、まず日本では、

> 図画教授法は今日に於て未だ一定せざるなり(29)

という認識があり、それゆえ西欧における図画教授法の展開と、それらの比較から日本で現在採用すべき方法を導き出すという、いささか疎略ではあるが当時においては秀逸な提案を試みたのである。ここで谷本は、西欧における図画教授法の流れを二派に大別する。その一派はペスタロッチーの高弟でイフェルドン（Yverdon, Switzerland）のペスタロッチー学校において図画教師として「臨画」つまり手本を用いての図画教育を指導したヨハン・ラムザウェル※を中心とするものであり(30)、もう一派の中心人物は、このラムザウェルに正面から異議をとなえ、「臨画」を退け、「写生」つまり実物や模型の描写を図画教育の唯一の方法と主張したペーテル・シミッツ

J・ラムザウェル（Jahannes Ramsauer 一七九〇〜一八四八）、ペスタロッチーの愛弟子、アッペンツェル生まれ。四歳のとき、父を亡くし、一八〇〇年にブルグドルフへ送られる。ペスタロッチーの学校に学び、一八〇四年からは助手を兼担する。イフェルドン学園の黄金時代を支えるが、J・シュミットの強い管理体制を不快として、一六年に同学園を去る。

ド※であった。谷本は前者について、

ペスタロッチーの門人にして、師説を遵奉し、図画教育の目的は専ら眼と手とを練習し、心力を発揚するにあり。技芸教育とは全く別なりとなせり。而して其教授の順序は形状の測定を主眼とし、全形の構造、配合を分析するをつとむ。即ち先つ水平線より始め、直線を各方向に於て引かしめ、之を分ち、角を作り、直線図を構成し、次きて曲線、曲線図を教へて、漸く天然及人工の物体を描かしめ、最後に少く透視画を教ふ。之を要するに、字を綴りて語とし、語を列へて句とする的の方法なり。而してこの法にては専ら臨画を用ゐるなり(31)

と解説している。ラムザウェルは、図画教育を技芸教育とは、全く別の物と考えていた。つまり「眼と手」の練習によって「心力」を発揚するというペスタロッチー主義に基づいた発想である。そしてその教授法は、模倣用の臨本を使用し、直線から開始され、直線によって構成される簡単な形、ついで曲線、曲線図、を経て天然及び人工の物体を描写する、そして最終的には透視図法を教えるというものであった。

要するにラムザウェルの図画教授法は、従来日本で採用されてきた教授法とほぼ同様のものと考えられるだろう(32)。

次に後者について谷本は、

※ペーテル・シミッドは、註(30)の記載などを見る限り、J・シュミットの誤りと思われる。ちなみにJ・シュミット(Joseph Schmid 一七八六～一八五〇)はイフェルドン学園を担った中心教師の一人である。その数理的な才能によってペスタロッチーの助手として活躍し、図画の基礎と形と量の基礎の研究に取り組んだ。しかしニーデラーとの対立は学園の教師の分裂を招き、一八一〇年に同学園を辞任するが再び一五年に復帰する。

ペーテル、シミツド……は之に反して、専ら自然物を写生することを主張し、最初より立体を描画せしむ。即ち実物或は模型を提示して各自に写さしむるなり[33]

と述べている。シミッドは、ラムザウェルとは正反対であり、もっぱら自然物を写生することを目指し、最初から立体を描写させるというものであった。後年、シミッドについて語られたところによれば、シミッドは、

凡ての図画は唯々自然物の模像より出発し、自然物の表明を直接に目的とする[34]

という主張の下に「写生」による図画教育を推進していったとされている。

この二派を比較した谷本は、その結論として次のように語っている。

想ふに心理学上の理法より之を論するときは、シミツドの方優れりとせむ。何となれば吾人知識の発端は、庶物の直覚に在りて、直ちに一物体を把取することに始まり、決して点より線、線より面、面より積と、幾何学的総合の順序を追ふ者にあらざればなり。然れども之を直ちに立体的図画を課するは頗る困難なるを覚ゆれば、一概にラムザウエルの説を悪ろしとも謂ひ難き点ありて、識者は寧ろ其中を執り、臨画は可成措きて模型を写すことを奨励すると同時に、兎に角臨画よりも写生を図画教育の本旨とすることは忘るべからざることなり[35]

谷本は、心理学的に考えるとシミッドの方が優れているとし、その理由を、人間の知識の発端は、あらゆる物を直感することにあるが、その際、直感は点・線・面・立体といった幾何学的な順序で物を認識するのではなく、ただちに物体全体を把握するからである、と述べている。しかし立体的な図画を初心者に突然教えるのは非常に困難なので、ラムザウェルの説も一概に悪いものとはできない。そのためその両説を折衷し、模倣用の臨画はなるべくやめ、その代わりに模型を写生させるようにして、図画教育の本旨は写生にあるということを明瞭にすべきである、と結んでいる。

谷本は、シミッドの図画教育への取組みを優れたものと評価しているが、その現実における教授法においては、困難なものがあるとし、方法的な側面において、ラムザウェルの幾何学的な順序による指導を取り入れ、あくまでもシミッドの主張する「写生」を中心とした図画教授を行うべきであるという折衷的な立場を表明していたのである。

こうした谷本の立場は、その教材論においても明らかである。その中で彼は、教材選択について二つの原則を主張している。まず第一に、

可成美なる者を択ぶべきは勿論なれども、一種奇古の美は之を採らずして、必ず形状の整然たる者を択ぶべし。即ち余輩の茲に所謂美とは、端厳、平直、形状の純明にして、秩序整然たるを云ふ。而かも気韻と云ふことを心懸くるは最大切なり。従うて右の如く先づ儀型的形状を撰択し、最初は

直線的装飾より漸く曲線的装飾に及ぶべしとするも、全然幾何学的なるは可ならずとす[36]

としている。つまり「奇古」の美や単に幾何学的な図形ではなく、秩序整然としたシンプルな美しさと趣きを兼ね備えた教材を選び、最初は直線的な装飾から始め、後に曲線的な装飾が描写できるようにする、と述べている。

第二に、

特に余輩の最も特筆大書せむと欲するは、教授統一の原則を遵奉し、右の儀型的図画を授くると同時に、可成爾余諸学科中より適当の材料を蒐取せむとするにあり[37]

と記している。谷本が最も強調したいのは、教授統一の原則であり、第一の原則で選択した模範となる図画とともに、他の諸学科に共通する図画教材を収集する必要があると主張している。

この二つの原則において、谷本は教材を選ぶ際にも単なる幾何学的な形体は避け、単純な形の中にも「気韻」つまり趣きを持つモチーフを選択すべきであるとし、ラムザウェル流の幾何図形の採用は退けている。と同時に、ヘルバルト主義による教科統一の原則を、教材選択にも応用し、他の諸学科と関連する教材をなるべく多く採用することを重要視していたのであった。

さらに谷本のこうした図画教授法における新たな試みは、五段階教授法を図画科の指導に適用するまでに至っている。その内容は、

（一）第一段に於ては、予め現に教授せむとする事項を告げ、之につきて必要なる条件を問答すべし。

（二）斯くて準備了りたるとき、第二段に入る。即ち先づ模型或は臨本を示し、或は教師塗板に描きて、丁寧に其部分及び運筆を説明し、児童をして指もて之を机卓に描かしめ、更らに筆を執りて紙上に描かしむ。

（三）第三段にては、新に習ひたる所を以て既に知れる所と比較し、問答して描写并に運筆の理由を発見せしむべし。

（四）斯くて一定の儀型を断定するを第四段とす。

（五）第五段は応用の才を試むる為めに、新に習ひたる物に類似せる物体を写さしめ、或は新に習ひたる物を拡大或は縮写せしめなどするより始めて、或は記臆画を作らしめ、或は図案様の者を工夫せしむる等の事をすべし[38]

というものである。谷本はヘルバルト主義教育学の「準備」―「提示」―「織綜」―「統合」―「応用」[39]の五段階教授法を彼なりの考えによって図画教育に適用していたのであった。

総じて、谷本の図画教育への見解は、図画を道徳性の陶冶を導く主要な科目の一つと捉え、従来の日本の「臨画」を中心とする教育つまり「ペスタロッチー主義」による図画教育を、ヘルバルト主義に基づく新たな図画教育へと導こうとするものであった。その際、谷本は、ヘルバルト主義による図画教授方法が確定していない状況を打開するため、西欧の図画教授法を検討し、同主義にのっとる図画教授法を模索しようと試みていたと言えるだろう。

森岡常蔵の図画教育論

こうした谷本の意見に代表されるヘルバルト主義全盛期の教育論に対して、異議を唱えたのは言わばその第二世代とも見なせる森岡常蔵※である。一八九九（明治三二）年から三年間ドイツ留学を経験した森岡は、教育界に重きをなしていた。(40) ここで検討する『小學教授法』はその高等師範学校訓導兼助教授の時代のものである。森岡の主張は、その著作の「弁言」（出版社の前書き）に、

謂ハユル「へるばると」派ノ理想一名試験的教授方案トモ称スベキモノヲ、直チニ採リテ以テ万事状態ヲ異ニスル所ノ本邦ニ当テ嵌メタルモノナレバ、枘鑿相納レズ往々牽強附会ニ陥リ形式ノ末ニ流レタルモノ多シ（中略、筆者）本書ハ森岡氏以上ノ流弊ニ鑑ミ、多年ノ研鑽ヲ積ミテ著サレルモノニシテ、国家主義ヲ以テ根本ト為シ、教授上ニ於ケル古今ノ原理及ビ方法ヲ、条理一貫ノ下ニ新ニ排列シテ、善ク本邦現今ノ状態ニ吻合セシメ(41)

と記されているように、従来のヘルバルト主義に見られたその形式的な日本への適用を批判し、森岡なりにヘルバルト主義教育学を日本に適用しようと提案したものであった。

森岡常蔵　一八七一〜一九五四、福井県出身。一八九二年福井師範学校を卒業し、翌年高等師範学校に入学し、同校を出ると同時に、九七年同校訓導兼助教授に任ぜられる。九九年からドイツ留学をし、一九〇二年帰国すると、東京高等師範学校教授となる。ついで文部省督学官、同省教育調査部長などを歴任し、教育行政、教科書編纂などにあたる。三四年東京文理科大学長並びに東京高等師範学校長となる（〜四〇）。主著としては、『各科教授法精義』（一九〇五年）、『教育学精義』（一九〇六年）などがある。

森岡は、まず教育の目的について、

教育ノ目的ハ道徳的生活ノ準備ヲ与フルニアリト論定スベシ(42)

と述べている。この点については、従来のヘルバルト主義教育学の主張となんら変わりはないが、この目的を第二次小学校令の条文に応じて、以下のように三分割して説明している。

更ニ区分シテ之ヲイハバ
一、道徳的品性ヲ陶冶スルコト。（我ガ小学校令第一条ニハ道徳教育ノ基礎ヲ授ケヨトアリ）
二、生活ニ必須ナル普通ノ知識技能ヲ授クルコト。（小学校令）
三、身体ノ発達ニ留意スルコト。（小学校令）是ナリ。
然レドモ此三者中自軽重アルヲ知ラザルベカラズ。其最モ重要ナルハ、イフ迄モナク品性ノ陶冶ニアルナリ(43)

森岡は、その教育目的を小学校令にあわせて分割し、道徳的品性の陶冶を第一とはしながらも、「知識技能」および「身体ノ発達」という目的を付け加えている。こうした森岡の姿勢は、当時の日本の「国家主義」的な風潮に対応して従来の教育学を修正しようと試みたものであり、ヘルバルト主義を小学校令に従って状況主義的に改変したとも考えられる。この点を、さらに教授目的について記された森岡の主張に見てみよう。

然ラバ教授ノ目的ハ如何ニトイフニ、教育ガ目的トスル道徳教育国民教育ノ材料タル並ニ日常生活ニ必須ナル知識技能ヲ授ケ又身体強壮ノ方法ヲ授ケテ、其結果ガ思想感情意志ノ上ニ影響ヲ及ボシテ道徳的国民的品性ヲ陶冶シ、猶日常生活ニ堪能ナル、身体ノ強壮ナル人物ヲ養成セント期スルコト是ナリ(44)

教授の目的とは、教育の目的である道徳教育や国民教育、日常生活に必要な知識や技能、また身体を強健にする方法などを教え込み、その結果として生徒の思想・感情・意志に影響をおよぼして道徳的国民的品性を陶冶することであり、かつ実際上でも日常生活に堪能で、身体の強壮な人物を養成することである、と述べている。

森岡の主張は、道徳的な品性の陶冶を究極の目的と唱えながらも、ほとんど同等の位置に生活に必要な知識・技能および身体の発達を掲げる、三つの目的を持つ教育論ともいえるだろう。では、こうした森岡の図画教育への言及はどのようなものであったろうか。彼はその「各科教授法」の中で、

図画科ヲ小学校ニテ授クル要旨ハ彼ノ教則大綱ヲ読ミテモ明ナル如ク美情ヲ発見セシメ、眼ト手トノ練習ヲナサシムルニアリ。此他ニ存スル形式的価値ハ一一挙ゲズトモ可ナラン(45)

と述べている。この点においては、美育的な項目を第一位としているが、しかしその教授内容

においては、ハウスクネヒトや谷本らの意見とは大きな違いを見せている。森岡が、その教育目的に「知識技能」という項目を追加したことは先に述べたが、彼によれば図画科はその「技能」に属するものとされている。そのことに関して彼は、

習字、図画、唱歌、体操等ノ技能ハ、身体諸機関ノ鍛練発達ヲ主トスル外、審美心ヲ養ヒ観察ヲ緻密ニスル等其効果多ケレバ教育上亦一日モ欠クベカラズ(46)

と述べ、「身体諸機関ノ鍛練発達」という新たな「技能」を図画科に求めている。

ここで言う「技能」が、次に述べる森岡の図画教授論に大きく反映しているのである。森岡は図画の教授方法について「臨画」、「写生」、「新案」という三つの方法をあげ、次のように述べている。

甲ハ臨本(手本)ニツキテ其画ヲ模写スルニアリ。乙ハ或実物ヲ看取シテ其形体ヲ写スニ在リ。丙ハ自己ノ想像ニヨリテ新者ヲ案出スルニ在リ。此科最終ノ目的ハ能ク写生シ得ルニ至ルヲ期セザルベカラズ(47)

森岡は、写生を図画科の最終目的にあげ、「臨画」と「新案」をそれに次ぐ方法としている。しかし初学者は、

未ダ筋肉使用ニ熟セザル間ハ初ヨリ、ニハカニ写生セシムル事難クシテ、臨画ヨリ入ルヲ至当ノ順序トス。但臨画ノ際トテモ、其物ヲ画クトイフ精神ヲ起サシムルヲ必要トス(48)

と述べるように、「臨画」から入門することが良いとされる。しかしその際にも、「其物ヲ画クトイフ精神」を持ちながら模写しなければいけない、と説明されている。そのため森岡は、従来からある直線から曲線へといった、単純なものから複雑なものの描写へと展開する図画教科書には不満を表明している。森岡によれば、

余ハ敢ヘテ主張ス。初ヨリ意味アル形体ノ画ヲ学バシムベシ。而カモ其間ニ運筆上練習スベキ順序ヲ置クベシト。二者相衝突スル如キ観アレドモ、教師ガ画ヲ択ブ上ニ少シク意ヲ用フレバ決シテ難キニアラズ(49)

という方法が示されている。つまり最初から意味ある形体を描写することが重要であるが、その一方で従来からの練習順序にも乗っ取らねばならない。この意見は一見矛盾するように思えるが、教師の画題の選択によって可能になる、と主張していた。では、その具体的な方法とはいかなるものなのだろうか。

例ヘバ横線ヲ練習セントシテ梯子ヲ画カシメヨ。此際横線外ノ線ニシテ来ルトモ妨ナシ。只教師ノ主眼トスル者ハ横線ニアルノミ(50)

要するに、横線を練習させるときに、単に横線だけを描かせるのではなく、梯子という具体的な形体を描写させ、教師の方はその横線の部分にだけ注意を注ぐようにする、というものであった。言うならば、従来の教授順序に従いながら、より具体的な実物イメージを生徒に与えるように図画指導をするといったものである。

ともあれ、ここに示された森岡の教授法は、「写生」を最終的な目的としており、この点は先述した谷本の写生を中心とする図画教授法と基本的には共通するものがある。

しかし森岡はさらに続けて、図画の「技能」的側面について次のように語るのである。

余ハ猶一言ヲ添ヘテ読者ノ注意ヲ乞ハント欲ス。ソハ技能ニ属スル学科ノ知識ニ訴フル学科ト稍区別スベキ点アルコトナリ。苟クモ技能ニ長ゼシメントナラバ、其人如何ニ教授ノ方法ヲ巧妙ニシテ理論ヲ喋々ストモ、其身其技能ニ長ゼザル限リハ、到底十分ニ之ガ目的ヲ達シ得ベキニアラズ。教授法ノ理論ニ通暁セザル書家画家ガ管理モナク教授法モナク（体裁トシテ）教壇ニ立チタル結果ノ、往々教授ノ理論ニ明達通暁セリト称スル先生ヨリモ優レルコトナキニアラズ。余ハ結論トシテ教授法ノ理論ヲ無用ナリト叫バントスルニハアラズ。其攷究ハ固ヨリ必用ナリ。サレド技能ノ熟達ハ、理論ノ喋々ヨリモ好模範ノ実行ノ重ンズベキコトヲ注意セントスルナリ(51)

森岡は、「技能」に属する学科と「知識」に属する学科とは多少の区別があるとして、前者を教える教師はいかに教授法が巧妙で理論が展開できても、技能がそれに伴わなければ教育の目的を達成することはできない、とその違いを指摘する。さらに、教授理論のない画家や書家の方が、教授理論に通暁している一般教師よりも良い結果を導くことも通例であるとし、その結論として、教授理論は決して無用ではないが、技能の熟達をなお一層重視しなければならない、としている。

森岡は「技能」としての図画を教授するには、「理論」よりも「技能」に優れた教師によらなければその目的を十分に達成できないとし、現実的な図画指導を踏まえた意見を特に付け加えていたのである。

森岡の図画教育理解は、ヘルバルト主義に基づく道徳的品性を陶冶するための図画と「技能」としての図画という二つの側面を持ったものであった。それは一方では、理論と現実との差異という不可避の課題を彼なりに消化しようとした試みであったと言えるが、しかし他方において、教育目的を教育学とは無関係に分化させることによる必然的な結果であったとも言えよう。それは森岡のあげる「技能」という教育目的そのものが、第二次小学校令第一条の

小学校ハ児童身体ノ発達ニ留意シテ道徳教育及国民教育ノ基礎竝其生活ニ必須ナル普通ノ知識技能ヲ授クルヲ以テ本旨トス(52)

という条文から学問的な脈絡無く引用され、彼の学んだヘルバルト主義教育学に直ちに結び付けられたことによる。森岡が、

教授法ノ理論ヲ無用ナリト叫バントスルニハアラズ

と奇しくも語らずにはいられなかったことは、まさにそうした森岡の立場を表していると考えられよう。

以上、谷本および森岡の図画教育理解を検討した。谷本において道徳的品性の陶冶を目的とした図画教育はヘルバルト主義的な教授内容を備えたものとして一定の方向性の下に試行されるが、森岡に至ってそれは、現実的な要請を踏まえつつ、修正・改編されて行った。つまり徳育ないし美育という統一された路線が、もう一方で、技能ないし技術という分岐をいささか強引に接合されることとなったのである。しかしこうした経緯が、日本の教育政策のうちに、ヘルバルト主義教育学的な要素をさらに取り込ませる要因となったことをここに指摘しておくべきであろう。

第三次小学校令の図画科規定

一九〇〇（明治三三）年八月第三次小学校令およびそれに付帯する小学校令施行規則が公布される。沢柳政太郎普通学務局長と先述したヘルバルト派の野尻精一視学官が中心になって立案した(53)この法令において図画科は次のように規定されている。

図画ハ通常ノ形態ヲ看取シ正シク之ヲ画クノ能ヲ得シメ兼テ美感ヲ養フヲ以テ要旨トス　尋常小

学校ノ教科ニ図画ヲ加フルトキハ単形ヨリ始メ漸ク簡単ナル形体ニ及ボシ時々直線、曲線ニ基キタル諸形ヲ工夫シテ之ヲ画カシムベシ　高等小学校ニ於テハ初ハ前項ニ準ジ漸ク其ノ程度ヲ進メ実物若ハ手本ニ就キ又時々自己ノ工夫ヲ以テ画カシムベシ　土地ノ情況ニ依リテハ簡易ナル幾何画ヲ授クルコトヲ得　図画ヲ授クルニハ成ルベク他ノ教科目ニ於テ授ケタル物体及児童ノ日常目撃セル物体中ニ就キテ之ヲ画カシメ兼テ清潔ヲ好ミ綿密ヲ尚フノ習慣ヲ養ハンコトニ注意スベシ

（同規則第一章第一節第八条）(54)

この規定において小学校教則大綱から大きく変化した箇所は、その前段の「要旨」の部分である。大綱にあった「眼ト手ヲ練習シテ」という部分が削除され、「意匠ヲ練リ形体ノ美ヲ弁知セシムル」という項目が「美感ヲ養フ」という表現に入れ換えられている。従来のペスタロッチー主義教育学における図画教育理解の象徴とも考えられる「眼ト手ヲ練習シテ」という項目の消滅と、「美感ヲ養フ」つまり美育の必要性の強調は、文部省の図画教育の基本的な解釈が、ヘルバルト主義教育学に基づいた徳育を中心とするものに変化したことを指し示していると考えられよう。そしてこうした「美感」の登場が、図画教育を美術教育の文脈で捉えることを可能とし、現在につらなる新たな図画教育理解を切り開いていったのである。

図画教育に対する教育学的な解釈は、一八八〇年前後から始まり、一八九〇年代において一定の結論に達する。つまりそれがヘルバルト主義教育学による図画教育解釈であった。この解

釈において図画教育は、美育という概念をその内に取り込み、図画＝美術という考え方の基本的な枠組みを獲得するに至ったのである。しかし一方においては、そうした学問的な解釈を現実の教育に適用する際の混乱が生じていた。とりわけ、日清戦争を経過したばかりの一八九〇年代後半から一九〇〇年代前半にかけては国家的な要請が教育の分野にも求められ、それを取り込むための修正や改編が教育学においても積極的に遂行されていったのである。そしてこのことは一九〇〇年代以降の図画教育理解やその教授法にも大きく反映されている。次章においてはこの時期を対象とし、これ以後の図画教育の展開を検討してみる。

註

(1) ユネスコ東アジア文化研究センター編『資料御傭外国人』、小学館、一九七五年、三三一頁参照。
(2) 寺崎昌男・竹中暉雄・榑松かほる著『御雇教師ハウスクネヒトの研究』、東京大学出版会、一九九一年、二九頁参照。
(3) ドクトル。エ、ハウスクネヒト「小学校ノ編制」『教育報知』一九一～一九二号、一八八九年一一月、同前書、二三五頁より重引。
(4) 同前書、二三五頁。
(5) 同前書、二三六頁。
(6) E. Hausknecht 著、特約生　本庄太一郎・菅沼岩蔵・福島本勝・田中義五郎　稿「訓育的教授ノ目的ニ従ッテ教科ノ編成ヲ論ス」『山口高等学校教則説明書附録』、山口県立山口図書館所蔵、六頁。
(7) 同前書、一二頁。
(8)～(9) 同前書、一一頁。
(10) 同前書、四～五頁。
(11) 同前書、二九～三〇頁。

(12) 同前書、三二頁。
(13) 同前書、三六～三七頁。
(14) 同前書、五頁。
(15) 高嶺秀夫「現今ノ教育」『愛知教育會雑誌』第三八号、一八九〇年六月三〇日、三～四頁。
(16) この点については、稲垣忠彦『明治教授理論史研究』（一五〇頁）において、ハウスクネヒトとは別系列のヘルバルト主義教育学が、野尻精一（一八八六年ドイツ留学）らによって高等師範学校に導入されていたという指摘がある。
(17) 東京文理科大学編『創立六十年』三六頁、および稲垣前掲書、一四九頁参照。
(18) 発達史、第三巻、一九三八年、九九頁。
(19) 同前書、九九頁。
(20) 同前書、九九～一〇〇頁。
(21) ヘルバルト主義の教科編成論は、ハウスクネヒトが「学科ノ数益多ケレバ生徒ノ心意ヲ錯乱シ　之レガ一定ノ気象ヲ養成スルニ害アルコト益甚ク　且ツ数多ノ学科ヲ同時ニ教フルトキハ互ニ相抵触シ生徒ヲシテ明瞭ノ理解アラシムル」（E. Hausknecht 前掲書、三二頁）と述べるように、学科目を少なくし、複数の科目を同時に教授し、その科目間の連絡を密にすることによって、生徒の理解力を上げるという、教授法における基本主張があった。
(22) 東京茗渓会編『高等師範学校附属小学科教授細目』、一八九二年、文学社、三頁。
(23) 高嶺は、一八九一年八月、校長に就任している。
(24) 町田則文「故高嶺先生を追懐す」、高嶺秀夫先生紀念事業会前掲書、四一頁。
(25) 東京茗渓会前掲書、二四一頁。
(26) 同前書、二四五～二四六頁。
(27) 谷本富『科学的教育学講義　全』、六盟館、一八九五年、七六～七七頁。
(28) 谷本富『実用教育学及教授法』、六盟館、一八九四年、（仲新、稲垣忠彦、佐藤秀夫編『近代日本教科書教授法資料集成』第三巻　教授法書三、東京書籍、一九八二年所収）、二〇九頁。
(29) 同前書、二一〇頁。
(30) ラムザウェルについては、谷本以降のヘルバルト派の教育学者が次のように記している。「ペスタロッチにヨゼフ、シュミッドとヨハン、ラムザウェルといふ二人の門弟ありて図画教授方法に関し互に全く別種の方向をとれり。シュミッドはペスタロッチと同じく図画練習を以て唯々図画学習の手段と見ずして、寧ろ人間自然の美術的能力を心理に基き、普般的に発展する手段とし、学校の図画を美術画となしたり。之れに反してラムザウェルは小学校に於ける練習材料を実際の価値と、初歩教授に適合すとの二条件により て制限し、大いに美術画を排斥せり。言ひ更ふれば前者は形式的目的を追求し、後者は実際的目的を追ひたり」(大瀬甚太郎、中谷延治著『教授法沿革史』、育成会、一九〇一年、三〇六〜三〇七頁)。

(31) 谷本前掲書、一八九四年、二一〇頁。
(32) この点については、第二章第一節に掲載してある小学校教則綱領に対応して改正された京都府の小学校教則の図画科教則を参照のこと。
(33) 谷本前掲書、一八九四年、二一〇頁。
(34) 大瀬、中谷前掲書、三〇九頁。
(35) 谷本前掲書、一八九四年、二一〇頁。
(36) 同前書、二一〇〜二一一頁。
(37) 同前書、二一一頁。
(38) 同前書、二一二頁。
(39) 同前書、一一三〜一一四頁参照。
(40) 稲垣忠彦「総説」、仲、稲垣、佐藤前掲書、第四巻所収、六八七頁参照。
(41) 森岡常蔵『小學教授法』、仲、稲垣、佐藤前掲書、第四巻所収、六七頁。
(42) 同前書、七〇頁。
(43) 同前書、七〇〜七一頁。
(44) 同前書、七三頁。
(45) 同前書、一六八〜一六九頁。
(46) 同前書、七六頁。
(47)〜(50) 同前書、一六九頁。
(51) 同前書、一六九〜一七〇頁。
(52) 発達史、第三巻、一九三八年、五六頁。
(53) 稲垣前掲書、三三一頁参照。
(54) 発達史、第四巻、六四頁。

第五章　一九〇〇年パリ万国博覧会とその影響——「国際化」と日本

本章の課題は、明治後半期の図画教育政策がどのような図画教育理解の上でなされたのかを検証することにある。前章までを、明治前半期と仮に呼ぶならば、それは「欧化」という言葉に象徴されるように、なによりも西洋社会を模倣し、それに追随することを第一義と考えた時代であろう。ところが、こうした西洋への認識を一変させる事態が起こる。日清戦争である。それは、日本の国際的な環境を大きく変化させたという意味において、一八五三（嘉永六）年の黒船来港以来の大事件であった。黒船以降、常に欧米列強に侵略されるという強迫観念にも似た対西洋意識を持ち続けていた日本が、逆に海を渡って他国を侵略するという欧米に等しい行為を実行したのである。侵略される国が、侵略する国に変化する転換点として、日清戦争を見てみると、従来の日本の対西洋意識は、この時点において、新たな段階を迎えることになる。それは、従来の西洋追随型の「欧化」意識ではなく、西洋なみの国家、ないし列強の一国としての日本という意識であった。そしてなによりも、こうした意識は、諸列強の科学技術・美術工芸や貿易力競争の国際的なステージであった万国博覧会において発揮されることになる。この時期の図画教育は、こうした状況を背景に展開していく。

そこで本章では、日清戦争後、日本が初めて参加した万博であったパリ博（一九〇〇年）を中心に検討することで、この時期の図画教育政策を分析する。パリ博は、戦勝後の日本にとって、初めての世界への檜舞台であった。それは、「一等国」を目指す日本にとって、国家をあげて参加しなければならない国際的なページェントなのである。ところが、その試みは、予期に反して十分な評価を得ることができなかった。それゆえ、パリ博後の日本は、その原因を主として国内に求め、あらゆる領域の改革に着手することになるのである。その際、特に、教育・文化領域においては、この博覧会において展示された欧米各国の工芸品や美術品の現状およびそれに併設された教育会議の報告などが、大きな影響を与えた。言うならば、博覧会を一種の到達目標として、教育・文化の振興が推進されていったのである。

しかしそれにもかかわらず、従来の先行研究で、この点に言及したものはほとんど存在していない。この時期の図画教育を正当に理解するためには、「国際化」を前提とした政治的経済的な意味合いからの図画教育、ひいては美術・工芸全体への日本の対応を踏まえなくてはならないだろう。本章での試みは、こうした部分に焦点が絞られているのである。

第一節　万国博覧会と日本

周知のように万国博覧会は一八五一（嘉永四）年にイギリスのロンドンで開催されたのがその最初である。日本は、徳川幕府が正式に出品した一八六七（慶応三）年のパリ万国博覧会以降、明治政府になってからも一八七三（明治六）年のウィーン万国博覧会を始めとし、数多くの博覧会に参加してきている。一九〇〇（明治三三）年のパリ万国博覧会（会期は四月一五日から一一月一二日の通算二一〇日間）までに日本がその力を注ぎ込んだ、ウィーン博、フィラデルフィア博（一八七六年）、シカゴ博（一八九三年）の日本への評価はおおむね好評であり、欧米における日本の知名度もそれとともに上昇してきたと言えよう。[1]

シカゴ博の終了後、日清戦争を勝利のうちに終わらせた日本は、不平等条約の撤廃を直ちに実現し、欧米帝国主義諸列強の末席を占めるに至った。これと時を同じくして明治政府は臨時博覧会事務局を一八九六（明治二九）年二月に設置し、パリ博の準備を開始したのである。この事務局では、出品物の選択について一般の製品は、既に貿易品として地位を固めているもの、ないしは今後貿易品として将来性のあるものを選んでいる。また美術品については、一八九九（明治三二）年までに国内で開催された展覧会などの出品物の中で優秀なものや、当時の帝室技芸員などの一級の芸術家に補助金を与え制作させた作品を挙げるという、積極的な取り組みを展開していたのである。[2] この博覧会は言うならば、日清戦後初の日本政府およびその工業製品・美術工芸品の欧米へのデビューであり、その規模および費用も過去最大のものであった。[3]

一方こうした政府の国際舞台への指向は、帝国議会でも共通して見られた。戦後、議会では次々と美術振興についての建議案が登場する。それらは、「美術学校拡張に関する建議案」（第八回帝国議会、一八九五年）、「美術工芸学校を京都に設立するの建議」（第一三回帝国議会、一八九九年）、「美術奨励に関する建議案」（第一四回帝国議会、一九〇〇年）であり、その全てが可決されている。これら建議の内容は、いずれも美術工芸およびその教育を振興し、日本の海外市場進出をさらに加速させることを目的においていた。

なかでも一九〇〇年二月にパリ博に先立って提出された「美術奨励に関する建議案」は、当時の日本の美術工芸についての姿勢をよく表していると言える。この建議案の趣旨は、

国家の工芸を進歩せしめむと欲せば先づ之の基礎たる美術の発達を図らざるべからず　故に文明諸国皆夙に之が保護奨励の法を設け殊に近年に至り各国益々競ふて其の道を講じ或は特に美術行政に意を用ゆること最慎重なるあり　苟も今後此の劇甚なる競争場裏に立ち工芸を進め輸出を増し以て国家の富源を増さむと欲せは必や相当の方法なかるべからず　況や東洋の工芸国美術国を以て自ら任ずる我が国に於てをや(4)

というものである。つまり国家の工芸を進歩させようと思えば、その基礎である美術を発達させなければならない。そのため文明諸国は、美術の保護奨励法を作り、近年はその勢いが益々盛んである。なかでも美術行政にはいずれの国も慎重であるが、その理由は、激甚な国際貿易市場において工芸輸出による国家的利益を上げるためであり、それにはそれ相応の方法をとる必要があるためである。欧米各国がこうした状況なのに、東洋の工芸国・美術国を自認する我が日本が手をこまねいてみていることはできない、と言う主張である。

さらにこうした趣旨を実現するために、以下の三項目を提案している。

一　美術調査会を設け東西各其の道に付学識経験ある者を招集し美術に関する一切のことを臨時調査せしめ又美術に関する諸事の顧問と為すべきこと
一　国立美術館を設け内外古今の美術を蒐集陳列すべきこと
一　知名の技術家を選抜し海外に派遣し彼国の名作を研究せしむること(5)

つまり(一)東洋美術、西洋美術に関する学識経験者による美術調査会の設立、(二)国立美術館の設置、(三)知名な美術家の海外研修、というものである。

これらの施策に共通して見られるものは、従来からの日本美術のみを擁護する国粋主義的な美術振興論とは異なり、それぞれの項目に西洋美術の調査研究が必須とされていることである。言うならば、この建議自体が目指している方向は、工芸の基本となる美術の研究を洋の東西を問わず実施し、国際的に競争力を持つ商品を開発することで、貿易において有利な立場を形成することにあったと言えよう。

では次に、こうした建議の具体的な目標であったパリ博について当時の日本の世論を中心に検討してみる。この万国博覧会はその目的を、

美術品、工業品、農産物其他凡百の物品を出陳せしめ　併せて既往百年間の回顧博覧会を開き　其出品を当代博覧会各部類の間に配列して千八百年以来に於ける各種生産事業の梗概を示すに在り(6)

と宣言しているように、一九世紀を回顧し、二〇世紀を展望する企画となっていた。

万博の開催年度に入ると、新聞社はパリについての連載記事の掲載や特派員の派遣によって、

> 世界の精華を集め、現代文物の発達を示し、宇内の大観を究めんとするは、其れ巴里の万国大博覧会乎（中略、筆者）特報の到るもの、必ずや読者の耳目を新たにし、坐ながらにして巴里の天地に跳梁し、博覧会場裡の大観に接するの快あらしむべし[7]

というように、万博ムードを盛り上げていった。また万博への視察・見学のため渡仏した者は三月末までに九九名を数えるに至っている[8]。こうした万国博覧会への国を挙げての取り組みは、欧米には未だかなわない後発資本主義国でありながらも、アジアで唯一の帝国主義国となった当時の日本の自負心に支えられていた。

『臨時博覧会事務局報告』には、博覧会への認識が、

> 美術ノ中心タル仏国巴里府公設ノ万国博覧会ニ於テ旭旗ノ下ニ我平和的戦闘力ヲ宇内ニ示サントスル[9]

と述べられている。博覧会を世界すなわち欧米との「平和的」な戦闘であると認識し、その舞台で日本の存在を世界に知らしめんとして、苦心が重ねられていたのである。

さて、こうした準備を経て参加することになった万国博覧会での成績は、いかなるものであっ

たのだろうか。当時の万国博覧会では優秀な作品に対しては数々の賞が与えられ、この賞の獲得がそれ以後のその作品の具体的な売上を左右することに繋がっていた。それゆえ、参加各国はその賞をめぐって熾烈な競争を展開したわけである。果たしてその結果は、次のように朝日新聞特派員「学南子」が記している。

されば巴里博覧会に於ける日本品の価値は如何と云ふに　正直なるものは数字で実に下の如し　先づ国庫の支出が百五十万円で出品の総価額が二百七八十万法（百十万円内外）そして其中の売上総計はタッタ七十万法（二十六万円許）　然るに之れが為め渡仏せる日本人は少なく見積るも四百人　其一人の費用が是亦た最少二千法として合計八十万法（三十二万円）に上るのである　則ち其費せる所は国庫の費用を別にし又た売上金を純益（即無原価）と見るも猶十万法の損失となる　次に審査の結果に因て得たる賞牌を計算するに各国の平均数は二十七人の出品に対し一個の名誉賞を得ることとなるが　我国は四十二人に就て一個の割合にしか当らない　然かも其名誉賞の半数は官衙の国際上より受得せるものにて各国とは比例上最も多いのである　以て我日本品の価値をトするに足るべし(10)

パリ博への国庫支出は、一五〇万円であり、売り上げは二六万円、また渡仏した日本人が少なく見積もっても四〇〇人、その渡航費の合計が三二万円なので、明白な大赤字を出している。さらに審査結果についても、各国の賞牌の割合は出品者二七人につき一つであるのに、日本は出品者四二人に対して一つである。またこれに加えて、その獲得した賞牌についてもその半数は国際的な公的慣例として獲得した物であり、その割合は各国と比べて最多である、と報告されている。

まさに日本は、出資金の回収もままならず、受賞数も平均よりもかなり下回り、西欧の大都巴里に表顕したる平和の戦闘に失敗[11]

したと、当時の新聞に記されるような結果に終わったのであった。

この記事を執筆した「学南子」はついで、その日本の低調振りの原因を、

各々が自覚した欠点といふものは第一に資力に薄いことである　第二に此資力が乏しいが為に今後欧米の勢力に対抗するにはドーしても合同の必要があることである[12]

と分析している。つまり第一に資本力が不足していること、第二に、それにもかかわらず共同して出品ができていないことである。特にこの「合同」の必要性については、国家的にも重要視され、本論でも次節でとりあげる。

さらに「学南子」は、その対策について、国家的な貿易戦略をとりあげ、次のように展開している。

元来我が実業は如何に高慢らしく云ても今日はまだまだ保護時代であって自由時代でない　見給へ何事も政府の保護なくして大した事は出来ないでは無いか　されば宜しく当局者は此辺の大決心を以てドコ迄も干渉主義を取て可い或は一時非難の声も起らうがソコは飽迄も遂行しそして政府も亦前後一貫して統一的に遣らなければいかない[13]

まず「学南子」は、日本の実業界を自由主義貿易が行えるレベルに達していず、いまだ保護主義の時代であるとしている。そのため政府は多少の非難があろうとも、保護主義を徹底して実施しなければならない、と日本の貿易戦略を批判し、次に同時に実施すべき方策として、実業教育振興について以下のように述べていた。

之と同時に一方には又実業教育の振張を計るのが根本的の必要で日本品が世界の舞台に失敗したのも全く学理の応用を知らないからで　是又幾分か旧来の実業家と云ふものの頭脳を刺激したに相違ない　ソコで此際今までの様な工業学校と云ふは名ばかり其実手芸学校に過ぎない教育方針を止めて　先づ科学的思想から扶植してかかる必要がある（中略、筆者）そうして日本独特の技術に新しき学理を用ひば茲に始めて日本品の面目を改むることが出来ると思ふ[14]

彼によれば、日本の商品のパリ博での失敗は、学問的な理論を応用することを理解していないことにその原因がある、とされている。そのため従来の名ばかりで実際は「手芸学校」に過ぎない工業学校を科学的思想によって一新しなければならない。そうして初めて、日本独特の技術に新たな学理が加わり、日本商品の面目が新しくなると、論じていたのである。

「学南子」は、こうした日本の「平和の戦闘」における敗北を勝利に導くため、政府の保護・干渉政策によって作品制作者およびそうした企業の合同を進め、そのことで日本の資本力不足を補い、さらに科学的思想によって裏打ちされた実業教育を普及することで将来に向けての日本の独自性を獲得しようと考えていたと言えよう。この「学南子」の意見は、パリ博の閉会後、とりわけ美術界においてその実現が模索されることになるのである。

第二節　帝国教育会「美術部」の創設

パリ博終了後、その評価に対して具体的に対応したのは、美術・工芸および教育をその領域とする教育界の人々であった。彼らの見解は、次の『教育時論』編集部の意見に明らかである。

> 世界博覧会における我邦出品の不評判は、既に各種の報告によりて明らかにせられたり。（中略、筆者）殊に美術の類に至りては、我に独特の妙ありとして誇称せるものにして、なほ、欧米諸邦に

比して顔色を失ふといふに於いては、ほとんど我邦の特色を発揮し得たりと称すべきものなきなり。（中略、筆者）畢竟、かかる一般の不成績は、なほ国民がかかる事業に熱心ならざるの結果即ち世界的知識に乏しきを証明するものにして、徒らに豆大の天地に跼蹐して、同胞相陥擠するを事とし、世界の舞台に於いて先進の雄国と輸贏を争ふの抱負なきに因るものなりと信ず。政事家たり教育家たり、実業家たり、国民の先覚者を以て處するもの、須らく狭隘なる島国的根性を去り、一致協力して国運の拡張に努力せんことを要す⒂

この記事に表れているように、当時の教育ジャーナリズムは、パリ博での敗北の理由を国民の「世界的知識」の欠如に求め、それを挽回するために「島国根性」を捨て去った「一致協力」の実現を、その至上課題と感じていた。そしてこうした認識を行動として表したのは、教育界の重鎮である帝国教育会会長辻新次※および同会指導層に属する人々であった。辻は、パリ博の開催されていた一九〇〇（明治三三）年六月に「美術奨励に関する建議案」を受けて開催された「美術界有志大懇親会」⒃で、既にパリ博の結果を予測するかのような演説をしている。

殊に廿七八年の戦勝以来又条約改正を仕遂げた以上は　教育学術美術軍事商業工業の如き何れも同一に大に進めて参らんければなるまいと思ひまするに　独り美術上の事に於ては実際さう参って居らぬ（中略、筆者）欧米の諸国に比較を致しましても実に其劣って居ることは甚だしいことでありまするから十分進歩せしめて貰ひたい　殊に近年我邦は世界に名を出しましたから尚ほ更進

※辻新次　一八四二〜一九一五、松本藩士族出身。藩校崇教館で学んだ後、江戸に遊学し、蕃書調所の製錬所へ入所する。開成所教授手伝、開成学校教授試補、大学南校少助教、同中助教、同大助教と進み、一八七二年には校長となる。七七年文部権大書記官、翌年は法制局事務取扱を兼任し教育令制定に参画、八〇年文部大書記官、地方学務局長として教育令改正に取り組む。八三年大日本教育会創立時から副会長（八六年から会長）、八五年森有礼の下、初代文部次官を務める。九二年文部次官を辞任し、野に下る。九八年帝国教育会長となり、終身その地位にあった。

歩せしむるこそ大事な訳である（中略、筆者）美術上に付いて政府が力を入れて金を掛けるといふことは国俗上非常に利益の有ることで　即ち国の道徳です人心を高尚に進め道徳を高めます　尚ほそれのみに止まらず実に工業上に取りましては非常な進みを為すことと思はれます[17]

日清戦争に勝利し、不平等条約の改正を成し遂げたからには、教育・学術・美術・軍事・商業・工業の領域を全て同一に進歩させなくてはならないのに、美術領域についてははかばかしくない。この点については欧米諸国に比較しても甚だしく劣っている。これに加えて近年日本は、世界に進出したので、なおさら美術が向上するように努力してほしい。さらに美術への援助は、国家の道徳を高め、国民の精神を高尚にするだけでなく、工業上においても非常な利益をもたらすので、政府でもその対策に乗り出していただきたい、と辻は説いている。

辻の主張は、日清戦後の日本の国際的な立場の向上を意識した、国家的な見地からの美術振興論であった。こうした意見は、一九〇二（明治三五）年一月、帝国教育会に「美術部（美術家懇談会）[18]」が新設されることで実現の道を歩みだす。この「美術部」設立の目的は、

一方に於ては美術に関する教育及び国民一般に美術の趣味を解せしめ　且つ国民の風尚を高め以て人文の発達に貢献せんことを期し　他方に於ては美術に関する行政及び其奨励振作を図るの機関とし　要するに美術界全体の事業のため美術工芸及音楽家の中央機関たらんとするにあるが如し[19]

と記されているように、美術・工芸・音楽の教育、ならびにその普及と奨励および行政を含む中央機関の設立であった。その設立に際し、会長辻は、

美術界の思想感情を疎通し　美術界各派の合同を図ることを得て其の輿論を発表し其の拡張進歩を図る[20]

と、美術界の統一をその第一の要諦と考えたのである。ついで翌月、「美術部」の役員が、部長井上哲次郎※、幹事久保田鼎、正木直彦、渡邊龍聖、大塚保治、湯本武比古、に決定している[21]。東京帝国大学教授井上哲次郎は、部長就任演説にあたって、辻の述べた美術界統一について、さらに具体的に語っている。

此際一言したきは他なし　日本には従来の美術の存するが上に新に西洋の美術の入り来りしため美術に関係ある人々の間も色々に分れて今日は未だ立派なる統一を見る能はざるなり　同じ日本美術又同じ西洋美術の中にも夫々の流派あり分れ分れていはば英雄割據ともいふべき時代なり是れ日本美術界の為に誠に残念の次第なり　美術上の趣味流派の異同を一致せしめんことは固より望むべからずさりながら美術家が或る共通の事柄または同一の目的の為めに集合して懇親を結び互に相益するといふことは頗る望ましきことなり　単に東西の美術家が融合調和するといふ其の事だけにても非常なる利益なるべし　況んや一歩を進めて一致協同して美術上の計画を立つる

※井上哲次郎　一八五五〜一九四四、筑前太宰府の医家に生まれる。一八七五年に上京し、開成学校予科から東京大学哲学科に進み、八〇年同科第一回卒業生となる。八二年東京大学助教授、八四年ドイツに留学し、九〇年帰国後帝国大学哲学科の教授に任ぜられる。文科大学長、哲学会長などを歴任し、退官後は、大東文化学院総長、貴族院議員を務める。明治・大正期を通じて国家主義的立場から哲学を論じた。

は美術の進歩にとりては非常に利益あるべく[22]

井上の主張は、日本美術家と西洋美術家との対立だけではなく、両派内部の対立までも射程に入れた美術界全体の大同団結を目指していたのである。こうした「美術部」の最初の審議の決議事項は、次のような内容であった。

（一）文部省の官制中に美術行政機関を設置することを目的として、政府に建議すること。
（二）美術専門家だけでなく「美術の友」、「美術の保護者」等に至るまで網羅して会員とし、「美術界全体の合同」を図ること。
（三）美術界の各団体を代表すべき人々（数十人）を選び、常議員に任命すること。
（四）春秋の二期に大会を開催すること。
（五）毎月一回常議員会を開催すること。[23]

以上の項目は直ちに実行され、美術局設置の政府建議[24]は、同年三月二二日、辻新次が内閣総理大臣および文部大臣を直接に訪問の上実行され、第一次の常議員は同年三月一九日に五八名が決定したのであった。同時にこれに先だつ三月一三日の「美術部」会では、「美術界大懇親会」を同年四月中に開催すること、懇親会役員を一〇名決定すること、美術館および音楽堂の建設を計画することが採択され、四月五日には、懇親会を五月一一日を期して挙行することが決まっ

表 5-1　1902（明治 35）年 3 月 19 日決定の常議員　　　総計 58 名

小山作之助	音楽教育家，音楽取調掛伝習所出身，1863 年生まれ．
田中正平	理学博士，音響学，滞独十数年，邦楽研究所創設，1862-1945．
上原六四郎	音楽・手工教育の草分け，高等師範学校教授，1848-1913．脚註 v 頁参照．
上真行	雅楽家，洋楽を学び唱歌教育に力を入れる，後東京音楽学校教授，1851-1937．
岡崎雪聲	鋳造家，元東京美術学校教授，日本美術院，1854-1921．
蔵原惟郭	熊本バンド出身，東京美術学校講師，帝国教育会幹事，1861-1949．
橋本雅邦	狩野派画家，日本美術院創設に参加，元東京美術学校教授，1835-1908．脚註 ii 頁参照．
小山正太郎	洋画界の草分け的存在，明治美術会を創設，後太平洋画会に改称，同会代表，東京美術学校講師，1857-1916．脚註 36 頁参照．
福地復一	日本図案会代表，東京美術学校教授，同校図案科を創設，1862-1901．
小堀鞆音	土佐派画家，東京美術学校教授，1843-1931．
黒田清輝	洋画家，東京美術学校教授，白馬会創設者，1866-1924．
久米桂一郎	洋画家，東京美術学校教授，白馬会創設者，1866-1934．
岩村透	西洋美術史家，東京美術学校教授，白馬会創設者，『美術新報』主宰，1870-1917．
井手馬太郎	日本図案協会代表．
今泉雄作	鑑識家，パリ東洋美術館客員，文部省学務局，東京美術学校教務管理，1850-1931．脚註 37 頁参照．
大熊氏廣	彫塑家，工部大学校，ローマ美術学校卒業，1856-1934．
長沼守敬	彫刻家，東京美術学校教授，イタリア留学，1857-1942．
藤田文蔵	彫刻家，東京美術学校教授，工部大学卒業，ラグーザに師事，1861-1934．
海野勝珉	彫金家，帝室技芸員，東京美術学校教授，1844-1915．
高村光雲	木彫家，帝室技芸員，東京美術学校教授，1852-1934．
下條正雄	龍池会の論客，フェノロサの論敵，1869 年龍池会に参加，狩野派支持者，海軍主計大監，海軍主計学校校長，1897 年貴族院勅撰議員，1842-1926．
關野貞	東洋建築史学者，東京帝国大学工科助教授，1867-1935．
松岡壽	工部美術学校出身，洋画家，イタリア留学，東京美術学校教授，1862-1943．
岡倉秋水	天心の甥，狩野派画家，教科書編纂執筆者，学習院教授，1868 年生まれ．
川端玉章	円山派画家，東京美術学校教授，1841-1912．脚註 ii 頁参照．
福羽逸人	子爵，農学者，パリ万国博覧会園芸万国会議等の委員，第 5 回内国勧業博覧会庭園築造審査官，1856-1921．
正木直彦	東京美術学校校長，1862-1940，詳細は次章．脚註 182 頁参照．
久保田鼎	前東京美術学校校長．
渡邊龍聖	東京音楽学校校長．
大塚保治	美学者，文学博士，東京帝国大学教授，1868-1931．
湯本武比古	『教育時論』社長，高等師範学校嘱託教授，帝国教育会幹事，1857-1925．
福井江亭	洋画家，青年絵画協会，1856-1937．
高山甚太郎	工学博士，工業試験場所長，1857-1914．
鹽田真	ウィーン博覧会，フィラデルフィア博覧会の審査，渉外担当，陶芸史，洋式の東京絵付け創始者，1837-1917．
徳富猪一郎	蘇峰，「国民之友」社主，1863-1957．
大村西崖	東洋美術史家，東京美術学校教授，1868-1927．

前田健次郎	香雪と号す，書画鑑定家，『東洋美術』発行者，1841-1916.
上田敏	文学者，翻訳家，文学博士，1874-1916.
胤(瀧)精一	東洋美学者，瀧和亭の子息，「国華」編纂，後東京帝国大学美術史学教授，1873-1945.
富尾木知佳	美学者，東京府立第一中学校首席教授，東京音楽学校教授（1902-10），1874年生まれ.
岡倉覚三	天心，日本美術院代表，1862-1913．脚註35頁参照.
坪内雄蔵	逍遙，文学博士，1859-1935.
關田華亭	南宗派画家，日本画会，絵画会，1867年生まれ.
高橋玉淵	円山派画家，川端玉章門下，1874年生まれ.
荒木十畝	荒木寛畝の門人にして，のち養子となる．本名朝長悌二郎，1895年日本美術協会・日本青年絵画協会（天心の指導）へ参加，1896年同絵画協会が日本絵画協会へ改称時に退会，1897年野村文挙と日本画会を創立，1904年東京女子高等師範学校講師のち教授，1872-1944.
芝葛鎮	雅楽家，宮内省楽部に西洋音楽を導入，1849-1918.
森林太郎	鷗外，文学者，第一師団軍医部長，東京美術学校講師，1862-1922.
望月金鳳	円山派四条派系画家，野村文挙と共に日本画会を創設，1845-1915.
山田源一郎	音楽教育，女子音楽学校創立者（1903年），1869-1927.
荒木真弓	日本漆工芸会会長代行.
高山林次郎	樗牛，文学博士，評論家，元第二高等学校教授，1871-1902.
關巖二郎	如来，美術批評家，読売新聞記者を経て，著述業，1910年に読売新聞へ復帰，1866-1938.
寺山啓介	『城南評論』主筆，時事新報記者，1867-1910.
藤井祐敬	東陵，彫金家，東京彫工会理事，1855年生まれ.
鈴木長吉	鋳造工，帝室技芸員，1848-1918.

杉原忠吉，辻村延太郎，執行弘道

『教育公報』，258号，1902年4月15日，11～12頁より作成.
略歴は筆者．なお引用文献は巻末の「脚註引用文献」に同じ．表5-2から表5-5も同様である.

表5-2　1902（明治35）年4月15日決定の常議員　　総計4名

中井喜太郎	国民同盟会幹事，後対露同志会に参加，1864-1933.
石川光明	彫刻家，帝室技芸員，東京美術学校教授，1852-1913.
川之邊一朝	蒔絵作家，東京美術学校教授，1830-1910.
濤川惣助	七宝焼工，帝室技芸員，1847-1910.

『教育公報』，259号，1902年5月15日，15頁より作成.

表5-3　1902（明治35）年5月10日決定の常議員　　総計4名

幸田延子	洋楽家，幸田露伴の妹，東京音楽学校，1870-1946.
佐藤静子	志津，順天堂病院創立者佐藤尚中の長女，同病院院長，1902年女子美術学校校主，1904年同校校長，1852-1919.
野口小蘋	南宗派画家，1847-1917.
跡見花蹊	跡見女学校校長，円山派画家，1835-1908.

『教育公報』，260号，1902年6月15日，30頁より作成.

たのである。[25]この行動日程の中でも特に注目されるものは、常議員の決定であろう。この人員構成は、表5-1～表5-5に示すが、大まかに見るだけでも、東西両洋の絵画、彫刻家、彫金家、鋳造家、写真家、西洋音楽家、雅楽家、文学者、教育者、学識経験者など、この時期の芸術界の代表的な人物七一名を網羅したものである。

そして五月一一日の懇親会当日には、こうした常議員の出席はもとより辻、井上、湯本の他、帝室博物館総長股野琢、東京美術学校校長正木直彦、東京音楽学校校長渡邊龍聖の演説、日本美術協会会頭佐野常民、大日本図案協会理事井手馬太郎（東京工業学校図案科教授）、明治音楽会上原六四郎、日本画会会頭末松謙澄、大日本窯業協会会頭榎本武揚、太平洋画会代表小山正太郎など多数の個人や団体からの祝辞[26]を受け、辻の意図した大同団結は鳴り物入りのスタートを切ったのである。

こうしたパリ博を契機とした美術振興運動は、美術界だけではなく大きく芸術界全体の統一運動として展開し、従来までの国粋派と欧化派の対立などに象徴される日本文化と西洋文化の対立的な関係を一時的にではあれ解消する方向へと導いていったのである。このことは、当然のことながら美術教育の領域にも大きな影響を及ぼしていた。それは博覧会後に文部省に設置された「普通教

表 5-4　1902（明治 35）年 5 月 16 日決定の常議員　　総計 4 名

手島精一	東京工業学校校長，手工教育の先駆者，1849-1918.
松田霞城	円山派画家，本名町田政良，狩野派から南宗円山派へ移行，帝国教育会美術部常議員，毛筆画指導法の研究，1862 年生まれ.
鳥居忱	元音楽取調掛，東京音楽学校教授，1853 年生まれ.
小川一真	写真家・印刷技術研究者，「写真新報」・「国華」創刊，1860-1930.

『教育公報』，260 号，1902 年 6 月 15 日，34 頁より作成.

表 5-5　1902（明治 35）年 10 月 9 日決定の常議員　　総計 1 名

大島義脩	第四高等学校教授，文部省視学官，東京音楽学校教授を歴任，帝国教育会本部常議員及び幹事に就任，1871-1935.

『教育公報』，265 号，1902 年 11 月 15 日，38 頁より作成.

育ニ於ケル図画取調委員会」において顕著となる。

第三節　パリ万国博覧会と「普通教育ニ於ケル図画取調委員会」

パリ博には、日本から当時文部視学官兼文部大臣秘書官であった正木直彦が出張している。その時の正木の役割は、博覧会への日本からの出品作品の展示と説明、博物館調査、教科書制度の調査などであり、それに加えて博覧会に併設された「図画教育に関する万国会議」（以下、万国図画教育会議と略す、筆者）および高等教育会議、普通教育会議、通俗教育会議、社会教育会議などに参加している。[27] 万国図画教育会議の内容は、普通教育（この場合、幼児・初等・師範教育であった、筆者）における図画科を対象としたもので、主にアメリカ合衆国およびフランスの教育状況の報告を中心としていた。[28] 正木はこの会議に出席したのち帰国し、翌一九〇一（明治三四）年八月前任者久保田鼎に代わって東京美術学校校長に任命されたのである。先述した通り、正木は帝国教育会「美術部」の創設メンバーの一人であり、これ以後日本の美術教育のトップリーダーとして活躍するが、なによりも、正木自身、パリ博を担当し、その現実を目の当たりに見た第一の当事者であった。このことからも正木が「美術部」幹事として、その美術振興策を積極的に推進したことは容易に想像できよう。

一九〇二(明治三五)年一月二七日、まさに帝国教育会「美術部」の発足したのと同月に、正木は文部省が設立した「普通教育ニ於ケル図画取調委員会」委員長を兼任する。その構成メンバーは、委員に上原六四郎(東京高等師範学校教授——音楽・手工)、黒田清輝(東京美術学校教授——西洋画)、白浜徴(東京美術学校教授——日本画)、嘱託委員に小山正太郎(東京高等師範学校西洋画科講師)、胤精一(元東京美術学校講師、東洋美術研究者)、溝口禎二郎(帝室博物館美術課長)、鵜川俊三郎(東京府立第一中学校教諭)が選ばれ、このうち小山と黒田がパリ博を視察していた。また正木を筆頭に上原、黒田、小山、胤は「美術部」常議員である。この委員会の報告は一九〇四年八月一五日付の「官報　第六三三八号」に掲載されているが、その報告をさらに詳述した「文部省調査図画取調事項と同委員の意見書[29]」によってこの委員会の目的を検討してみる。

この意見書の調査項目は次のようなものであった。

(一)普通教育ニ於ケル図画科ノ目的及其価値如何
(二)如何ナル教授細目(カ、筆者)
(三)如何ナル教室教具ノ設備ヲ要スベキカ
(四)如何ナル教師ヲ必要トスベキカ其ノ養成ノ方法如何。[30]

委員会はこのような順序で会議を進めていったが、

実施上ノ順序トシテ委員会ガ最モ急要トスル所ハ先ヅ図画教員特別養成ノ方法ヲ実行スルニ在リトス[31]

と、当面の緊急課題を提出している。この理由については、適当な図画教員が不足している点が挙げられているが、さらに詳しく当時の日本の状況を一九世紀半ばのイギリスにあてはめ、次のように説明している。

千八百五十一年ノ事ナリキ　英国倫敦府ニ於テ始メテ万国博覧会ノ開催アリシトキ　之ニ参同シタル仏独蘭白諸国ノ出品何レモ精巧ヲ極メ　商工ノ覇王ヲ以テ自カラ居リシ英国ヲシテ驚愕セシメタリ[32]

一八五一年に最初の万国博覧会をイギリスが主催し、ロンドンで開催したとき、それに賛同したフランス・ドイツ・オランダ・ベルギーなどの諸国が、精巧な出品物を展示し、それまで商工の覇王と自認していたイギリス政府を驚愕させてしまった。

この結果、「博覧会総裁アルベルト親王※」は学者、実業家からなる委員会を任命し、博覧会期中にその理由の調査を開始する。その報告は、

大陸諸国工業ノ発達ハ工業学校ヲ設ケテ技術家職工ヲ養成スルコト　英国ガ自然ニ放任シテ何等ノ施設ナキモノニ似ズ　且ツ是等ノ学校ニ於テハ図画ヲ以テ共通根本ノ学習トナセルニ依リ　英

※アルベルト親王（Francis Charles Augustus Albert Emmanuel 一八一九～六一）イギリス女王ヴィクトリア（在位一八三七～一九〇一）の夫。産業と美術の結合を主唱し、世界最初の万国博覧会（一八五一年）を開催した。その功績によって〈Prince Consort〉の称号を受ける。

国ニ於テモ大陸諸国ト同一ノ方法ニ依ラザレバ遂ニハ競争場裡ヨリ放逐セラルルニ至ルベシト云フニ於テ一致セリ(33)

というものであった。大陸の諸国の工業発達の原因は、イギリスが放任して何の施策もしていなかった工業教育を構想し、具体的に工業学校を設けて技術家や職工を養成していたことにあった。またこれらの学校では、図画科を共通した基本学習として採用していた。そのためイギリスでも大陸諸国と同様の方法を採らなければ、ついには貿易競争市場から放逐されることになると、報じられていた。

そこで親王は、

英国民ノ大多数ハ工業ニ従事スル者ナルガ故ニ　大陸ニ於ケルガ如ク独リ工業学校ニ於テ図画ヲ課スルノミナラズ　普通教育ニモ図画ヲ課スベシ(34)

という命令を出した。つまりイギリス国民の大多数は、工業従事者なので、単に工業教育だけでなく、普通教育にも図画科を課するという、積極策をとったのである。そして、イギリス政府は、一八五三年に「図画師範学校」を設立し、さらにその卒業生を普通教育の課程に採用したのである。その結果は、

而シテ其ノ効果ハ当局者ノ予期シタル所ニ脗合シテ最モ顕著ナリキ(35)

と記されるように、十分な効果を上げるに至ったのである。

以上の説話に続き、意見書は、

> 我国教育上ノ施設往々之ニ類スルモノアリ　図画科ノ効果甚ダ挙ラザル所以ノモノハ畢竟其ノ施設ノ順序ヲ誤リタルニ因ラスンバアラス　故ニ今日ニ処スルノ道他ナシ　英国ノ故智ヲ襲ウニアルノミ[36]

と結んでいる。要するに、日本の教育上の施設についても、こうしたイギリスと同様のものが多々ある。とりわけ図画科の効果があまり上がらないのは、結論的にいうと、その施設の順序を誤って設置したからである。それゆえイギリスを見習い今日の方針を立てるべきである、と進言していたのである。

パリ博においてその出品物に散々な不評を被った日本を、イギリスの施策を下敷きにして立て直すというのが、委員会の基本方針であった。委員会は、日本の工業製品や工芸・美術品などの出品物が、欧米とは比較にならないほど劣っている現状を、第一回ロンドン万国博覧会でのイギリスと同様、美術教育を普通教育の学科課程に拡充することによって挽回しようと考えていたのである。辻新次によって提唱された美術振興論は、正木を筆頭とするこの委員会によって文部省の図画教育方針に大きな影響を与えたと言えるだろう。

ではこうした影響は、具体的にどのように表れているのだろうか。正木が欧州から帰国後、文部省より刊行した報告書『千九百年萬國博覧會ニ於テ圖畫教育ニ關スル萬國會議』と比較しながら検討してみる。正木はこの会議に参加することで、当時の欧米における図画教育の現状を認識し、今後の日本の図画教育の組み立てについて大きな示唆を受けたと考えられるからである。この報告書は同会議の第一部「普通教育」についての七議題および追加二議題を印刷したものである。

ではまず、その第一議題「図画ヲ以テ義務科ト為スノ必要」に注目してみよう。この議題は図画科を普通教育の義務科目として採用する必要を述べたものであるが、まさにこの問題は当時の日本の図画教育の抱えた課題と共通したものである。この議題についての報告には、「図画科ハ公立各等級ノ教育ニ於テ義務教科トシテ之ヲ課スベキモノトス[37]」る理由が記されているが、以下に要約してみよう。

(一)「図画ハ精神ニ課スルニ事物ノ此分解（事物を単に見るだけではなく、一層の注意をもって認識すること、筆者）ヲ以テスルモノナリ」「周到ナル観察」、「迅速ナル推理」、「完全ナル分解」、「精確ナル釋義」、「明瞭ナル観念」、「眞實ナル判断」、「正當ナル綜約」などの養成。

(二)「図画ハ物ノ形相ヲ説明シ以テ其観念ヲ表彰スルカ為メニ用フル一種ノ書記的言語ナリ」。「絶対的完全ナル世界通語ノ用ヲナスハ唯図画アルノミ」。

「図画ハ總テノ学術ヲ補助スルモノニシテ図画ト文学トハ相並ビテ其必要ヲ有スル」。地理、歴史、数理の学科、化学、物理学、植物学、内外科ノ医学、工業、刺繍、編み物、裁縫、流行品、などの補助。「斯ノ如ク図画ハ諸般ノ事業ニ基本ノ用ヲナシ人ノ思想ヲシテ實質ノ形相ヲ具備セシムル創造的効力ヲ有スルモノナリ」。

(三)「図画ヲ授ケ以テ純正ナル趣味ヲ涵養シ労セズシテ審美ノ見解ヲ固クスルコトヲ務ムベシ[38]」。

以上のように、この報告では図画科の役割を三項に分け、まず第一にその普通教育として必要な一般的諸能力の陶冶に必要なこと、第二にその現実における有用性を、第三に、美的趣味の養成に重要な役割を果たすことと述べている。こうした図画教育の把握が、当時の欧米諸国にとっては最も重要なことであり、言うまでもなく当時の日本にとっても緊急な課題と考えられていたのである。

では「文部省調査図画取調事項と同委員の意見書」ではどのように図画科の目的を規定しているのであろうか。その意見書の「普通教育ニ於ケル図画ノ目的」という事項の中に、教育会議の報告と同様に「図画ヲ普通教育ノ一科目トナスノ理由」という項目が存在している。そこには、従来明示されることの無かった二種の理由、(甲)精神上ヨリ見タル理由、(乙)実用上ヨリ見タル理由、が次のように示されている。

（甲）精神上ヨリ見タル理由

①図画は「心身両者ノ働ヲ結合スル」ものであり、「精神ニ基キ且眼ト手トヲ聯繋シテ働カシム」ものである。

②図画は「客観ノ実物知覚ヲ離レザルモノニシテ正確ナル観察伴フ」ような「想像力ヲ養成スル」。

③図画は「直覚的判断力ヲ養成スルニ於テ他ノ学科ノ及バザル」ものである。

④図画は「児童カ模倣セントスル天賦ノ欲望ヲ利導シテ原造力ヲ発達セシムルガ故ニ意育上ニ重大ノ効果アリ」。

⑤図画は自然を写すだけではなく、「考案ノ鍛練」をするので「発明的能力」をつけ易い。

⑥図画は、「周到ナル観察」、「明瞭ナル理解」、「正確ナル判断」をなすべき習慣を養成する。

⑦図画は「有形ノ美ノ趣味」を養う。

⑧図画は「心意集中ノ習慣ヲ養ハシムル」。

（乙）実用上ヨリ見タル理由

①図画は「物ノ影象」を誰にでも理解できるように「複写」できるため、「世界ノ通語」であり、文字と同様の重要性を持つ。

②「凡ソ家屋器械器具ヲ作ルノ類ヨリ百般工芸ニ至ルマデ先ヅ之ヲ図画ニ試ミ而シテ後実地ニ施スヲ常ノ法則トス故ニ図画ハ有形的製作ノ基本」である。

③図画は「有形ヲ表示」することでは文字よりも優れているため、他の教科にとって必要なものである。

④図画を学ぶことで、「目測ヲ容易ナラシメ手指ノ運用ヲ巧ニシ又ハ事物整頓ノ習慣」をつけることができるため、「人生日常ノ便宜ニ資スル」ものである。(39)

この「理由」で明らかなことは、精神上の理由においては、創造力、直覚的判断力、「原造力」、発明的能力、認識力、集中力などの図画を手段とした一般陶冶的な目的および美的趣味などが重視され、実用上の理由においては、物の形体の表示能力、製作図面の作成能力、日常生活の便宜性などの獲得がその目的とされている。先ほどの教育会議の報告と比較しても、同報告の(一)と(三)項を(甲)に合一し、(二)はほぼ(乙)と同様の内容をその基本線として持たせていることが了解できよう。さらに推論するならば、教育会議の報告書をその下敷きとし、その他の要素を付け加えることで意見書は成立しているとも考えられるのである。

正木を中心とする「図画取調委員会」は、当時の欧米での最先端とも呼べる万国図画教育会議の報告書を、日本に応用することで、日本の図画教育を世界的水準に近づけ、かつ将来的に日本の美術・工芸的レベルを向上させ、国際貿易場裡で日本を優位に導こうと志向していたと言えるだろう。つまり、この段階において、日本の図画教育は従来の西洋画法の枠組みから構想された西洋模倣的な図画教育方針から、西洋で実際に行われている言わば国際的な水準の図画教育方針へと大きく変化するのである。

パリ博の影響は、日本の図画教育を国内的な舞台から国際的な舞台へ引き出す契機となったと言えよう。この意味から、従来毛筆画・鉛筆画論争と呼ばれた国内的論争は、博覧会での敗北の結果報告とともに解消し、言わば国家の名の下にその対立者は合同を余儀なくされていったのである。[40] また図画教育内容についても、欧米の先進諸国に例を取り、かつての西洋的なものから、まさに西洋とほぼ同一の内容を持つものへと変化していくのである。

さらにこの変化は新たな問題を提起していると考えられる。それは国際化に伴って、必然的に発生する「日本化」の問題である。国際場裡に登場することは、当然のことながらその国独自の文化を問われることとなる。そうした事柄が、この時期以降どのように対処されたのかという点が、図画教育内容のさらなる追究とともに次章の課題となるのである。

註

(1) 浜口隆一、山口広『万国博物語』、鹿島研究所出版会、一九六六年、一四三頁。日野永一「万国博覧会と日本の『美術工芸』」吉田光邦編『万国博覧会の研究』、思文閣出版、一九八六年、三三～三四頁、石附実「シカゴ閣龍博と教育」同前書、二〇六頁。石附実『教育博物館と明治の子ども』、福村出版、一九八六年、一五二～一五八頁参照。

(2) 吉田光邦『改訂版　万国博覧会――技術文明史的に』、日本放送出版協会、一九八五年、一〇二頁～一〇四頁参照。

(3) 一九〇〇年パリ万国博覧会までに日本政府が、正式に出品した万国博覧会(総合博覧会に限る)およびその参同費・経費は表5-6の通りである(但し、明治年間に限る)。

(4) 根本正他一名「美術奨励に関する建議案」(第一四回帝国議会衆議院)大日本帝国議会誌刊行会『大日本

帝国議会誌』、第五巻、一九二八年、同刊行会、一九〇〇年二月八日、六三八頁。なお、この建議案は特別委員会に付され、その委員として、江角千代次郎、小山久之助、雨森菊太郎、武石敬治、廣住久道、大矢四郎兵衛、根本正、飯島正治、松尾巳代治が選任されている。

(5) 同前書、六三八頁。なお、同年二月一四日には、次の項目が追加されている。「一美術の発達奨励を企図する協会にして有益と認むへきものには相当の補助金を与ふる事」（同前書、七〇二頁）。

(6)「巴里大博覧会に就て」『大阪朝日新聞』、一九〇〇年四月一六日。

(7)「巴里万国大博覧会の特報」『大阪朝日新聞』、一九〇〇年四月六日。

(8) 各府県から臨時博覧会事務局へ報告されたパリ万国博覧会のための渡仏者は、東京府-50、京都府-14、大阪府-3、神奈川県-5、静岡県-3、兵庫県-4、千葉県-2、奈良県-1、愛知県-3、岐阜県-2、福井県-5、石川県-3、広島県-1、福岡県-1、佐賀県-1、台湾-1、の総計99名であった（「仏国渡航者数」『大阪朝日新聞』、一九〇〇年四月一一日。

(9)『千九百年巴里万国博覧会臨時博覧会事務局報告』上巻、一九〇二年、農商務省、六三一頁以下、日野前掲論文三五頁より重引。

(10) 学南子「新帰朝談に擬して」『大阪朝日新聞』、一九〇〇年一二月二四日。

(11)「博覧会結果短評」同前紙、一九〇〇年一二月二六日。

(12)〜(14) 学南子前掲紙。

(15)「世界博覧会に於ける日本」『教育時論』第五六〇号、開発社、一九〇〇年一一月五日、四四頁。

(16) この「美術界有志大懇親会」は、一九〇〇年六月に開催された「美術家大懇親会」と同様のものと考えられる。この懇親会では「十四議会に於て衆議院を通過せし美術保護法の建議案は、爰に明治美術会、東京彫工会外幾部の美術家を駆て、如是の会合を見るに至らしめしならむ。一昨日曜江東中村楼の会場に集まる者、画工、彫刻家、漆工、陶工等無慮四百余名と註せらる。午後一時会は高村光雲氏の開会の辞に始まり、藤田文蔵氏、来賓辻新次氏の演説についで、右建議案の提出者たる根本正、安藤亀太郎の両氏及び蔵原惟郭氏の長演説、いづれも美術発達上の意見にして、最後に小山

表5-6　万国博覧会の参同費・経費

年度	開催地	参同費・経費
1873	ウィーン（オーストリア）	508,381円
1874	ケンジントン（イギリス）	8,982円65銭
1876	フィラデルフィア（アメリカ合衆国）	359,545円
1878	パリ（フランス）	213,242円
1879	シドニー（オーストラリア）	39,000円
1880	メルボルン（オーストラリア）	38,014円
1888	バルセロナ（スペイン）	23,000円
1889	パリ（フランス）	130,000円
1893	シカゴ（アメリカ合衆国）	630,766円
1900	パリ（フランス）	1,315,300円

浜口・山口前掲書，「世界主要博覧会年表」より作成.

正太郎氏の提出せし各美術家共同一致して美術上の発達を計らんとの議は、満場一致の下に直に可決され」(「美術保護法制定の運動開始」『東京日日新聞』、一九〇〇年六月一九日)と、述べられており、日本美術および西洋美術の両作家が協同でこの集会を持ったことが了解できる。

(17) 辻新次「美術の奨励及保護」『教育公報』第二四四号、帝国教育会、一九〇一年二月一五日、一〇~一五頁。

(18) この「美術部」の「美術」の指す意味内容は、後述するように音楽や文学も含まれ現在の芸術に相当するものと解釈される。

(19) 「帝国教育会美術部の新設(美術家懇談会)」同前誌、第二五六号、一九〇二年二月一五日、三二頁。

(20) 「辻帝国教育会長談話の要領」、同前誌、三三頁。

(21) 「美術部役員」、同前誌、第二六七号、一九〇二年三月一五日、一〇頁。

(22) 同前誌、一〇~一一頁。

(23) 同前誌、一一頁参照。

(24) 「美術局設置に関する建議」の内容は次のようなものである。「美術の進否と、国民の文野《ママ》とは、或は因となり、或は果となり親密離るべからざる関係を有す。是を以て西洋文明の諸国は、独り国民の教育に力を盡すのみならず、又其の美術の発達を企図し之が事務を処理する特別の官衙を設けざることなし。惟ふに我が帝国が、東洋の武強国として、欧米人に知られたるは、僅かに日清戦役後のことに属すと雖も、東洋の美術国としては、我が国名と共に、夙く彼れに知られたる所、然り我が国名を始めて世界に紹介したるものは実に我が美術なりといはんも敢て誣言にあらざるべし。我が国が其の美術に負う所是の如く多く、而して美術の一国文化に関係すること、彼の如く大なるものあるに係らず、我が国今日尚ほ之を専管する官衙一もあるなく、随ひて美術の保護奨励に欠くる所あるは、独り美術其の為めに、憾みとするのみならず、又実に国民文化の為めに深く惜まざるを得ず。今や行政整理の為め、政府は政務調査員を置き、行政各般の調査に着手せられんとす。されば此の際文部省中に美術局を置き、以て美術に保護奨励を与へ、教育と相須つて、我が国民文化の開進を期するの挙に出でられんことを切望す(後略、筆者)」(「美術局設置に関する建議」、同前誌、第二五八号、一九〇二年四月一五日、一二頁)。

(25) 「常議員会」同前誌、一九〇二年四月一五日、一三頁。

(26) これ以外の個人および団体の祝辞は、日本漆工会会長代行荒木真弓、白馬会代表小林万吾、女子美術協会代表田口米舫、日本画会望月金鳳、日本図案会代表福地復一、であった(「美術界大懇親会」、同前誌、第

二六〇号、一九〇二年六月一五日、三〇〜三一頁)。
(27) 正木直彦『回顧七十年』、学校美術協会出版部、一九三七年、二一九頁。
(28) この会議の内容は以下のようなものであった。
①「図画ヲ以テ義務科ト為スル必要」——アメリカ合衆国およびフランスの報告
②「模倣画科及幾何画科」——フランス文部省制定の教則・学科課程・教授法
③「仏国幼児学校ニ於ル図画科」
④「小学校ニ於ル図画科」——フランス師範学校及付属学校、パリ市の教育など
⑤「粧飾図案ノ通俗教育」——フランスの報告
⑥「図画教員」——フランスの報告
(「議題目次」文部省総務局文書課『千九百年萬國博覧会ニ於テ圖畫教育ニ關スル萬國會議』、文部省総務局文書課、友信堂、一九〇二年)。
(29)「文部省調査図画取調事項と同委員の意見書」『図画教育』第三号、図画教育会、一九〇五年二月五日。
(30)〜(32) 同前誌、二三頁。
(33)〜(36) 同前誌、二四頁。
(37) 文部省総務局文書課前掲書、六頁。
(38) 同前書、二〜六頁。
(39)「文部省調査図画取調事項と同委員の意見書」、図画教育会前掲誌、第三号、二七〜二八頁
(40) 毛筆画・鉛筆画論争については、同意見書にある「特別養成所ニ於テ教授スベキ図画ノ性質」の項目に次のように記されている。
「従来普通教育ニ於ケル図画ハ其ノ用具ヨリ大別シテ毛筆画及鉛筆画ノ二トナシ以テ暗ニ日本画西洋画ノ別ヲ立テタリト雖モ　此ノ如キ名称ハ決シテ適当ナルモノニアラズ　何トナラバ鉛筆必スシモ西洋画ニ限ラス　毛筆又日本画ニノミ用フベキニアラズ此ノ二用具ハ寧ロ何レノ画ニ於テモ併用セラルベキモノナレバナリ　若シ夫レ用具ノ上ヨリ論ズレバ普通教育上ノ図画ハ其ノ初等ナルモノニ於テハ一定ノ簡便ナルモノヲ用フルノ必要アリト雖モ　稍進メル程度ニ於テハ同時ニ諸種ノモノヲ用フルコト毫モ妨アルベカラズ　又画ニ和洋両様式ヲ区別スルハ所謂芸術ヲ専門的ニ学習スル上ニ於テハ或ハ已ムヲ得ザルモノアルベケレド　普通教育上ニ於テモ猶ホ此ノ区別ヲ存ズルハ　適適生徒ヲシテ図画本来ノ目的ヲ忘却シ徒ラニ法則ノ末ニノミ拘泥セシムルニ至ルノ恐アリ」(同前誌、四六頁)。

ここに至って漸く、従来から論争の火種となっていた毛筆画・鉛筆画についての文部省側の明確な結論が出たわけである。毛筆・鉛筆は単なる用具として理解され、従来の西洋画法か日本画法かといった対立は、不適当なものとして退けられることになった。

第六章　図画教育会と『尋常小學新定畫帖』

本章の課題は、東京美術学校の図画教授法夏期講習会（一九〇三年八月）を契機として創設された図画教育会およびその図画教育会の影響のもとに作成された『尋常小學新定畫帖』（以下、『新定畫帖』と略す）を検討することにある。図画教育会については従来あまり考察されることはなかったが、当時の図画教育の普及方針を考える際に最も重要な機関である。

一九〇〇（明治三三）年パリ博の万国図画教育会議で、国際化の必然性を認識した当時の教育界は、それ以後の国際会議に全て参加し、そこで収集した情報を基に日本の図画教育の方針を決定していくことになる。それを具体的に展開する中心機関となったのがこの図画教育会であり、言わば日本に図画教育の国際基準を普及・定着させる魁《さきがけ》とも呼べる存在であった。さらにそうした国際基準を具体的に摂取し、それと同時に日本的な要素を取り込んで作成された教科書が『新定畫帖』であった。この教科書は、出版以後一九三二（昭和七）年に第三次国定教科書が登場するまでの主流となった教科書であり、図画教育の定本として大きな影響力を振るうことになるのである。ここには日本の図画教育の「国際化」と「日本化」という、現在にまで連関する問題が提出されていると考えられる。

第一節　図画教育会の創設——文部省主催「図画教授法夏期講習会」とその内容

一九〇二（明治三五）年一月文部省は「普通教育ニ於ケル図画取調委員会」を発足させる。その委員会の意見書については前章で検討したが、その大筋は万国図画教育会議の欧米各国の図画教育案を下敷きにしたものであった。同委員会の創設された翌年八月に、

図画取調委員の研究事項を発表する為め、文部省に講習会を開く(1)

という意図で開催されたものが、文部省主催「図画教授法夏期講習会」であった。その対象者は中等教育に従事する図画科教員であり、その目的は、

欧米近時の新思潮を紹介して、我が教育界の他山の石と為さんことは、余の、此講演に対する主要の目的とせし所なり(2)

と述べられるように、欧米の新知識の普及を目指すものであった。では次にこの講習会の内容をそのトップリーダーであった東京美術学校教授白浜徴※の著した『文部省講習会圖畫教授法』

白浜徴　一八六六～一九二八、肥前五島藩家老の子息。長崎県福江中学校、長崎外国語学校を経て、一八八四年東京大学予備門に入学、翌年病気のために退学し、八九年東京美術学校に入学する。九四年同校卒業後、長崎県活水女学校図画科教授嘱託、九五年高等師範学校助教授、一九〇一年東京美術学校教授、一九〇四年米国留学、一九〇七年帰国すると同校図画師範科主任教授や政府委員を歴任する。『新定畫帖』の作成など、明治後半期から大正期にかけての図画教育研究の第一人者である。

（一九〇四年）によって検討してみよう。

この著作の「序」は当時の図画教育政策の中心人物である東京美術学校校長正木直彦※が記しており、そこには今後の日本の図画教育への抱負が次のように語られている。

> 誰か絵画を以て三余の末技といふ。かの米英仏独の諸国は事毎に功利を尚び、実効あるを見ずんば動かず、実益あるにあらずんば為さず、以て今日の富強を致しゝもの、しかも、其力を図画教授に盡すや、殆意想の外に出づるものあり。蓋其教育的効果は、啻に個人の陶冶に欠くべからざるのみならず、延いて一国工芸の進歩に至大の関係あるを認めたればなり(3)

正木は、功利的かつ実効を重んじる欧米列強が図画教育に力を入れている様を強調し、その図画教育の効果を、①個人の陶冶、②「工芸」の進歩、という二点に認めている。そしてその図画教育の効果を日本にもたらすため、従来「三余の末技」つまり「雨の降る冬の夜のような勉学しかできない余暇におこなう実用にならない学問」扱いされていた図画科を再生するべきだと説諭しているのである。さらに付け加えるならば、ここで言われる「工芸」とは、現在の工業をも含む概念として当時は使われていた。つまり、既に近代的工業社会を形成するに至った欧米社会を模範として捉え、その富強を支える基本的な教育の一要素として図画教育を位置づけていたのである。では、次にその内容を検討しよう。

同書の構成は、九章にわたる白浜の講演の内容と、付録として「クロス氏初等図画教授法」、

※正木直彦　一八六二～一九四〇、大阪府堺出身。一八八一年大阪府堺中学を卒業し、同年客員として和泉の熊野小学校に勤め、同年主席訓導になる。翌年辞任し上京して、八四年大学予備門に入学、九二年東京帝国大学法学部を卒業、翌年奈良県中学校長として赴任する。以後、文部大臣秘書官、視学官、文部省美術課長などを歴任し、一九〇一年東京美術学校長となり、三二年の退官まで美術行政の第一人者として君臨する。

図画取調委員溝口禎三郎の「日本絵画史概要」、東京美術学校教授岩村透の「欧州絵画の流派に就て」、図画取調委員上原六四郎の「図画と手工との関係」が収録されている。白浜の講演はその章立てによれば、まず欧米（ドイツ・フランス・オーストリア・スイス・アメリカ合衆国）の図画教育の紹介に始まり、そこで採用されている図画教育理論および図画教育政策を解説する。

次に日本の図画教育の沿革を述べ、第六章「図画教授の目的」では、明治三七（一九〇四）年八月「官報　第六三三八号」に「普通教育ニ於ケル図画取調委員会」の報告書として掲載される内容と同一のものが記されている。彼はここにおいて、同委員会の描いた図画教育の未来像を中学校および師範学校の図画科担当教師に伝達しようと試みたのである。

クロスの図画教授法

白浜は、欧米各国の図画教授法の中でもとりわけアメリカ合衆国のクロス（Anson Kent Cross 一八六二〜一九四四）の図画教授法を次のように評価していた。

> クロス氏の教授は全然幾何画的にて、器具の描法をのみ教ふることに全力を注ぎたるものゝ如く思はれ、甚だしく一方に偏したる教育法と思ふものもあらん。然れどもこは図画を授くる根本原則として、初めに幾何形体の透視法を授け、次に其応用として器具を授くるは、当然採るべき唯一の方法なり(4)

白浜は、クロスの幾何形体の透視図法を中心とした図画教育法を、日本がとるべき唯一の方法として絶賛している。このことから、すでに白浜ら図画教育会の主導層が、透視図法などの西洋画法を、図画教育の基本原理として採用していたことが了解できるだろう。

次にクロスの理論が日本に適応する理由を以下のように述べている。

元来、我国の如き、極めて不正確なる画を作り居りし処にして、且、児童が極めて不正確なる精神を有する国には、其議論の当否は兎に角、目下の急務として、秩序ある幾何画的教授法を研究し、幾何画的の材料を選むは適当の所置なるべし⑤

白浜によれば、日本は元来非常に不正確な絵画を制作していた国であり、同時に児童も「不正確なる精神」を抱いているので、秩序ある幾何画的な教授法を研究し、幾何画的な教材を選択することが目下の急務である、と解説していた。言うならば、日本の国民性を補完する意味から秩序ある幾何画法が選択されたのである。

それゆえ、白浜は、クロスの図画教授法を全国的に普及するため次のように語っている。

此断案は方今の世界の大勢に鑑み、又、我国児童の情態に考へて之れを論定せしものなるが故に、是非、諸君の賛助を得て、之を実施せんことを望むものなり。殊に、其筋にても目下最も奨励せらるゝ手工教育と連絡し、共通の材料を使用して教授することゝせば、其利益亦少なからざるなり。

こは独り小学校のみならず、中学校、高等女学校又は師範学校にても、最初は生徒の能力一定せざるもの故、必らず先づ幾何形体を用ひて一定の教授をなし、以て好結果あらしめんことを望むものなり(6)

彼は、クロス教授法を、世界的大勢と日本の児童の状態とを加味して採択したため、是非とも全国に普及したいと考え、講習会に参加していた多数の中等教育図画教員に協力を依頼していた。彼によれば、この教授法は、手工科との連携も容易であり、小学校ばかりではなく中学校や高等女学校、師範学校でもその教授の最初に生徒の足並みを揃えるには効果的な方法であると推薦されていた。

白浜はクロスの図画教授法を、幾何画的方法に偏りがちであるとしながらも、当時の日本の初等図画教育には不可欠なものであるとし、特に立体の透視図法から導入する手法を高く評価している。さらに白浜は、その教授法を初等教育ばかりではなく中等教育まで含めて適用し今後の図画教育の指針として取り上げようとするものであった。このことは、白浜が西洋画法の基本を何よりも重要なものと考え、日本の図画教育の基礎は、こうした秩序だった西洋画法の上にこそ築かれるべきだと認識していたことを表しているのである。では次にクロスの図画教授法をさらに具体的に見てみよう。

クロスはその指導書の巻頭に「教師の心得」として、その指導の大略を以下のように述べている。

(一)「幾何五体及び同様の物体を卓子上に陳列して教室内の廻りに置き、生徒をして容易に之を見且つ手にすることを得しむべき事」。

(二)「種々なる物件の形体を観察せしめて、凡てに共通なる性質を有することを発見せしめ又幾何立体も是等の性質に一致することを発見せしむる事」。

(三)「立体の名称を教へて授業中屢々復習せしむる事」。

(四)「生徒をして完全なる型体の美を貴重する様に導く事」。

(五)「生徒をして各課業の後、習ひ得たる形の上に就きて意思の完全に言ひ顕はすべきことを命じ、各自に話をなさしむる事」。

(六)「幾何立体と同様なる物体を持来らしむる事[7]」。

この「幾何五体」とは、現在も美術教育で使用されている石膏のモデル(球・円錐・円柱・角錐・角柱)を指し、クロスの指導が立体から開始されることを示している。この点をクロス自身は次のように述べている。

抑も教育の善なる点は意思にあり。特に、図画に於て然り。児童が立体を画ける場合には、自己にて誤りを発見し、自ら己れを救済し行ふを得。立体の形は一定せり。天然物は如何。芋を見よ。一

> 定の形なし。皆個々の形状を有して複雑を極む。これ、実に、幾何形体の教授上都合能きものなるを知るに足るものに非ずや。経験上より見るに、幾何形体を画き得し時は追々他の種々のものをも画き得るに至れるは明白の事実なり。画きし生徒も画かせし教師も批評し能はぬ物を画かしむるは進歩発達を期し難き事に属す。自然的のものは、技術的のものに比し、興味あり価値あるは争う可らざる事実なりと雖。此を初より教へ、或は、力に余るものを教ふるは不可なること見易き道理なり(8)

クロスは、教育の善い点は児童の意志を尊重することにあり、図画教育においても然りである、と前置きしている。その意味から、幾何五体の描写は、その形が一定しているため、生徒自らがその誤りを発見し、自らの意志でそれを修正できるという長所を持つわけである。しかし一方で自然物を描写することは非常に困難をともなう。例えば、芋一つとってみても、その形はまちまちで複雑に過ぎる。確かに自然物は人工物に比べて興味を引き、価値があることは事実であるが、これを初めから教授するということは疑問であり、描いた生徒も描かせた教師も批評可能なモチーフを扱う方が進歩発達を期しやすい、と論じている。

それゆえクロスは、

> 幾何形体を画かざる人は遠近画法によるべき画を作るに必要なる訓練を欠けるものと云はざる可らず。故に、小学校の教授は幾何的図形に基づきたるものたらしめざる可らず(9)

と断言している。クロスは、遠近画法習得の必須の訓練として、幾何形体の描写を位置づけ、そのため小学校の図画教授においては、幾何的な図形を基礎とすべきであると結論したのである。

では次に、クロスの授業構成を検討してみよう。それぞれの授業のテーマ（クロスは「事実」という項目に掲げている、筆者）は、必ず幾何形体を中心にすえ、[10]さらにそれを平面・立体および遠近画法の習得へと展開し、ついで器具や自然物の描写・装飾画などの領域を理解させるよう構成されている。白浜が推奨するクロス画法のメリットは、まさしく幾何的図形の習得、遠近画法・透視図法の学習を重視するという西洋画法の基本が明確に主張されている点にあった。ではこうしたクロスの図画教育の全体構想は、どのようなものなのだろうか。それを表6-1にまとめてみた。

この表によればクロスの図画教授法は、①「実地の研究」、②「形相の研究」、③「装飾の研究」、④「美学の研究」の四分類に分かれている。従来の日本の図画教育に比較して、①の項目に「塑像」、②の項目に「光及陰影」、③の項目に「歴史装飾」などが置かれており、その教育構想はより現在的なものに近くなっている。それに加えて④の項目は従来にない全く新しいものとして捉えられる。つまりこの点においては「美」そのものを目的とした図画教育構想となっているのである。要するに、この構想は立体図形をその基本に取り入れ、工芸および鑑賞教育ならびに美育をもその範囲に入れ

表6-1　クロス氏初等図画教授法

初等美術教育	実地の研究 ── 観取，塑像，幾何，作画，組立
	形相の研究 ── 形態，光及陰影，色
	装飾の研究 ── 歴史装飾
	図案又は排列装飾 ── 初歩応用
	美学の研究 ── 組立及び排列装飾の研究
	写生の原作に就き批評
	絵入りの図画雑誌等に就き，絵画上の新美術研究
	美術館及び美術講演書等に就きて写真及び鋳型上の史的美術の研究

白浜徴『文部省講習会圖畫教授法』，1頁より作成.

た現在の美術教育の原型とも呼べる指導形態をとっていたのである。(11)

以上のようなクロスの図画教育構想を具体的な図画教育方針の一つとして打ち出した文部省主催「図画教授法夏期講習会」は、白浜、正木を中心とした新たな展開を導くことになる。それは講習会の終了後、その主催者および参加者が、こうした図画教育関係者の集いを今後とも継続的に維持する必要を感じたからである。そしてその内容が欧米の図画教育のさらなる摂取・普及を意図したものとなったのは、当然の帰結であろう。つまりそれが、民間団体という体裁で結成されることになる図画教育会の出発点であった。

第二節　図画教育会の活動

図画教育会は、先に述べた「図画教授法夏期講習会」の終了にあたる一九〇三（明治三六）年九月、その講師および参加者の賛同をもって創設せられる。会長に就任した人物は、東京美術学校校長正木直彦である。前章で記したように正木はパリ博（一九〇〇年）へ文部省事務官として出張し、その実態をつぶさに見て帰国したのち、帝国教育会会頭辻新次のもと「美術部」を組織し、日本の諸芸術団体を大同団結させた立役者の一人であり、パリ博以後の図画教育を再編するにあたっての最高実力者でもあった。言うならば図画教育会は図画教育界のトップリーダーを会長に据え、準官製的な団体として出発したのである。

その創設に当たっての主な目的は、正木によって次のように記されている。

一　普通教育に於ける図画科の目的を闡明し、此目的を十分有効に達し得べき、教育的図画の研究をなすこと。

一　各自教授上の実験を記述して、会員の批評を求むること。

一　他学科との関係に就き研究し、図画利用の範囲を拡張するに努むること。

一　学校装飾画（School decoration）褒賞画等の研究をなし、適当の方法を以て、其実行を期すること。

一　図画講話を開きて、美術的思想の開発を計ること。[12]

この五つの課題を主要な目的として掲げる図画教育会は、発足後直ちに機関紙『図画教育』（年三回刊行予定）（図L）を編纂する。

この会員は、先述した講習会参加者（中等学校・師範学校教員）および東京美術学校出身者のうち教職にある者であり、設立当初から表6－2、6－3のように全国的な展開を見せている。

図L　『図画教育』第弐号（1904年8月発行）の表紙.

表 6-2　図画教育会の会員分布 1

	中学校	師範学校	高等女学	専門学校	高等小学	小学校	その他
北海道	2.0.0.0.2.0	0.1.1.0.0.0	1.0.0.0.0.0				
青　森	1.0.1.1.1.0	1.0.0.0.0.0	1.0.1.0.0.0		0.0.0.1.0.0		
岩　手	1.0.1.0.1.0			0.0.0.2.0.0	0.0.0.1.0.0		0.0.0.1.0.1
秋　田	3.1.0.1.0.0	1.0.0.0.0.0	1.0.0.0.0.0	1.0.0.0.0.0			
山　形	3.0.0.1.1.0	1.0.0.0.0.0	0.0.0.1.0.0	1.0.0.0.0.0			
福　島	1.0.2.0.1.0	0.0.0.1.0.0	0.0.0.1.0.0			0.0.1.0.0.0	0.0.1.1.1.2
栃　木	5.0.1.0.0.0	1.0.0.0.0.0	1.0.1.0.0.0		0.0.2.0.0.0		1.0.0.0.0.0
埼　玉	5.0.0.1.0.0	0.0.0.1.1.0	1.0.0.0.0.0		0.0.1.0.0.0	0.0.1.0.0.0	
宮　城	3.0.0.1.0.0	1.0.0.0.0.0	2.0.0.0.0.0	0.0.0.1.0.0	1.0.1.0.0.0		1.0.0.1.0.1
茨　城	5.0.0.0.0.0	1.0.0.0.0.0	2.0.0.0.1.0		0.0.1.0.0.0		0.0.1.0.1.0
群　馬	3.1.2.1.0.0	0.0.1.0.0.0	1.0.0.0.0.0	0.2.0.0.0.0	1.0.1.0.0.0	0.0.0.1.0.0	0.1.0.2.0.0
千　葉	3.0.2.1.2.0	1.0.0.0.0.1	1.0.0.0.0.1	0.0.0.1.0.0			0.0.0.1.0.0
東　京	4.2.0.6.0.1	1.0.0.0.0.0	4.0.0.0.0.1	2.0.1.0.0.0	0.0.0.0.2.0		5.12.7.8.16.2
神奈川	3.0.2.0.1.0	1.0.0.1.0.0	1.0.0.0.2.0	1.0.0.0.0.0			1.0.1.1.0.0
新　潟	5.1.0.2.1.0	1.0.0.1.0.0	1.1.1.0.0.0		1.0.0.0.0.0		2.0.0.1.1.0
富　山	0.0.0.1.1.0		0.0.0.0.1.0	0.0.0.2.1.0			
石　川		0.0.0.0.1.0		0.0.1.0.1.0			1.0.0.0.0.0
福　井	1.0.0.1.0.0	1.0.0.0.0.0					
静　岡	5.0.0.0.1.0	3.0.0.0.2.0	1.0.0.0.1.0	0.0.0.1.0.0	5.1.1.0.1.0	8.1.0.0.0.0	7.3.0.0.0.0
山　梨	2.0.0.0.1.0	1.0.1.0.0.0	1.0.0.0.0.1	0.0.1.0.0.0			
長　野	5.0.0.1.0.0	0.0.0.1.0.0	3.0.0.0.0.0	0.0.1.0.0.0	4.0.0.0.0.2	0.0.0.1.0.0	0.0.1.2.1.1
岐　阜		0.0.0.1.0.0	0.0.0.1.0.0	0.0.2.0.0.0			
愛　知	3.0.1.2.1.0	0.1.0.0.1.0		0.0.2.0.0.0			0.0.1.0.1.0
三　重	2.0.0.0.0.0	1.0.0.1.1.0	2.0.0.0.0.0		0.0.1.0.0.0		0.0.0.1.1.0
和歌山	5.0.0.0.0.0	1.0.0.0.0.0	1.0.0.0.0.1		2.0.0.0.0.0		
滋　賀	1.0.0.0.0.0	1.0.0.0.1.0	0.0.0.1.0.0				0.0.0.0.1.0
大　阪	11.0.0.3.0.0	1.0.0.0.0.0	7.0.0.0.0.0		0.0.1.0.0.0		
京　都	4.1.0.0.0.0	1.0.0.0.1.0	3.0.0.0.0.0	0.0.1.0.0.1	1.0.0.0.0.0		
兵　庫	5.0.1.1.0.0	2.0.0.1.0.0	0.1.0.0.0.0		0.1.0.0.0.1		0.0.0.1.0.0
奈　良	3.0.0.0.0.0	1.0.0.0.0.0	1.0.0.0.0.0		0.1.0.0.0.0	0.1.0.0.0.0	1.0.0.0.0.0
岡　山	4.1.0.1.0.0	1.0.1.0.0.0	1.0.0.0.1.0		0.3.0.0.0.0		1.1.0.1.3.0
広　島	7.0.0.1.1.0	1.0.0.0.0.0	0.0.0.0.1.0	1.0.0.0.0.0	1.0.0.1.0.0		1.0.1.0.0.0
山　口	4.0.0.0.0.0	1.0.0.0.0.0	1.0.0.0.0.0				1.0.0.0.0.0
鳥　取			1.0.0.0.0.0				0.1.0.1.0.0
島　根	1.1.0.0.1.0	0.0.0.0.1.0					
高　知	4.0.0.0.0.0		2.0.0.0.0.0				
徳　島	1.0.0.1.1.0	1.0.0.0.0.0		0.0.0.1.0.0			
香　川	2.0.0.0.0.0			0.0.1.0.0.0			0.0.0.2.0.0
愛　媛	2.0.0.0.0.0		0.1.0.1.0.0				0.0.1.0.0.0
福　岡	4.0.0.2.0.0	0.0.0.0.1.1	0.0.0.2.1.0	0.0.0.1.1.1			
大　分	2.1.0.2.0.1	1.0.0.0.0.0			0.0.0.2.0.0	0.0.1.0.0.0	0.0.0.0.0.1
佐　賀	4.0.0.1.0.0	1.0.0.0.0.0		0.0.1.0.0.3			0.0.0.1.0.0
熊　本	2.0.0.2.0.3	0.0.0.1.0.0	1.0.0.1.0.0	0.0.0.2.0.0	0.0.0.0.0.1		0.0.0.1.0.0
長　崎	6.0.0.2.0.0	1.0.0.0.0.0	1.0.0.0.0.0		1.0.0.0.0.0	1.0.0.0.0.0	0.0.0.1.0.0
宮　崎		1.0.0.0.0.0	0.0.1.0.0.0		0.0.0.0.0.1		0.0.0.1.0.0
鹿児島	4.0.0.0.0.0						0.0.0.1.0.0
沖　縄	1.0.0.0.0.0	1.0.0.0.0.0					
合　計	222	59	70	38	45	16	117
総合計	567						

表 6-2，6-3 とも項目に指定の無い場合は，教員数を指す．

数字，1.2.3.4.5.6 は，1 が 1903 年 12 月 20 日調べ，2 がそれ以後 1904 年 7 月まで，3 が 1904 年 12 月末まで，4 が 1905 年 11 月 6 日まで，5 が 1906 年 10 月 18 日まで，6 が 1907 年 3 月 11 日までの追加分を記載している．

東京美術学校学生には，同学生（1904 年 7 月調べには卒業生 1 名を含む）および図画講習科生を含む．

中学校は女子中学校および陸軍幼年学校を含む．

専門学校は，農業学校，染織学校，工業学校，商業学校，陶器学校，水産学校，職業学校などを指す．

尋常高等小学校は，高等小学校に含める．

師範学校は女子師範学校も含む．(13)

以上の二表から理解できるように、図画教育会は、創設後五ヵ年で会員数六三三名（但し、死亡者、途中退会者を含まない）を数える日本最大の図画教育家団体となる。この会員の構成が示すように、中等教育教員（中学校、師範学校、高等女学校、専門学校の教員数合計は三八九名、全会員に対する割合は六一・四％）を主軸とし、正木・白浜ら政府施策立案者に主導される図画教育方針を普及する役割をもった一種の政策団体として、図画教育会は機能しはじめたのである。

では次にこうした会員組織の拡大と並行して、図画教育会が目指した具体的な方向性を、雑誌『図画教育』の内容を検討することで明らかにしてみよう。それは組織拡大過程の三ヵ年間の『図画教育』誌上に掲載された論稿の種別からも了解できる。

三ヵ年間の『図画教育』の記載記事（論説、教授法および受験記事）は表6－4の通りである。

これらの内容は、ほとんどが欧米の図画教育紹介であり、それ以外の論説もその紹介された内容の実践記録や、その日本での応用法などが占めている。つまり日本へ欧米並みの図画教育を展開することを目的としてこの雑誌は編集されていたのである。それと同時にほとんど毎号掲載されている「受験」についての記事は、これから中等教育図画教員を目指す人々の受験参考書的な意味をもこの雑誌に付加

表 6-3　図画教育会の会員分布 2

表 6-2 以外のもの	
静岡師範学校講習生	4.0.0.0.0.0
東京美術学校職員	4.4.6.0.0.0
東京美術学校学生	7.2.11.5.0.1
女子高等師範学校技芸科生徒	11.0.0.0.0.0
東京高等師範学校	0.1.0.0.0.0
東京高等工業学校	0.0.1.0.0.0
大阪高等工業学校	1.0.0.0.0.0
第六高等学校	0.0.0.1.0.0
台湾総督府国語学校	0.0.0.1.0.0
清国北京大学	1.0.0.0.0.0
小倉歩兵第 14 連隊補充大隊	0.0.0.1.0.0
その他（ボストン在住）	0.0.0.1.0.0
清国直隷省保定府師範学堂	0.0.0.0.1.0
清国南京両江師範学堂	0.0.0.0.1.0
陸軍中央幼年学校	0.0.0.0.0.1
合計	66
総合計	633

表 6-4 『図画教育』に掲載された記事（論説，教授法および受験記事）

『図画教育』第1号　1903（明治36）年12月	著　者	内　容
児童研究に基きたる図画教授	白浜　徴	欧米紹介
千九百年万国博覧会の図画教育に関する万国会議報告書		
1.図画を以て義務科となすの必要		欧米紹介
2.仏蘭西師範学校の組織		欧米紹介
3.巴里市の教育に関する報告		欧米紹介
ロイン氏の歴史的立場より見た図画教授	白浜　徴	欧米紹介
図画は何故に必要なるか	羽生道也	
初等教育に於ける図画教授法	柿山蕃雄	
図画教材を説明し教授上の注意におよぶ	白浜　徴	欧米紹介
小学校に於ける今後の鉛筆画	田中壽治	
写生を専らにすべし	荒川雄四郎	
図画教育会を紹介する説	木村良吉	
ハイン氏初等教育教授意見大要	白浜　徴	欧米紹介
透視画法説明器に就きて	山本勇吉	
『図画教育』第2号　1904（明治37）年8月		
仏国図画教育施設調書		欧米紹介
ハイン氏美術教科論		欧米紹介
図画教授改良第二回万国会議		欧米紹介
図画科教授に関する調査		
陸軍幼年学校図画授業法案		
黒板画に就て	柿山蕃雄	
図画教育手段の統一に就て	高城次郎	
図案の意義に就て	原貫之助	
透視画法説明器に就きて	岡田秋嶺	
図画教授実験談	鵜川俊三郎	
文部省検定試験問題答案		受験
東京高等工業学校図画試験問題		受験
『図画教育』第3号　1905（明治38）年2月		
仏国図画取調施設調書		欧米紹介
ハイン氏美術教科論		欧米紹介
文部省図画取調委員の意見書		
同省図画取調委員会調査事項		
明治三十七年度文部省教員検定試験用器画法問題答案		受験
遠近法易解（英国ウ氏著）		欧米紹介
『図画教育』第4号　1905（明治38）年12月		
仏国図画取調施設調書（続）		欧米紹介
第二回図画教育万国会議決議録		欧米紹介
千九百年万国博覧会の図画教育万国会議報告書（抄）		
(1) 小学校図画課程		欧米紹介
(2) 粧飾図案の通俗教育		欧米紹介
(3) 塑造教科		欧米紹介
(4) 大学管内諸学校に於る美術史教科		欧米紹介
明治三十六年度文部省教員検定試験用器画法問題答案	岡田秋嶺	受験
図画教授に就いて得たる思想	厳本生次	
遠近法易解（英国ウ氏著）		欧米紹介

している。これ以後継続的に続いた「受験」記事によって、この雑誌は廃刊になる第二八号(一九一五年一二月)まで図画教員採用試験の一定の基準をなすものとして影響力をも持ち得たのであった。

第三節　図画教育会とその展開

順調な船出を果たした図画教育会は、当面の三年間で同会編纂の図画教科書(夏期自習用)『圖畫教科書』(中学校・高等女学校用、鍾美堂、一九〇四年一二月)(図M)を発刊し、その財政的基盤を固めるなどの活発な活動を続けていた。この教科書は、当時の図画教科書出版業者岩田僊太郎によれば、

公々然と東京美術学校を背景に看板を掲げ、……諸官庁に又公私学校等に便宜を有し、且つは会名といひ会長といひ利用の道も備れるが上に、この図画教育会のために道府県にまで支部を設け、更にこの図画教科書を拡張のために活動に宣伝に協力邁進、全能を傾けて余す所なく、……満天下をも席捲風靡せしめん概を示したものである。……図画教育会のこの教科書は、恰も無人の曠野を独

歩すべく、一般の図画教科書に対しては隻手空拳の前に精鋭の武器の如く、或は小銃の前に巨砲を放つが如き威力と権勢とを占め到底他の群小図画教科書などの応戦せらるべきものでなかった[14]

と批判的に語られるほどの売れ行きで、当時の図画教育の最先端に位置すると目されたものであった。

しかしその一方、図画教育会の動きとは全く正反対の事態が生じていたのである。それは図画教育に対する一般社会の批判的な動向であった[15]。その動向はおおむね二つに大別される。その一つは、当時の図画教育方針や図画教科書への不満からくる図画教育改革論であり、もう一つは、図画教育そのものの不必要を唱える図画科廃止論であった。

では前者の改革論を京都府、ついで兵庫県を例に挙げて検討してみよう。図画教育改革論の開始はすでに前章までで述べてきた鉛筆画・毛筆画論争に関連して登場してくる。文部省によってその論争の決着はついていた（第二章第三

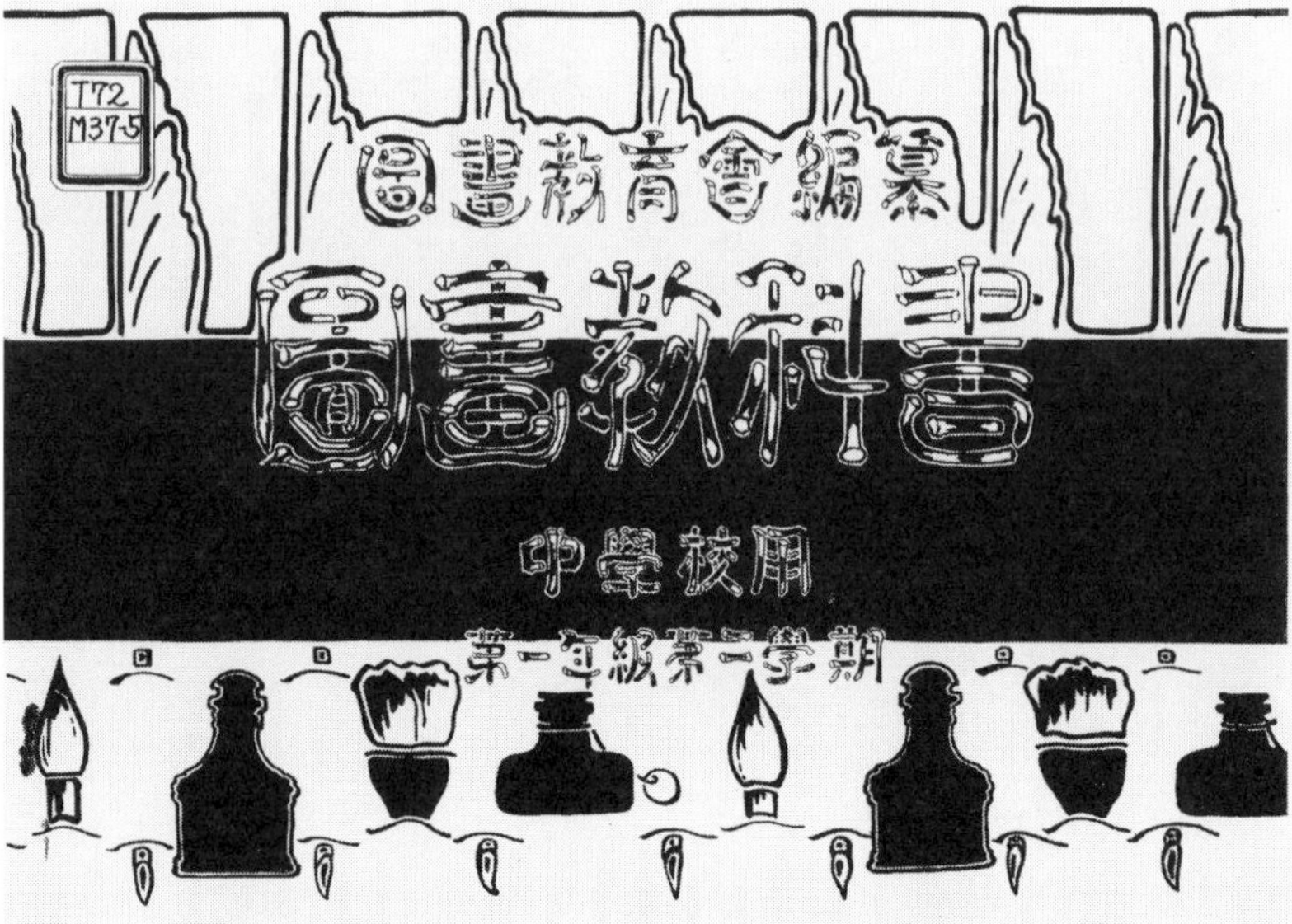

図M　『圖畫教科書』中学校用（第一年級第二学期）の表紙.

節）とはいえ、実際の教育現場においてはいかがなものだろうか。特にその毛筆画指導――西洋画法による毛筆画の指導、つまり用筆の一つとして毛筆を採用し、その伝えるべき内容としては透視図法を基本とする西洋画法で教育するという図画教育指導――が、徹底していたとは言えなかった。その主因は、図画教員数の絶対的な不足であった。絵画をたしなむ教員はいても、それを図画教育として展開できるように教育された図画教員は、非常に少なかったのである。そのため図画教育調査会報告においても図画教員の養成が緊急の課題として提出されている。(16)

しかし実際に、図画教育を実施しなければならない教育現場においては、この問題は打ち捨てておけるものではなかった。そのため地方教育会では、常にその図画指導をめぐって鉛筆画と毛筆画のどちらを採用すべきかという疑問が繰り返し論議されていたのである。

その一例を挙げれば、一九〇〇（明治三三）年に富山市で開催された関西教育大会の席上で、「高等小学校及中学校に於て毛筆画鉛筆画の何れを可とすべきか」という論題が、富山県西礪波郡教育会から提出され以下のように論議されていた。

右発題者は尋常高等小学校及中学校を同一連絡したるものと解して　孰れを可とすべきかの研究を求め　且つ毛筆を可とする旨を説明せり　之に対して賛成多きも其改良に属する意見を聴かず依て聊遺憾なれば本員（京都府教育会会員、筆者）も発言通告しあれば強て之を求めて許されたり曰く本題は半信半疑の間に在るも寧ろ毛筆画を可とするなり　然れども従来世上に行はるゝ毛筆画に於ける没骨法交りの文人画風は初学に於ては取らざる所なり　普通学としての効用甚薄し由て成るべく之を線画即ち白描法に改め一切其手本を一変したし　換言せば従来の鉛筆画を毛筆にて描くと云ふ傾きに導かば　進て中学校に入りても実用上見取り若くは模写の一端をも為し得て筆記の用便をなすに至らんか　此改良を施さずして今日の毛筆画の儘にては中学校までを同一に論ぜんには反て鉛筆画を可とせんとするの嫌ひありと　以上改良の意見を挿みつゝ毛筆画を可とする旨を論述せり　採決の結果遂に毛筆画を可とせり(17)

つまり没骨法に代表される文人画風の毛筆画教育にかたより気味であった西礪波郡の教員に対して、京都府の会員が西洋画法による毛筆画教育への改良を呼びかけたという内容であるが、当時の政府の意図とは反して当地の図画科担当教員が具体的には日本画的毛筆画教育しか施せていなかったという実態が読み取れるのである。

こうした例は、その後も数多く見られ、そうした改良意見を述べた教育会員の出身地である京都府でさえ同様の問題が度々議論されていた。

京都府の図画改革論議

一九〇二（明治三五）年五月、京都府船井郡部会総集会において「図画科に就きて」という議題が登場している。それは、提出者田中藤左衛門氏図画の必要、及毛筆画鉛筆画の得失、尋常小学に課するの可否につき研究すべきこと多し依て攻究取調の必要ありと信すとて本案提出の理由を述べ調査委員を設くる議に賛成あり直ちに其選挙を為す(18)

というものであり、いまだ一定しない毛筆画・鉛筆画の選択について論議がなされていたのである。(19)

こうした図画科の存廃、鉛筆画・毛筆画の選択問題はこの後も継続的に審議され、一九〇四(明治三七)年六月の京都市小学校長会議において「毛筆画と鉛筆画との利害」という諮問事項が提出されている。

まず当局側の代表として、同市六浦視学は、鉛筆画重視の姿勢を手工科の来年度からの実施とからめて次のように述べている。

本市各小学校にては　曩年従来の鉛筆画を廃し毛筆画を採用せしも爾来其成績兎角面白からず殊に来年度より手工科を課する事とせば　之と連絡を通ずる上に於ても毛筆画よりも鉛筆画の方遙かに便利多かる可し　現に東京高等師範学校附属校の如きも一時毛筆画を用ひしも今日にては鉛筆画となし居れり　左れば本市の如きも今日よし毛筆画を全廃せずとも　鉛筆画を主として用ゐる方得策ならざるか(20)

市当局者は、先年従来の鉛筆画を毛筆画に変更したが、その成績は十分な物とは言えない。特に来年からは手工科も課さなくてはならないので、再び鉛筆画に戻したほうがよく、同時に上級学校との連絡も良くなると思われる。実際、東京高等師範学校附属校も一時とは違い今は鉛筆画を課しているので、京都市もそれを見習って、毛筆画を全廃するとまではしなくとも、鉛筆画を主として教授した方が良いのではないか、と提案していた。

こうした市当局の鉛筆画重視意見に対して、

夫より甲論乙駁議論頗る沸騰せし(21)

と記されているように鉛筆画と毛筆画をめぐっての議論が展開されるが、結論としては、従来から用いられている毛筆画教育を支持する校長が多数を占めていた。そして当局はその状況から次のような判断を下していた。

過日の市小学校長会議の模様に依るも　此際各学校とも悉く鉛筆画を採用せしめん事頗る困難なり　然るに幸ひ文部省にても新に鉛筆画教授用手本を発行する由なれば　兎に角本市に於ても随意之を採用し得可き事とし　而して先づ一部の希望者より鉛筆画を採用せしめ　其結果に依りては更に各学校一様に採用せしむる事とす可し(22)

京都市小学校長会の様子では、全ての学校に鉛筆画を採用させることは不可能なので、文部省の新鉛筆画教科書を随時希望者に採用させ、その結果を見て全市に普及させる、と当局が決定したことを報じている。

こうした京都府下の毛筆画・鉛筆画論争の行方は、同年一〇月一八日に公布された「京都府訓令第七十五号」において一定の結論を見ることになる。この訓令は府教育会会員横山常五郎（京都府立第一中学校教諭）によれば、

（明治、筆者）三十五年に於て図画科の効果が挙がらざるを称するものあるに至り、其極京都市は特に委員を東京に派し、斯道の人に説を聞き、其結果小学校長は意見を具して知事に上申するに至れり。府の当局者亦大に考ふるところありしを以て、即其意見を実際に試みんと欲し、事情を陳述して之れを文部省に上申し、往復回を重ねて漸く其許可を得るに至り、茲に始めて府下は特に教科書を採用せざることゝなるに至れり(23)

と記されている。

この訓令の意図するところは、小学校の自在画を改革するために国定教科書（この時期では『尋常小學毛筆畫手本』・『尋常小學鉛筆畫手本』の二種類）を採用せず、それぞれの小学校において訓令の指示する方法でカリキュラムを組めばよいとするものである(24)。その際、

用筆ハ鉛筆毛筆ノ何レカヲ単用シ又ハ之ヲ混用スルモ妨ゲナシ(25)

と規定されている。つまり毛筆画・鉛筆画を問わず、一定の府の指導方針さえ守っていれば、各小学校それぞれが自由に図画教育をしてもよいというものであった。こうした京都府の図画教育方針は、図画教科書つまり「臨画」教科書としては当時鉛筆画・毛筆画手本のいずれかしかなかったため、そのどちらを採用しても論争が再燃することを懸念し、「臨画」教科書そのものを否定することで毛筆画論者と鉛筆画論者の確執を解消することを目指していたと言えよう。

とはいえこの訓令の意義は、単に論争解決の一手段というだけではなく、当時の「臨画」中心の図画教育へ大きな警鐘を鳴らしたと言えよう。つまり、従来授業の五〇%近くを占めていた「臨画」の比重を大幅に減らしたことが、その注目すべき点である。実際に、尋常科においては各学年とも、「臨画」指導を総授業時間の二〇~三〇%へと減少させるという大きな変更がなされている。そして、その代わりに「自由画」・「写生画」・「看取画」が重視され、尋常科においてはこれら三者を合わせて各学年とも総授業時間の四〇~五〇%[26]になっていたのである。

さてここで、この三者の説明を訓令に従って理解してみよう。

「自由画」とは、

自由画ハ児童ヲシテ各其欲スル所ノ図画ヲ任意ニ自動的ニ作成セシムルモノトス[27]

と述べられている。また「写生画」とは、

写生画ハ実物模型等ニツキ出来得ル丈正確ニ其形相ヲ写サシムルモノトス(28)

と記されており、「看取画」とは、

看取画ハ実物実景ニツキ出来得ル丈迅速ニ其概形ヲ写取セシムルモノトス(29)

と説明されている。

こうした「自由画」・「写生画」・「看取画」(クロッキー)重視の方針は、

一、本科ノ目的ノ一ハ　通常ノ物体ヲ看取シテ正シク之ヲ画クノ能ヲ得シムルニアルヲ以テ　写生画及ビ看取画ニ重キヲ置クヲ要ス

二、本科ニ於テハ児童ノ思想ト趣味トニ適合セル方法ヲ用ヒ　図画ヲ嗜好スルニ至ラシメザルベカラス　故ニ児童ノ自然的傾向ニ本キ　其自己活動ヲ満足セシムルニ足ルベキ自由画ノ練習ヲ本科教授ノ一手段トナスヲ要ス(30)

と訓令の「教授ノ目的及ビ手段」項目の第一項に掲げられている。

京都府の図画教育方針は、以上のように毛筆画・鉛筆画論争を、国定図画教科書不採用という別の角度から解消し、さらに自由画・写生画・看取画重視の新たな図画教育方法を提示することで一応の決着を見たのである。

兵庫県の図画改革論議

では次に兵庫県の例を検討してみよう。同県教育会では、図画教育の現状について一九〇五（明治三八）年六月に図画教育調査を行い、「小学校図画教育につき調査事項報告書」を提出している。この調査報告書は、一九〇七（明治四〇）年の第四次小学校令において図画科が必修科目になることを前提としたもので、その調査事項は、

第一問　尋常小学校に適当の図画科を課するの必要なきや、要ありとせば其程度如何(31)

という図画科必修についての項目を先頭として提示し、それ以下は図画科必修後の具体的な図画教育改革の内容を調査したものである。では当時の図画科必修への反対論を見てみよう。

この設問に対する回答は、「尋常科加設に反対の理由」として提示され、それに対して当局が「反対理由に対する弁解」という項目で対応している。「反対の理由」をまとめてみると次の四点になる。

（一）「読、書、算、の力を減ず＝現時の尋常小学校卒業生は、其成績甚不充分にして読、書、算、の如き日常必須の事項すら、遺憾の点少からず、然るに更に学科を加設して、是等必須科目の学習時間を減ぜんとするは、二兎を遂うて一兎を得ざるの類に陥らんか」。

（二）加設するなら、図画を第一とするべきか。「寧ろ唱歌、手工、或いは女児にありては裁

縫」のほうを重んずべきではないか。
(三)「二部授業の実施は加設の余裕を許さず」＝このため授業時間数が減っている、にもかかわらず図画科を増やせば、卒業の成績がさらに不十分となる。
(四)「必要の故を以て児童の負担を重からしむべからず(中略、筆者)近時文化急進の風潮に促されて、必要の事項頓に増加し、可憐なる児童は是等各種の注文に忙殺せられんとしつゝあるは甚遺憾の事なり(32)」。

以上のように、(一)図画科必修化によって児童の負担が増え、他の科目の学習がおろそかになる、(二)図画科以外に必修とすべき科目があるのではないか、(三)夜間の二部授業では必修科を増加させる余裕がない、(四)近年全般的に児童への負担増加が目立っているので必要だからといって必修科を増やすのはよくない、といった反対意見が集約的に記載されている。

こうした意見に対して当局は、そのそれぞれに「反対理由に対する弁解」を対応させている。少し長文になるが、以下に引用してみる。

(一)第一難に対する弁解＝図画のために時間を割くは、読、書、算の進歩を阻害すべしとの説は一応の理なきにあらざれども、必ずしも然らざるべし、図画は世界の通語とも云ふべきものにして、之れによりて知覚を容易ならしめ、理解を速かならしむ、図画は客観的想像力を義《ママ》(養か、筆者)成し、直覚的判断力を発達せしめ、原造的意志、発明的能力等を催進して、他学科の学習上理解了得を助成するの効頗る著しきものあり、豈必しも其進歩を阻害せんや。

（二）第二難に対する弁解＝図画を唱歌手工等と対比して、却って之れを第二位に置かんとするが如きは、殆んど其理由を求むるに由なし、唱歌、手工、固より多大の価値あるべし、之れあるがために唱歌の如き、既に殆んど必須科目に加へられたるにあらずや、今日吾人の眼前に横はれる手工の如きも、早晩必ず加設せらるべき運命に接せり、されども思へ、手工として独歩すべきものなるか如何、其大部分は否寧ろ其基礎は悉く之れを図画の力に待たざるべからざるにあらずや、されば手工を加へんとするものは、必ず図画を併行せしめざるべからず、図画を加ふるもの、又手工科の実地製作の上に説明を待つこと少からざるべし、図画と手工とは互に相因縁関連して、実業必須の基礎教科たるべきものなれば、仮令僅少の時間にもせよ、是非共併進し行かざるべからず。

（三）第三難に対する弁解＝二部教授実施の場合に於て、成るべく加設科目を避くべしとなすは、適切の論案なるが如し。されどもこゝに大に顧慮せざるべからざるものあり、文部大臣は戦後の教育に関し訓示して曰く、教育によりて大に国本の培養を謀れと、これ蓋し適切の訓示ならんか、手工の如き、図画の如き、実業的基礎教科は二部教授によりて、仮令時間の必迫を告ぐるものありとするも、幾分其端緒を啓くの要あるべし。更に他方面より説をなすものあり、曰く、我国最近物質界の進歩驚くべきものありと雖、精神界の発展之れに伴はず、戦後教育の一大問題は大に美的趣味を喚起して精神界を高尚ならしめ、人格の修養を図るにありと、思ふに無形の美趣は、詩文と音楽とに待つべきも、有形の美趣は主として図画によりて養はれざるべからず、図画豈二部教授の故を以て必ずしも其価を軽うせんや。

(四)第四難に対する弁解＝必要を叫んで児童の負担を重からしむべからずとは、是又一大警告なり。されども図画を加設せんとするは。更に時間を増設するにあらずして、其或科目の時間を割きて之れを課せんとするものなれば、児童の負担力に於て軽重あるなし、図画科の本質として最よく児童の嗜好に適し、快感を与へ趣味を加ふる等、寧ろ児童の負担力は、軽減せらるゝの感なくんばあらず。[33]

このように、(一)の意見に対して、図画は、他学科の学習上における理解の助けとなり、学習の進歩をかえって増進する、と反論している。(二)の意見には、その対抗科目である唱歌、手工を例に挙げ、実業における基礎科目として図画科の必要性を訴えている。(三)の意見に対しては、文部大臣の訓示を引き合いに出し、(二)と同様、実業教育的な必要性からと人格の修養という側面から図画科を欠くことはできないと主張している。(四)の意見に対しては、他の科目から時間を割くため、児童の負担増とはならないと弁明したのである。

こうした反駁の後、兵庫県教育会は、図画科の必修化を肯定し、その実施についての細目を決議している。[34]

加えて、京都府でも議論を巻き起こした毛筆画・鉛筆画問題についても、

> 文字に鉛筆文字毛筆文字の区別なしとせば、図画豈に独り之れを区別するの要あらんや。而かも従来毛筆画鉛筆画等の語を慣用し来りたるは、単に其用筆の毛筆と鉛筆とに区別せるのみにあらずして、是等の二者によりて描出せらるべき内容の相違あるがためなり。然るに今や内容を一定して、教材の整理せるあり、専門に攻究するものに非ざるよりは、特にこれが区別をなすの要あらんや[35]

と説明している。まず当局は、文字に鉛筆も毛筆も区別がないように、図画だからといって区別を付ける必要はないと前提している。その理由は、従来の鉛筆画・毛筆画については単に用筆の違いだけではなく、その描写内容が違っていたが、今は内容を一定し、教材を整理したため、専門教育ではない普通教育において、そうした区別は不要となったというものである。

こうした鉛筆画・毛筆画区別不要論は、次のような結論を導いている。

> 吾人は断言す、小学校に於ては此二者を混用すべしと、然も二者の間内容に長短ありとせば、其長を採り短を補ひ、用筆に得失ありとせば、画法によりて便宜のものを使用せしめば、調和的統一的に進行せしめ得べく、趣味を奪はず、自由を妨げず、力量に応じて技能の錬磨発展を期せば、蓋普通教育上遺憾なきに近からんか[36]

当局は、鉛筆と毛筆の両者を混用し、それぞれの長所を生かし、画法によって便利な方を使えば、調和的にまた統一的に指導が可能であると述べ、そうすれば趣味を奪わず自由を妨げず、力量に応じて練習させれば、普通教育の図画科として問題なく消化できるとしている。

しかしこの毛筆・鉛筆併用論は先述した京都府の例とは異なっていた。この報告書では「ケンブリッジ大学女子高等師範学校」のヒューズ女史※の意見を採り入れ、日本画についても西洋画と比較検討した上で採用すべき所は採用するといった姿勢が明瞭となっている。その「日本画の特徴」という項目において、日本画の長所短所について論じられている。

まず日本画の長所について、

古来我国の制度文物と相伴ひて発達し来りたるものなれば、我国の風俗習慣人情に適し、我国の建築器物を写すに適ひて頗る国民的国粋的の性質を有し、其描法は多くは自然の形象を変化して表出するがために含蓄的となり、美的となる、西洋画にも此の如き画風なきに非ずと雖、日本画の如く顕著ならず、更に日本画は気韻を主として理想を重んずるがために、精神的なり、淡白なり、簡潔なり、而も其間余韻を存して、趣味の津々たるものあり、画面自ら洒落雅致の趣を存して優美温和謙遜の性質を具ふ、先年ヒュース嬢は日本画を嘆賞して曰く「妾日本画を観るに其特質は最少き線を用ひて、十分に其意味を画き出さんとするにあるが如し」と(37)

述べている。日本画は、古来から日本の制度文物とともに発達してきたものなので、日本の風俗・習慣・人情にあっていて、日本の建築や器物を描写するのに適した極めて「国民的国粋的」

※ヒューズ女史（Elizabeth Phillipps Hughes 一八五一～一九二五）英国 Carmarthen 出身の女子教育者。一八八五年に創設されたケンブリッジ師範学校（Cambridge Training College）の初代校長となる。本文では、当時日本で使われた「ケンブリッジ大学女子高等師範学校」をあてたが、実際は、一九四九年にケンブリッジ大学の認定機関になっているため、この時点では同大学とは無関係である。なお、この単科大学は、女子中等教育に従事する女子教員を養成するために作られたものであった。同氏は、九九年に同校校長を辞任後、世界一周の旅に出発し、その途上に日本を訪問した。その際、福岡市の香蘭女学校の英語学科拡張についての忠告や英語教育についての講演などで著名である。

な性格を持っている。その描きかたは、自然の形象を変化させて表すため、深い意味を持たせた美的な表現となり、この点においては西洋画よりも抜きんでている。さらに日本画は、おもむきを大切にし、理想を表現しようとするため、精神的かつ淡泊で簡潔な描写にもかかわらず、興味深く気の利いた雅やかさがあり、「優美温和謙遜」という性質を持っている。先頃ヒュース嬢が、日本画の特質として挙げた、最少の線を用いて十分な意味を描き出すこと、などは日本画の良い点を示している、と報告されていた。

しかしその一方で、日本画の短所を、

されども日本画にも短所なきにあらず、其含蓄的なるがために実物の描写に不正確を来すの恐あり、其手指の運用に微妙を要するがために学習に困難なるあり、其用具の毛筆なるがために使用にも保存にも甚だ面倒なるあり、是等は大に欠点として数ふべきか(38)

としている。つまり短所としては、日本画は、表現に深い意味を持たせ過ぎるため、実際の描写が不正確となることがあり、また手指の使い方が微妙なため学習に困難な点、さらに、用具が毛筆のため使用や保存が面倒であることなどが挙げられる、と指摘されていた。

兵庫県当局は、京都府とは異なり、日本画の長所として述べられている「国民的国粋的」な性質と「優美温和謙遜」という性質を、できる限り普通教育の範囲内で取り入れようと構想していたといえるだろう。しかしそれは、カリキュラムの改編を意味せず、単に文部省の発行する教科書に依拠するという、消極的な図画教育方針に過ぎなかったのである。

図画教育の危機

正木図画教育会会長は、一九〇六(明治三九)年六月『図画教育』第五号巻頭において「図画教育会員ニ檄ス」と題する現状改革へのアジテーションを掲載する。正木は普通教育科目の中で図画科が衰退している状況を次のように述べていた。

普通教育ニ於ケル各科ノ現状ヲ察スルニ、近来著実熱誠ノ研究実験稍観ルベキモノ少カラズ、独リ図画ノ一科ノミ気勢大ニ揚ラズ、困頓萎爾ノ態アリ、随テ図画ノ普通教育ニ於ケル効果ヲ疑フモノアリ、又其ノ必要ヲ否ムモノアリ、是ニ於テカ、図画教育ニ従事スルノ士ハ、常ニ各科教員ノ末班ニ尾シテ、不遇ヲ嘆スルモノ靡靡皆然リ(39)

正木は、普通教育科目の多くは近年になって研究や実験の成果も上がり評価されるものになってきたが、ただ図画科だけは全く気勢が上がらず疲労困憊し萎えしぼみそうな状態である。そのため普通教育としての効果を疑う者や、不必要な学科目と考える者もいるため、図画教育関係者は、全ての教員の末尾で不遇な待遇に甘んじている、と嘆いている。

彼は現状を、

是レ果シテ図画ノ普通教育ニ於ケル実質効用、若カク価値ナキニ因ルカ、抑亦図画教員中、著実熱誠ノ研究実験者其人ヲ少クガ為カ、余ヲ以テ之ヲ見レバ、図画ノ普通教育ニ於ケル価値効用ハ、国語数学ニ比シテ優劣アルヲ見ズ、而シテ図画教育界、著実熱誠ノ研究実験者亦其人ニ乏シカラズ、然リ而シテ大勢彼ノ如キモノ、抑他ニ原因スル所アルカ(40)

と自問している。図画科が普通教育において、実質的な効果がなく、価値がないためなのか。それとも図画教員が研究不熱心のためか。しかし前者は、国語・数学に比べても効果・価値はあり、後者でも研究熱心な教員には事欠かない。とすれば果たして何が原因なのであろうか。

正木は、その答えを、

今日図画教育ニ患フル所ノモノハ、其実質価値ナキガ為ニアラズ、其価値ヲ発揮シテ之ヲ告白スルノ声甚微ナルニ在リ、又研究者其人ヲ得ザルガ為メニモアラズ、研究ノ結果独リ自ラ善クスルニ止マリテ、広ク恵ヲ同志ニ及ボサヾルニ在リ、諸君努力ハ勢力ナリ、(中略、筆者)統一アル協同ノ下ニ秩序アル努力ヲナサバ、何事カ成サザランヤ、本会ノ振ハザルモノ他ナシ、努力ノ足ラザルナリ、協同ノ足ラザルナリ(41)

と述べている。彼は、その原因を図画の価値を発揮したにもかかわらず、それを評価する意見が余りに少ないことと、研究者がその成果を独占し、他の教員に伝えようとはしないことに求めている。そうした状況を改善するためには、図画教育関係者が統一のある協力のもと秩序のある努力を行うしかないと結論し、さらなる努力と協同を惜しまなければ、図画教育会が盛んになると明言していた。

正木は、文部省「普通教育ニ於ケル図画取調委員会」委員長として、政府に答申した最重要課題である「普通教育ニ於ケル図画」の実現、つまり図画科の小学校教育における必修化が目前に迫っている（第四次教育令の公布〈一九〇七年〉）ため、この時期において図画教育が衰退している状況を黙視することはできなかったのである。

図画教育の状況を悲観していたのは正木だけではなかった。彼とともに、図画教育会を主導していた文部省図画教授法夏期講習会講師渡辺忠三郎は、

世人の言を聞け、普通教育に於ける図画科は全く無用の長物なりと、予の如き当局者すら嘗ては斯る妄言に惑はされたることもありき、是れ図画てふ学科は其応用余りに広きが為めに、反て世人の其性質を闡明するに難く、又当局教員の教育的智識の欠乏したるに基因せるものなり。現に普通教育中最も振はざるものは図画科にして、又中等教員中最も無能なるものも亦図画教員なりと、噫乎(42)

と自らの状況分析を語っている。普通教育の図画科は無用の長物であるという世論に、当局者である渡辺自身が惑いそうになるほど、図画教育は不振であった。彼はその原因を、図画という科目の応用範囲が広すぎるために、かえってその役割が理解されにくい点と、図画教員の教

育的な知識が欠乏している点に求めている。

さらに渡辺は、一九〇六（明治三九）年八月二五日越佐新聞紙上に掲載された白虹生「図画教育の価値」と題する図画科廃止を唱える論説に対して、以下のように反論していた。まず渡辺はその批判者の要旨を、

其大意に曰く、中学校や小学校で図画を教ゆるといふ事は全然不必要な事だと思ふ、所詮図画は人類の遊戯である、遊び相手に困る楽隠居のする仕事であって前途猶多忙の青年子女の予め学び置べき必要のあるものではないと思ふ（中略、筆者）図画は美術家、工芸家等の専門家の就て学ぶべき学問であって、普通人の必ず学ふべき性質のものでない、斯る無駄な学問で生徒児童を徒に困らしむるよりは、更に大に実用なる習字や作文の方に盡力すべきものであろう(43)

と、まとめている。白虹生は、図画は人類の遊戯であり、遊び相手に困る楽隠居がするようなものであり、小中学生などの多忙な青年子女が学ぶものではないとしている。さらに図画は本来工芸家などの専門家が習得するもので、一般人に必要な学科ではなく、その意味から無駄な学問なので、生徒児童は図画などを学ばず、もっと実用的な習字や作文に尽力すべきである、と図画不要論を唱えていた。

しかしそれに対して渡辺は、

世人が日常の生活上図画の必要を認めざるは、学校に於て利用すべく練習せざりしが故なり。世人は已に図画の必要に気付かざるが故に、遂に図画教育の価値を否定せんとする所以なり。(44)

と抗弁している。彼は、一般の人々が、図画を日常生活において必要のないものと考えるのは、彼らが学校で図画を生活に利用するように学ばなかったからであるとし、そのため図画の必要性に気づかず、無価値なものと見なしている、と論じていたのである。

渡辺は、当時の学校における図画指導の意義について、

概して図画を描き得ざるの人は、図画を描き得ざるのみにはあらず、形体を識別し、記憶し得るの能力あるや否やをも疑ふものなり、元来図画を自在に描かんと欲せば、手指の運用に熟せざる可らざるは勿論なりと雖も、観察力、識別力、記憶力の養成は最も必要なり。而して是等の諸能力は速成的には学修し得るものにはあらざるなり、児童の際より写生画記憶画等を絶へず行ふ事により て、漸次に発達すべきものなり、これ予輩の敢て小学校教育に多言を費す所以なり(45)

と述べている。つまり図画を描けない人は、単に図画描写の能力だけでなく、形体の識別や記憶に関する能力にも劣る可能性があるとしている。なぜなら、図画を自在に描くためには、手指の運用の熟達だけではなく、速成的に獲得できない観察力・識別力・記憶力の養成も欠くことのできない要素となるからである。そのため児童の頃から写生画や記憶画などを絶えず練習

することで、こうした諸能力を発達させなければならないので、小学校教育に大きな注目が払われているのだ、と渡辺は主張している。

そして社会の要請を、図画教育が受けているとし、渡辺は、

今や社会の体勢に駆られて、我国人も将に覚醒し是れより大に実業教育を奨励せんとす、眼の教育の重んぜらるゝも近きにあらん、図画教員たるもの、高枕安臥するの秋ならんや、敢て賢明なる諸君の反省を促す所以なり。(46)

と述べている。図画教育の必要性は時代の要請であり、今後の実業教育の中心的な位置に「眼の教育」が据えられると、その将来的な可能性を指摘しているのであった。

図画教育会の新方針

こうした図画教育の低迷した状況を打開すべく正木は、図画教育会において次々と新しい方針を決定していく。まず彼は「図画教育会事業要目」として、

（一）全国図画教育大会の開催

（二）図画教育会の各都道府県支部の開設

などを挙げ、それらを矢継ぎ早に実施していく。（一）については、一九〇六（明治三九）年七月

二五日から三週間の文部省夏期講習会（開催地、東京美術学校）の際、図画教育会主催で八月一日から五日間、同大会を開催する。同大会は三年に一度、文部当局者および普通教育を担当する各学校長の出席によって開催し、

図画教育ニ関スル事項ヲ討議シ、以テ斯道ノ普及発達ニ勉メ、兼テ全国図画教育ノ統一ヲ図ラントス(47)

と述べるように、図画教育の全国的な普及と標準化を目的とするものであった。では次に、この会議の内容を検討することで、その統一方針を明らかにしてみたい。

会議には全国から一八七名の図画教育担当者が表6-5のように参加している。

この会議の開催にあたって、まず図画教育会会長正木は、「開会の辞」の中で日本の初等教育における図画科必修化問題について次のように述べている。

其普通教育に図画を入れたと云ふ中に於ては、日本が最も新しい位のものでありますから、外の国に於ては、何れの国に於ても図画を普通教育に入れると云ふことに於て一致して居るのであります。さうして欧米の諸国に於ては、普通教育に於ては十分に図画を重んじて居る。そこで其国々に於ては、図画を課する時間は、初等教育、中等教育によりて多少の相違があっても、一般に云へば三時間と云ふのが当り前であります。(48)

表 6-5　会議出席図画教育担当者の全国分布

北海道 —— 2，東京府 —— 28，京都府 —— 4，大阪府 —— 5，神奈川県 —— 5，
兵庫県 —— 6，長崎県 —— 2，新潟県 —— 4，埼玉県 —— 7，群馬県 —— 5，千葉県 —— 8，
茨城県 —— 3，栃木県 —— 5，奈良県 —— 5，三重県 —— 3，愛知県 —— 6，静岡県 —— 6，
山梨県 —— 3，滋賀県 —— 5，岐阜県 —— 1，長野県 —— 8，宮城県 —— 1，福島県 —— 6，
岩手県 —— 2，青森県 —— 3，山形県 —— 3，秋田県 —— 1，福井県 —— 3，石川県 —— 2，
島根県 —— 2，岡山県 —— 2，広島県 —— 6，和歌山県 —— 3，徳島県 —— 2，
香川県 —— 1，愛媛県 —— 2，高知県 —— 3，福岡県 —— 6，大分県 —— 4，佐賀県 —— 3，
熊本県 —— 2，宮崎県 —— 1，鹿児島県 —— 3，沖縄県 —— 1，台湾 —— 3，韓国 —— 1．

「大会報告　第一回全国図画教育者大会記事」『図画教育』，第 8 号，1907 年 2 月，34〜35 頁より作成．

つまり正木は、図画科の小学校科目必修化が、諸外国に比較して、最も遅れていたのは日本であると指摘した後、日本で必修科となる図画科の配当時間が一時間であって、欧米の三分の一であることを問題点としてあげている。彼にとって、必修化問題は、欧米諸国との関係性からも重要な課題として認識されていたのである。

ついで文部次官沢柳政太郎が、欧米の図画教育の現状――主に写生画について――説明した後、国際化の必要性について次のように演説している。

(西洋の、筆者)図画の先生はもう日本の画と云ふものに就いて、どの位の深い智識があるかは存じませぬが、兎に角日本の画と云ふものは余程値打のあるものである、又どう云ふ物であると云ふことを、多少に拘らず幾らかは認めて居る。日本の画と云ふことに付ての智識が、日本の歴史なり地理なりと云ふものに付てよりも、一層余計な智識を持って居ると云ふやうな次第である。想ふに是は日本ばかりではない、英吉利で申したならば仏蘭西ではどう云ふことをやって居る、独逸ではどう云ふことをやって居る、亜米利加ではどう云ふことをやって居ると云ふことを、定めて知って居ることであらうと思ふのであります。斯の如くにして互に他の長所を取って我が短を補ふと云ふやうな、余程進歩的の空気があって、段々新しい考案が実行されると云ふやうな有様になって居るのであります。(49)

つまり沢柳は欧米の図画教師を例にとって、日本の図画教師の国際化を促進し、欧米諸国と日本の比較検討を進め、そのそれぞれの長所を生かしたところで日本の図画教育を位置づけようとしていた。こうした視点は、前述した兵庫県教育会の報告書にも共通点が見られるように、一方では日本の図画つまり日本画に対する再評価が不可欠となる。要するに従来の方針であった鉛筆画法＝西洋画法による毛筆画ないし鉛筆画という方向性だけでは不十分であり、さらに欧米の図画教育の方向性から逸脱しないように日本画的要素を図画教育に組み込んでいくという新たな図画教育への姿勢が要請されていたのである。

この点について沢柳は、さらに現状に対する不満として次のように述べている。

一番困って居るのは教員を養成すると云ふ点に於ても、教員の資格を与ふると云ふ点に於ても、現在の規則に於て鉛筆画と云ひ、或は毛筆画、是等の区別の理屈の無いと云ふことは、調査委員の報告にもありますし、皆な認めて居る所でありますが、如何に調和すると申しますか、取るべきは取り捨つるべきは捨てると云ふか、それ等の点に付て実は非常に苦心をし、又困って居る次第で、一日も早く夫等の点を解決したいとして居る次第であります(50)

沢柳の指摘するように鉛筆画・毛筆画選択における混乱の解消や国際化への対応といった新たな図画教育指導方針の確立が急がれていたのである。こうした現状の改革のためのキーパーソンともなるべき人物が図画教育界随一の理論家で東京美術学校教授の白浜徴であった。白浜は、「普通教育ニ於ケル図画取調委員会」の報告書を提出し、図画教育会を創設した後、図画教育調査のため文部省留学生として欧米へ一九〇四（明治三七）年から一九〇七（明治四〇）年までわたっていた。帰国後、彼がそうした課題を解決すべく国定教科書として編纂することになる『尋常小學新定畫帖』（一九一〇年刊）がこうした正木・沢柳らの希望する新たな図画教育方針とも呼べよう。この点については次節で詳しく検討したい。

では次に（二）図画教育会支部を全国の各都道府県に開設する、という方針について見てみる。正木は、まず本部の役割を、

例へば中央の仕事としては、各国の現在盛に行れて居る所の、各外国の標本を交換に依って集めますとか、或は総ての考案したる所の教材の種々なる標本を集めるとか、又内地に於きましても各地方に於て調査したる処の其成蹟を集めまして、さうして其交換の媒介をするとか、或は中央に外国から集まった所の品物を、地方に分配して、地方に持廻ってそれを見せると云ふやうなこと、或は外国の万国図画教育会議と云ふやうなものに対して、中央の図画教育会がそれと交際をして利益を得るとか、或は其大会に日本を代表して出席し、日本の図画教育に就て、世界の図画教育者と議論を闘はすとか云ふ様な事柄に就いては、中央に於てやらねばならぬ、斯う云ふやうな事は、どうしても組織の立った整然たる機関が備はらなければ、空論に流れてしまふと云ふ事は、予て考へて居ったのであります。(51)

と述べている。

正木の構想では、本部は（A）国外と国内の標本・成績などを収集し地方へ巡回する、（B）国外で開催される万国図画教育会議へ参加する、などの国際的・国内的な交流のセンターとして機能することを期待されている。また、支部の役割について、

地方は地方によって結合をし、さうして其れを中央に於て総括りをする、平常の仕事は地方持分れで実際の仕事をして行くと云ふことにしたい。デ多くの勢力を要し、多くの金を要し、又多くの人の考を集めることを必要とした場合には、本会に於てそれをやる。要するに地方は地方限り其団体に於て地方限りの仕事をして、本会に於てはそれに滋養分を送って、さうして地方の活動を助けると云ふやうな仕組にしなければ、本当の真面目な仕事は出来ない[52]

と語るように、正木は、地方支部にその地域に限定された独自の活動を期待している。と同時にそうした支部の活動を支援することが本部の役割でもあると規定している。

さらに、

殊に普通教育の目的であり、又支部に於ての仕事の大部分は初等教育でありま す[53]

と言うように、その活動の範囲は主に小学校が中心となる図画教育の指導が期待されていたのである。このことは図画教育会の会員の六割以上が、中等教育従事者であること（ちなみに初等教育従事者は一割以下）を考慮すると、この支部が、その管轄区域にある小学校を管理指導すると

いう図式が浮かび上がってくるのである。

こうした図画教育会支部は表6-6のように開設されている。

こうして図画教育会地方支部が徐々に開設され、会長正木の図画教育振興策は着実に実施されていったのである。

第四節　『尋常小學新定畫帖』の成立

本節では『尋常小學新定畫帖』(『新定畫帖』と略す、筆者)を主に検討したい。この画帖の成立は白浜徴に負うところが大きいが、その成立への道程は正木直彦や沢柳政太郎らの文部省当局の図画教育方針に方向付けられている。それは一九〇〇(明治三三)年のパリ博以降、明瞭となった国際化と、それに伴い漸進的ではあるが再検討され続けた日本化の方向、つまり日本独自の美的要素を国際化の動向に矛盾無く取り込んでゆくという図画教育方針であった。

白浜は『新定畫帖』の成立について後年、次のように語っている。

表6-6　図画教育会支部の開設

1906（明治39）年
山梨県支部・静岡県支部・群馬県支部・千葉県支部・福島県支部・福井県支部・栃木県支部・滋賀県支部・熊本県支部・福岡県支部
1907（明治40）年
大分県支部・京都府支部・和歌山県支部・佐賀県支部
1908（明治41）年
青森県支部・長野県支部・長崎県支部
1909（明治42）年
大阪府支部・秋田県支部

『図画教育』，第6～18号より作成.(54)

明治四十三年には国定教科書を改訂することになり、文部省に於て委員を設け、正木美術学校長を委員長とし、上原六四郎氏、小山正太郎氏、安倍七五三吉氏及び私が委員となり、新定畫帖を編纂したのである。此の画帖は誰も知って居る様に、調査会の報告の具体化せるが如きもので、極めて進歩的な立場で作られたのであるが、当時はまだ、全部を此の画帖に改めてしまふ訳には行かなかった。昔の鉛筆毛筆の手本もまだ〳〵全廃することの出来ない事情にあった為めに、鉛筆画手本を鉛筆畫帖、毛筆画手本を毛筆畫帖として出して置かねばならぬ有様であった。そこで三種の画帖が文部省の手で発行せられ、教育者は此の中自由に選択していゝ事にきめられたのである。であるから、当時は三様の手本が同時に用ゐられて居た訳であったが、その中だんだんに鉛筆畫帖、毛筆畫帖の方はすたれ、新定畫帖の方が盛に用ゐられる様になった有様である(55)

白浜によれば、『新定畫帖』は、「調査会」つまり「普通教育ニ於ケル図画教育取調委員会」の方針通りに編纂された教科書ということであり、出版以後は徐々に『新定畫帖』が日本の図画教育界で大勢を占めることになったと述べられている。このことは、まず「国際化」の方針のもとでこの教科書が作られ、ついで当時の図画教育現場の状態を鑑み、毛筆画・鉛筆画の両教科書とともに出版されたこと、さらに毛筆画・鉛筆画論争の漸次的解消に応じて『新定畫帖』に教育現場の比重が推移していったことを示している。では次に白浜自身の手になる『新定畫帖』の解説を中心にこの教科書の性格を検討してみよう。

この画帖の特色は、まず児童用教科書が第三学年から第六学年までしかないのに教師用指導書が第一学年から第六学年まで作成されていることにある。つまり児童には教科書を使用させない最初の二年間の課程においても、綿密な教師の指導を実践することを前提に、小学校全学年を通じての図画教育方針が出されていることである。このことから、同時に出された『尋常小學鉛筆畫帖』や『尋常小學毛筆畫帖』が児童用・教師用ともに第三学年から第六学年までしかないことを考え合わせると、『新定畫帖』は、全学年を対象とする最も完備した図画教科書として構成されていたことが了解できるだろう。

白浜は、「尋常小学新定畫帖編纂の要項」の中でこの図画教科書が、他の画帖と異なる点を次のように述べている。

本画帖は所謂鉛筆画毛筆画の区別を廃し、一に児童心身の発達の程度に準じて、易より難に入るの教授の原則に従ひ、児童の使用し易き用具によりて教授を始め、漸く進んで諸種の用具の使用に熟せしめんことを期したるが如し。故に初学年に於ては専ら鉛筆を用ひ、高学年に進むに従ひ、次第に毛筆を多く使用することゝなり居れり(56)

つまり鉛筆と毛筆の区別をなくし、指導の途上で徐々に鉛筆に毛筆を加えていくというものである（図N）。この指導の内容、図版構成および用筆・用具は白浜の『新定畫帖』解説によれば以下の三表（表6-7、6-8、6-9）にまとめられる。

指導内容を示す表6－7を見ると、その流れは大きく三つに分かれる。図法・デザイン（模様・図案）・色彩の三者である。図法については従来からある西洋画法に準ずる投影図法・透視図法・陰影画法が第一学年から順次取り入れられており、その基本方針は見たものを正確に描写するという既存のものである。この点については、白浜が同解説において、

> 抑吾人が或形体を書かんとするや、必ず先づ観察し工夫して後発表するものなり。換言すれば描写上の知識と、目と手の円満なる結合によりて、始めて自由に諸形を描写し得るものなり。故に図画科の教材たるや必ず、描写上の知識と目と手とを教育するものならざるべからず、（中略、筆者）描写の知識は、描写上の諸形式、換言すれば描写上の法則を心得しめざるべからず。従来図法の如きは、児童には六ヶ敷ものとしてこれを説かず、只練習上より導かんとしたるなり(57)

と述べるように、この教科書は児童が無自覚のうちに西洋画法が習得できるように編集されたものであった。この意味から画者の恣意性によって物形を認識するという日本画的な図画理解（例えば、主役が遠近法を無視して拡大されて描写される等）は、排除されている。さらにデザインについては、図法の展開に即して平面から立体へと指

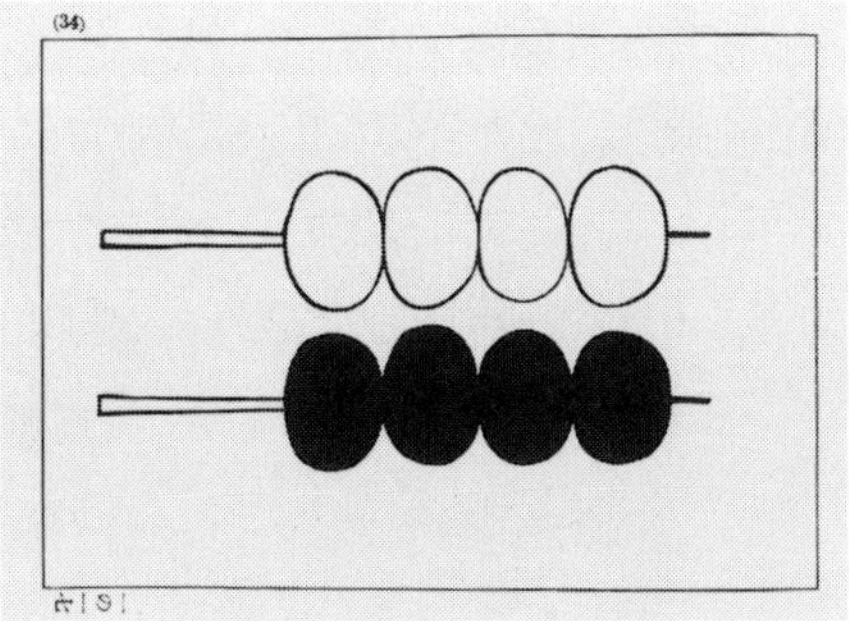

図N 『尋常小學新定畫帖』第一学年教師用第十七課「団子」．一の一七図より．画方説明に「鉛筆にて適当の所に二本の串の位置を定め，串の上に各四個の団子を画かしめて，挿画の如く毛筆にて仕上をなさしむべし」とある．

導され、色彩は第一学年から徐々に高度な課程が展開されている。もちろんデザイン・色彩については、二〇世紀に入って漸く意識的に図画科に取り入れられたものである。

次に図版の種類を分別した表6-8を見てみよう。第一学年および第二学年には「思想画」が多く採用されている。この点について白浜は、

初学年に於ける教材は、専ら心理的要求の方面より見てこれを選択し、以て児童の概念的思想の発表と、観察力並に手の練習をなすことに努めたれば、各教材は思想上の連絡と、手の使用に考へたりといへども、形の上よりは何等の連絡なく統一なき如く見らるべし(58)

と記している。つまり初学年には論理的な指導が困難であると判断した白浜は、児童の心理的な要求に応じた制約の少ない教材を配列し、そ

表6-7　『新定畫帖』の指導内容

学　年	指　導　内　容
第1学年	投影図法（一画図）・色の名称・線画，平塗画，線画に彩色及濃淡を施す画
第2学年	同　上
第3学年	同　上
第4学年	透視図法（正方形，円形立方体，円柱）・投影図法（正面，平面，側面）
第5学年	投影図法（立方体の展開図法）・模様の組立方（二方に渡る模様，或る区画内に模様を入るゝ法）・位置の取方（二個の器の組合方，画面の区画法）・三原色，三間色，絵の具の調合，同一色にして濃淡を異にせるもの及余色の配色法
第6学年	投影図法（円柱，円錐の展開図法）・模様の組立方（四方に広がる模様）・位置の取方（植物，景色の位置の取方）・立体図案（食器の構成法）・原色とその原色を含む間色の配色法・陰影法（立方体，円柱，円錐の陰影法応用）

白浜徴「新定畫帖」図画教育会前掲誌，17号，32〜33頁の表より再構成.

表6-8　『新定畫帖』の図版構成

図版の種類　＼　学年	第1	第2	第3	第4	第5	第6	合　計
臨画	10	14	16	14	20	16	90（28%）
写生	10	10	14	16	40	40	130（41%）
思想画―記憶画・考案画	20	16	10	10	20	24	100（31%）
合計	40	40	40	40	80	80	320（100%）

白浜徴「新定畫帖」図画教育会前掲誌，17号，31頁の表より再構成.

れを「思想画」すなわち「記憶画」と「考案画」の二種として提示している。さらに学年が進むとその比重は「写生画」に移っていく。全学年を通じての割合は、「写生」四一%、「思想画」三一%、「臨画」二八%となり、「写生」の比率が第一となっている。言わば「写生」を中心に据えたカリキュラムである。

表6-9では、その用筆・用具についてまとめてあるが、その用筆において第一学年から第四学年までは鉛筆、習字筆、色鉛筆（採択は自由）という簡単に入手できるものを混用している。この点は鉛筆・毛筆を併用するという趣旨を踏まえた方針であるが、特に特徴的なものは第五・六学年における絵の具による彩色である。この画帖では採択は自由となってはいるが初学年から一貫して色彩教育を重視している。さらに第五学年には、絵具筆、濃淡筆、第六学年には、それに加えて面相筆の使用が義務づけられている。とりわけ白描法という日本画の線画技法に用いられる面相筆を用具として採用している点は、この画帖自体の基本方針である「国際化」に対してどのように日本の技法を摂取しているのかという視点から見る際、興味深いものがあるだろう。

では次に「分析資料」表X-1、X-2を検討してみよう。これらの表は、

表 6-9 『新定畫帖』の用筆・用具

学年	用筆・用具
第一	通常の鉛筆・赤黄青緑紫岱赭の色鉛筆・習字筆
第二	同上 +一尺指
第三	同上 +一尺指+60度・45度定規
第四	BB印鉛筆・赤黄青緑紫岱赭の色鉛筆・習字筆+一尺指+60度・45度定規+円規（コンパス）
第五	BB印鉛筆・絵具筆・濃淡筆・赤黄青白岱赭朱色絵の具+一尺指+60度・45度定規+円規+筆洗+絵具皿
第六	BB印鉛筆・絵具筆・濃淡筆・赤黄青白岱赭朱色絵の具+一尺指+60度・45度定規+円規+筆洗+絵具皿+面相筆

備考「色鉛筆と絵具は表中これを配当したれども，土地の情況によりて，彩色具を用ひ難き場合は，単に黒のみにて画かしむるものとす.」
白浜徴「新定畫帖」図画教育会前掲誌，17号，34～35頁の表より再構成.

『尋常小學毛筆畫帖教師用』、『尋常小學鉛筆畫帖教師用』、『尋常小學新定畫帖教師用』の三冊の同時期に出版された教師用書の解説をもとに作成したものである。教師用書の分析を試みたのは、実際の教科書よりも図版数も多く、その教育内容が理解しやすく編集されているためである。

まず『尋常小學毛筆畫帖』を見てみよう。この教科書の原案とも呼べるものは、同じく白浜徴が一九〇四（明治三七）年に著した国定教科書『尋常小學毛筆畫手本』および『高等小學毛筆畫手本』である。それは「分析資料」三二八〜三三四頁の教科書図版対照表を見れば明らかである。これは、『尋常小學毛筆畫帖』に採用された図版（図版番号にⅦを付して示した）と前二書の図版（図版番号に『尋常小學毛筆畫手本』はⅤ、『高等小學毛筆畫手本』はⅥを付して示した）との関係を表したものであるが、結論的に言えば、同書の総七三図版の五二％に相当する三八図版が白浜の著した『尋常小學毛筆畫手本』および『高等小學毛筆畫手本』の図版から引用されていたのである。このことは、白浜が『尋常小學毛筆畫帖』の作成にも多大な影響力を持っていたことを裏書きしていると言えよう。

つぎに、その指導内容を見てみよう。「分析資料」表Ⅹ-1は、『尋常小學毛筆畫帖教師用』および『尋常小學鉛筆畫帖教師用』を比較できるように構成しているが、内容的には両書ともほとんど同様の仕様になっている。その共通課題を表6-10にまとめてみた。

この共通課題で見ると、その指導内容が明瞭になる。つまり毛筆画帖であれ鉛筆画帖であれ、全て投影図法から始まり、透視図法、陰影画法の順にレベルを上げていき、その傍らで幾何画法および色彩教育を施すというものであった。こうした国定教科書の教育方針は、前章で明らかにした国際化の方向性に則り、欧米の図画教育を基本にしている。さらに共通課題では古来からの日本の紋章を描かせたり、毛筆画帖では「隈取り」の技法を教える（図O）などして日本的な表現をも取り込んだ教科書に編集されている。しかしその日本的な要素は、あくまでも指導内容の主体では無かったのである。

では次に『尋常小學新定畫帖教師用』を検討しよう。「分析資料」表X－2は、第一学年から第六学年に至る指導内容である。その内容構成は既に述べたので、日本的要素の取り込まれ方を『新定畫帖』の図版について見てみる。

以下の表6－11は、①鉛筆・毛筆併用の図版、②毛筆による輪郭とそれに着彩した図版、③毛筆のみを使用した図版の三項目を整理したものである。

この三項目を順に説明すると、まず①鉛筆・毛筆併用の図版とは、鉛筆で輪郭線を引き、その後毛筆を使用して塗り上げた図版、および鉛筆・毛筆を同時に使用した図版である（図P）。前者の方が高学年になるほど多くなる。②毛筆による輪郭とそれに着彩した図版とは、鉛筆の替わりに毛筆を用いて輪郭線を引き、その後、絵の具で着彩する図版のことである（図

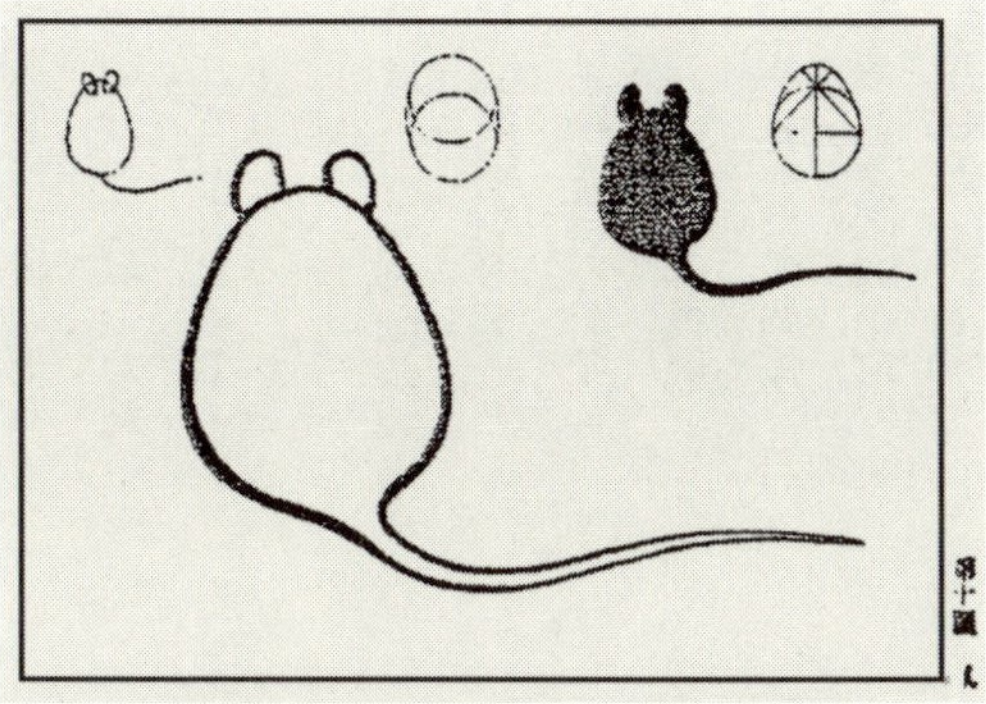

図O　『尋常小學毛筆畫帖』第三学年第十図「ねずみ」．「隈取り」の技法の一つ．一本の線の太い細いを用いて，遠近，質感，骨格などを表す．

表 6-10 『尋常小學毛筆畫帖教師用』・『尋常小學鉛筆畫帖教師用』の共通課題

第三学年共通の課題	直線・曲線を用いた図形の平面図・正面図（投影図法）の描写. 簡単な幾何的な図形を器具を用いて描写. スケッチの練習. 日本の紋章.
第四学年共通の課題	立体の描き方，透視図法の練習. 三角定規，コンパス，尺度の使用法―幾何画法の練習. 平塗り. スケッチ・写生. 日本の紋章.
第五学年共通の課題	陰影画法. 色図―彩色の練習. 色の調合. 風景の写生. 三角定規・尺度・コンパスの使用―幾何画法. 日本の紋章.
第六学年共通の課題	前学年の事項をさらに高度としたもの.

表 6-11　描画法から見た『新定畫帖』の図版構成

学年	①鉛筆・毛筆併用	②毛筆（輪郭）・着彩	③毛筆描き
1	17 図，22 図.	0	0
2	18 図，35 図.	0	14 図，19 図，20 図，22 図，30 図，34 図，39 図，40 図.
3	11 図，14 図，19 図，20 図，26 図，27 図.	0	10 図，15 図，28 図，31 図，32 図，33 図，34 図，40 図.
4	13 図，15 図，24 図，33 図.	0	9 図，10 図，16 図.
5	16 図.	13 図，17 図，18 図，19 図，29 図，33 図，34 図，35 図，38 図，42 図.	37 図.
6	30 図.	5 図，11 図，12 図，15 図，17 図，21 図，25 図，27 図，28 図，34 図.	20 図，29 図，38 図.

Q）。この技法が『新定畫帖』で最も特徴的と言えるものであり、要するに、鉛筆デッサンを面相筆（毛筆）で行い、着彩するという独特の技法であると言えよう。ついで③毛筆のみを使用した図版とは、描写の全ての工程を毛筆のみで行うものである（図R）。

表6-11を見れば明らかであるが、教科書を使用しない第一学年から第三学年および教科書を使用しはじめる第四学年では、①と③の技法を主に指導している。ここでは、生徒に、用具として鉛筆と毛筆を区別なく使用させることで、鉛筆画つまり西洋画の技法を、毛筆画に無理なく移行させようという意図が読みとれる。

次に第五・六学年では、②の項目が圧倒的に多くなっている。この項目の特徴とすべき点は、再論するが、従来の西洋画の描き方の基本の一つである鉛筆によるデッサン、ついで着彩という方法を、日本的に解釈し直したことにある。つまりこ

図P　①鉛筆・毛筆併用の図版．『新定畫帖』第三学年教師用，第二〇図「月と海」．「用紙の中央より稍下方に，空と海との境界線を定め，挿画の如く鉛筆にて空を塗りて月を表し，海面は毛筆にて黒く画きて月下の波を白く表さしむべし」(39頁)．

図Q　②毛筆による輪郭とそれに着彩した図版．『新定畫帖』第五学年教師用，第一三図「器具」．「毛筆にて線描して全体に淡彩色を施し，明暗によりて色に濃淡をつけ模様を画かしむべし」(23頁)．

の工程を、日本画の描き方として、一般的である毛筆による下絵、ついで着彩に至る手順に置き換えたのである。

　このことは、実質的には西洋画法に依拠しながらも、常に毛筆を使用することで、日本的アイデンティティーを確保しようといういささか屈折した毛筆画の開始を意味している。白浜らの意図した『新定畫帖』の目的とは、「国際化」の象徴ともいえる西洋画法の指導は堅持しつつも、こうした「日本的」な毛筆画をも普及させるという新たな図画教育方針であると言えよう。そしてこの毛筆画こそが、文部当局が苦慮した「日本化」の象徴とも呼べるものであろう。

　さて「はじめに」で検討した著名な日本画家の教科書図版は、こうした歴史的文脈から見れば、明治後期に実現する文部省の毛筆画教科書の先鞭ともいえよう。西洋画法を中心とした日本的描写法の形成が導くものは、なによりも在来的な「視線」を西洋的「視線」に変更することである。ないしは、最初から西洋的「視線」を学習することである。このことは、こうした教育を受けた人々が、日本画を描くときには、新たに日本画的な「視線」を獲得する必要性を示しているのである。

　こうした動向を、美術的な枠組みから再論してみると、近代の日本画の開始は、このような在来画法の「視線」の解体をともなっていたといえるだろう。もちろん、岡倉やフェノロサら

図R　③毛筆のみを使用した図版．『新定畫帖』第六学年教師用，第二〇図「鳥類」．「手本にある各種の鳥の輪郭を画かしめ，其の形につき批正して後，手本中のもの一二種を任意に画かしめ，毛筆にて塗らしむべし」(39頁)．

の美術運動なども顧慮すべきであるが、明治中期以降、日本の小学生たちが、大体において以上のような図画教育を受けていたとするならば、西洋的「視線」の普及が将来の日本の文化的アイデンティティーに大きな影響を与えたことは無視できないと思えるのである。

註

(1) 白浜徴『錦巷美術教育叢書第壹編　現代の美術教育』、大日本図書、一九二六年、五九頁。
(2) 白浜徴『文部省講習会圖畫教授法』、大日本図書、一九〇四年、凡例一頁。
(3) 同前書、「序」、一頁。
(4) 同前書、一二五頁。
(5) 同前書、一二五頁。
(6) 同前書、一二五～一二六頁。
(7) 同前書、付録第一「クロス氏初等図画教授法」、三～四頁。
(8) 同前書、一一〇～一一一頁。
(9) 同前書、一一一頁。
(10) その課程を、全体の一貫した中心的なテーマ（ないしモチーフ）である「『事実』の項目」から検討する（表6-12）。この表からも了解できることは、常に「事実」つまりその課の目的として幾何形体、とりわけ立体を中心に据えていることである。
(11) その授業における配当時間は表6-13のようになっている。この配当時間を見れば、クロスの構想は、日本の図画科および手工科を併せたものと考えることができる。つまり平面と立体両者にまたがる美術教育と「排列装飾」を中心とする工芸教育がその基軸となっている。
(12) 正木直彦「はしがき」『図画教育』第一号、図画教育会、一九〇三年一二月二八日、二頁。
(13) 「図画教育会会員名簿」同前誌、第一号、一～一八頁、「図画教育会会員名簿追加」同前誌、第二号、一九〇四年八月二五日、一～四頁、「図画教育会会員名簿追加」同前誌、第三号、一九〇五年二月五日、一～四頁、「図画教育会会員名簿追加」同前誌、第四号、一九〇五年一二月二八日、一～六頁、「図画教育会会

表 6-12 「クロス氏初等図画教授法」における授業テーマ

事実	第一年級	第二年級	第三年級
第 1 週	球体の教示	球体・半球体の全部を講評	球体・立方体・円柱を視又は触れることで認識することにつき講評
第 2 週	球体の講評および立方体の教示	立方体・半立方体の全部につき講評	場所・二等分・三等分・四等分につき講評
第 3 週	立方体の講評および円柱体の教示	円柱・半円柱の全部につき講評	
第 4 週	球体・立方体・円柱体の講評	曲直面を講評し，生徒に各種の例を発見させる	
第 5 週	右・左・前・後を教示	直曲線を講評	
第 6 週	右・左・前・後の講評	長方形・三角形・半円形の講評	
第 7 週	球体・立方体・円柱体の講評	稜柱を教示	球体・立方体・円柱につき表面・縁・隅等につき講評
第 8 週		方柱を教示	
第 9 週	縁・直曲線を教示 立体について曲直線を見出さしむ	三角柱を教示	
第 10 週	縁の講評・隅の教示		見且つ触れる事によって半球体・半立方体・半円柱の認識法について講評
第 11 週	右上方・右下方・左上方・左下方を教示	三角形を講評・直三角形および等角三角形を教示	半球体・半立方体・半円柱の表面および縁につき講評
第 12 週	表面の講評，正方形・円を教示	直三角柱・等辺三角柱を教示	立方体および直立した正方形の板を石盤に描かせる
第 13 週		垂直・地平・斜等を講評	
第 14 週	球・立方体・円柱体の講評	平行について講評	
第 15 週	球体・方立体・円柱体等の表面・縁・隅に就て講評	二等分・四等分について講評，三等分を教示	円錐体・軸・頂上等を教示
第 16 週	垂直を教示･垂直の講評，地平を教示		
第 17 週	垂直・地平を講評し，斜を教示		
第 18 週	立方体・方形の講評，平行を教示	直鋭角・円・方・長方形を折りて径および対角線を講評	
第 19 週	球体・立方体・円柱体の講評	平行を講評し，垂直を教示	方柱・直三角柱・等角三角柱の講評

第 20 週	場所について講評	稜柱の講評	既出図版を石盤に描かせる
第 21 週	半球体を教示	場所の講評	
第 22 週		方・円・長方形・三角形・半円形の講評	円周・半径・四分の一円周
第 23 週	半立方体を教示	直鋭角を講評，鈍角を教示	
第 24 週	半球体・半立方体の講評	長円・楕円の教示	
第 25 週	半円柱を教示，半球，半立方体・半円柱の講評	長円体を講評し，長円形を教示	
第 26 週	長方形の教示	球体・立方体・円柱・半球体・半立方体・半円柱の講評	方錐体，両等辺三角形の教示
第 27 週	長方形を講評し，三角形を教示		
第 28 週	半円形を教示	印形を教示	垂直・地平・斜・平行の講評
第 29 週	円・方・長方形等の紙を折りて径を教示	卵形を教示	円錐体・立方体の全部および部分に就いて講評
第 30 週	二等分および四等分の講評	綾柱の講評	長円体・卵体・楕円形・卵形の講評
第 31 週			
第 32 週	球体および半球体の講評	一時より五時迄の鑑別，距離に就て教習，棒または定規を用いてこれを検す	
第 33 週	円柱および半円柱の講評	球体・立方体・円柱・半球体・半立方体・半円柱の講評	
第 34 週		方柱・直三角柱・等角三角柱・長円体・長円形・卵形体の講評	柱基・円柱基・方柱基の教示
第 35 週	本学年中学んだ幾何形体を記憶によって描く		
第 36 週		見または触れることによる幾何立体の認識，および記憶よりこれを言い表すこと	今学年中学んだ立体・径・半径・四分の一円につき講評

白浜徴『文部省講習会圖畫教授法』，付録第一「クロス氏初等図画教授法」，31～80 頁より作成.

員名簿追加」同前誌、第七号、一九〇六年一一月三〇日、一～四頁、「図画教育会会員名簿追加」同前誌、第九号、一九〇七年四月二三日、一～二頁より作成。

(14) 岩田僊太郎「中等教育図画教科書の過去と現在」『美育』、一九二七年五月・六月・七月、山形寛『日本美術教育史』、黎明書房、一九六七年、三四一頁より重引。

(15) 正木直彦「図画教育会員ニ檄ス」『図画教育』第五号、一九〇六年六月六日、一頁、本論二一〇頁参照。

(16)「文部省調査図画取調事項と同委員の意見書」(同前誌、第三号、一九〇五年二月)では、図画教員の不足を補うために、緊急の課題として特別養成所を設置する旨が明記されている。

(17)「富山市関西教育大会の模様　承前」『京都府教育会雑誌』、第一〇三号、一九〇〇年一一月、一七頁。

(18) 内藤直次郎「船井郡部会総集会概況」同前誌、第一二二号、一九〇二年六月、三六頁。

(19) 京都市においても、一九〇二年一〇月の時点で、既に第一高等小学校南大路校長が委員長となり「図画教授法調査委員会」が設けられていたことが確認できる(「小学校長会」同前誌、第一二六号、一九〇二年一〇月、五六頁)。

(20)「毛筆画と鉛筆画との利害」『京都日出新聞』、一九〇四年六月二四日。

(21) 同前紙、一九〇四年六月二四日。

(22) 同前紙、一九〇四年六月二六日。

(23) 横山常五郎「京都府下小学校に於ける図画科の教科用書に付て」『図画教育』第一一号、一九〇七年一二月、三七頁、なお横山は後年奈良女子高等師範学校助教授となる。

(24) 国定教科書不採用の理由について、横山は次のように述べている。「小学校の自在画は、従来臨画にのみ偏して実力の之れに添はざるの欠点あ

表 6-13　「クロス氏初等図画教授法」の配当時間

第一年級 15 分ずつ 1 週に 5 度―36 週間 課業時間数割 形体の事実―36 度　自在画―69 度　色―19 度　排列装飾―11 度 紙折，紙切，紙貼―30 度　塑造―15 度　総計 180 度 (45 時間)
第二年級 15 分ずつ 1 週に 5 度―36 週間 課業時間数割 形体の事実 (看取) ―35 度　自在画―75 度　色―15 度　排列装飾―9 度 紙折，紙切，紙貼―30 度　塑造―16 度　総計 180 度 (45 時間)
第三年級 25 分ずつ 1 週に 3 度―36 週間 課業時間数割 事実 (観取) ―14 度　自在画―58 度　色―10 度　排列装飾―7 度 紙折，紙切，紙貼―13 度　塑造―6 度　総計 108 度 (45 時間)

同前書 17～27 頁より作成.

るを以て、此欠を補はんには自由画、写生画、看取画、臨画、透写画、記憶画、構造画、及び幾何画を課し、之れを実行するに在りとす。而して之れに付随するところの臨画本を要するに至るべし、然るに従来の教科用書は之れが目的に適せるものを見出す能はざるを以て、之れに適応するの臨本を作成せざる可からず即ち勢ひ特種のものを要するに至る可し。而して其方法としては、府下各学校に於ては、其学級編成等の度に応し、之れを各自に作成して教授せんとするの主意にありと云ふ」(同前誌、三七〜三八頁)。

(25)「京都府訓令第七十五号」『京都府公報』第六四五号、一九〇四年一〇月一八日、三六九頁。

(26) 同前誌、三六八頁。
同頁にある「課程分量ノ配当」を表6-14にまとめてみた(各学年の配当時間を10とする)。

(27)〜(29) 同前誌、三六七頁。

(30) 同前誌、三六八頁。

(31)「小学校図画教育につき調査事項報告書」『図画教育』第七号、一九〇六年一一月、四九頁。

(32) 同前誌、五一〜五二頁。

(33) 同前誌、五三〜五四頁。

(34) その細目は、以下のようなものである(同前誌、五三〜五四頁)。
(一) 尋常科は初学年より、毎週二時間以内(主として国語科より時間を分つ)図画科を課すべし。
(二) 二部教授実施の場合は、其実施学級は毎週一時間(主として国語科より時間を分つ)図画科を課すべし。
(三) 更に左の諸点に注意すべし。
(イ) 観察力の養成に勉むべし=国語読本、修身書等の挿絵につき、又は教授の際使用する掛図等につきて観察を適当になさしめ、是等に対する観察力を養ひ、臨画の素養を作ることを心掛くべし。事物教授の場合に於て、実物、

表6-14　京都府の図画教育配当時間

	尋常科				高等科				合計
	一学年	二学年	三学年	四学年	一学年	二学年	三学年	四学年	
自由画	5	4	3	2	1	1	1		17
写生画			1	2	2	2	2	2	11
看取画			1	1	1	1	2	2	8
臨　画	2	2	2	2	3	3	3	2	19
透写画	2	2	1	1	1	1			8
記憶画		1	1	1	1	1	1	1	7
構造画	1	1	1	1	1	1	1	1	8
幾何画								2	2
合　計	10	10	10	10	10	10	10	10	80

[原註 「本表ハ各学年ノ教授時数ヲ十ト仮定シテ配当シタルモノナリ」]

模型、標本等の観察を適当になさしめ、是等に対する観察力を養ひ、写生の素養を作ることを心掛くべし。

（ロ）図画に対する趣味の養成を図るべし＝適切なる絵草紙、絵葉書、口絵等を児童に蒐集せしめ、若くは教師自ら蒐集して回覧せしめ、図画に対する多方の興味を養ふことに勉むべし。

(35) 同前誌、七四頁。
(36) 同前誌、七四頁。
(37) 同前誌、七三頁。
(38) 同前誌、七三頁。
(39) 正木直彦「図画教育会員ニ檄ス」同前誌、第五号、一九〇六年六月、一頁。
(40) 同前誌、一頁。
(41) 同前誌、二〜三頁。
(42) 渡辺忠三郎「図画教育改良意見」同前誌、第七号、一九〇六年一一月、八四頁。
(43) 渡辺忠三郎「図画教育の非況を論ず」同前誌、第九号、一九〇七年四月、二二〜二三頁。
(44) 同前誌、三一頁。
(45) 同前誌、三三頁。
(46) 同前誌、三四頁。
(47)「図画教育会事業要目」同前誌、第五号、一九〇六年六月、四頁。
(48) 正木直彦「開会の辞」同前誌、四頁。
(49) 沢柳政太郎、同前誌、一三〜一四頁。
(50) 同前誌、一五頁。
(51) 正木直彦「支部経営に関する会長の意見」同前誌、一七〜一八頁。
(52) 同前誌、一七頁。
(53) 同前誌、二五頁。
(54) 以下の記事より作成。
「見聞随録」同前誌、第六号、一九〇六年七月二〇日、六一頁、「支部彙報」同前誌、第七号、一九〇六年一一月三〇日、一一四〜一二〇頁。「支部報告」同前誌、第八号、一九〇七年二月、四四〜七三頁。「支部報告」同前誌、第九号、一九〇七年四月、四六〜五五頁。「支部報告」同前誌、第一〇号、一九〇七年七月、六〇～六七頁。「支部報告」同前誌、第一一号、一九〇七年一二月、五六～八四頁。「支部報告」同前誌、第一二号、一九〇八年五月、五一～六四頁。「支部報告」同前誌、第一三号、一九〇八年七月、三五～五一頁。「支部報告」同前誌、第一四号、一九〇八年一二月、四八～六〇頁。「支部報告」同前誌、第一五号、一九〇九年五月、四四～四八頁および五四～六三頁。「支部報告」同前誌、第一六号、一九〇九年九月、五〇～六五頁。「支部報告」同前誌、第一七号、一九一〇年三月、五八～六一頁。「支部報告」同前誌、第一八号、一九一〇年八月、一〇七～一一七頁。

(55) 白浜前掲書、一九二六年、五六～五七頁。

(56) 白浜徴「新定畫帖」図画教育会前掲誌、一七号、三一頁。

(57) 同前誌、三二頁。

(58) 同前誌、三三頁。

結　論

明治期における図画教育（美術教育）の歴史は、学校教育（普通教育）の内に明確に位置している。これは当然のように思われるが、こうした意味付けは、今回初めて試みられたことである。しかし学校教育の問題とはいえ、その展開過程には多くの社会的な影響が反映している。その過程をおおまかにまとめてみると、「欧化」→「国粋化」⇩「国際化」→「日本化」、という流れに対応していると考えられる。もちろん「欧化」と「国粋化」、「国際化」と「日本化」は相互に重なって展開しているが、その様相は、前者が対立的な構造を正面に出していたのに対し、後者は明らかに親和的に連関している。

「欧化」の潮流は、明治初年からの欧米文化の流入によって形成された明治国家の枠組み全般に言えることであるが、なかでも教育の領域についてはそのほとんどが「欧化」によって作り上げられたと言えよう。欧化主義と呼ばれる社会潮流はその顕著な形態と考えることができる。

それに対して登場するのが「国粋化」である。「国粋化」はこうした「欧化」の流れに対してナショナルなものを対峙させる。その背景には欧米帝国主義諸列強への潜在的な恐怖感が横たわっていたが、具体的には日本的なものの重視が、そのテーマの一つとなっていた。特に教育の領域では、図画教育において従来の「欧化」政策への批判が現れてくる。それが西洋画法を否定し、日本画法を採用せよという運動であった。この運動を主導したのが、国粋主義の旗頭の一人である岡倉覚三（天心）である。当初、岡倉らの思惑どおり進展したかに見えた図画教育改革案も、最終的には「欧化」の中心人物の一人である森有礼ら文部省主流派の動きによって阻止され、結果的には、「欧化」である西洋画法による毛筆画という、まるで西洋人に和服を着せたかのような毛筆画教科書を生み出すことになる。しかしこうした西洋画と日本画の対立に象徴される現象は、周知のように教育界だけではなく広く日本の文化領域全般に波紋を拡大していった。この情況が大きく変化するのは、日清戦後である。戦争に勝利し、条約改正をなしとげた日本において、従来の「欧化」・「国粋化」の対立は次第に解消していくことになる。要するに、これまで欧米帝国主義諸国の影に脅えながら近代化を進めていたアジアの小国が、外国との戦争に初めて勝利することで突然自信をつける。このことが、明治開闢以来の欧米と日本の関係についての意識枠組みを大きく変化させていったのである。そしてその変化は、同時に両者の関係を次なる段階へと突き進めることになった。つまり日本の「国際化」という、新たなテーマが立ち上がってきたのである。

それは何よりも日清戦後の日本を帝国主義諸列強の一員として位置づけようとする国内的な動きであり、この動向は政府当局および世論一般においても共通して見られたものである。そうした情況が顕在化してくるのは、一九〇〇年前後のことで、教育領域・文化領域に限っては一九〇〇年に開催されるパリ万国博覧会の開催をその契機と考えることができよう。パリ博への参加は、日本の国際的認知度を高めることを最大の目的としていたが、意に反してその結果は最悪のものであった。この事態が「国際化」にさらに拍車をかけることになる。つまり万博＝「平和の戦闘」での敗北の原因を、日本の国内情況に求めたからである。とりわけその批判が集中したのは文化領域であり、いまだ存続していた日本画・西洋画の対立を含め、各セクションにおける細々した不和や葛藤を解消し、欧米レベルへそれらを引き上げることが当面の緊急課題として浮上してきたのであった。このことが、芸術界の大同団結運動や「国際化」のガイドラインともなるべき国際会議報告の国内への適用として現実化される。しかし一方で「国際化」の内容が帝国主義国の一員としての日本の実現である限り、それは資本主義国日本の国際競争力の増進に他ならない。つまりこうした「国際化」の流れは、同時に日本を他国から差別化する必然性を生み出すのである。「日本化」とはこうした諸国間における差別化に相当するものとして位置づけられよう。それは商品の品質を世界的な標準に合わせ、さらに他商品との区別を推し進められるように商品化していくという、まさしく資本主義の論理が導いた必然的な結論である。こうした「日本化」は、単に商品の世界だけでなく、文化や教育の領域にさえ大きな影響を与え、図画教育に代表されるように、他の多くの領域においても徐々に浸透していく性格を持っていたのである。そうした「日本化」は、図画教育においては『新定畫帖』に結実する。それは「国際化」を前提とした日本的アイデンティティーの主張であり、言わば「資本主義人」としての日本人の登場とでも形容できるだろう。

明治期の図画教育を検討してみて、近代における日本の文化・教育構造への新たな理解への契機を見いだすことができた。図画教育の展開過程が、一つの覗き穴となって二〇世紀の日本のそうした構造性の一端を提示させたとも言えよう。このような資本主義国家共通と呼べる「国際化」と「自国化」の問題は、いささか大きな課題ではあるが、今後の研究を通して考究していきたい。

さらに図画教育の展開過程についても、今回検討できなかった「手工科」を加えて、大正期・昭和期を射程に入れたものとして追求していく。図画教育は、教科書政策という枠組みにおいては、これ以後一九三二(昭和七)年の『尋常小學図画』の発刊まで二〇年近くも変化はない。しかし一方では、大正自由教育の流れを汲む自由画運動などの教育現場サイドの動きが、図画教育を新たな方向へ導こうとしていた。こうした情勢が、総合され第二次大戦後の美術教育を作り上げていくのである。政策レベルと現場レベル、そしてその前提条件としての国際的環境、こうした諸要素を検討することで、現代に至る美術教育の歴史が展開できれば望ましいと考えている。

図画教科書図版分析資料

図画教科書図版分析資料　目次

図画教科書図版分析資料　凡例

一、本分析資料の目次に記載された教科書Ⅰ、Ⅱ、Ⅲ、Ⅳ、Ⅷについては、使用されている図版の全頁を提示し、そのうち分析対象とした図版は太枠で囲んで加工をほどこしている。図版の縮尺は二分の一頁大で掲載したものは約五分の三から五分の二、それ以外は約三分の一から五分の一である。また、教科書Ⅴ、Ⅵ、Ⅶについては、本文と関連のある図版のみを約七分の一に縮小して掲載した。なお、図版左下の通し番号は、教科書ごとに便宜的に付けたものである。

二、本来、教科書図版は正確に描写されたものが使われるべきであるが、明治期とりわけ初期、中期においてはこうした描写はほとんど不可能であった。それは近代日本美術史にも関連するが、西洋画法と呼ばれる一貫した遠近画法や投影図法などの訓練が当時の画家ないし図版画家に徹底していなかったためである。日本画においても遠近画法が使用される例も稀にあったが、それは葛飾北斎などの版画に見られる消失点の異なる透視画法を同一の図版の上に使用し、その消失点のずれるところに主役たる役者や神仏、富士山などを布置するという、一種の視覚のトリックによる主役の強調を意図した用い方であり、描写技法の一つとしての遠近画法と理解されよう。

一方、描写全体に渡る遠近画法が登場するのは、一般的には明治期に入ってからのことで、その技法を学んだ人々が日本最初の西洋画派となったのである。ここで分析する初期から中期にかけての毛筆画教科書（Ⅰ～Ⅳ）はこうした西洋画派の人々ではなく、主に日本画を生業とした画家たちの作品である。そのため画家本人が西洋画の手法を使うことに慣れていず、後年の研究者に大きな誤解を与えることになった。その例を挙げれば、従来日本画は主役を大きく描くという、遠近画法とは全くかけ離れた技法を用いてきたため、俗に「逆遠近」と呼ばれるような遠近画法と異なった描写が多く見られる。また特に立体を描く場合には、すべての辺の長さを同一にするという「見取り」と呼ばれる技法によって描写することが多かった。(II-66図右側「文箱」、III-38図左側「火爐」などに明瞭である)。このことは一部に遠近画法を使用しながらも他の部分はそれが不明瞭な描写になるという、日本画としても西洋画としてもきわめて曖昧な図版を生む原因になったのである。

本分析においては、当時の画家たちがこうした西洋画法への志向をいかに描写上に表しているのかを中心に検討することで、当時の図画教科書の成り立ちを追究していきたい。そのため図版中に明瞭に遠近画法などの西洋画法が含まれている部分の指摘を主として行い、同画法を適用しようと試みた不明瞭な図版は加工図版から除いている。

なお後期の毛筆画教科書(V〜VII)および、『尋常小學新定畫帖』(VIII)は、明らかに正確な西洋画法を基本として制作されたものであり、その図版上にすでに描写法が指示されているものが多くある。その図画教育方針は第五章・第六章で明らかにしたが、VIIIについては、一応西洋画法の使用が明確に表れているものを参考として加工図版に挙げておいた。そのためI〜IVの毛筆画教科書とは、分析意図が異なるため注意されたい。

三、川端玉章『帝國毛筆新画帖教授法　前・後編』(IV)は、岡倉覚三賛助、川端玉章編画『帝國毛筆新画帖』(一八九四〈明治二七〉年九月、三省堂)の教授書として発行されたものであり、同教科書の教授内容をより一層明確にするために、同書の分析を行った。なお、『帝國毛筆新画帖　前編』の図版は対照表を凡例の次につけ、不足図版は「補追」として(IV)の図版の最後に付加してある。

四、分析対象図版は特に位置による遠近画法（前景が画面の下、後景が画面の上に描かれている）、遠近画法（点線で表示）、陰影画法、透視図法（点線で表示）、投影図法（立面図、側面図、平面図のいずれか）、幾何図、幾何形態の適用（簡単な幾何図を当てはめて、物形を描写する）、比率による分割（黄金分割に見られるように比率によって物形を描写する）など西洋画法に顕著な手法が使用されている場合に限って選択した。図中の書き加えた部分は特に指定がない限り、筆者の手によるものである。

なお、原則的にアルファベット表示のaは画面の奥、bは手前を示すものとし、a＜bの関係が成立する場合は基本的に遠近画法ないしは透視図法を意識して描写されたものと考えられる。

五、投影図法および幾何図は加工する必要がないため、加工図版から除外している。

六、各図版は、何らかの項目ないしは題目がついていない場合は一ページにつき一図として計算した。なお、一ページに複数図版がある場合、その順序は左図に準じて表記している。

X−2	X−1
X−3	X−4

七、本書に掲載した教科書図版の底本は、東京書籍教科書図書館「東書文庫」および国立教育研究所附属図書館に所蔵されている。

『帝國毛筆新画帖』対照表（総図版数 120）

巻	図版番号
第一巻	1-1, 1-4, 1-3, 2-1, 2-4, 2-2, 2-3, 3-1, 3-4, 3-2, 3-1, 4-1, 4-4, 4-2
第二巻	5-1, 5-4, 5-2, 5-3, 6-1, 6-4, 6-2, 6-3, 7-1, 7-4, 7-2, 7-3, 8-1, 8-4, 8-2
第三巻	9-1, 9-4, 9-2, 9-3, 10-1, 補 1, 10-2, 10-3, 11-1, 11-4, 11-2, 11-3, 12-1, 12-4, 12-2
第四巻	18-1, 18-4, 18-2, 18-3, 13-1, 13-4, 13-2, 13-3, 19-1, 補 2, 補 3, 19-3, 14-1, 14-4, 14-2
第五巻	補 4, 15-4, 15-2, 15-3, 16-1, 16-2, 16-3, 17-1, 17-4, 17-2, 17-3, 20-1, 20-4, 20-2
第六巻	21-1, 21-4, 21-2, 21-3, 22-1, 22-2, 22-3, 補 5, 23-4, 23-2, 補 6, 24-1, 24-4, 24-2
第七巻	25-1, 25-4, 25-2, 25-3, 26-1, 26-4, 26-2, 26-3, 27-1, 27-4, 補 7, 補 8, 28-1, 28-4, 28-2
第八巻	29-1, 29-4, 29-2, 補 9, 30-1, 30-4, 30-2, 30-3, 31-1, 31-4, 31-2, 補 10, 補 11, 32-4, 32-2

この表は，生徒の実際に使用した『帝國毛筆新画帖　前編』と，本稿でとりあげたⅣ『帝國毛筆新画帖教授法　前・後編』（図版については 309～325 頁参照）とを対照させたものである．前者の頁構成を後者の表示番号で示している．なお「補」については，Ⅳ-補追として 326～327 頁に収録している．

(I) 圖畫帖

関元平・岡本勝元

1888 (明治 21) 年 7 月，鹿田治吉

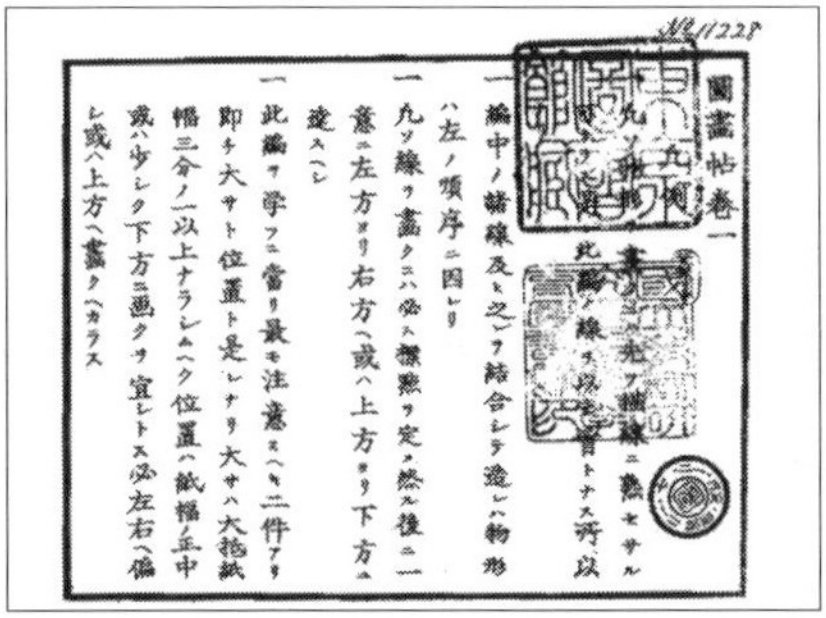
№11228

圖畫帖巻一

此編ハ先ツ諸線ニ熟セサル
此編ノ線ヲ以テ首トナス所以

一 編中ノ諸線及ヒ之ヲ結合シテ造レル物形ハ左ノ順序ニ因レリ

一 凡ソ線ヲ畫クニハ必ス標點ヲ定メ然ル後ニ一意ニ左方ヨリ右方ヘ或ハ上方ヨリ下方ニ逹スヘシ

一 此編ヲ学フニ當リ最モ注意スヘキ二件アリ即チ大サト位置ト是レナリ大サハ大抵紙幅三分ノ一以上ナラシムヘク位置ハ紙幅ノ正中或ハ少シク下方ニ畫クヲ宜シトス必左右ヘ偏シ或ハ上方ヘ畫クヘカラス

I-2

I-1

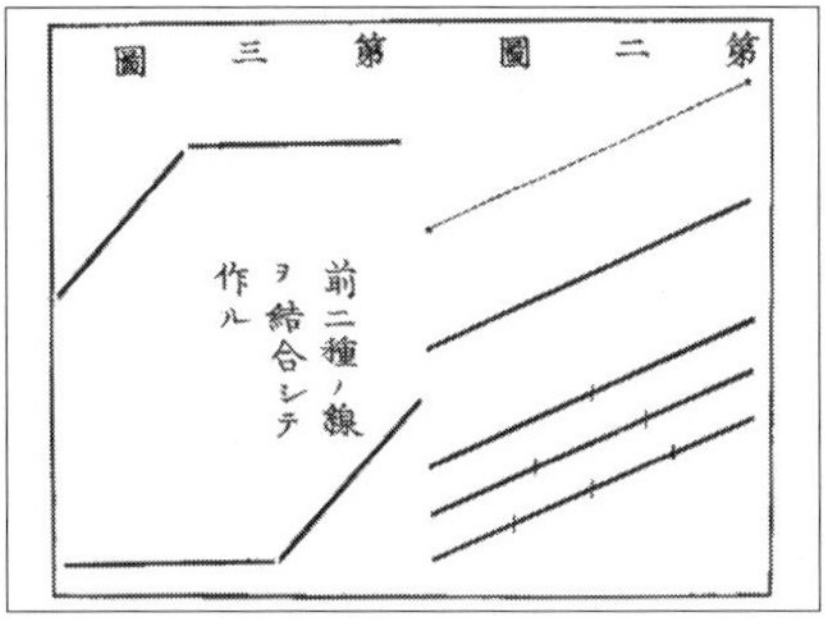

I-4

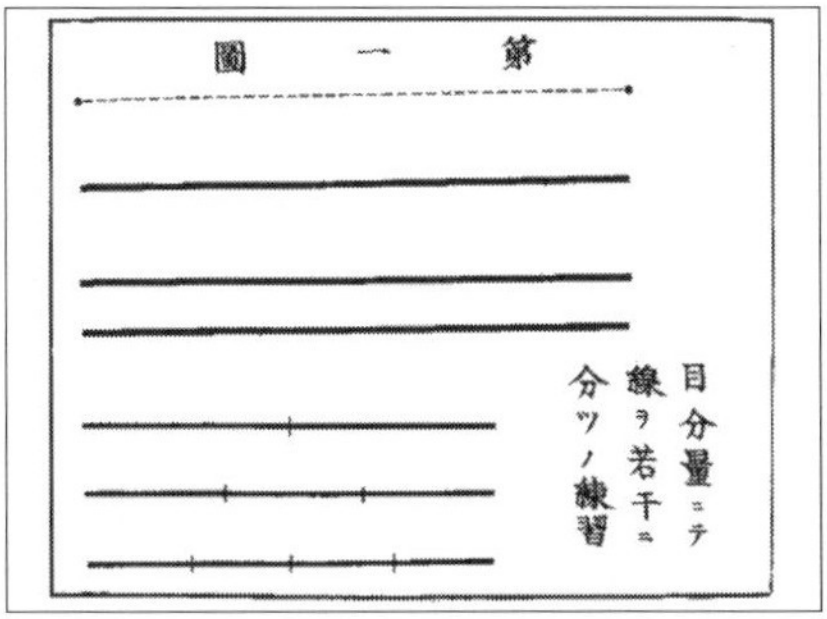

I-3

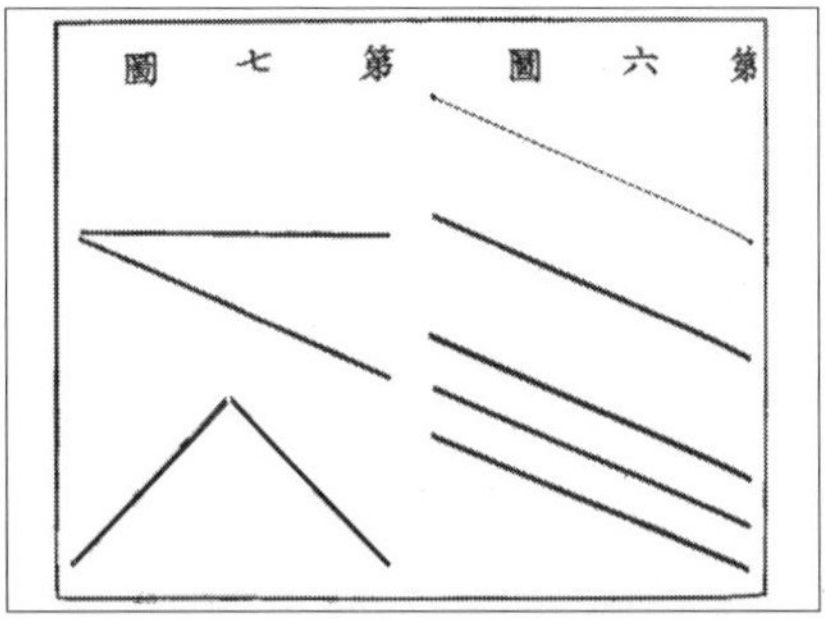

I-6

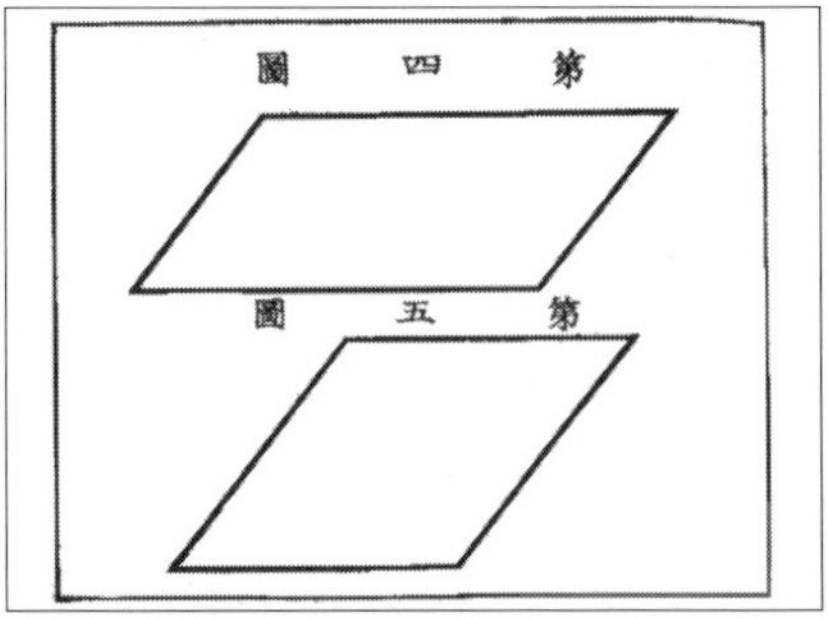

I-5

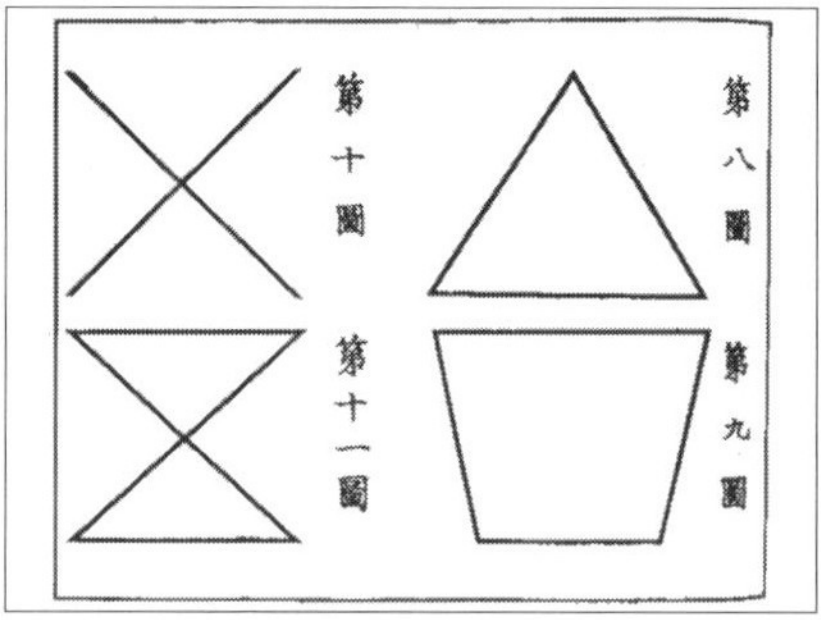

I-7

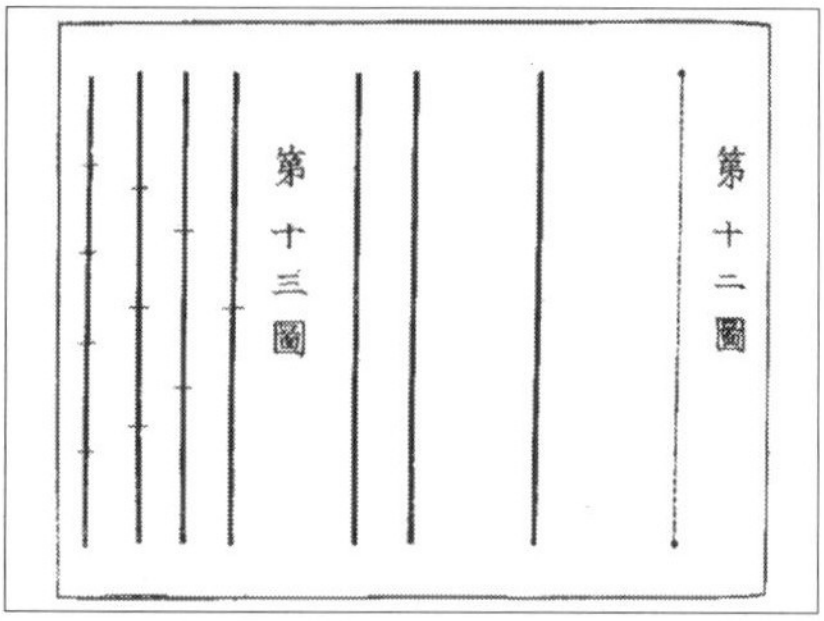

I-8

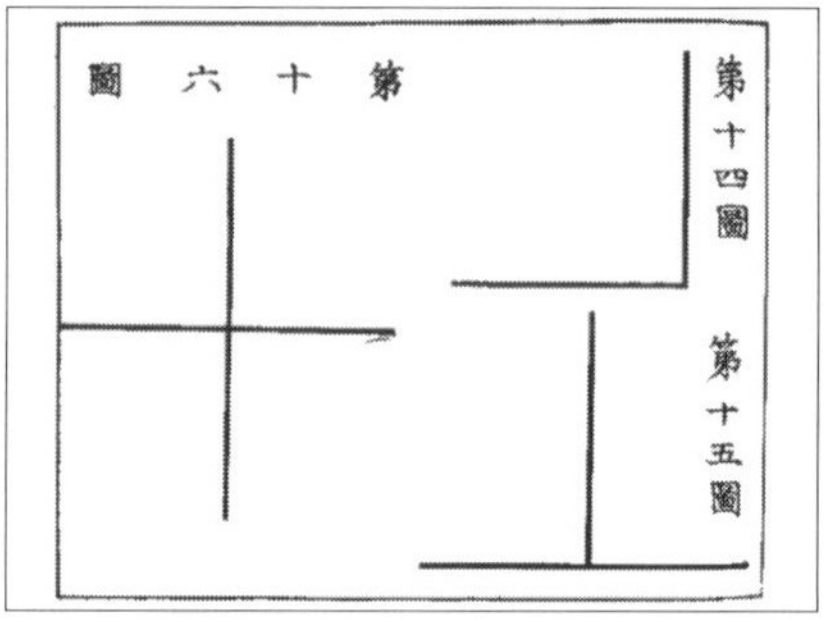

I-9

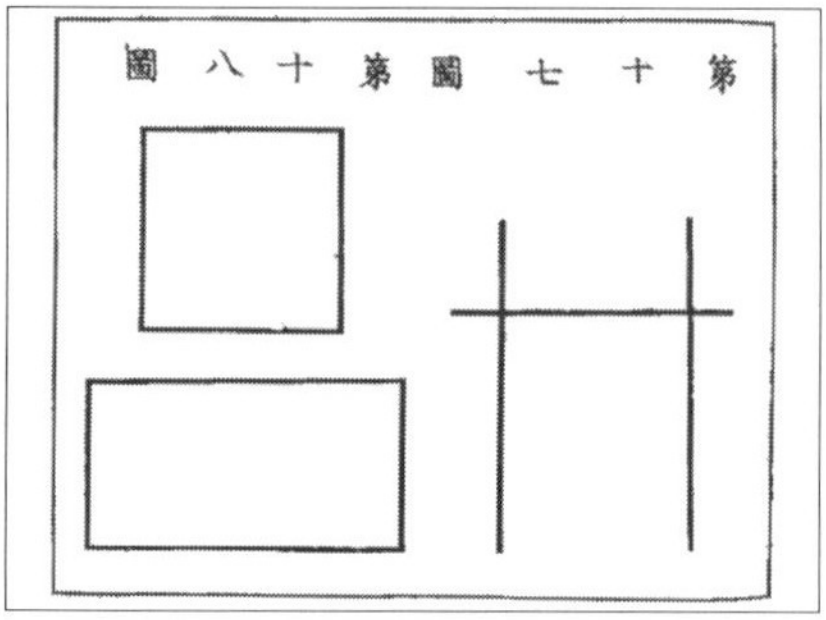

I-10

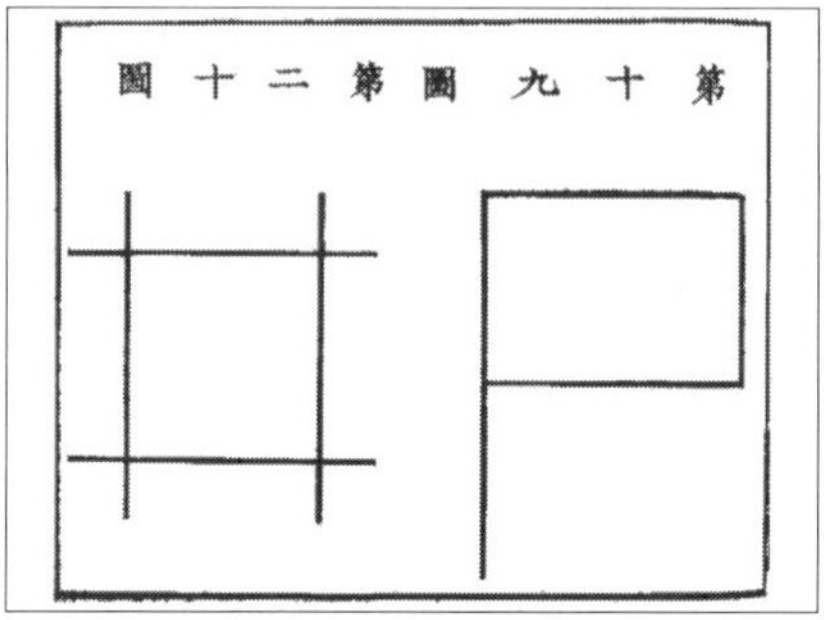

I-11

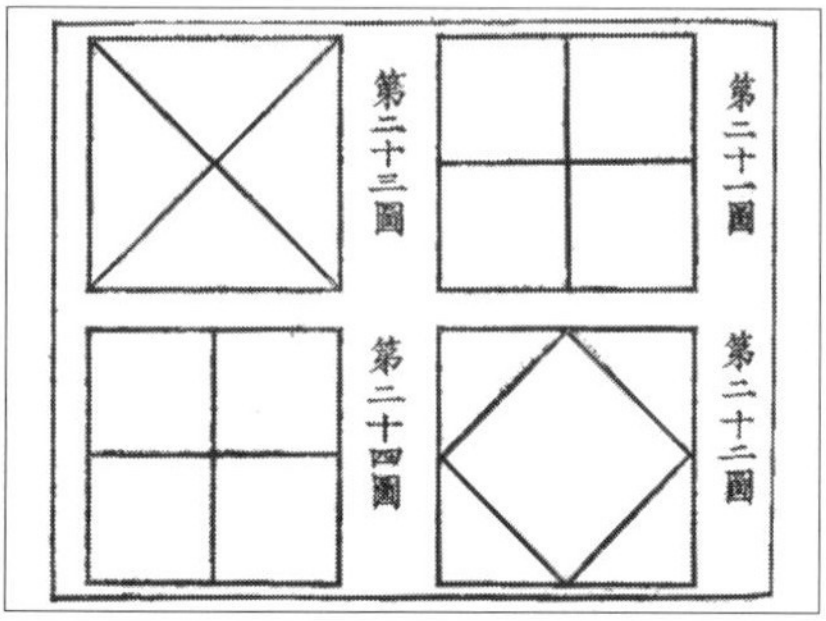

I-12

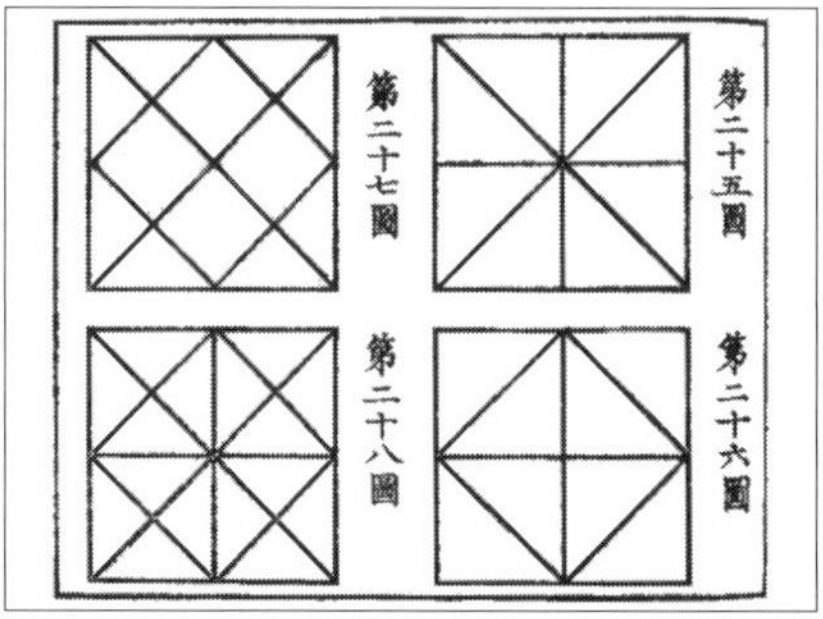

I-13

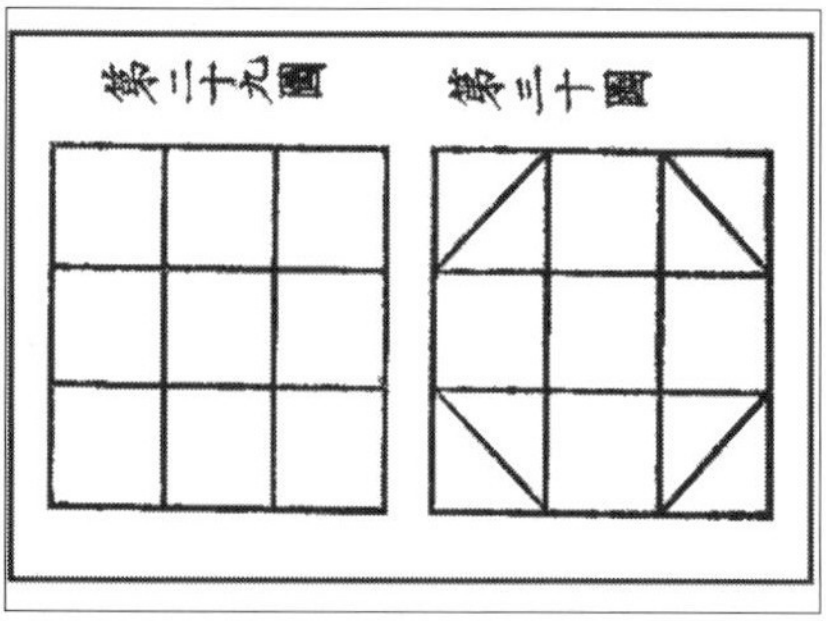

I-14

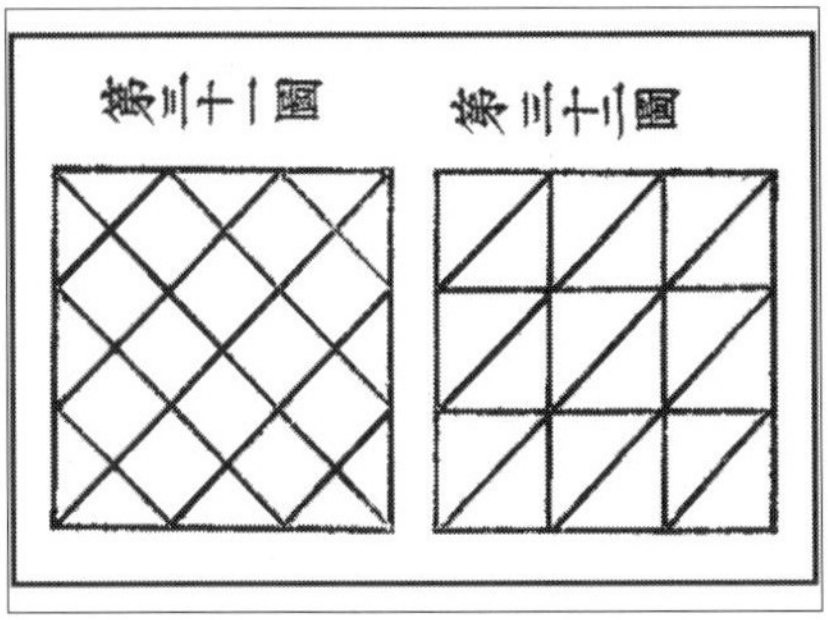

I-15

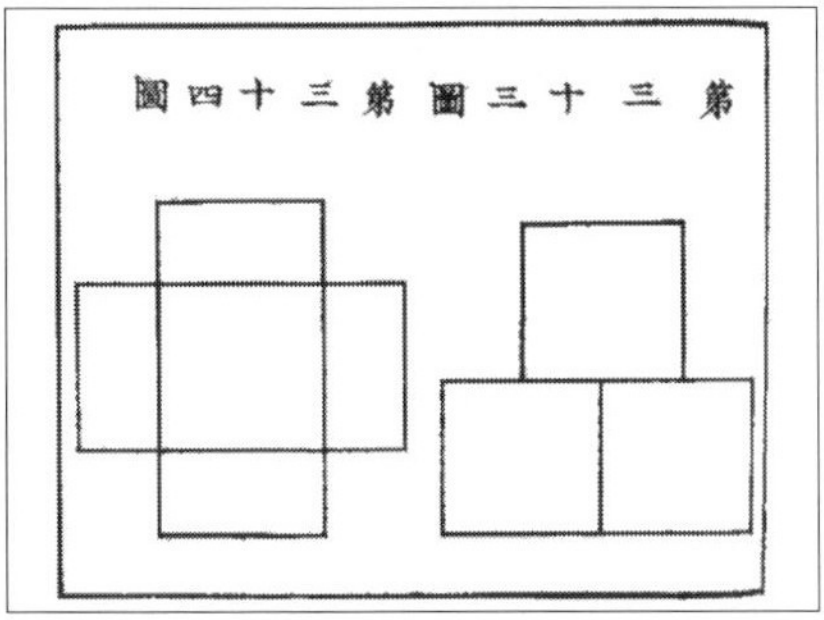

I-16

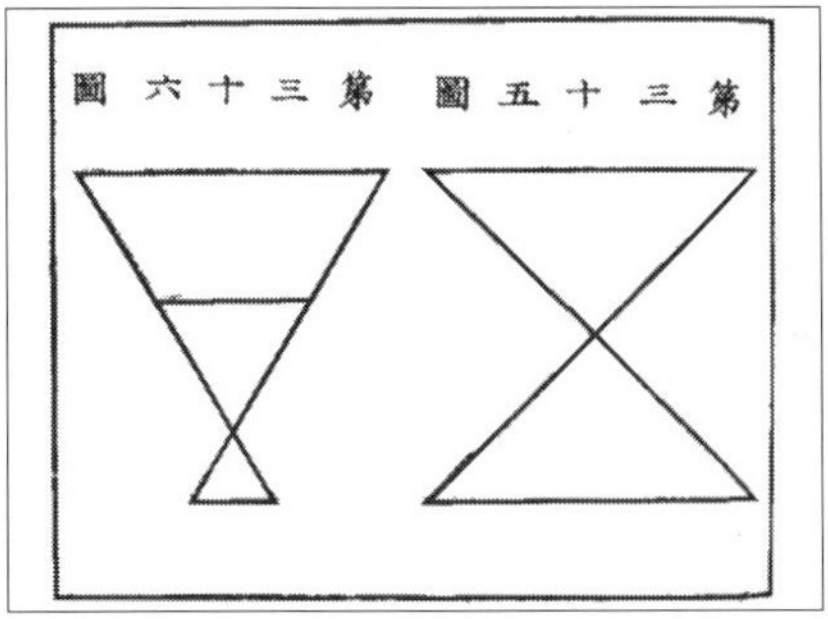

I-17

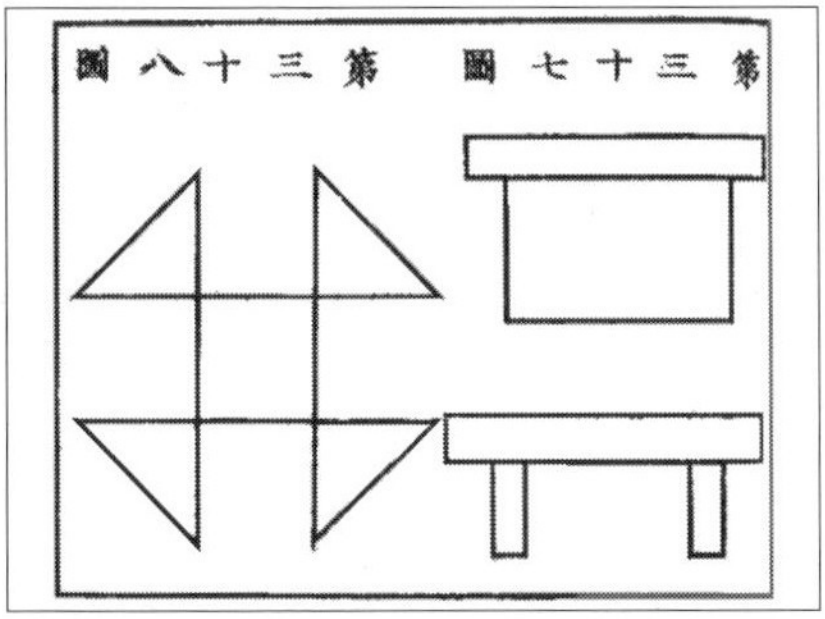

I-18

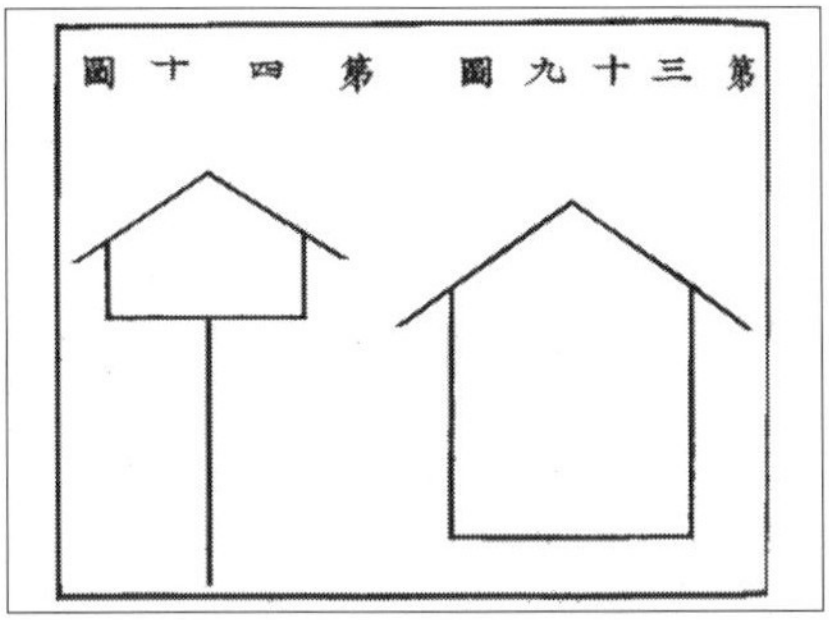

I-19

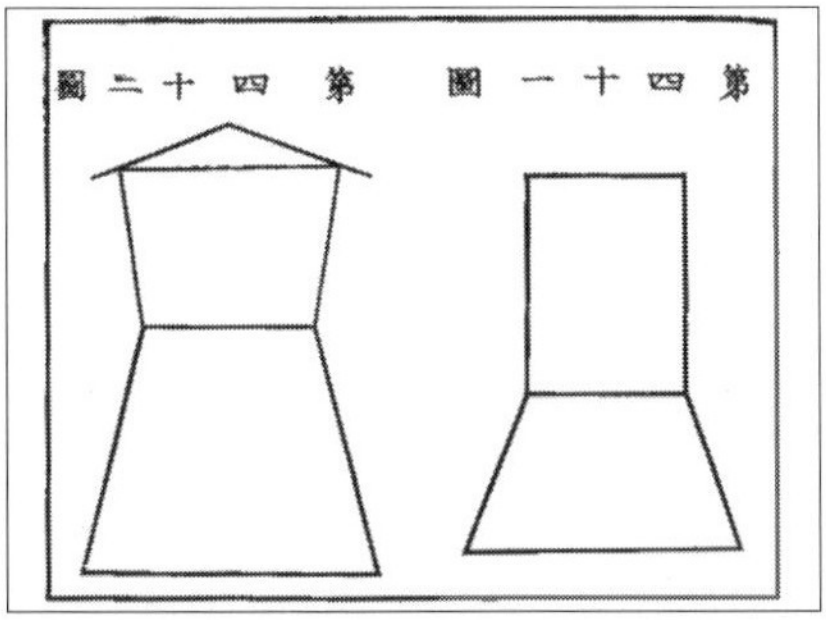

I-20

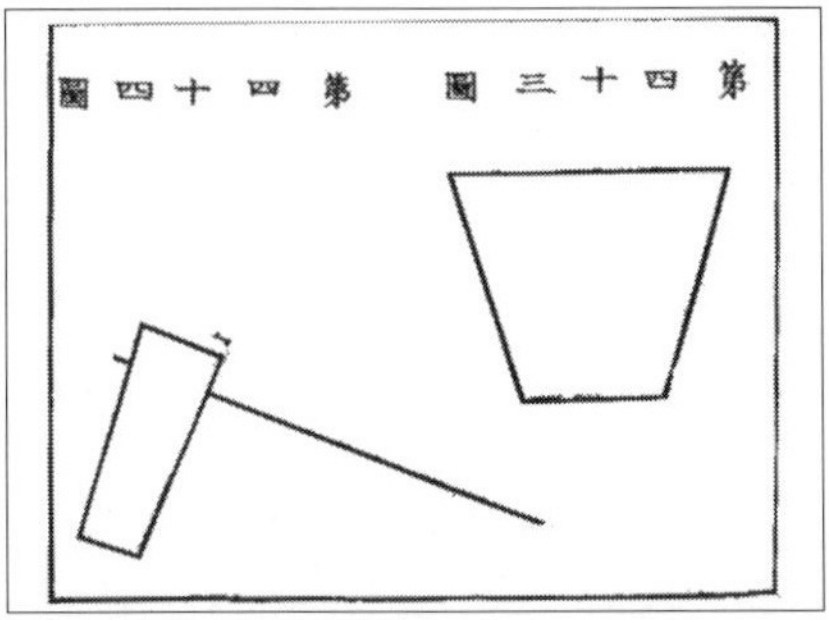

I-21

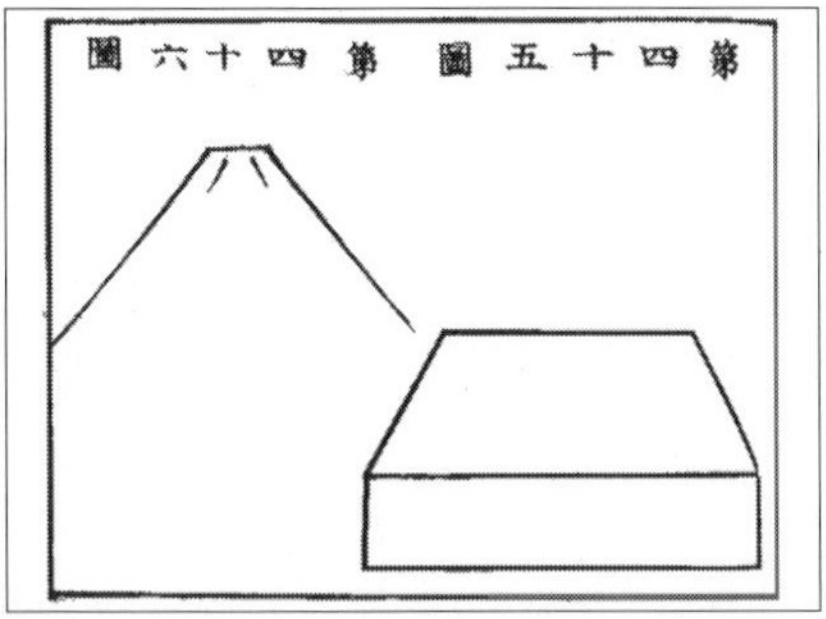

I-22

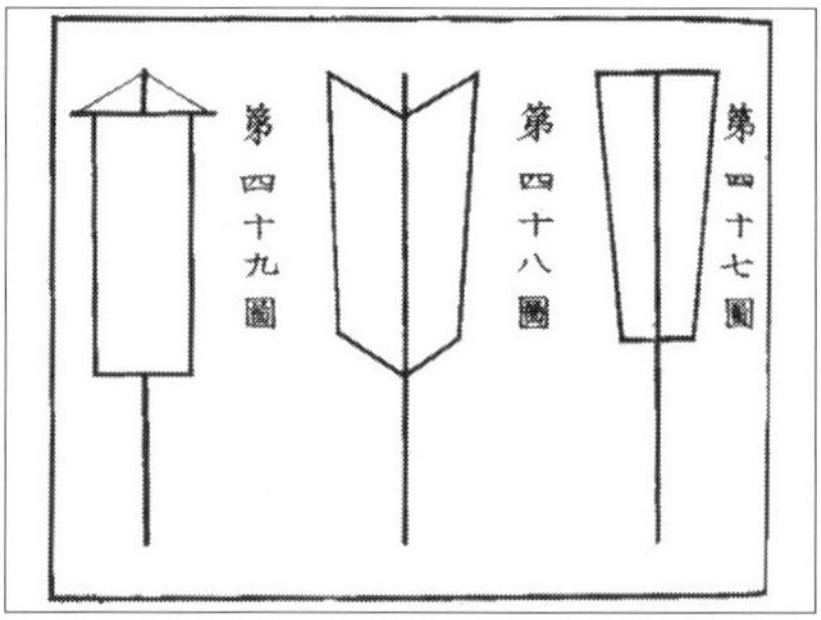

I-23

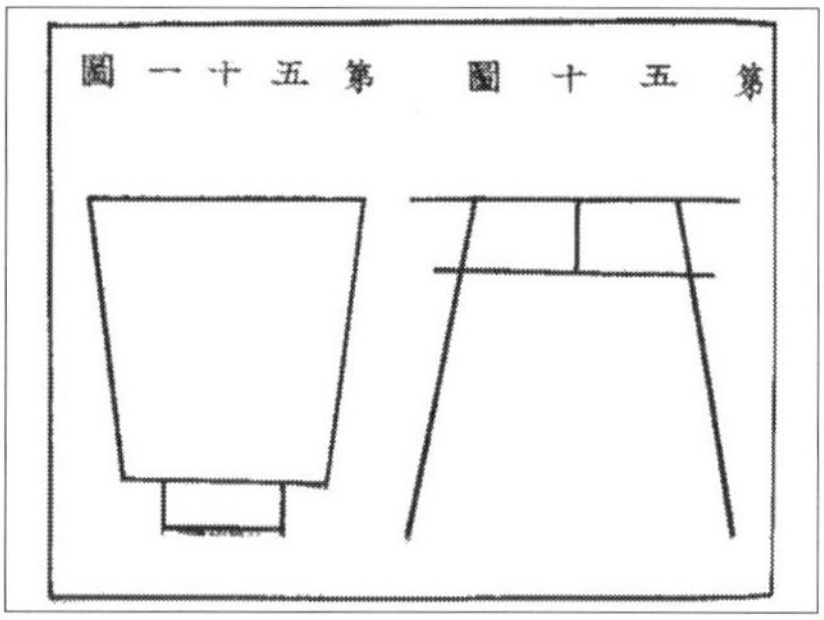

I-24

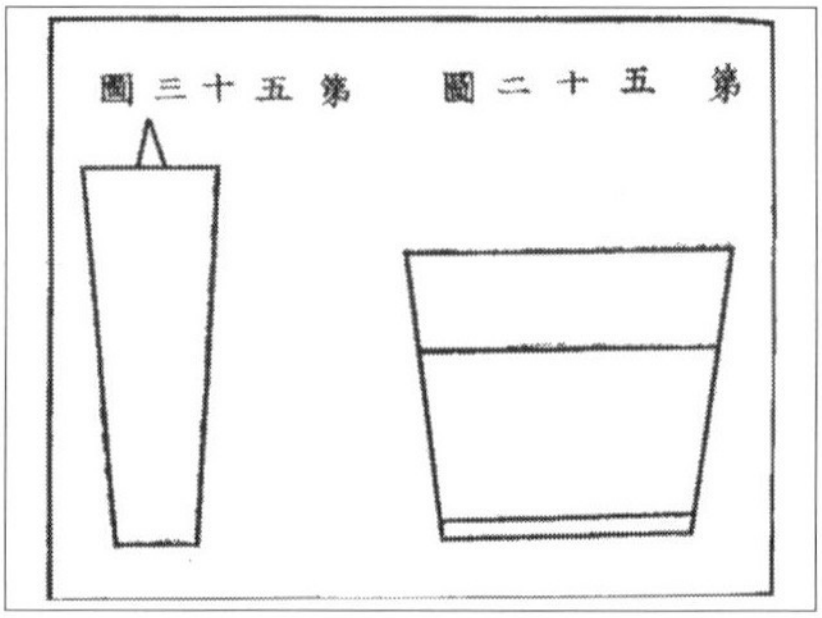

I-25

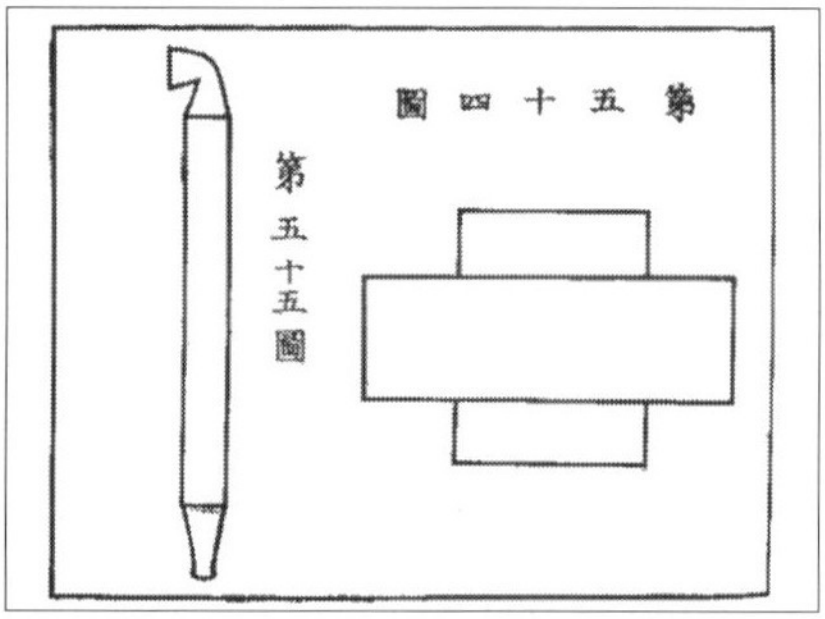

I-26

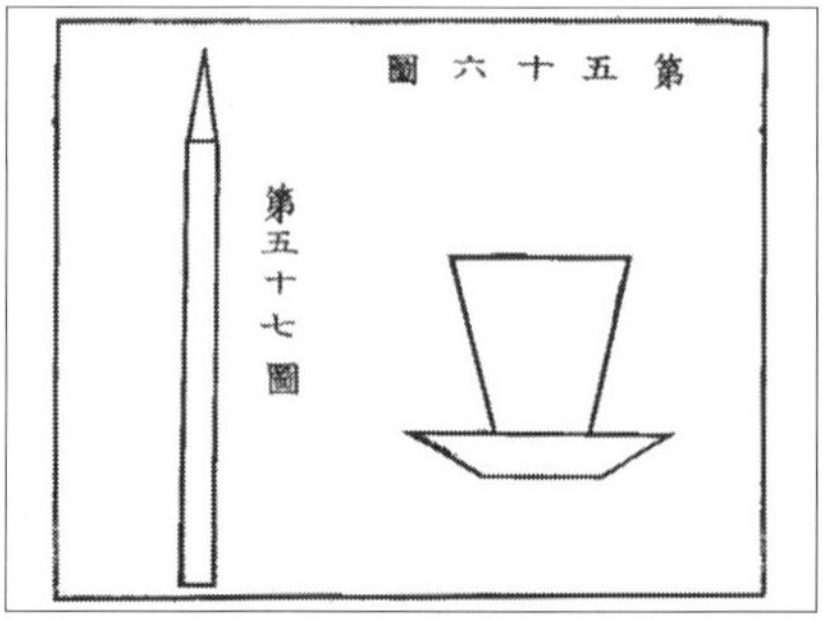

I-27

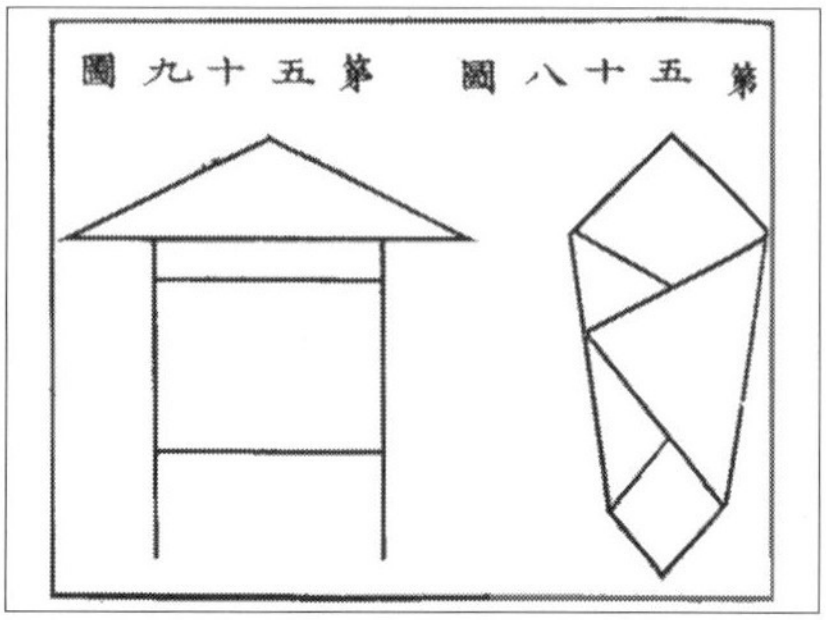

I-28

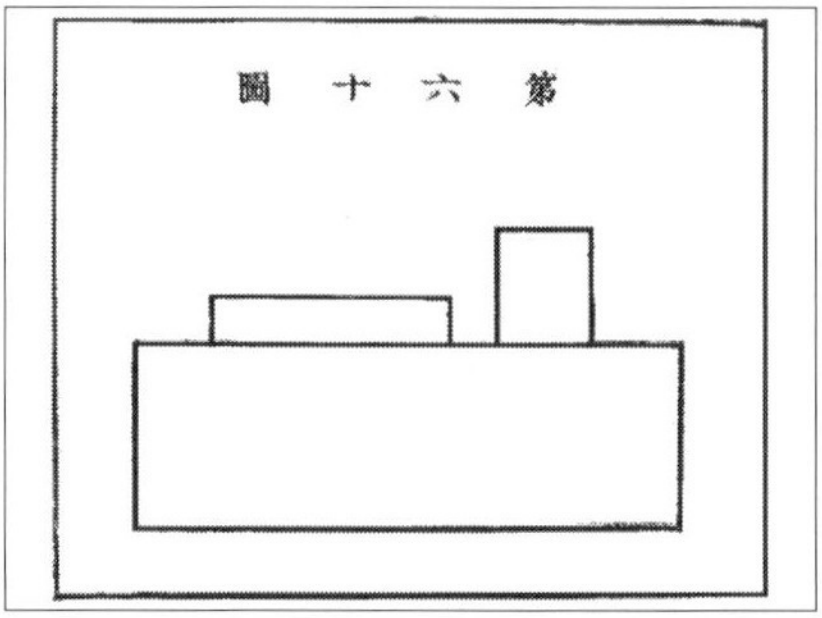

I-29

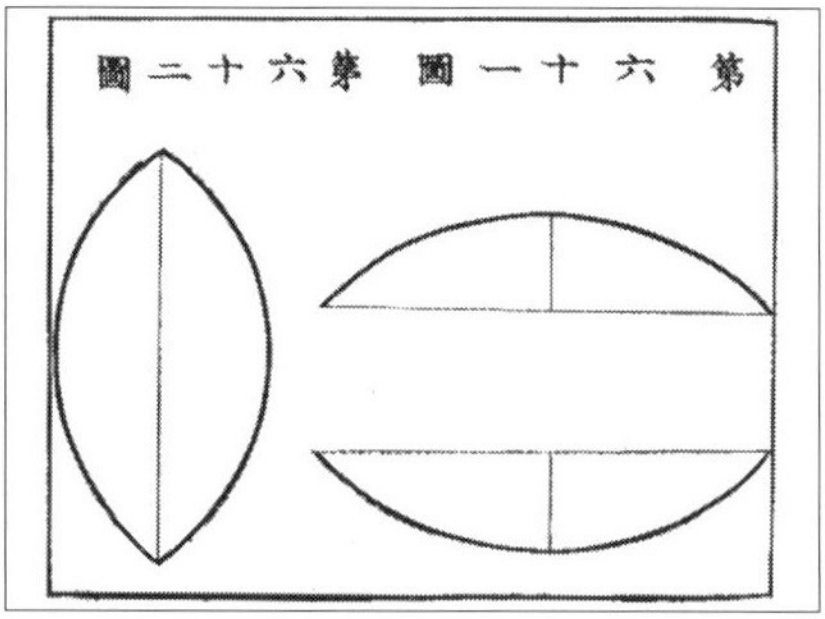

I-30

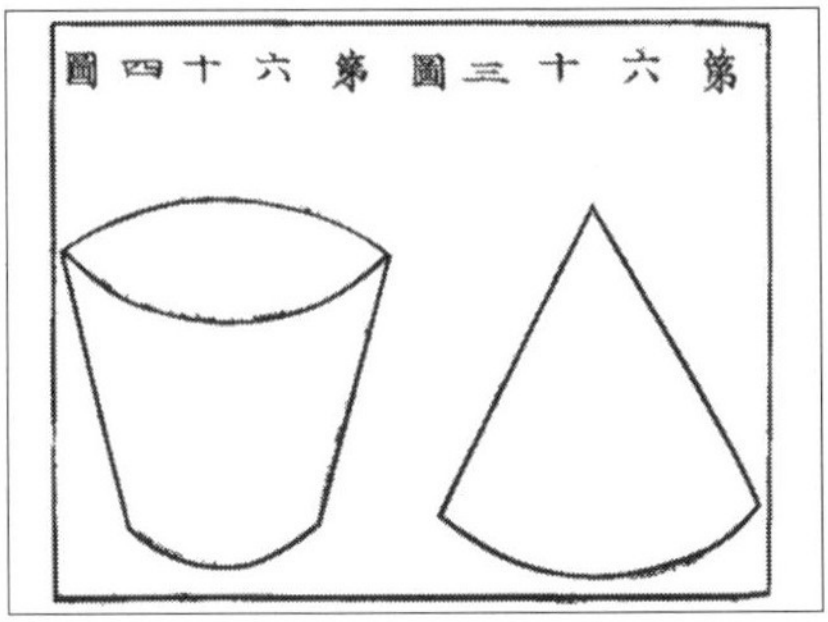

I-31

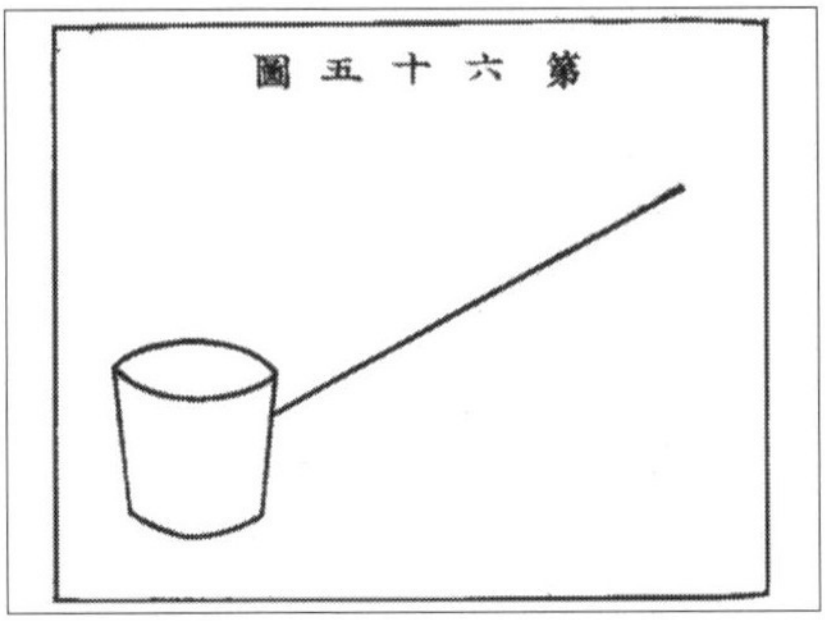

I-32

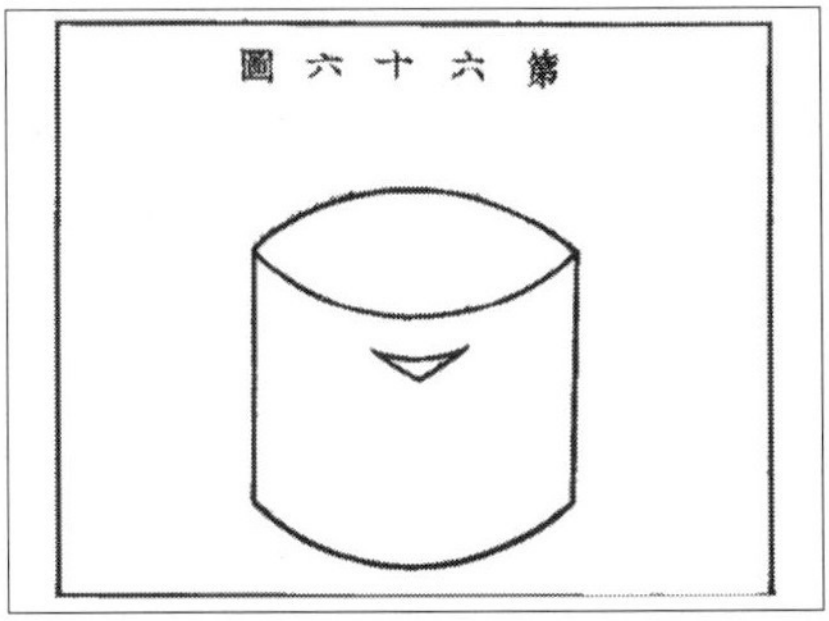

I-33

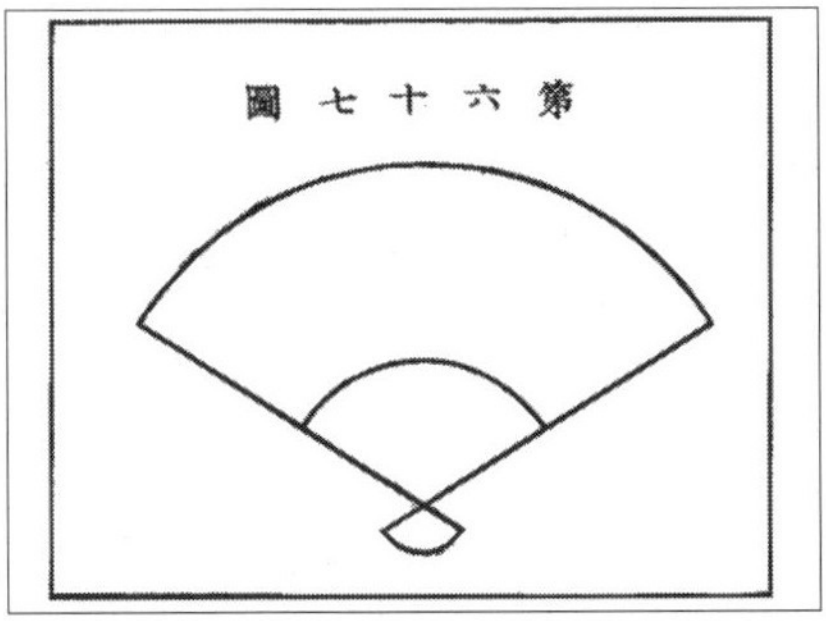

I-34

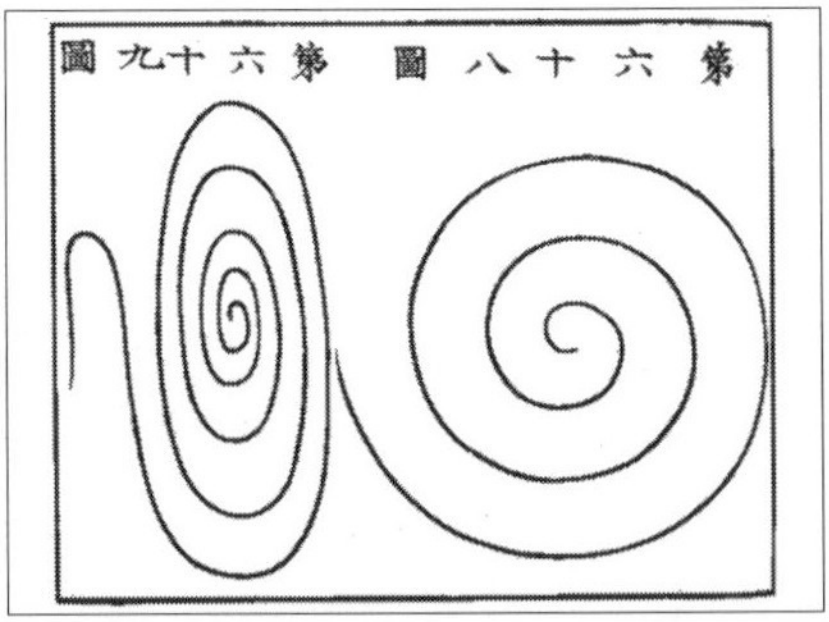

I-35

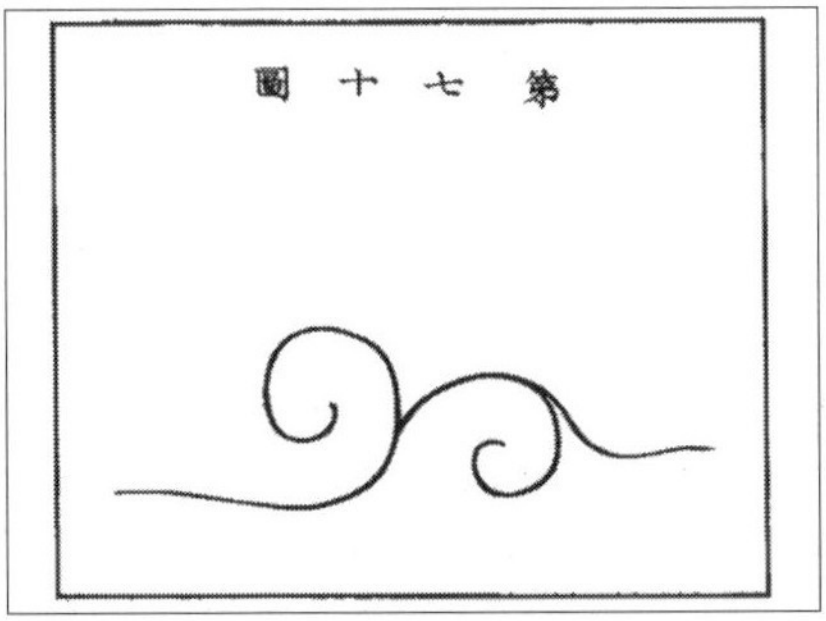

I-36

I-37

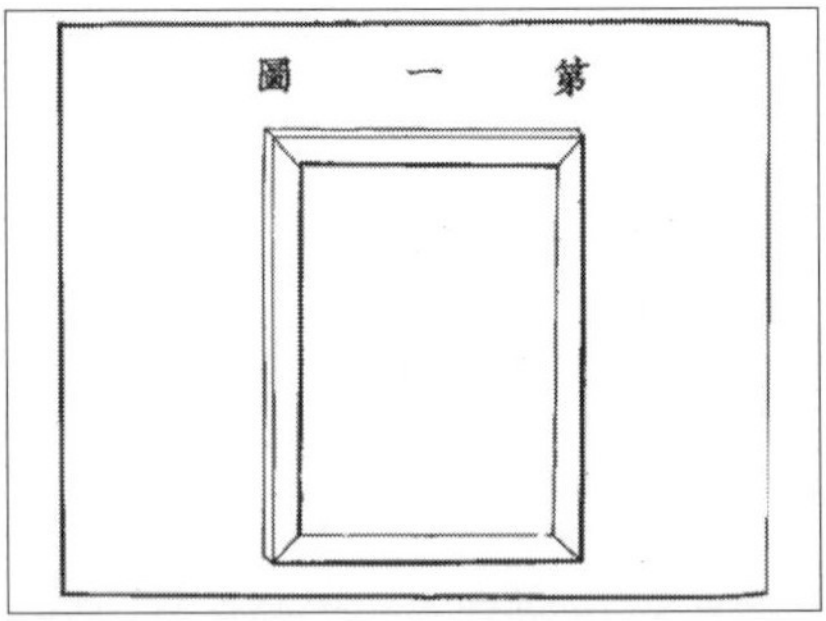

I-38

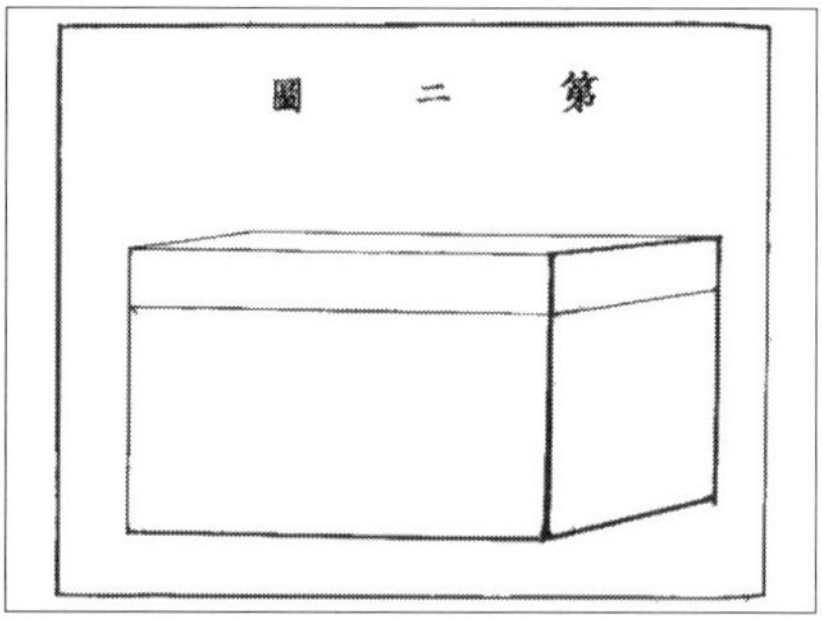

I-39

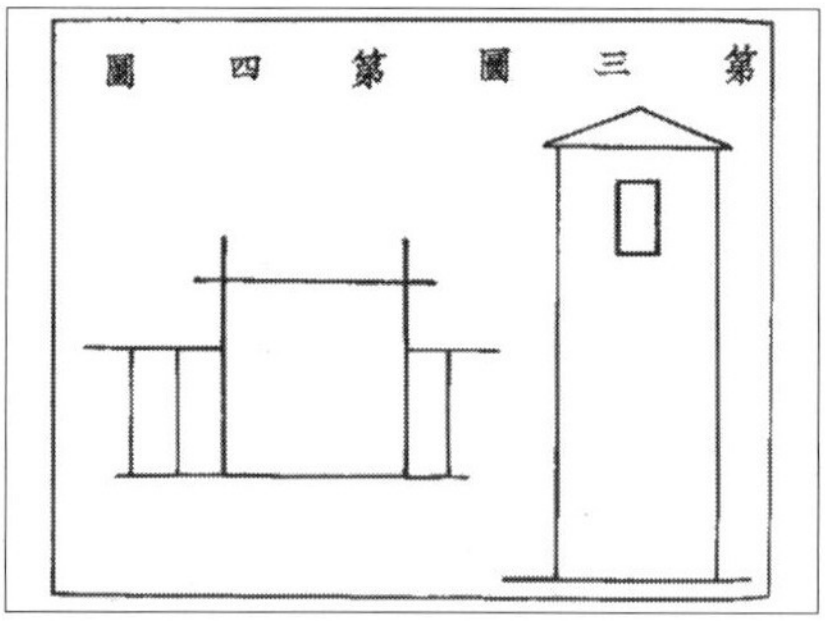

I-40

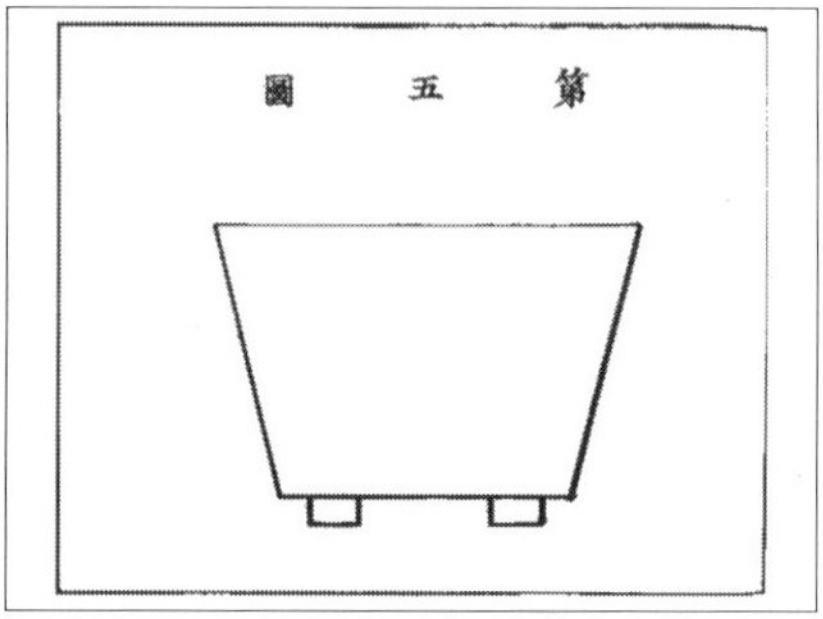

I-41

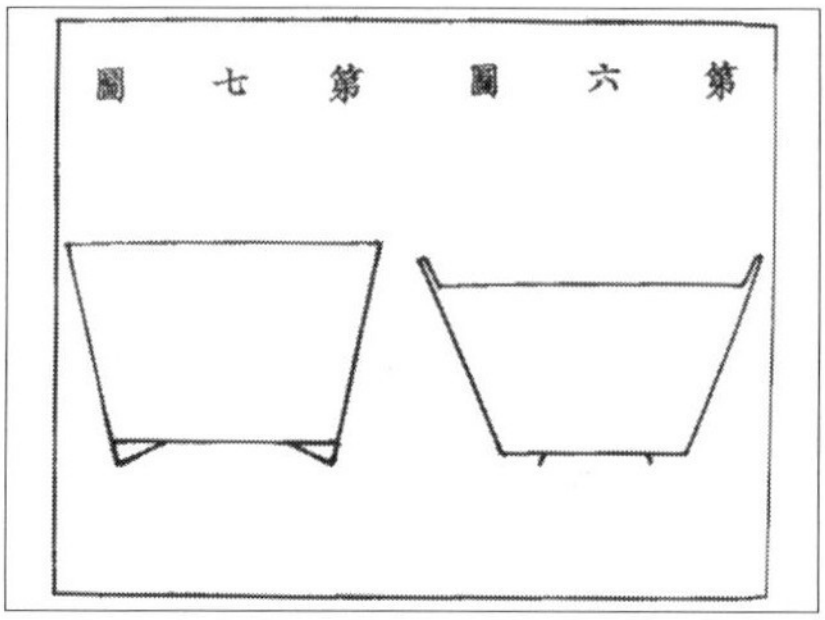

I-42

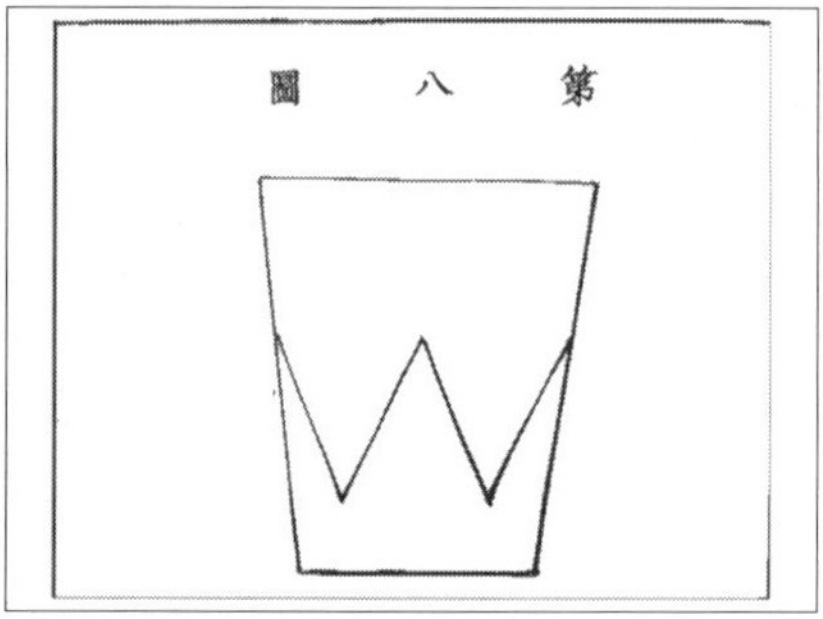

I-43

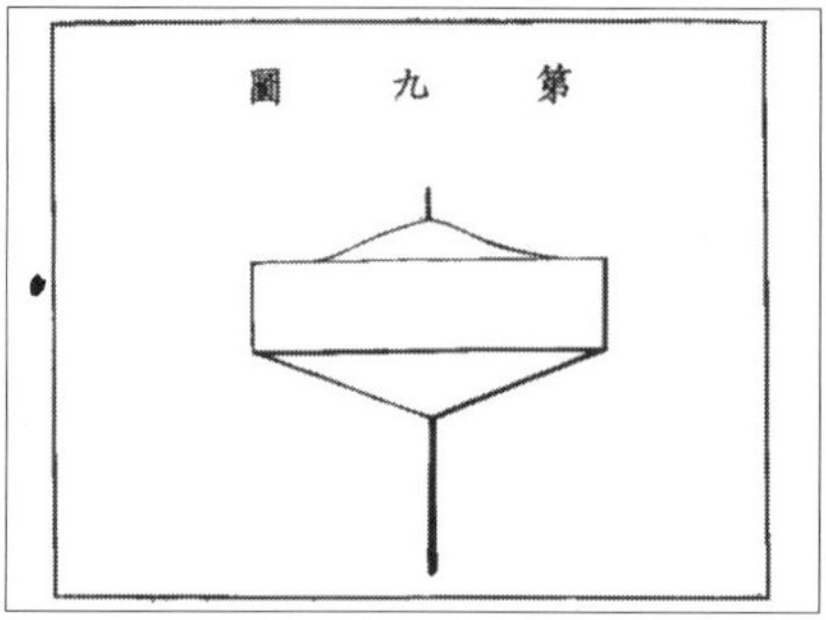

I-44

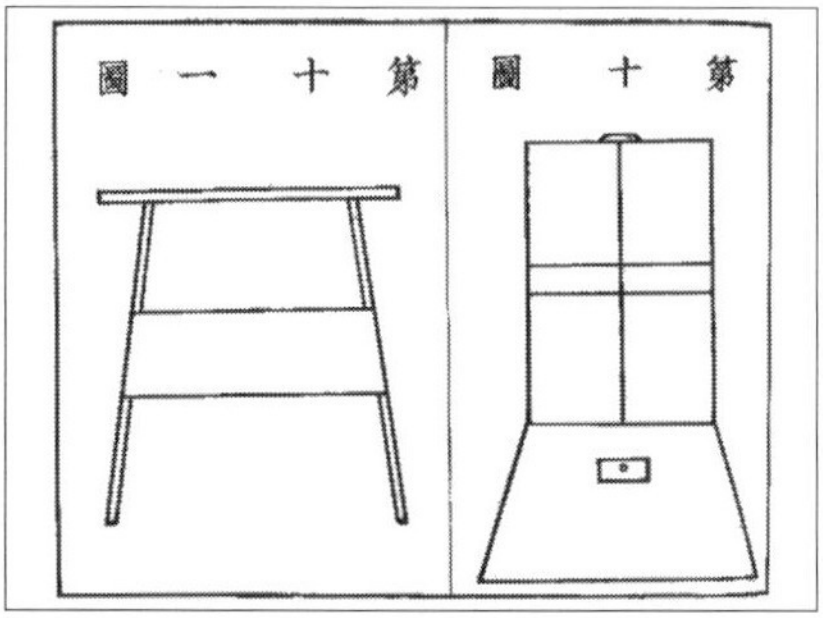

I-45

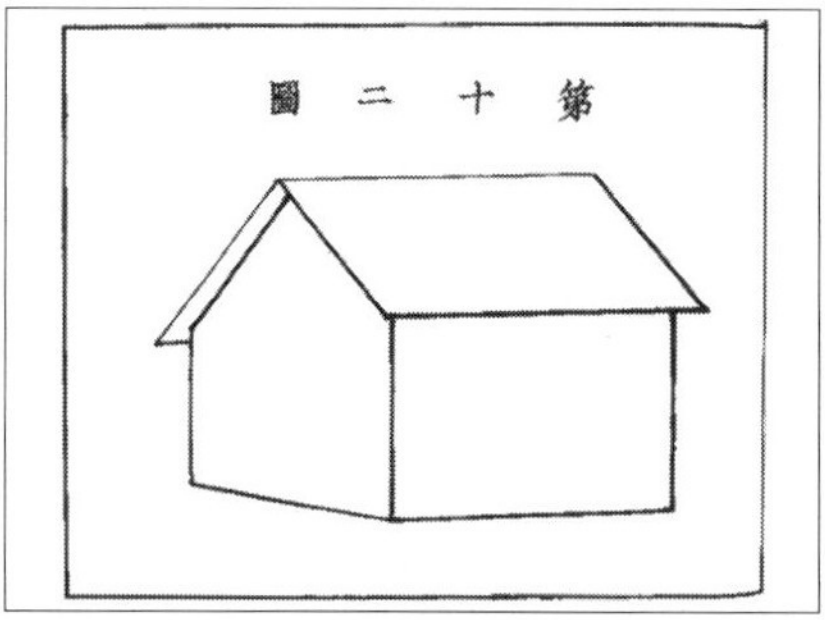

I-46

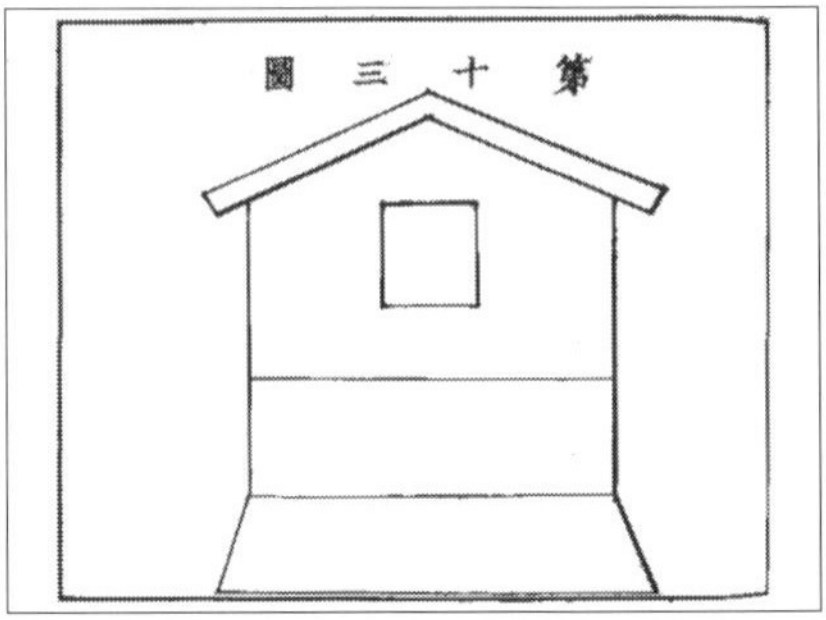

I-47

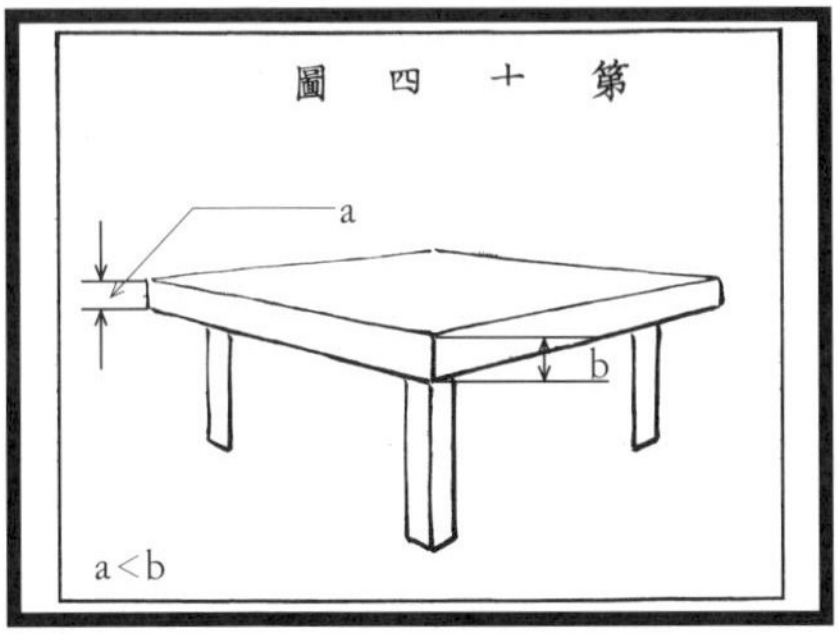

I-48

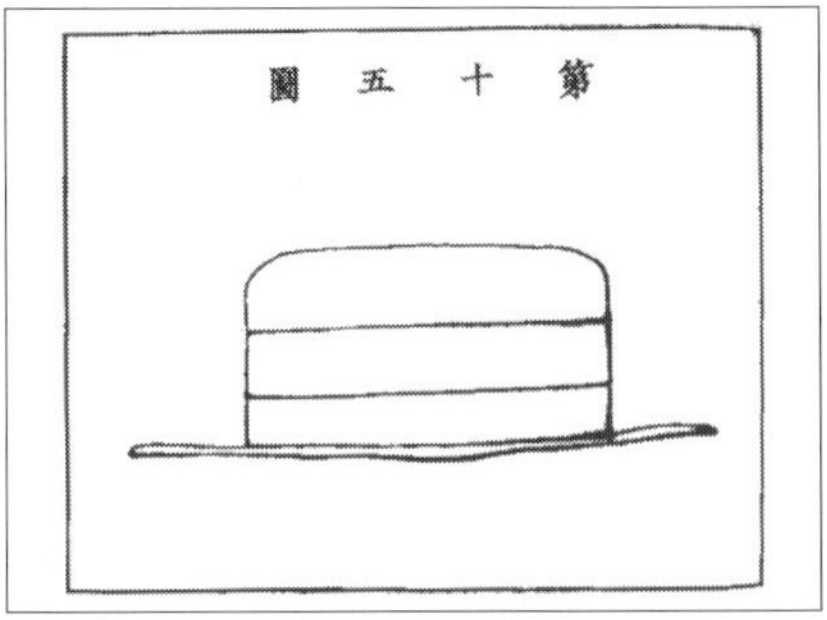

I-49

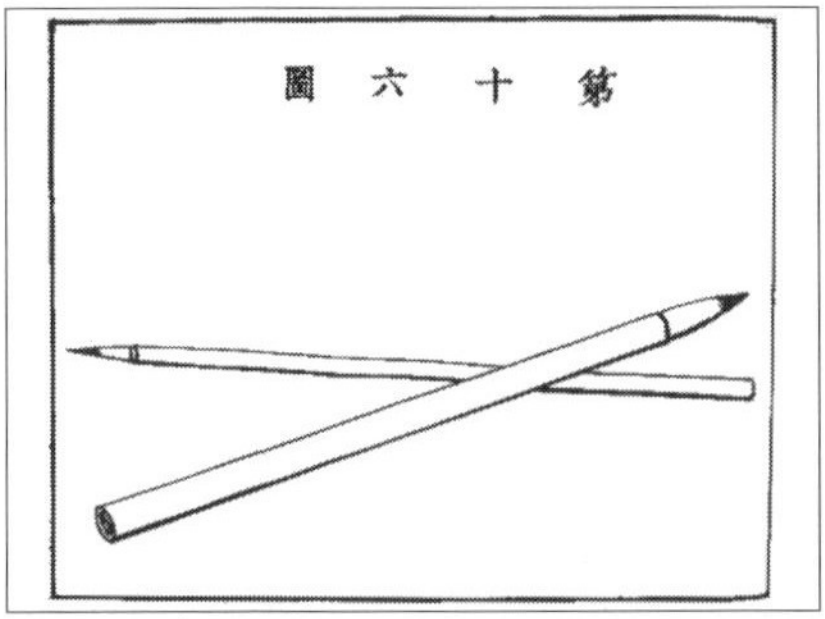

I-50

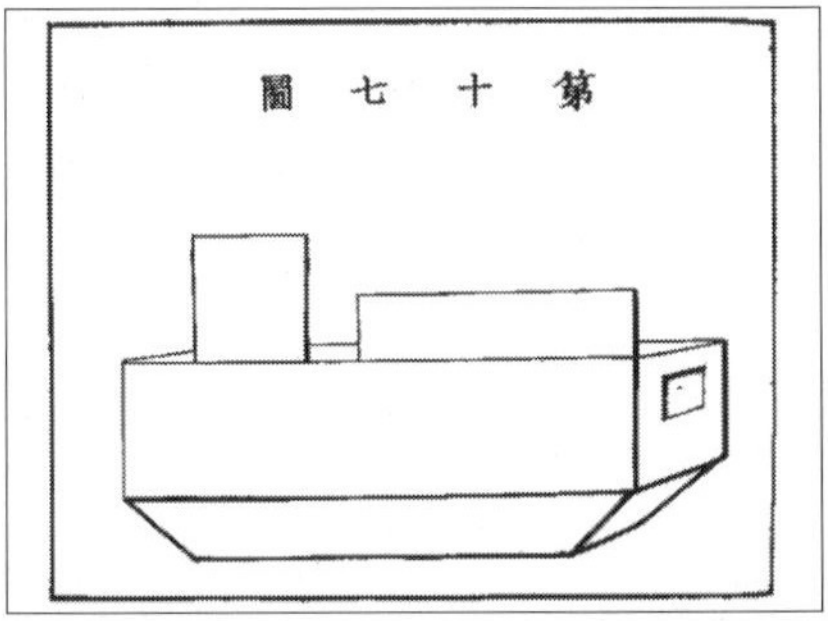

I-51

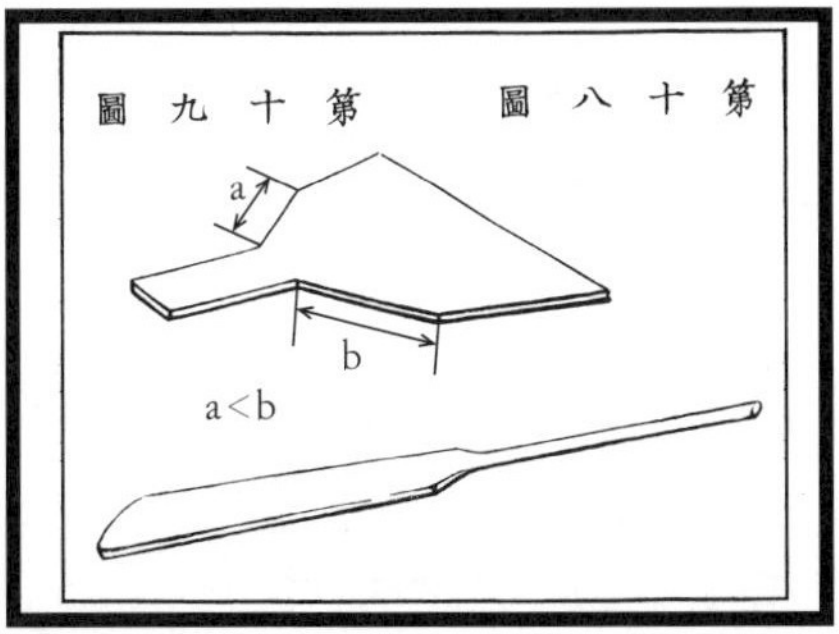

I-52

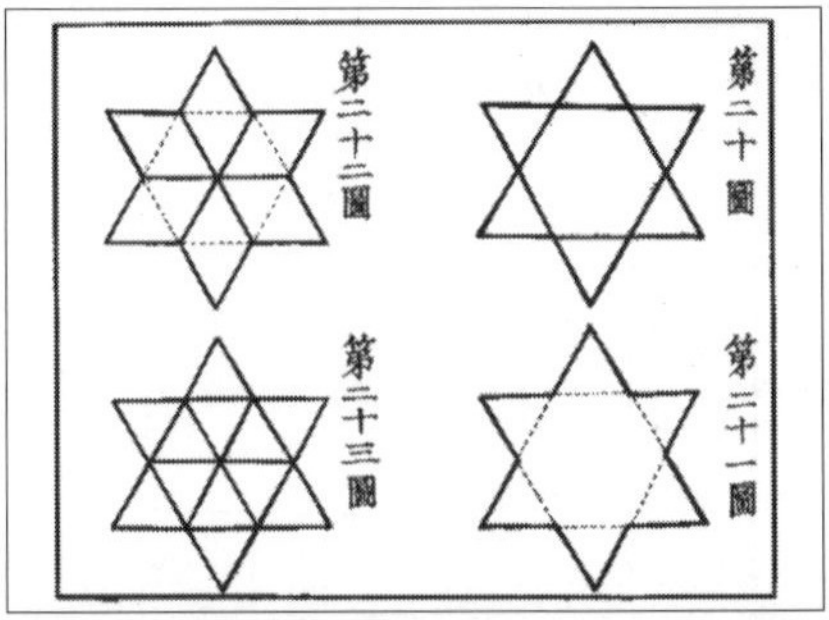

I-53

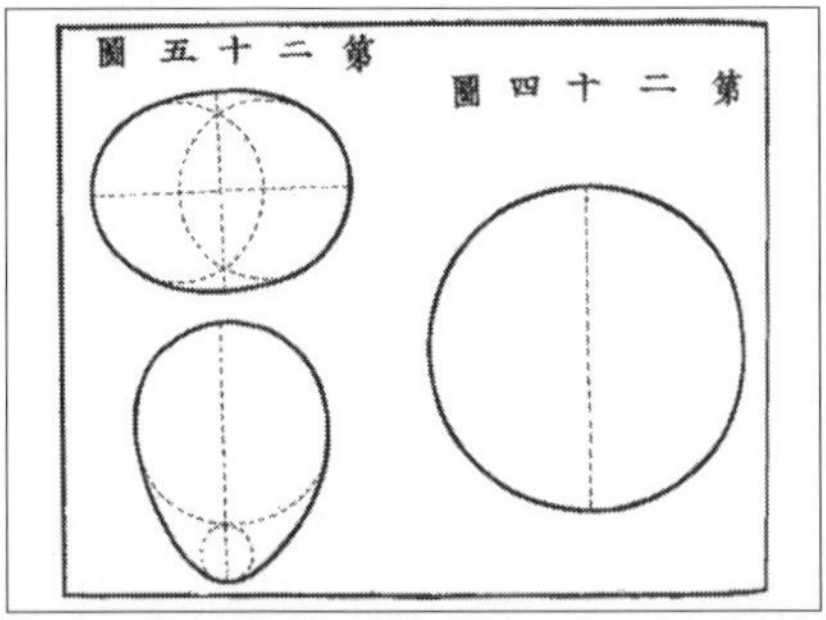

I-54

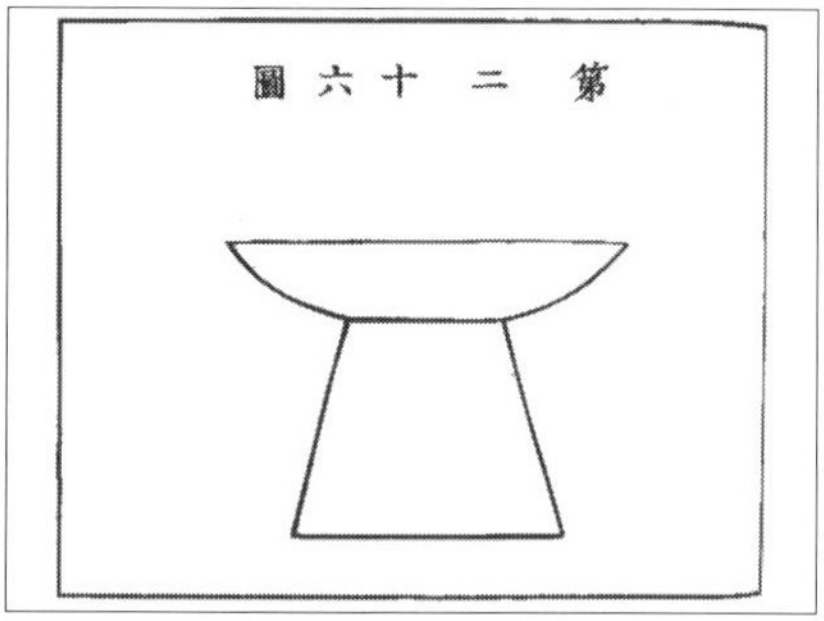

I-55

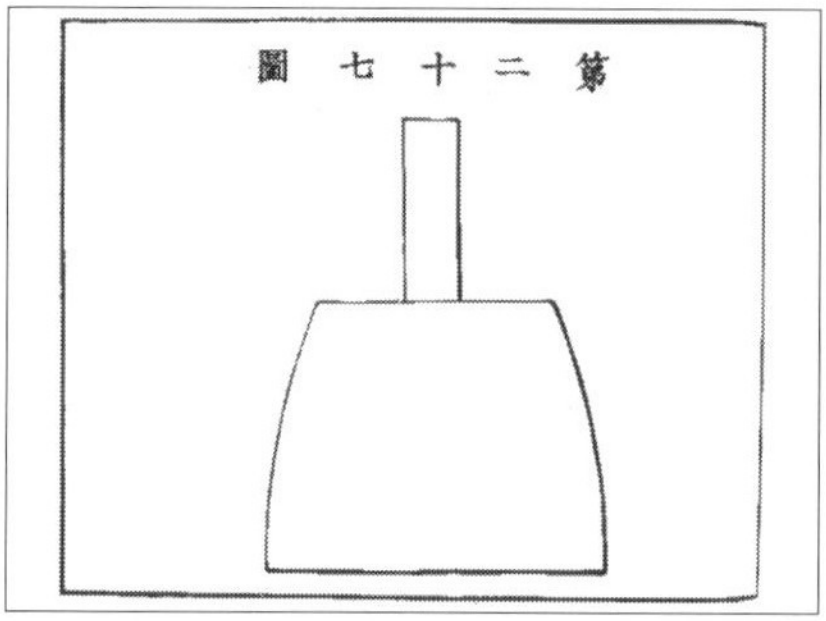

I-56

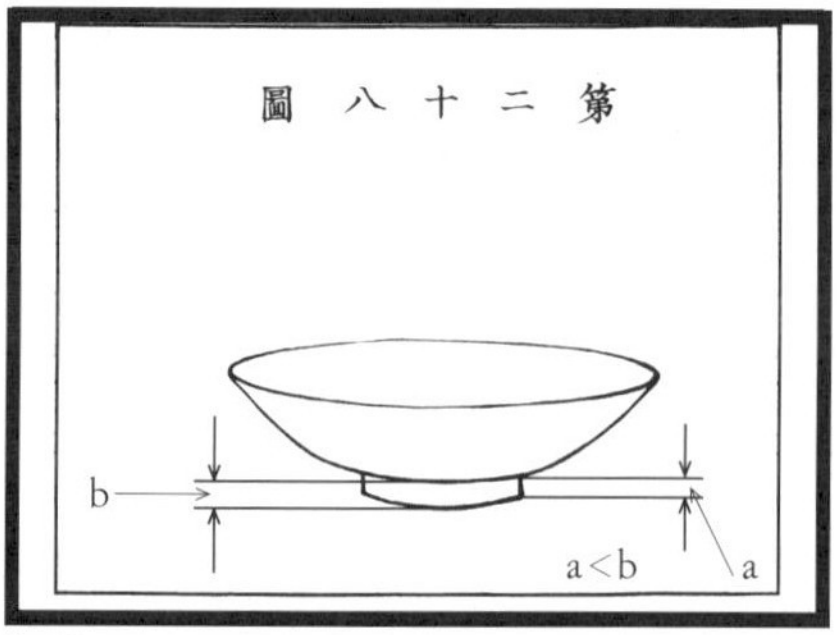

I-57

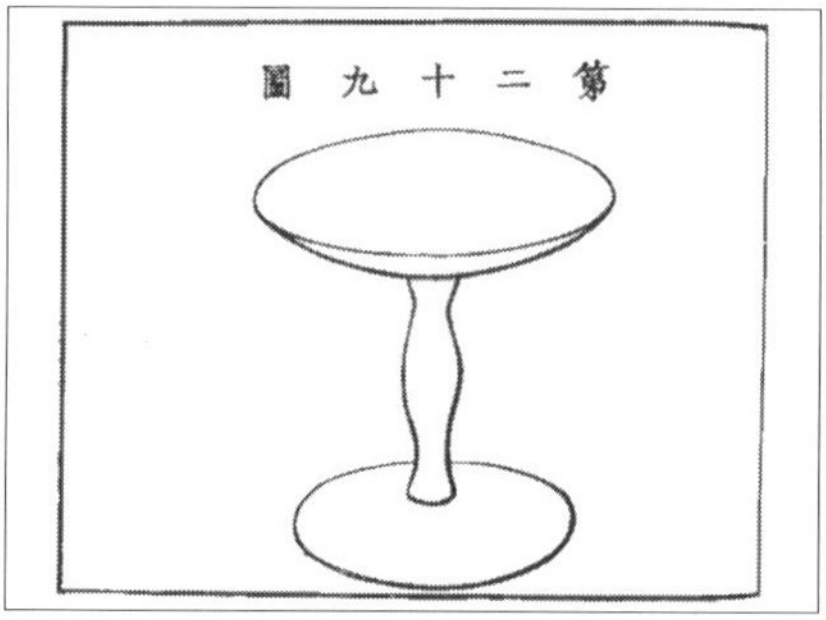

I-58

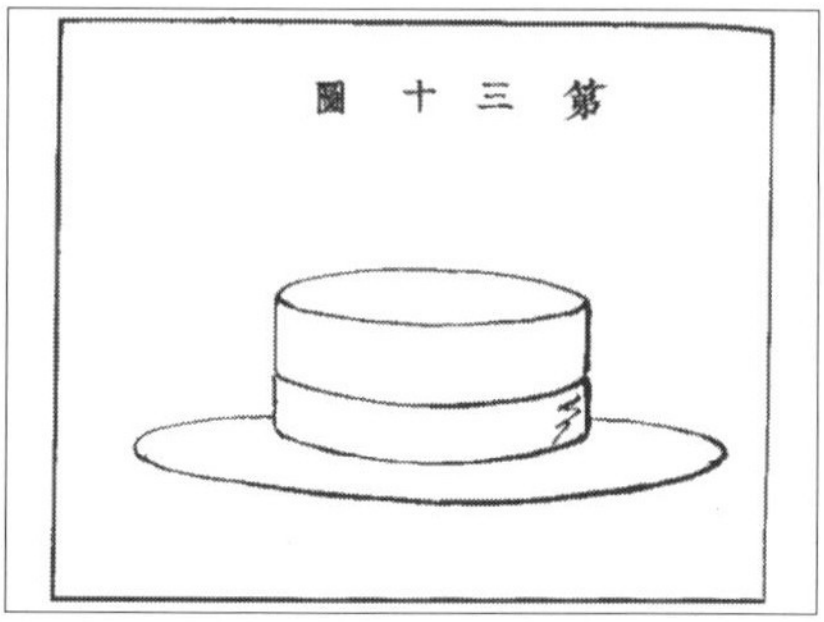

I-59

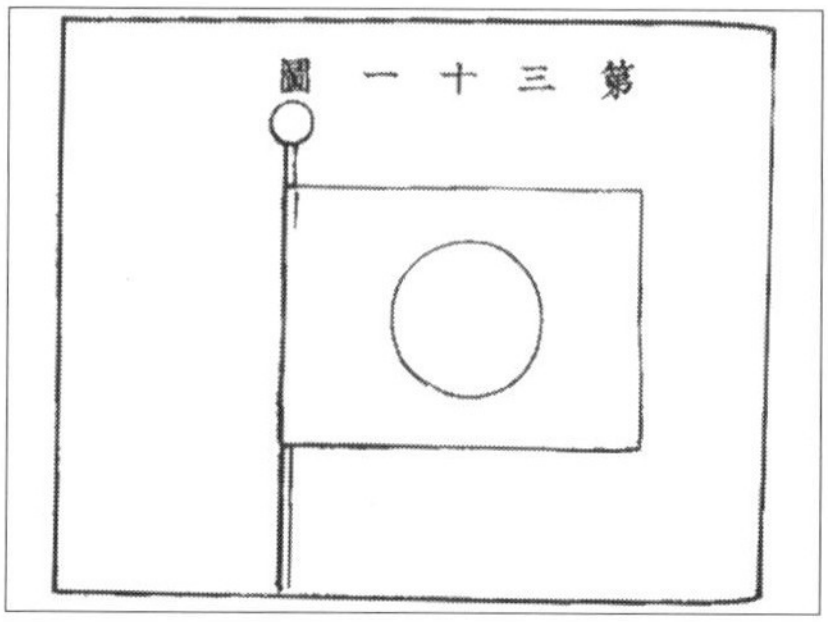

I-60

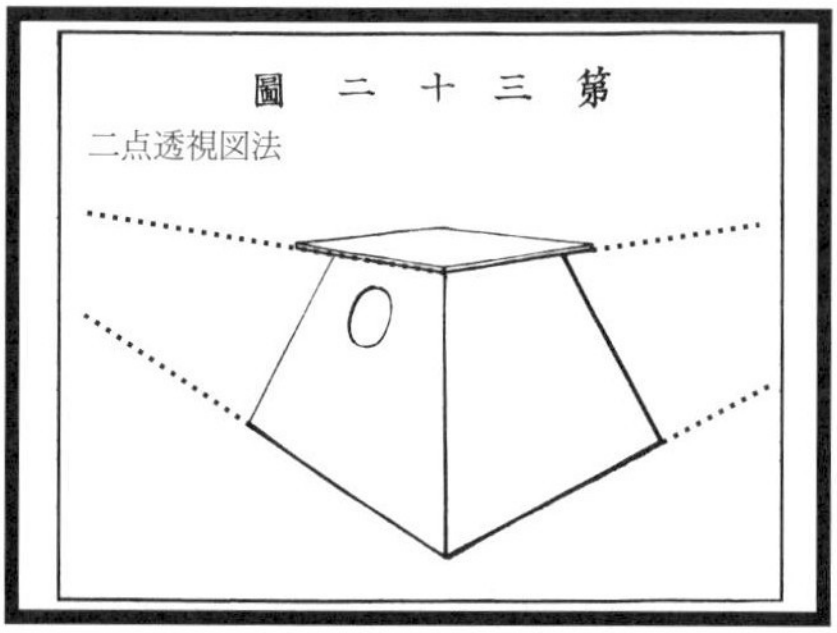

I-61

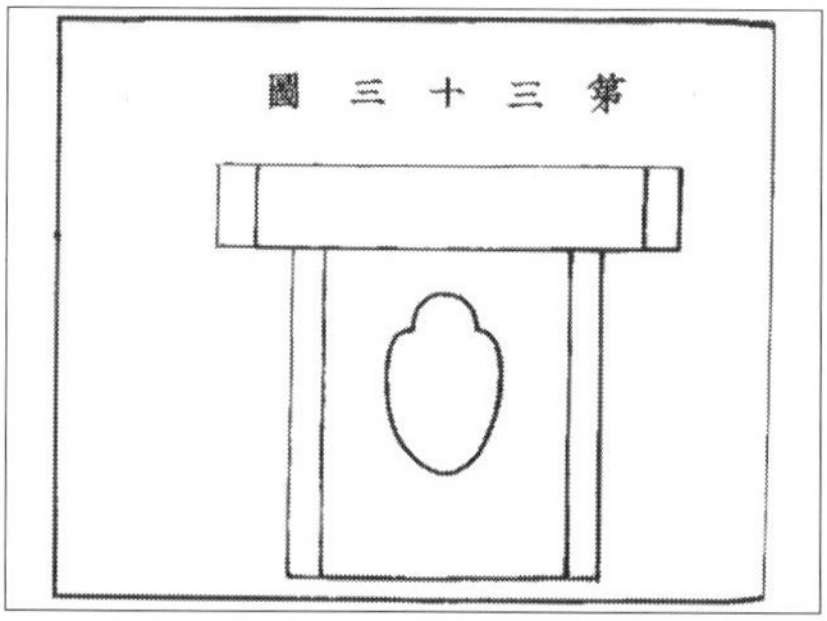

I-62

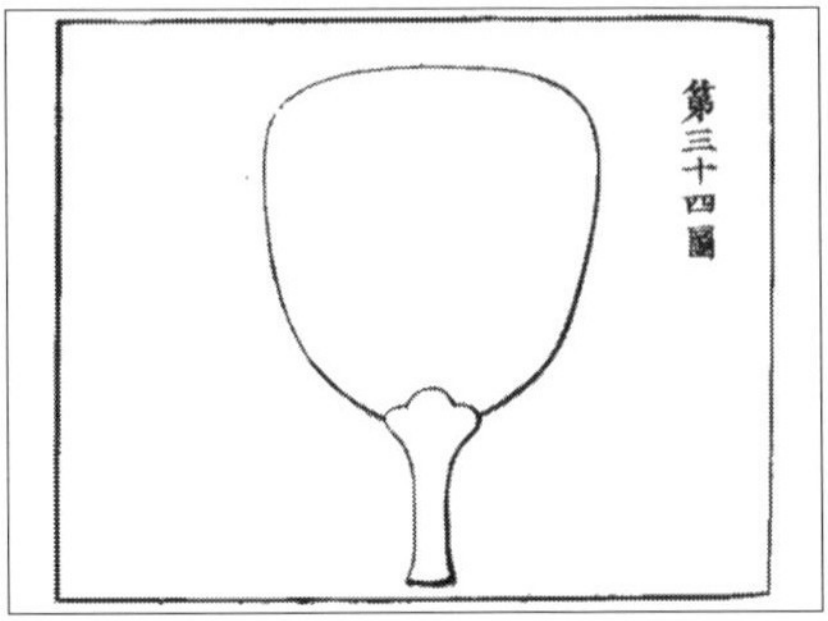

I-63

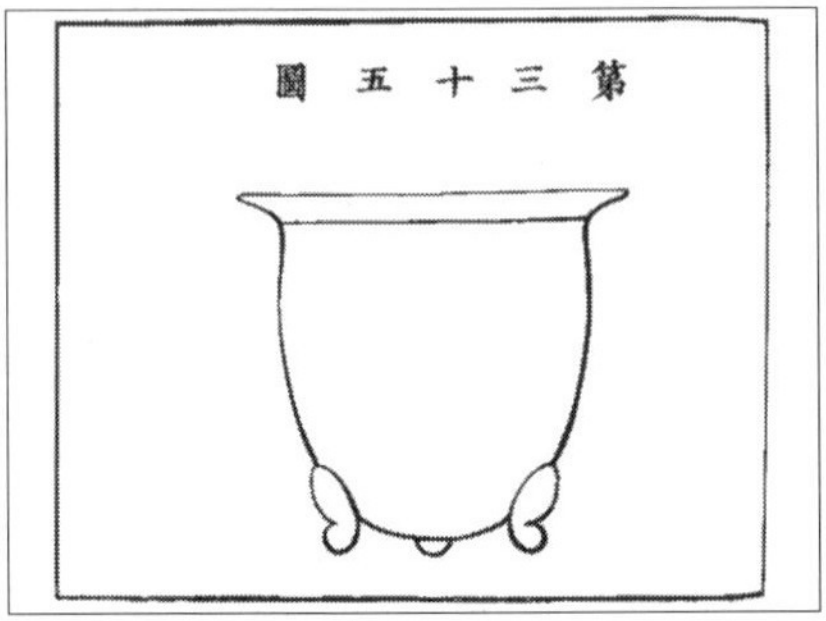

I-64

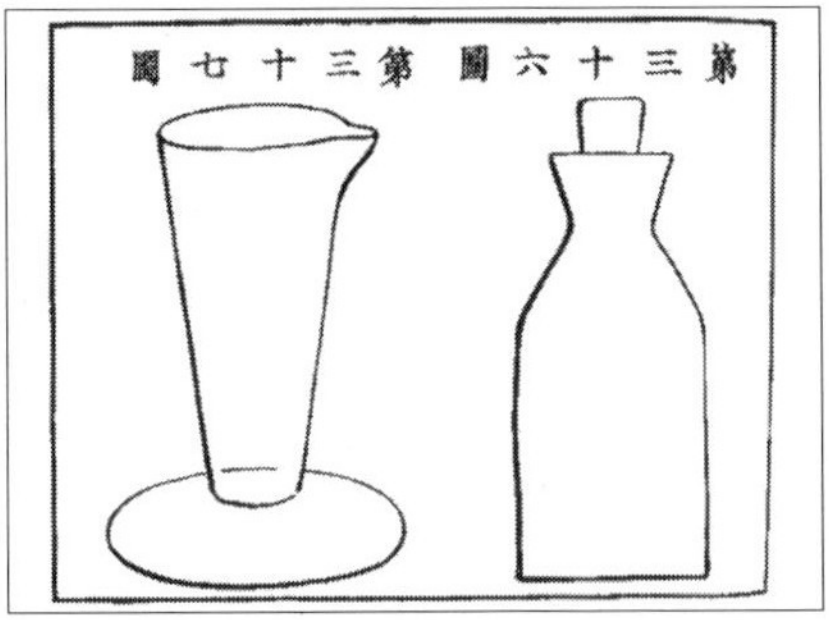

I-65

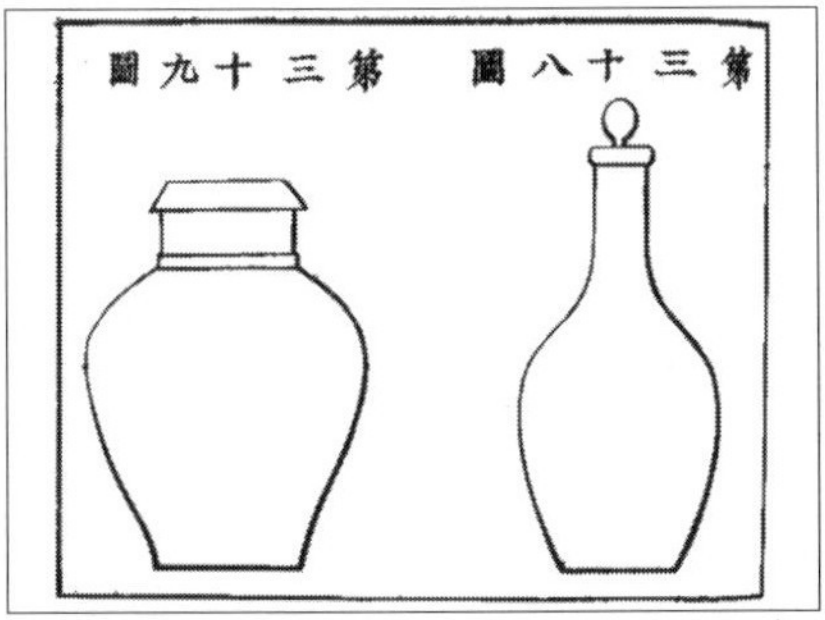

I-66

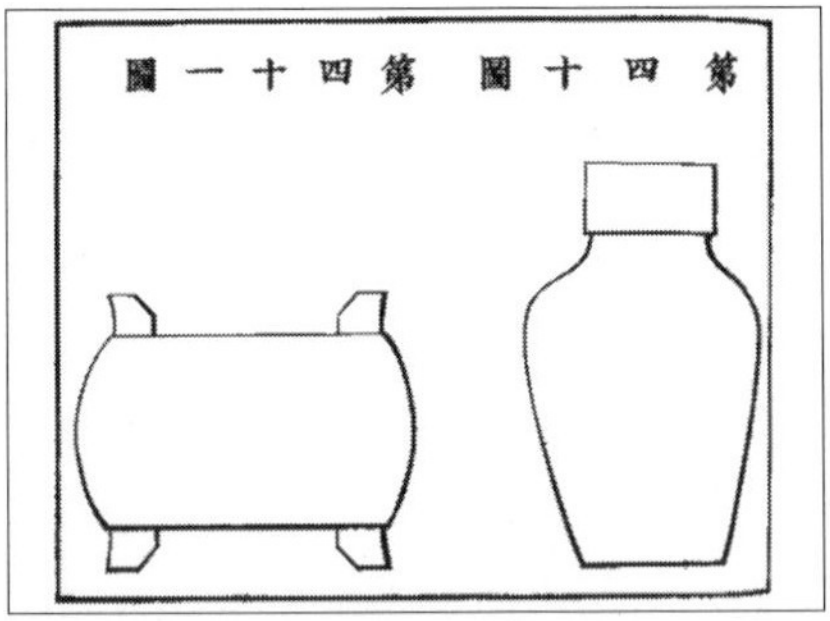

I-67

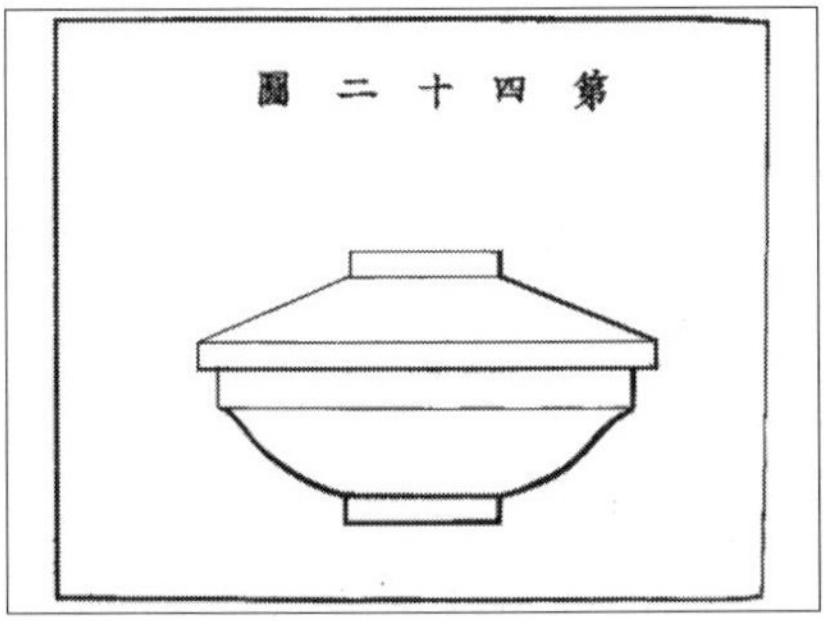

I-68

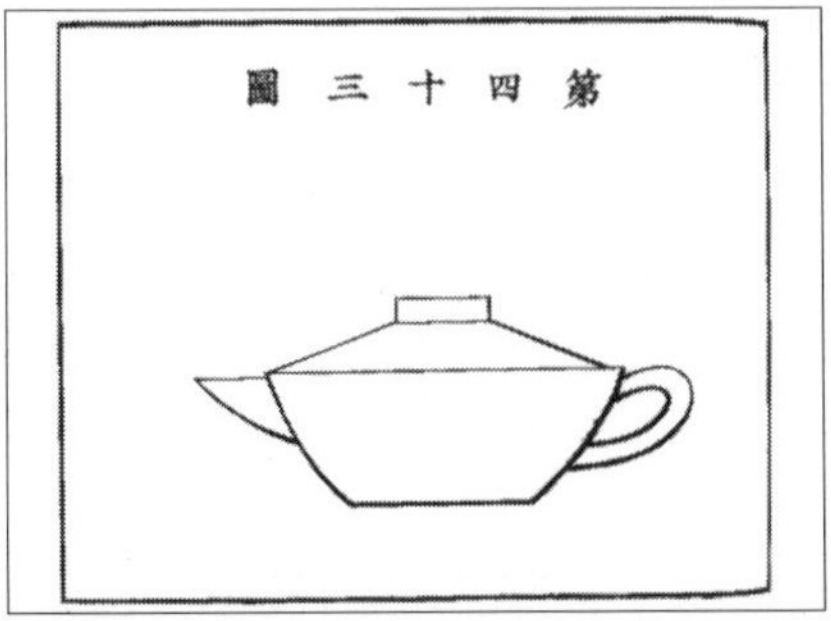

I-69

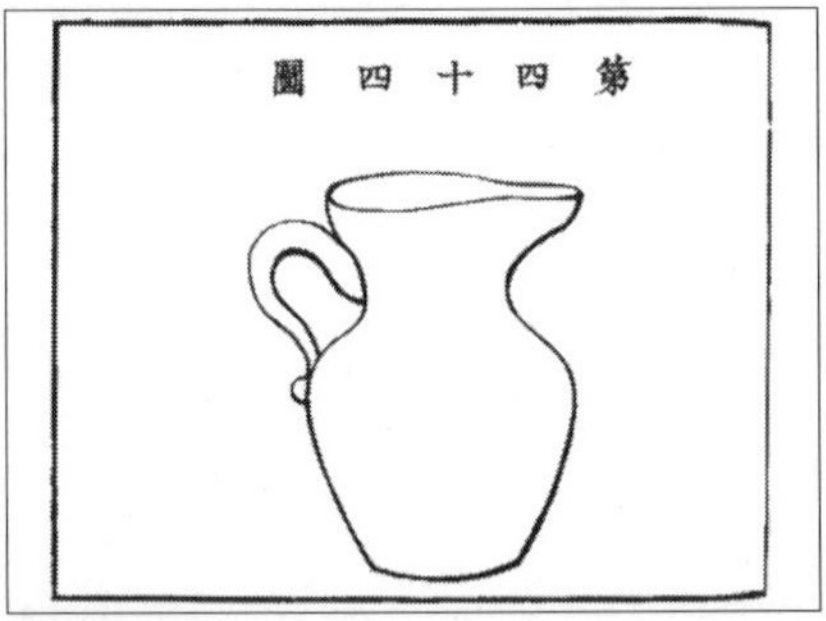

I-70

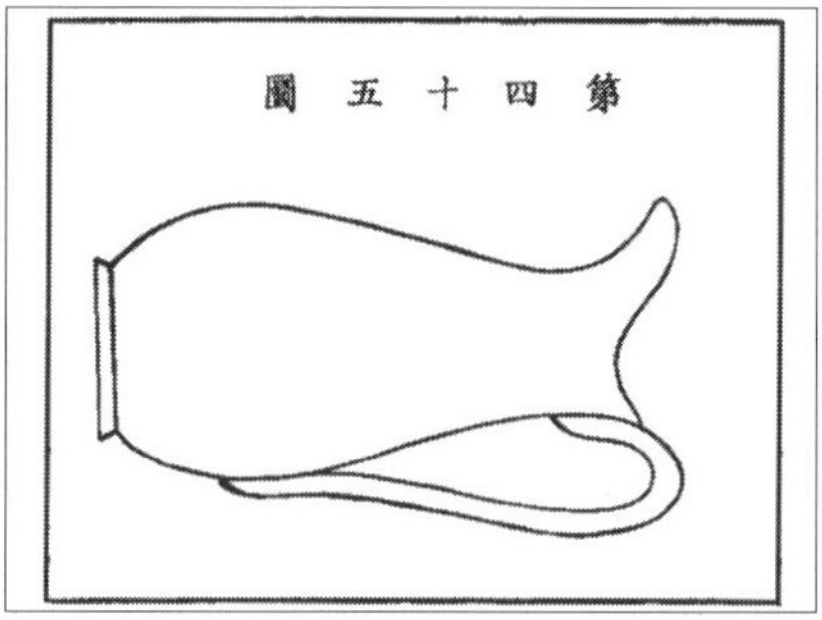

I-71

I-72

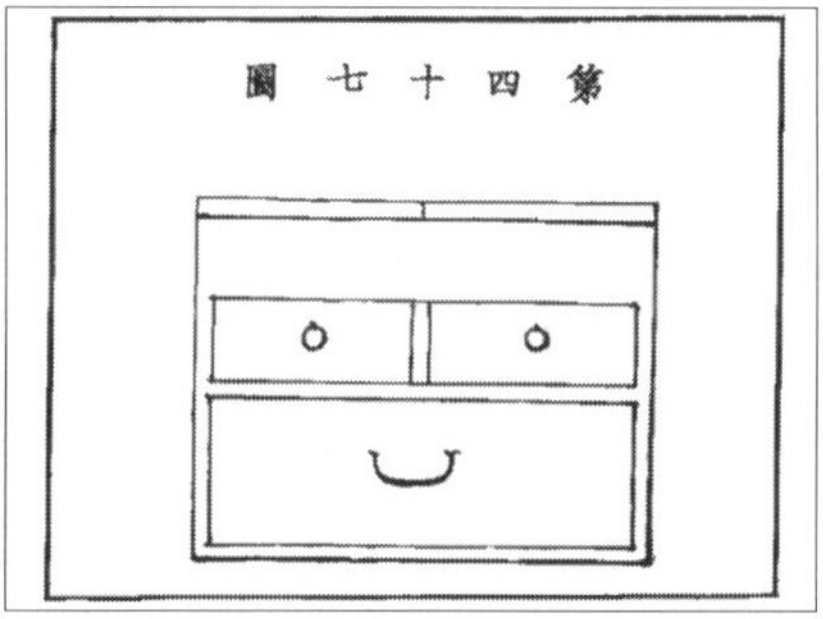

I-73

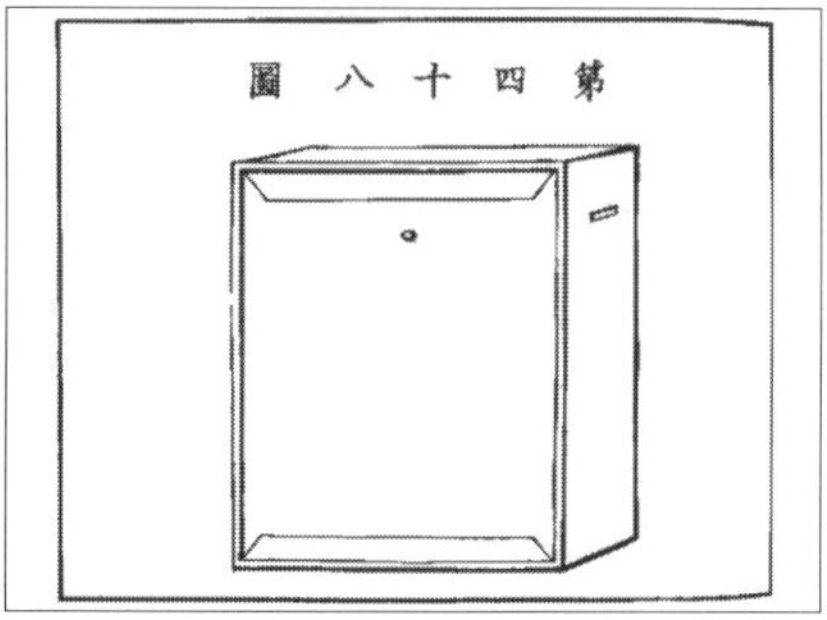

I-74

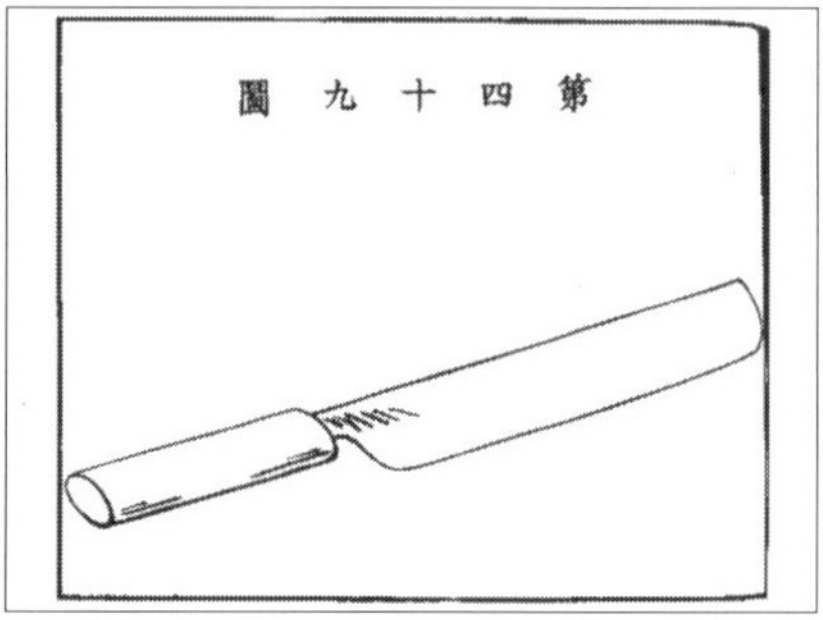

I-75

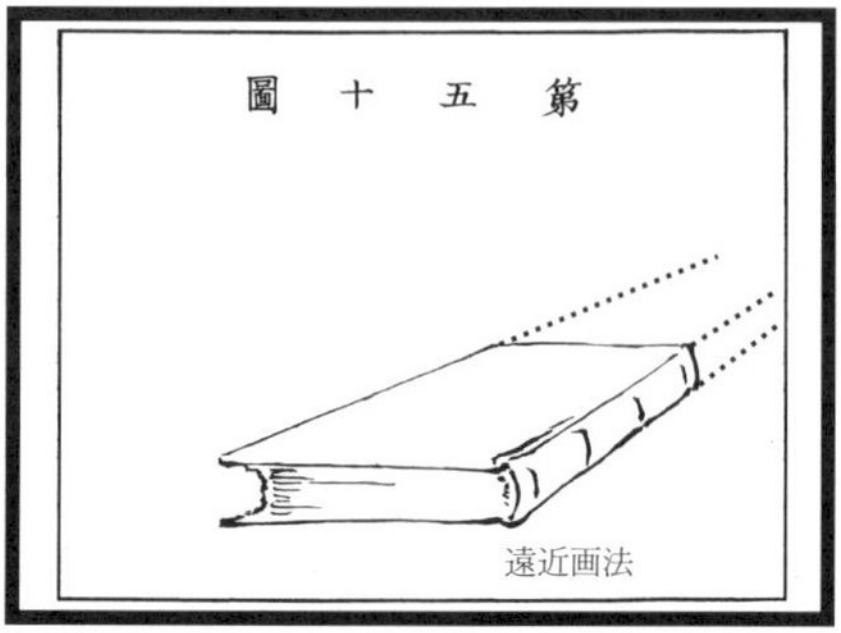

I-76

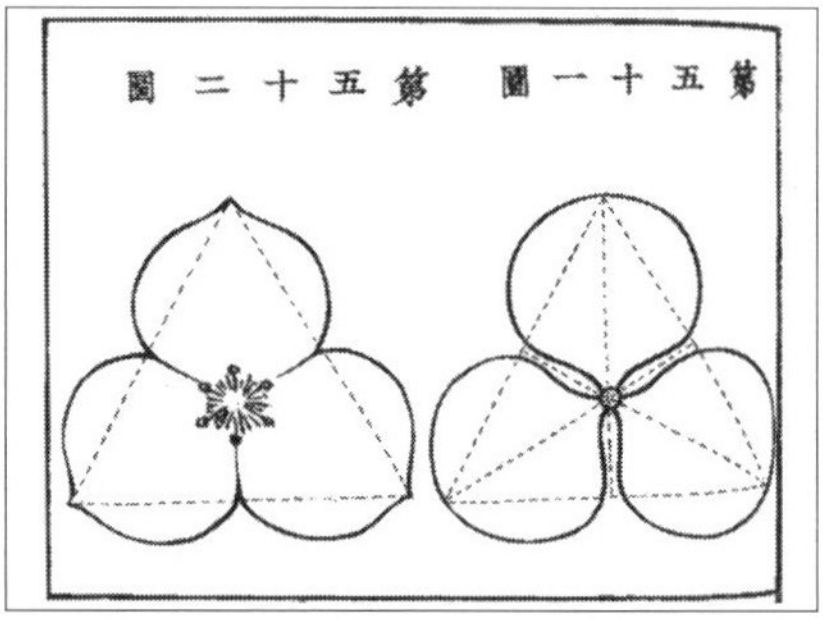

I-77

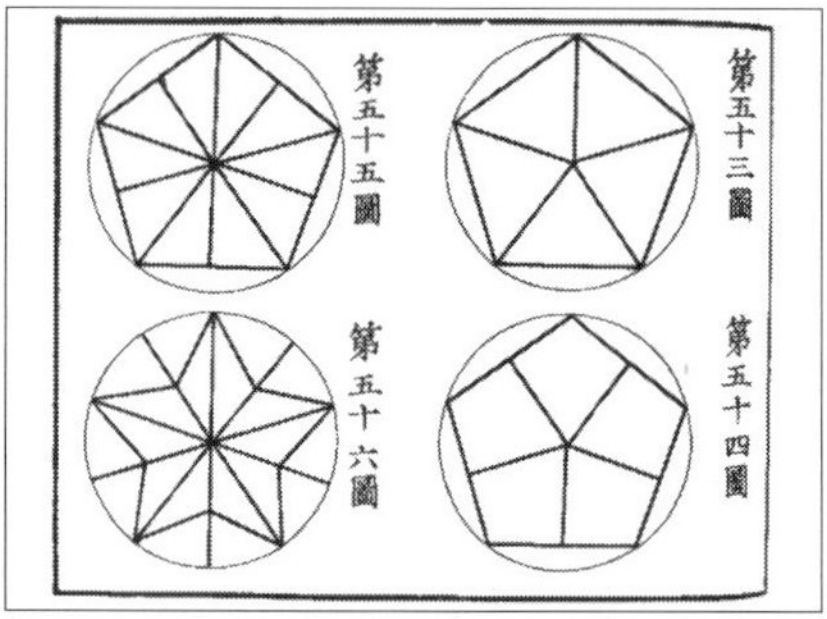

I-78

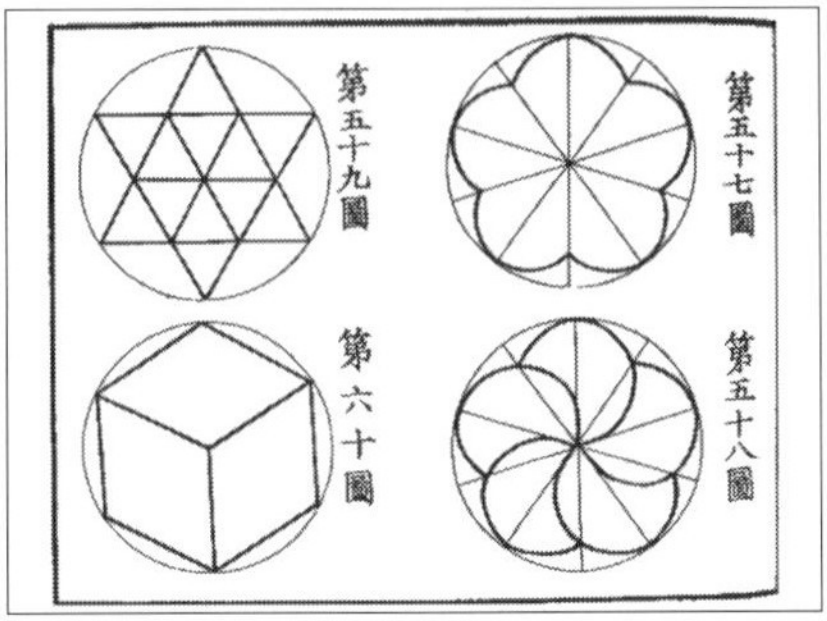

I-79

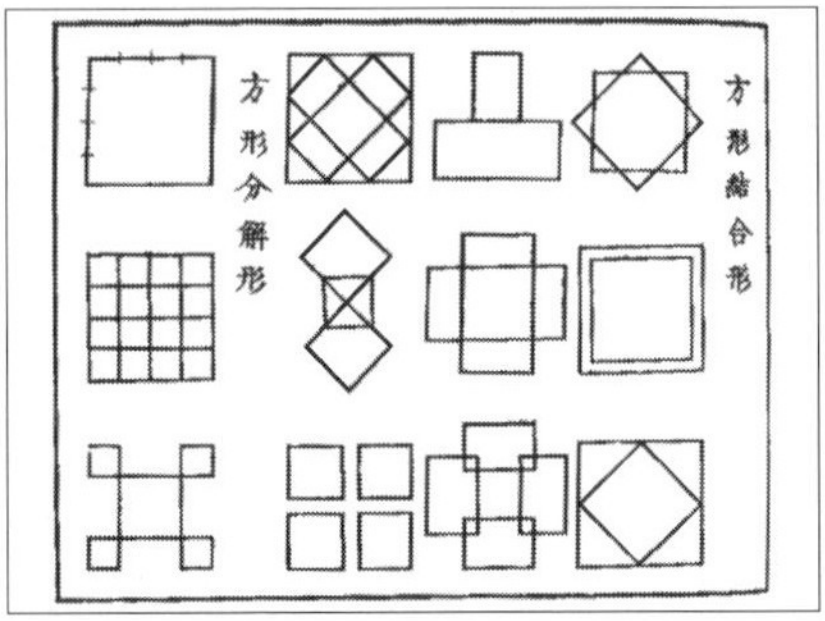

I-80

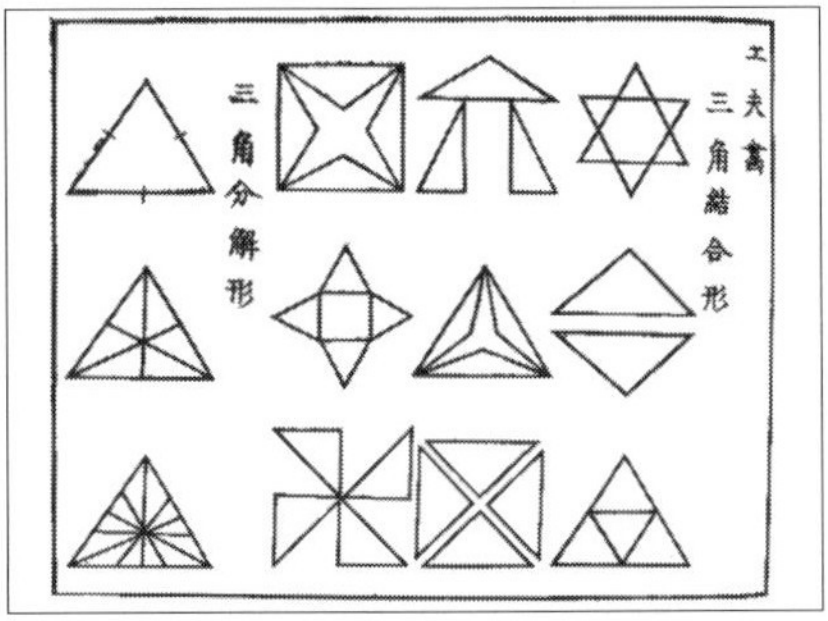

I-81

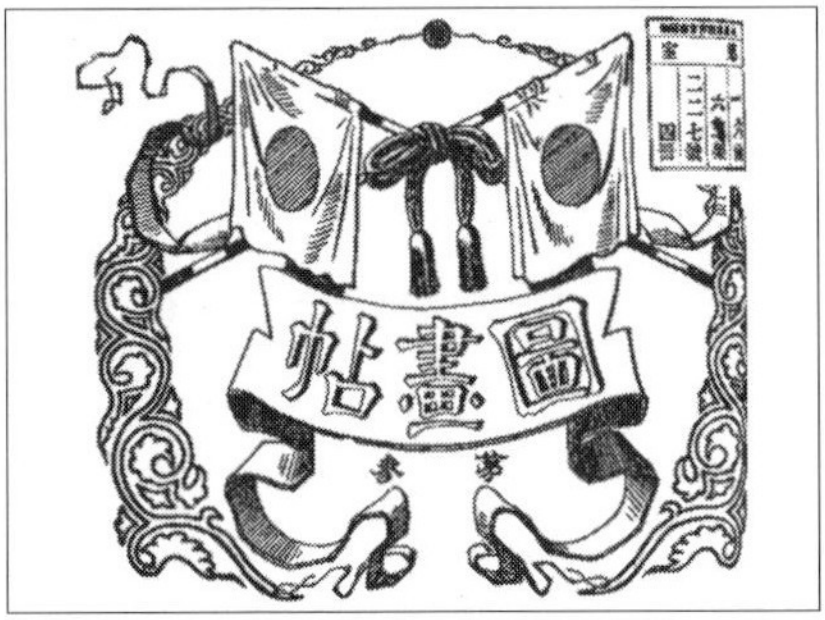

I-82

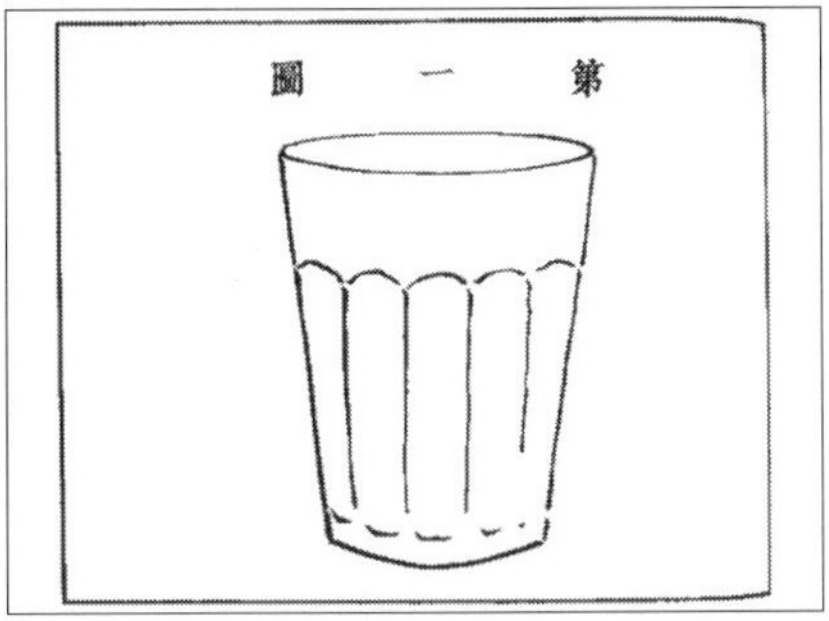

I-83

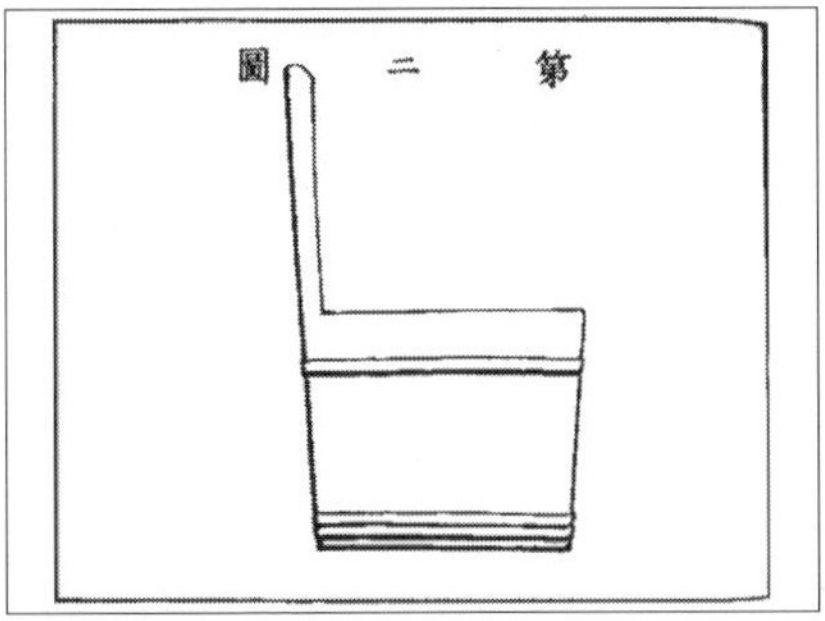

I-84

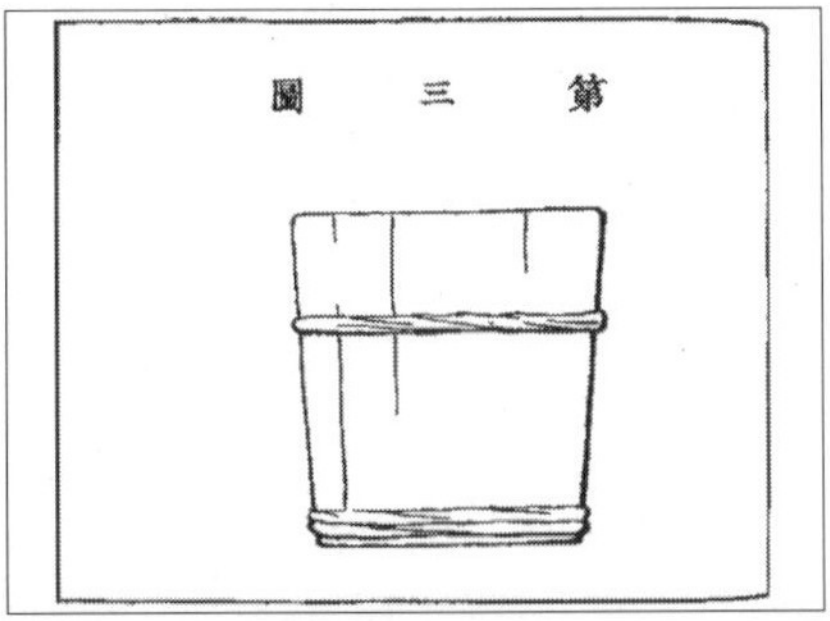

I-85

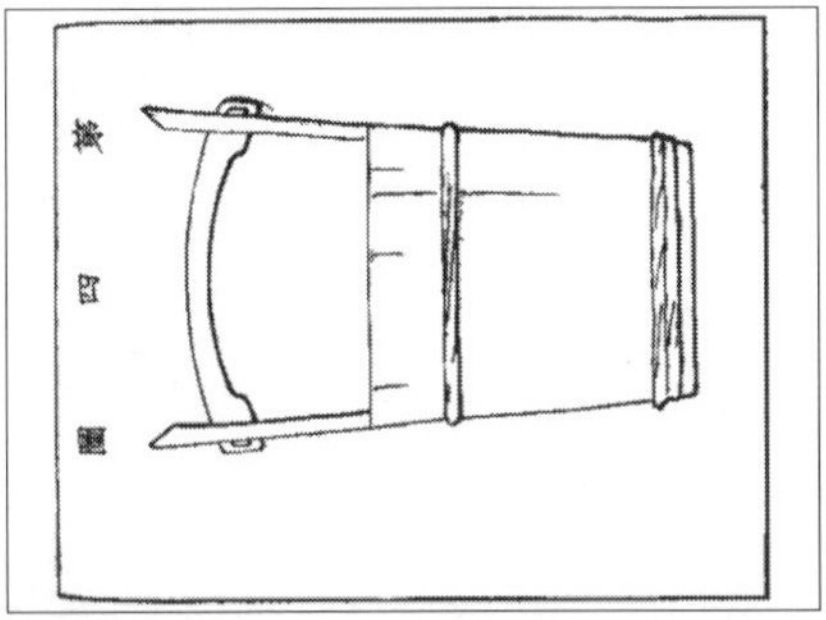

I-86

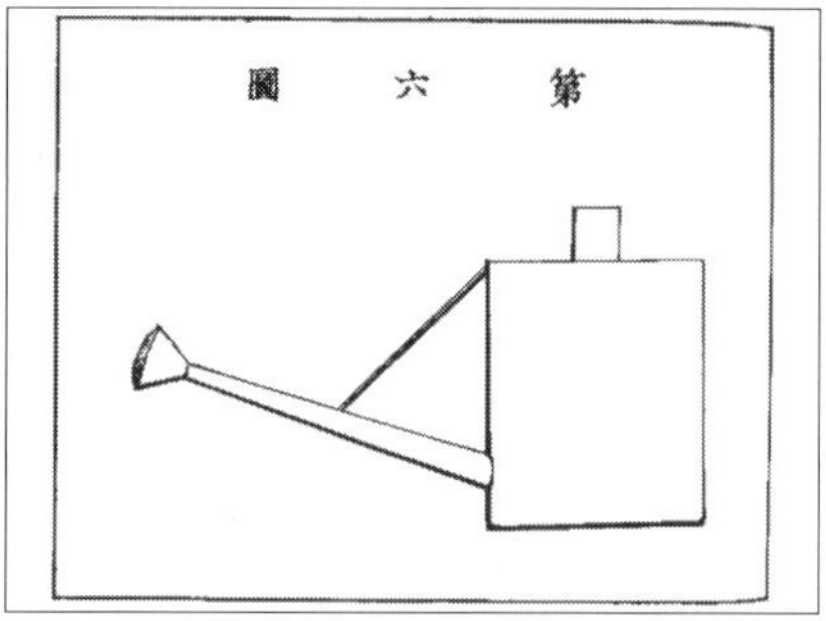

I-88

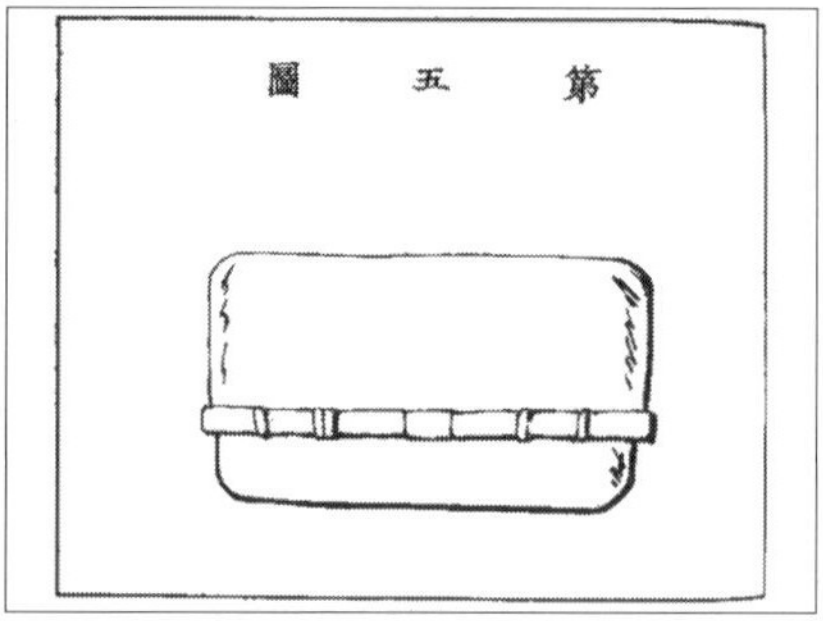

I-87

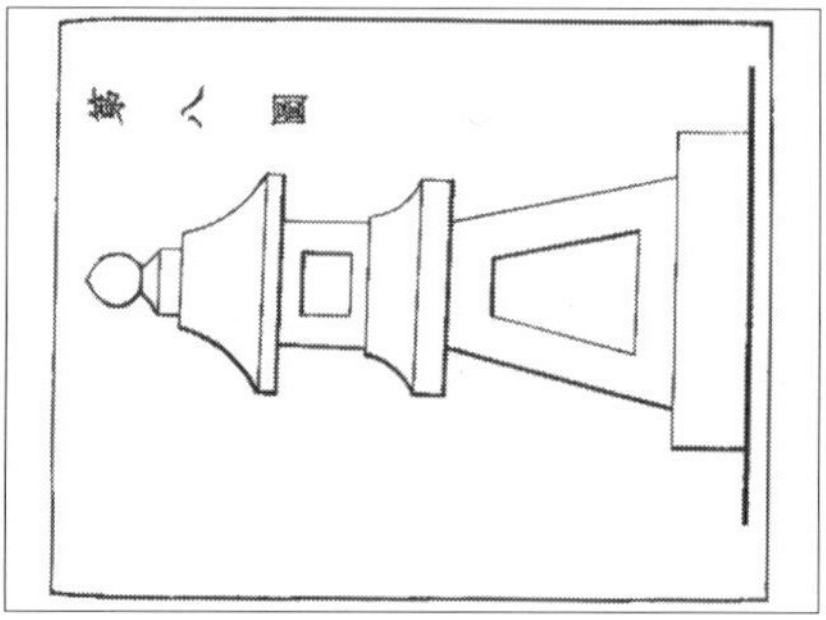

I-90

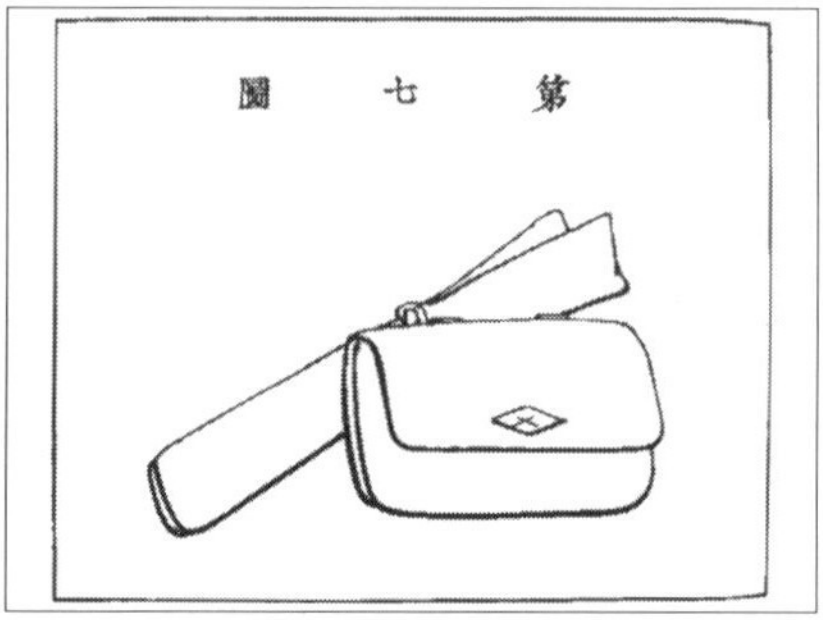

I-89

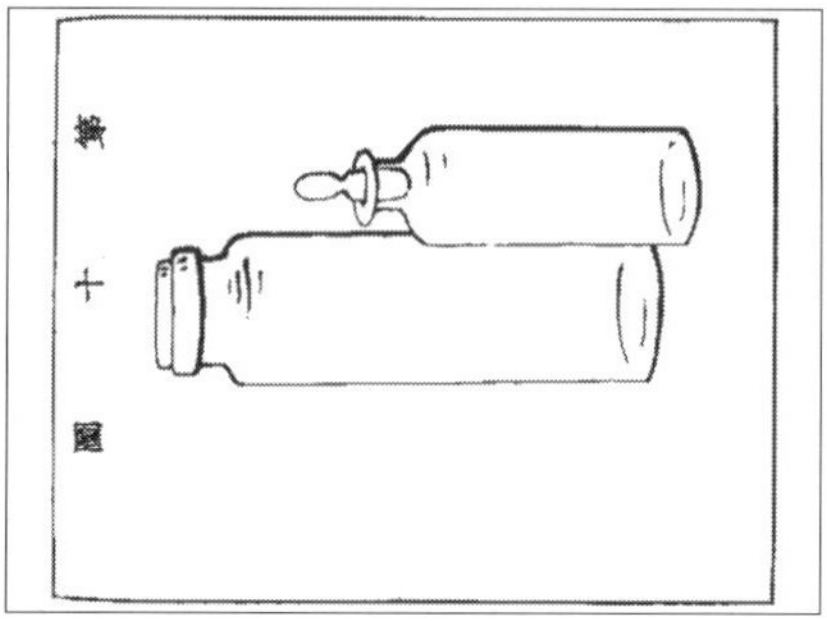

I-92

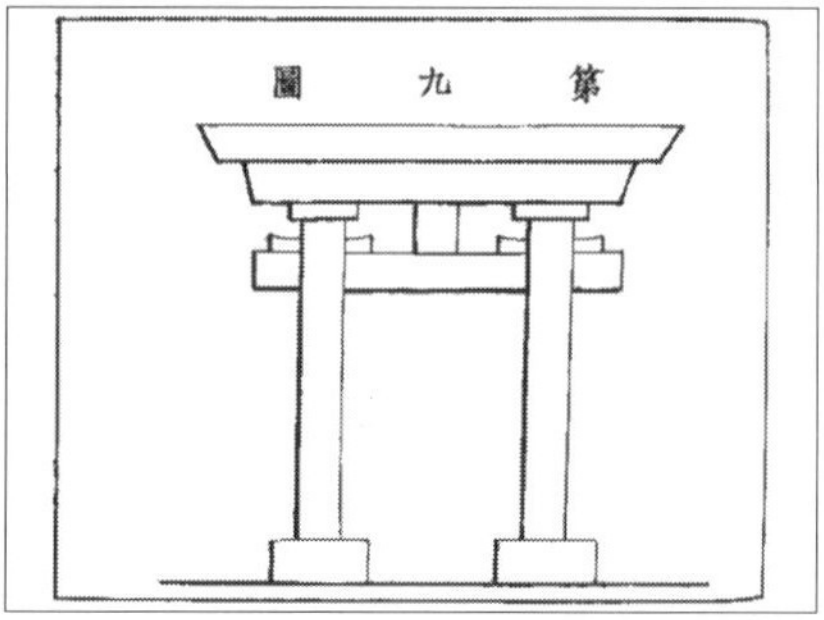

I-91

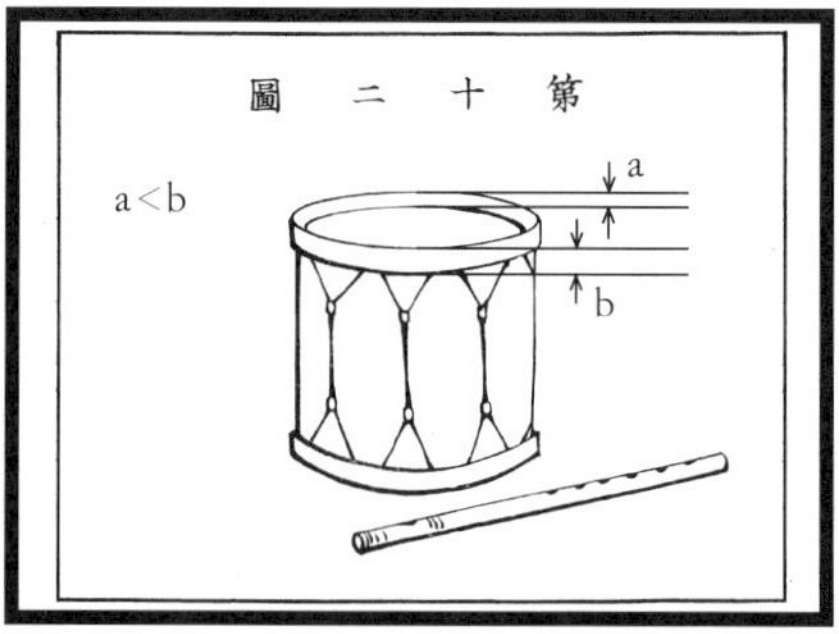

I-94

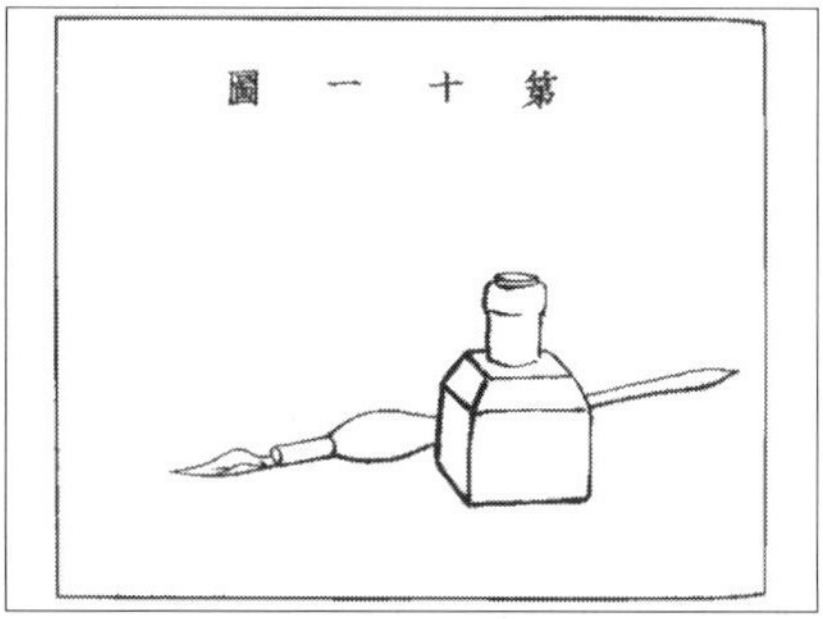

I-93

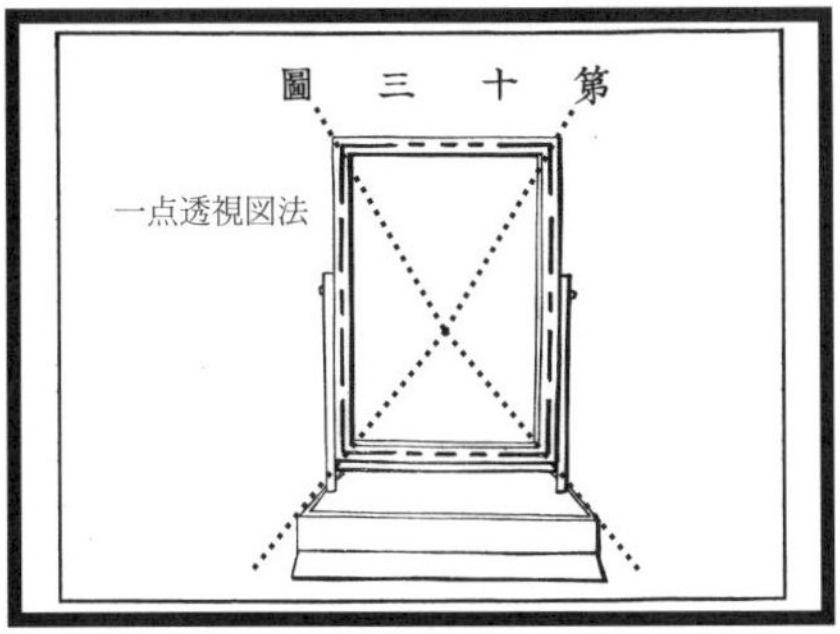

I-95

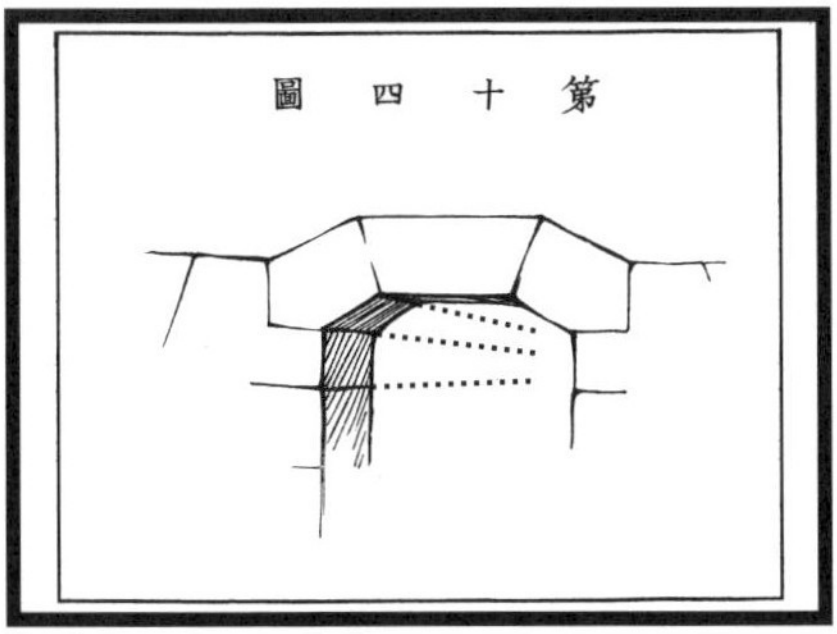

I-96

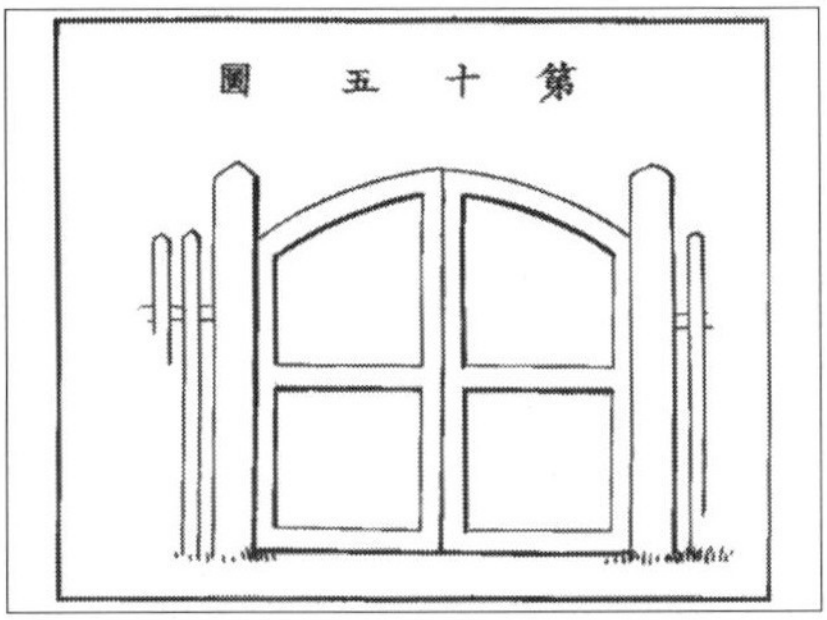

I-97

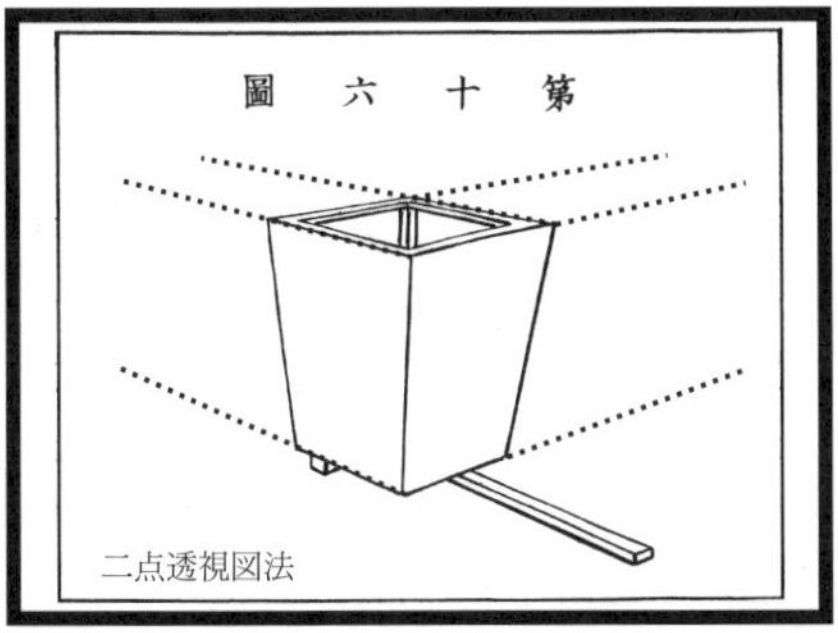

I-98

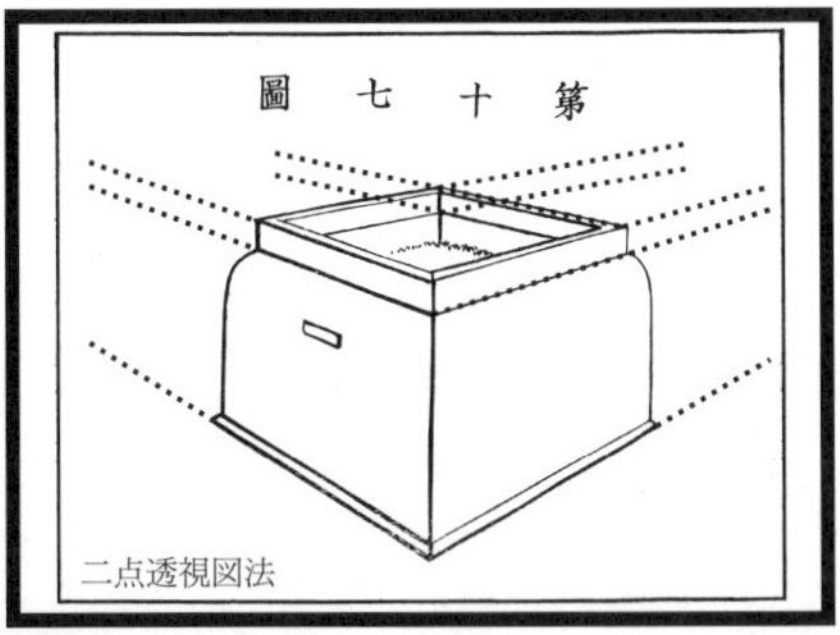

I-99

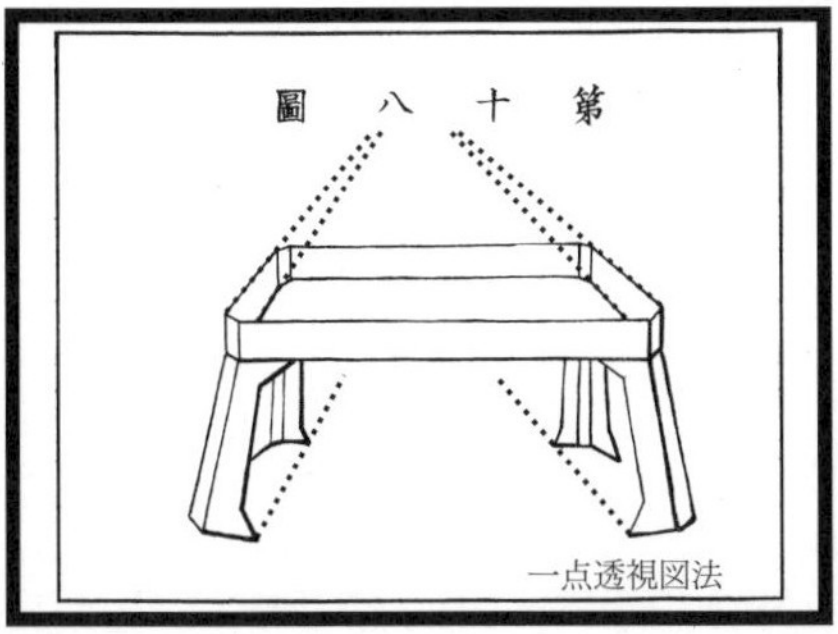

I-100

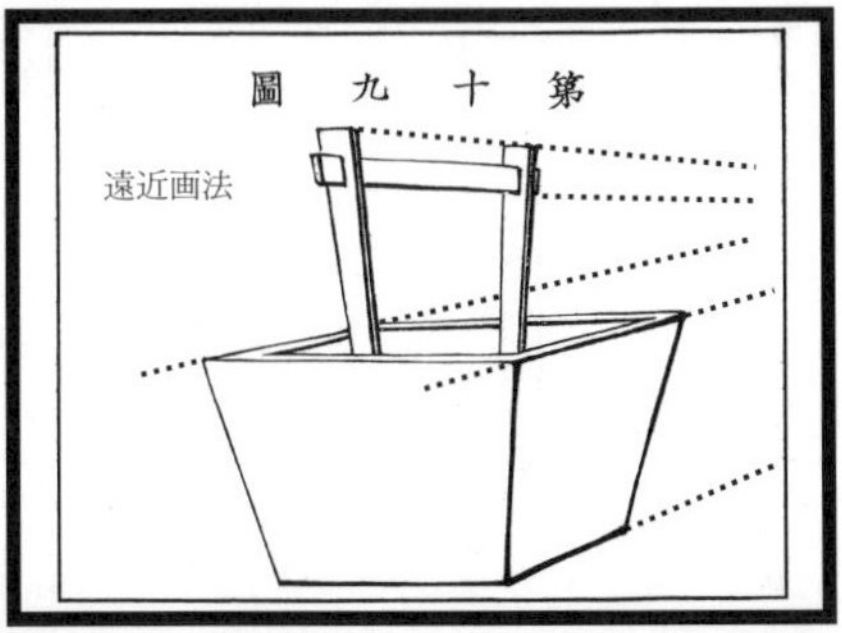

I-101

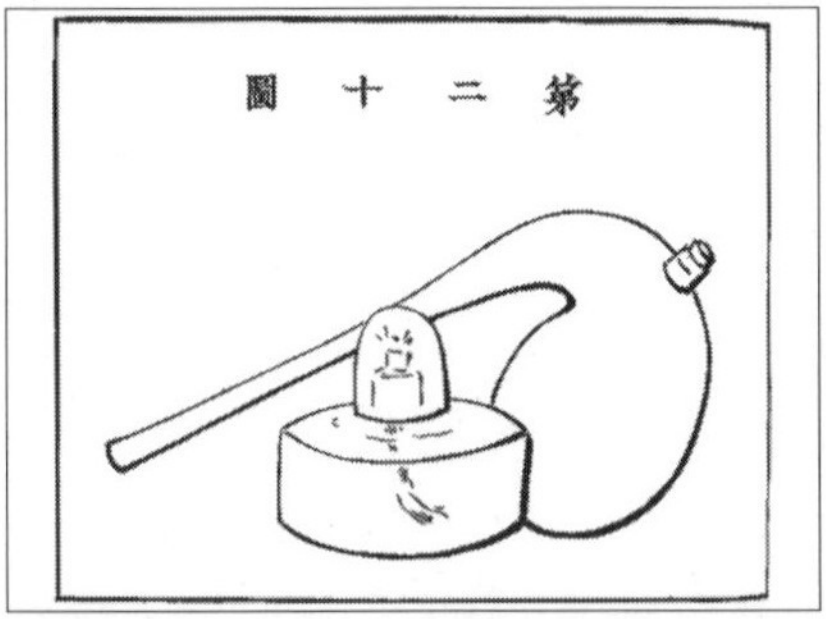

I-102

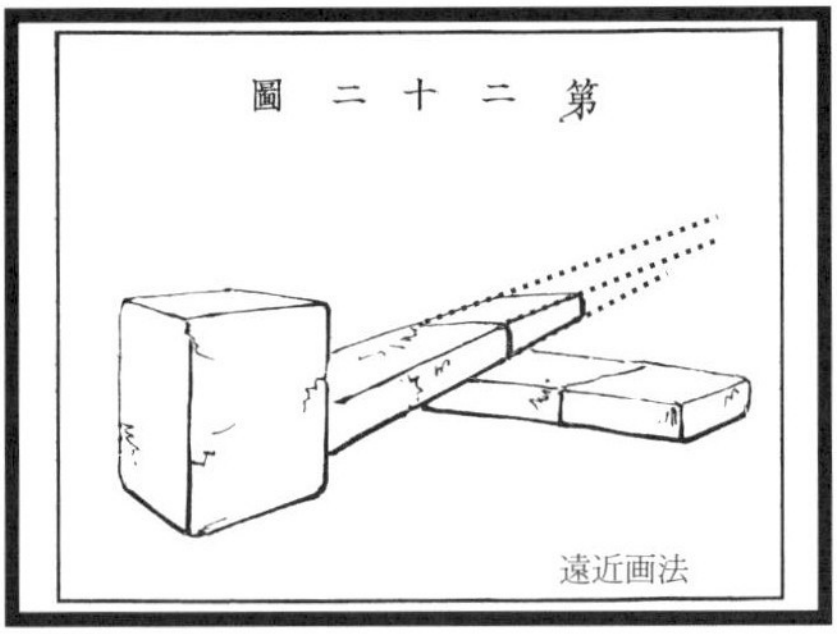

I-104

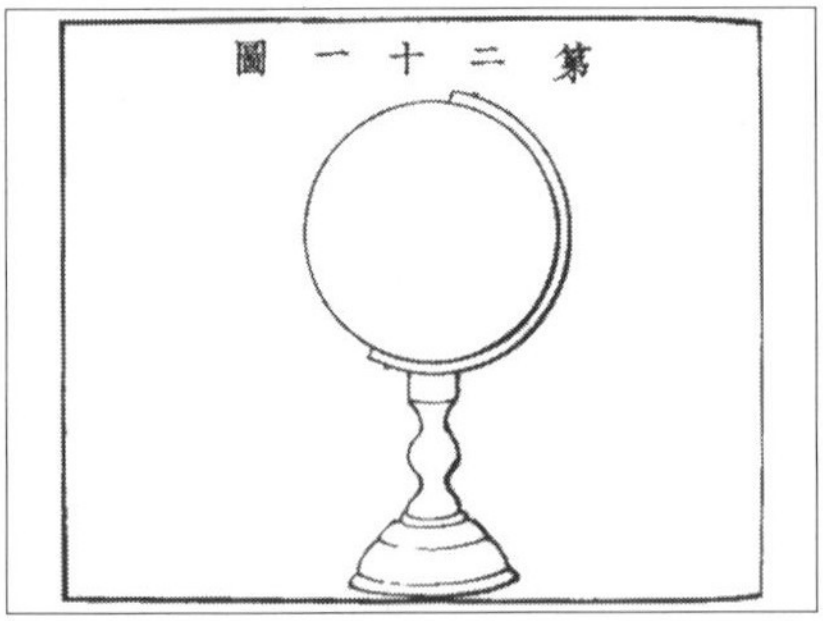

I-103

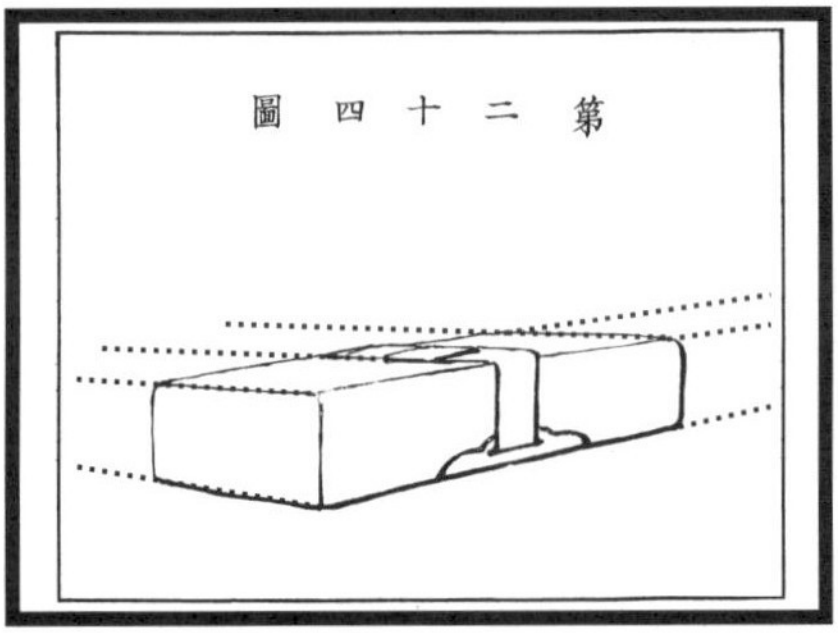

I-106

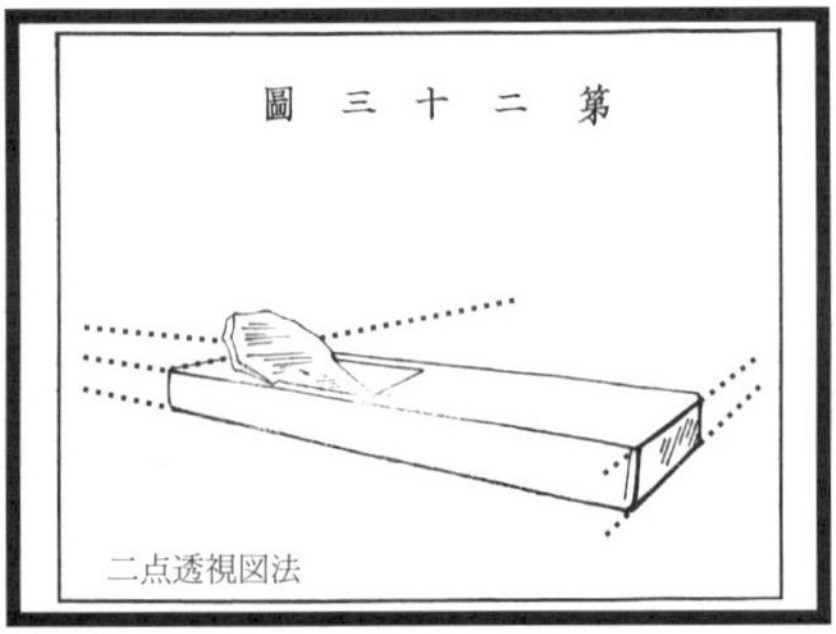

I-105

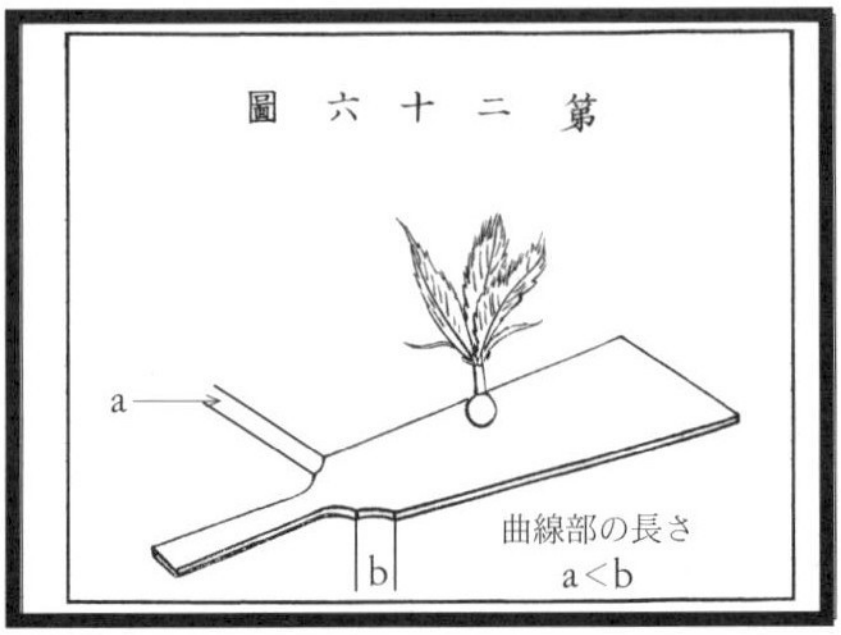

I-108

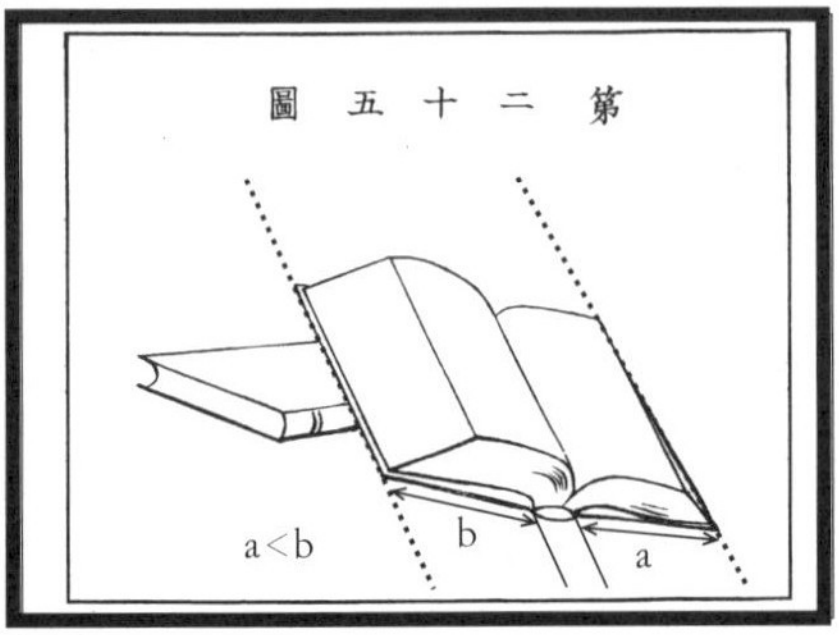

I-107

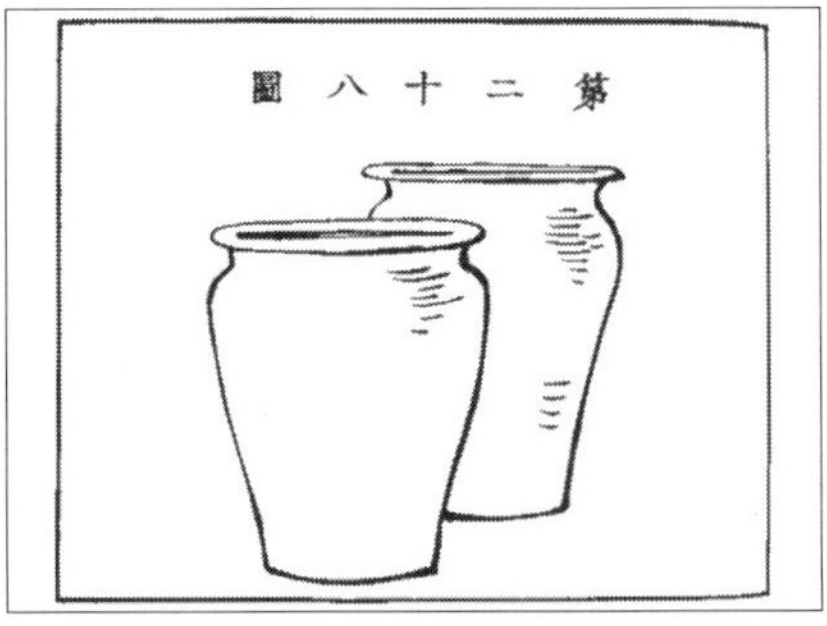

I-110

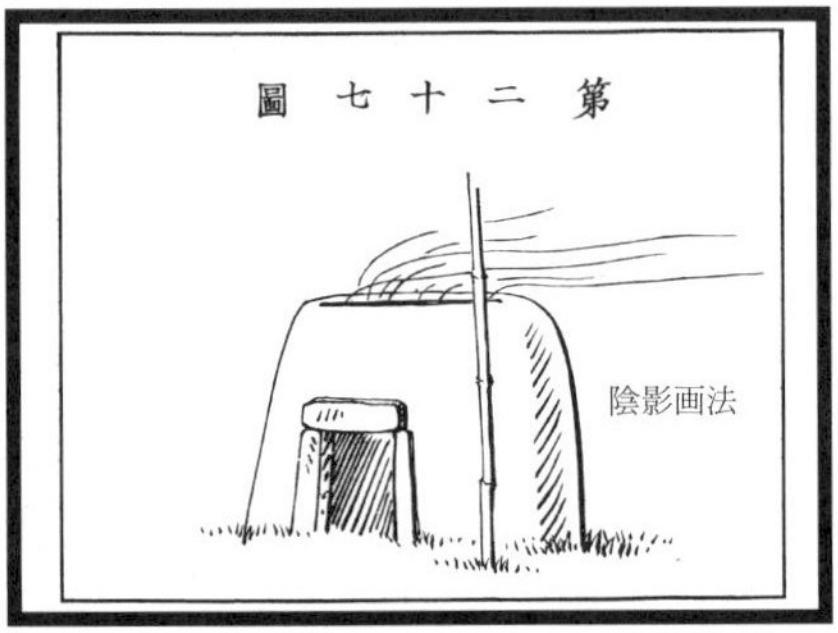

I-109

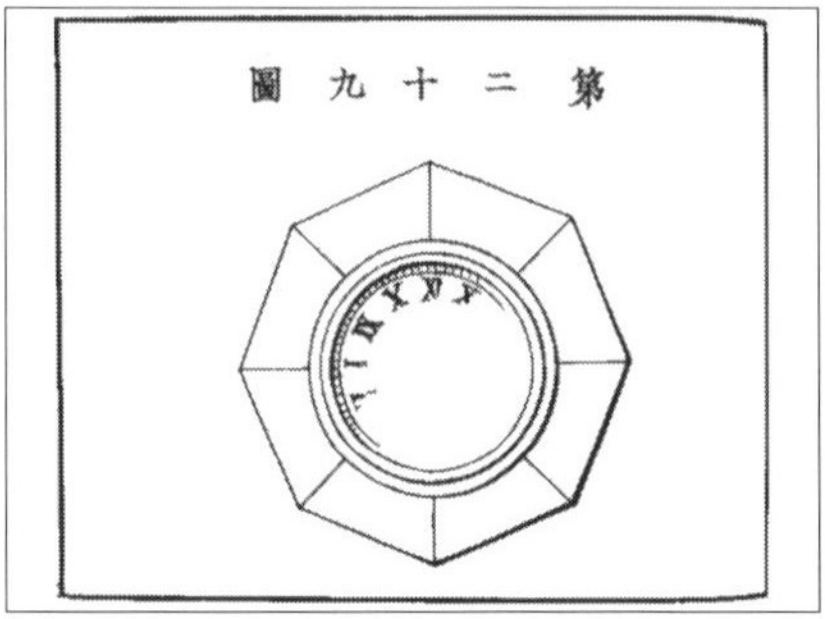

I-111

I-112

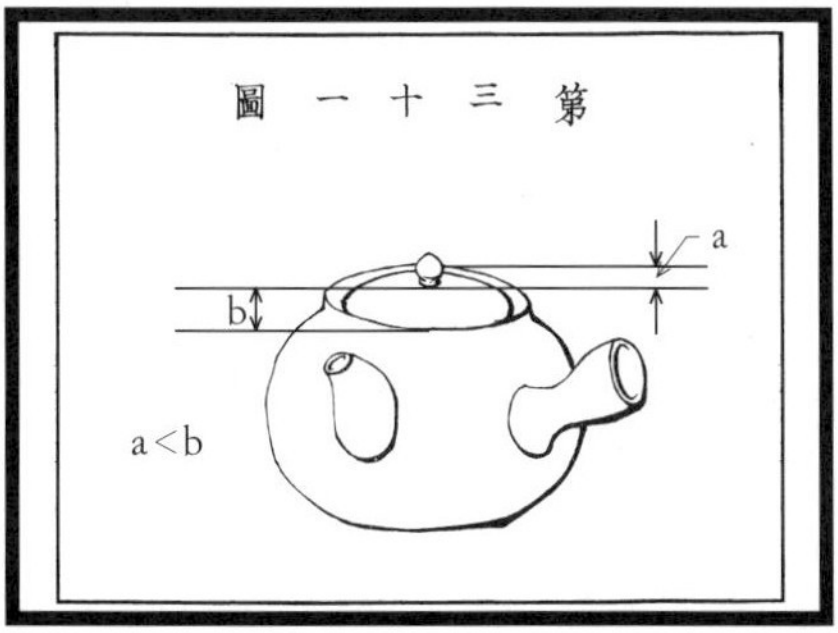

I-113

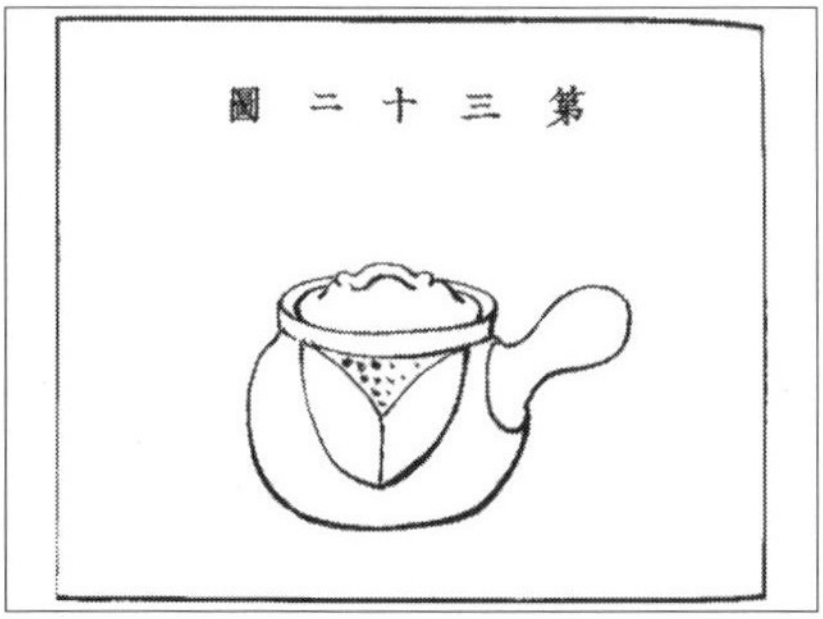

I-114

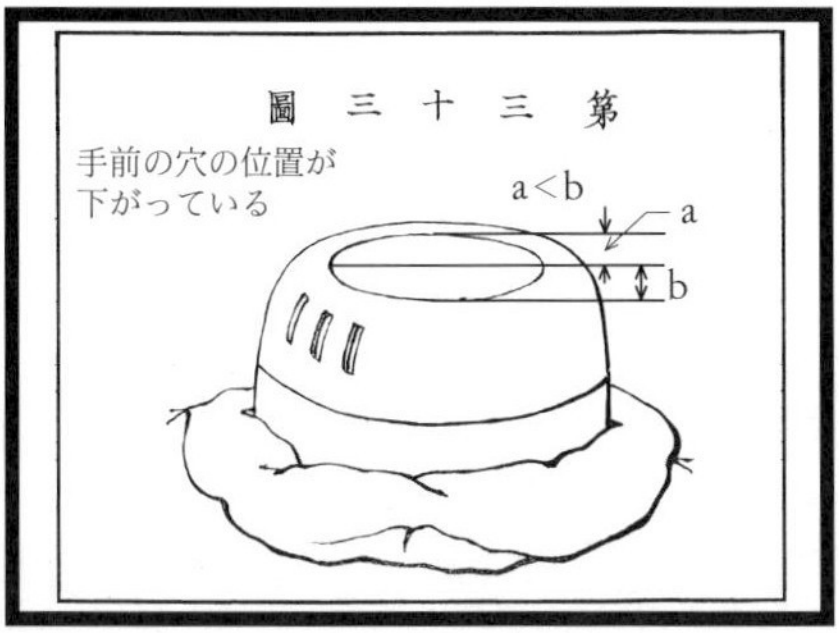

I-115

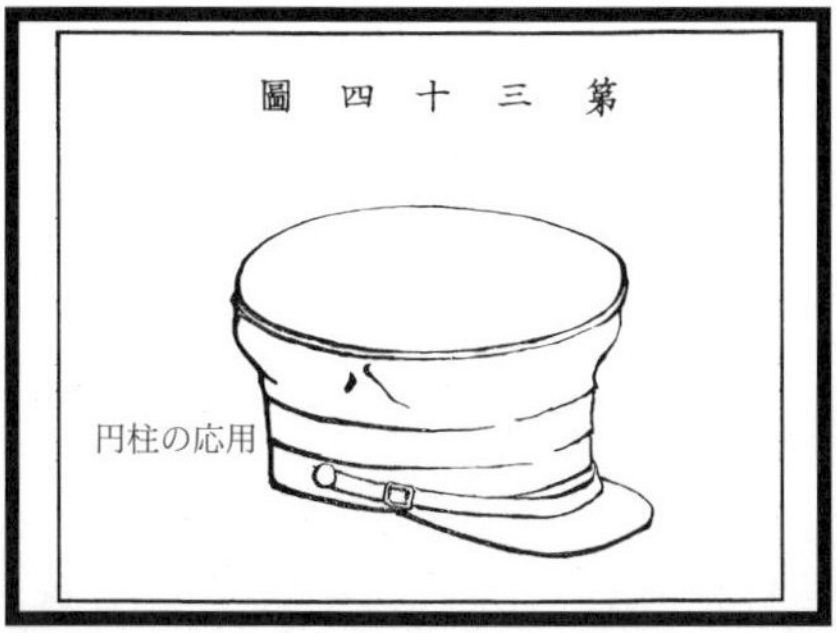

I-116

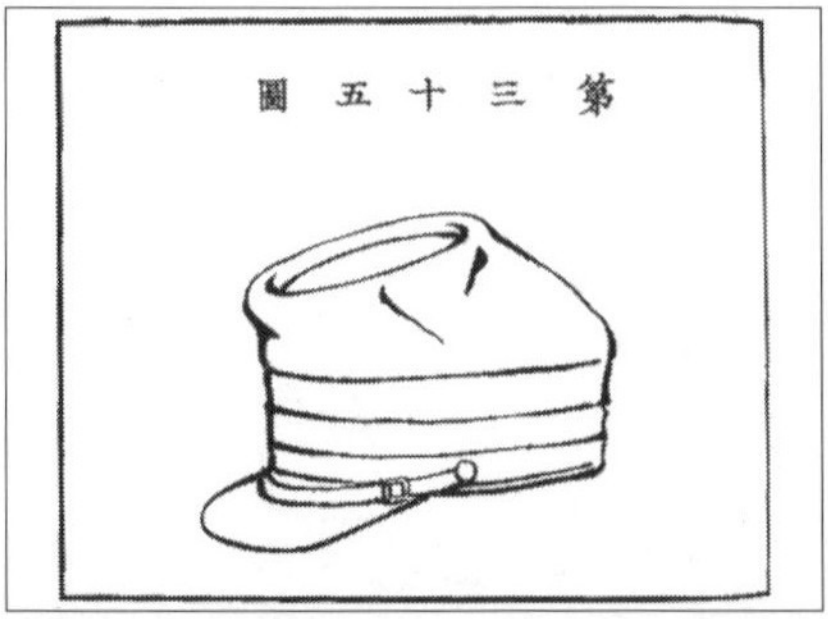

I-117

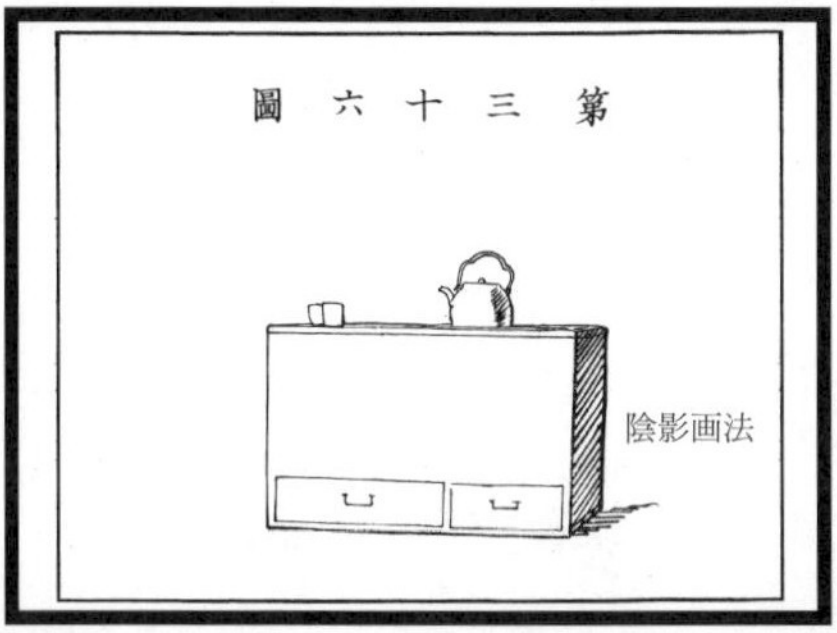

I-118

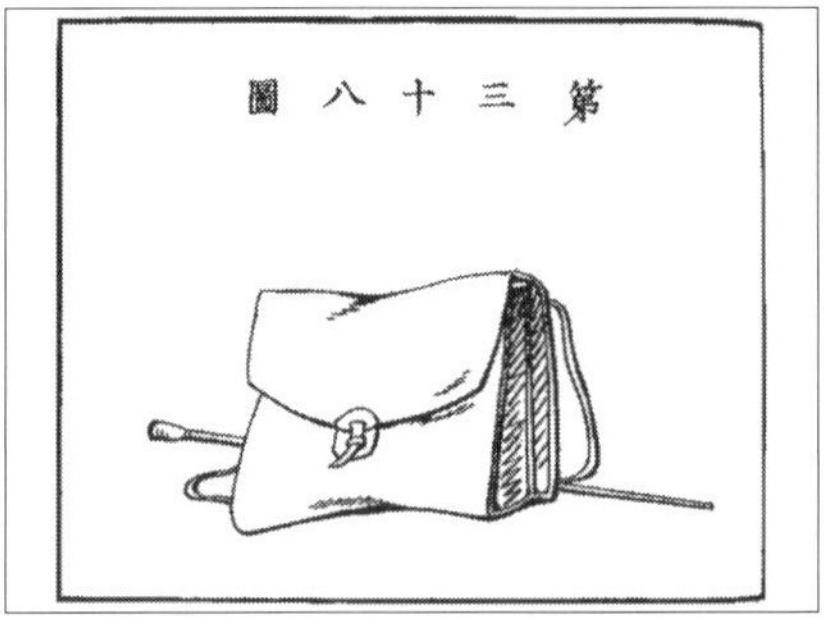

I-120

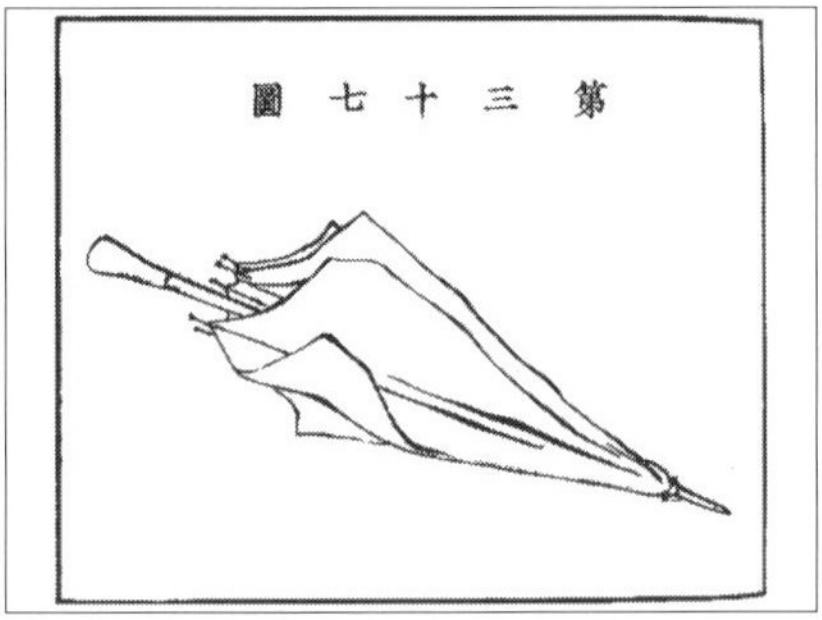

I-119

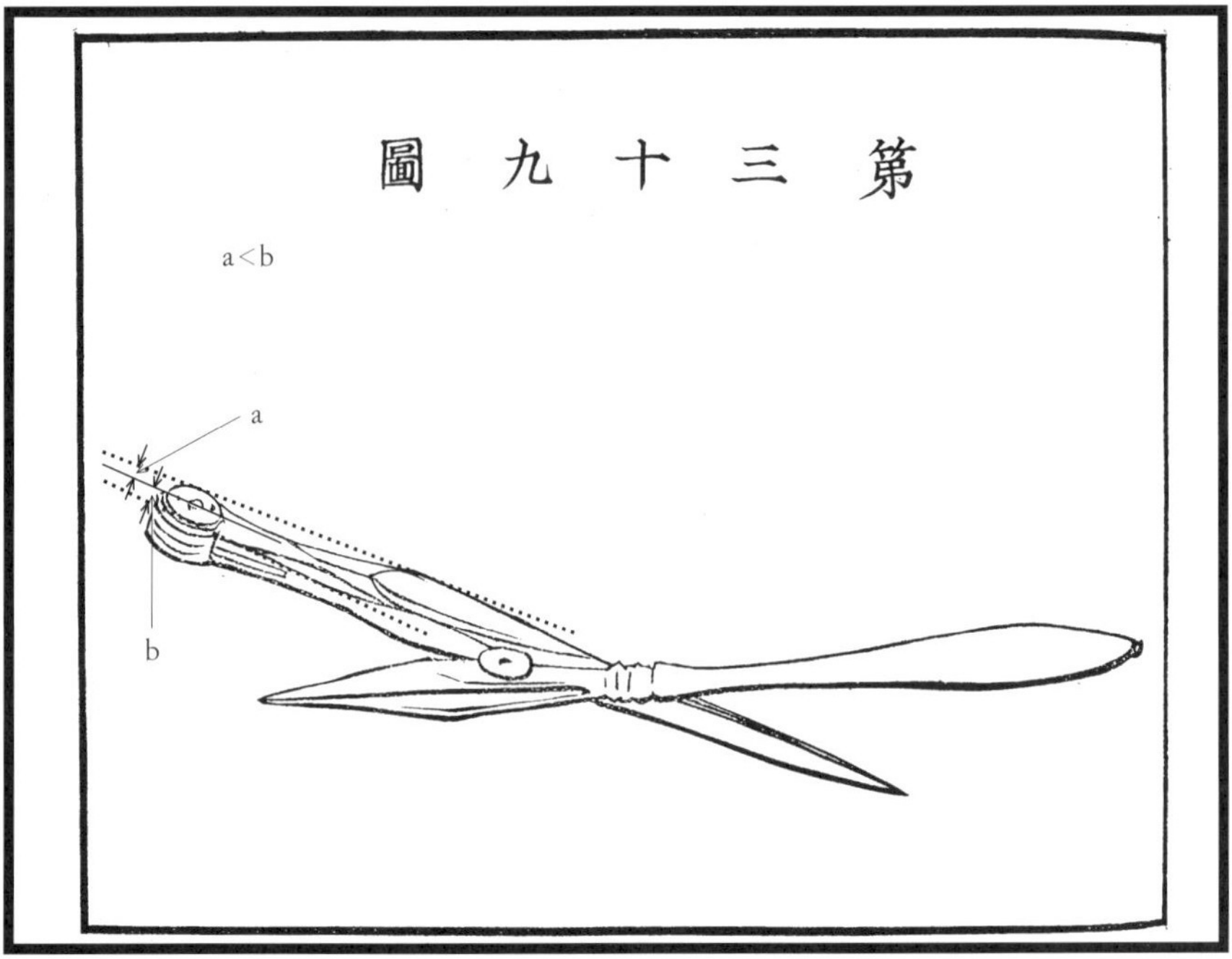

I-121

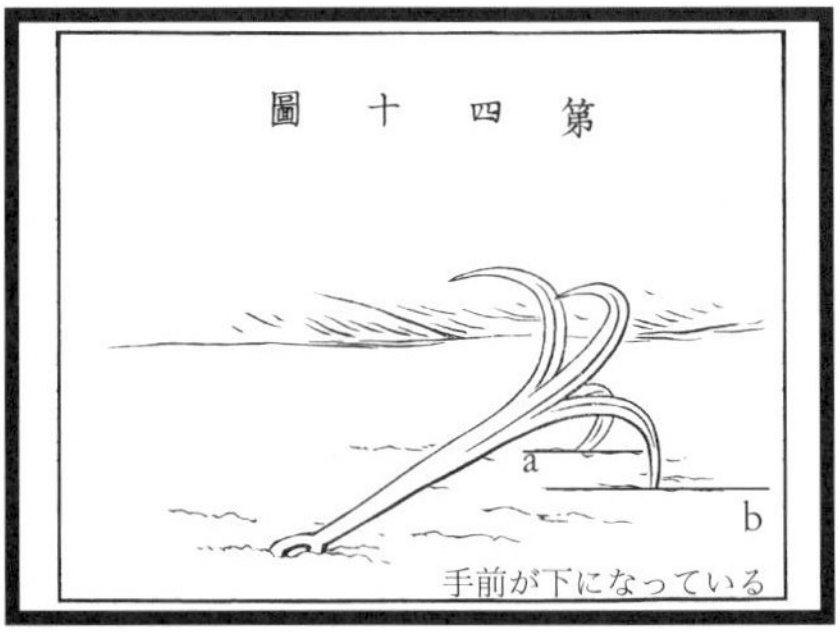

I-122

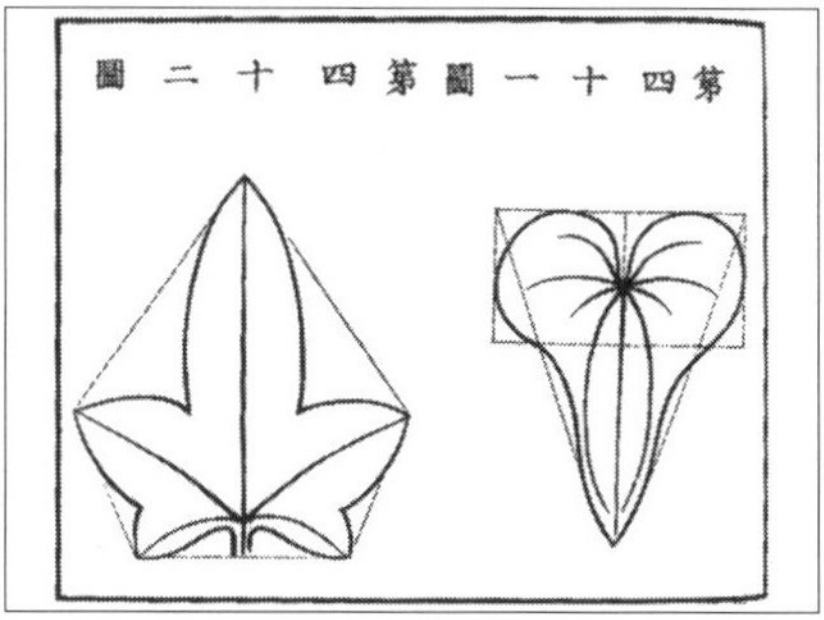

I-123

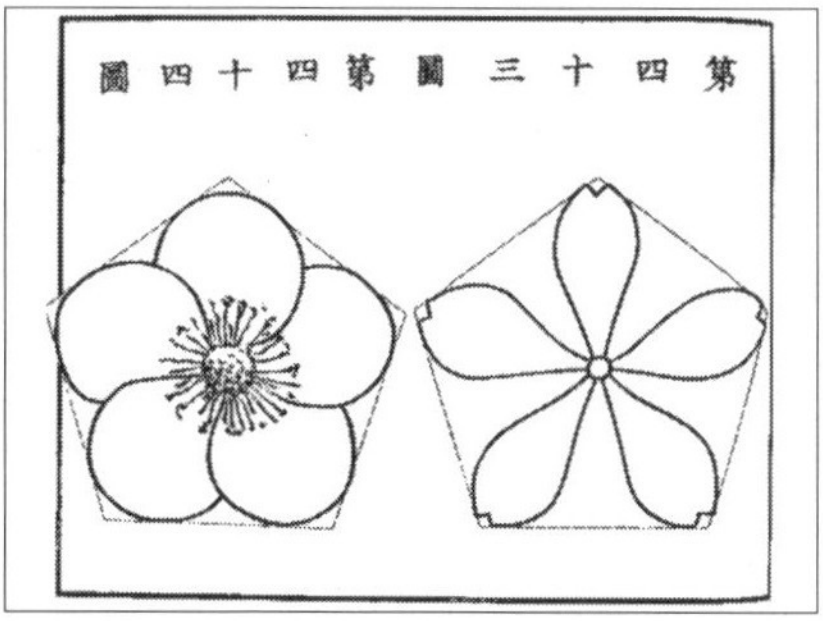

I-124

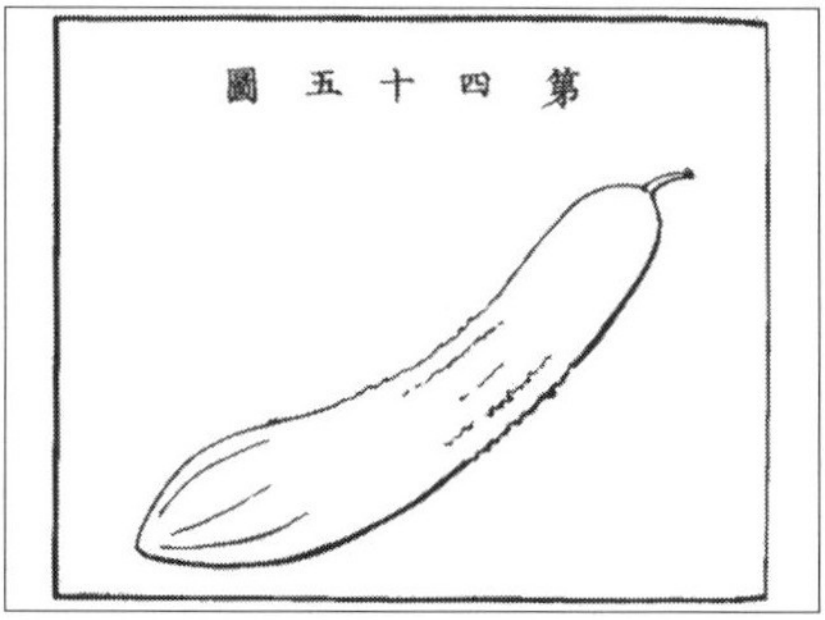

I-125

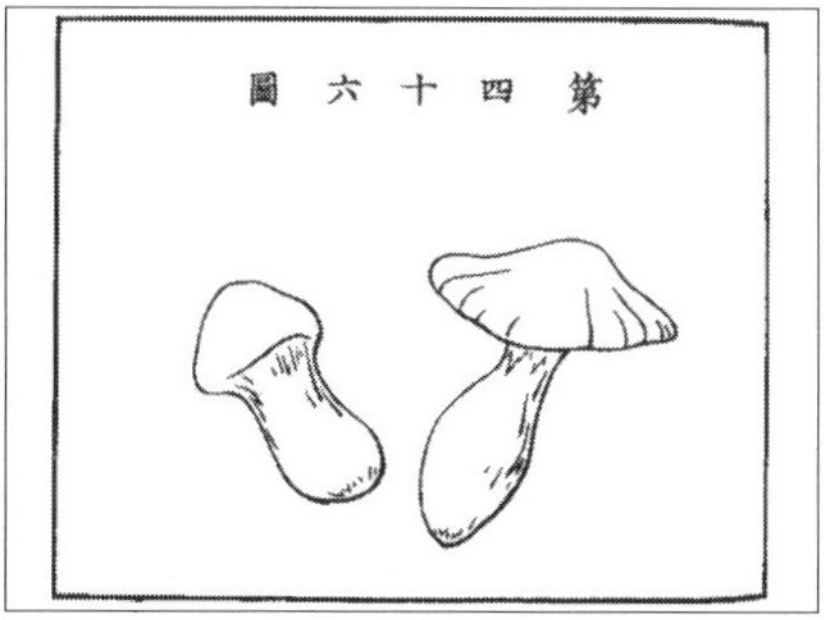

I-126

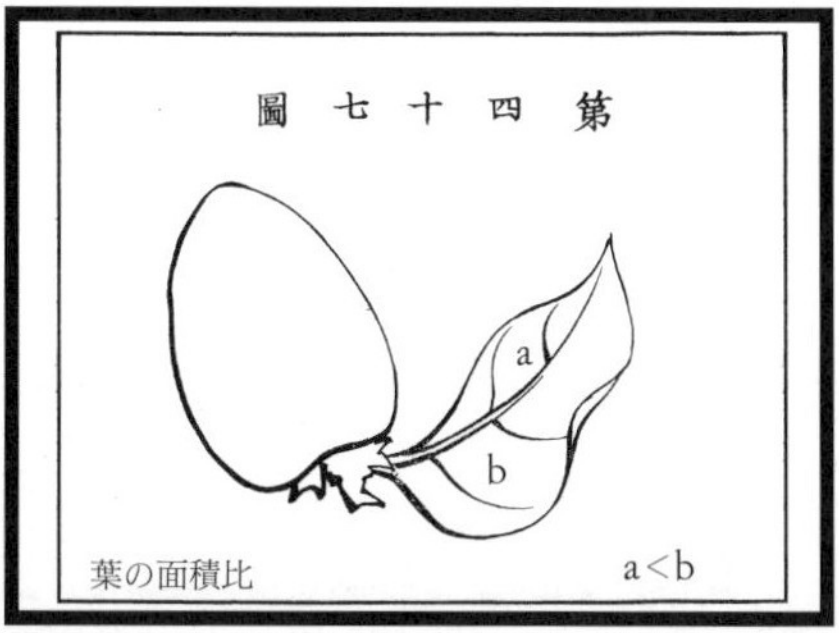

I-127

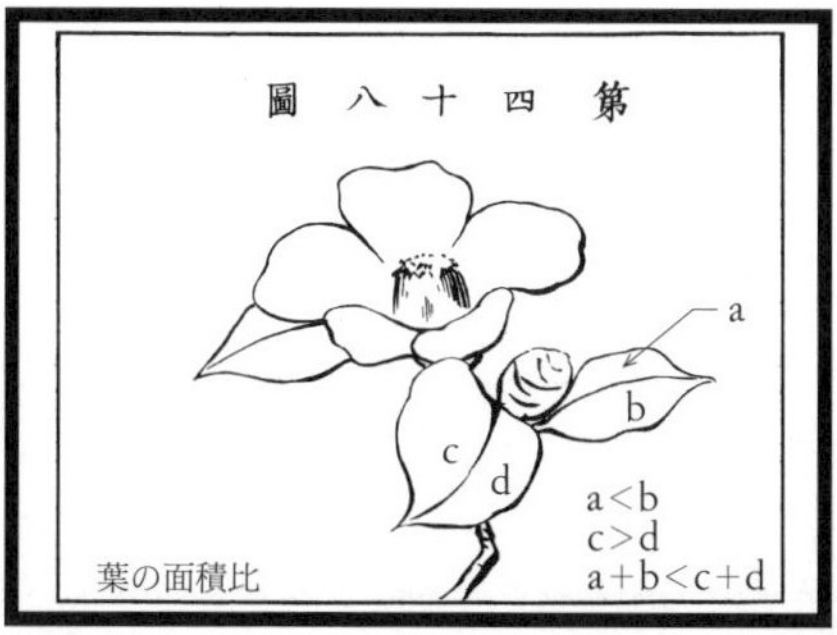

I-128

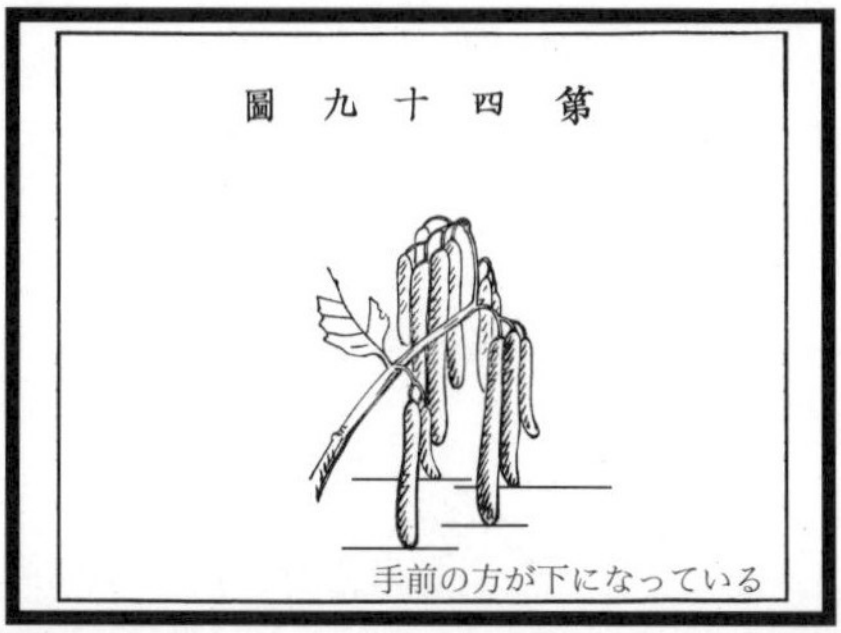

I-129

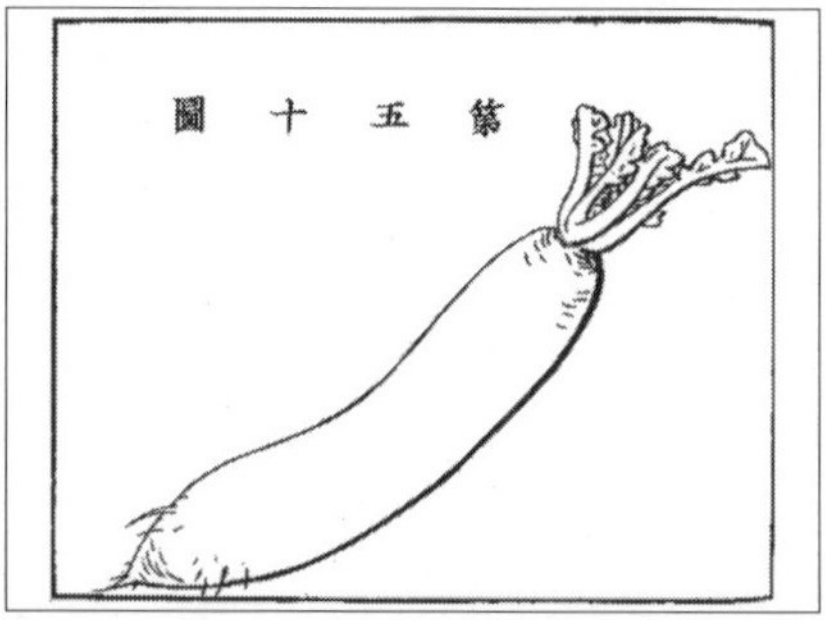

I-130

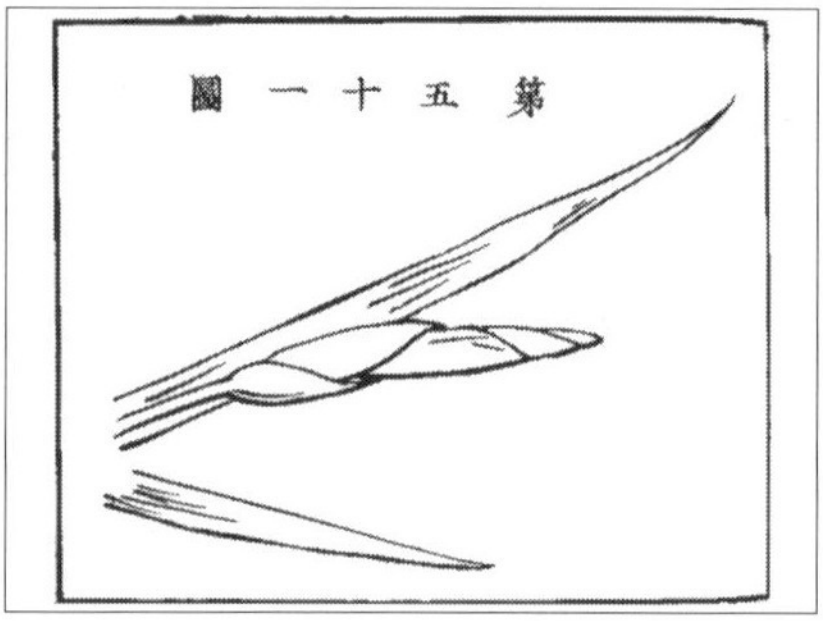

I-131

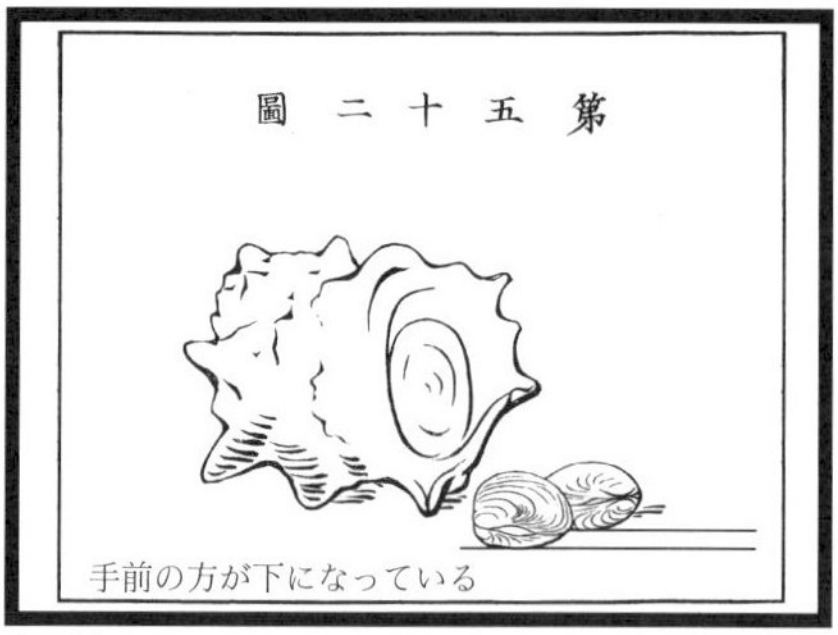

I-132

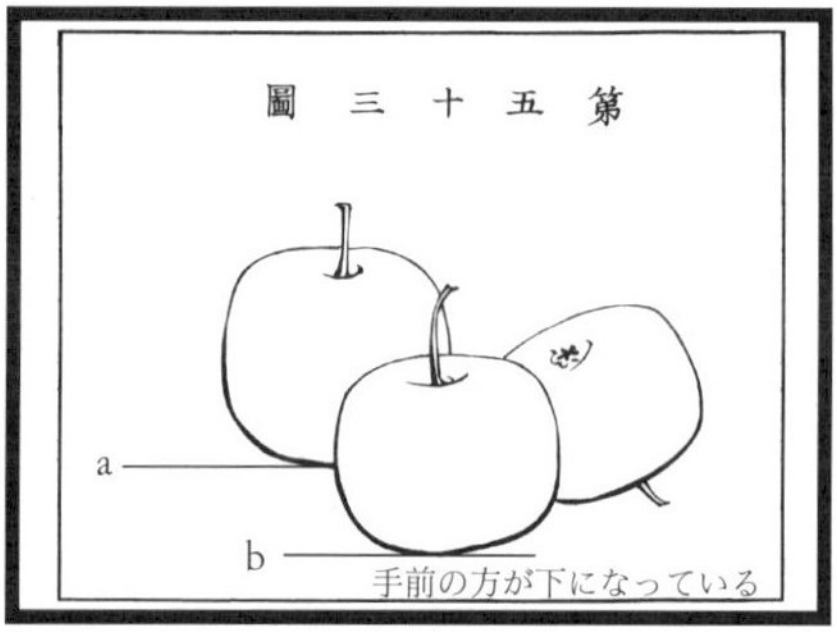

I-133

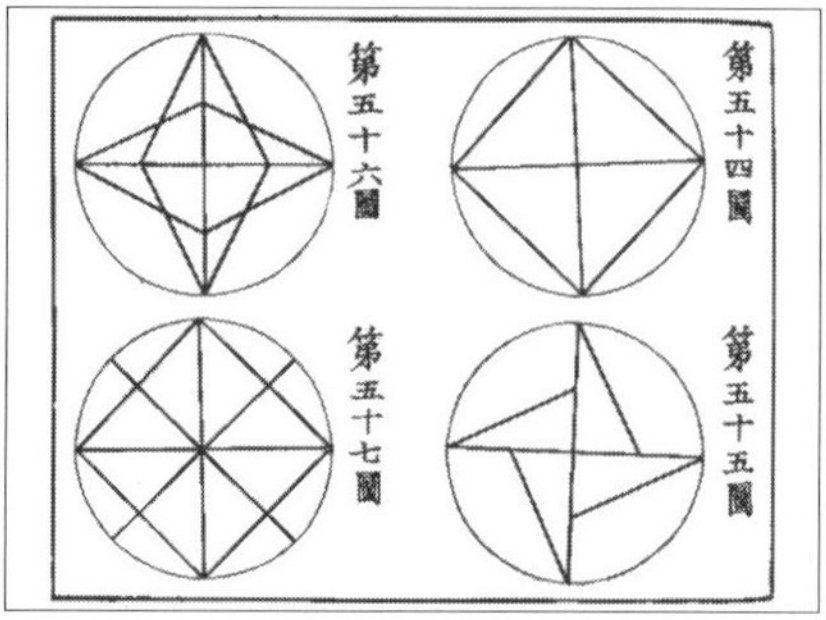

I-134

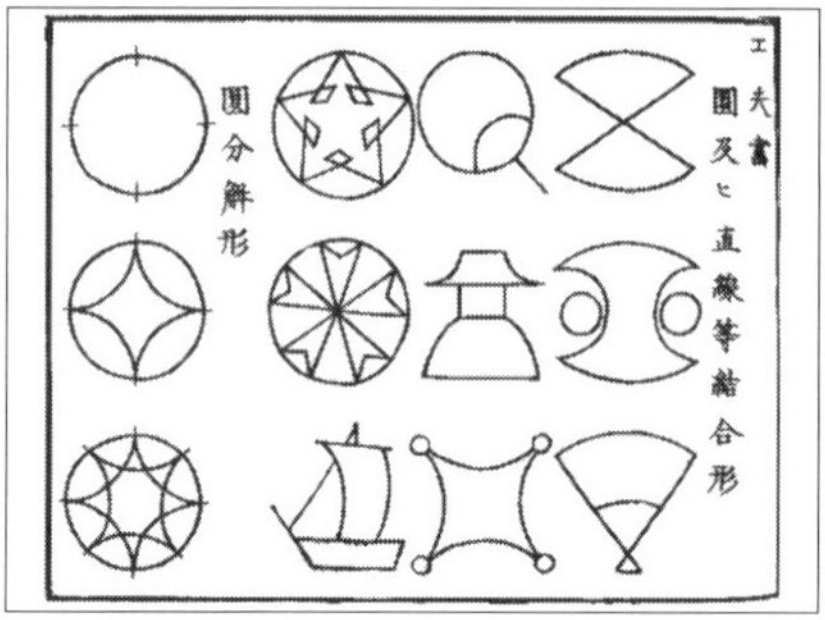

I-135

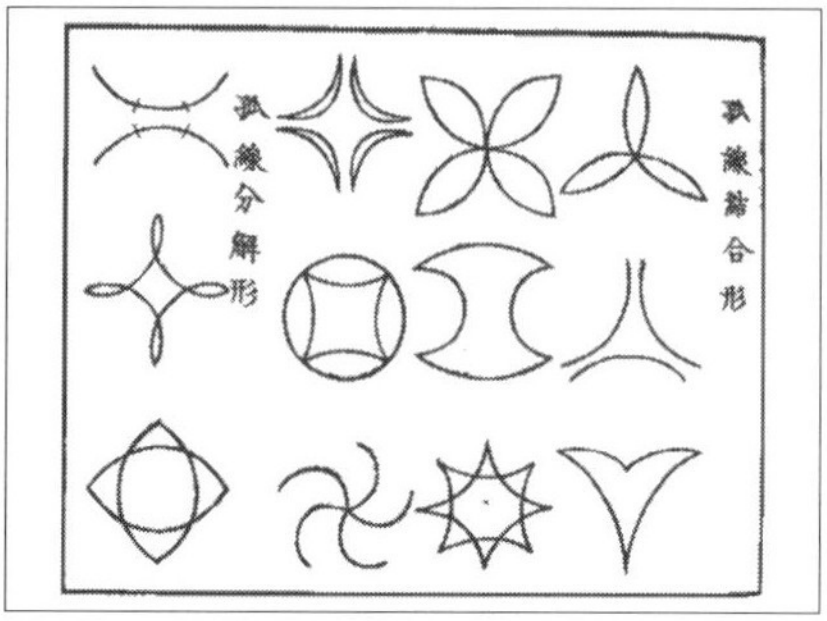

I-136

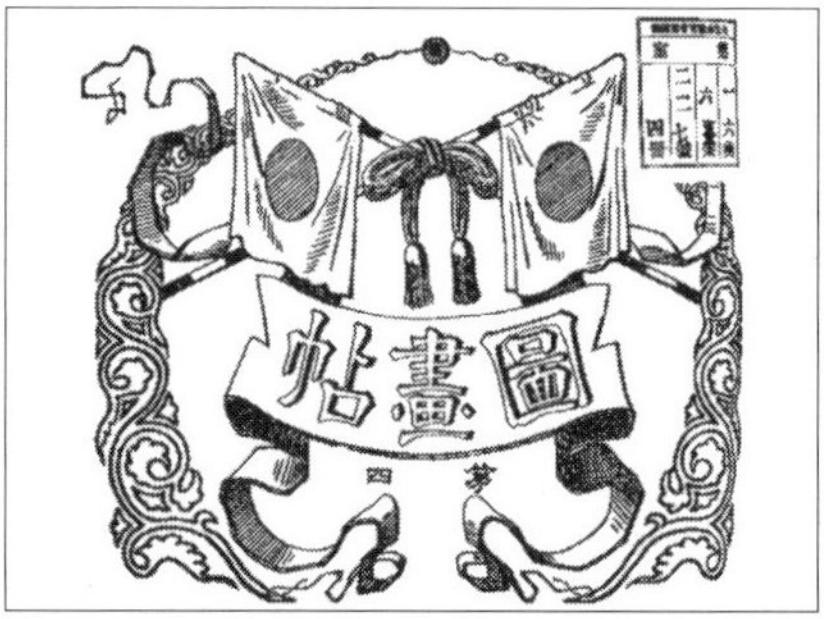

I-137

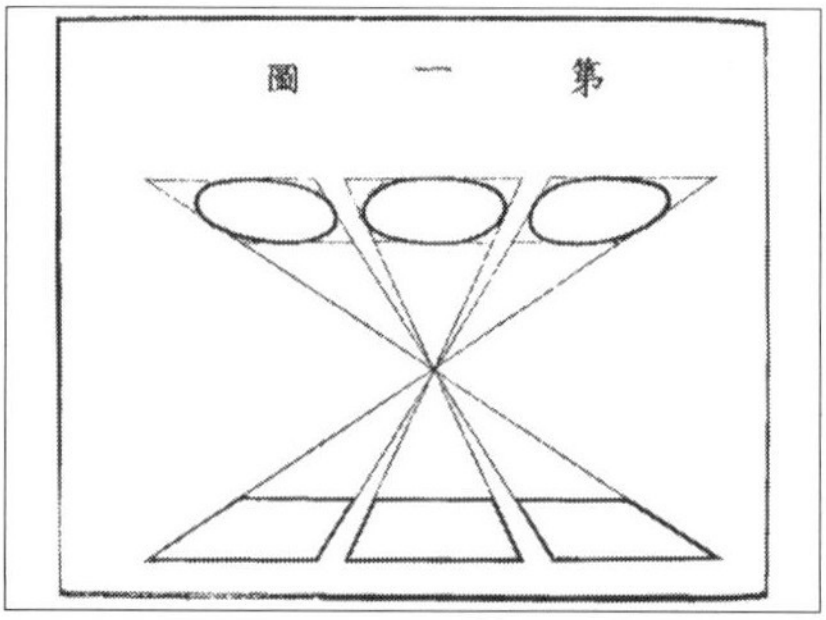

I-138

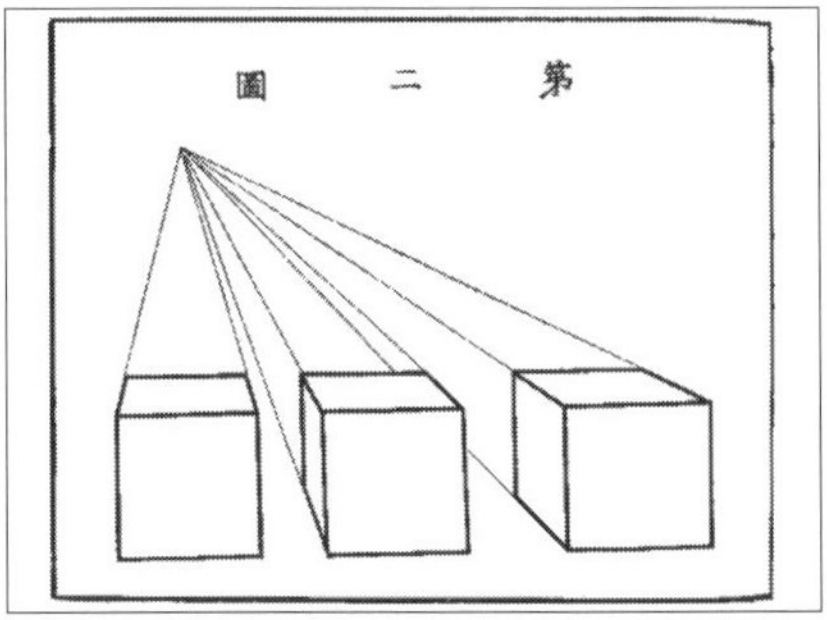

I-139

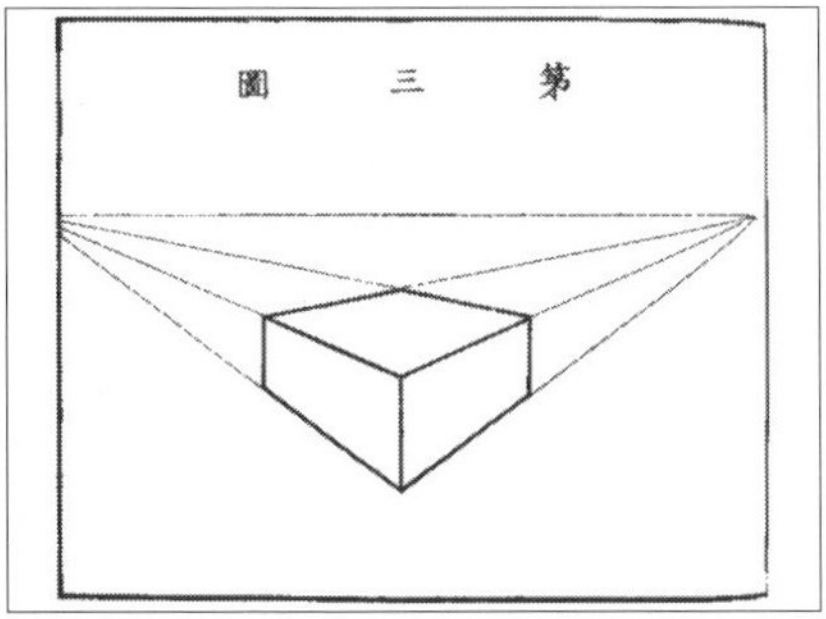

I-140

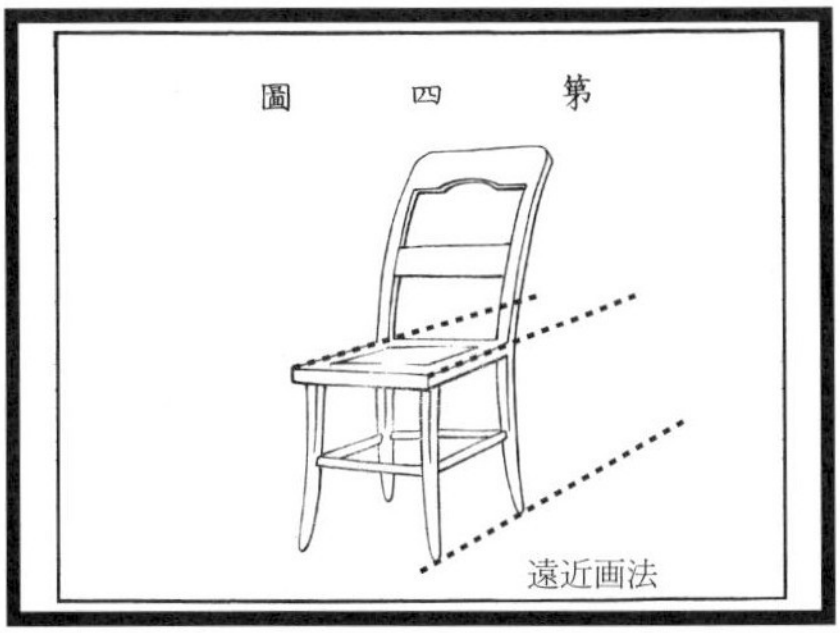

I-141

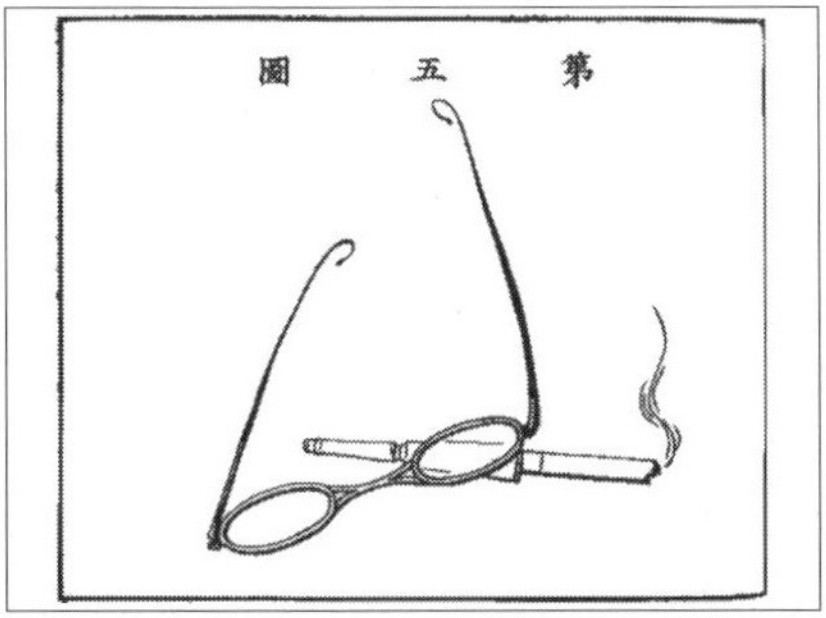

I-142

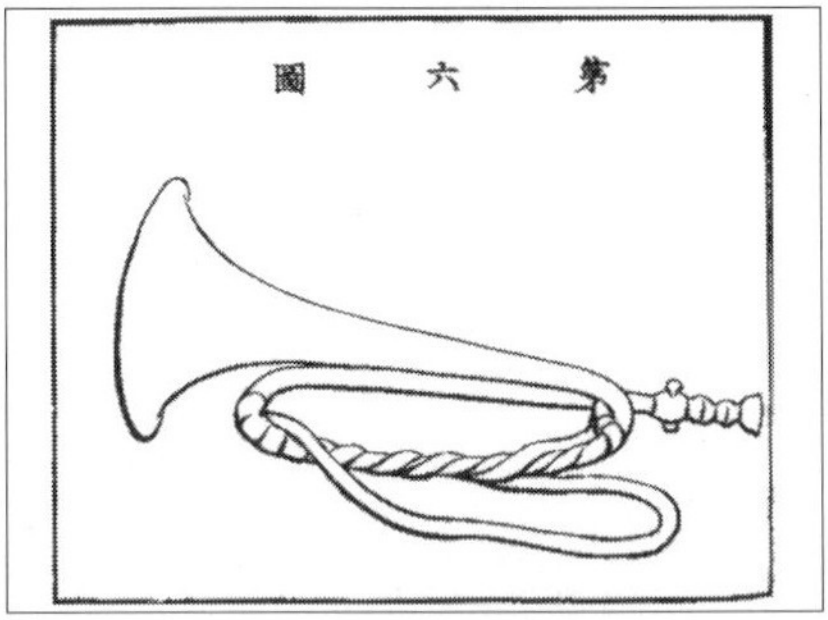

I-143

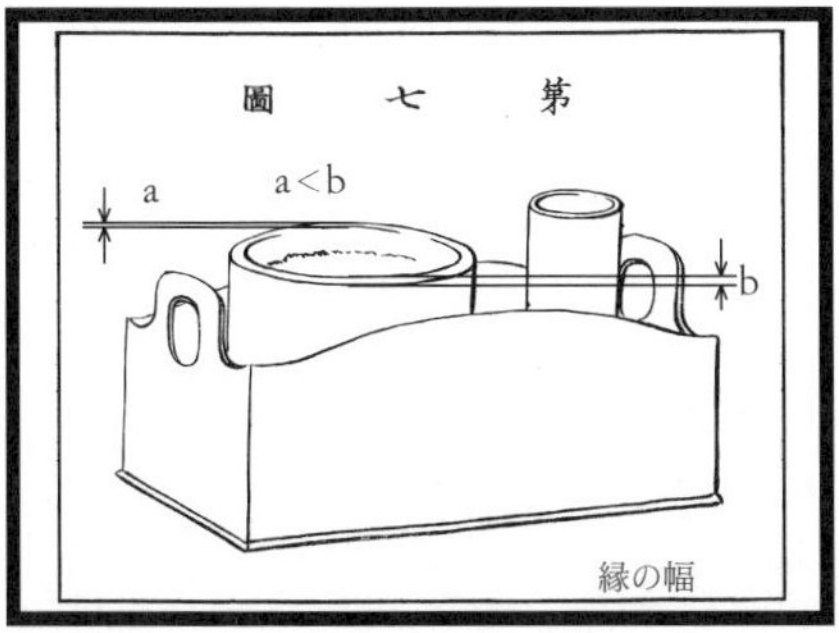

I-144

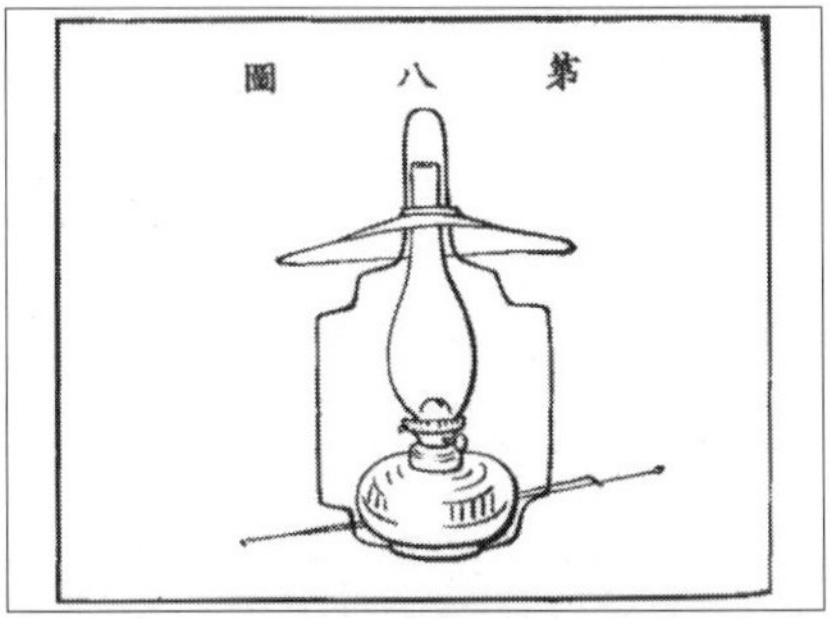

I-145

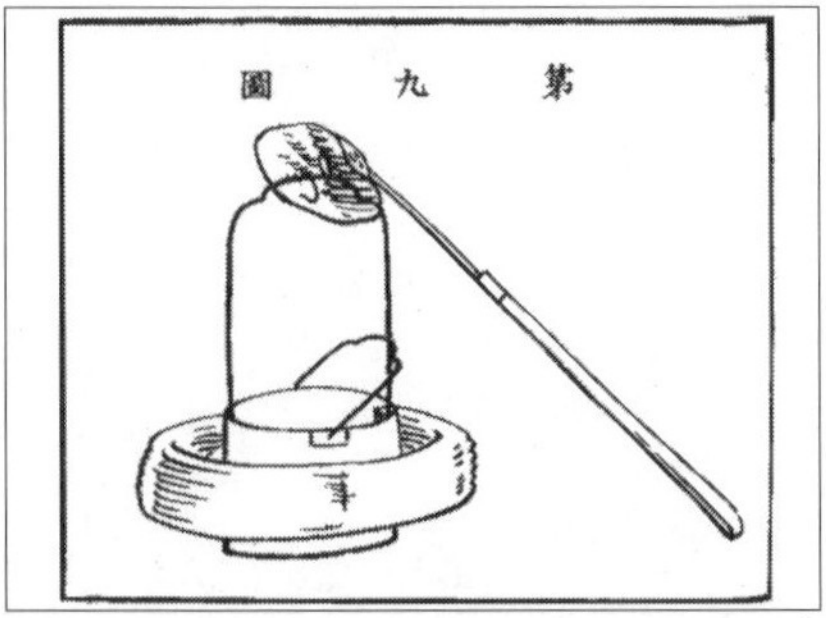

I-146

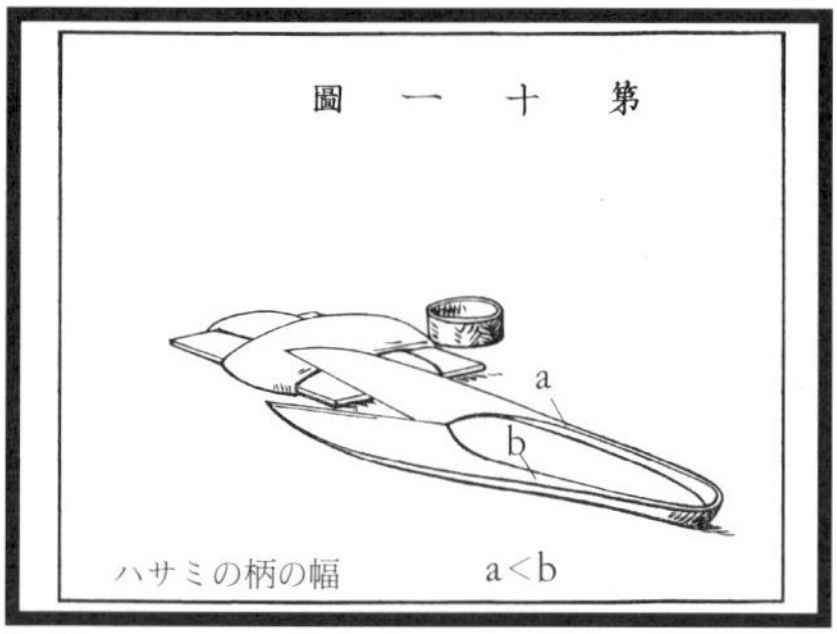

I-148

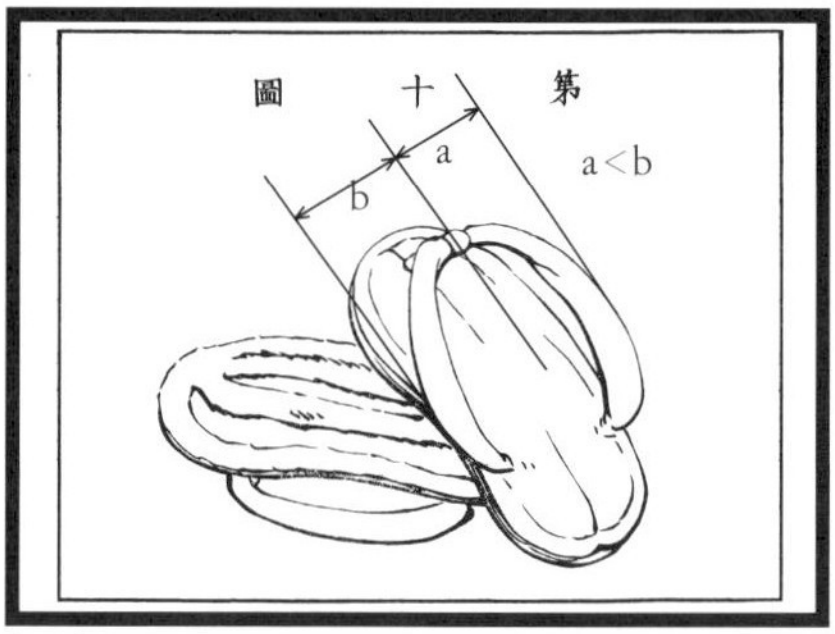

I-147

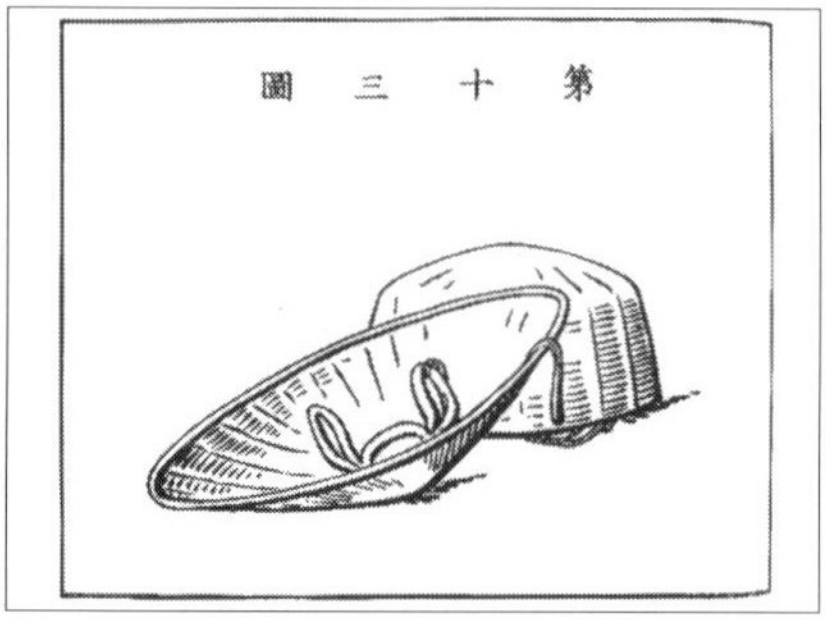

I-150

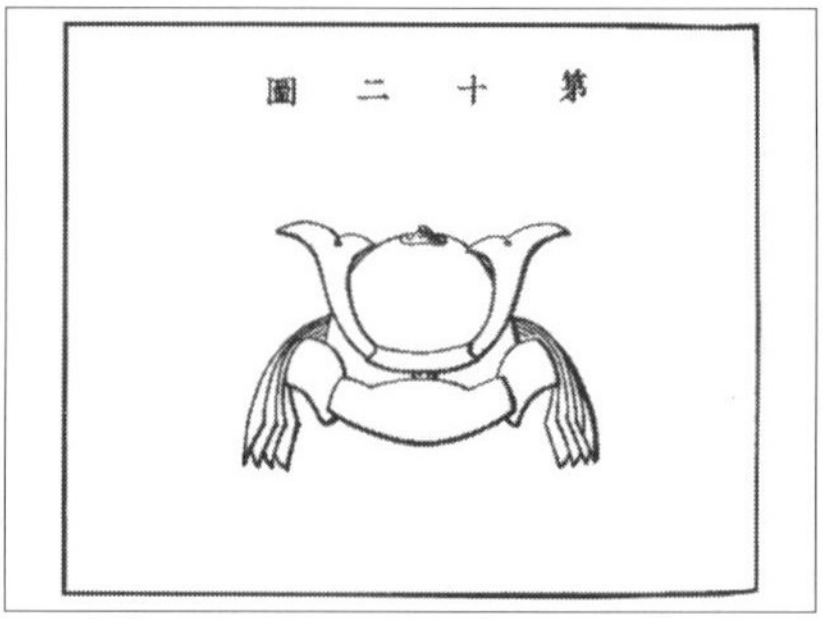

I-149

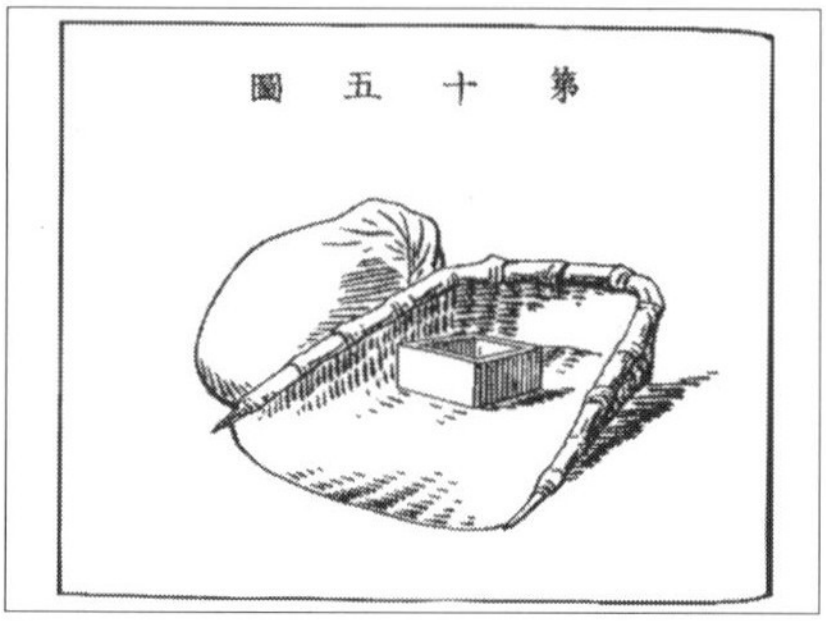

I-152

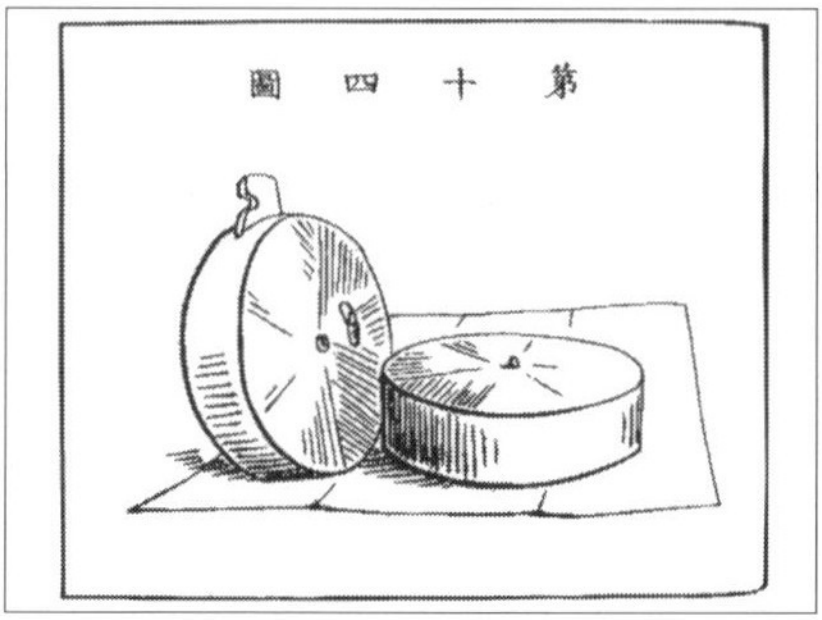

I-151

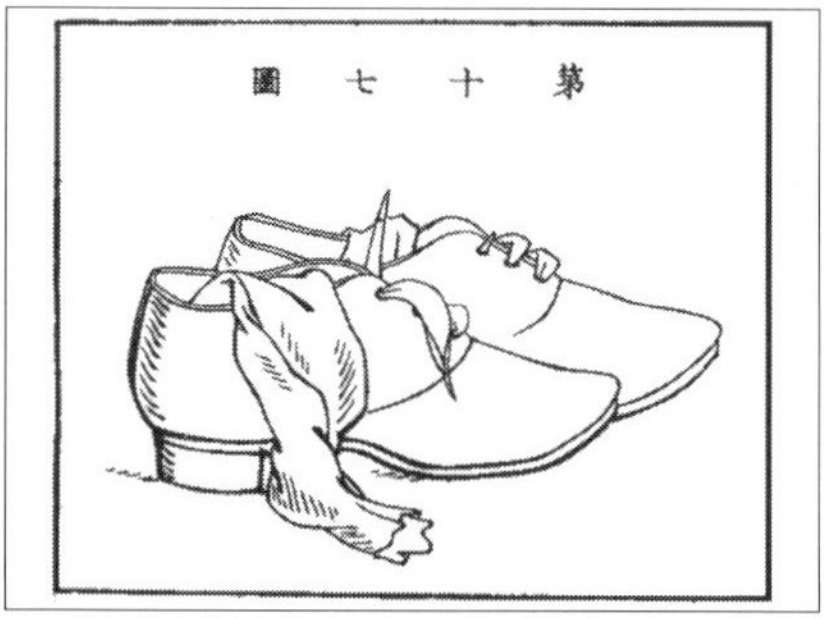

I-154

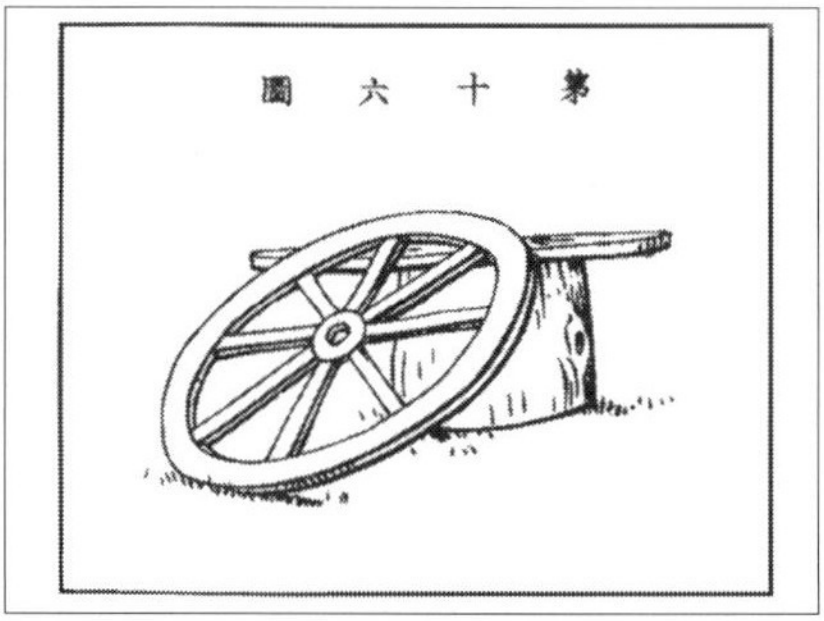

I-153

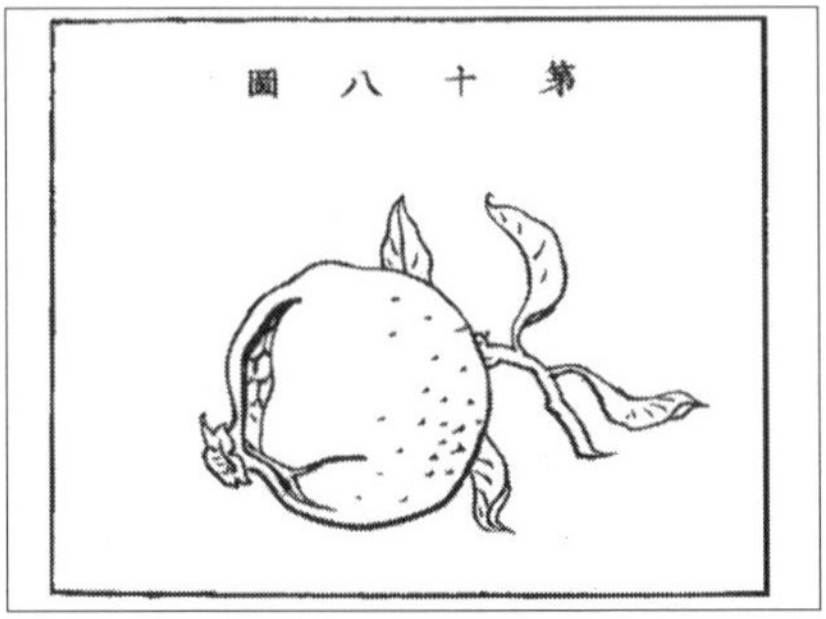

I-155

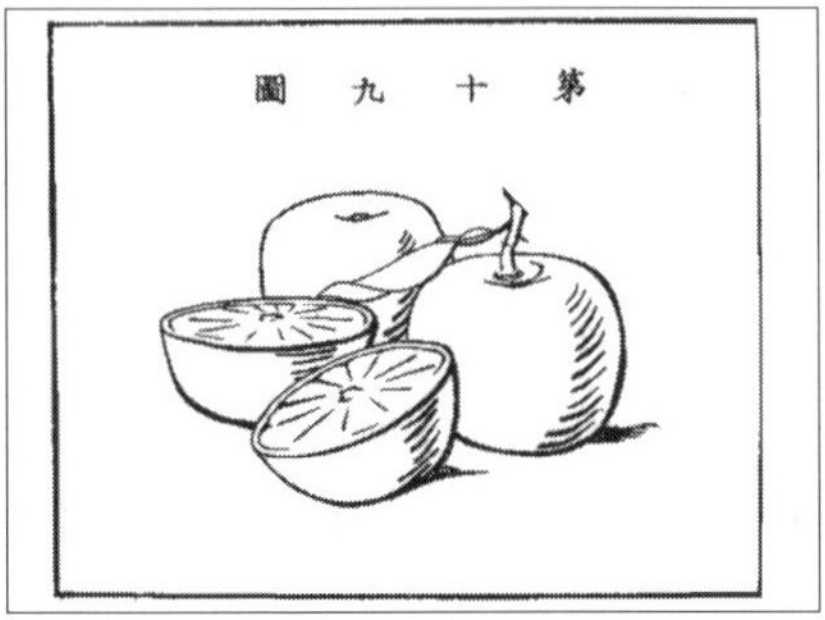

I-156

I-157

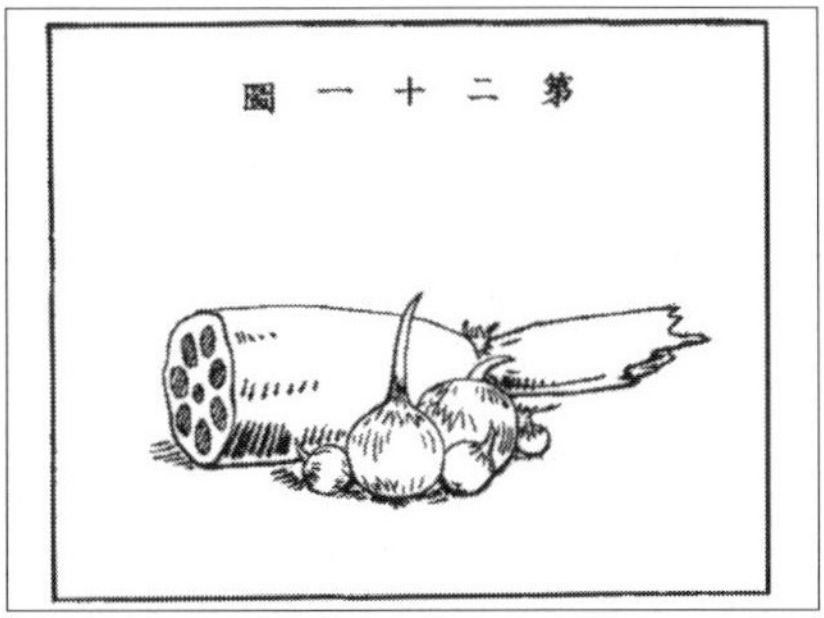

I-158

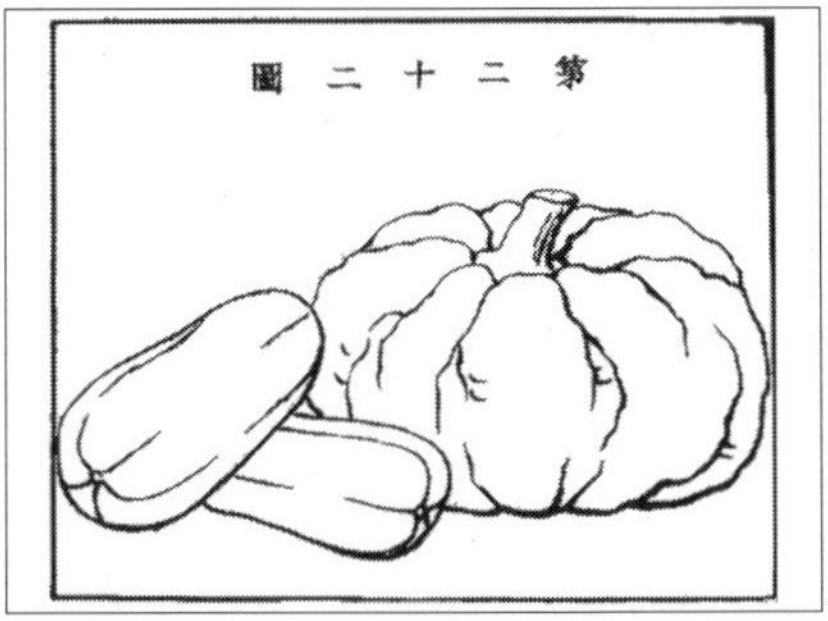

I-159

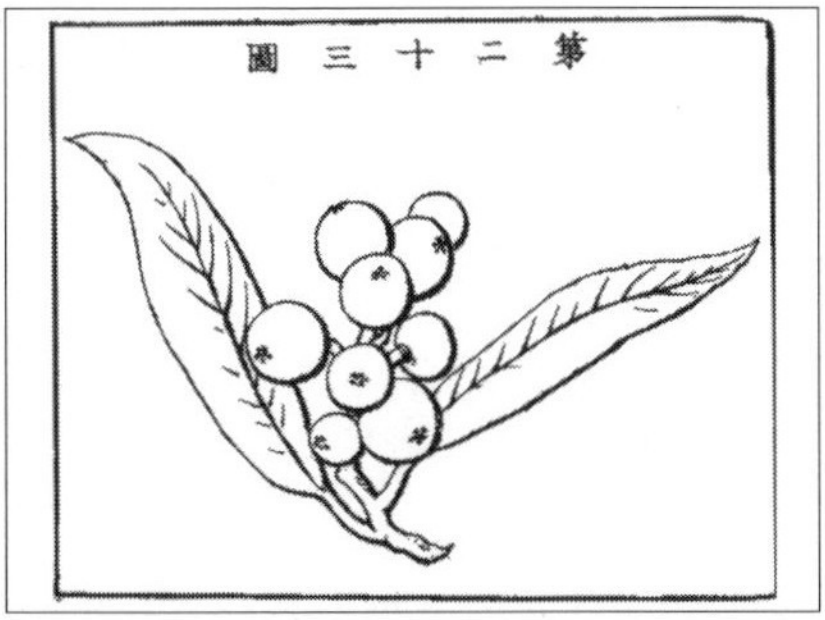

I-160

I-161

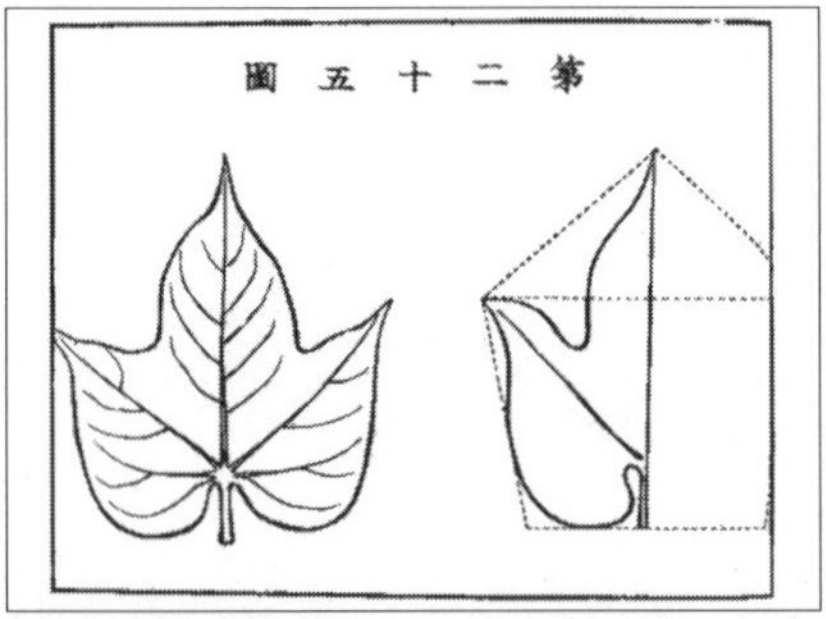

I-162

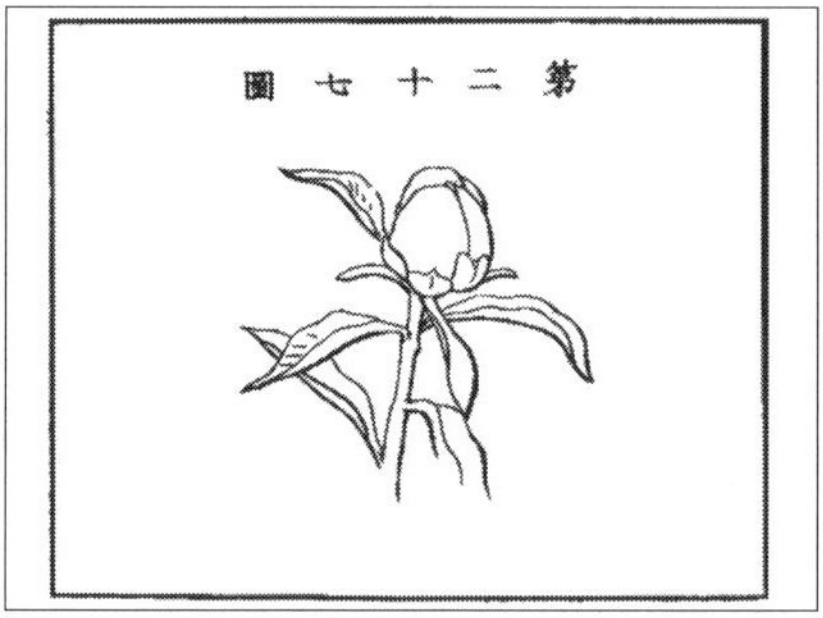

I-164

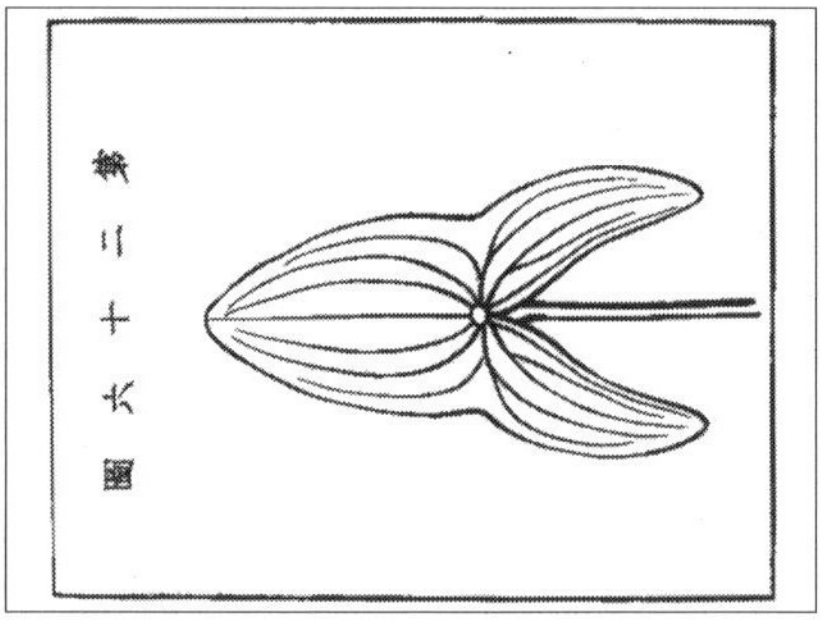

I-163

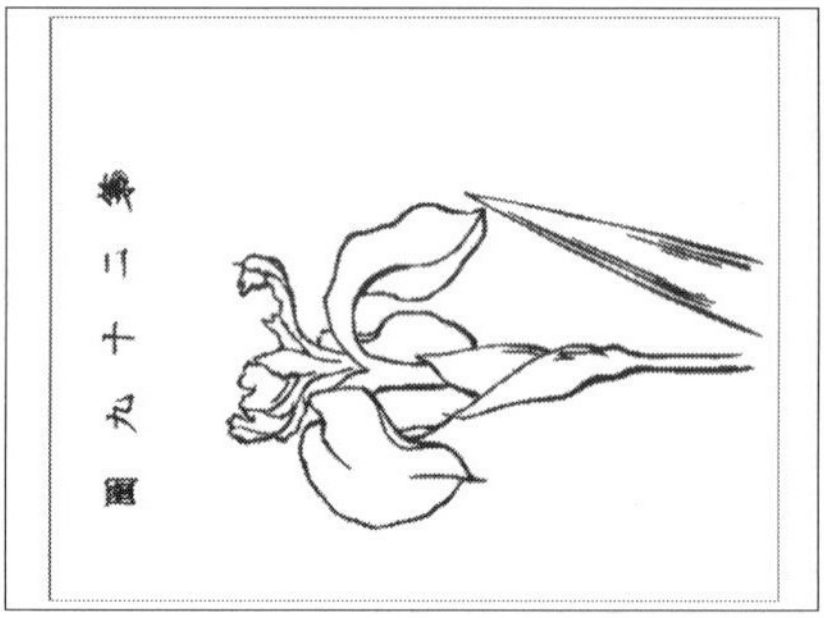

I-166

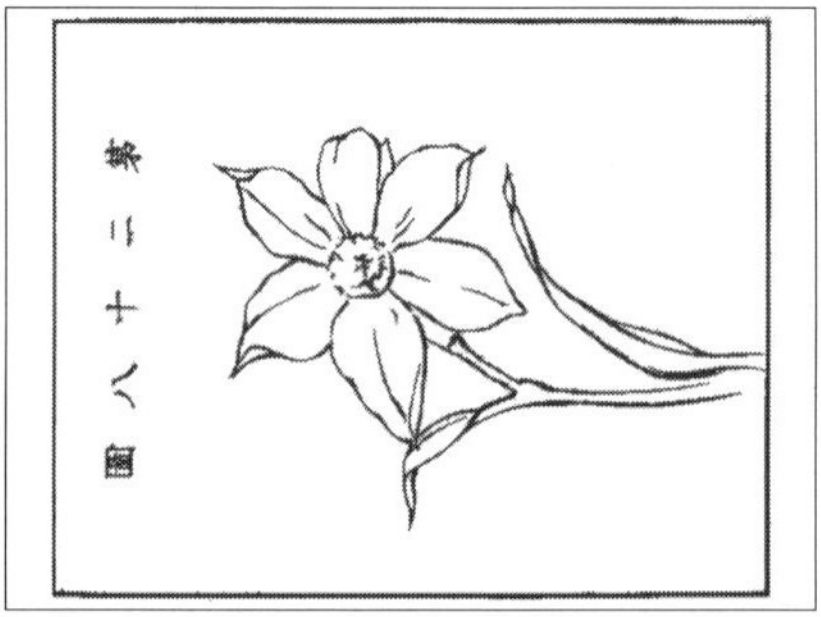

I-165

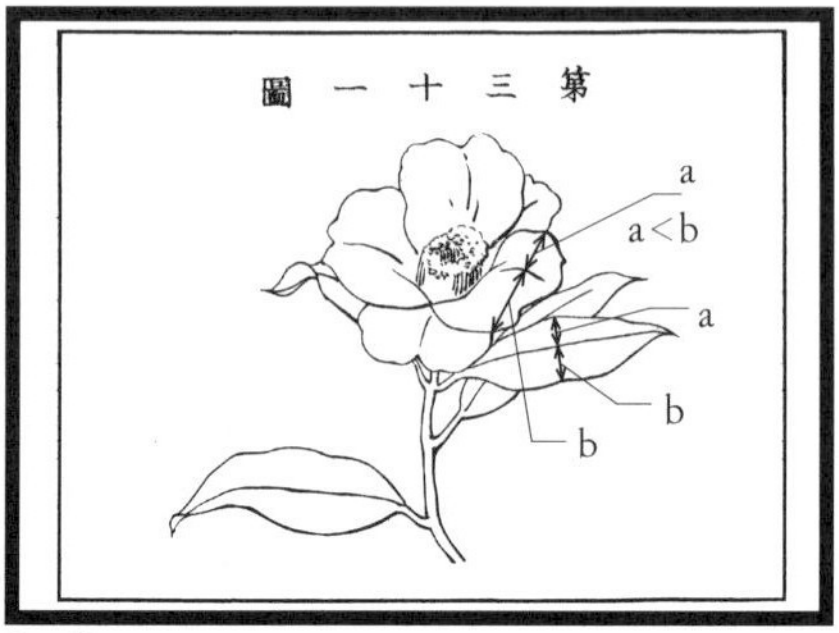

I-168

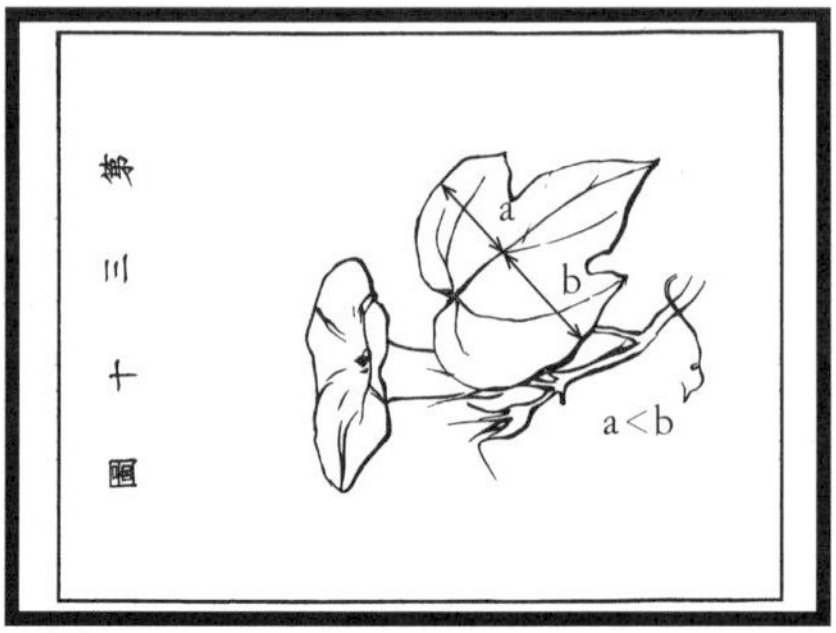

I-167

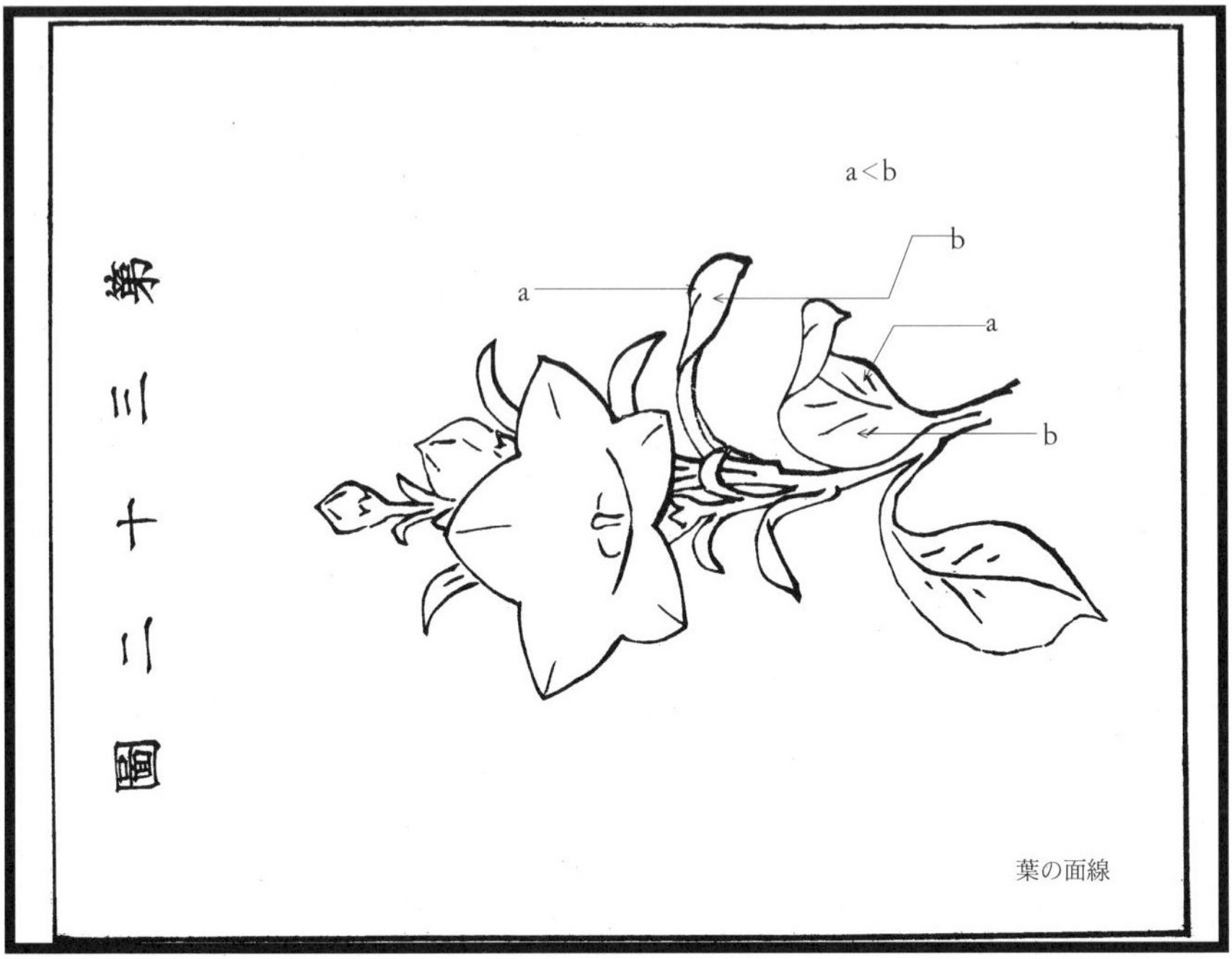

I-169

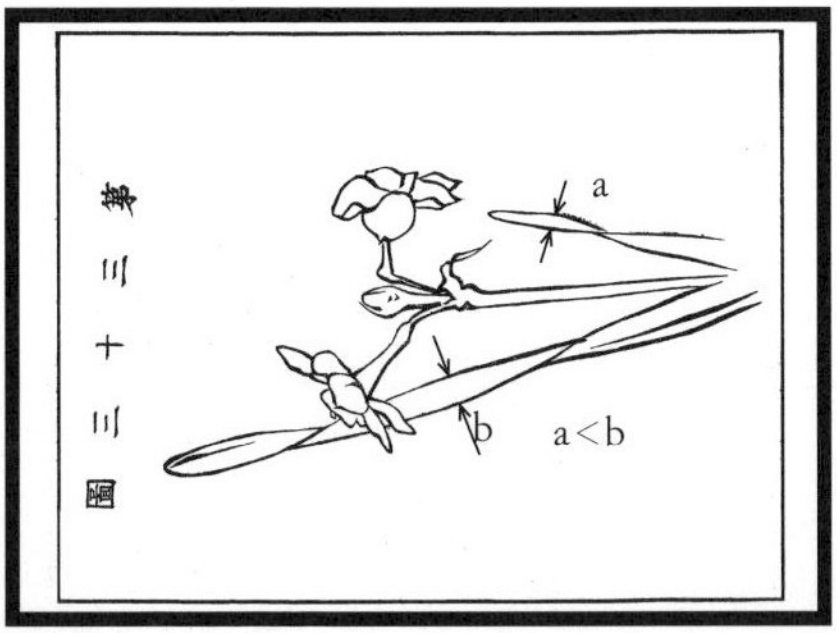

I-170

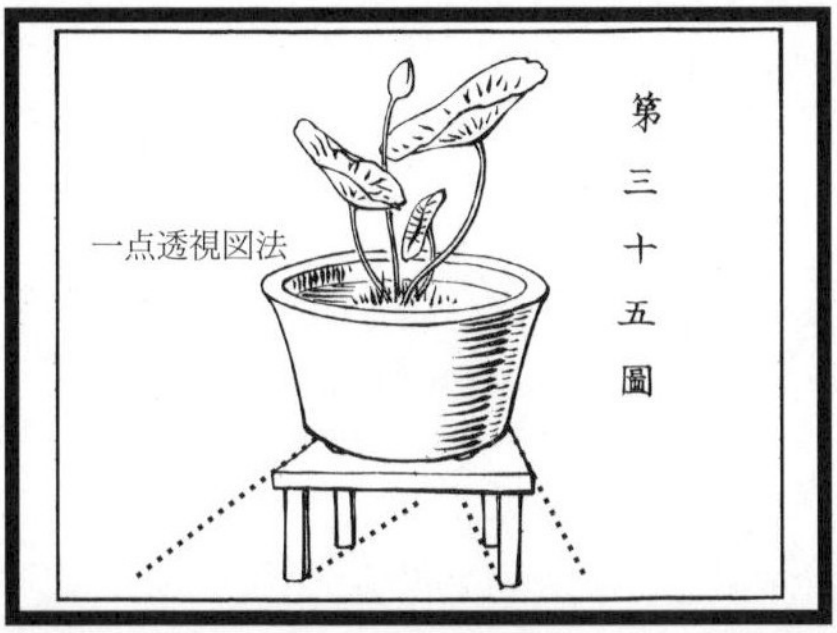

I-172

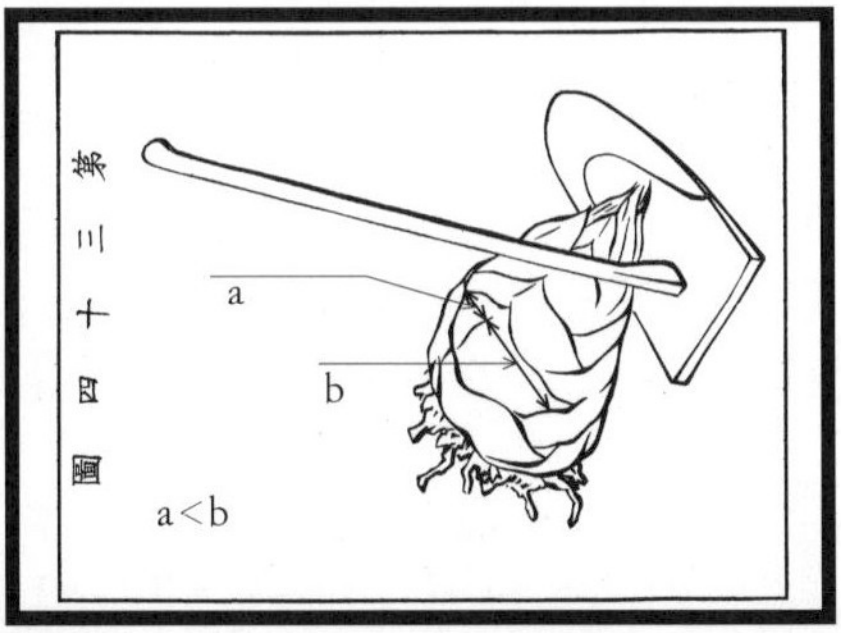

I-171

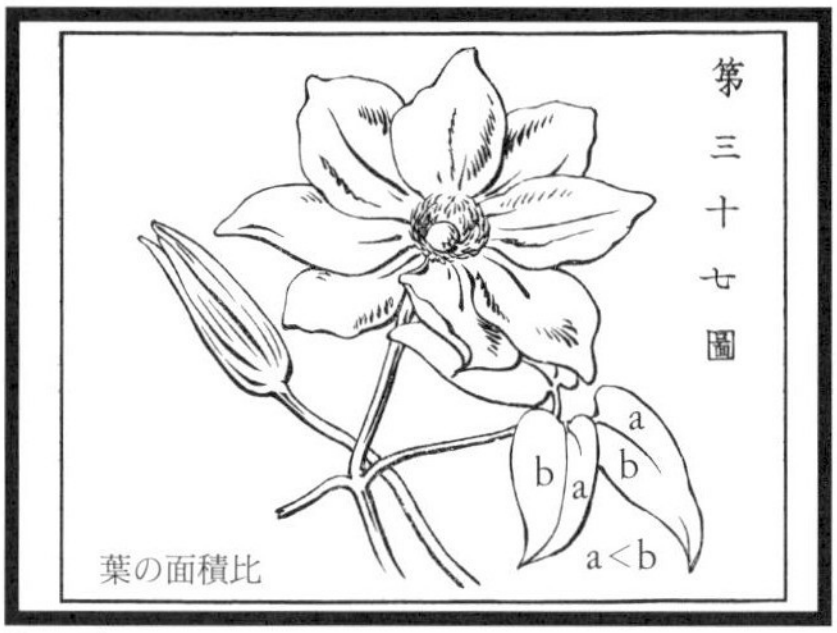

I-174

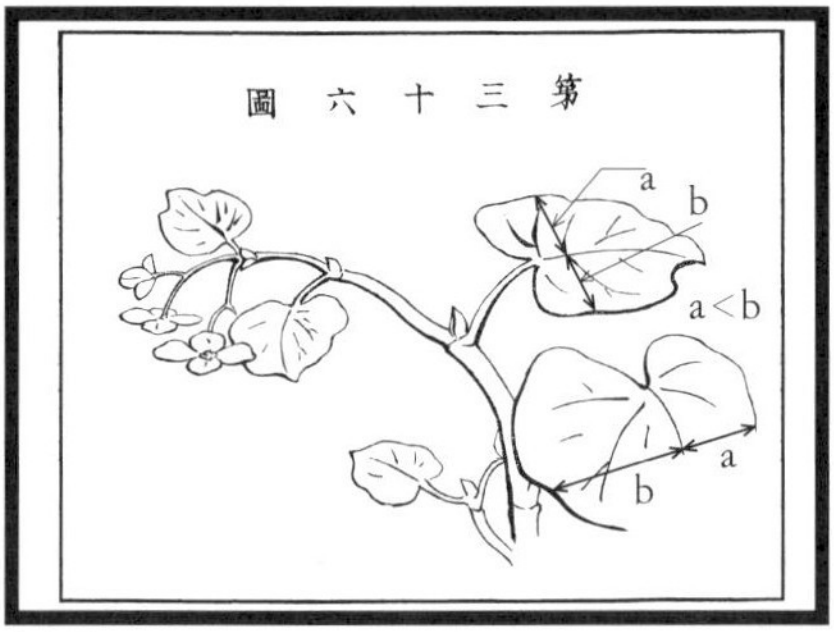

I-173

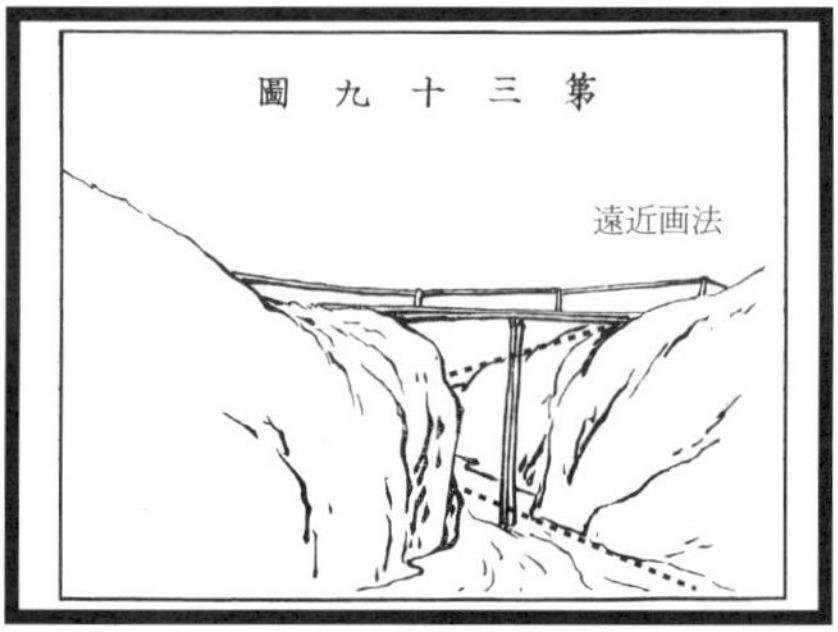

I-176

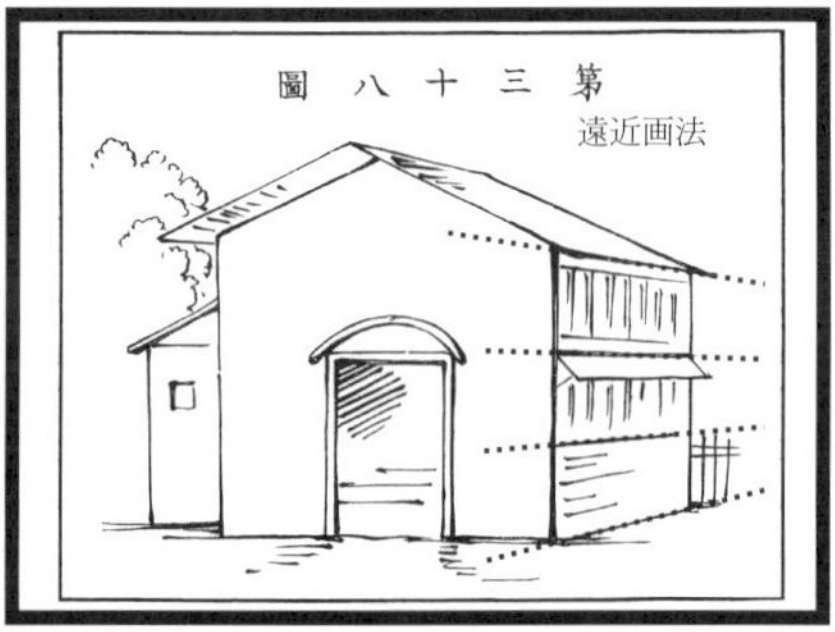

I-175

I-178

I-177

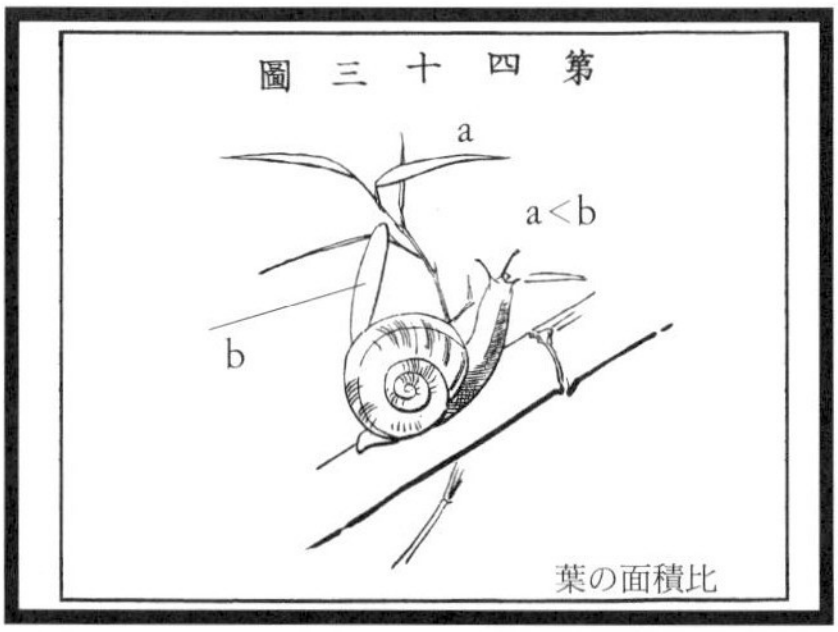

I-180

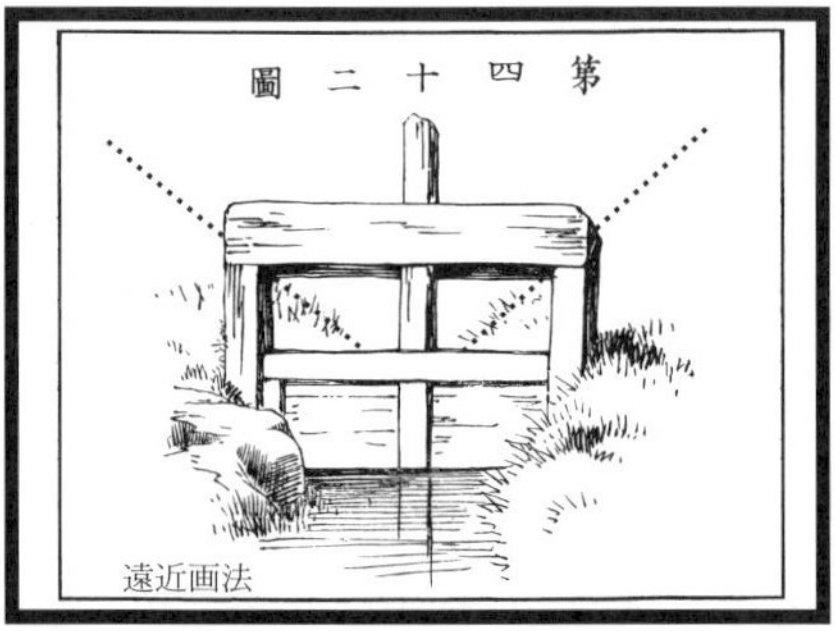

I-179

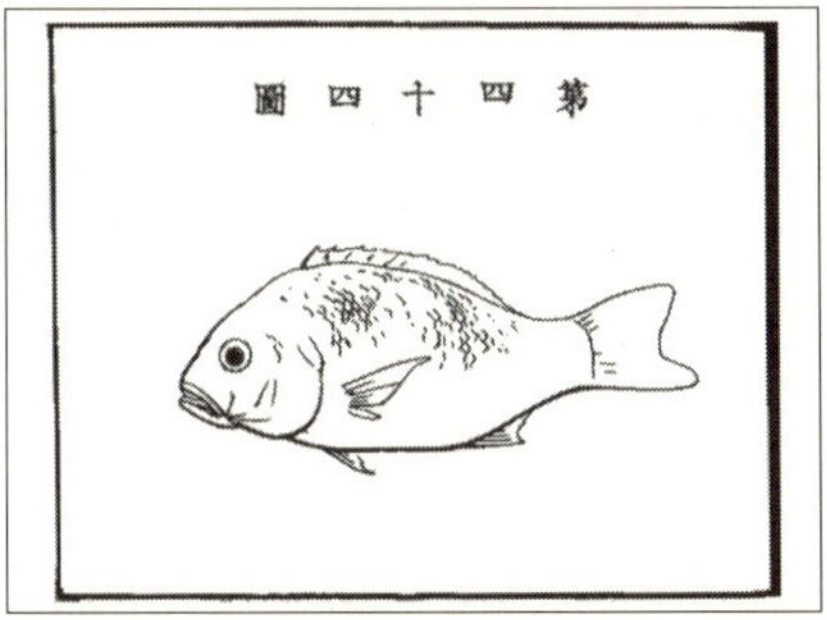

I-181

I-182

I-183

I-184

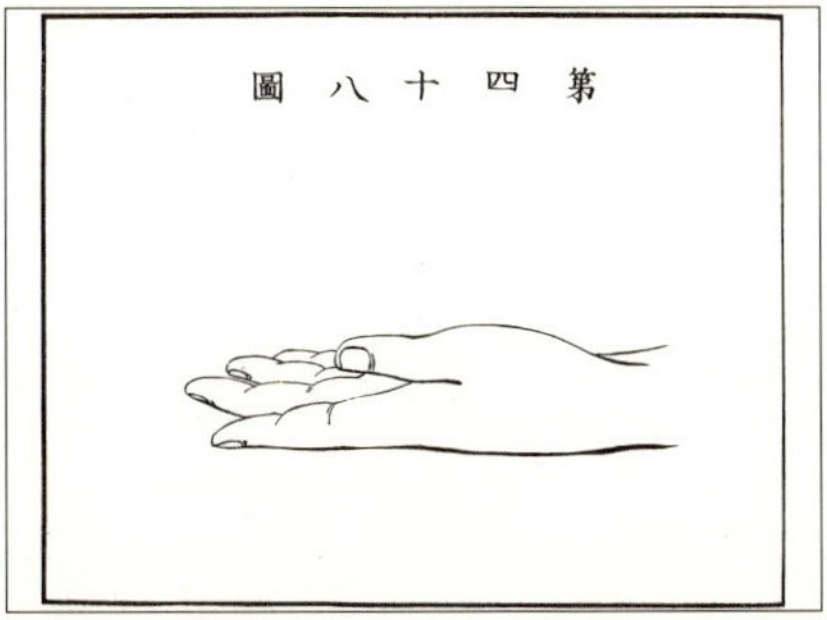

I-185

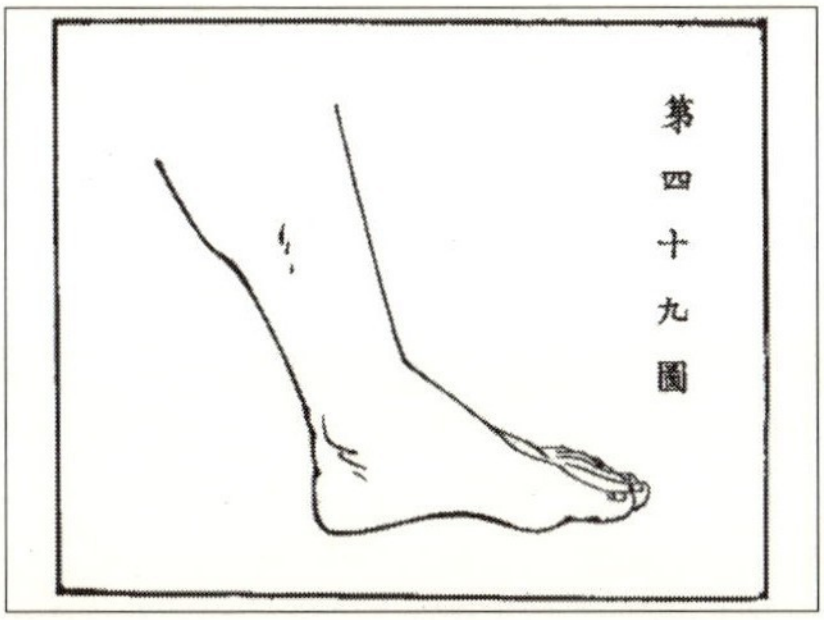

I-186

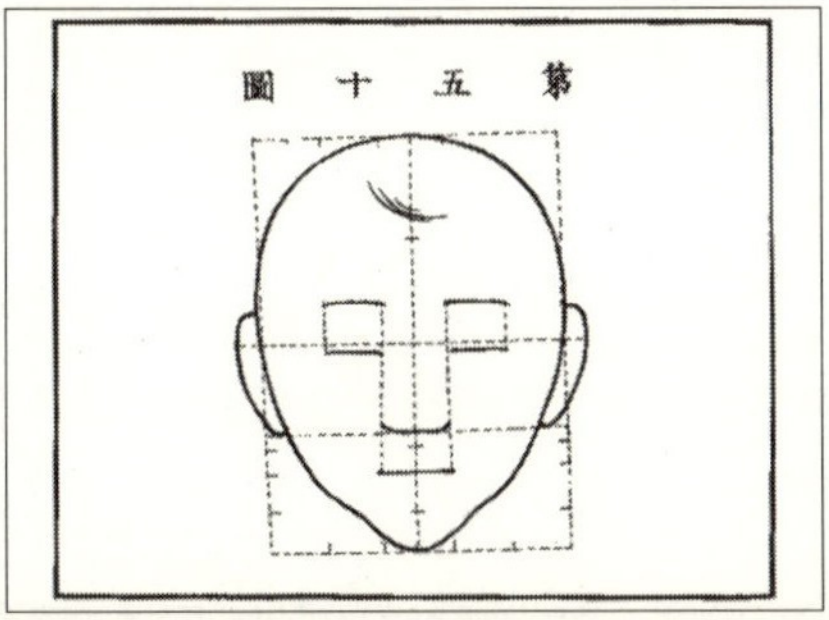

I-187

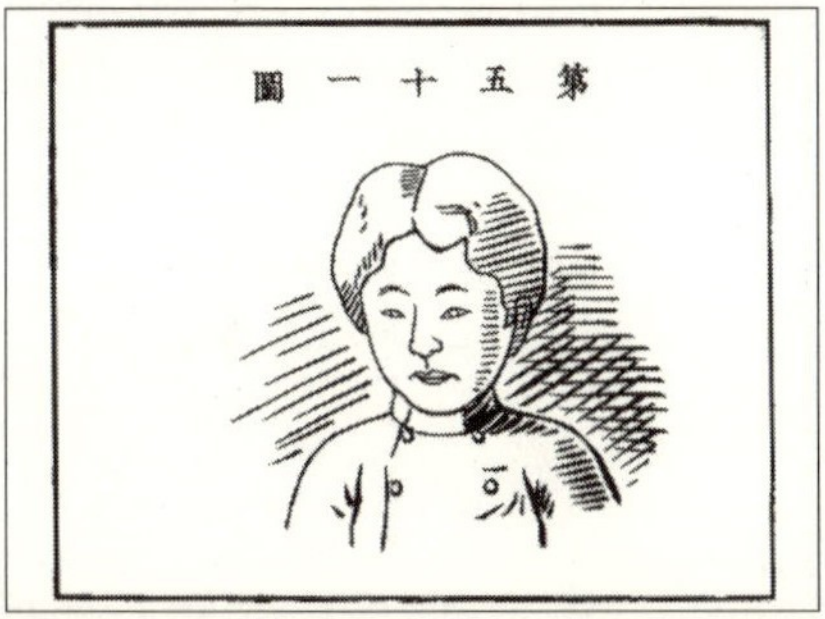

I-188

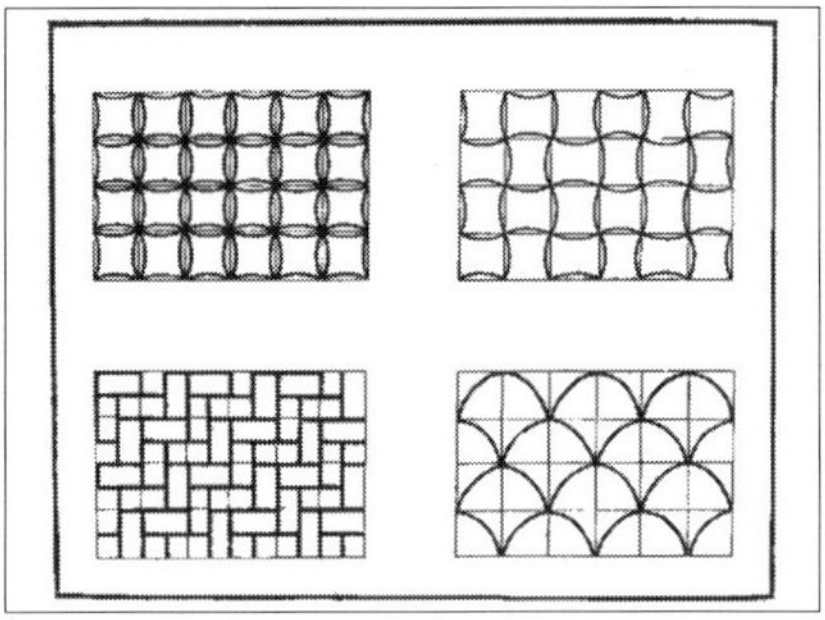

I-190

I-189

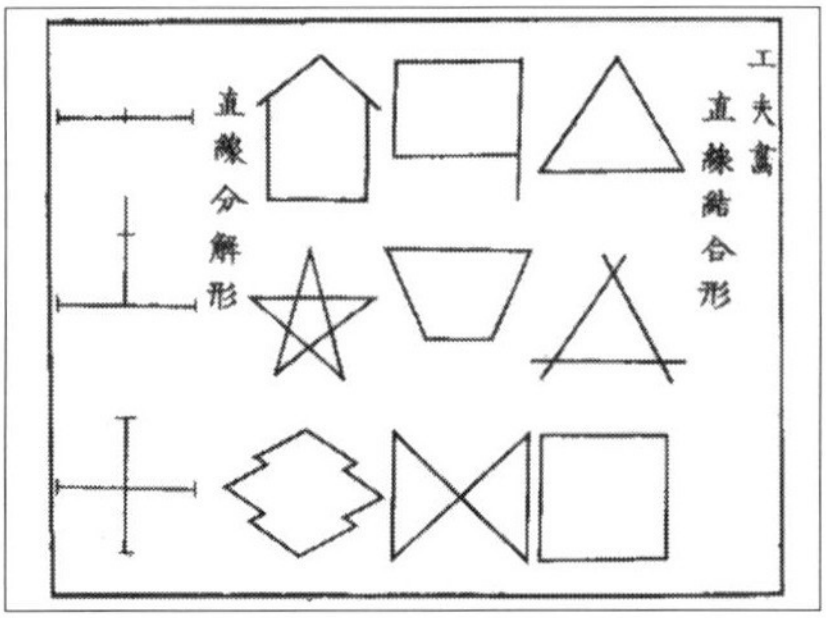

I-192

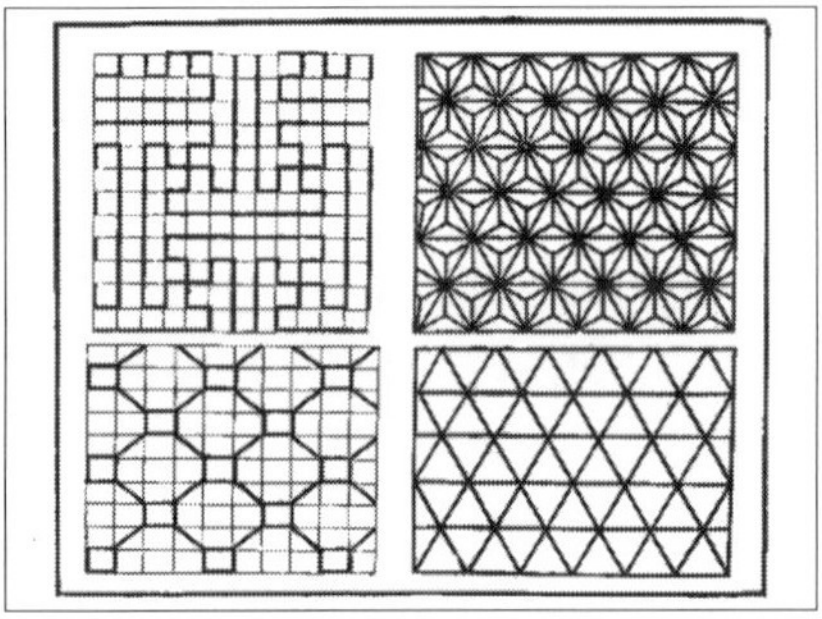

I-191

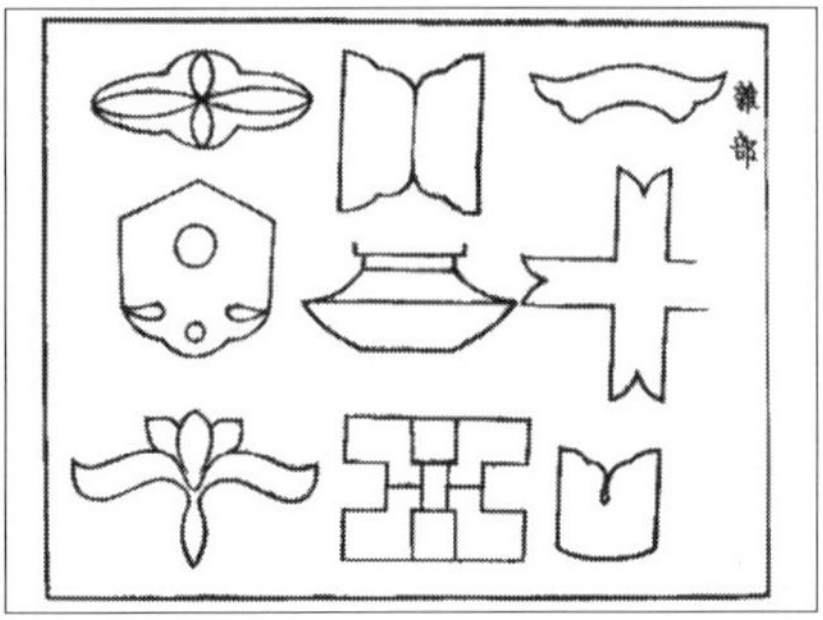

I-193

(II) 小學毛筆畫帖

巨勢小石
1888 (明治 21) 年 10 月，福井正寶堂

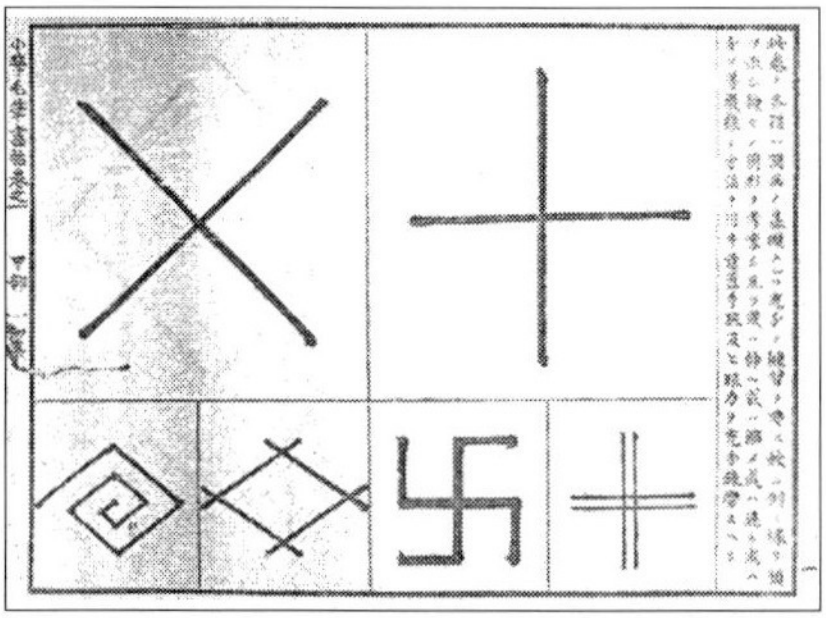
II-1

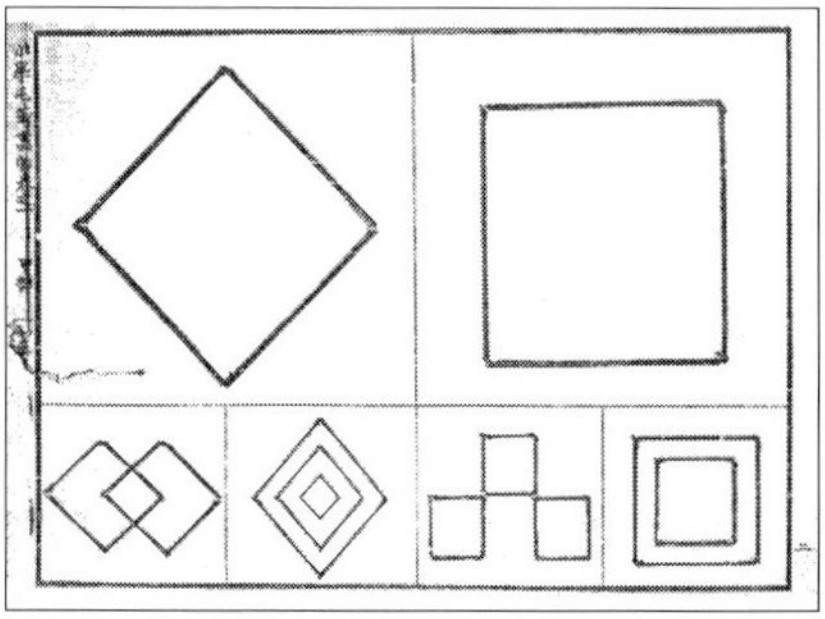
II-2

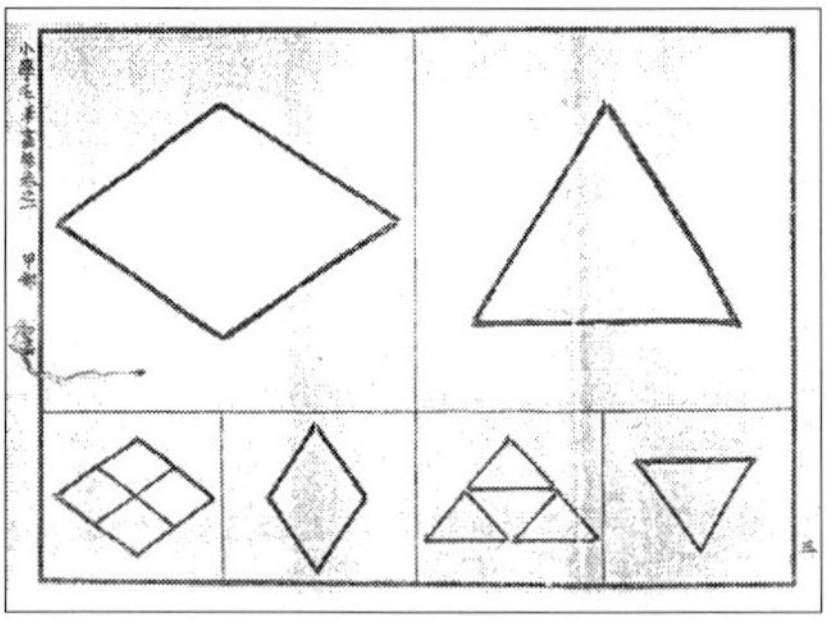
II-3

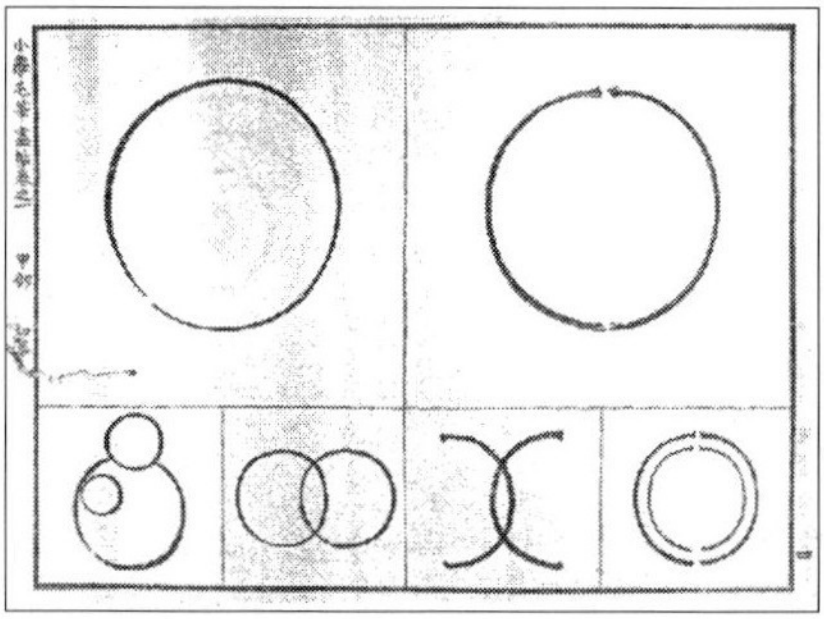
II-4

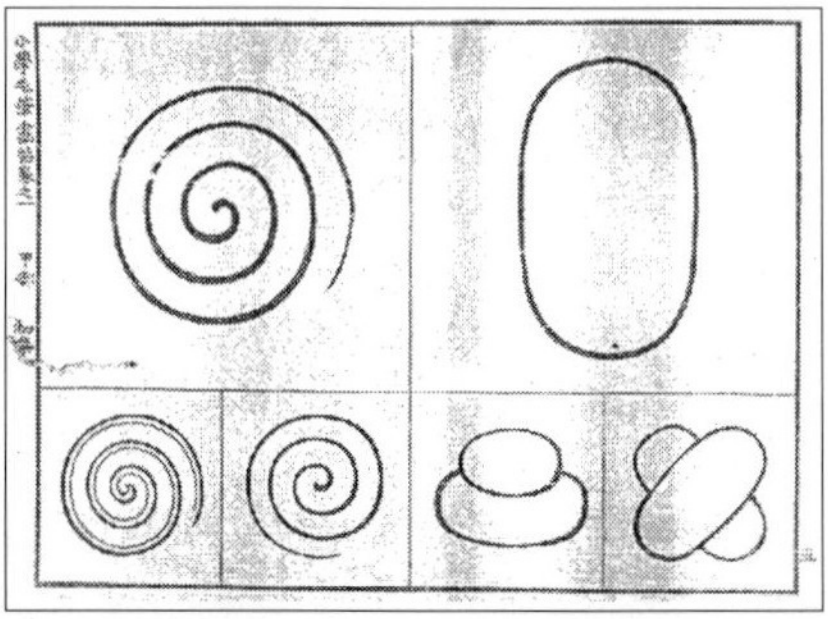
II-5

II-6

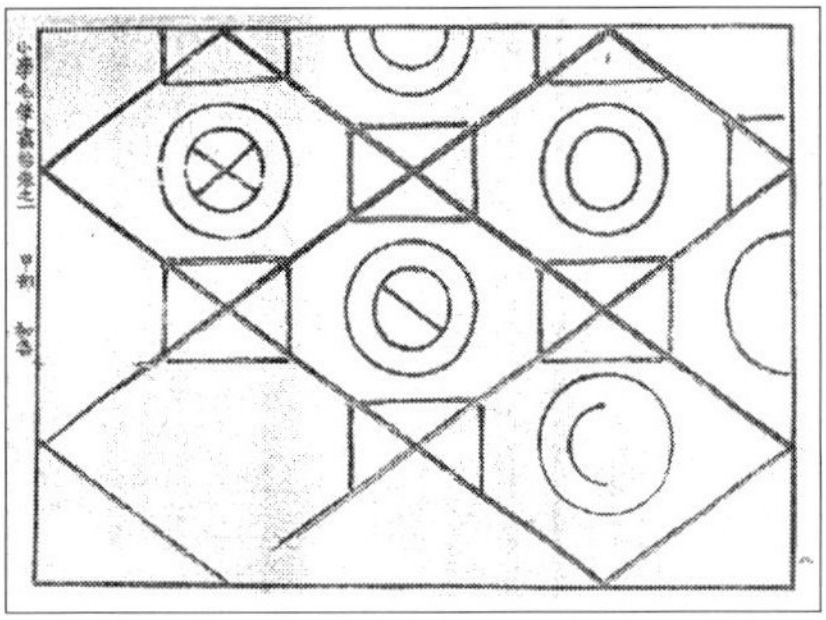

II-8

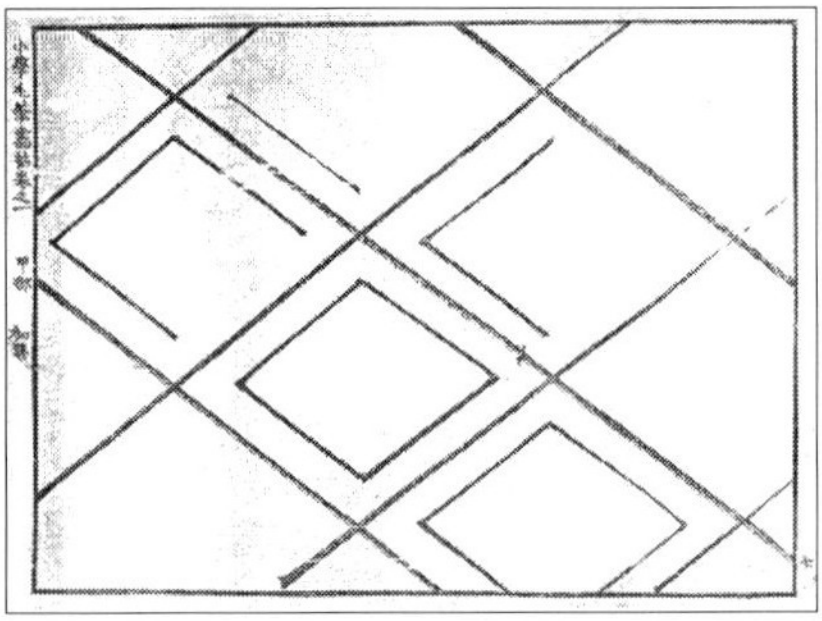

II-7

II-10

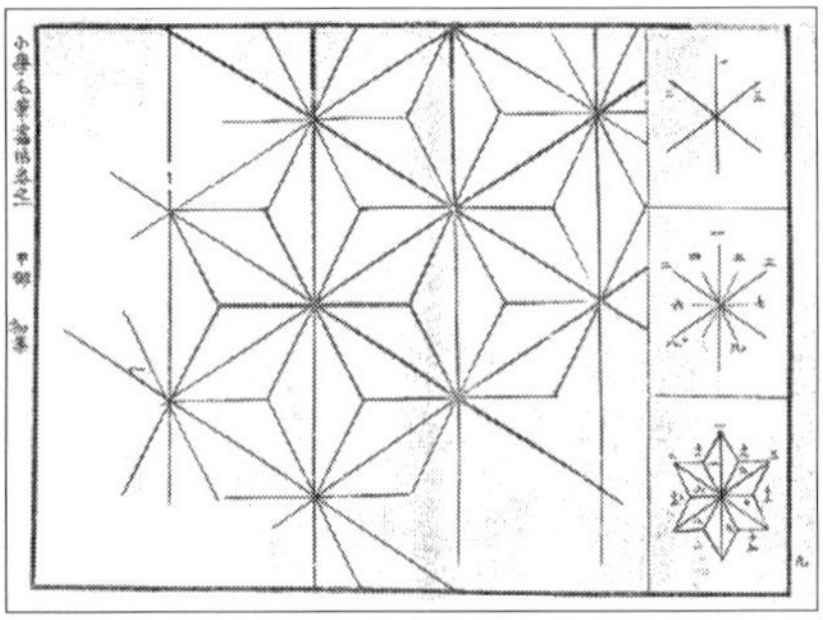

II-9

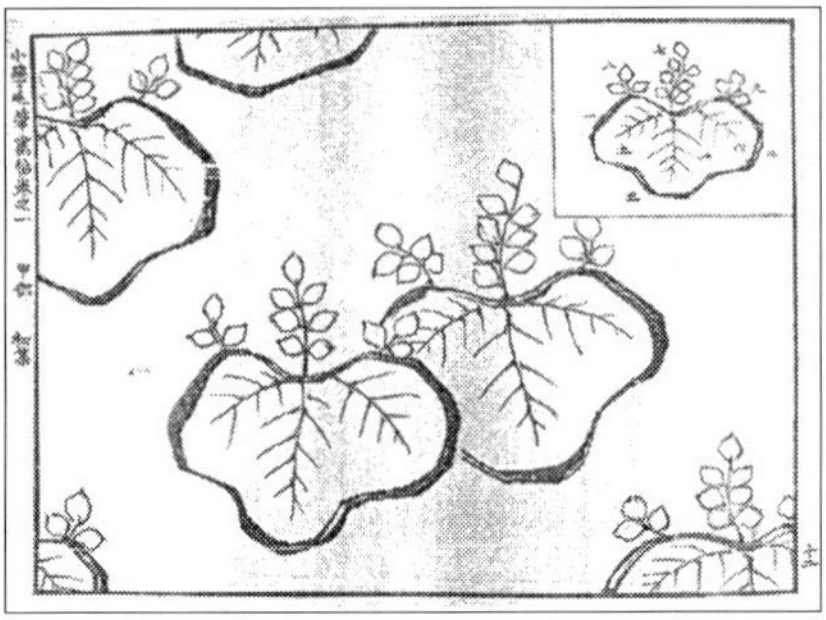

II-12

II-11

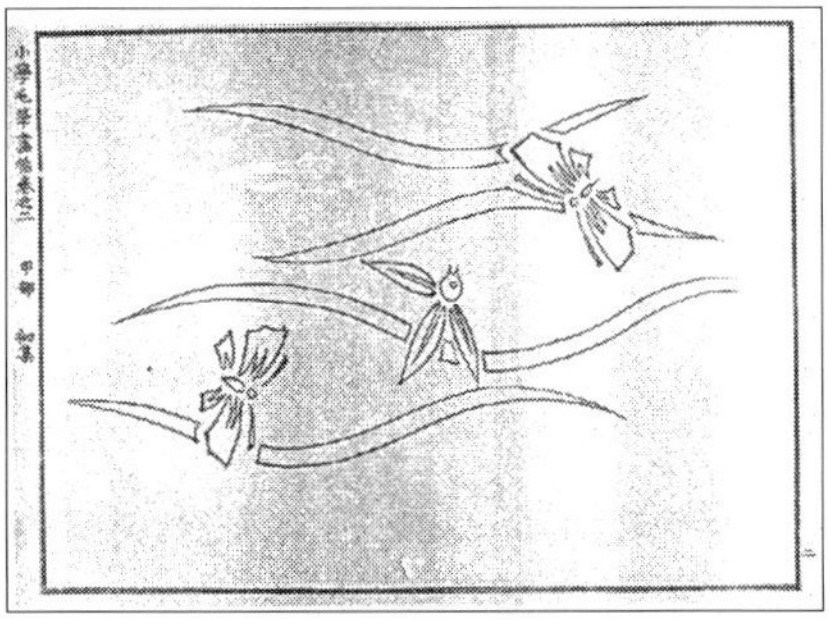

II-14

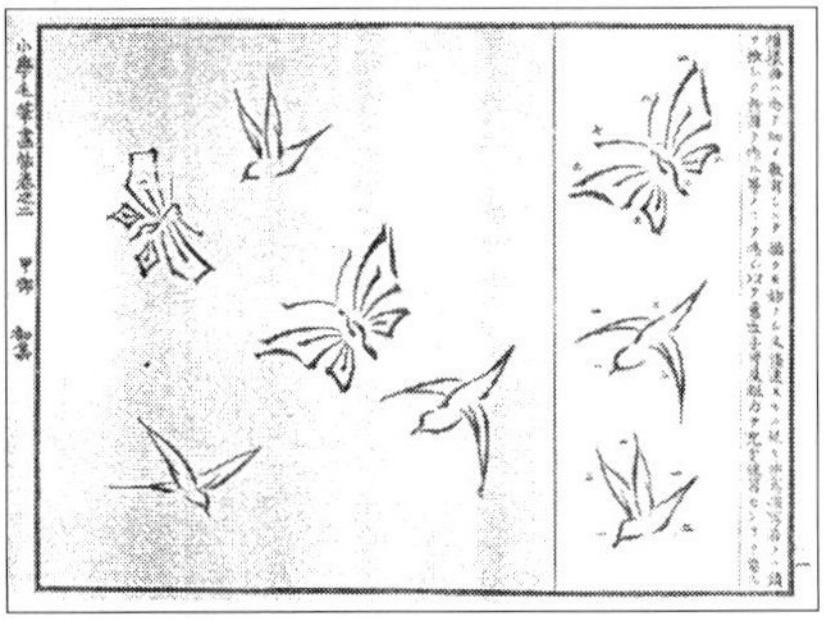

II-13

II-15

II-16

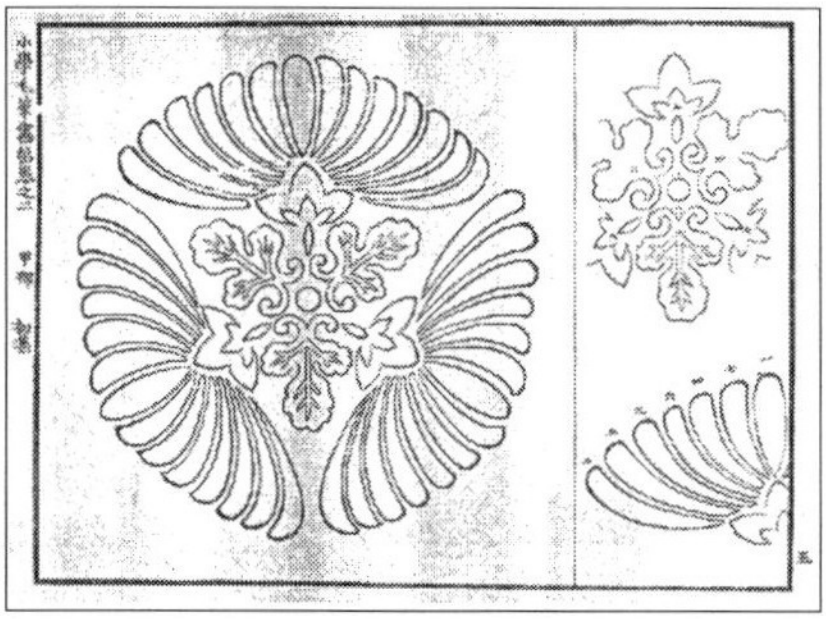

II-17

II-18

II-19

II-20

II-21

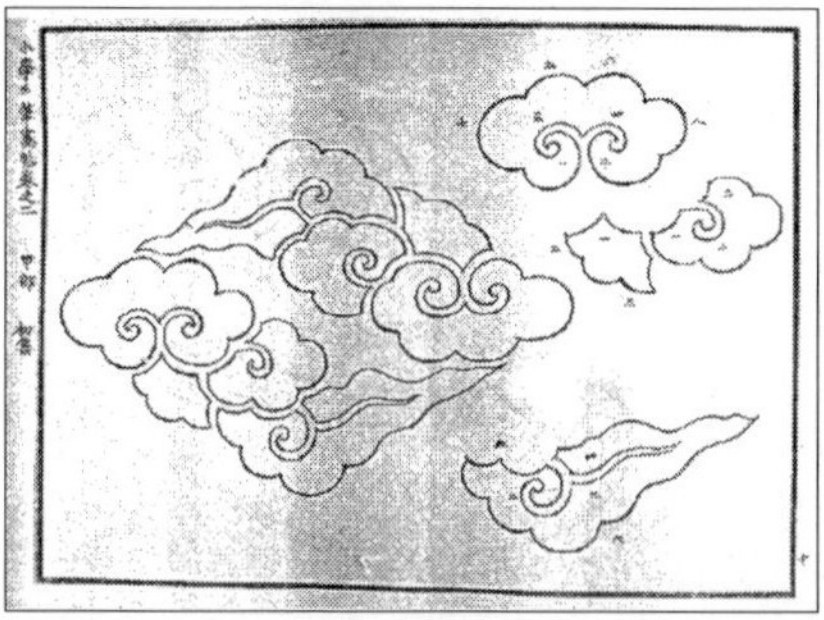

II-22

II-23

II-24

II-25

II-26

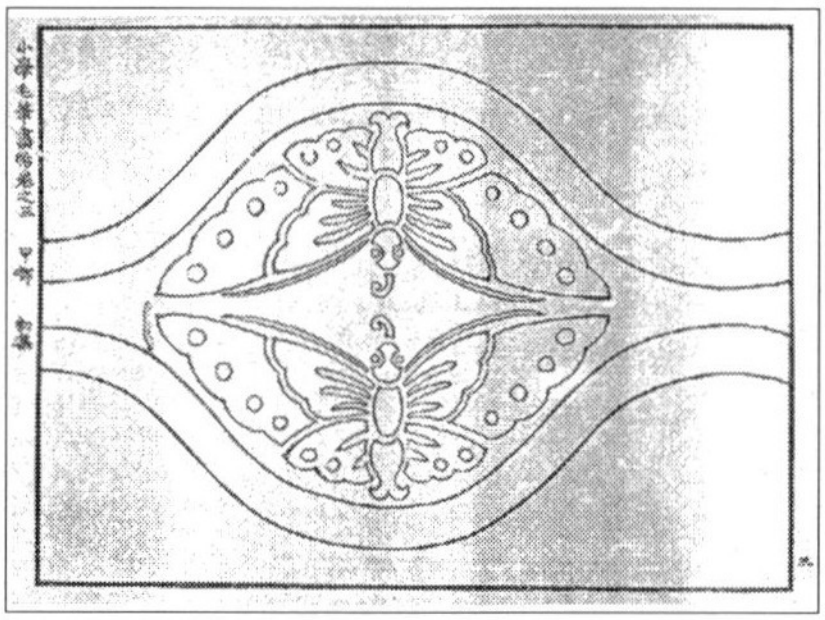

II-27

II-28

II-29

II-30

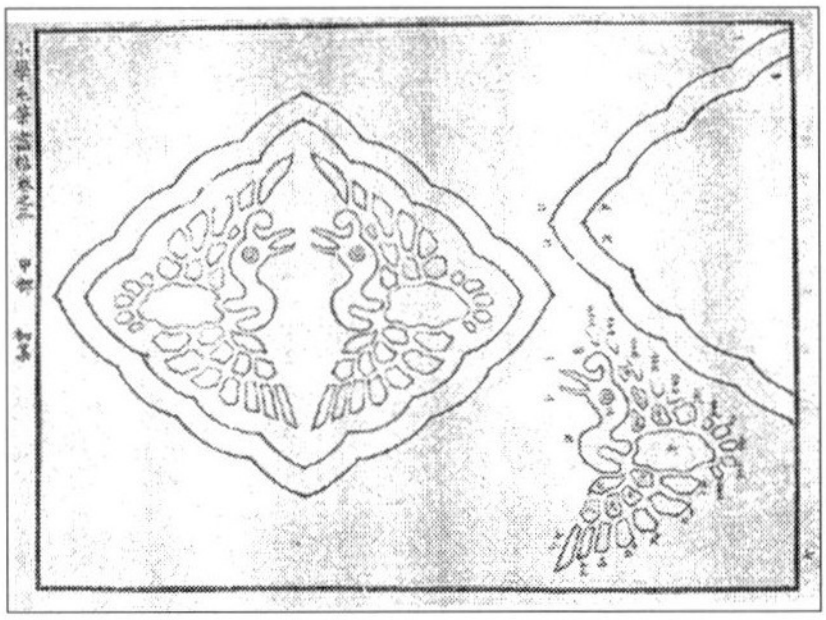
II-31

II-32

II-33

II-34

II-35

II-36

II-37

II-38

II-39

II-40

II-41

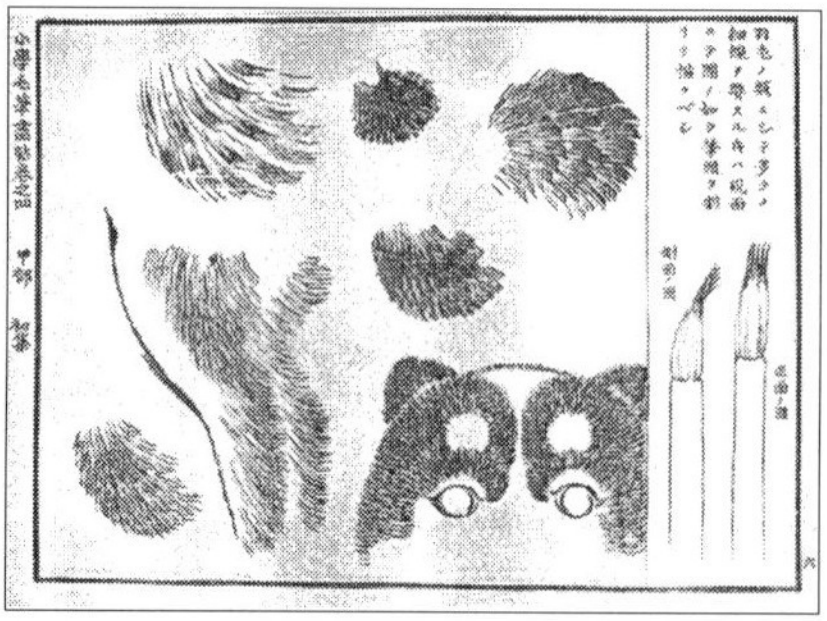
II-42

II-43

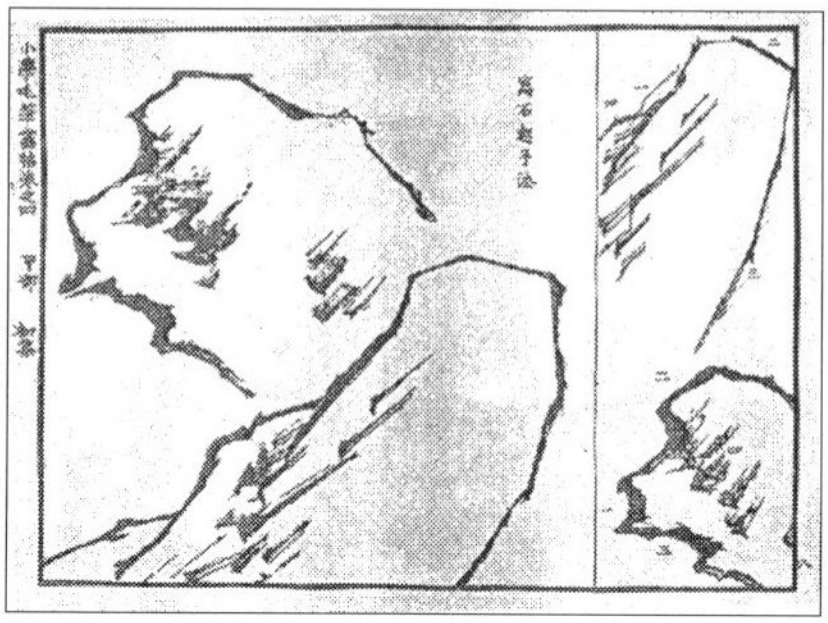
II-44

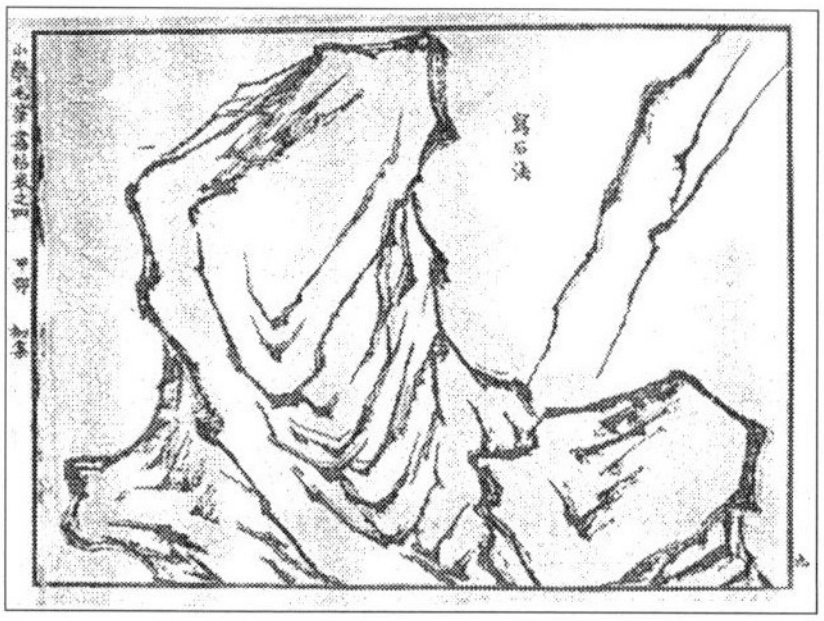
II-45

II-46

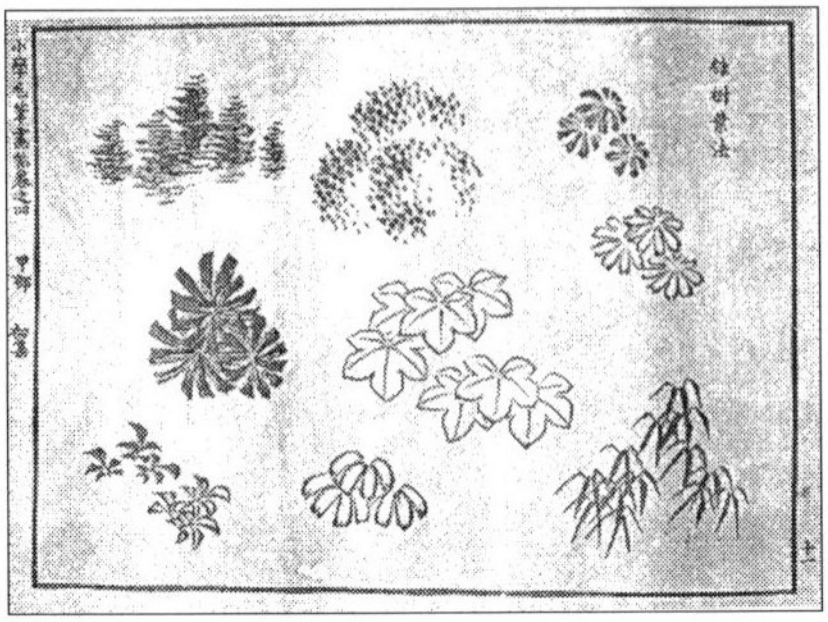

II-47

II-48

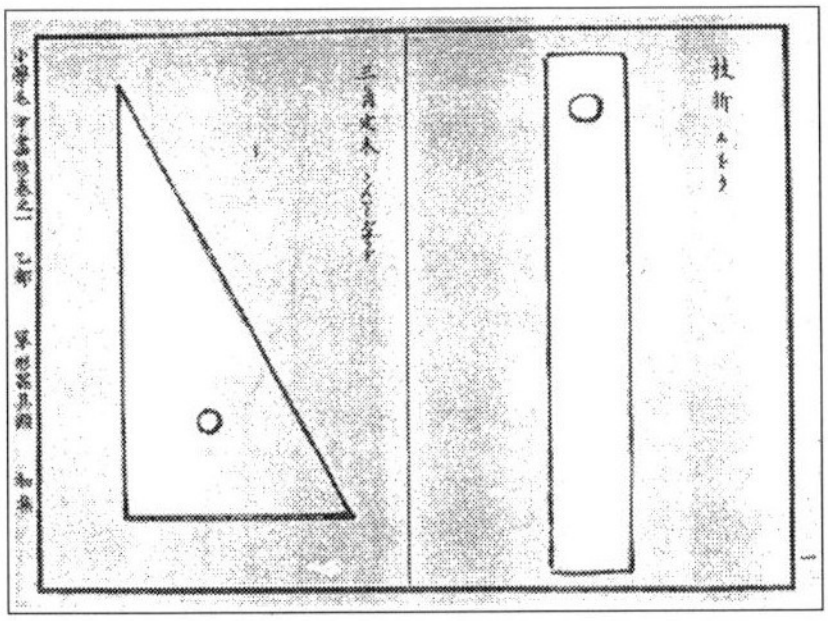

II-49

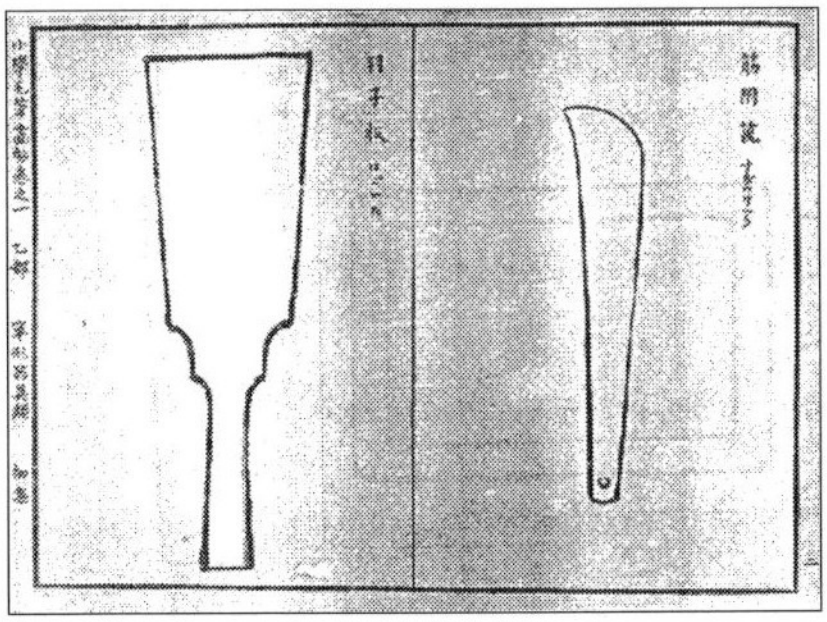

II-50

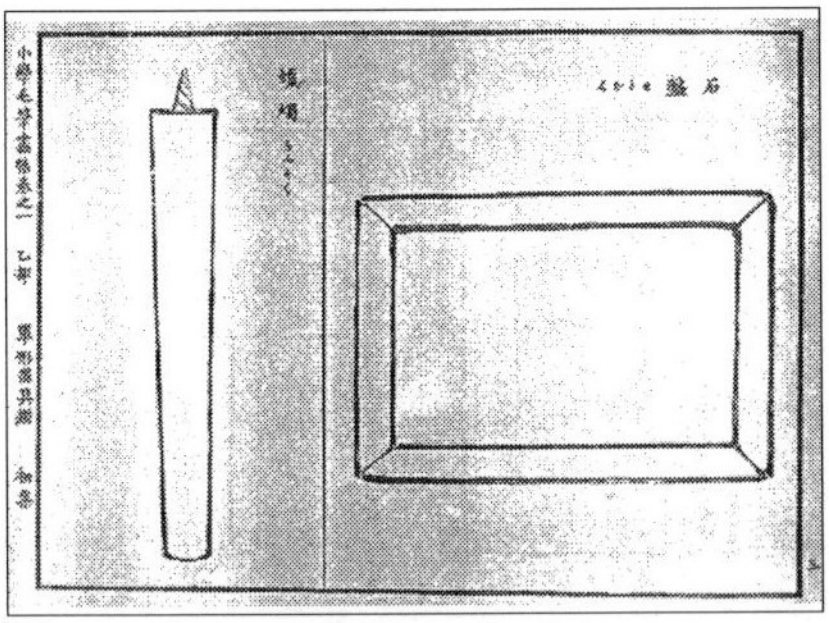

II-51

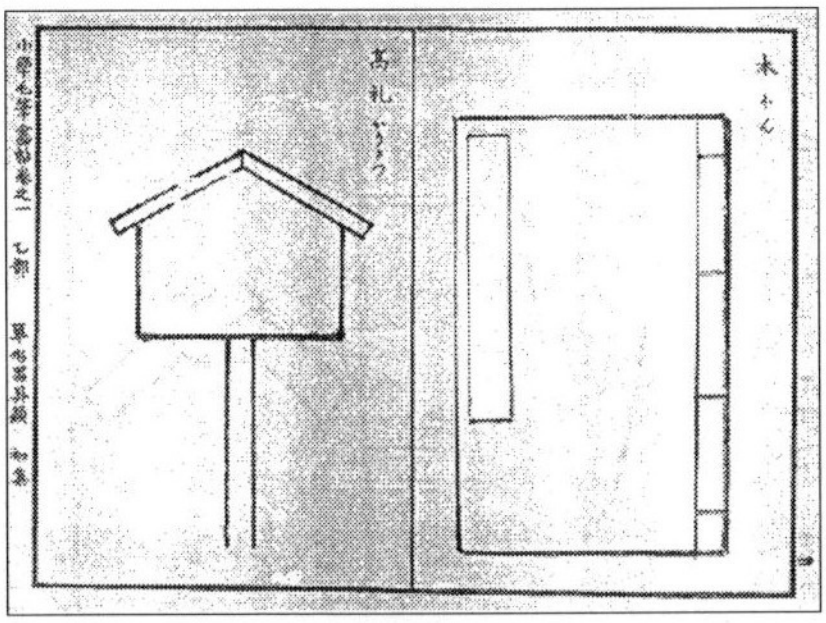

II-52

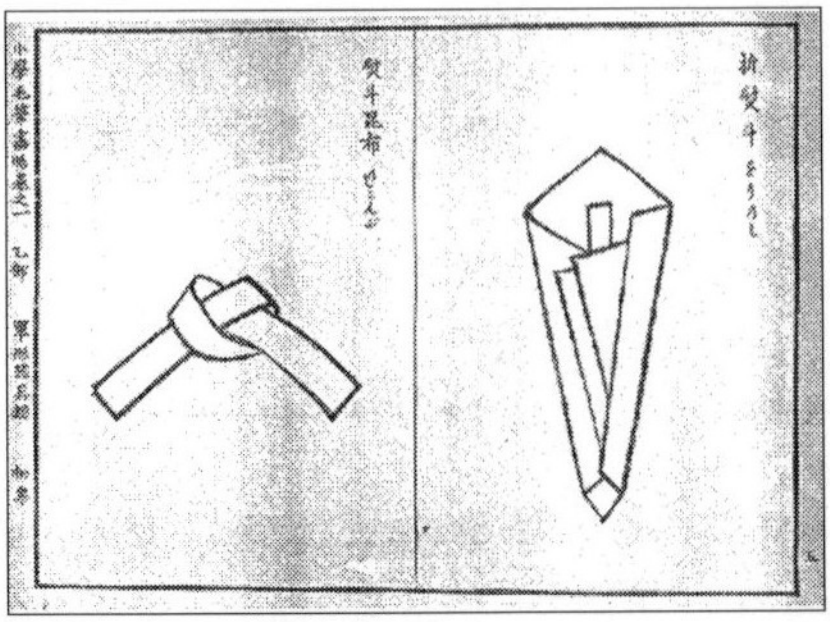

II-53

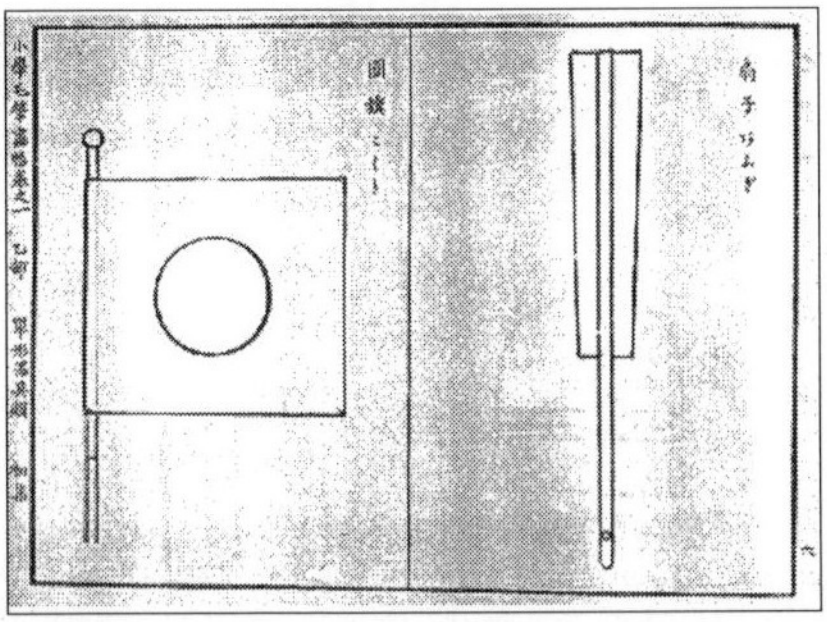

II-54

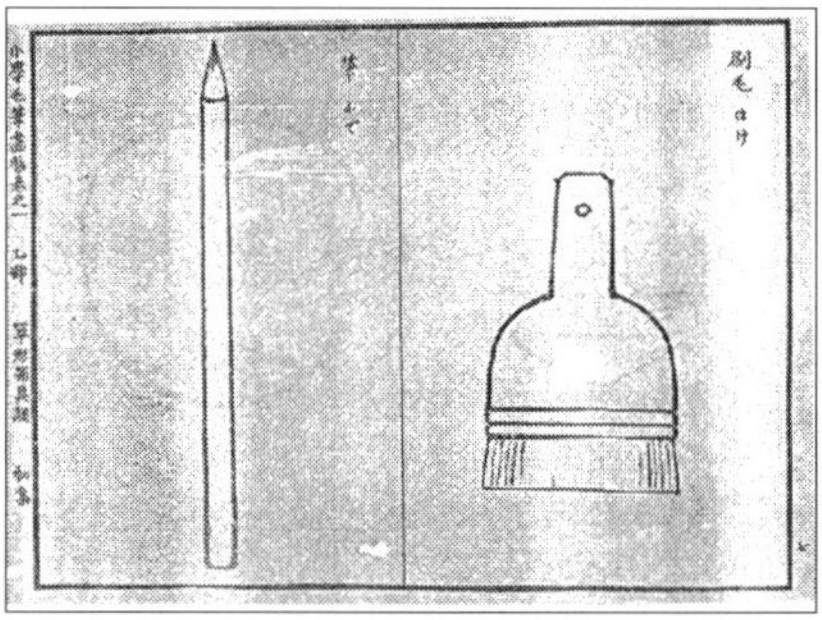

II-55

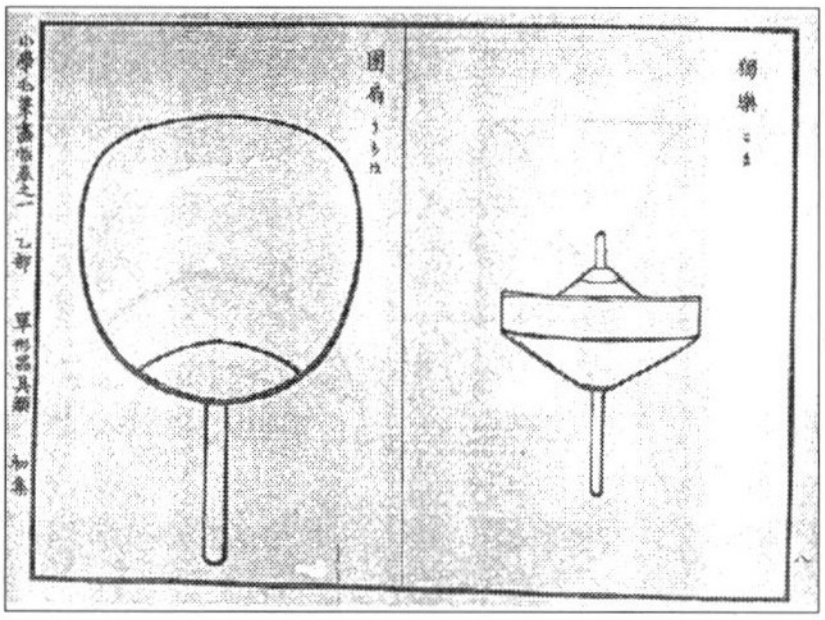

II-56

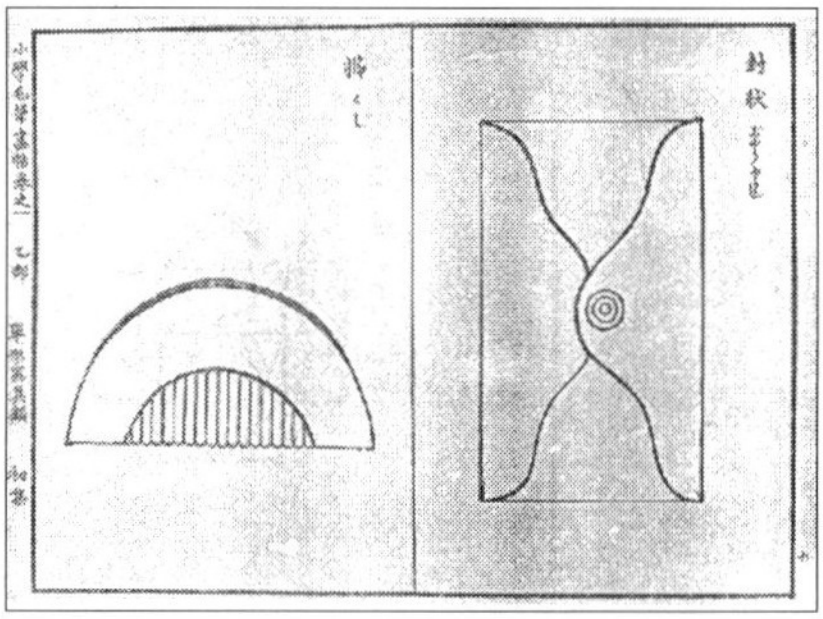

II-57

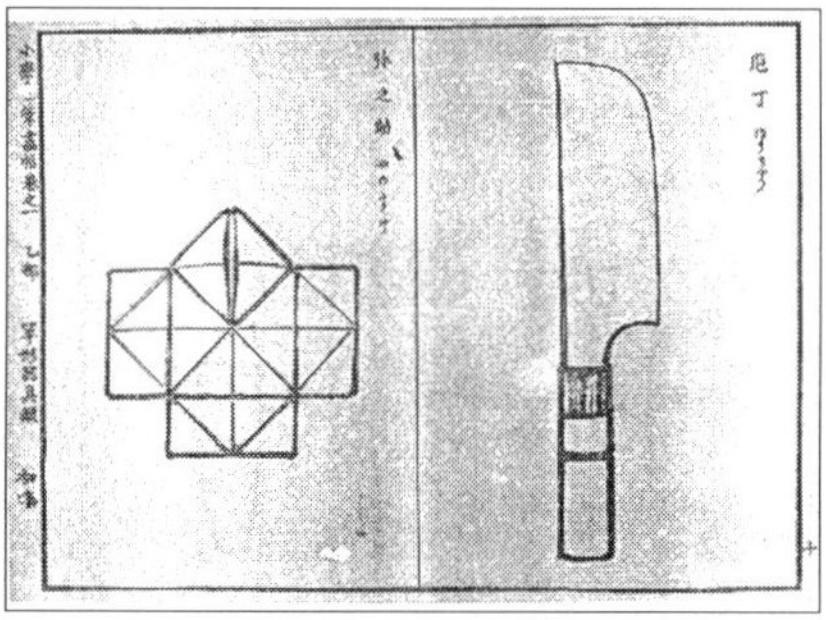

II-58

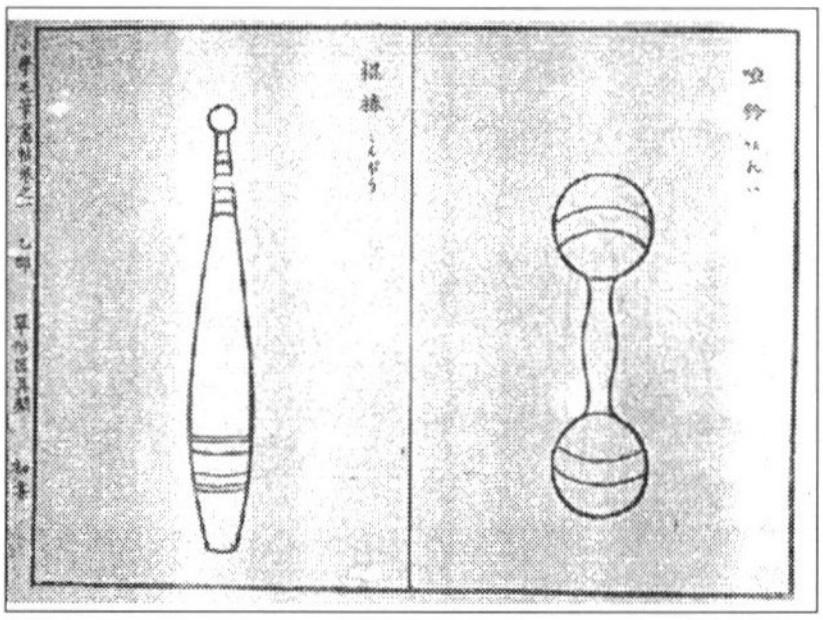

II-59

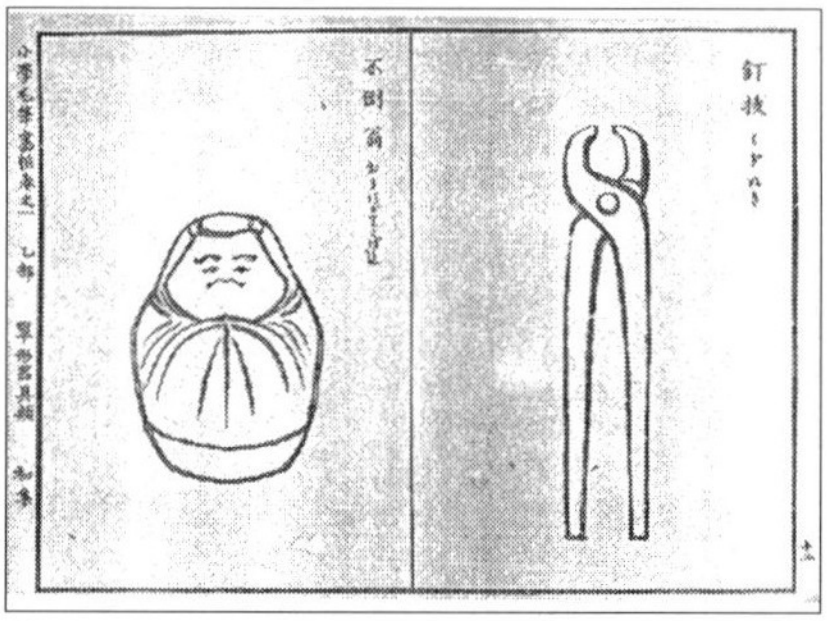

II-60

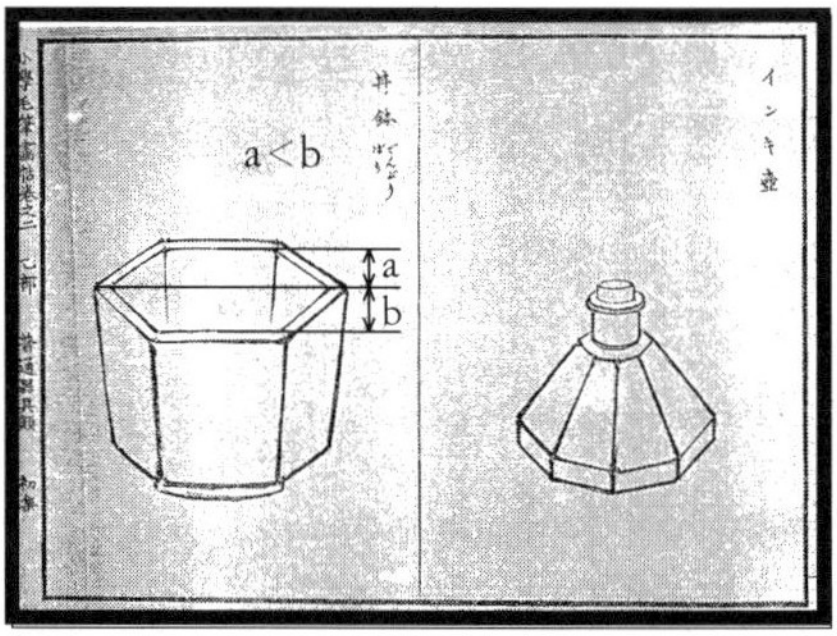

II-61

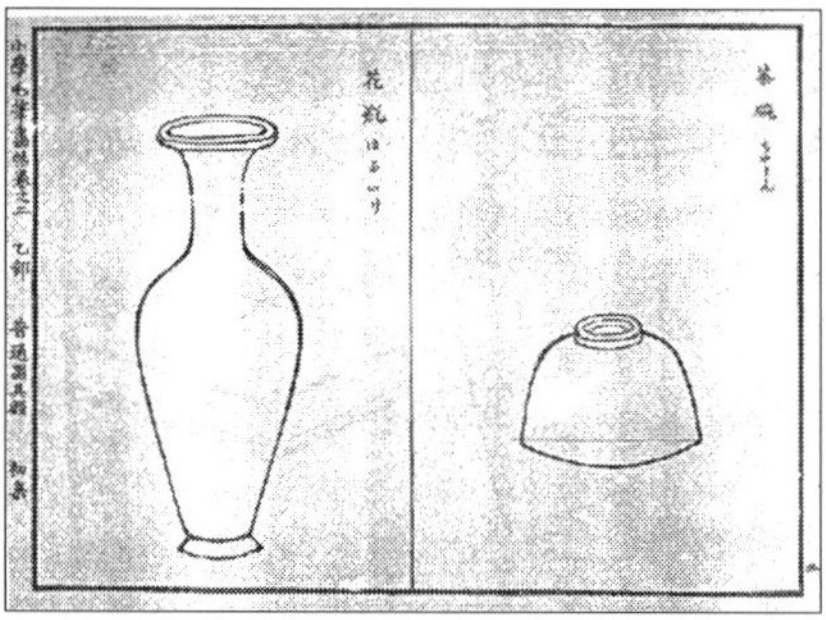

II-62

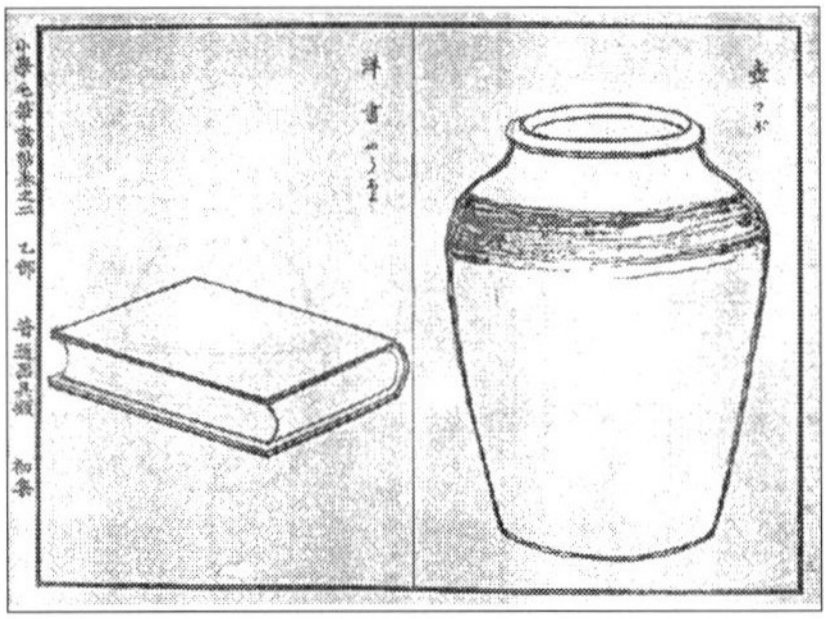
II-63

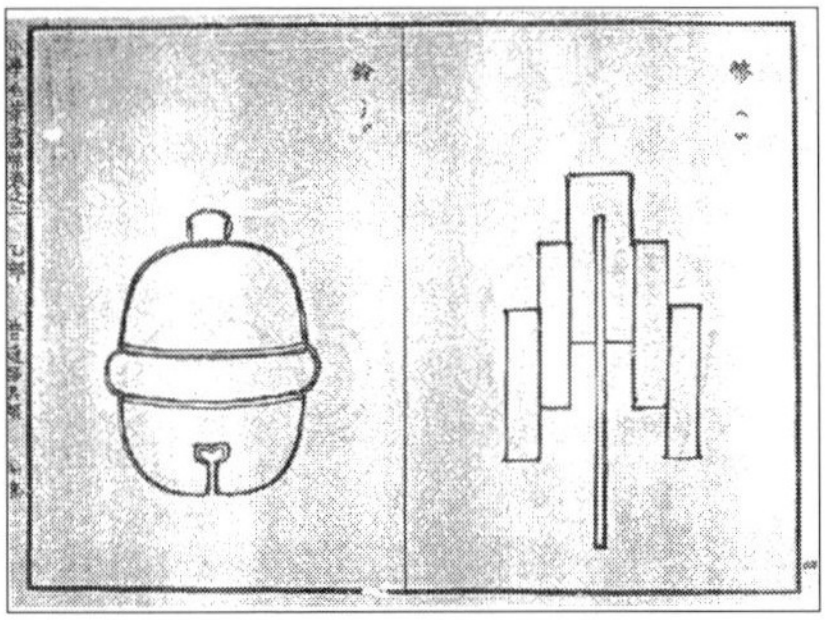
II-64

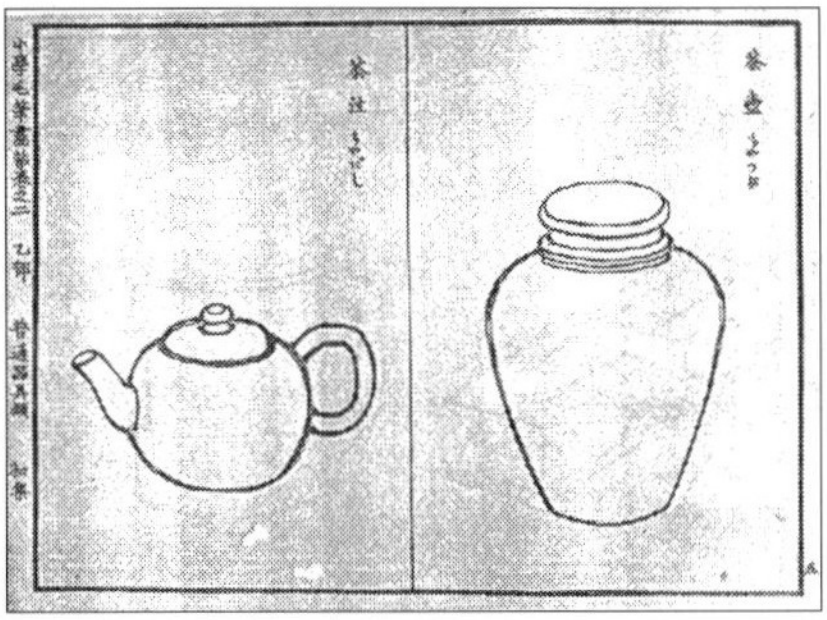
II-65

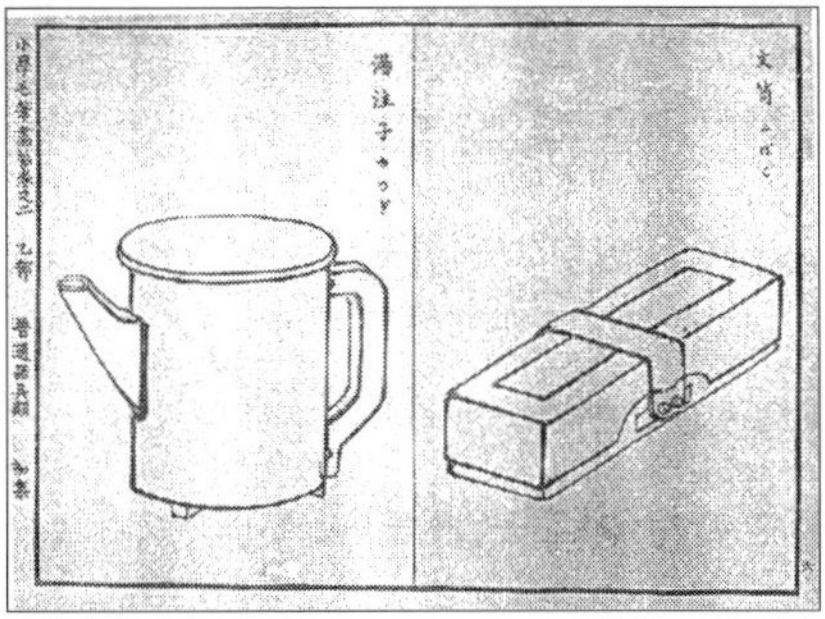
II-66

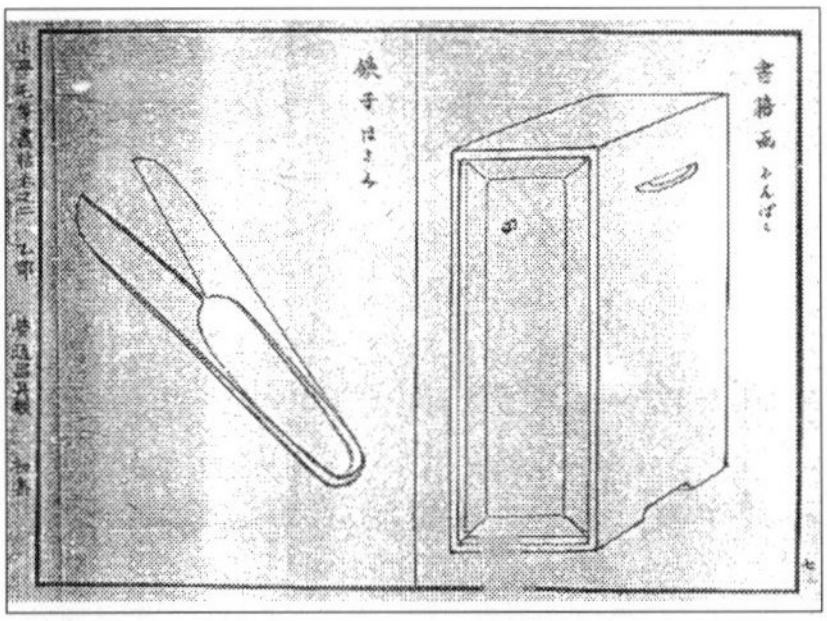
II-67

II-68

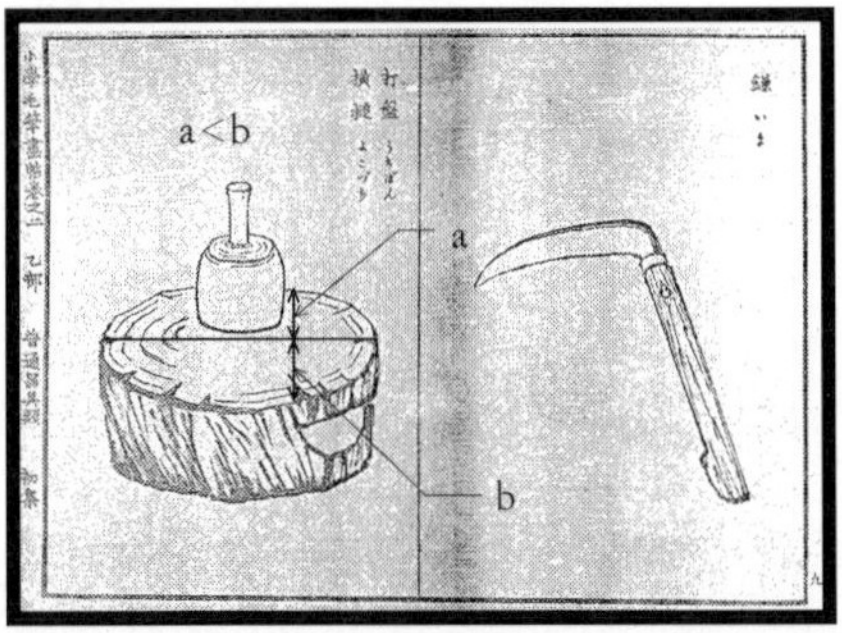

II-69

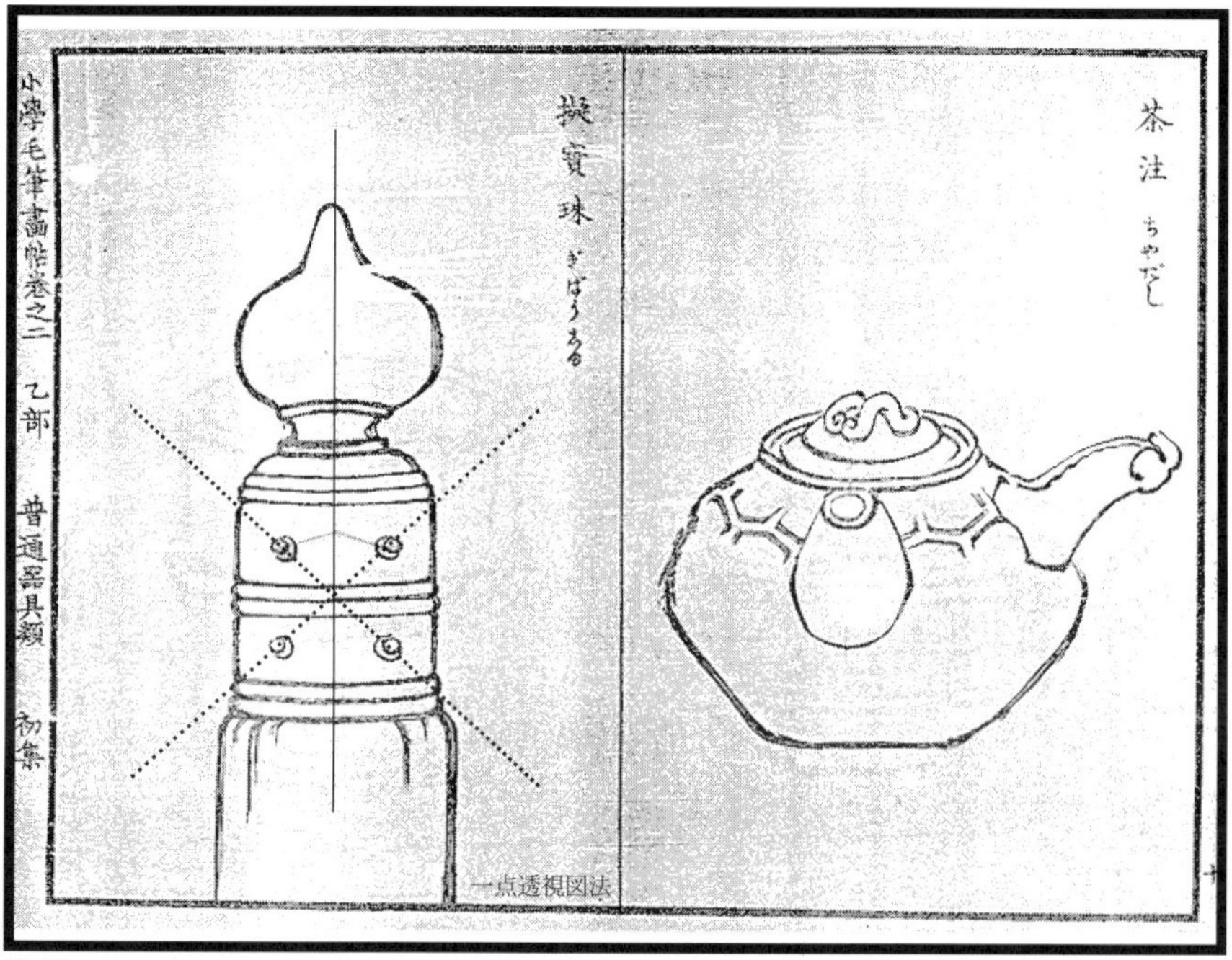

II-70

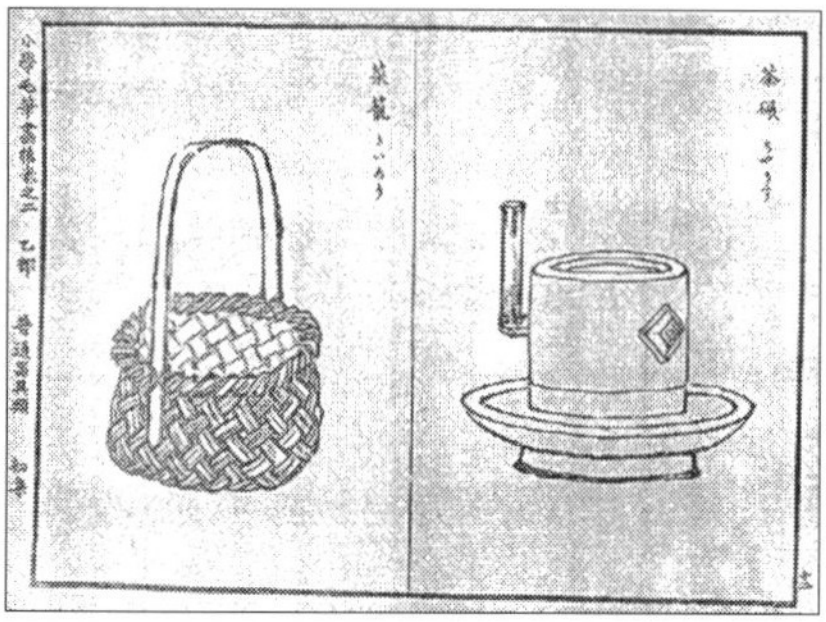

II-72

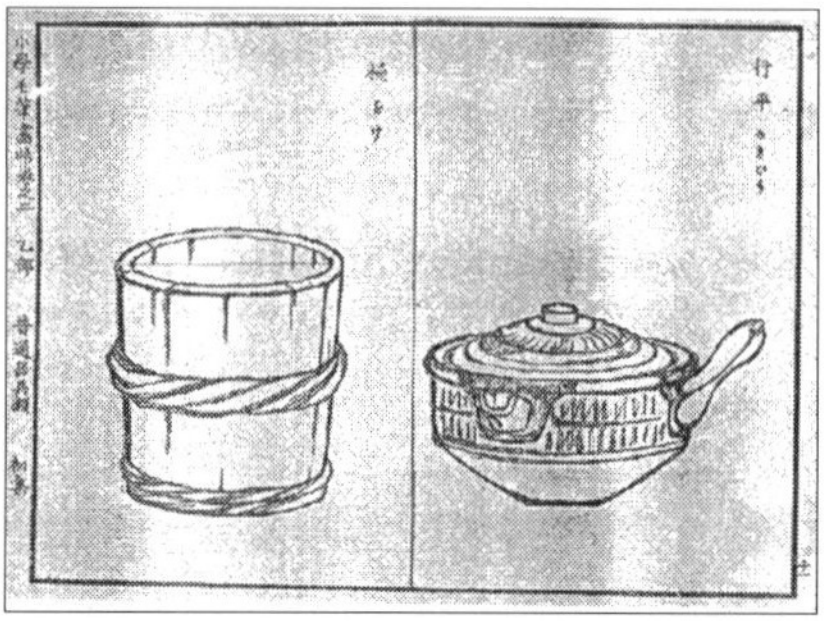

II-71

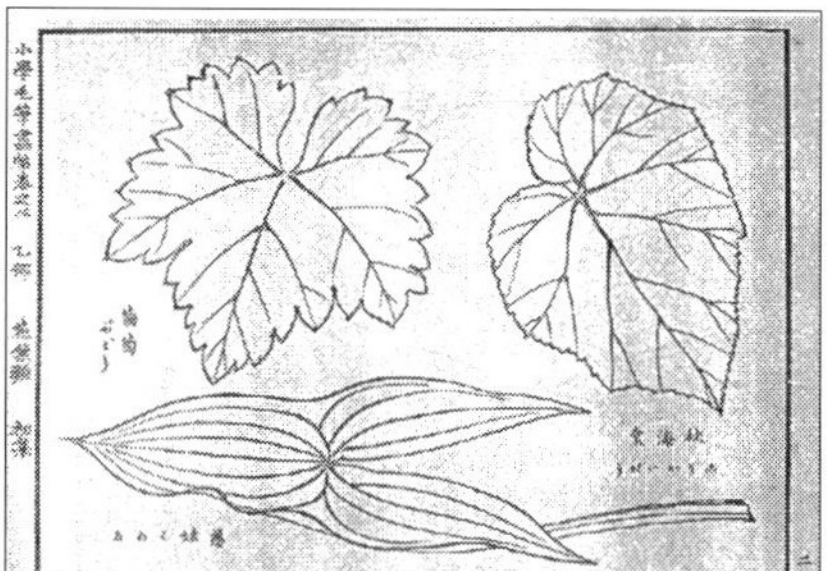

II-74

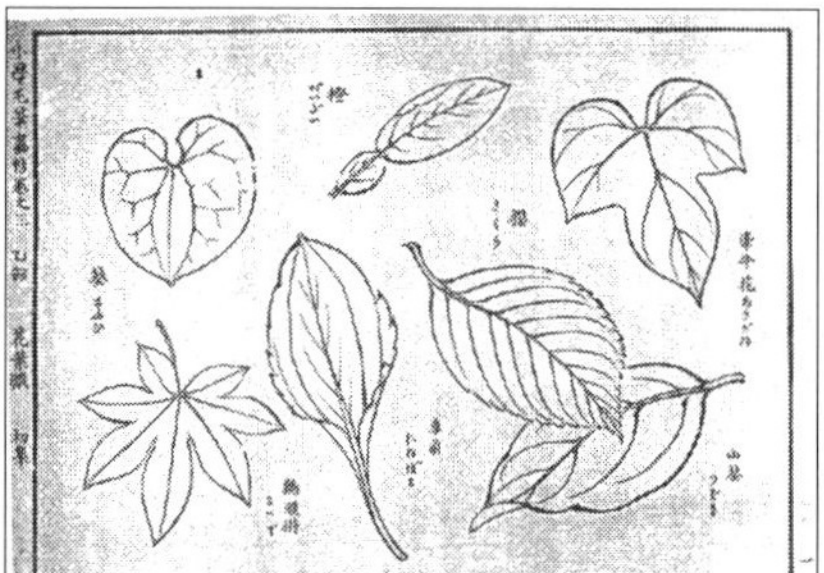

II-73

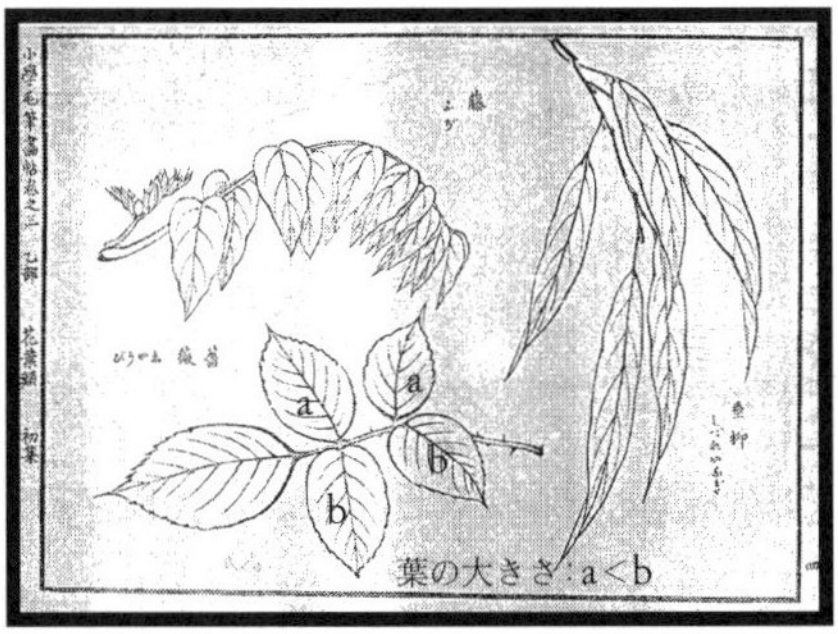

II-76

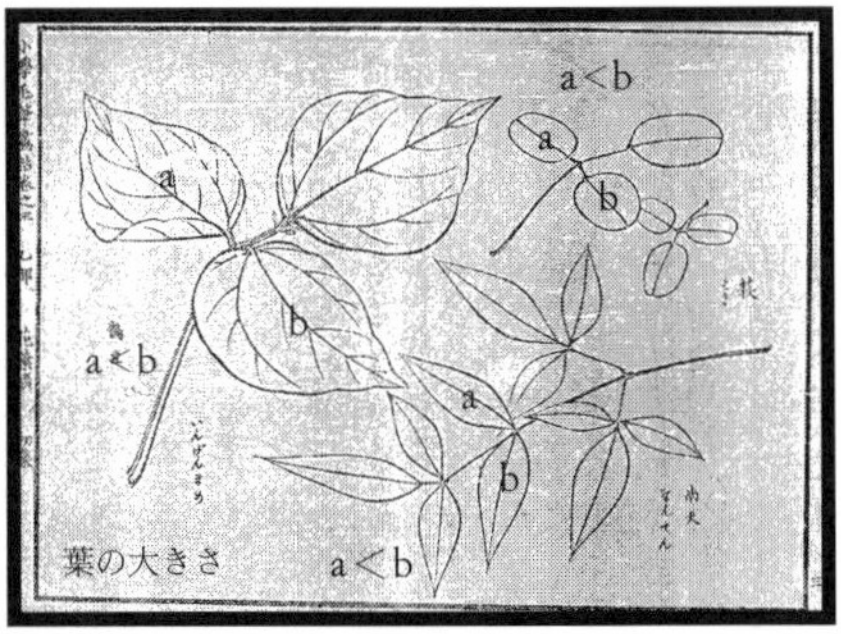

II-75

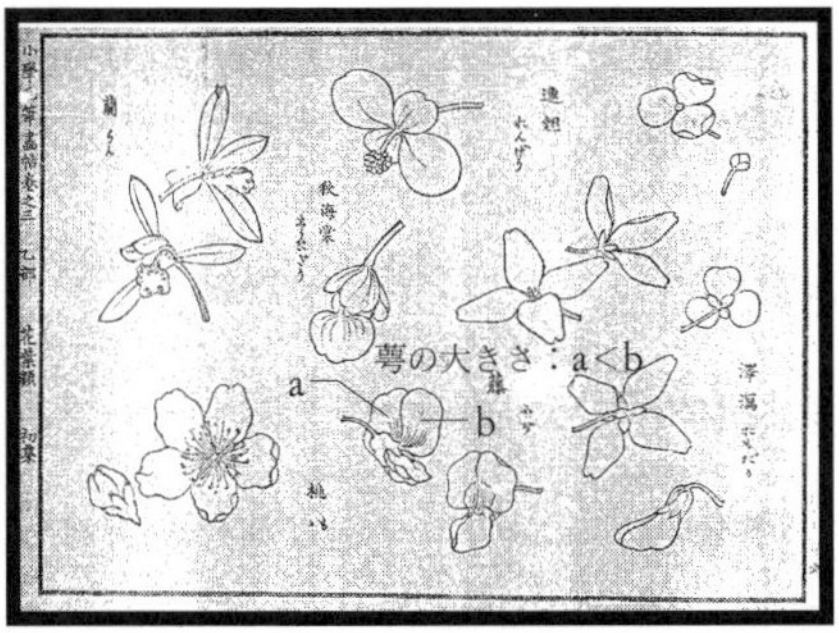

II-78

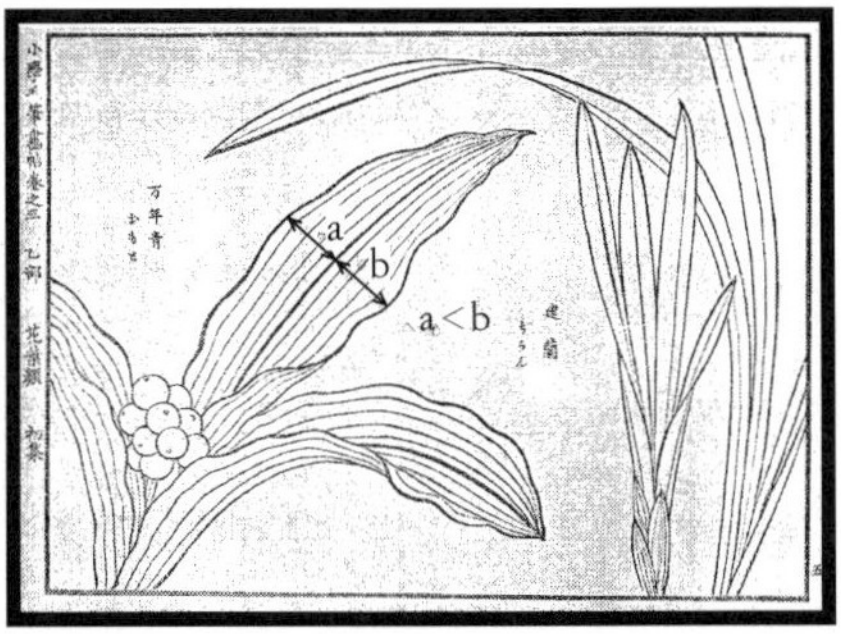

II-77

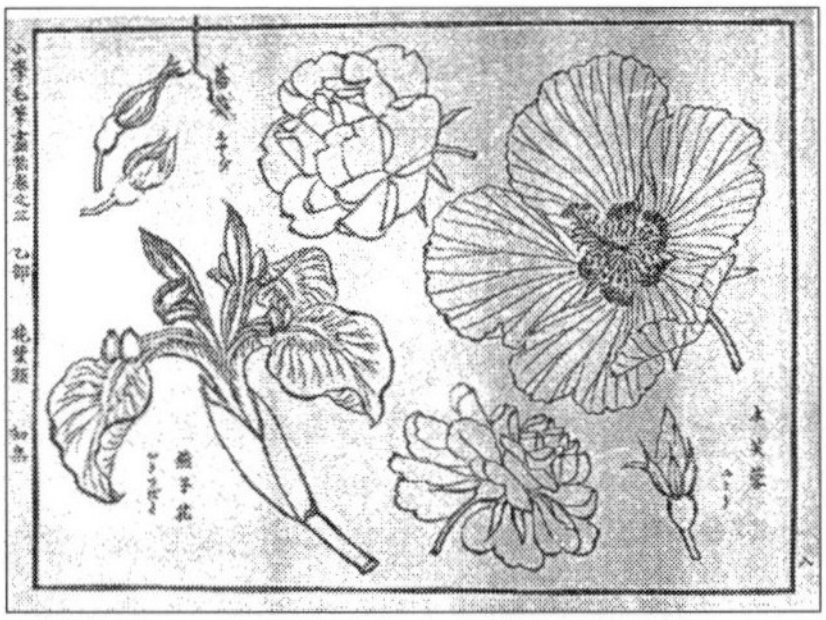

II-80

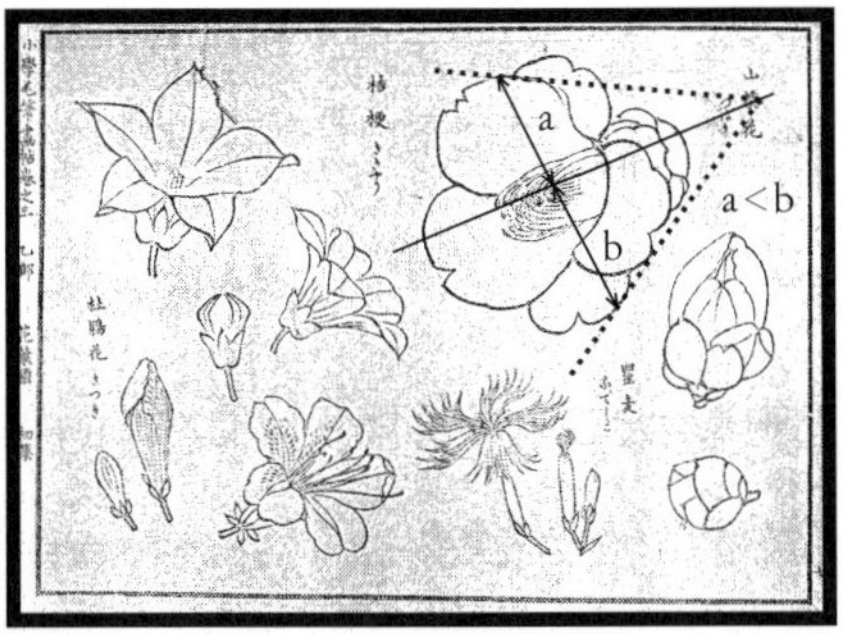

II-79

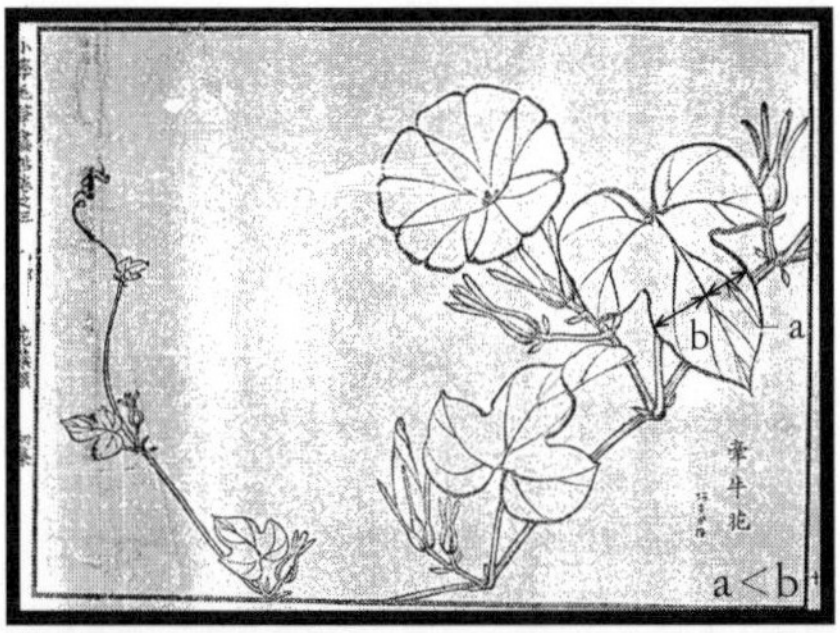

II-82

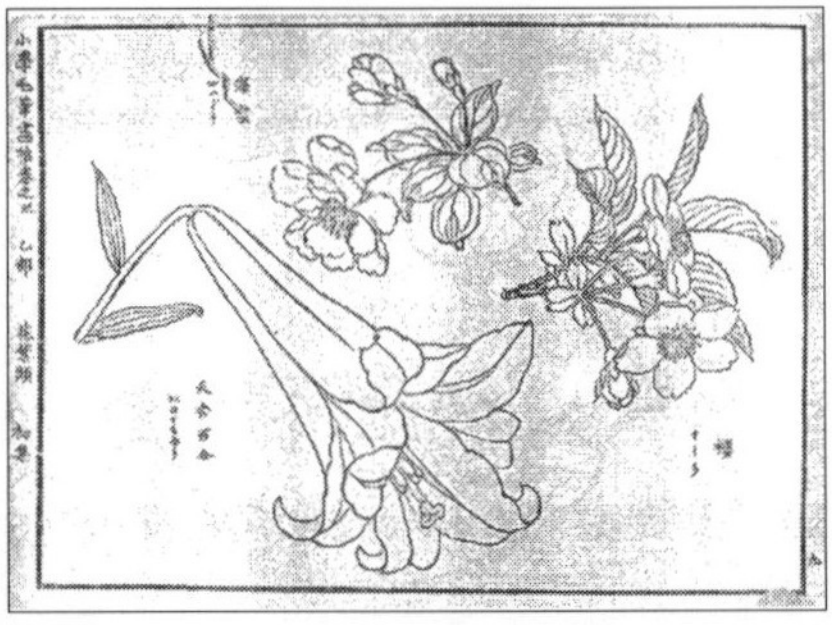

II-81

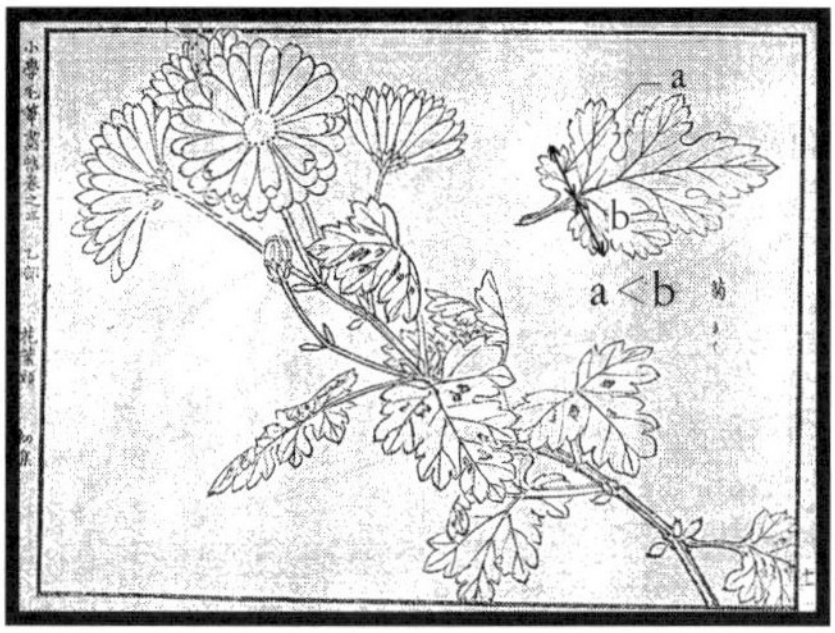

II-83

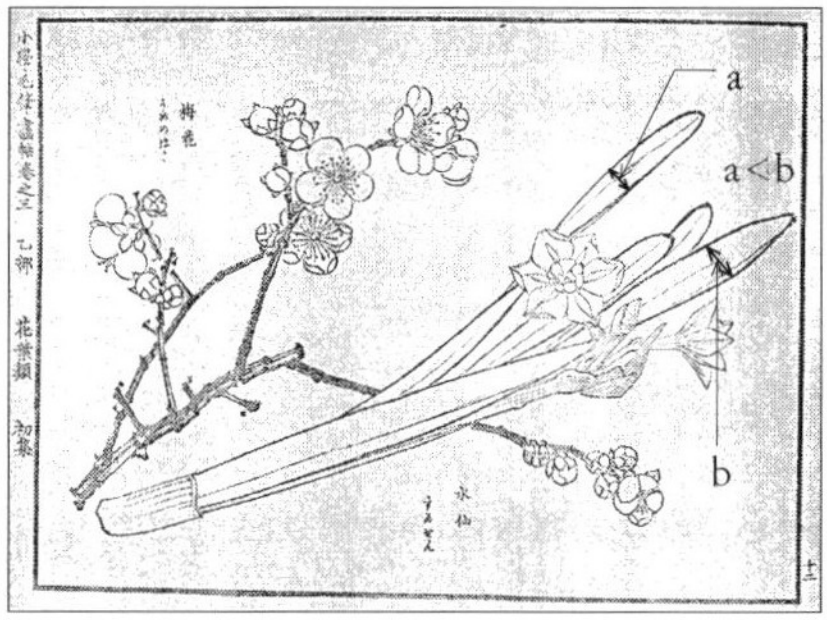

II-84

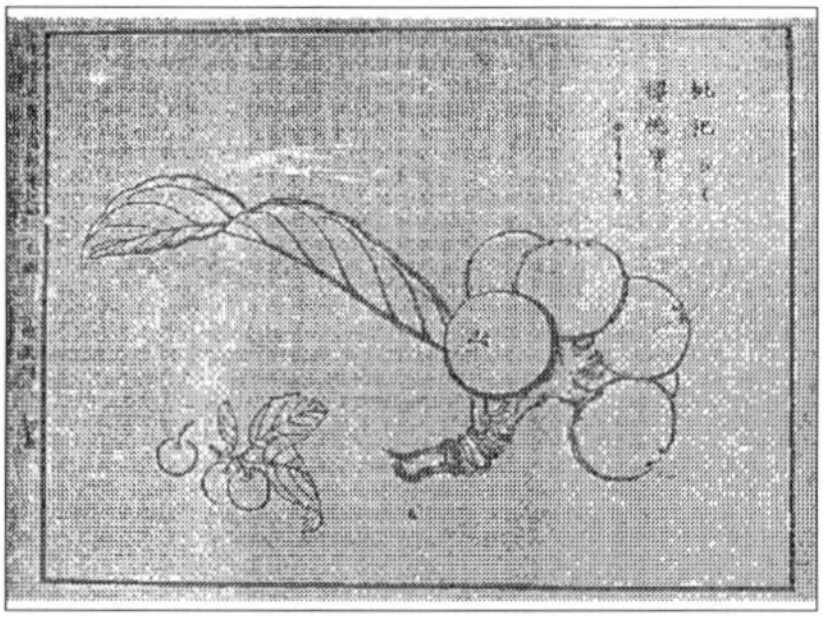

II-85

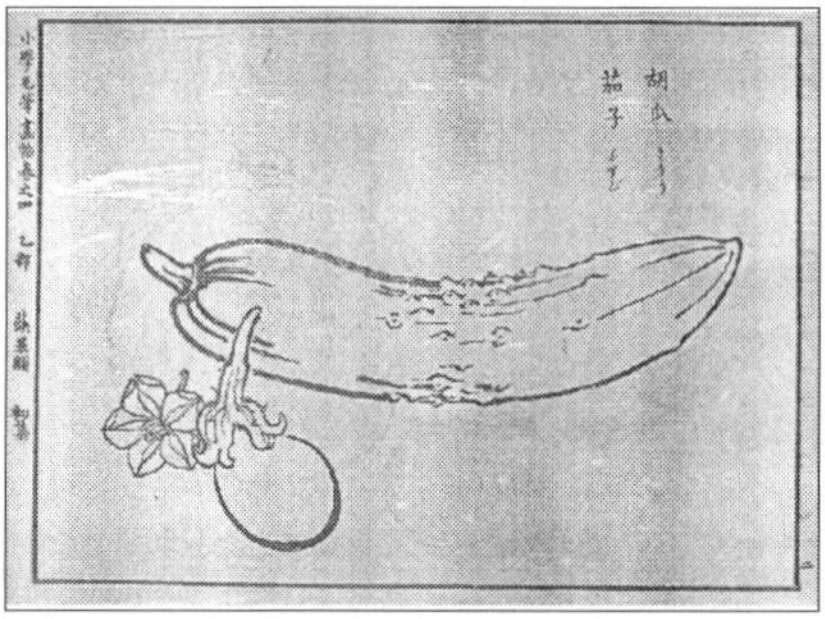

II-86

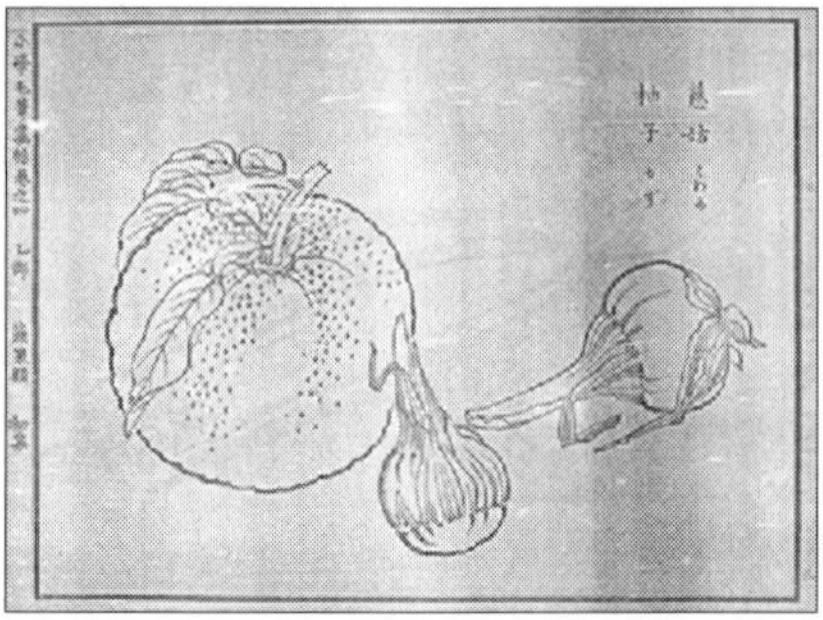

II-87

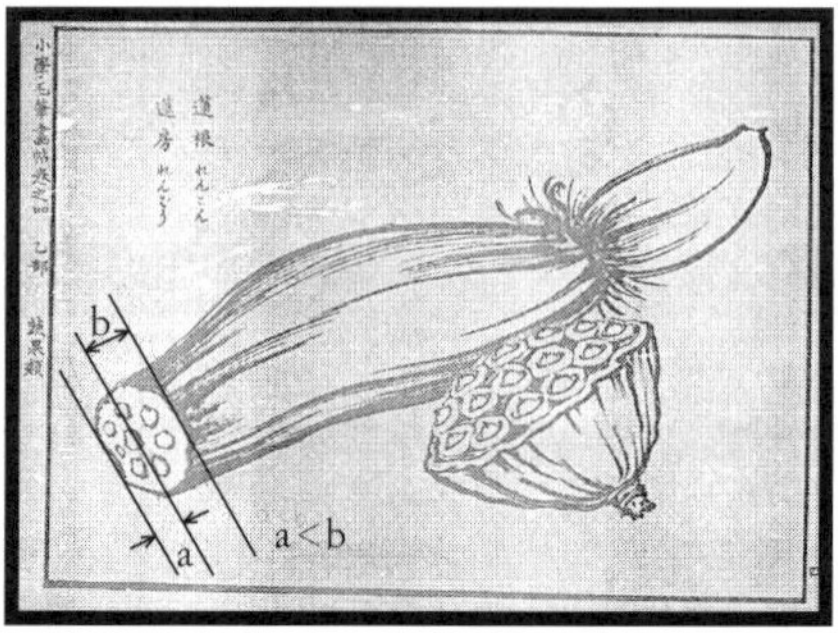

II-88

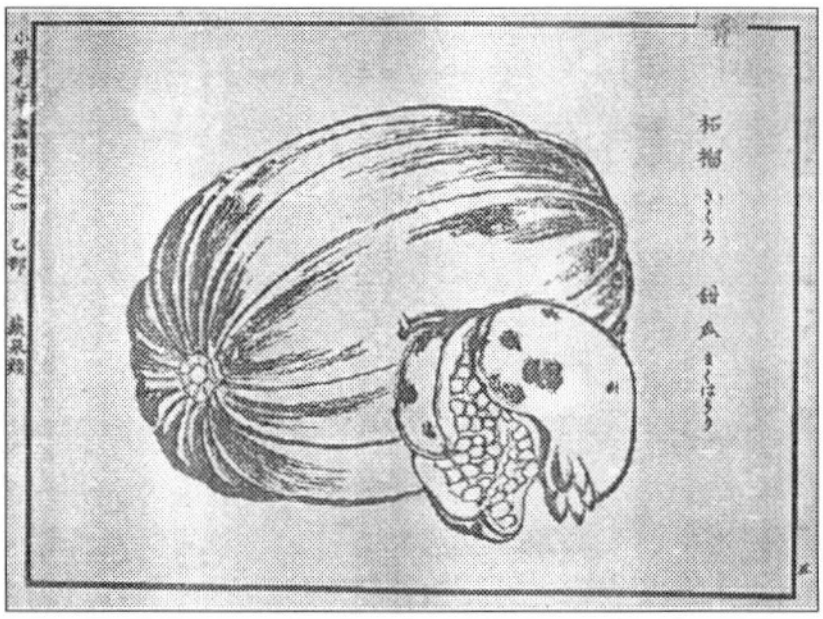

II-89

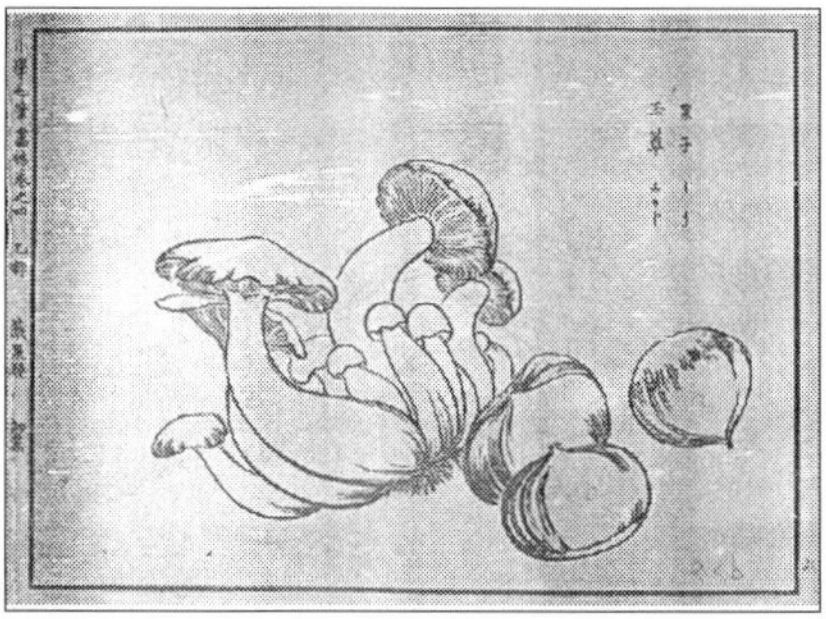

II-90

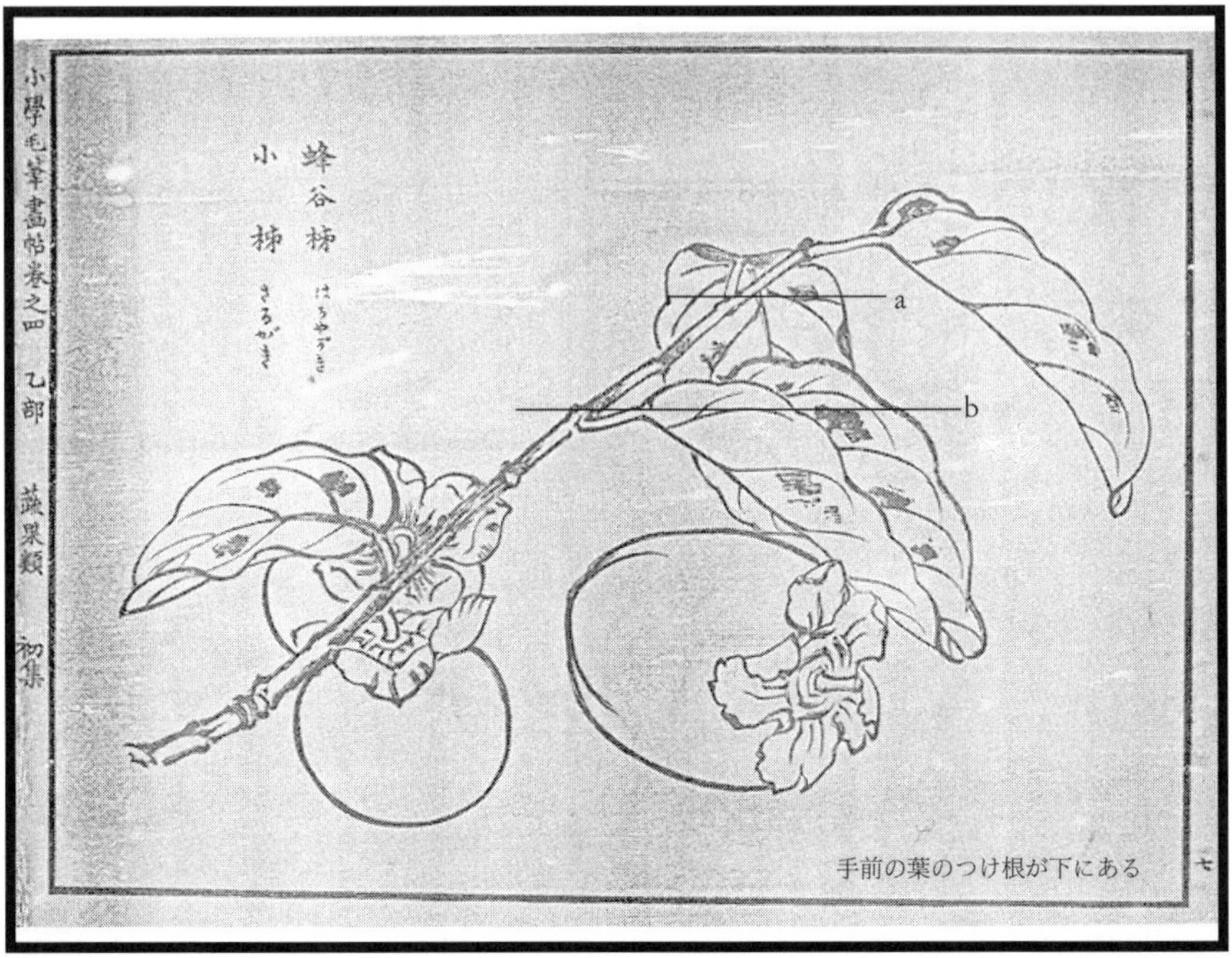

II-91

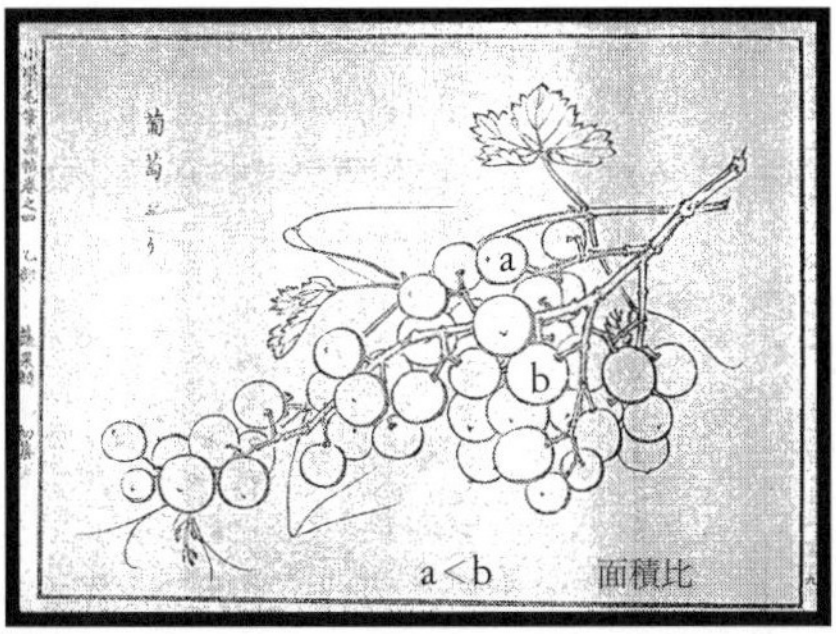

II-93

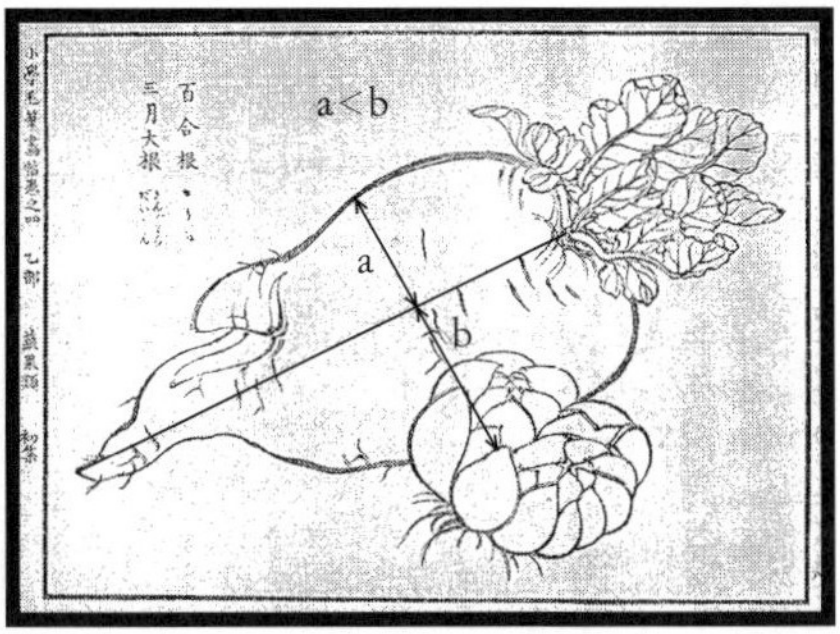

II-92

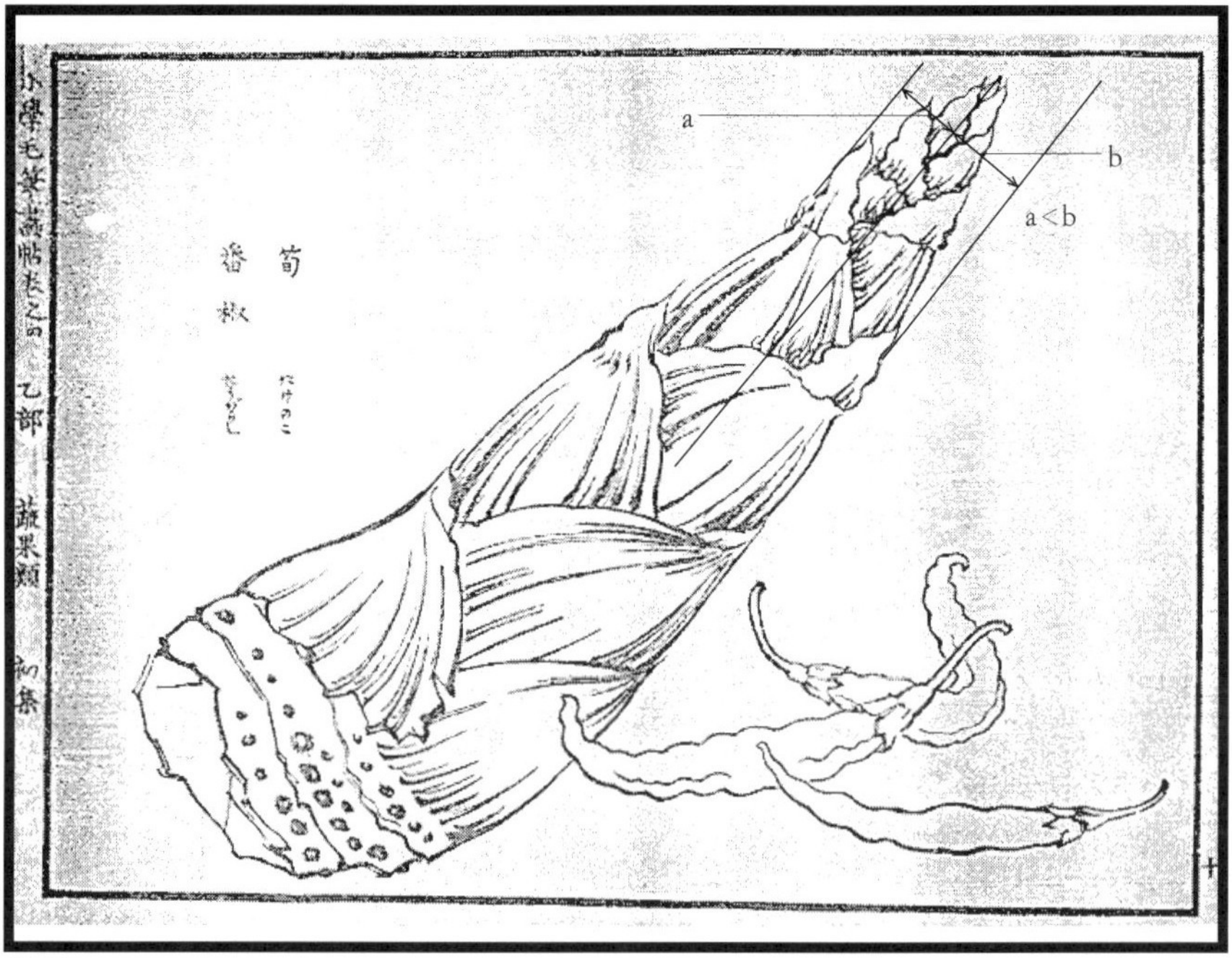

II-94

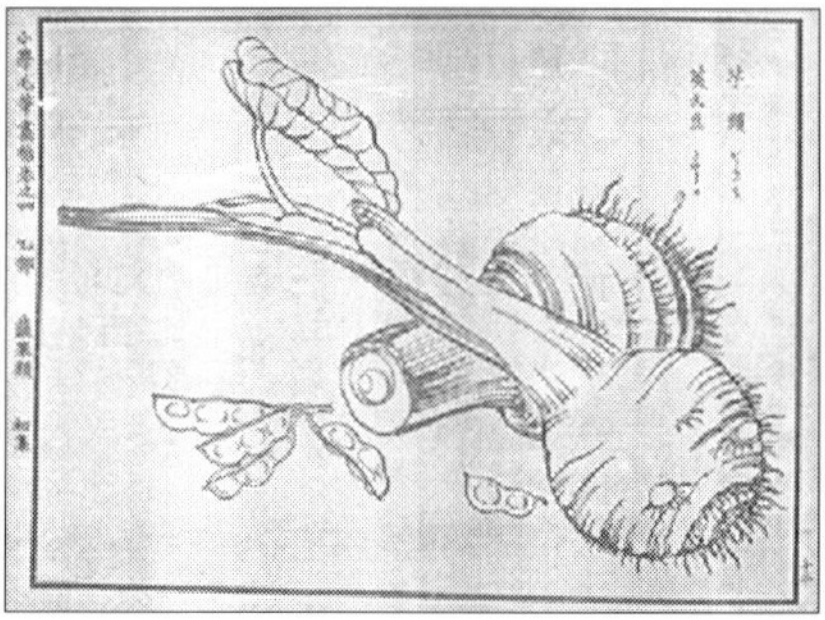

II-96

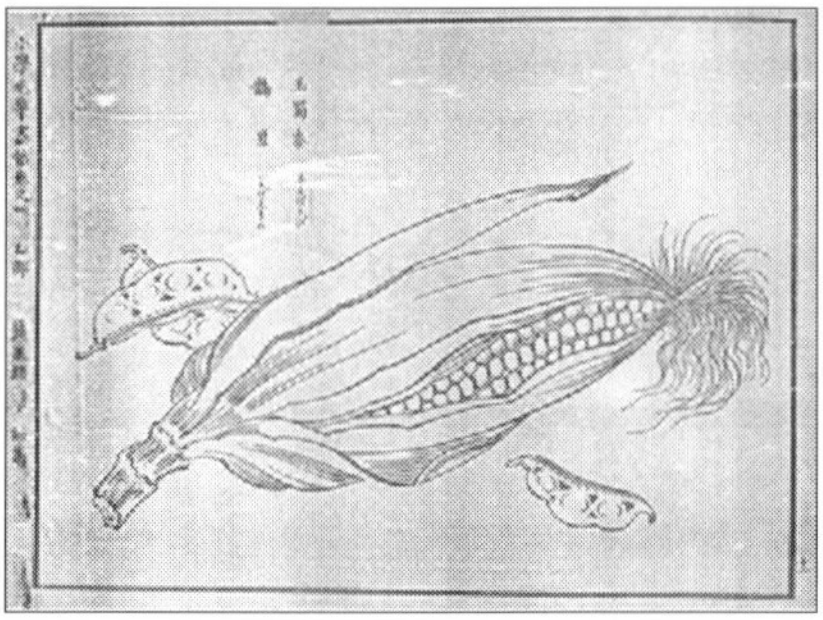

II-95

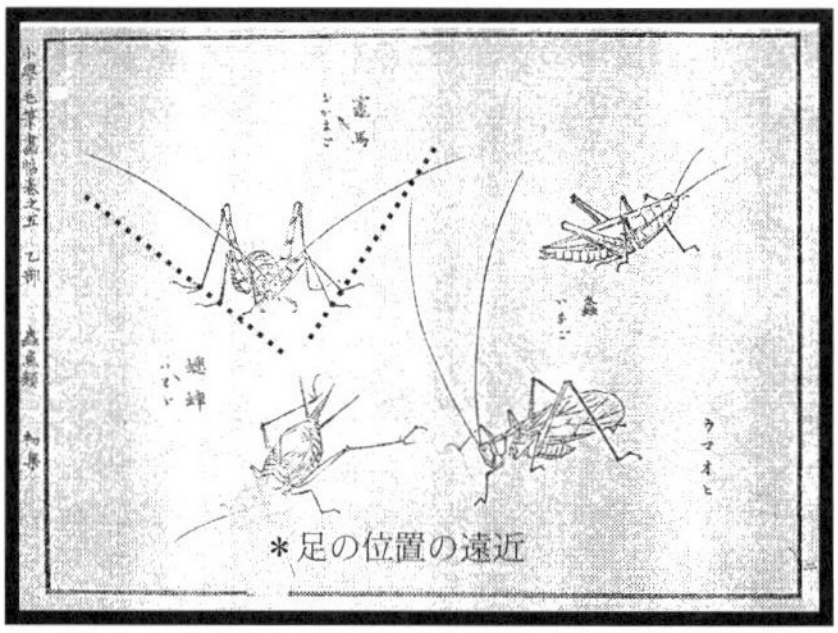

II-98

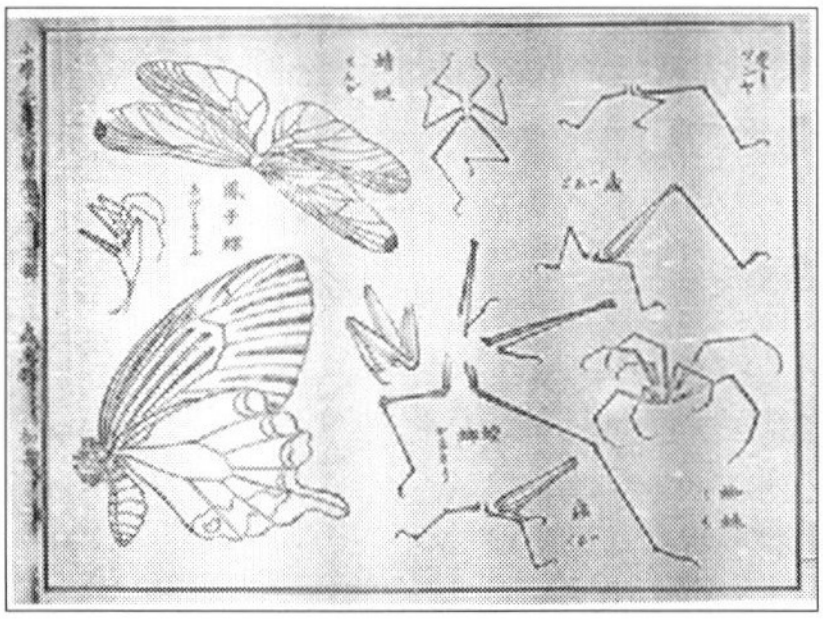

II-97

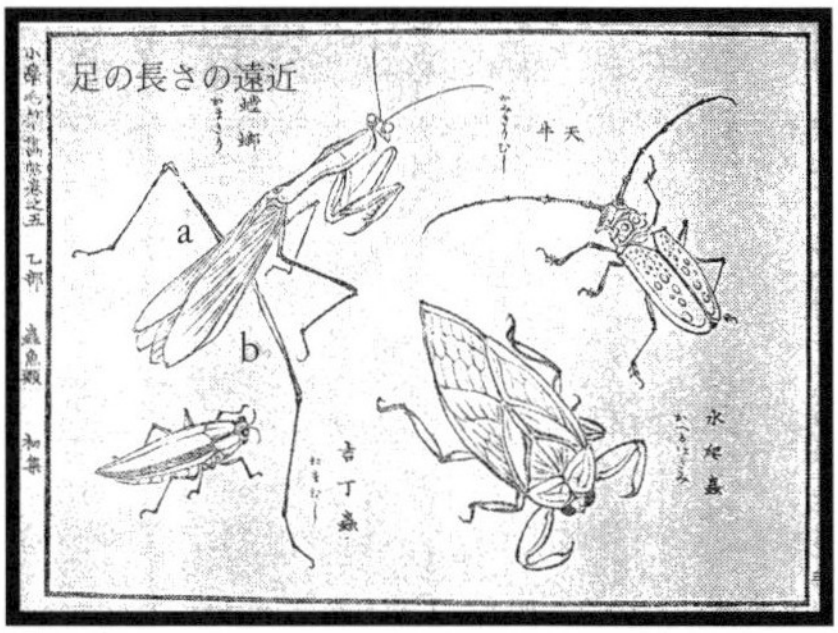

II-99

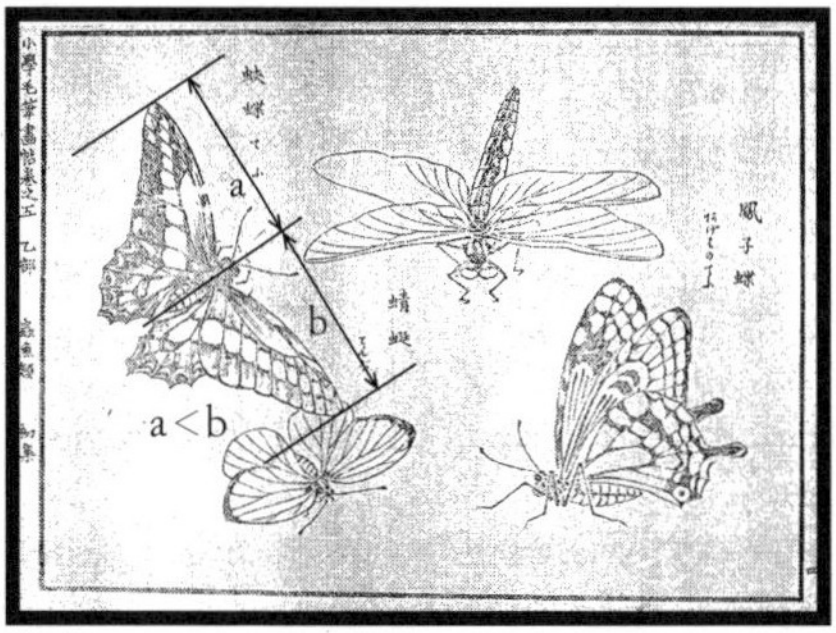

II-100

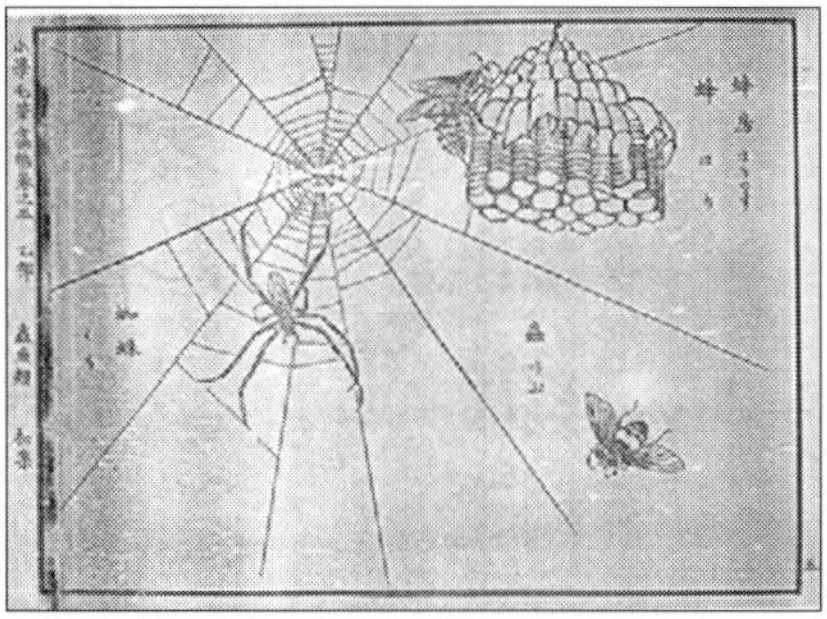
II-101

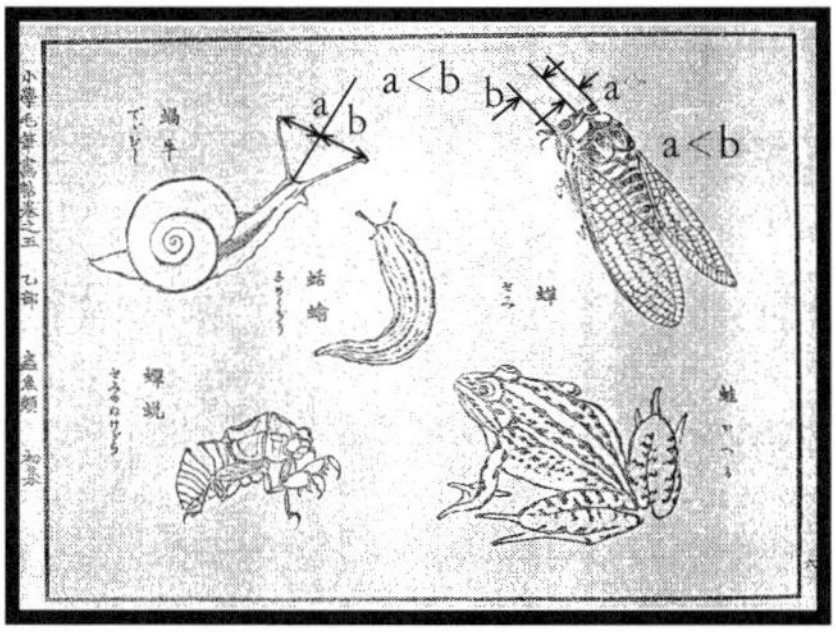

II-102

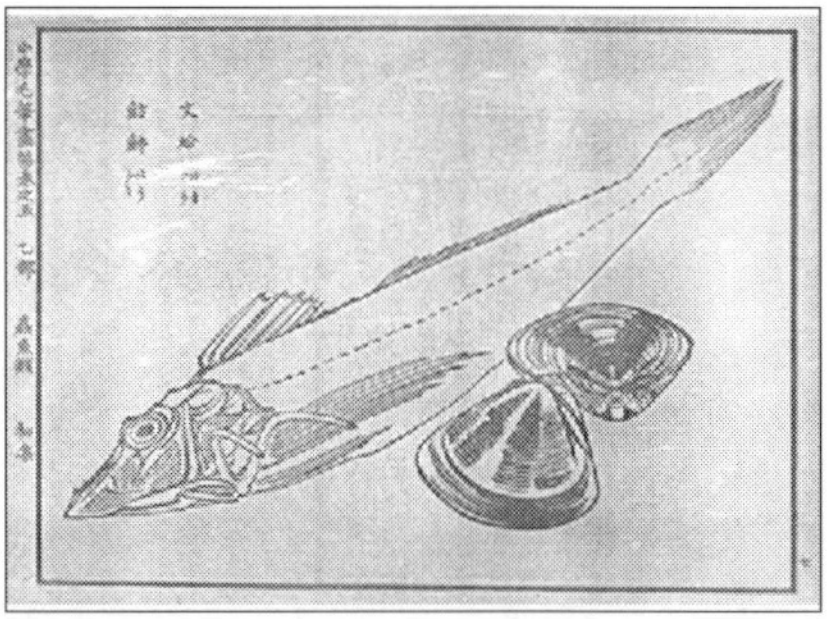
II-103

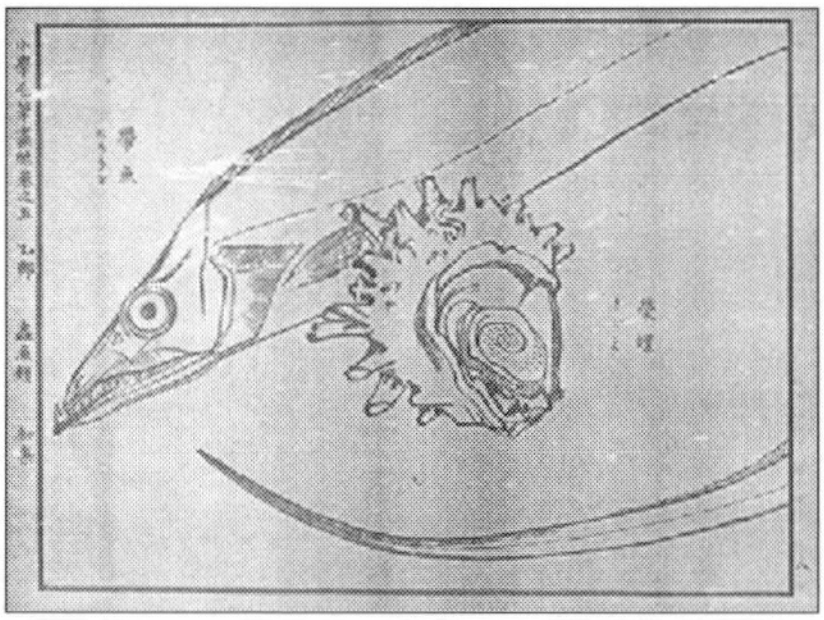
II-104

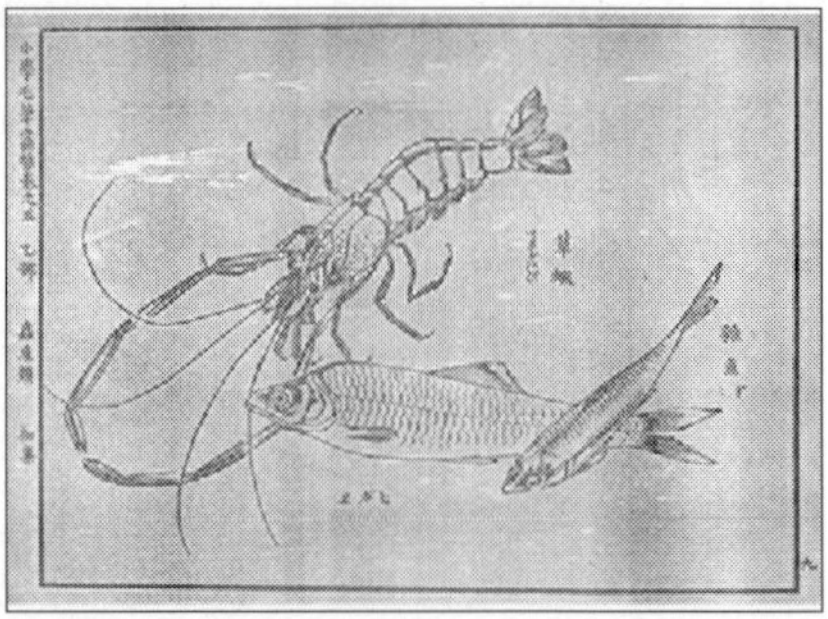
II-105

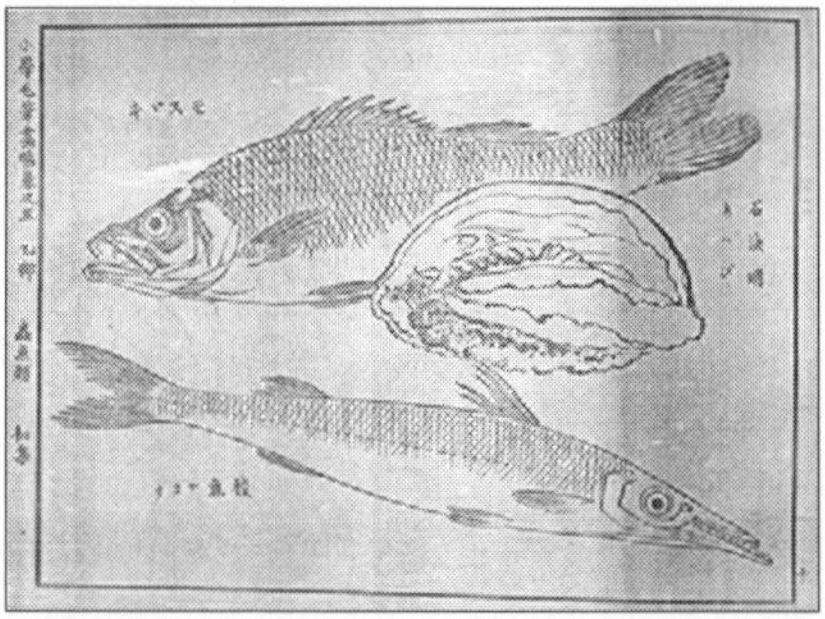
II-106

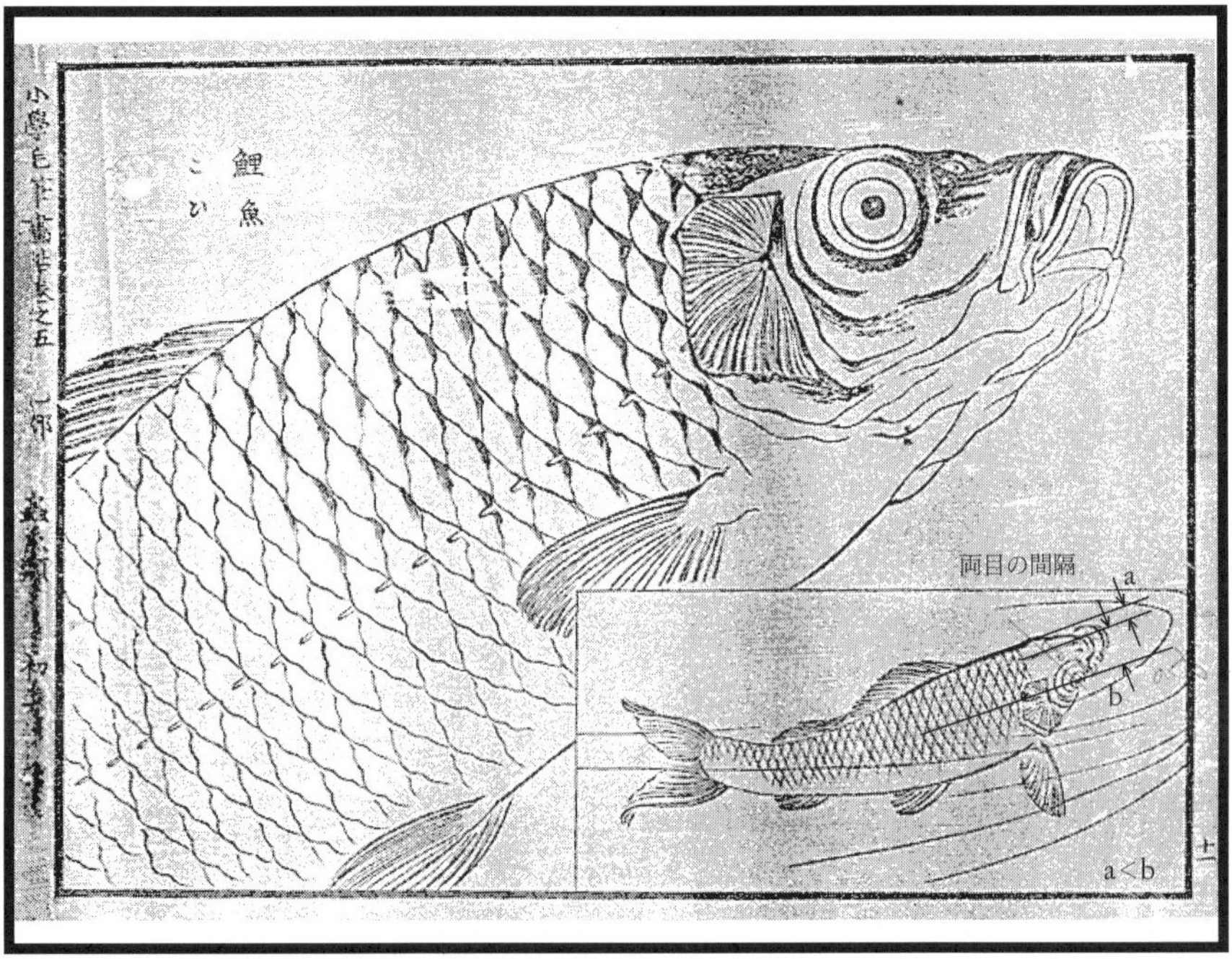

II−107

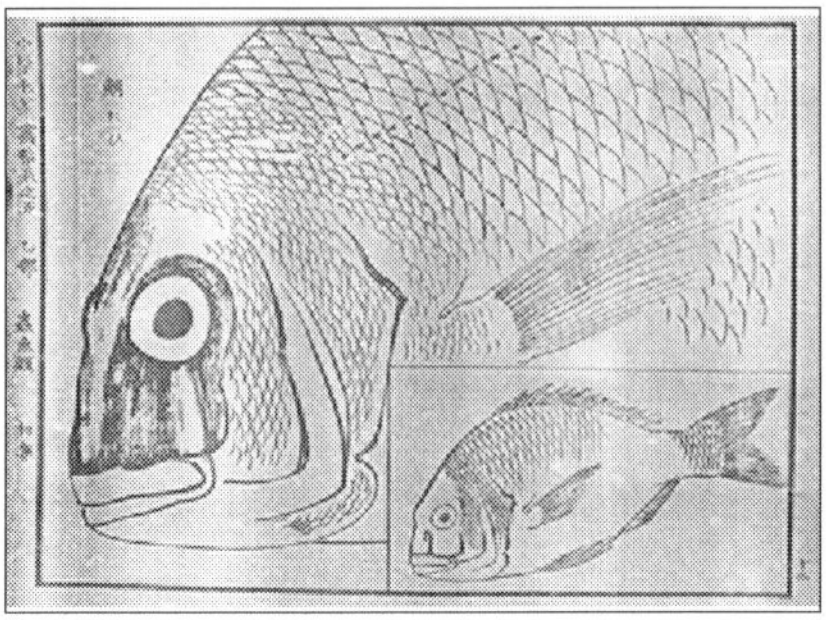

II−108

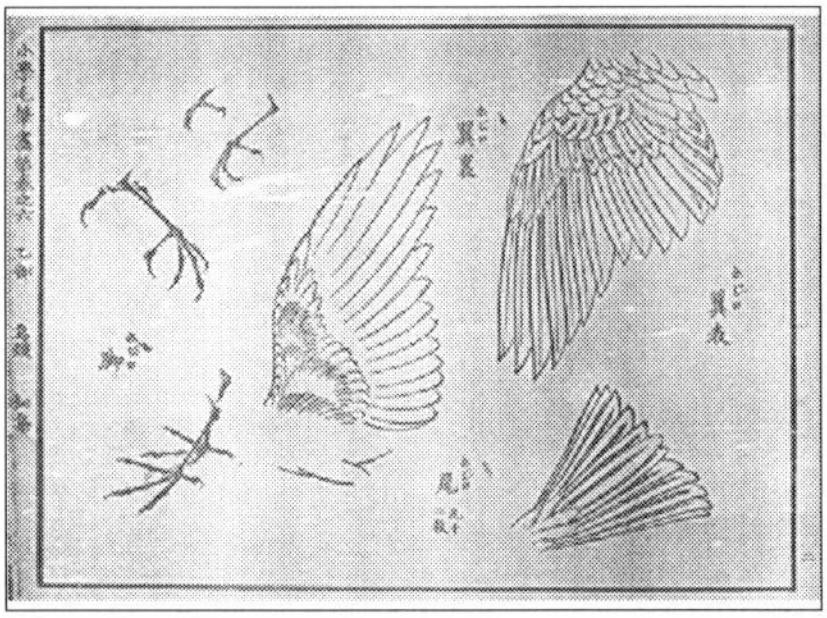

II−110

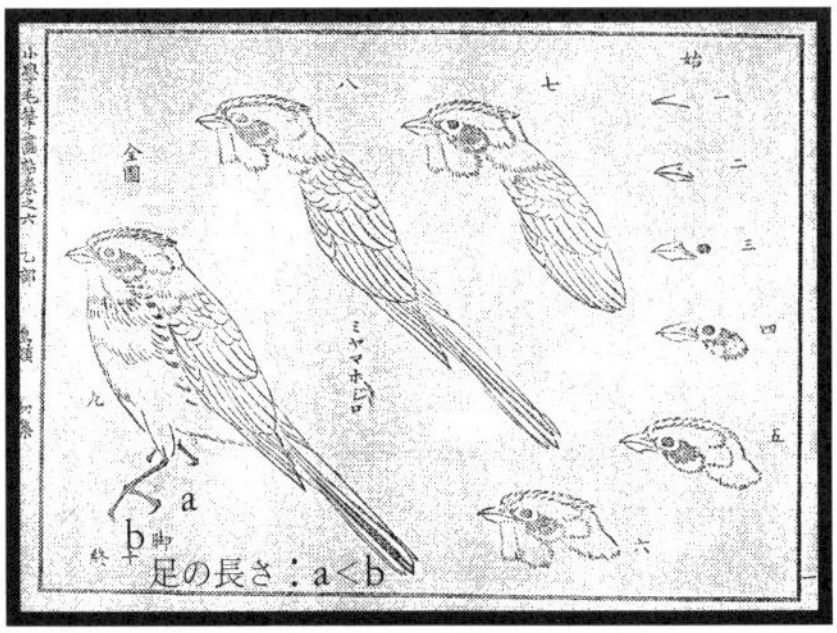

II−109

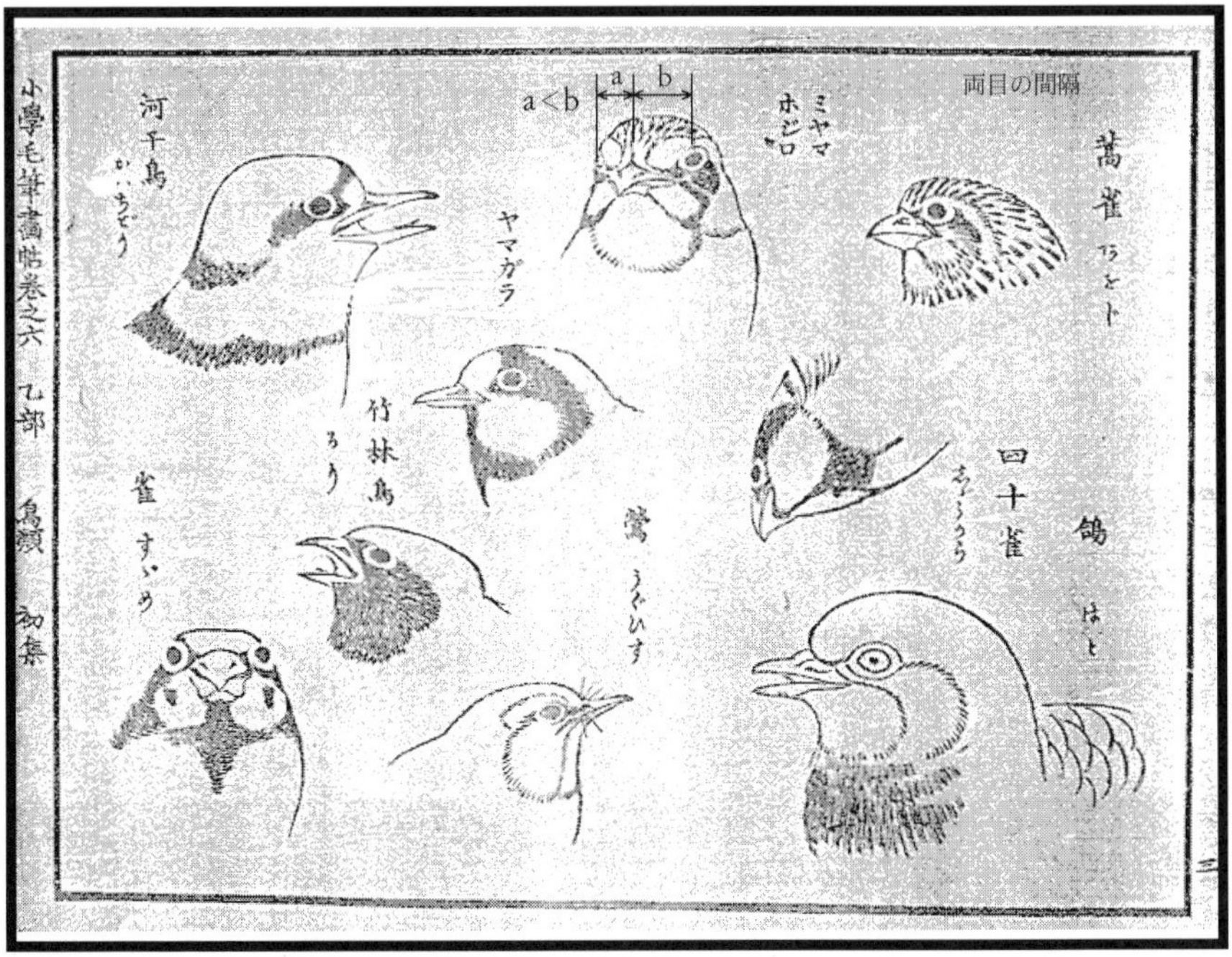

II-111

II-112

II-114

II-113

II-116

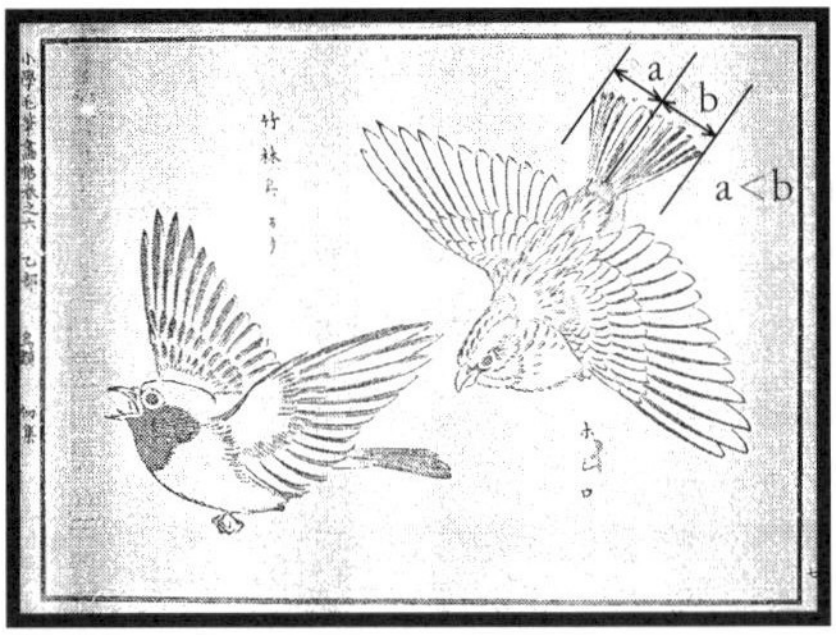

II-115

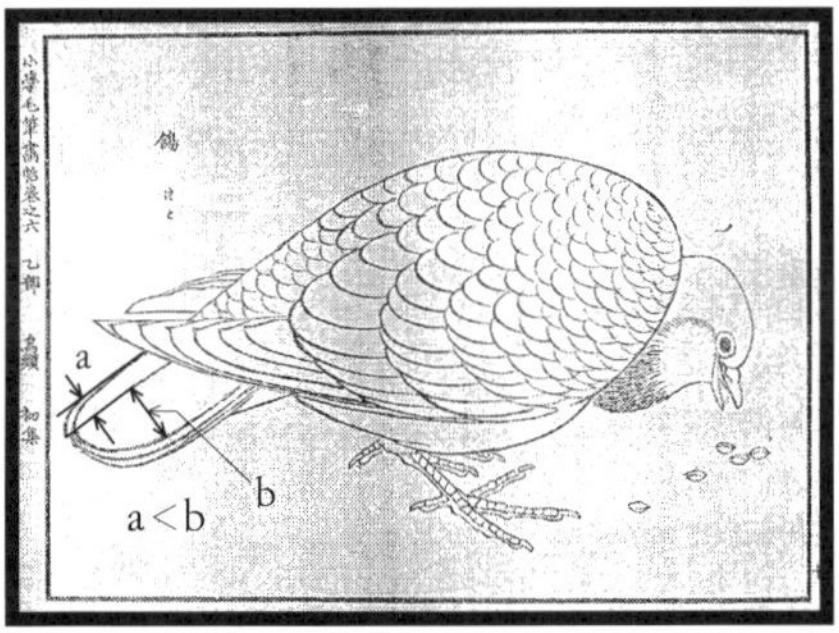

II-118

II-117

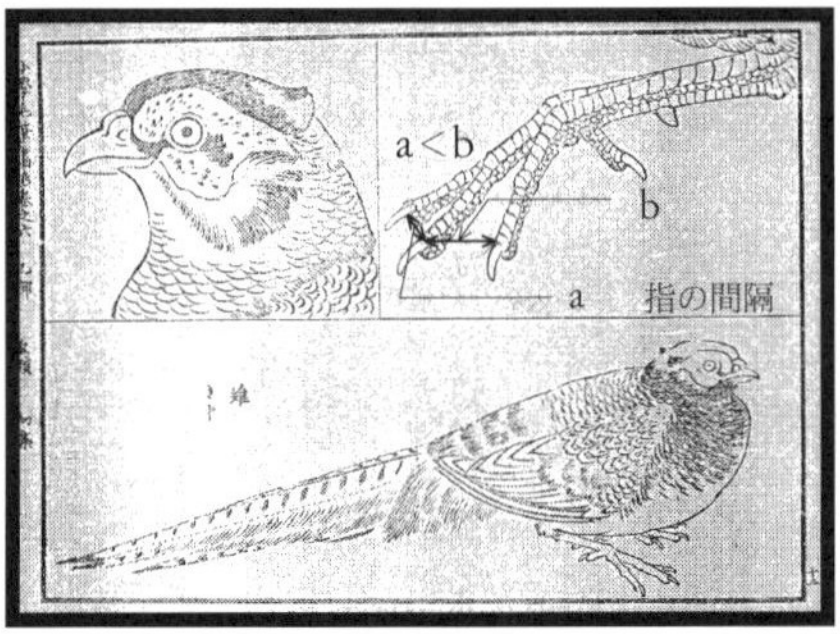

II-120

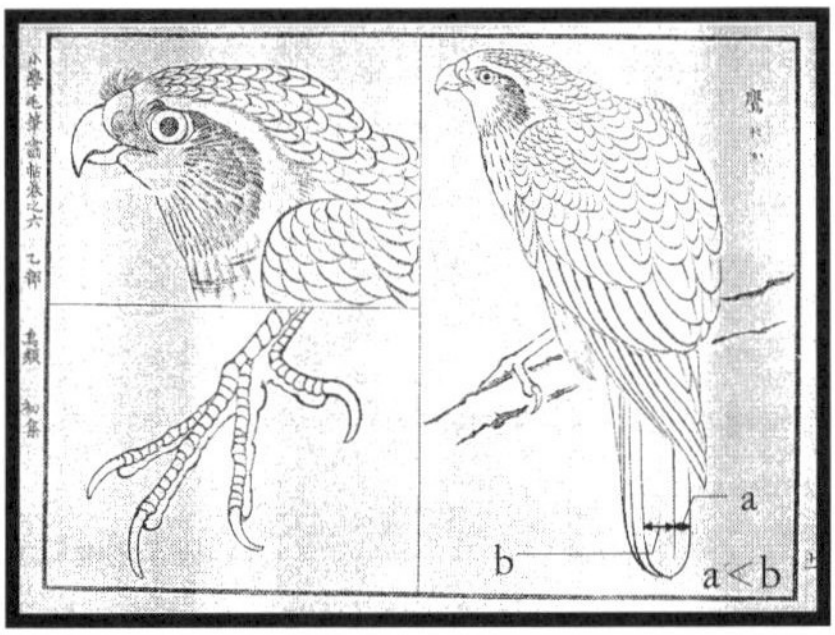

II-119

II-122

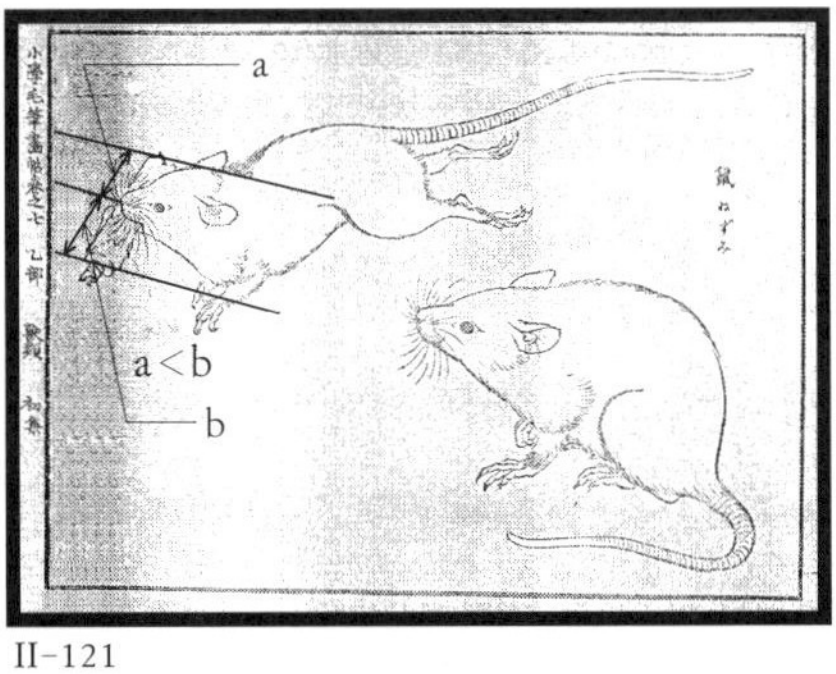

II-121

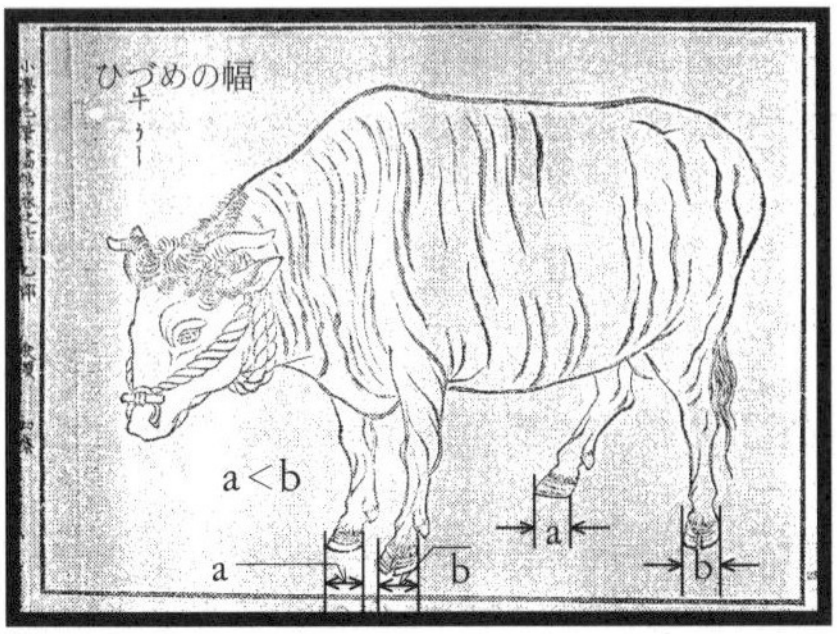

II-124

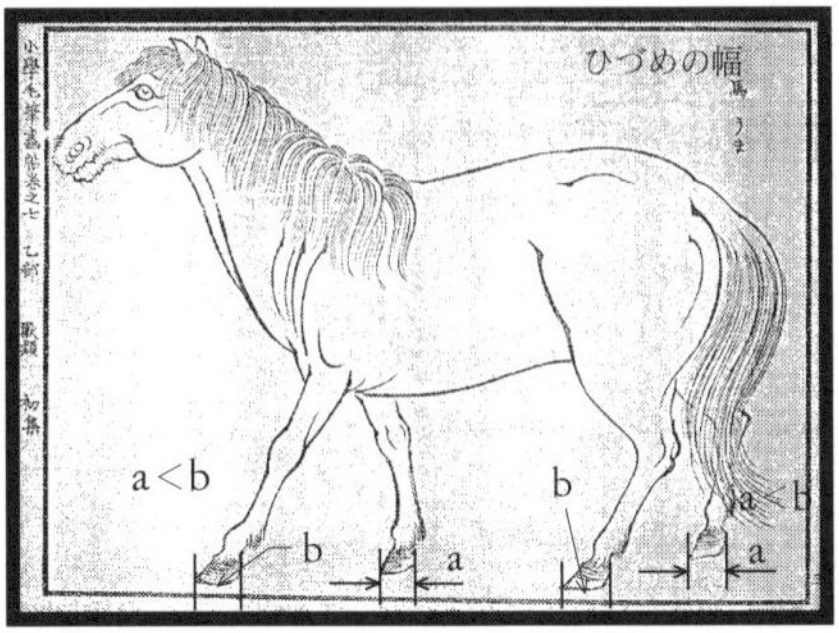

II-123

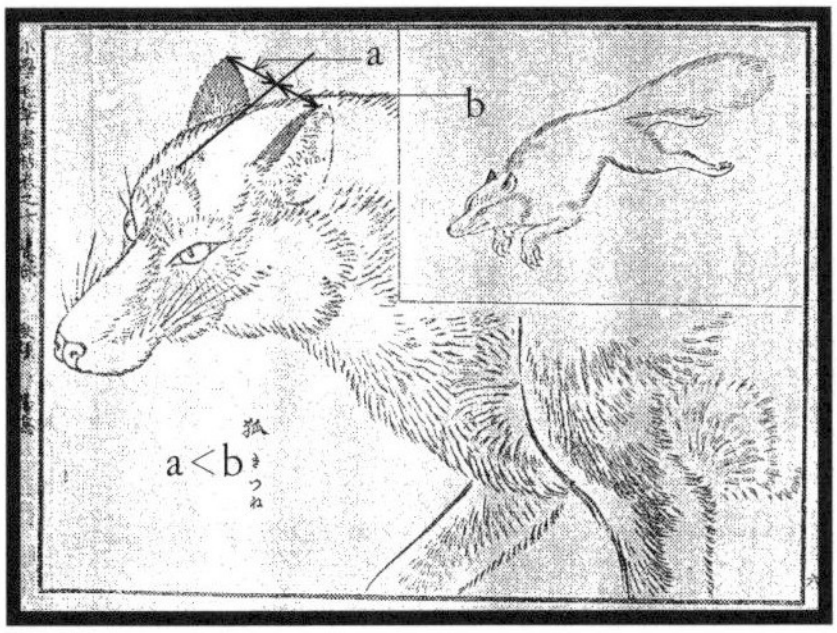

II-126

II-125

II-127

II-128

II-130

II-129

II-131

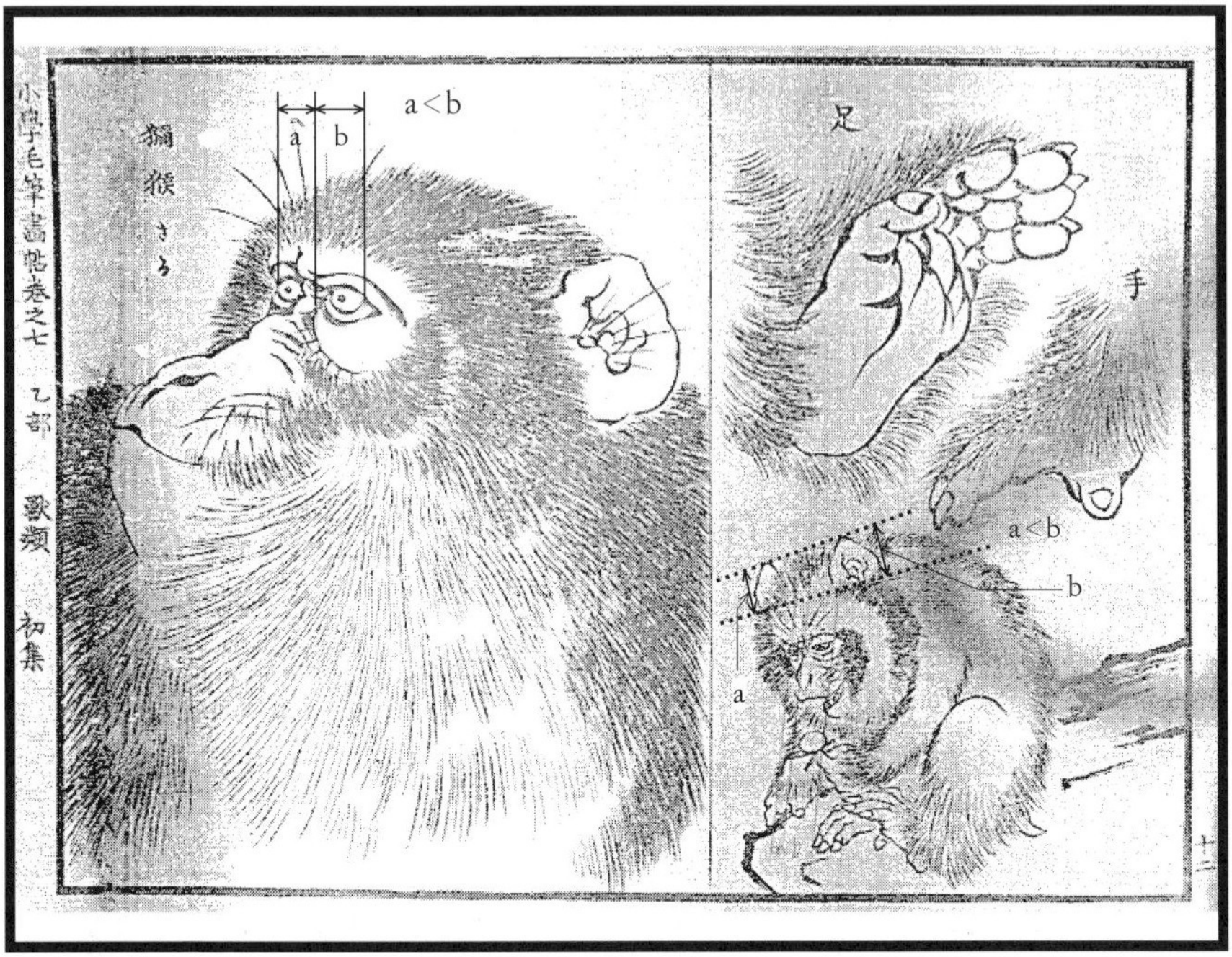

II-132

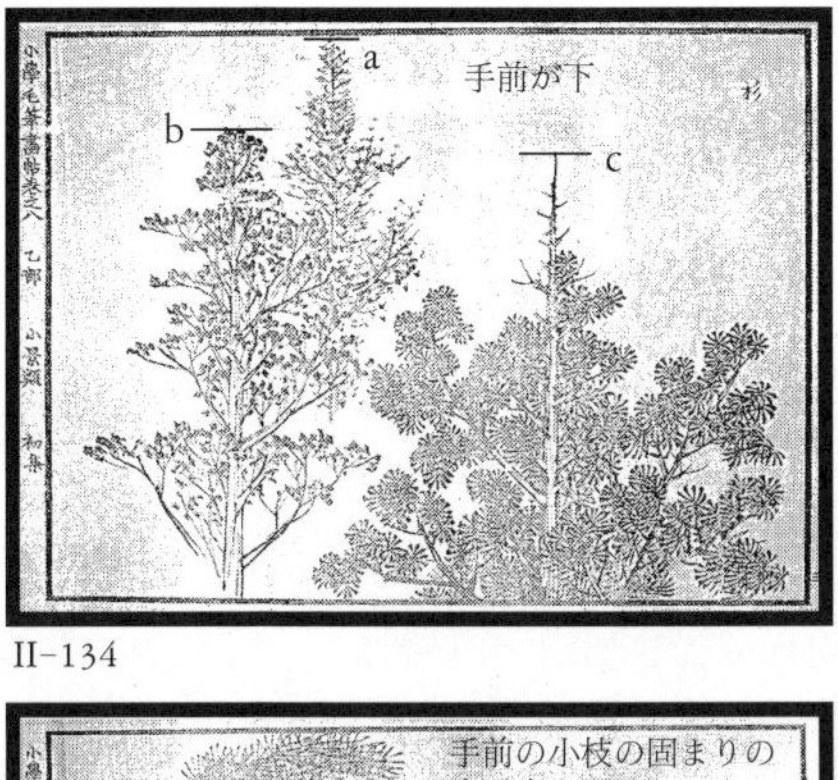

II-134

II-133

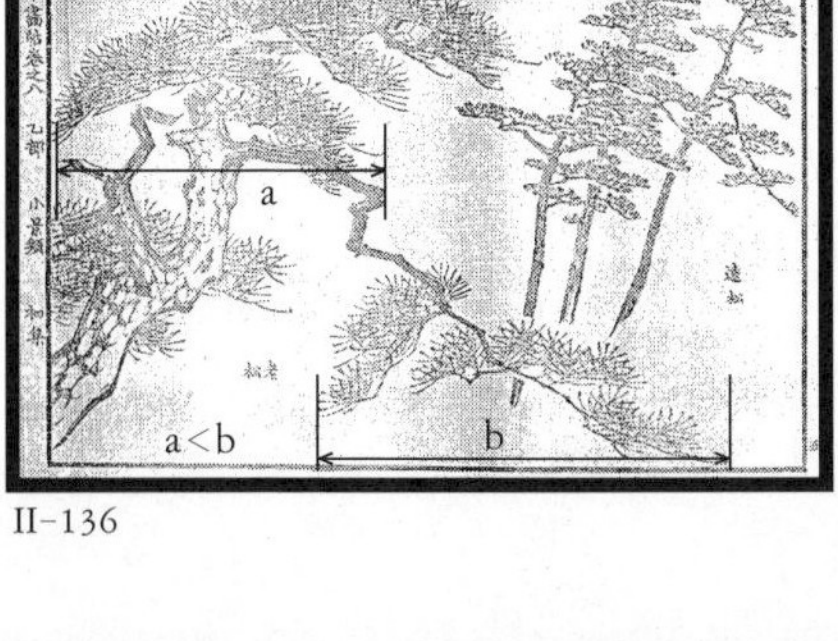

II-136

II-135

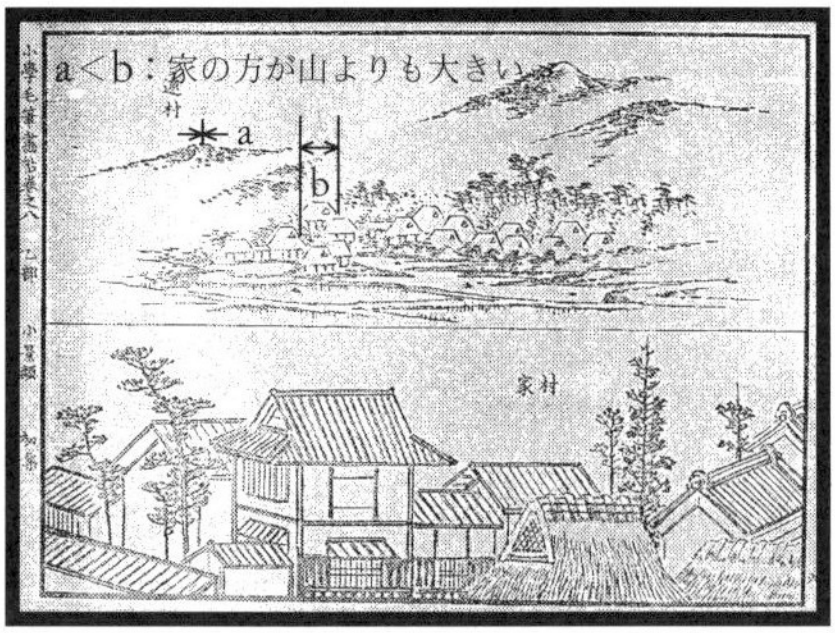

II-137

II-138

II-140

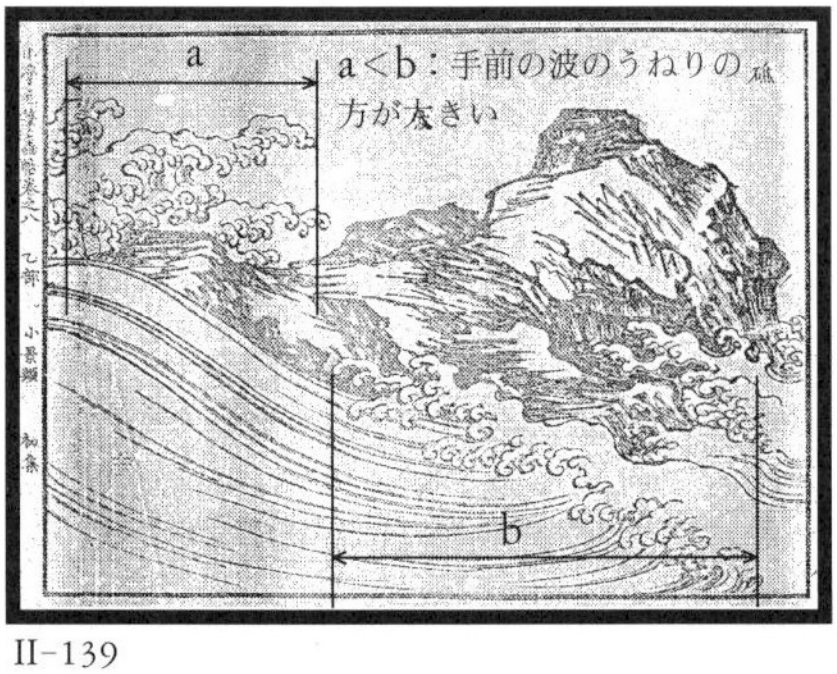

II-139

II-142

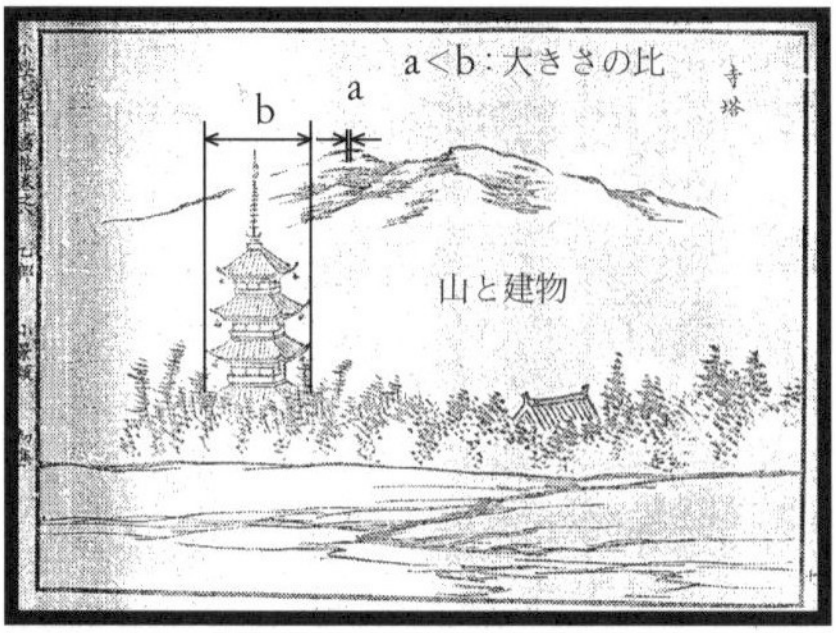

II-141

II-143

(III) 小學生徒毛筆畫の手ほとき

巨勢小石

1889 (明治 22) 年 1 月，京都書林

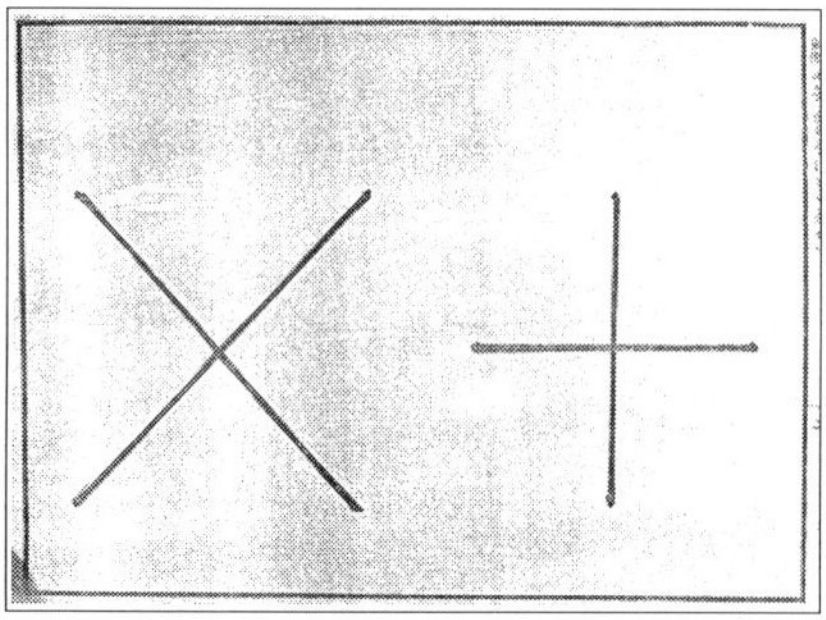

III-2

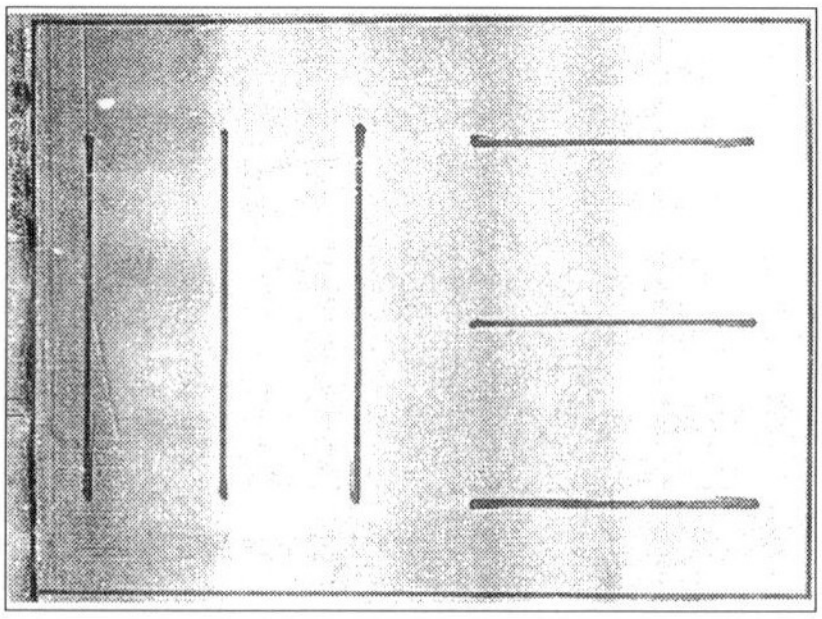

III-1

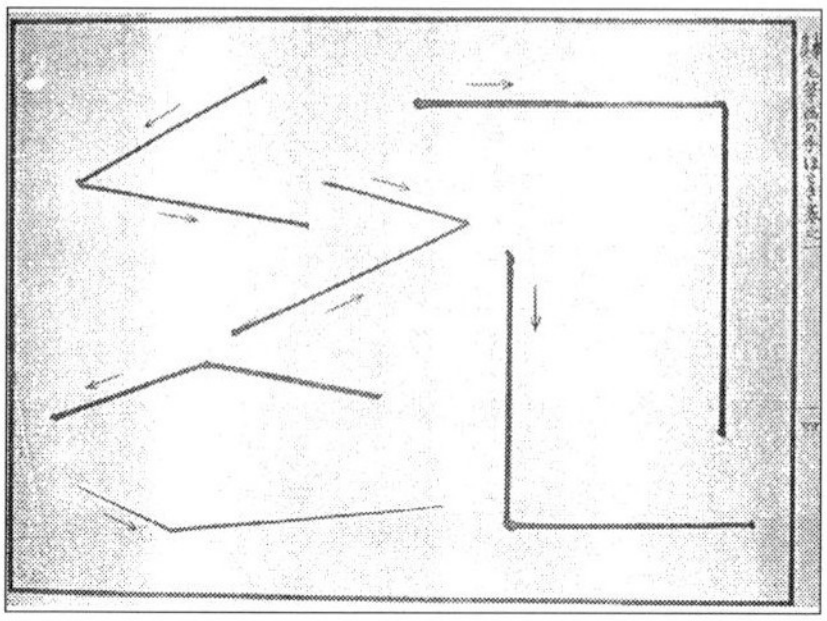

III-4

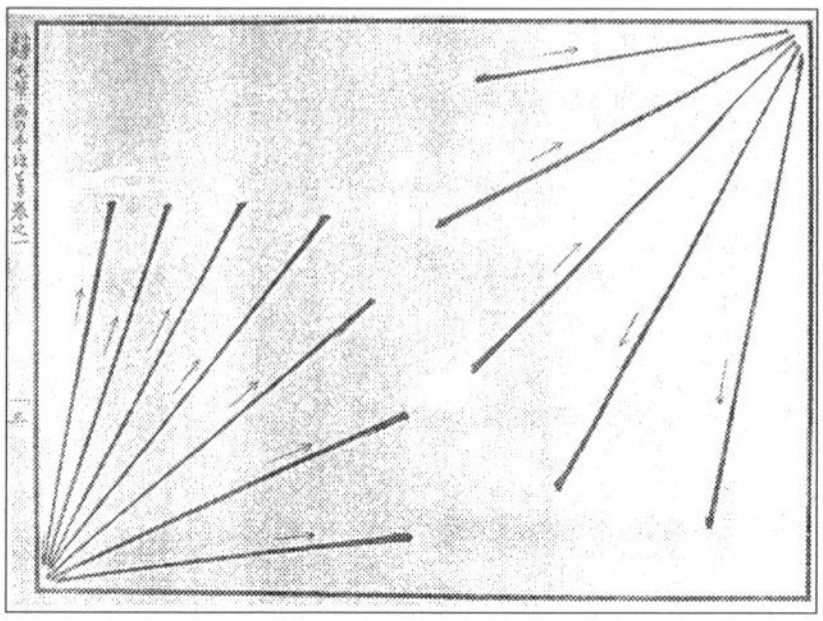

III-3

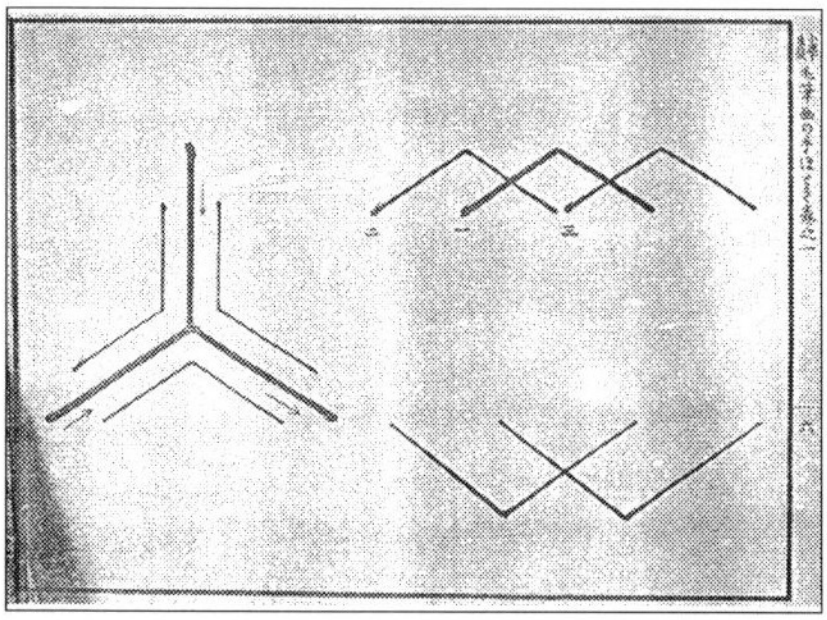

III-6

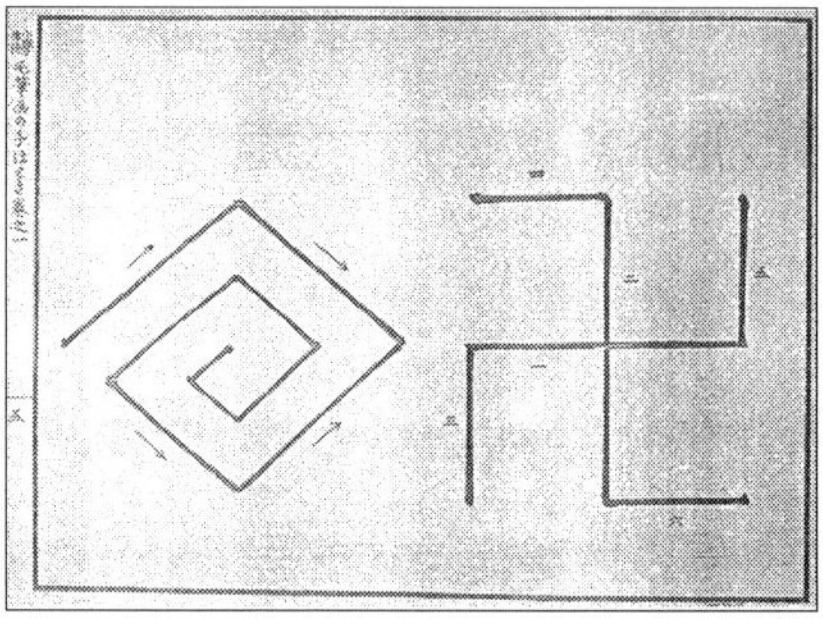

III-5

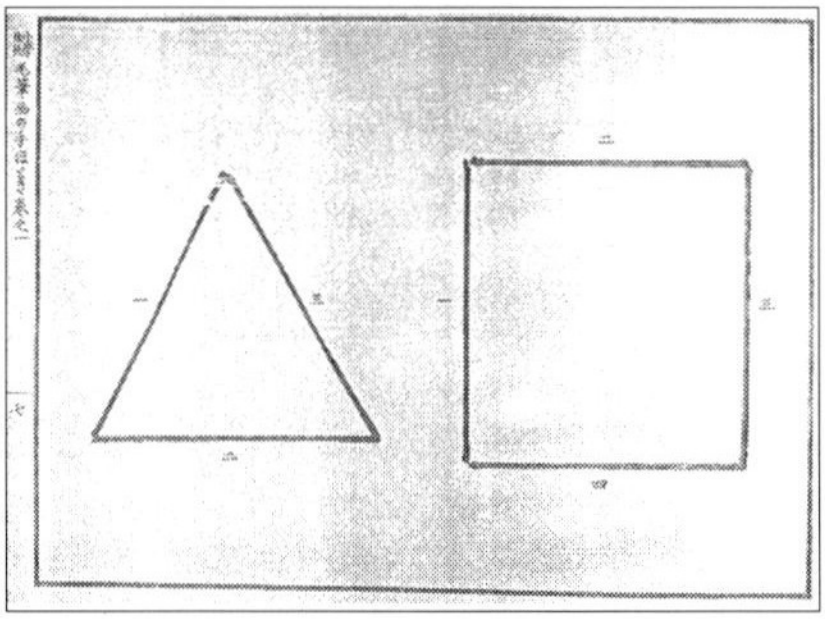

III-7

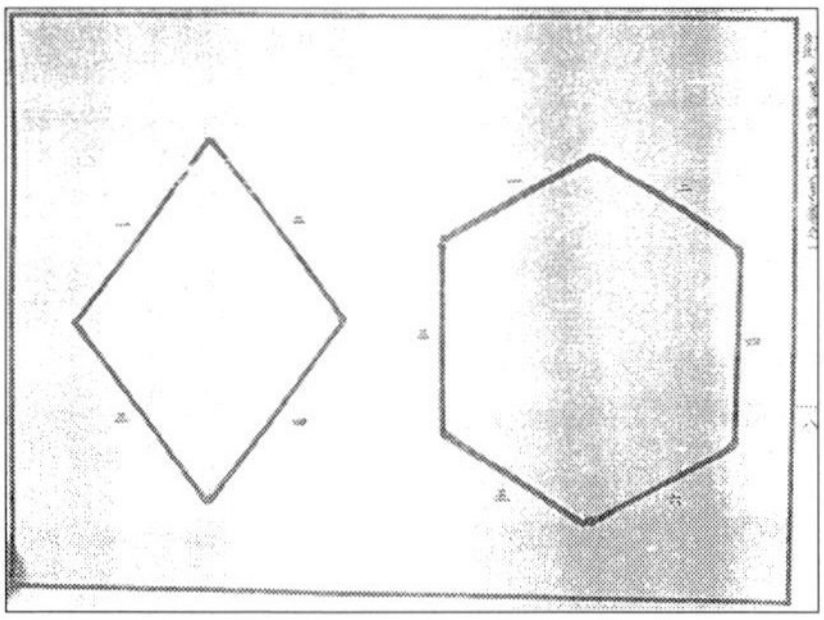

III-8

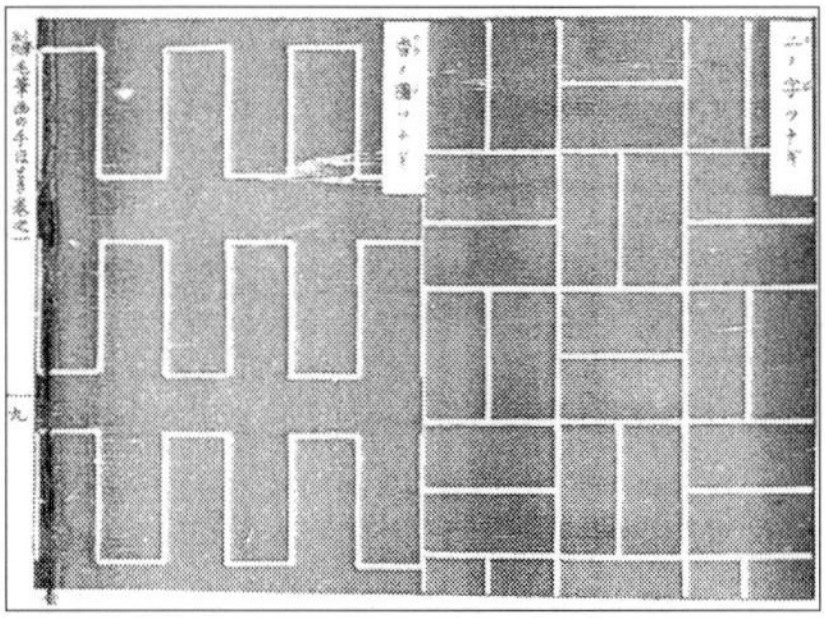

III-9

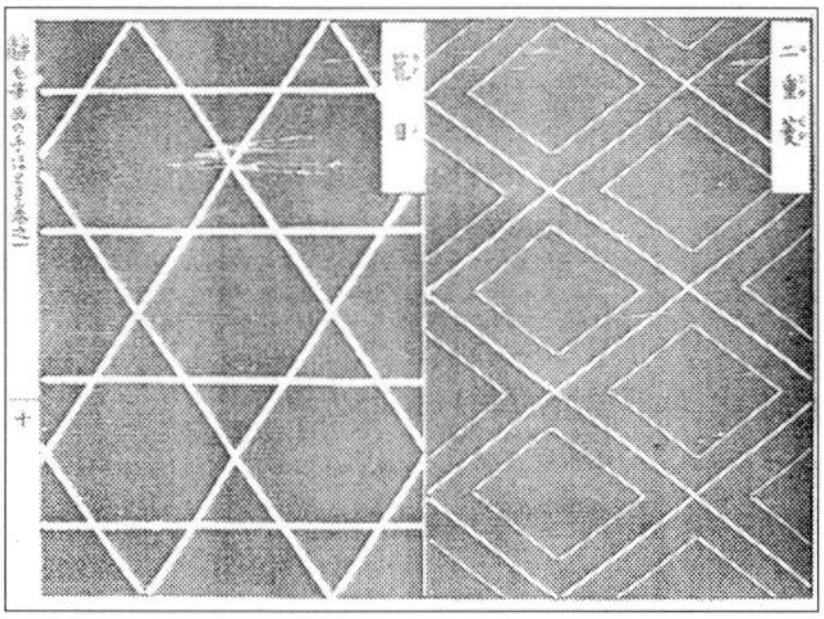

III-10

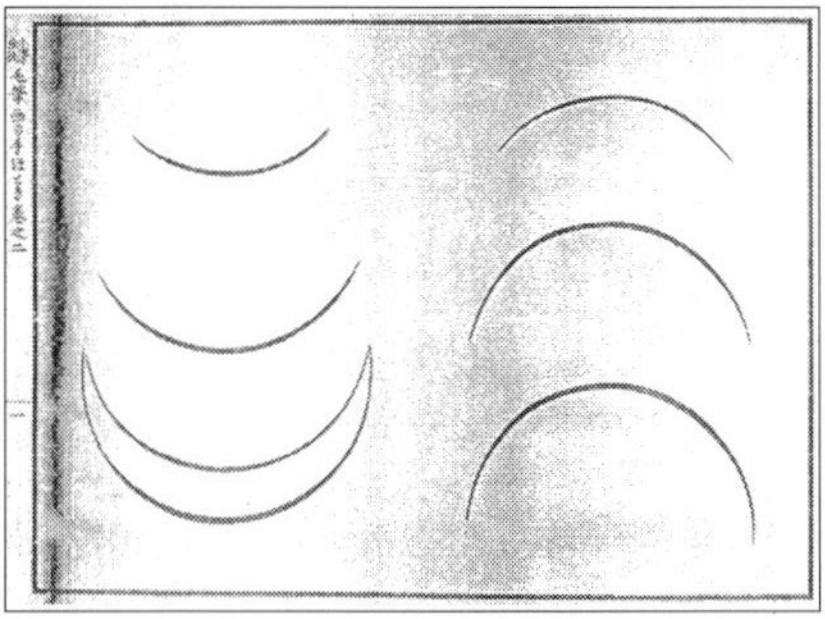

III-11

III-12

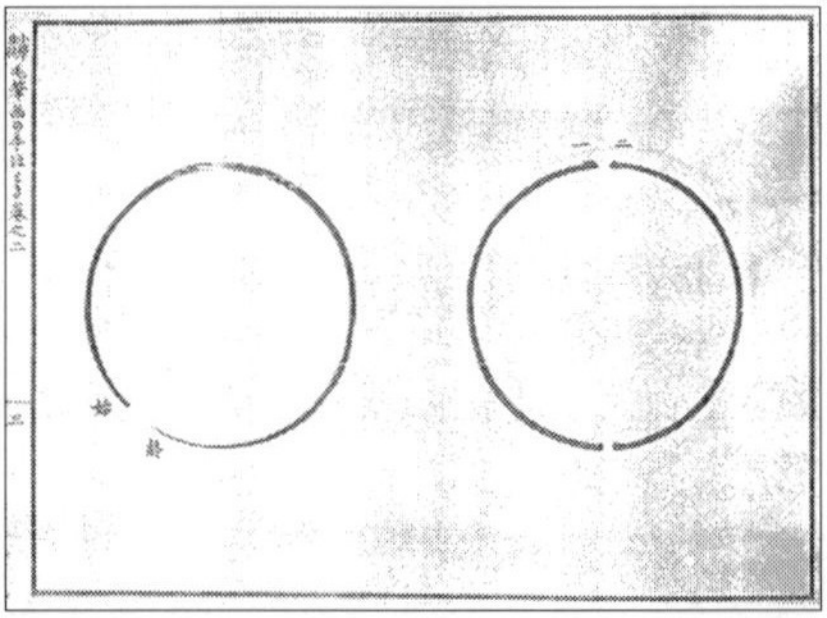

III-13

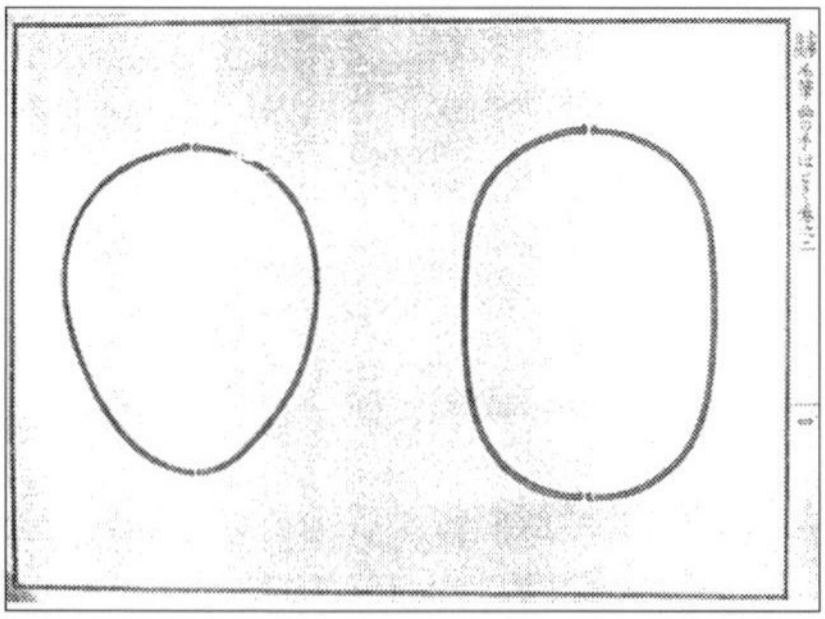

III-14

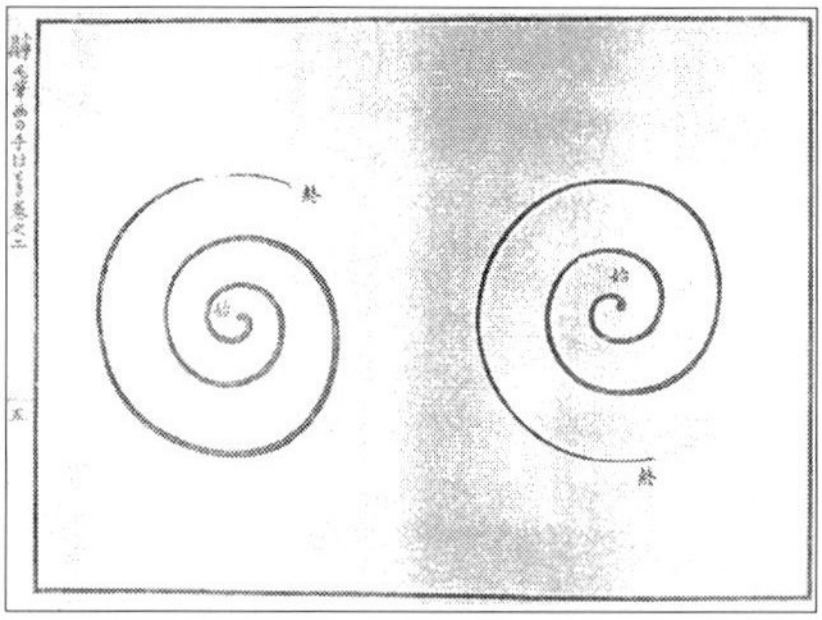

III-15

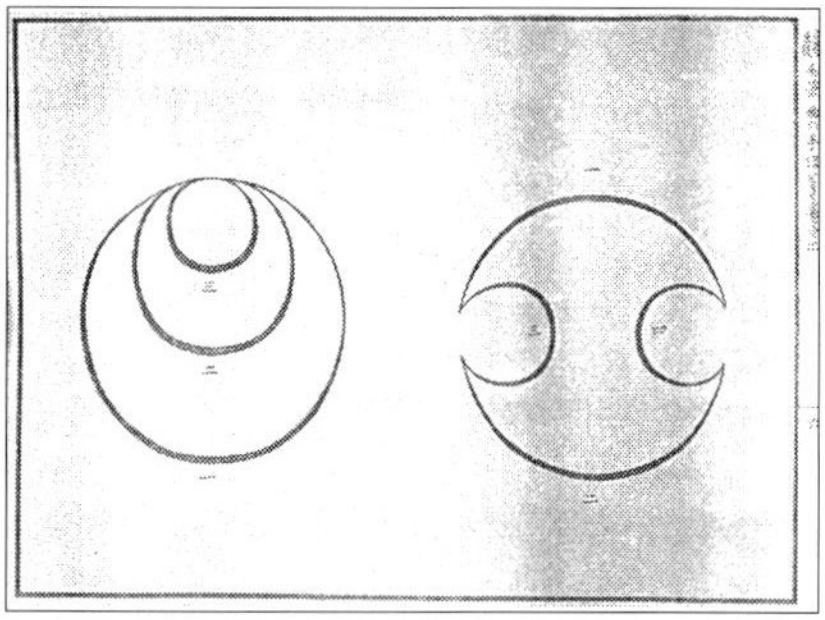

III-16

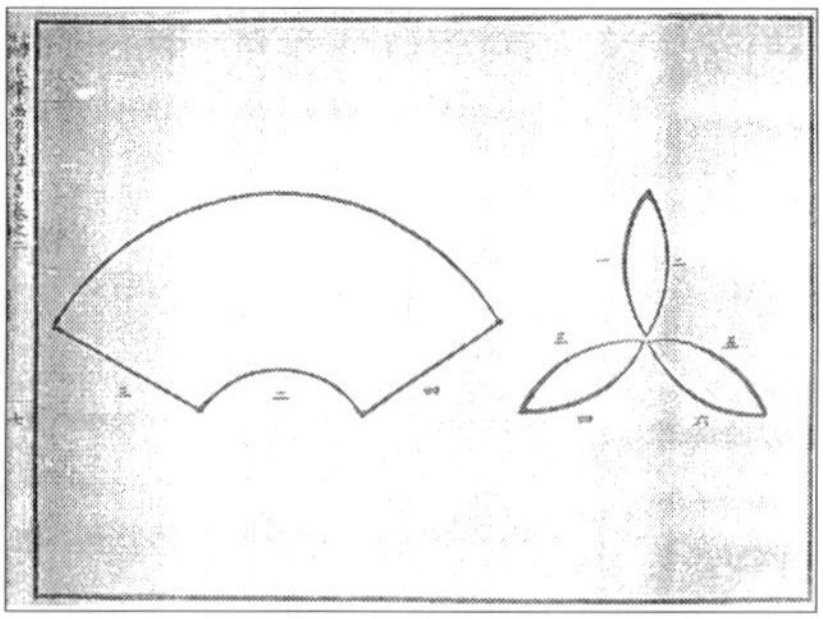

III-17

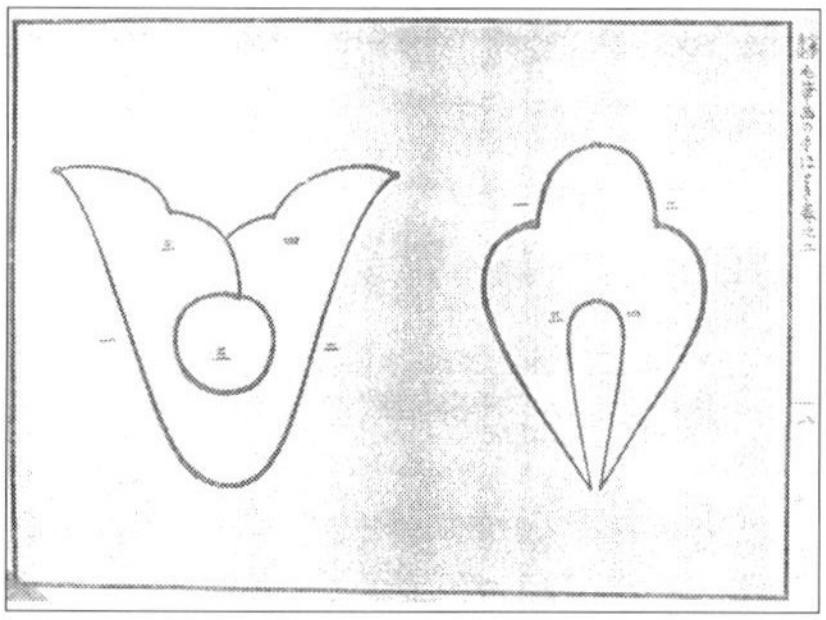

III-18

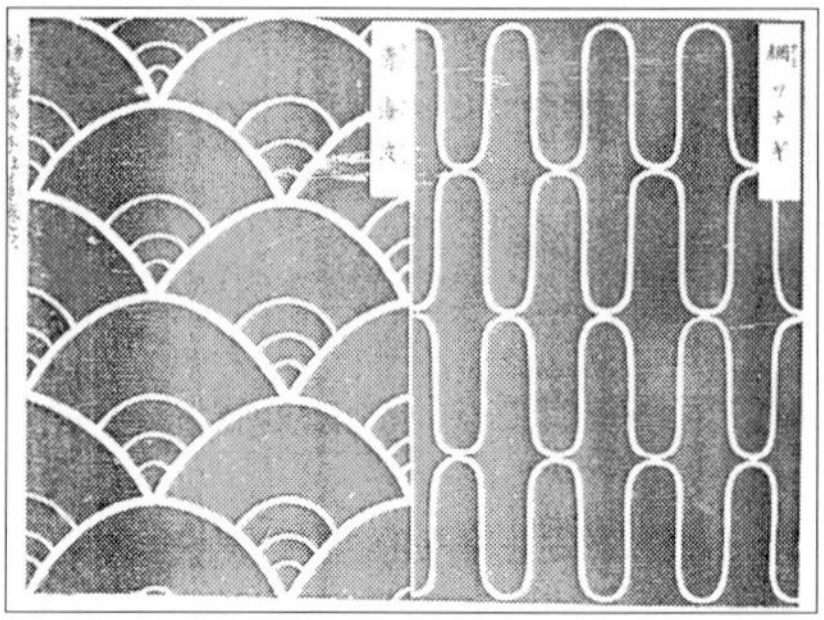

III-19

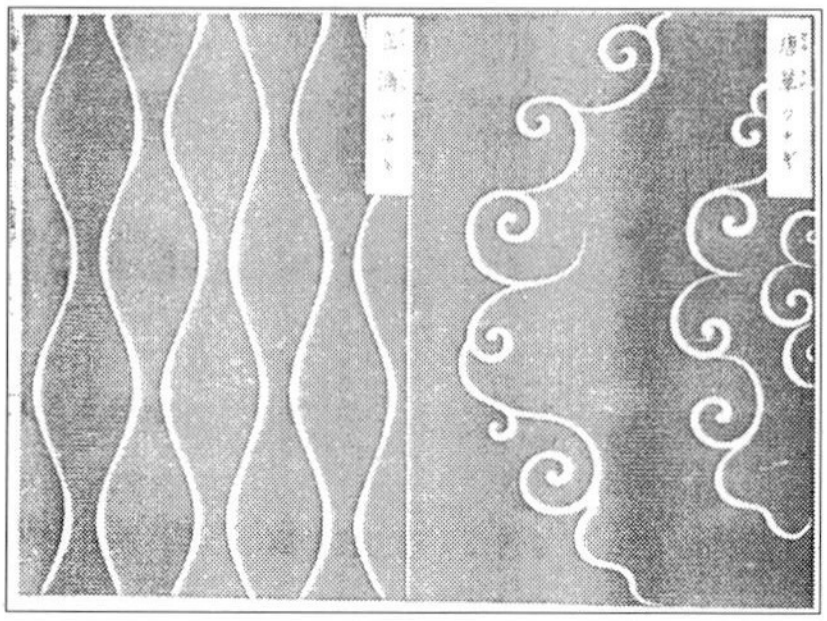

III-20

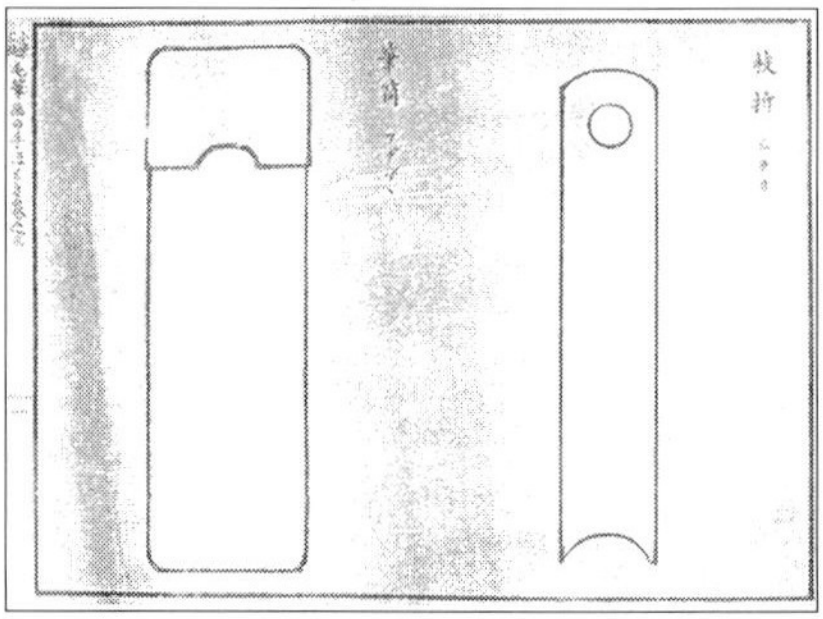

III-21

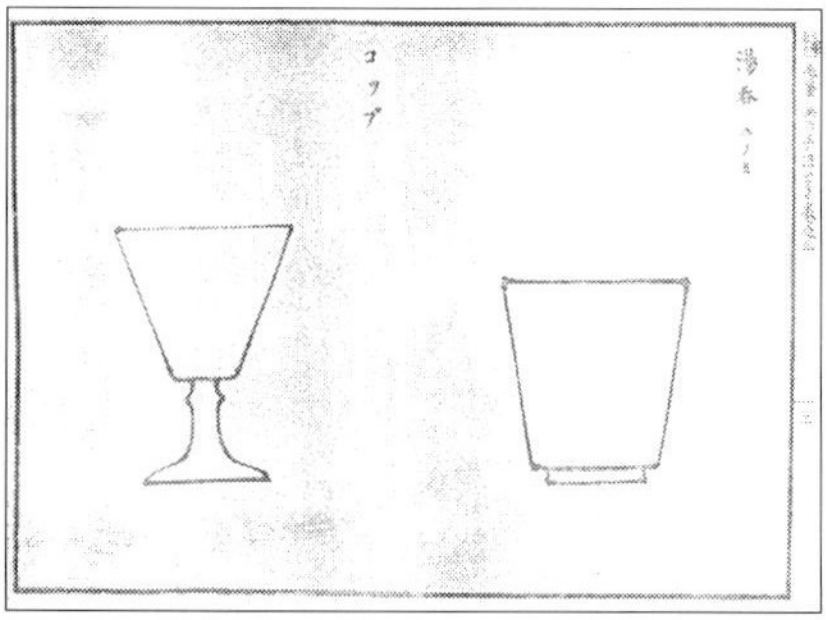

III-22

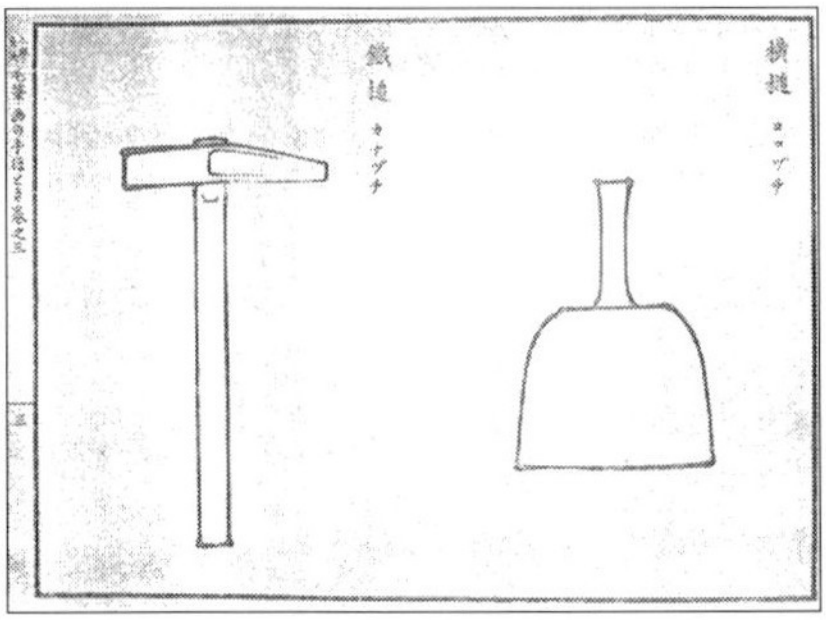

III-23

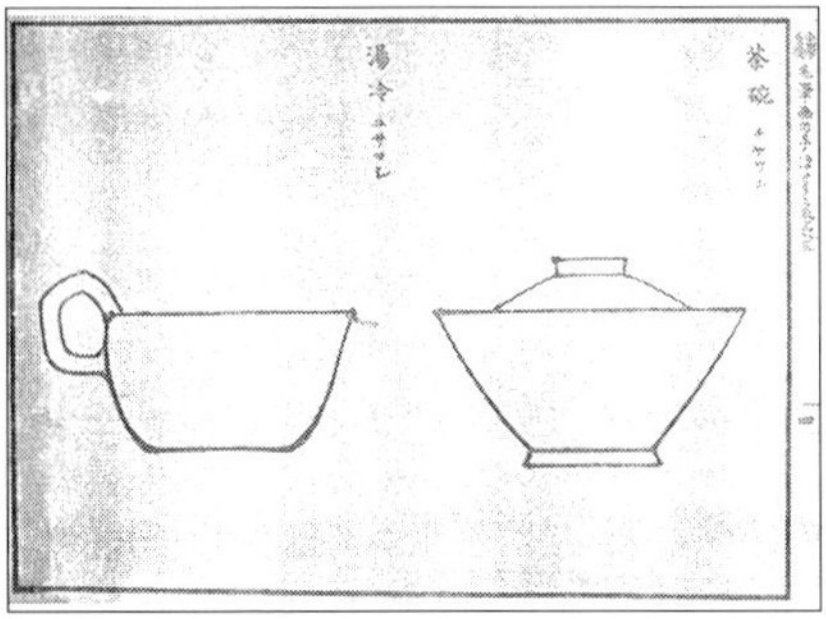

III-24

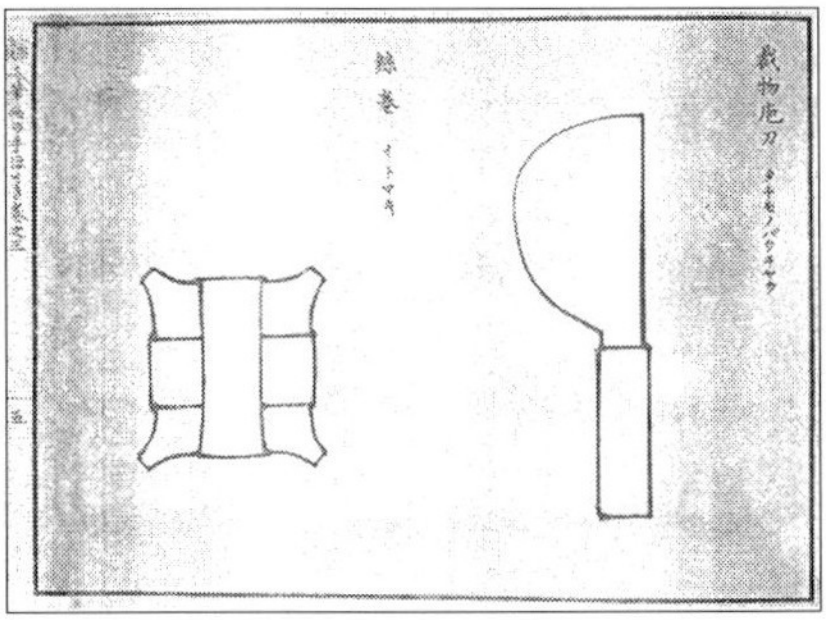

III-25

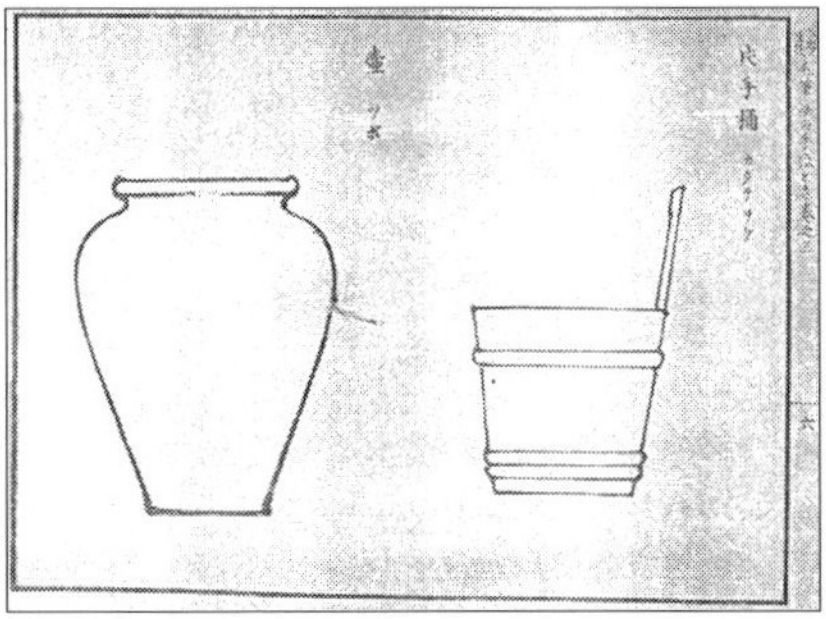

III-26

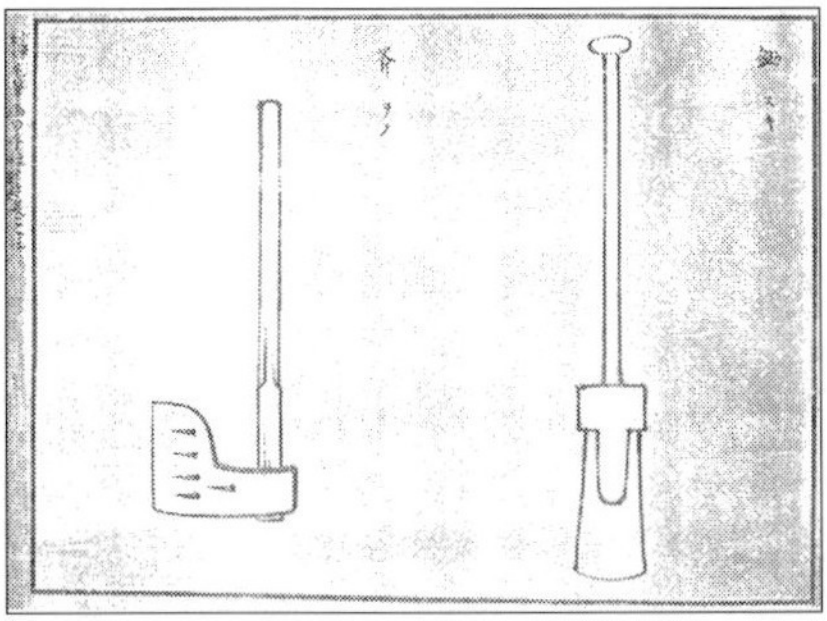

III-27

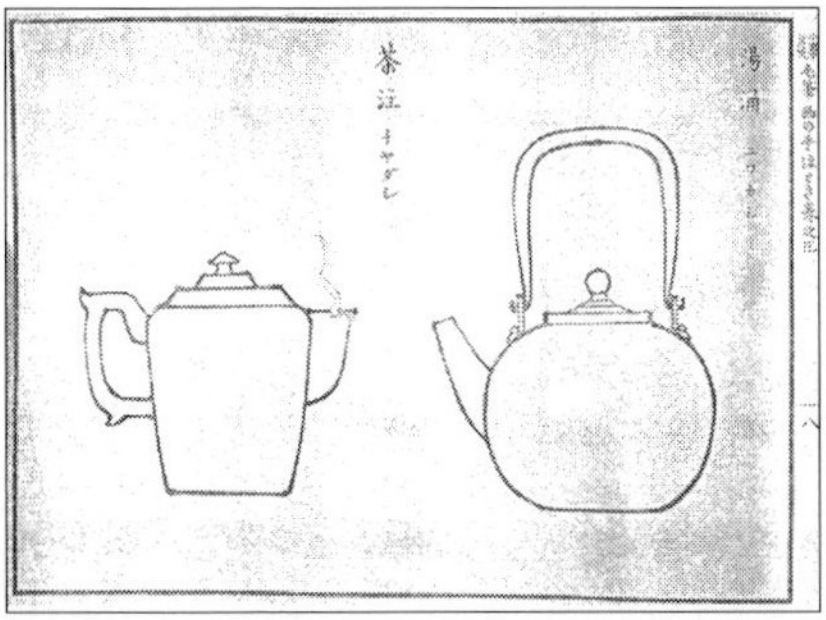

III-28

III-29

III-30

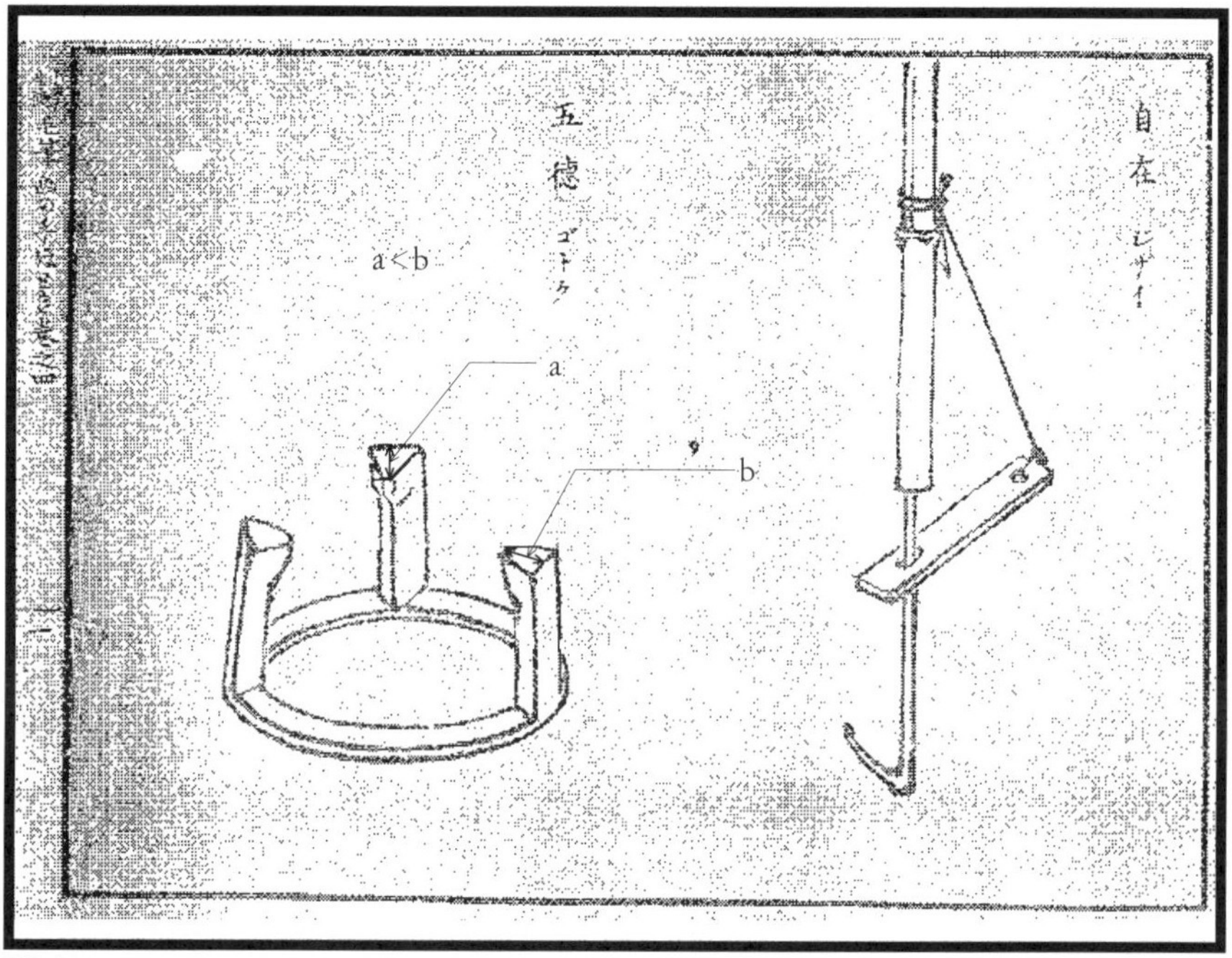

III-31

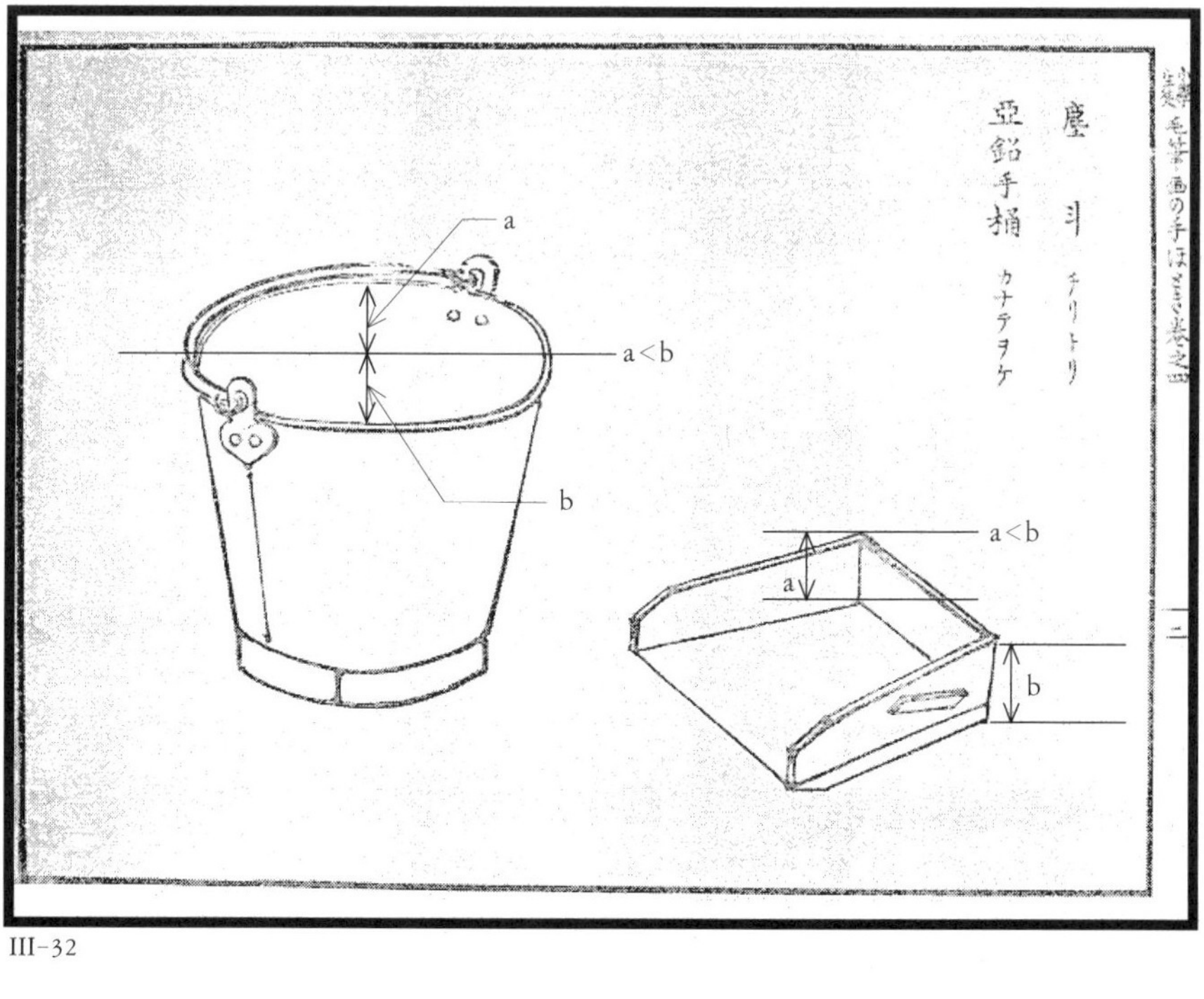

III-32

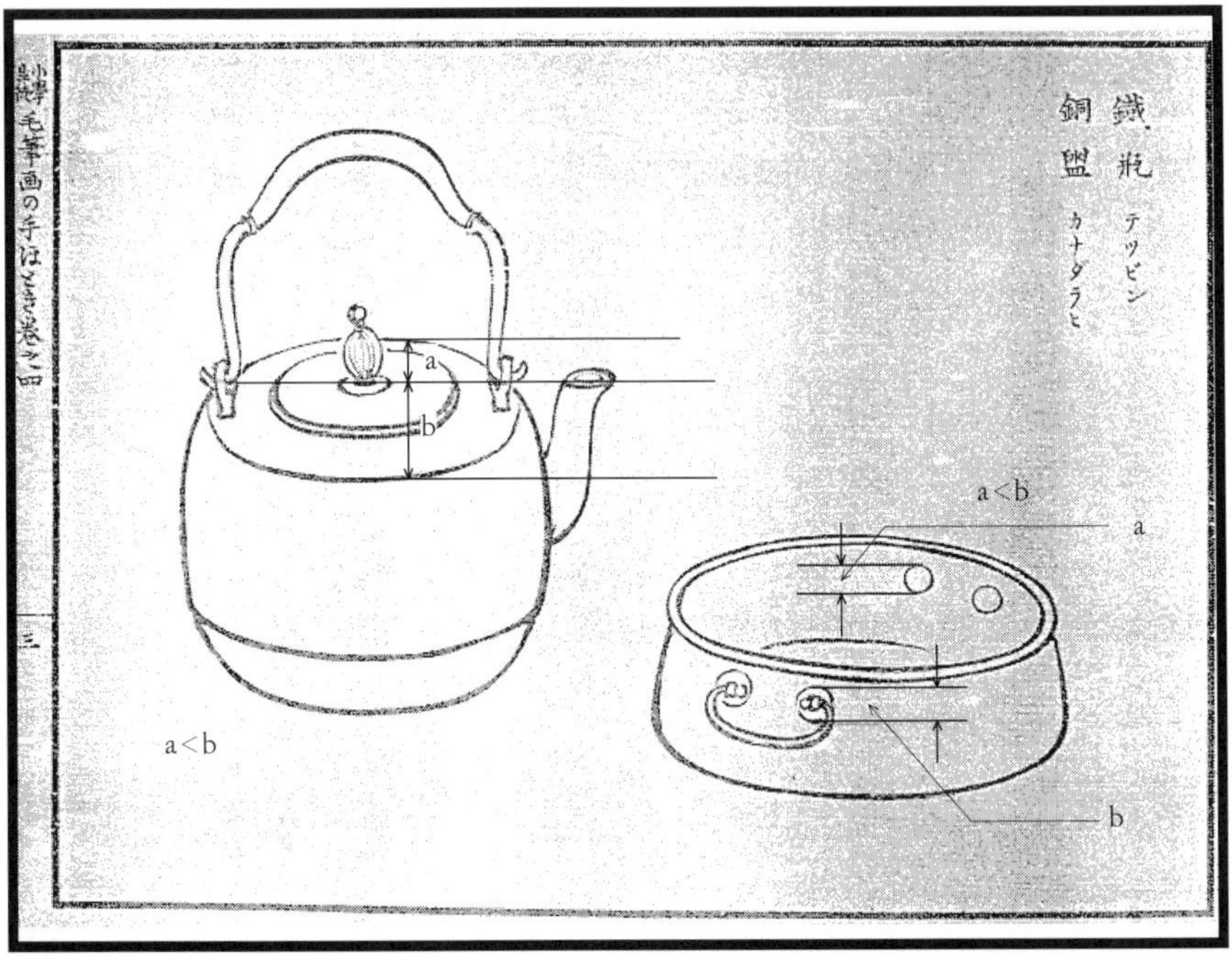
小學生徒毛筆画の手ほどき巻之四
三
鐵瓶《テツビン》
銅盥《カナダラヒ》
a
b
a<b
a
b
a<b

III-33

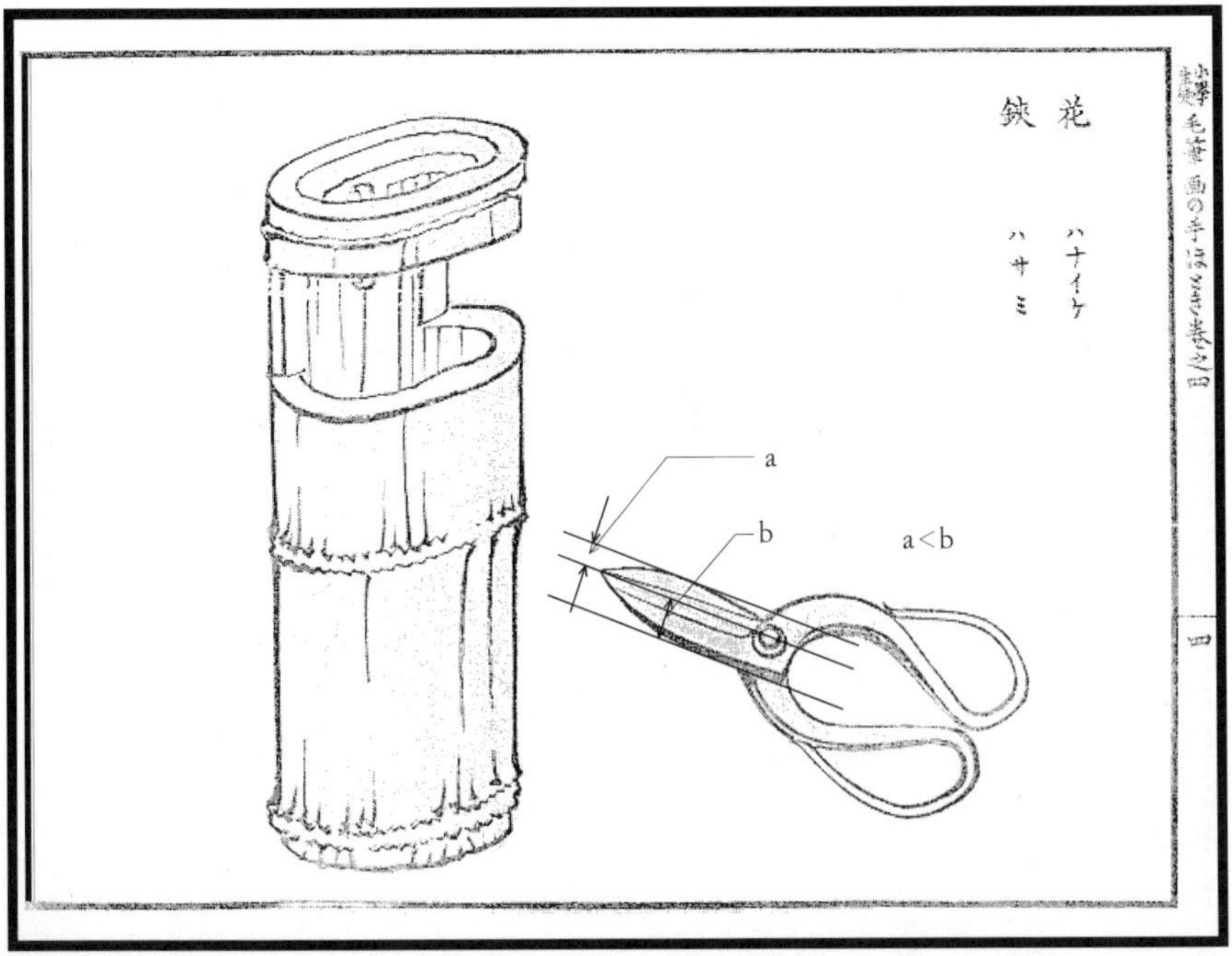
小學生徒毛筆画の手ほどき巻之四
四
花《ハナイケ》
鋏《ハサミ》
a
b
a<b

III-34

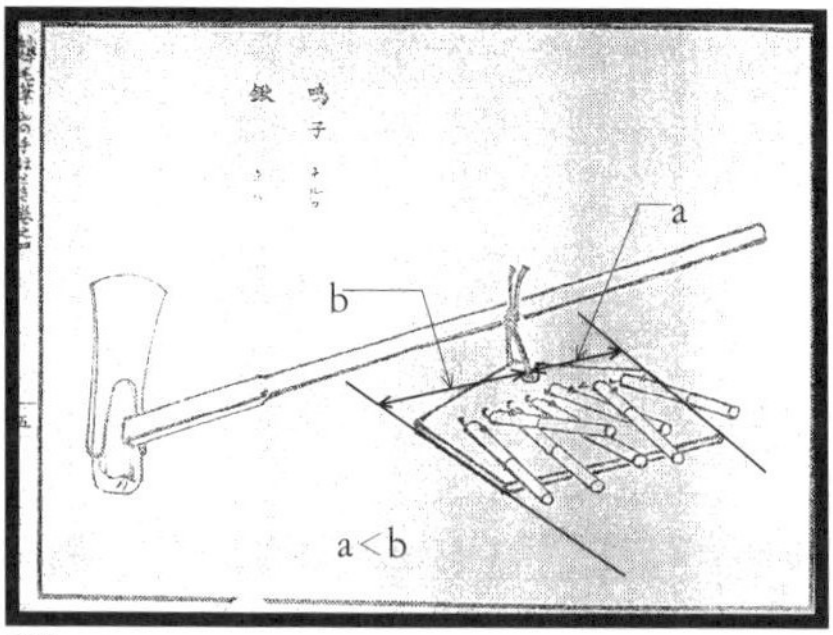

III-35

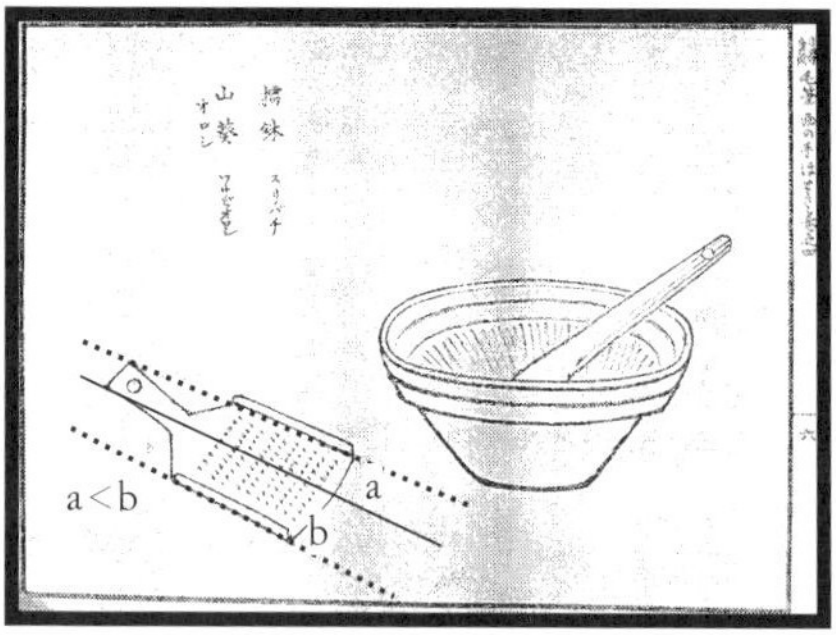

III-36

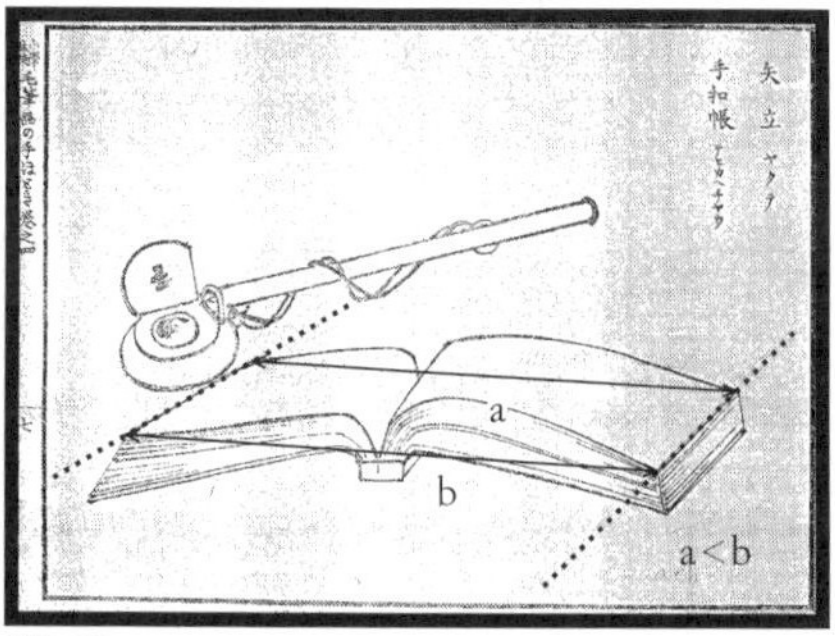

III-37

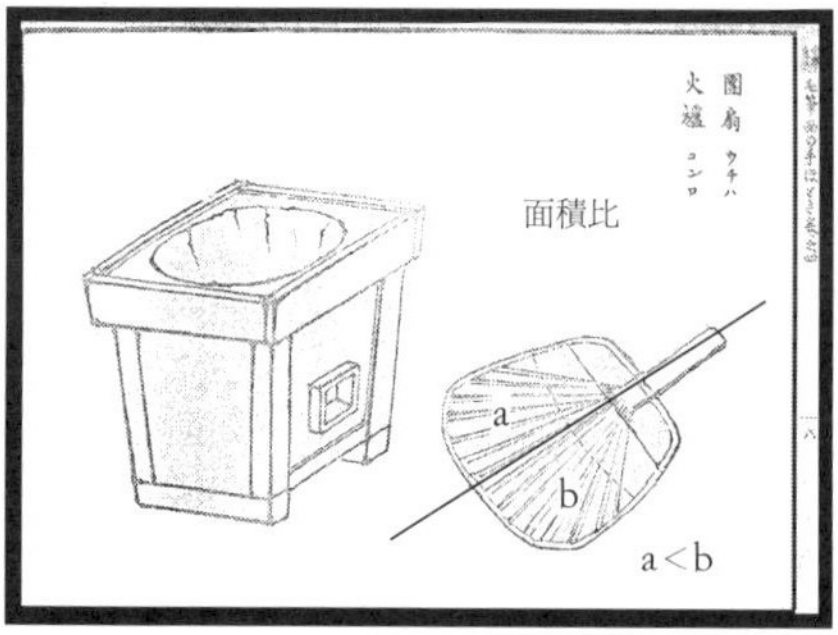

III-38

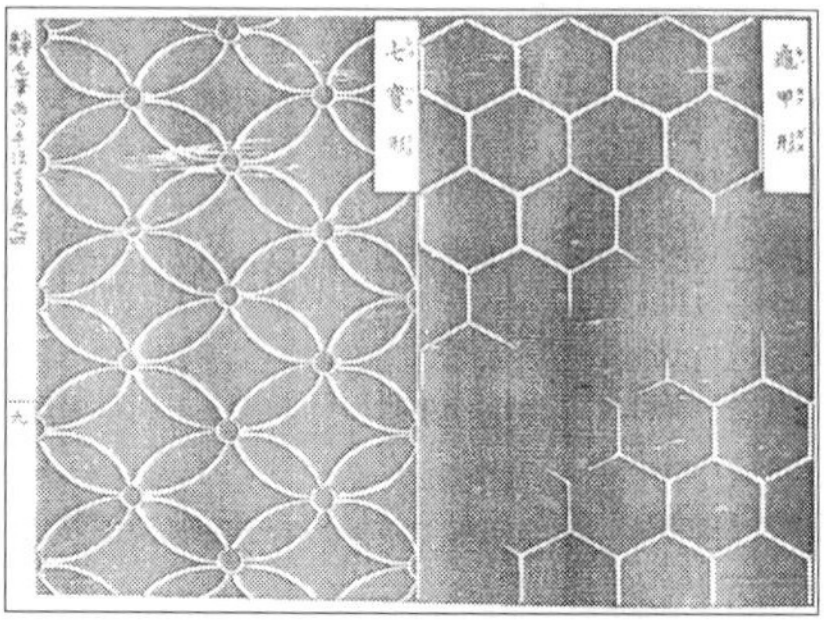

III-39

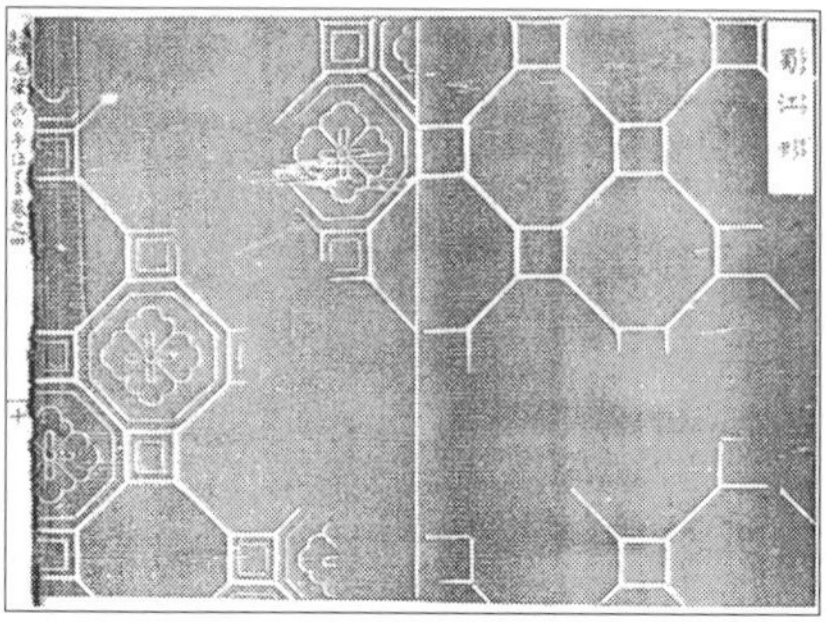

III-40

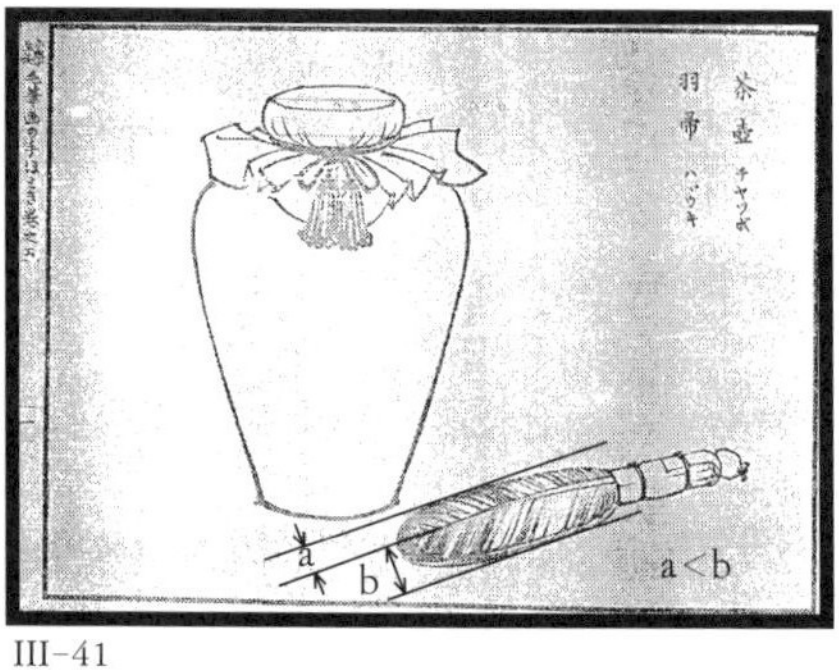

III-41

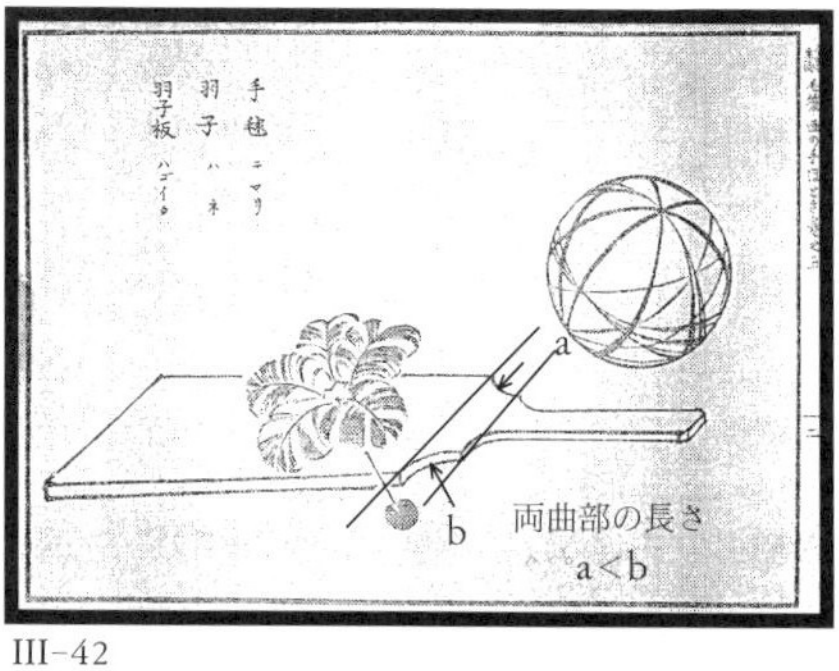

III-42

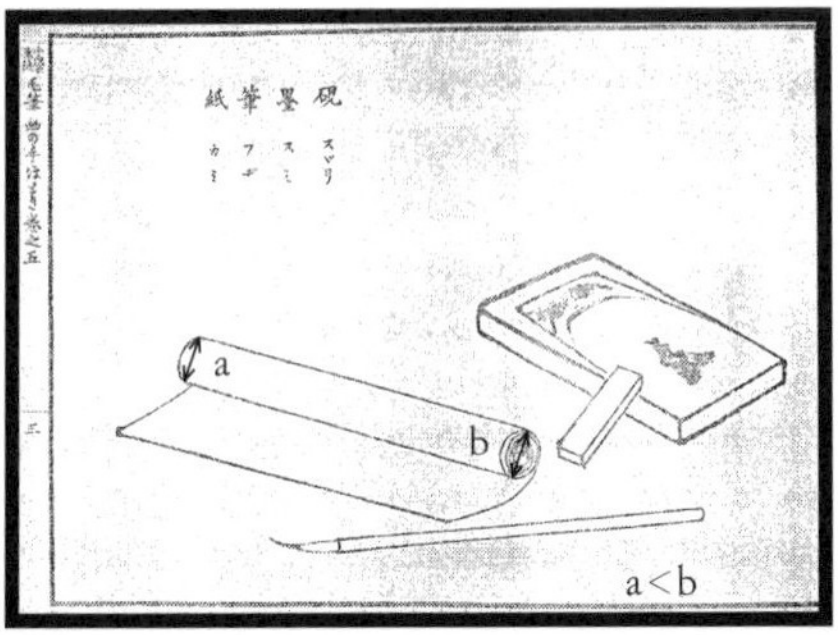

III-43

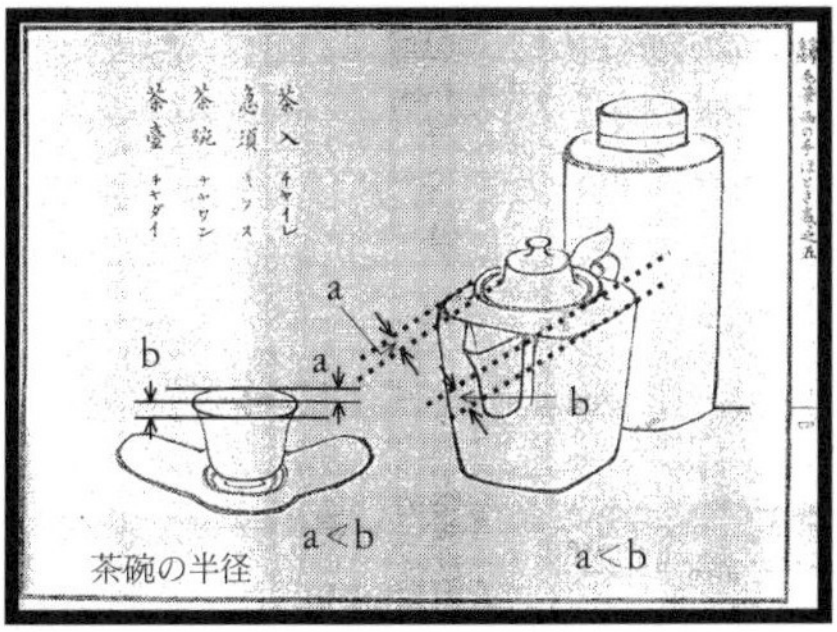

III-44

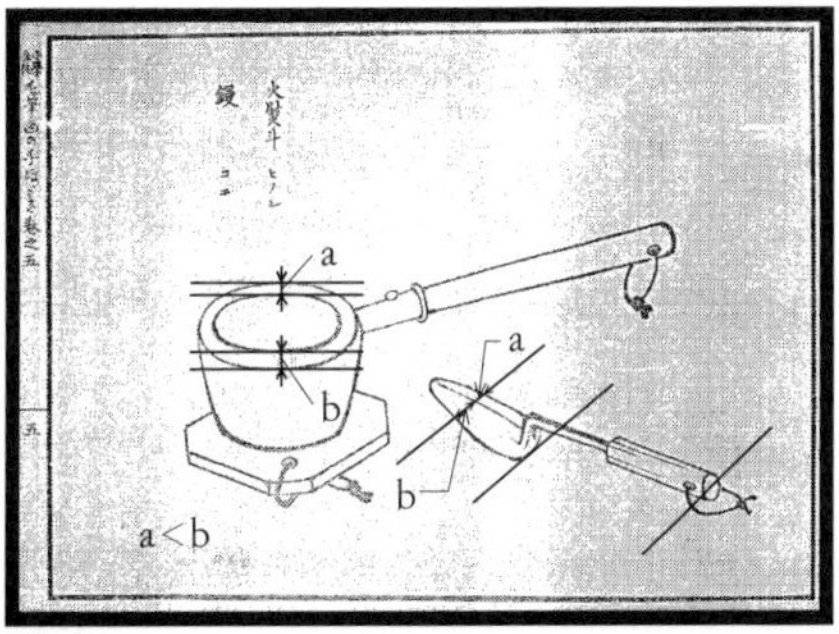

III-45

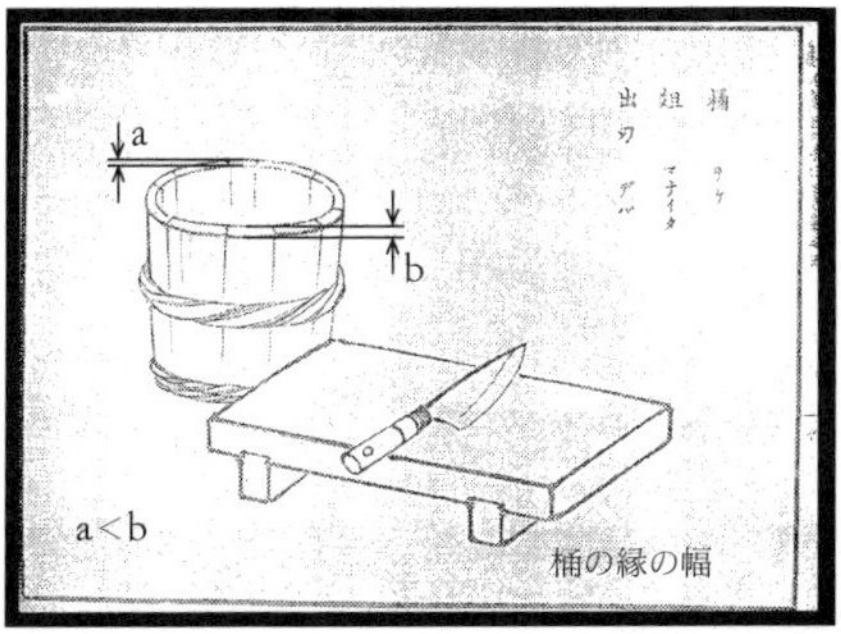

III-46

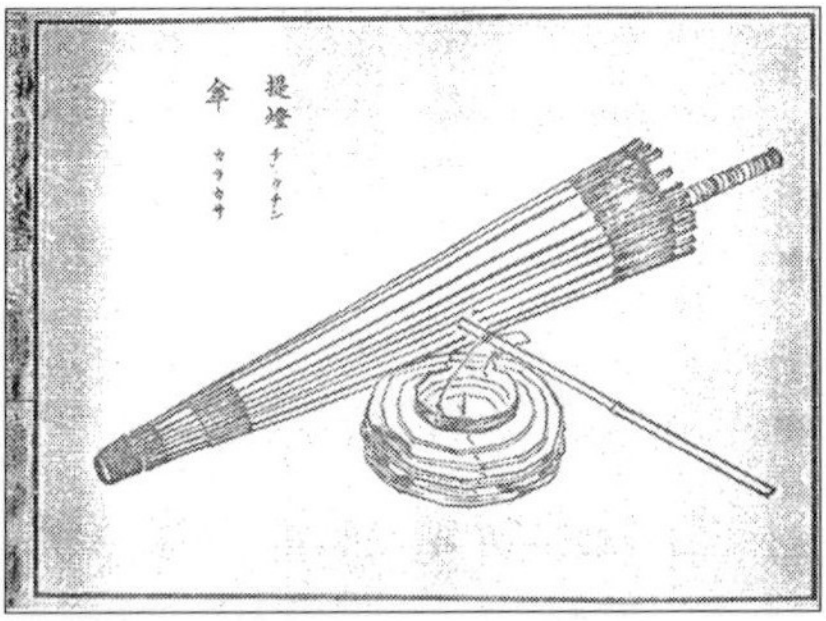

III-47

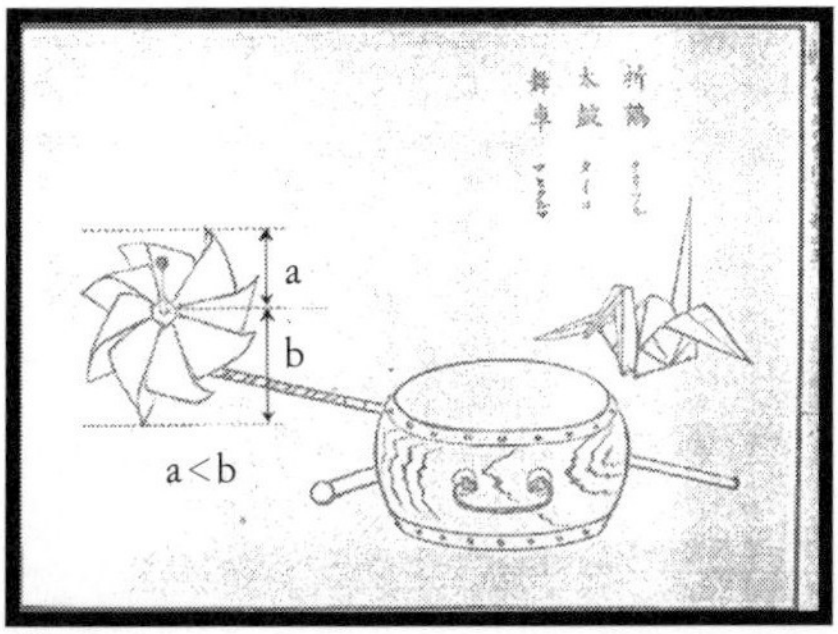

III-48

III-49

III-50

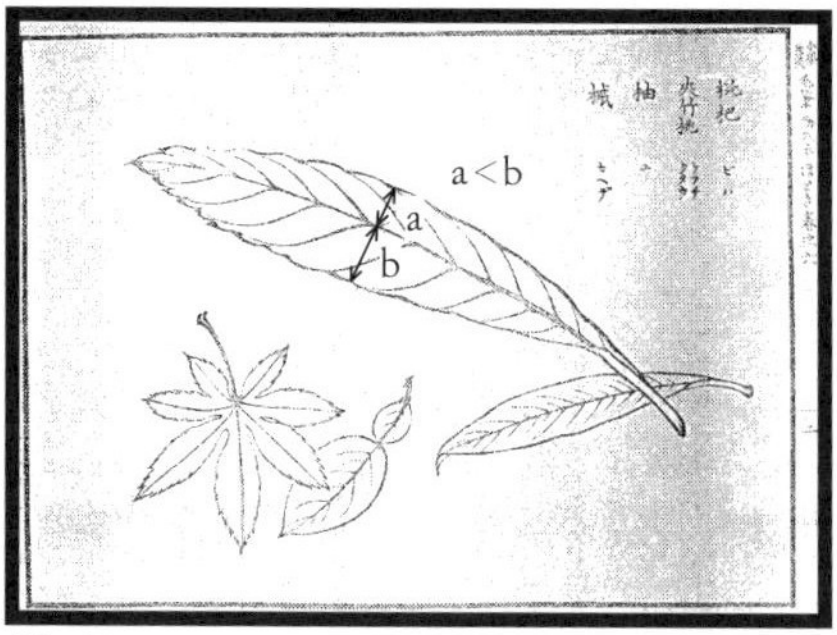

III-52

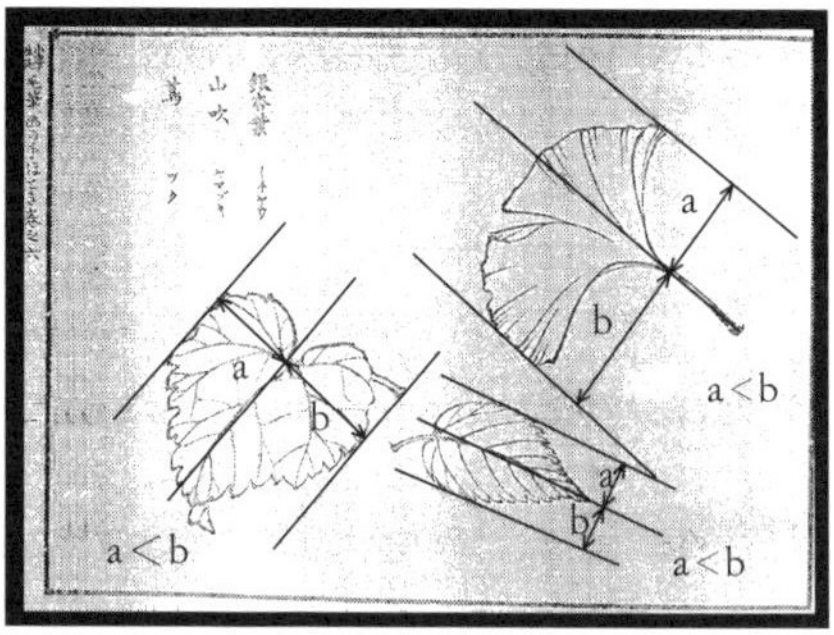

III-51

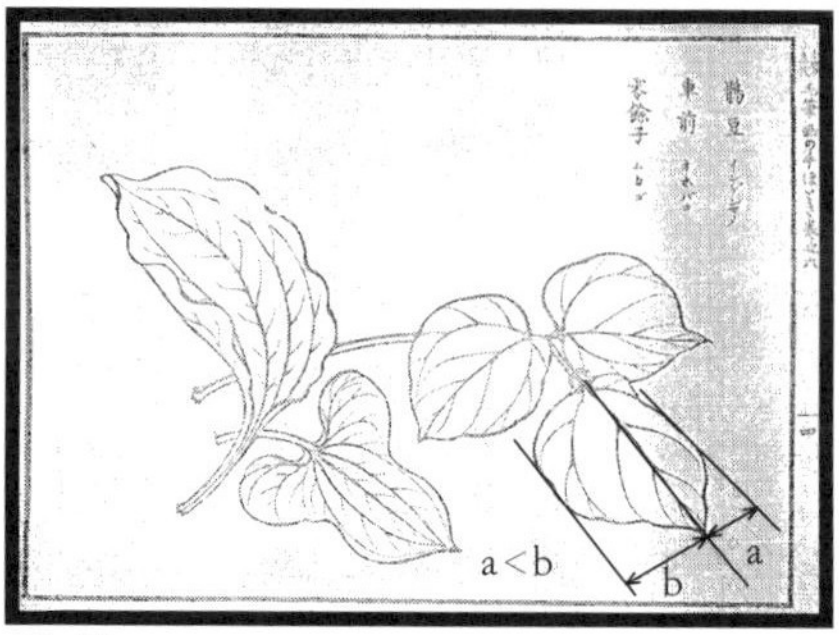

III-54

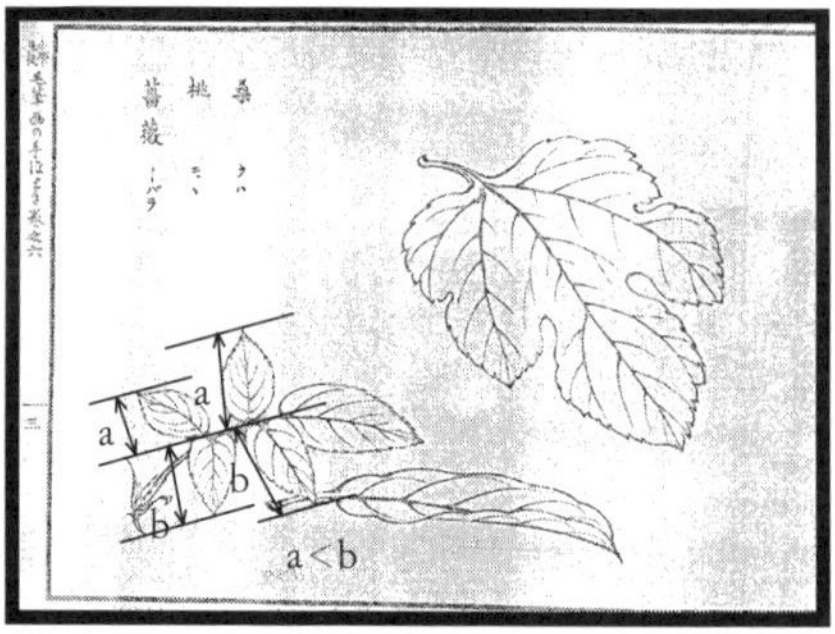

III-53

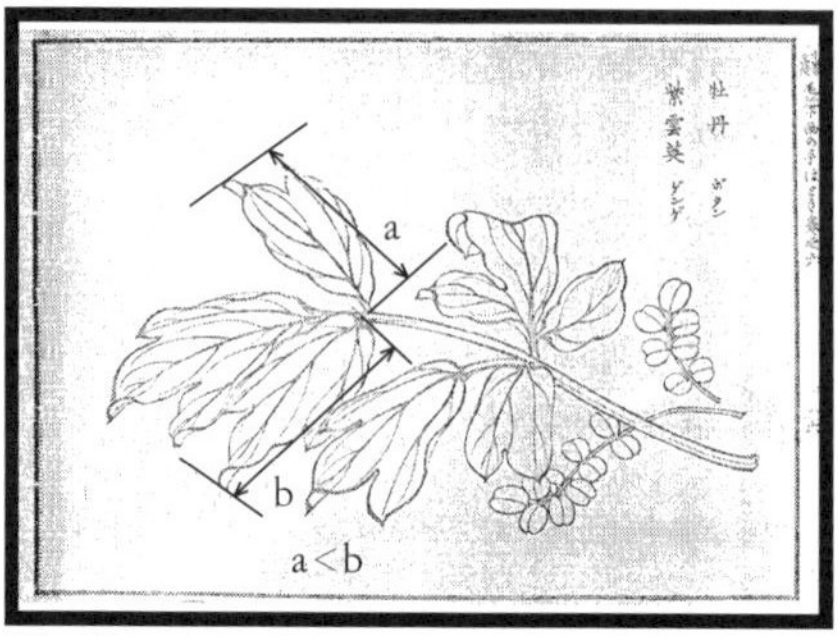

III-56

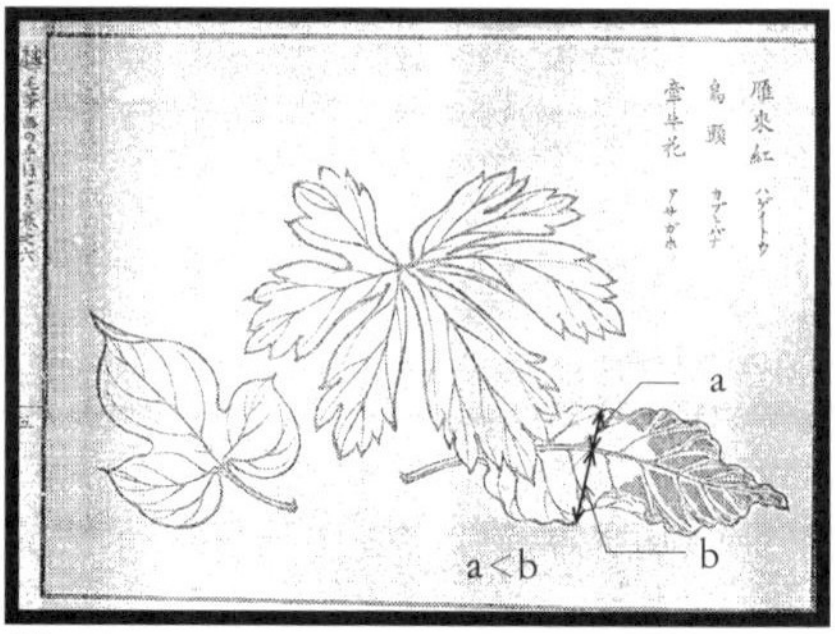

III-55

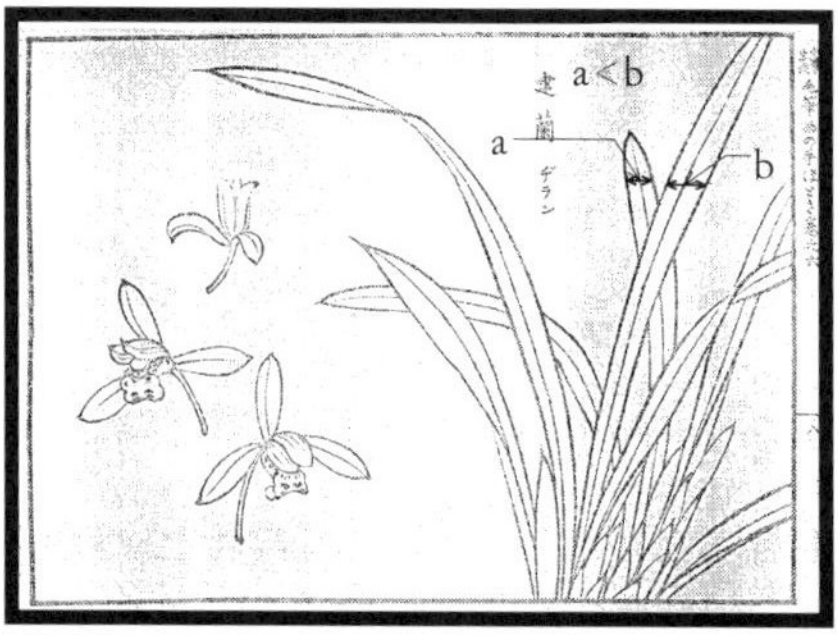

III-58

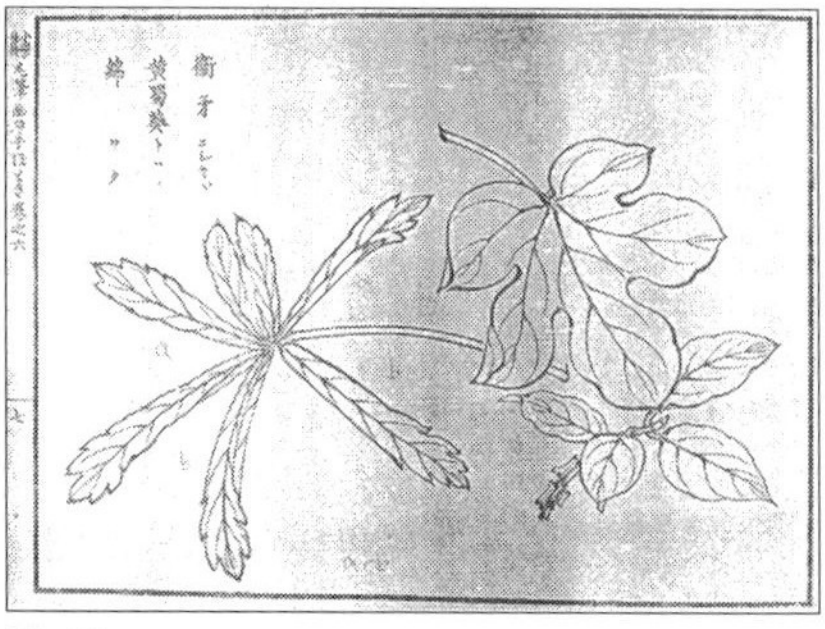

III-57

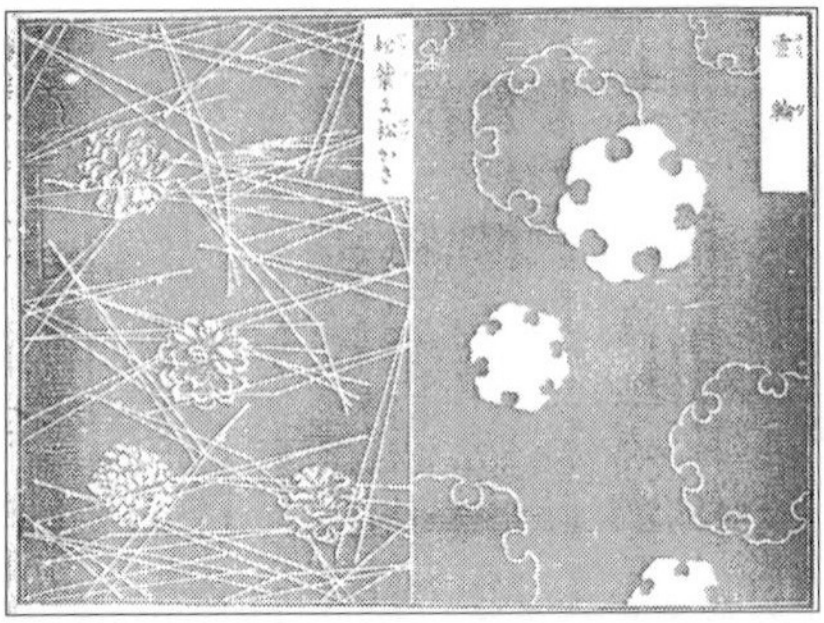

III-59

III-60

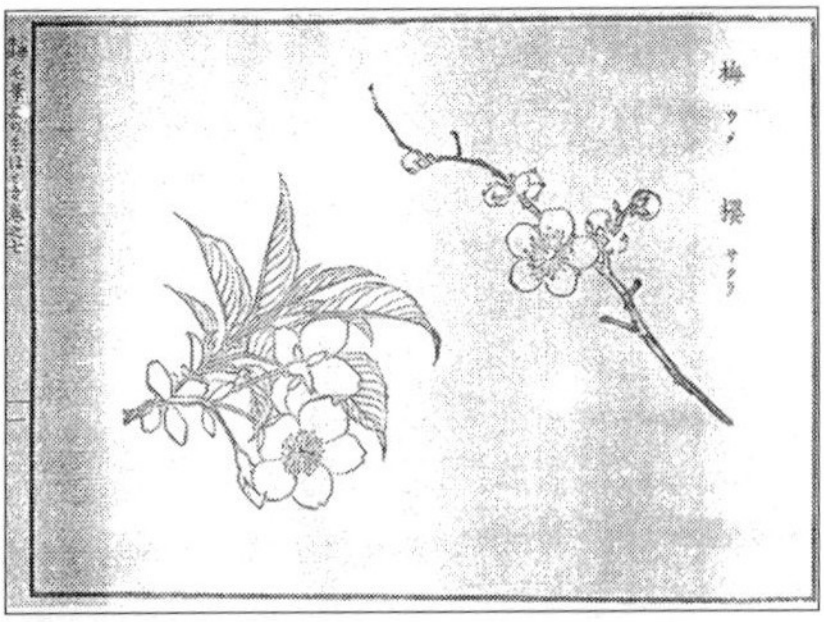

III-61

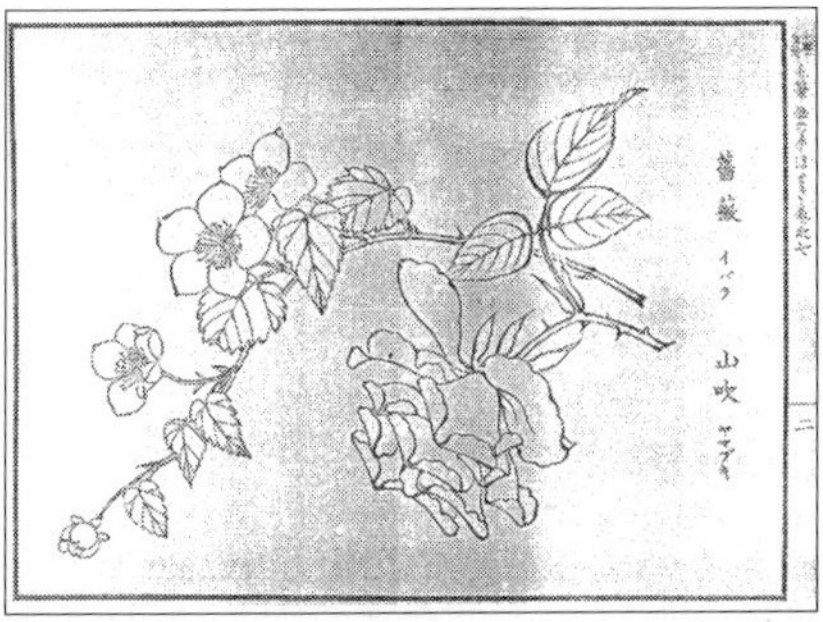

III-62

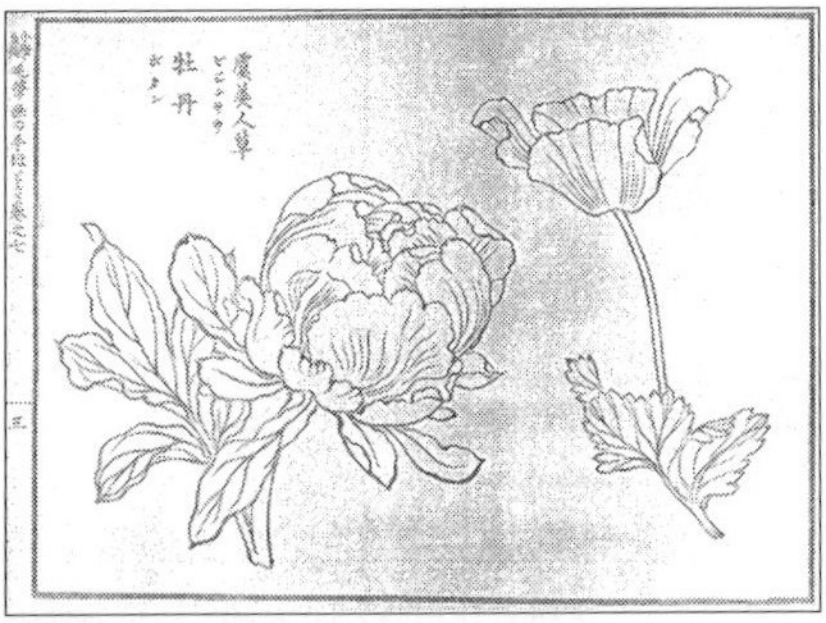

III-63

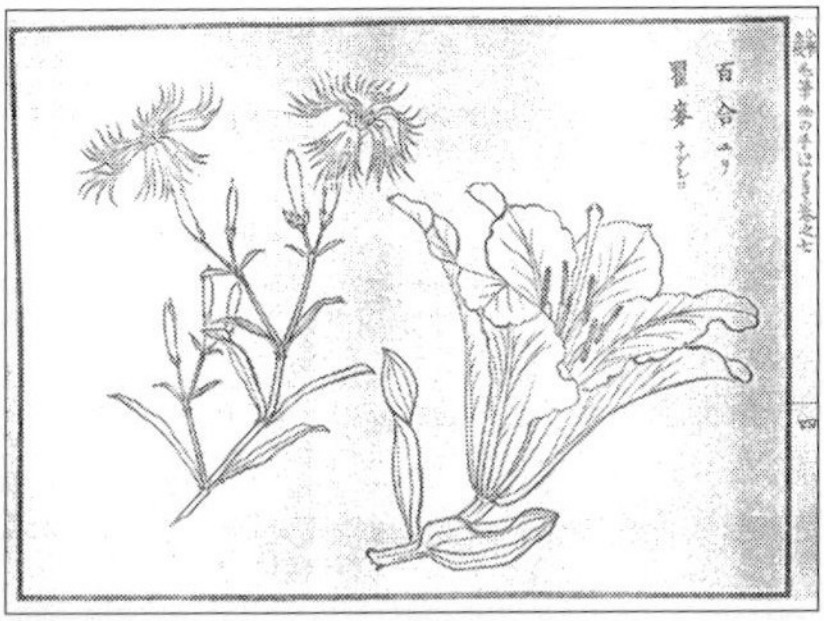

III-64

III-65

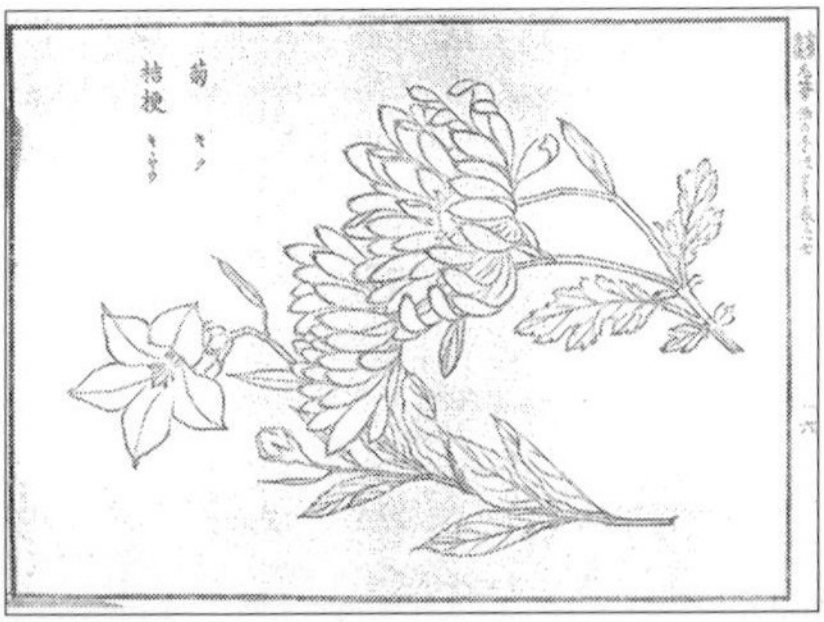

III-66

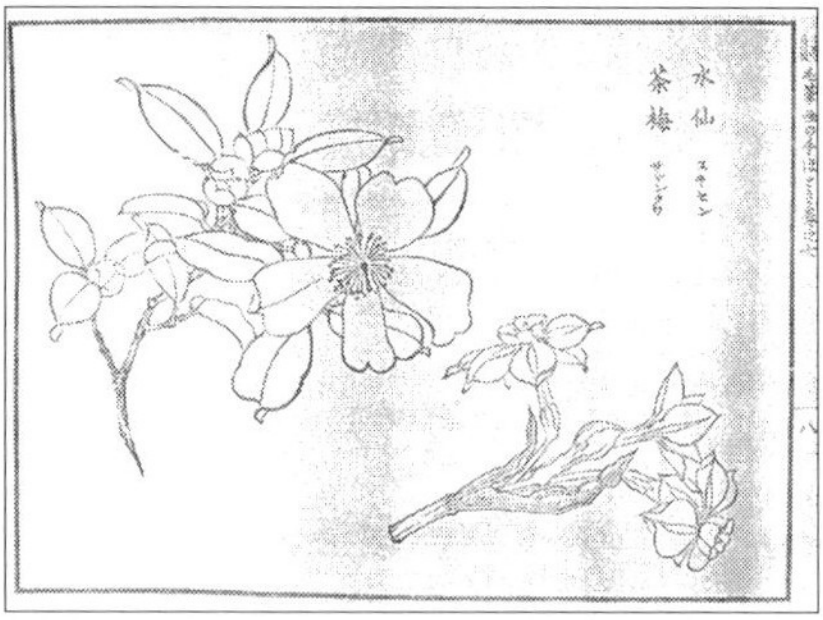

III-68

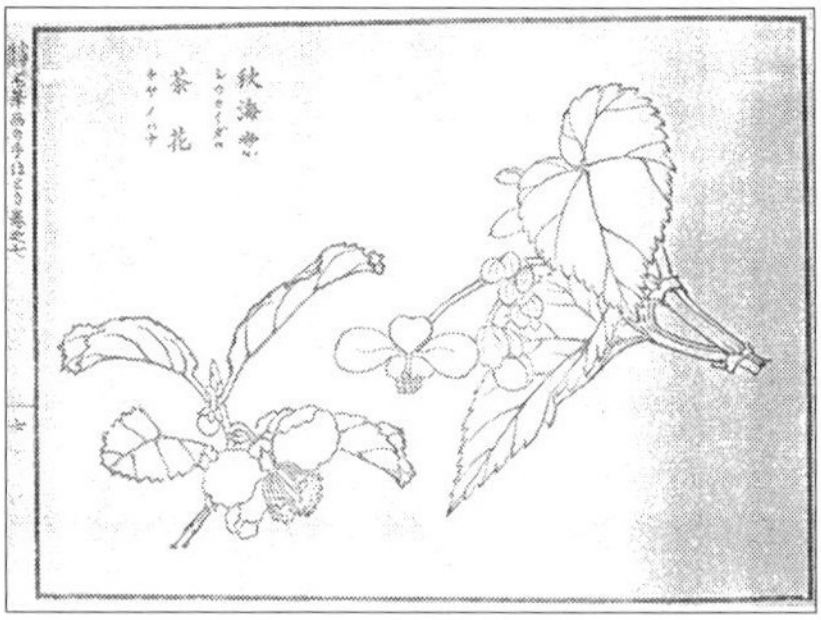

III-67

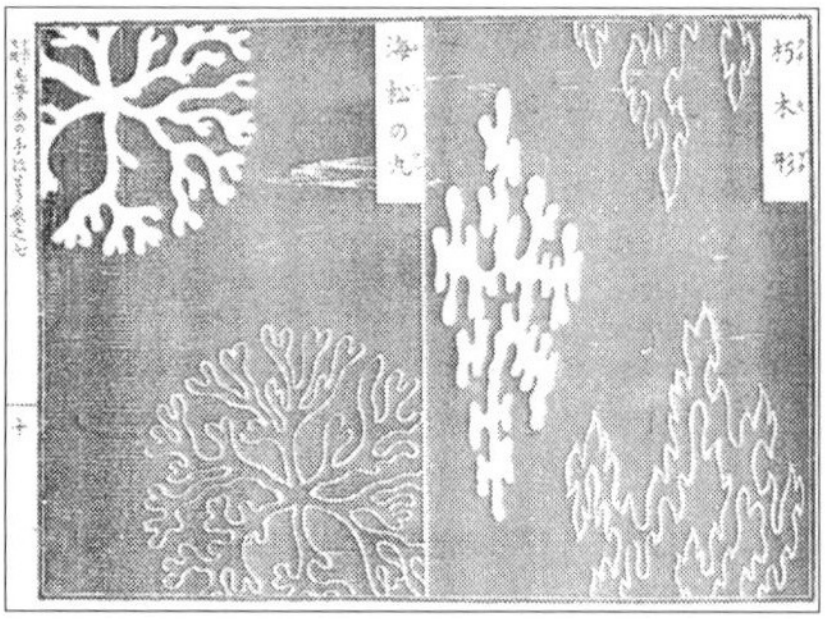

III-70

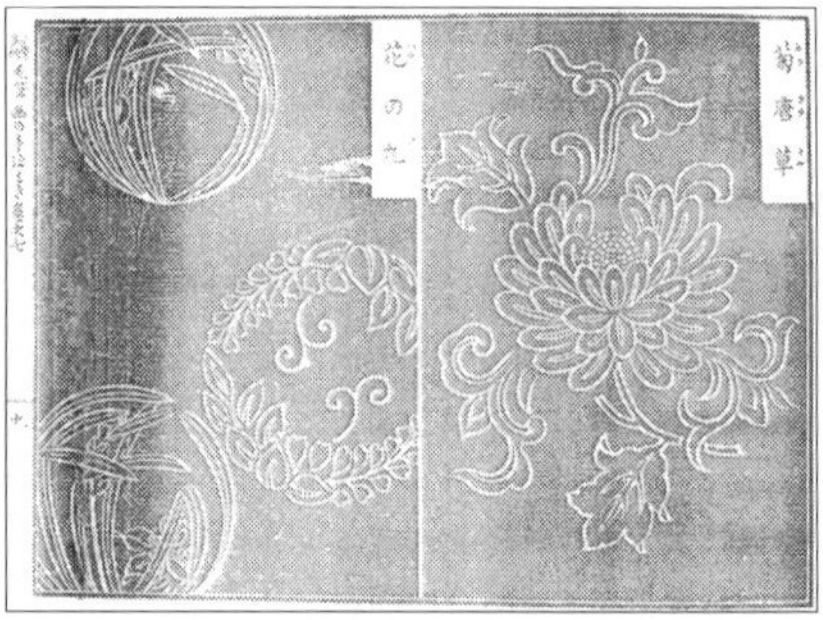

III-69

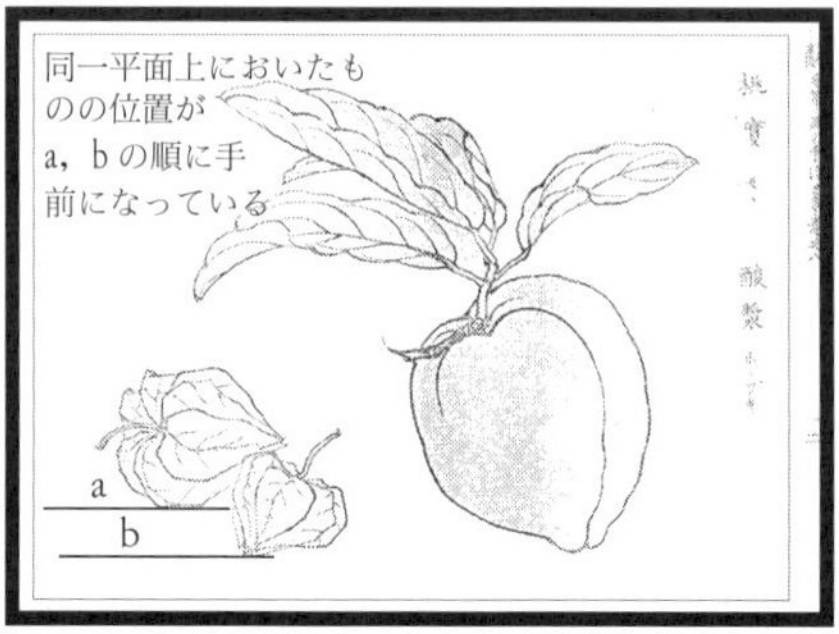

III-72

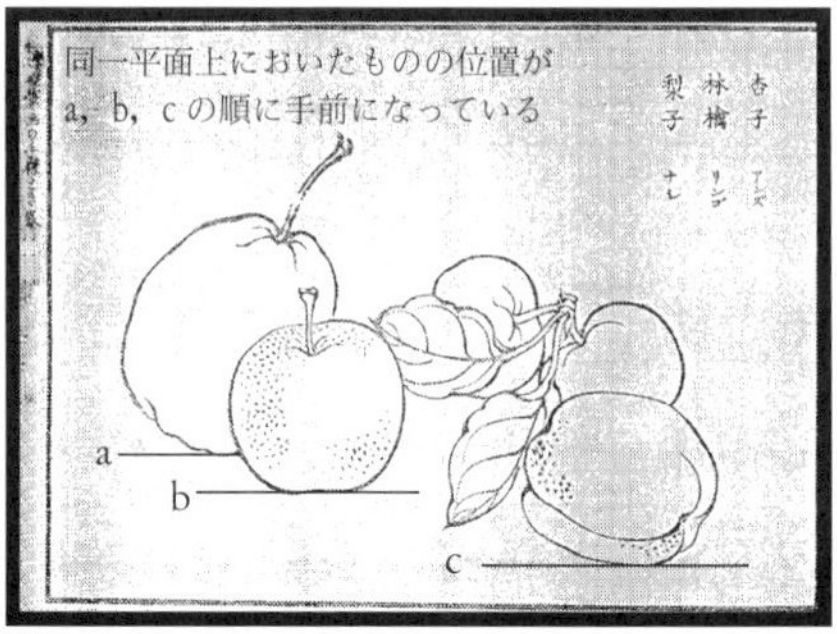

III-71

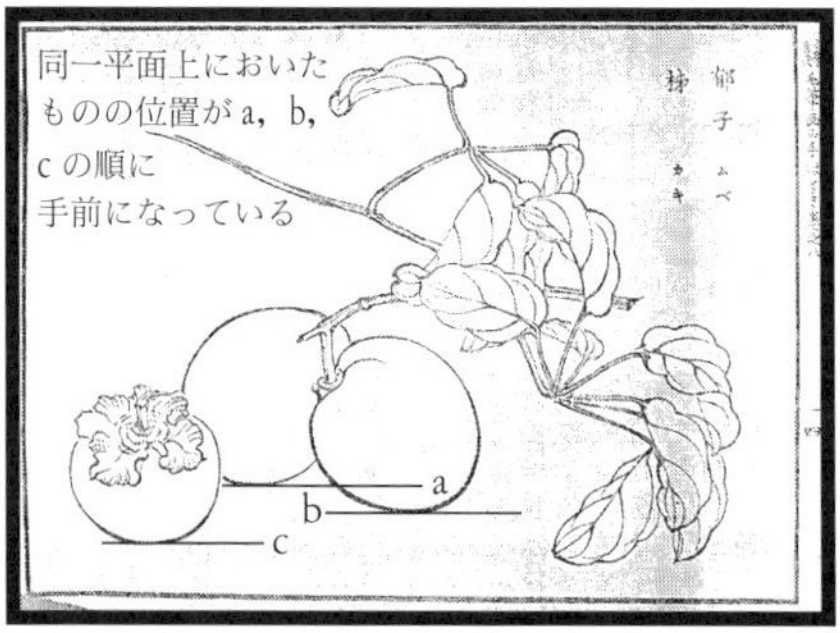

III-74

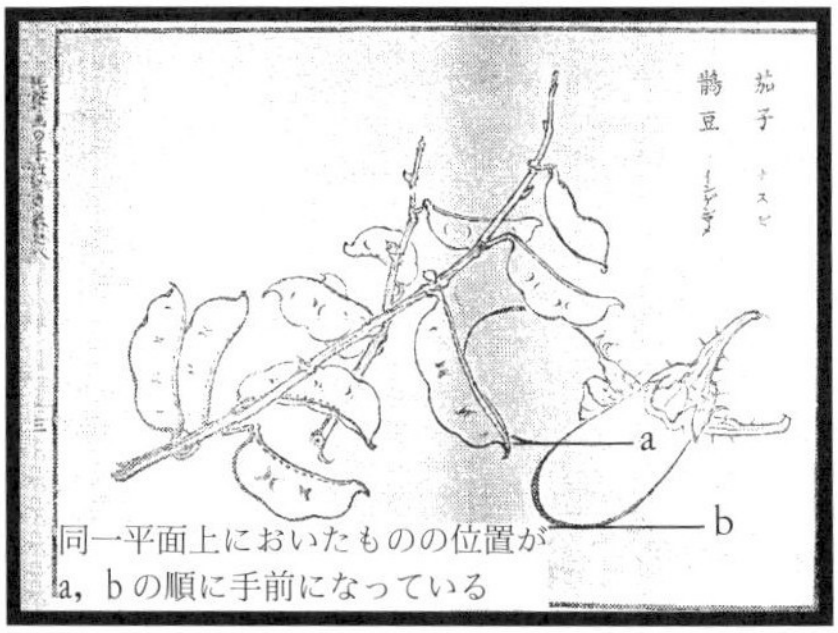

III-73

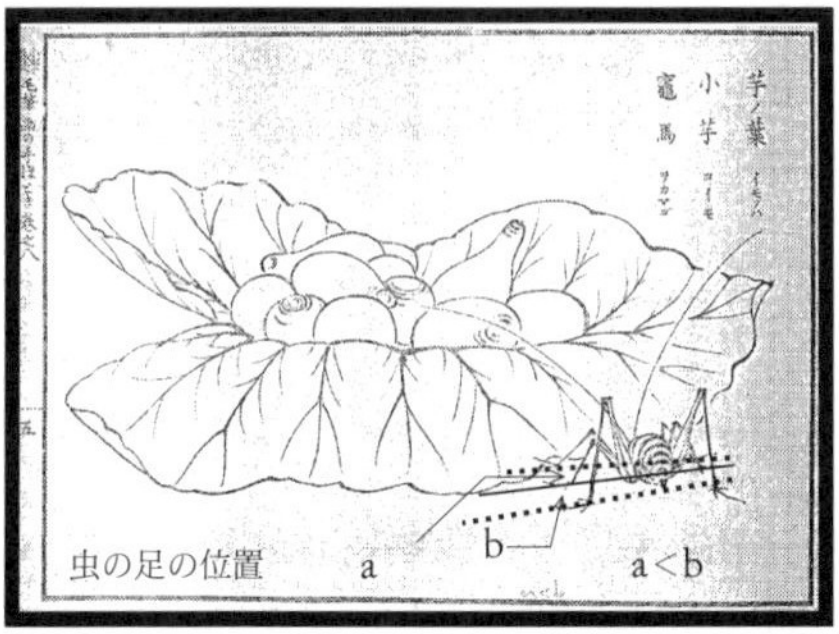

III-75

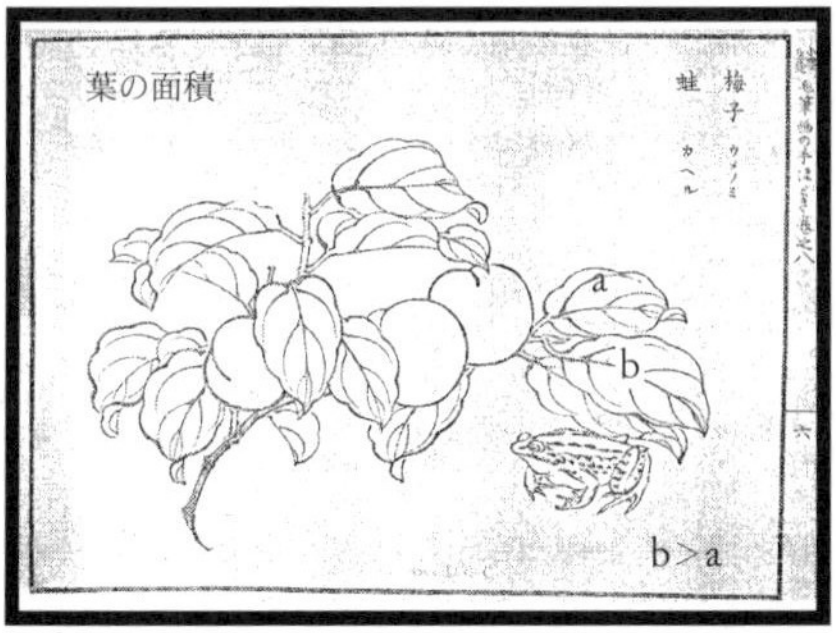

III-76

III-77

III-78

III-79

III-80

(IV) 帝國毛筆新画帖教授法　前編

川端玉章

1894 (明治 27) 年 11 月，三省堂

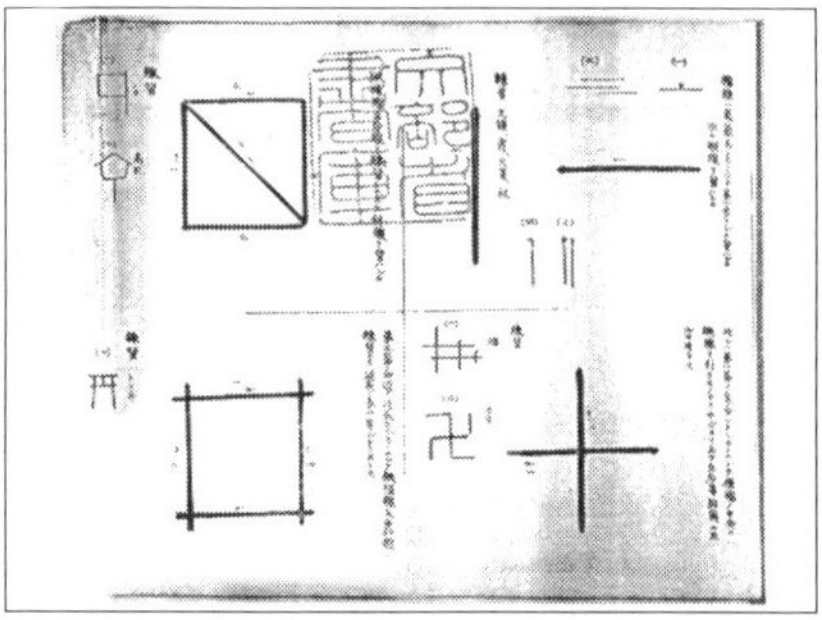

IV-1

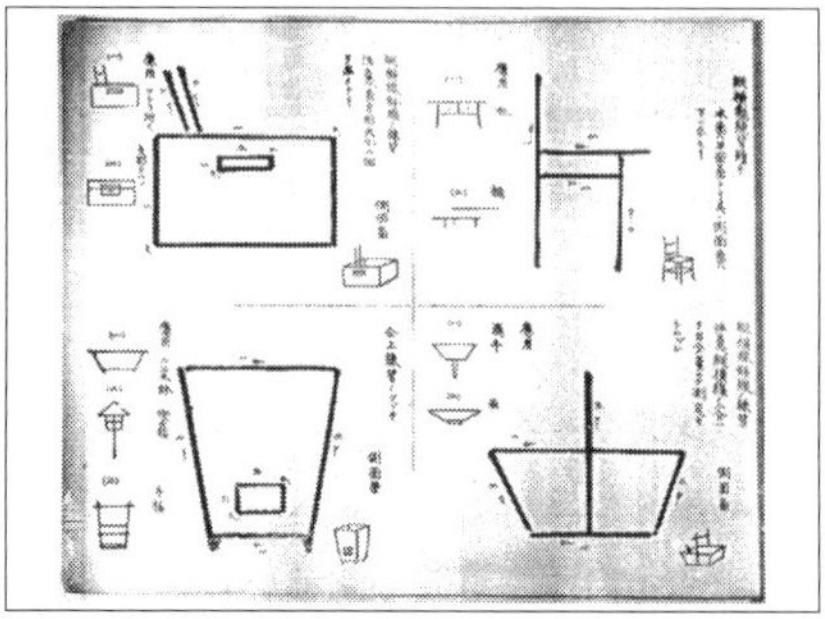

IV-2

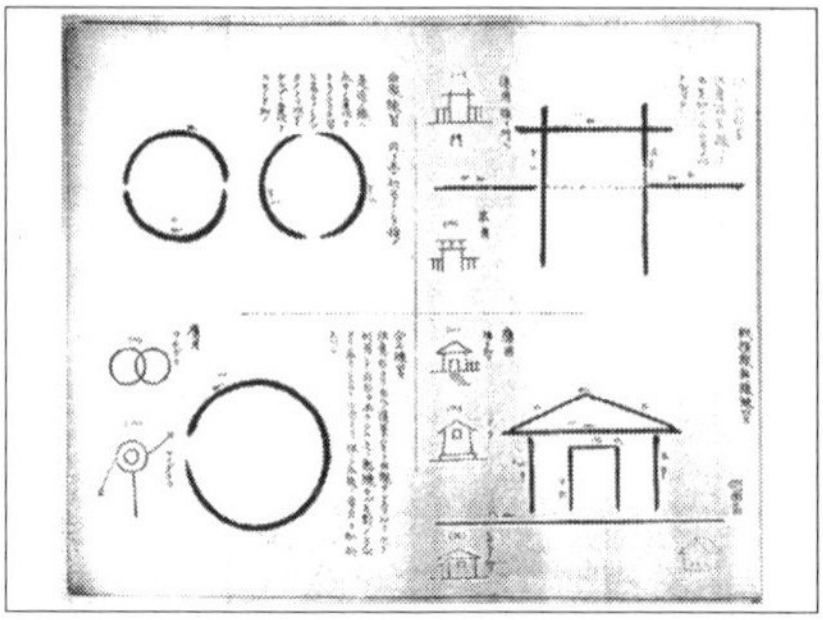

IV-3

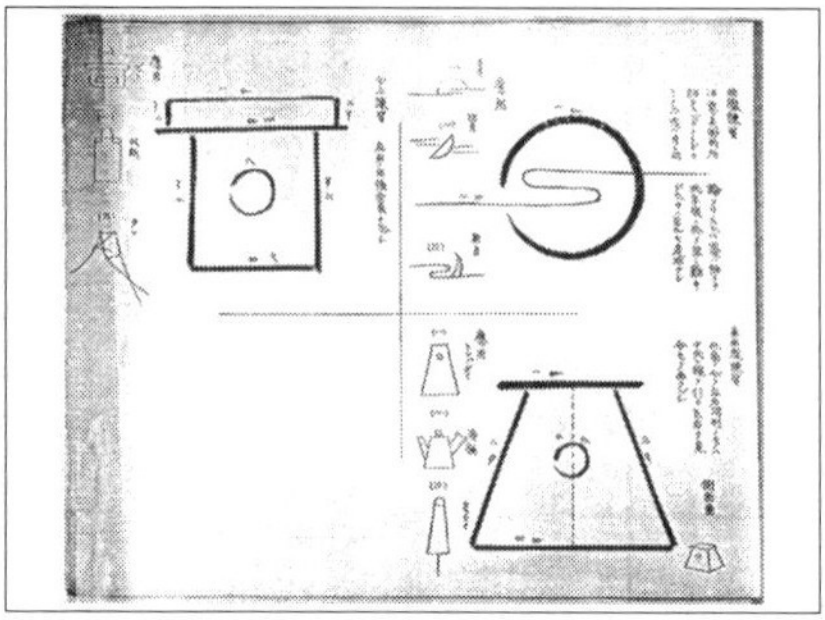

IV-4

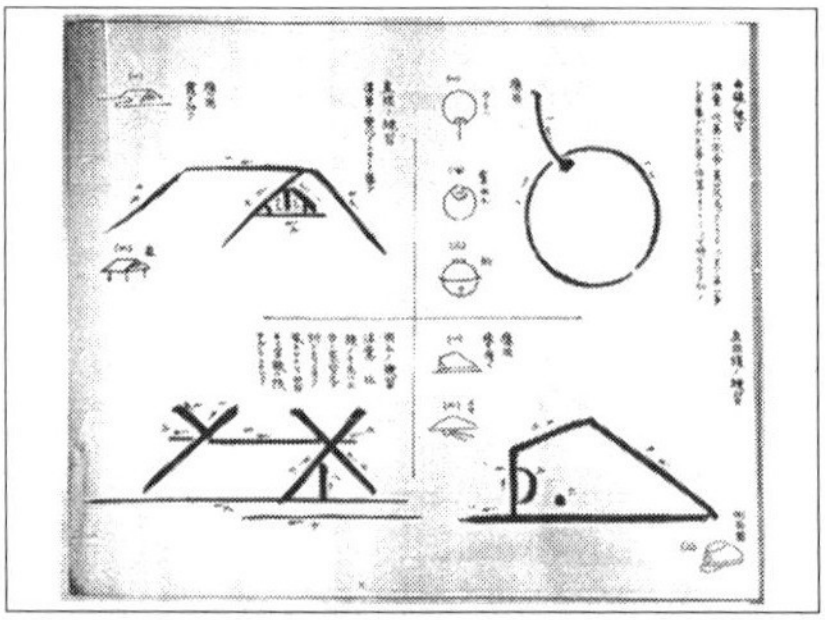

IV-5

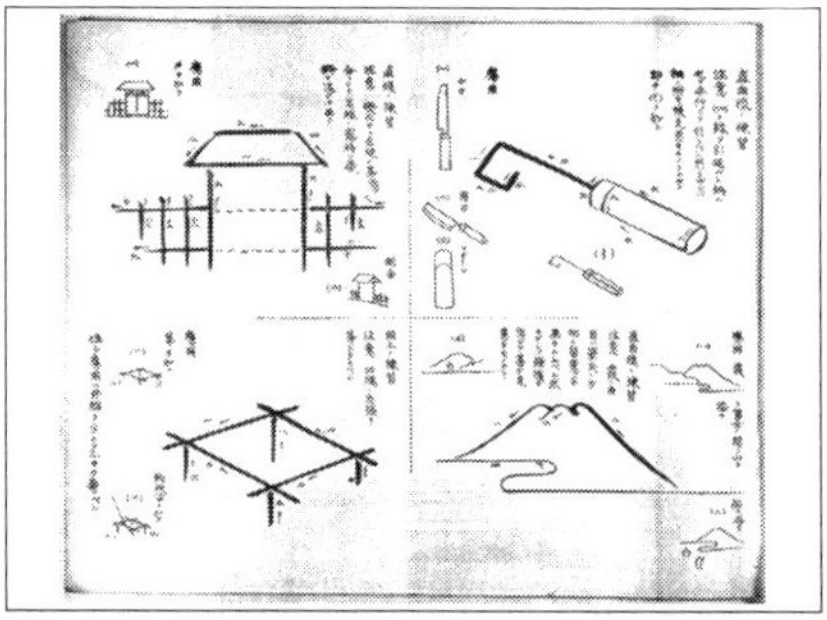

IV-6

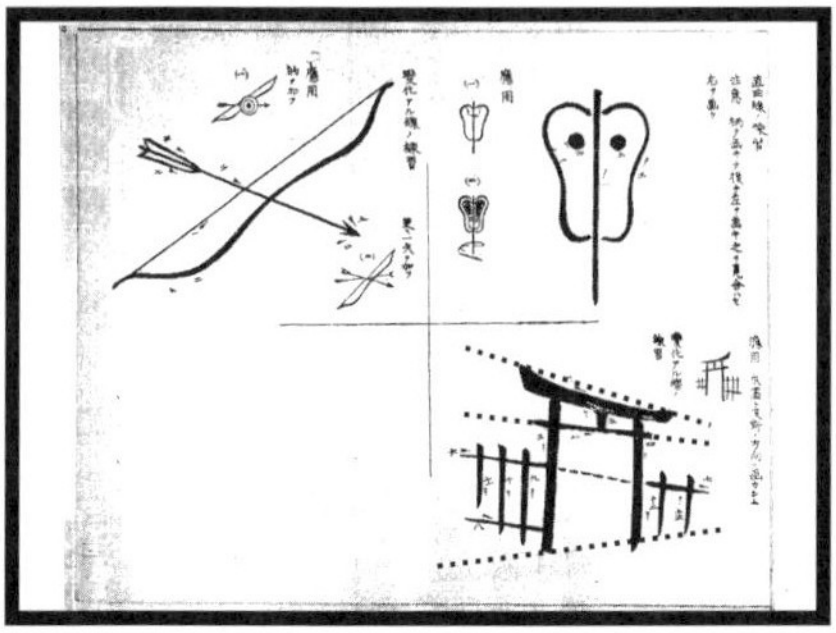

IV−8

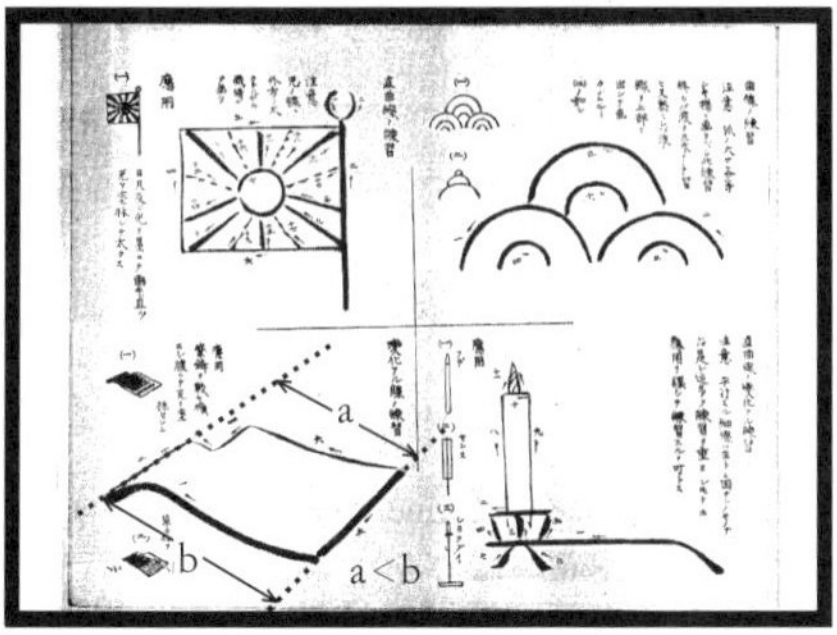

IV−7

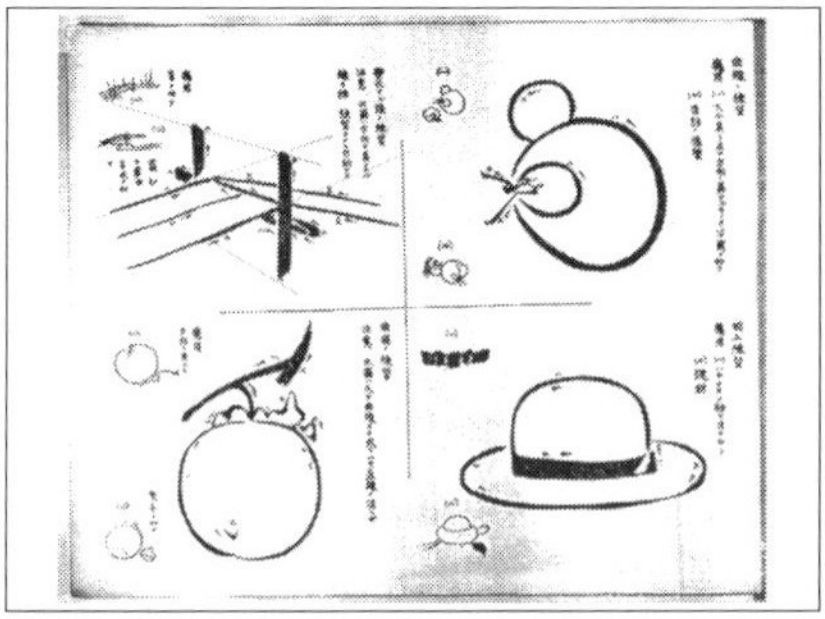

IV−9

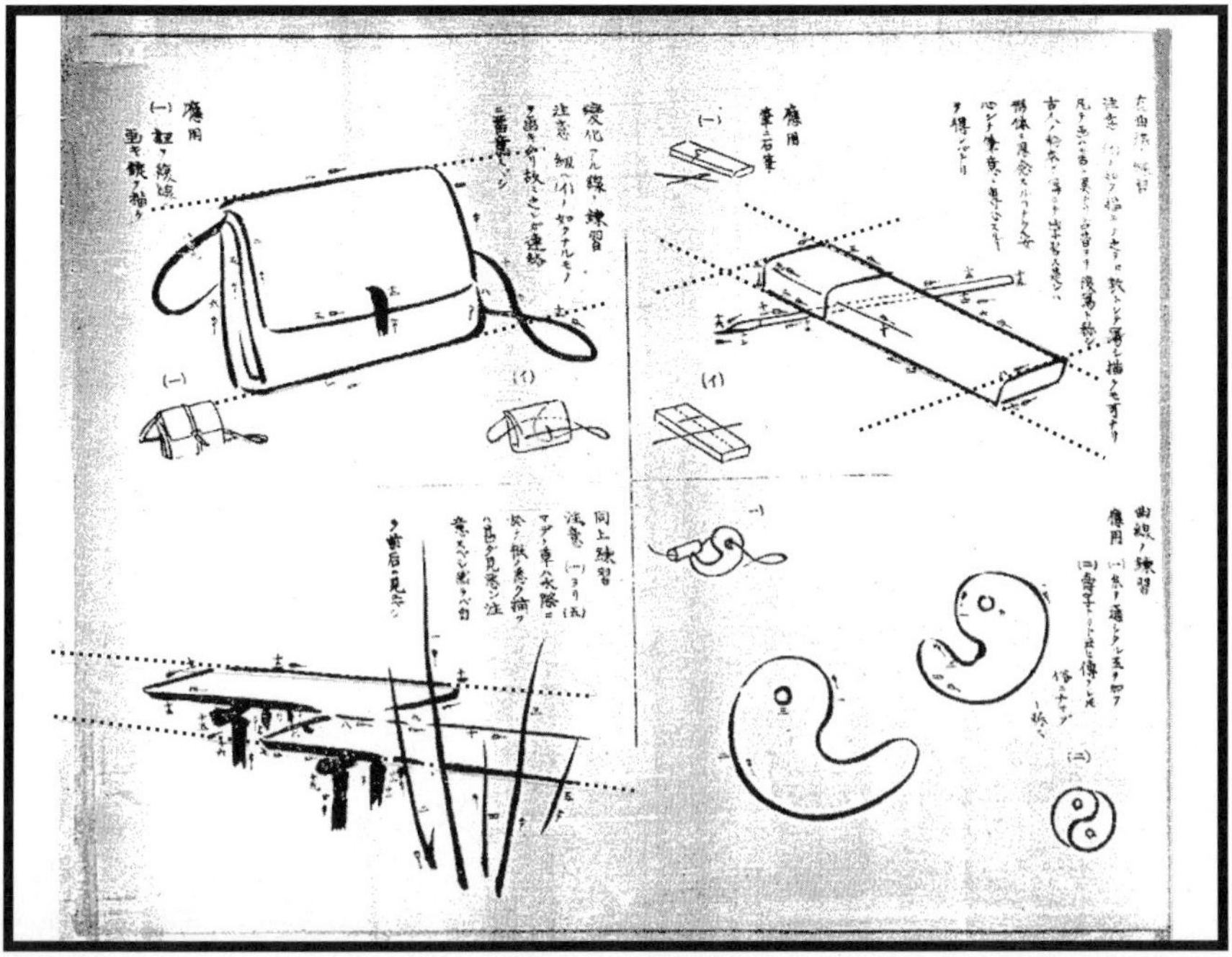

IV−10

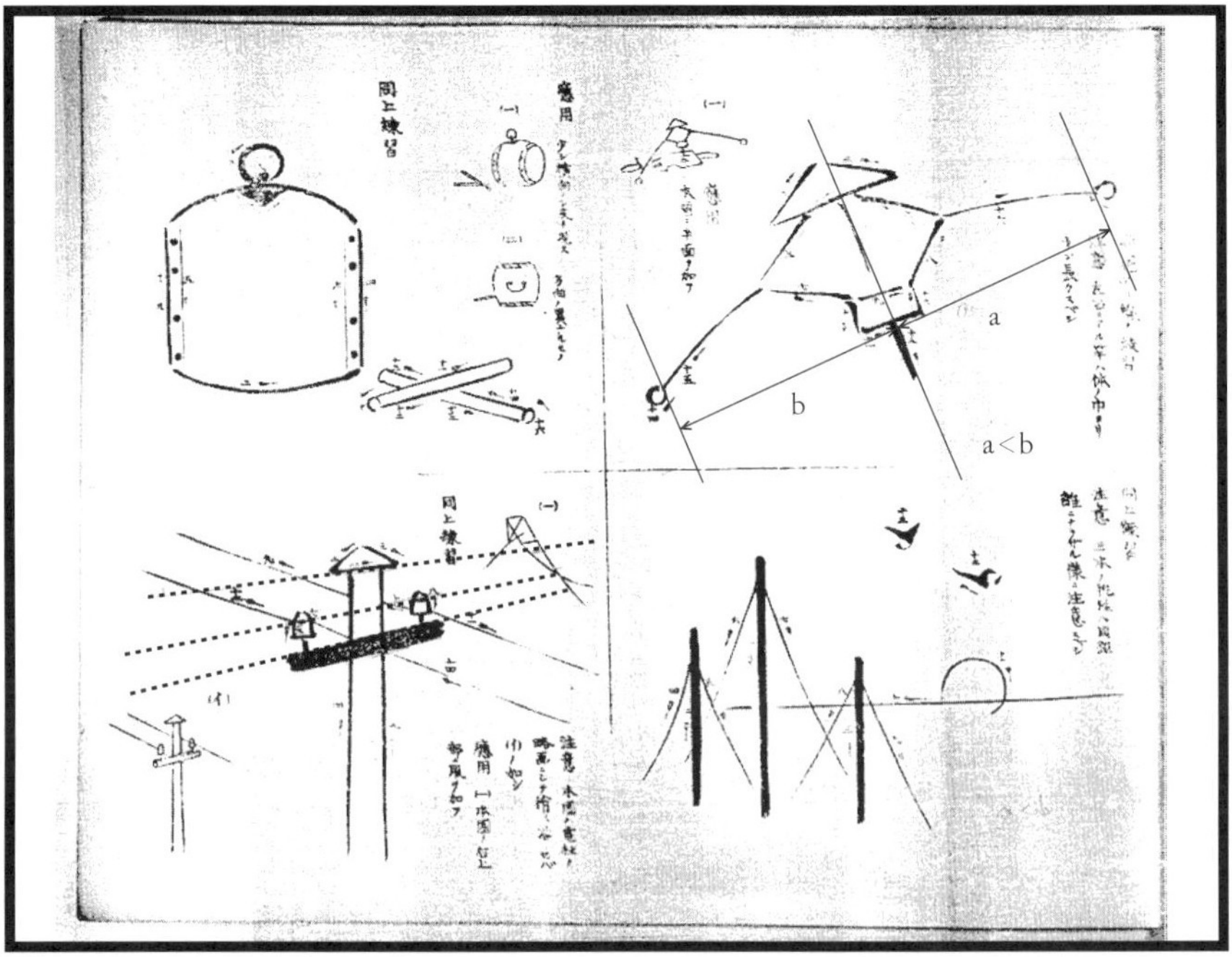

IV-11

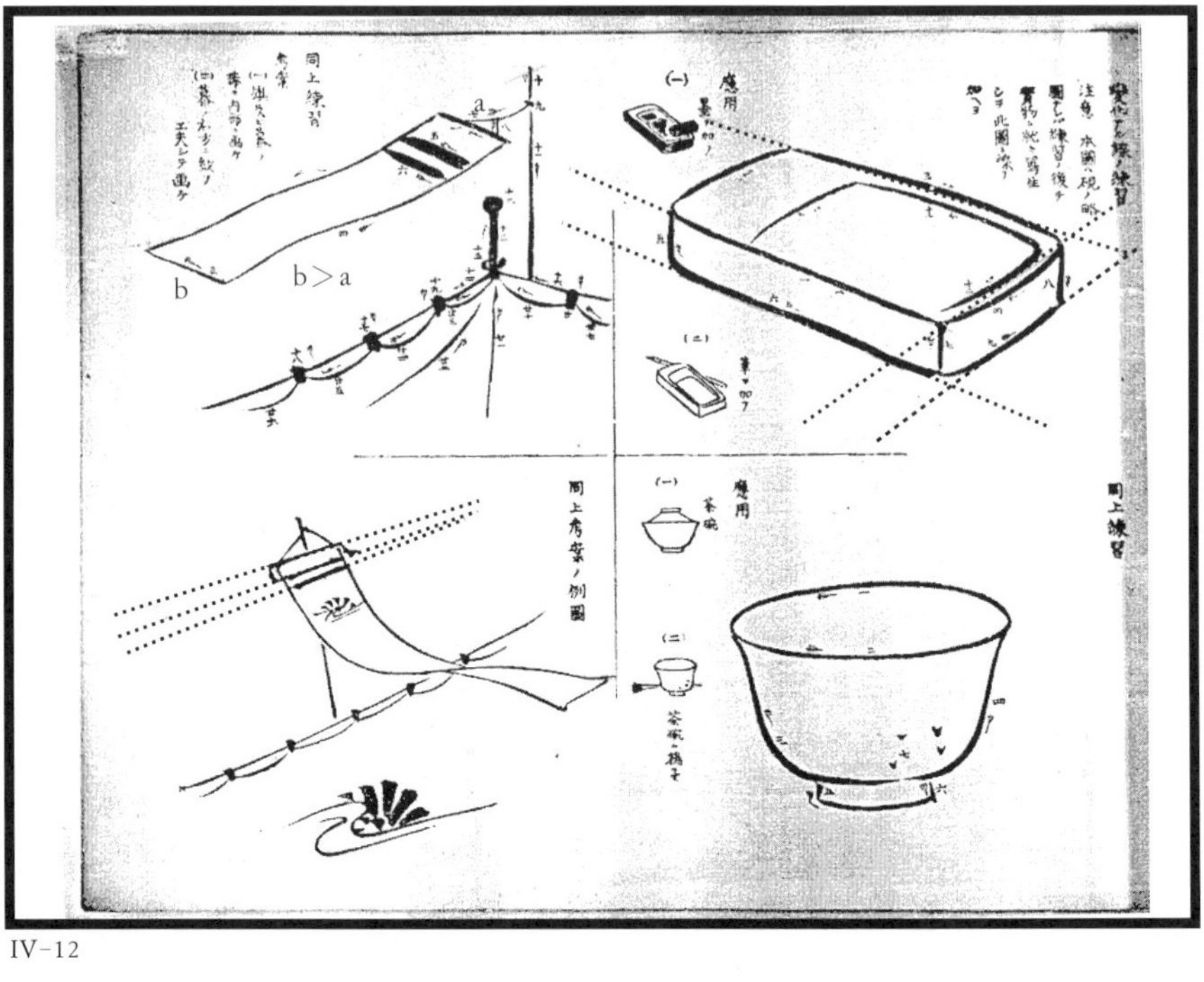

IV-12

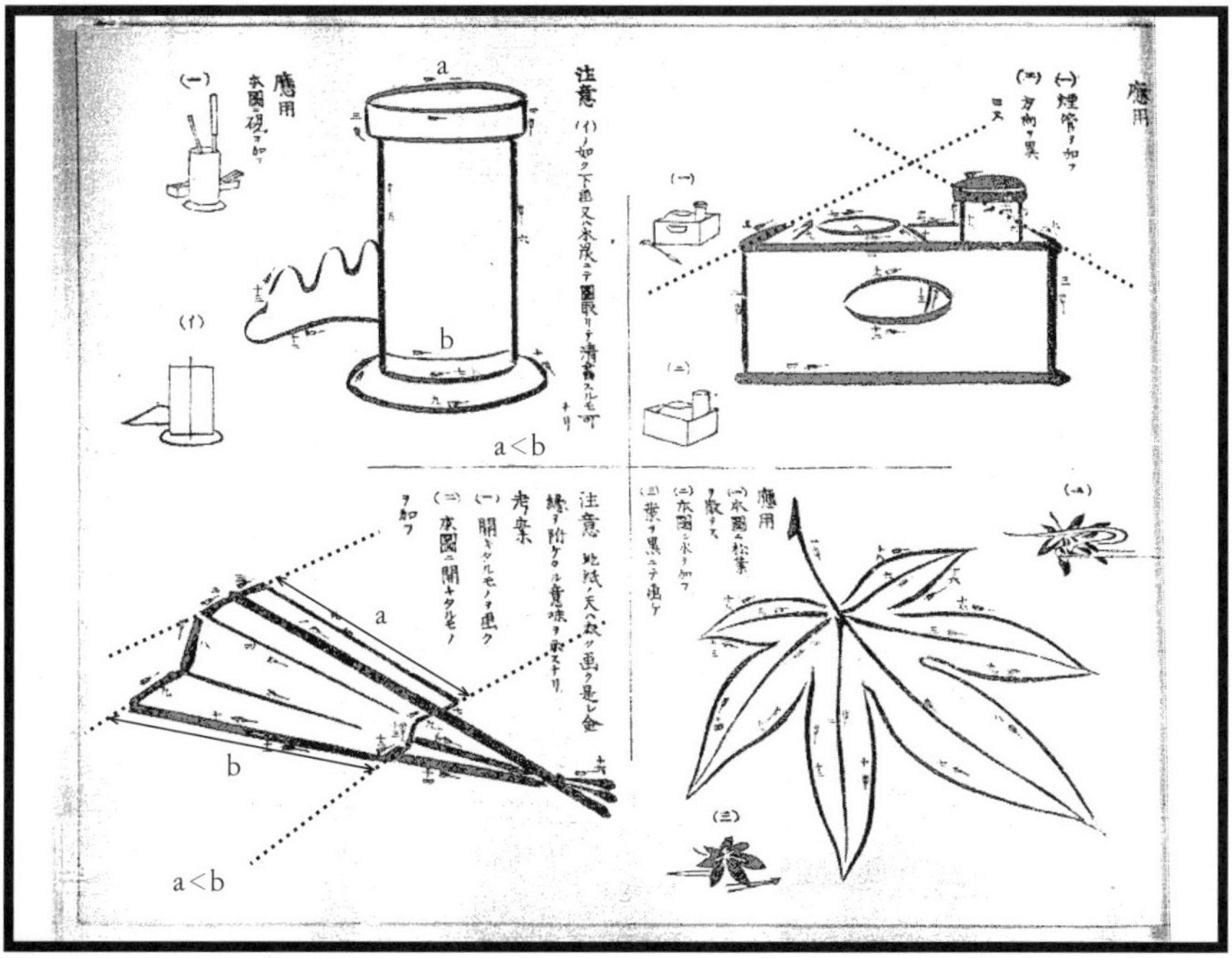

IV-13

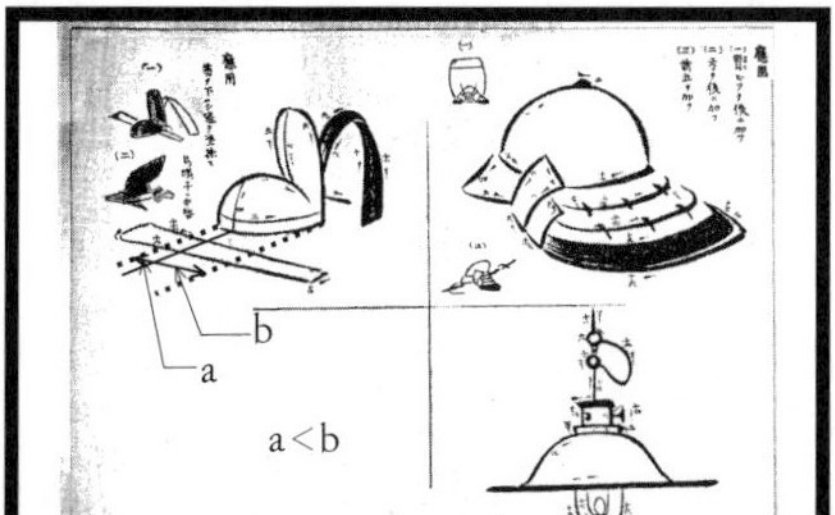

IV-14

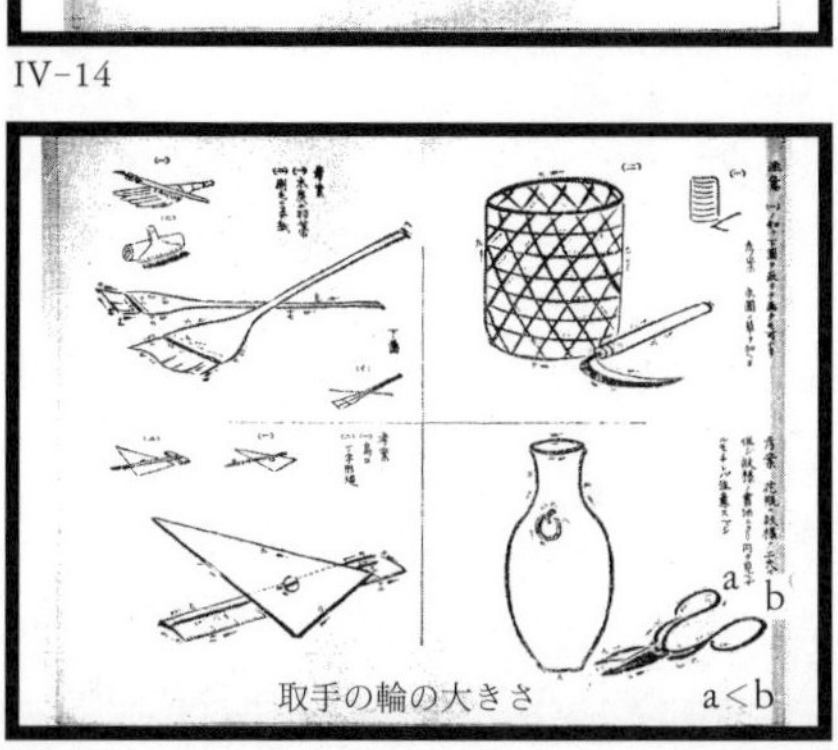

IV-16

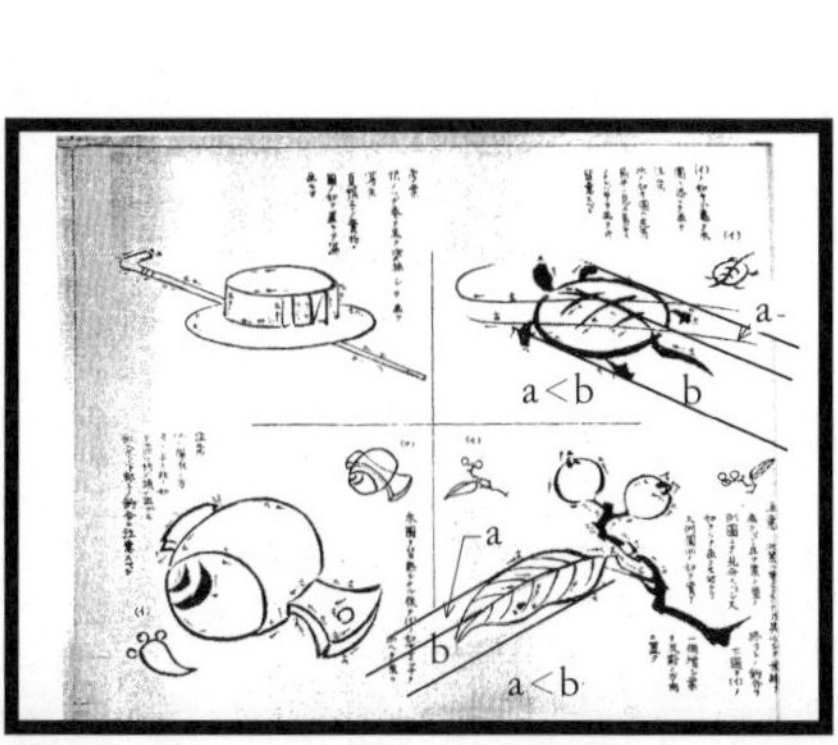

IV-15

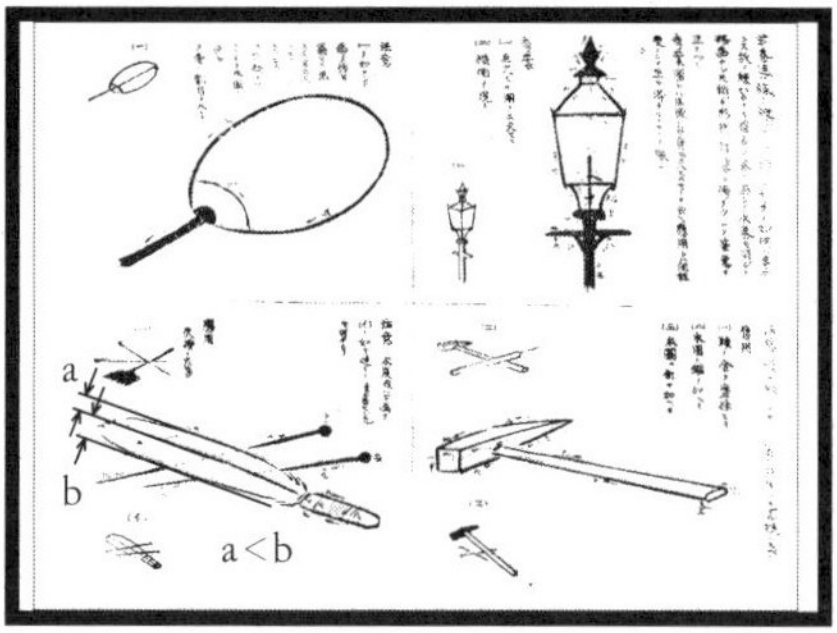

IV-18

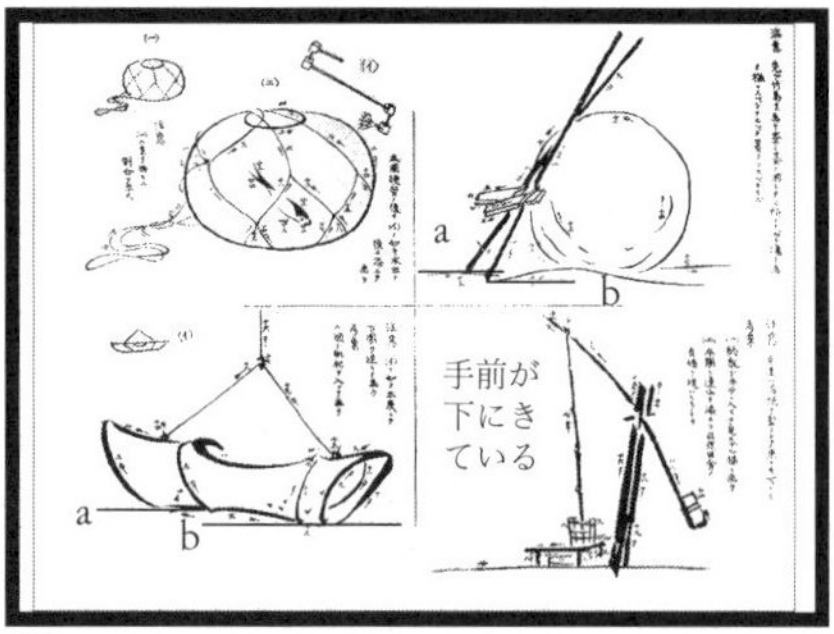

IV-17

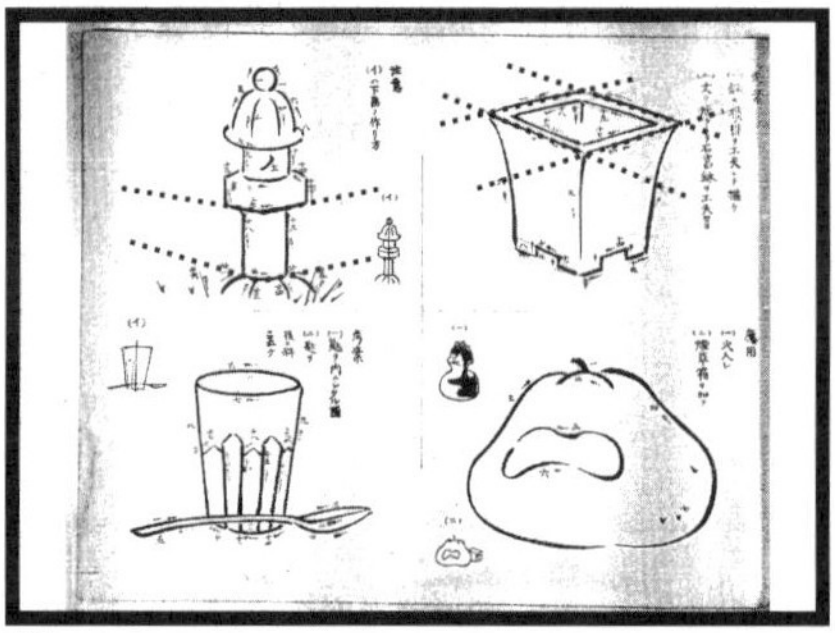

IV-19

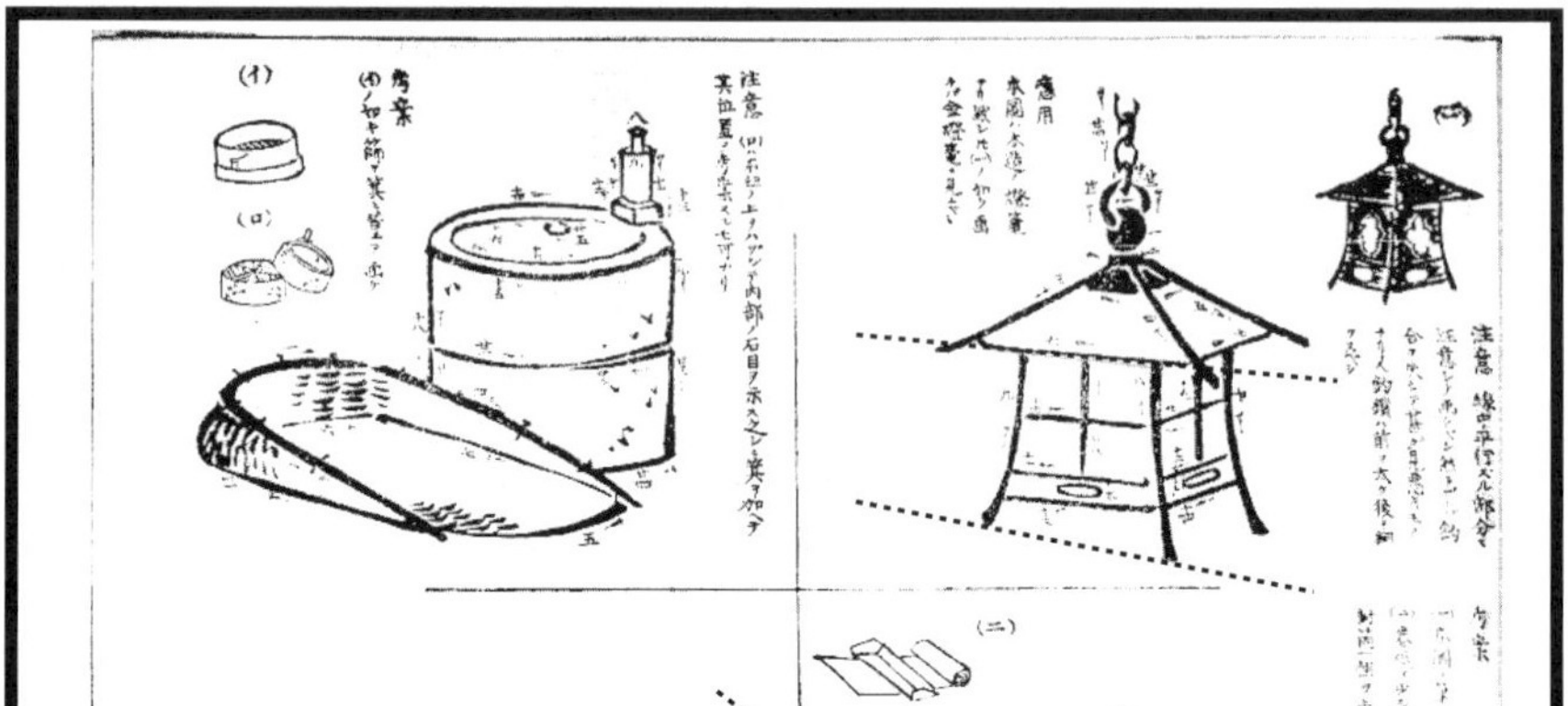

IV-20

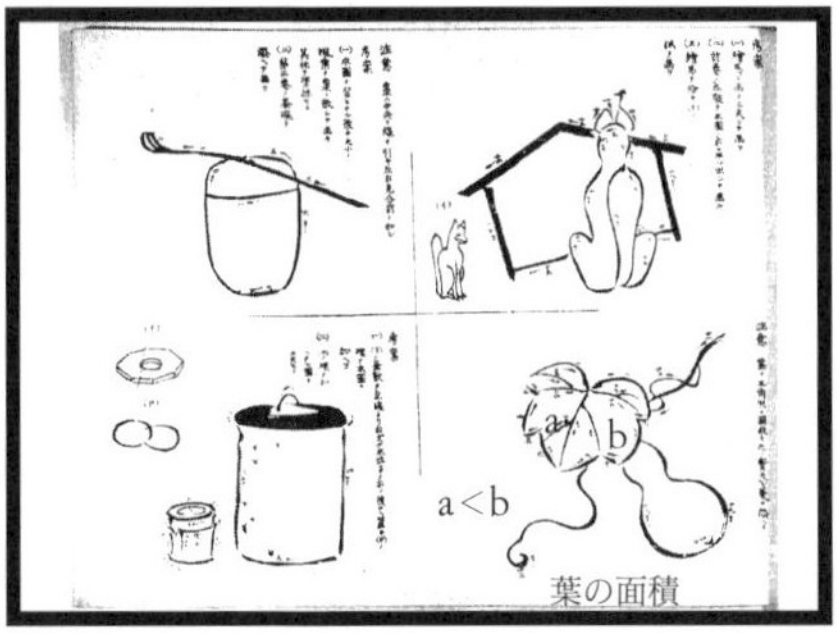

IV-22

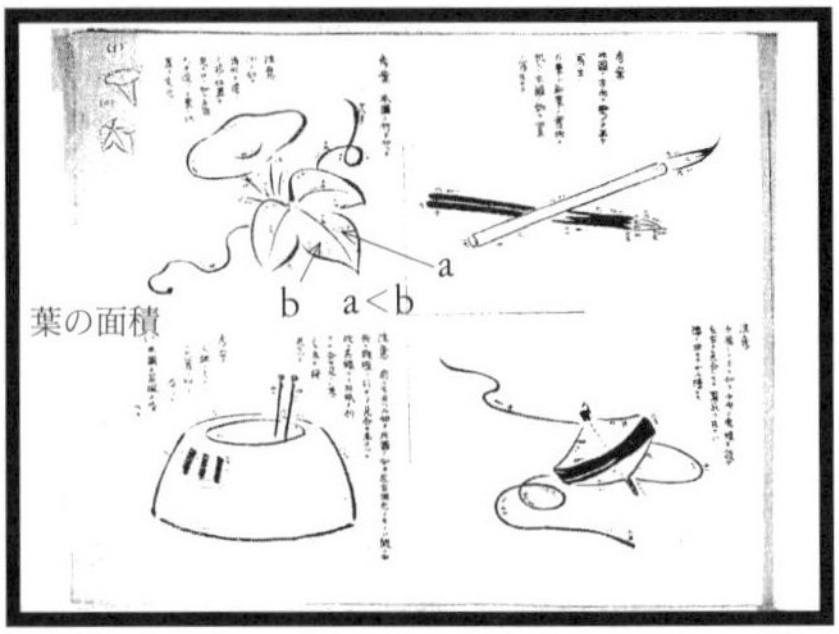

IV-21

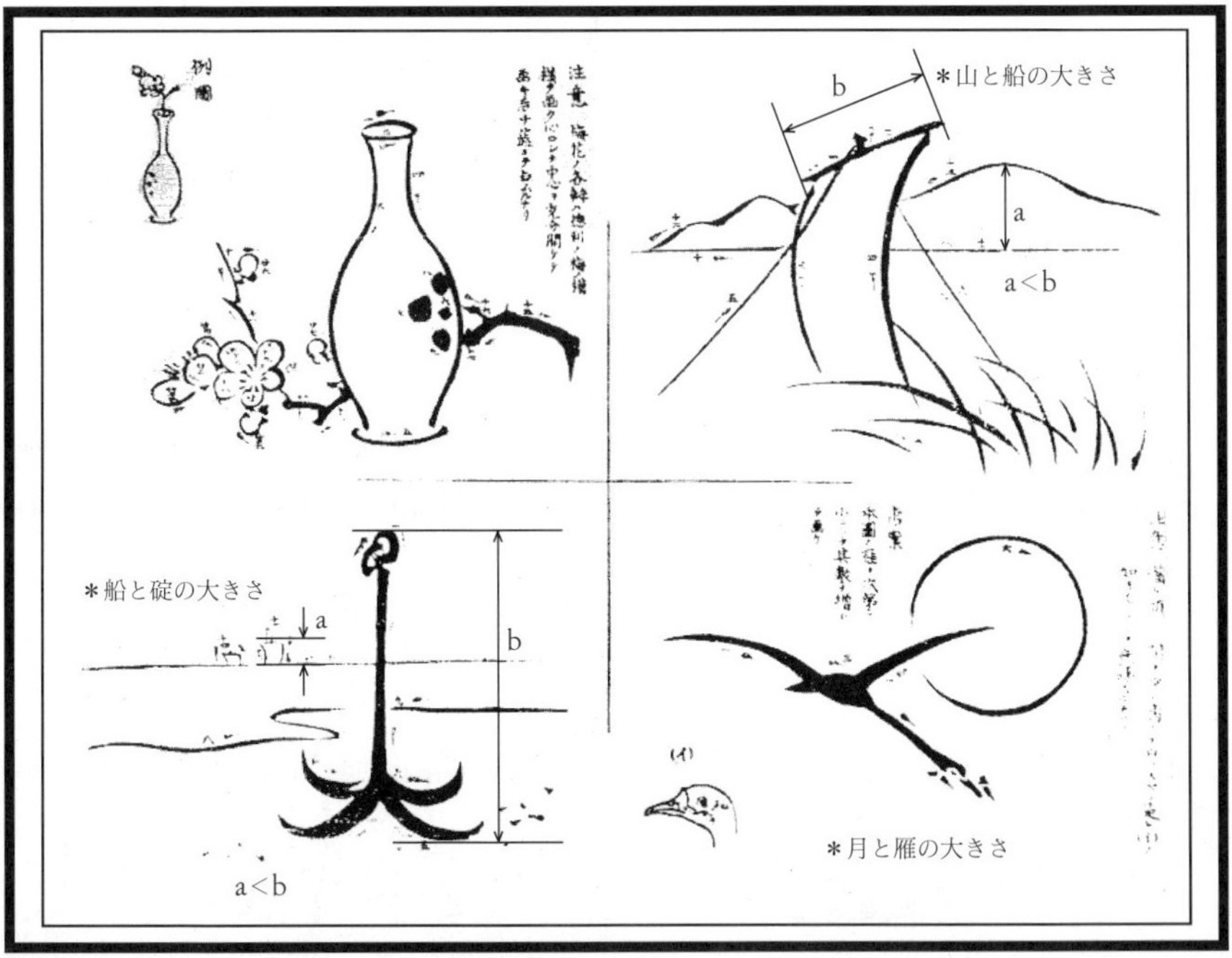

IV-23

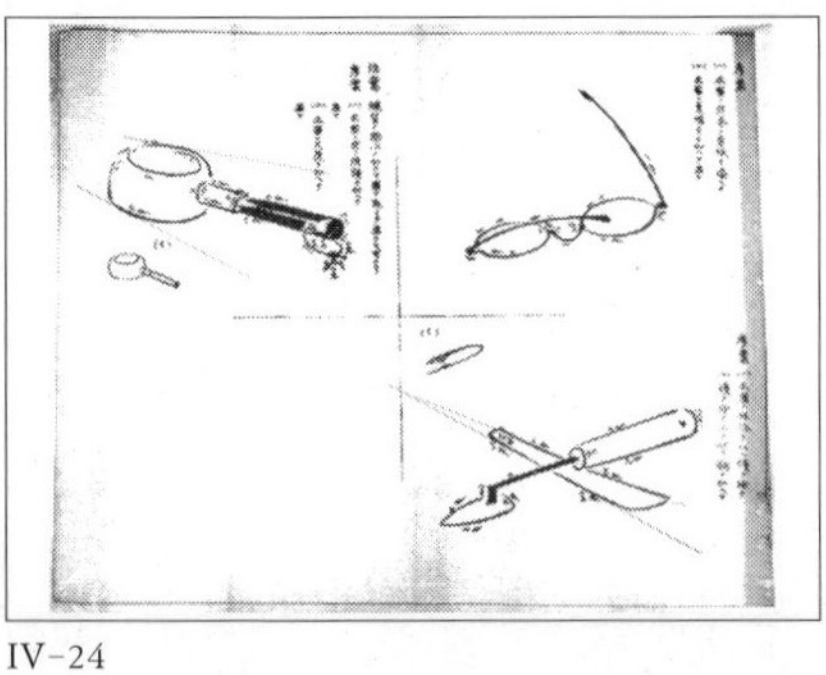

IV-24

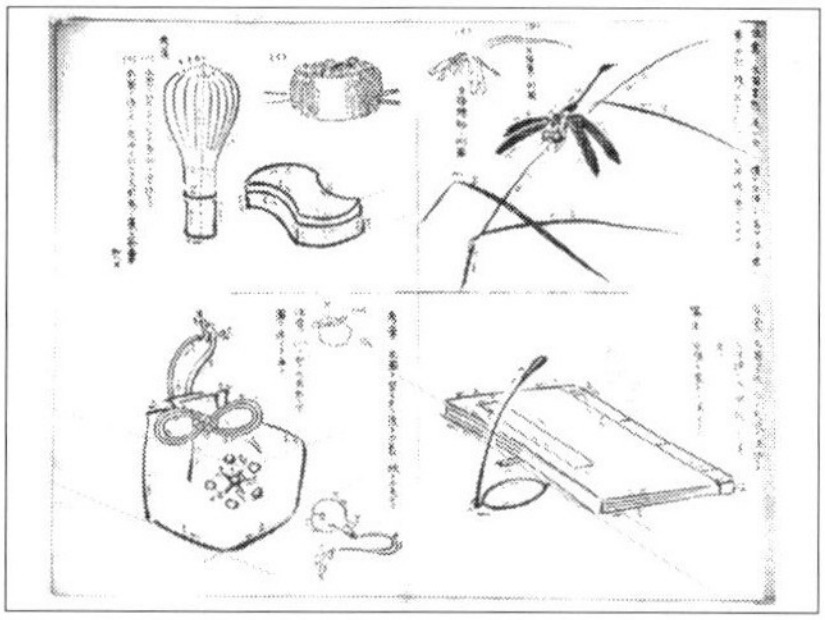

IV−26

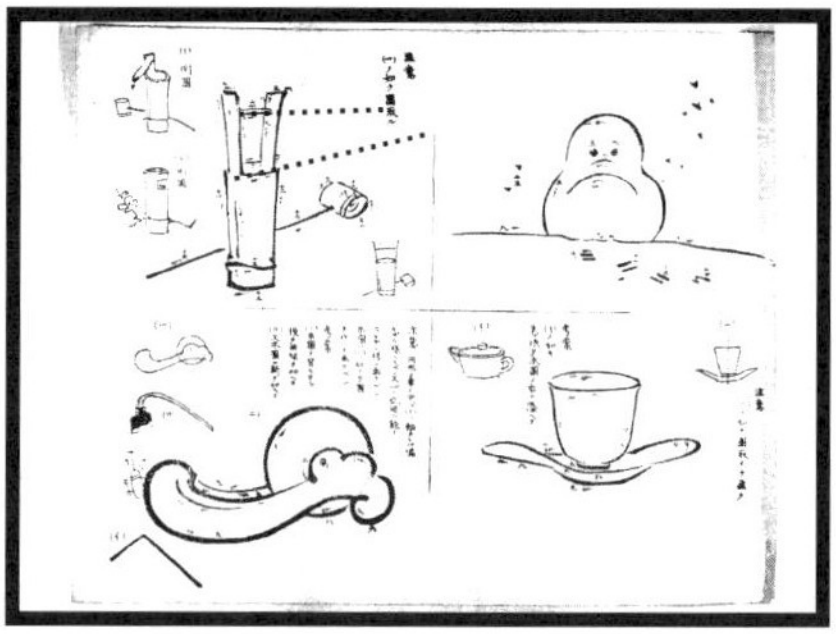

IV−25

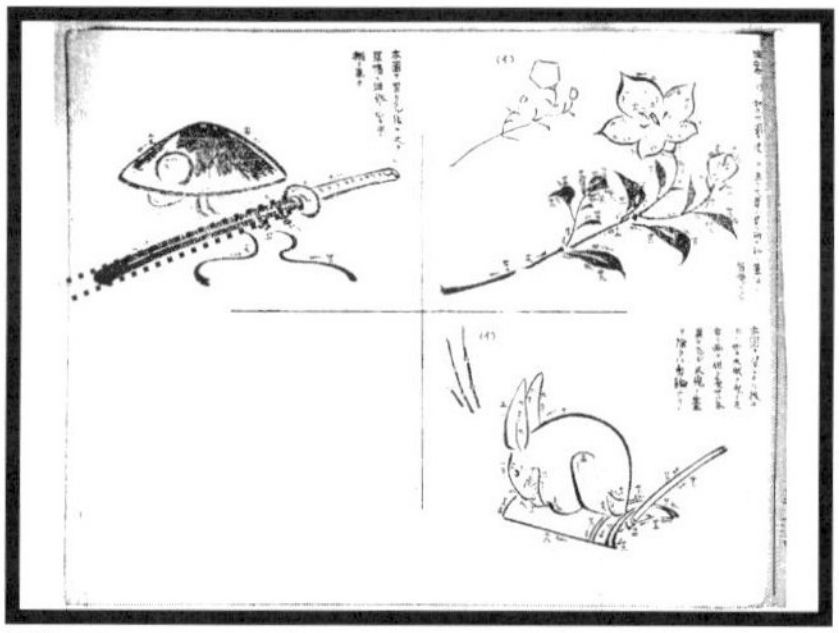

IV−28

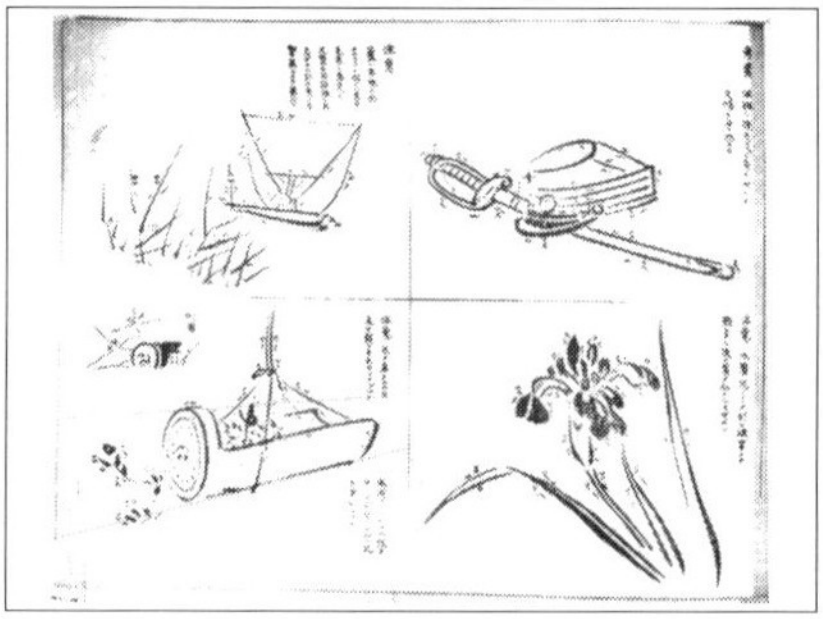

IV−27

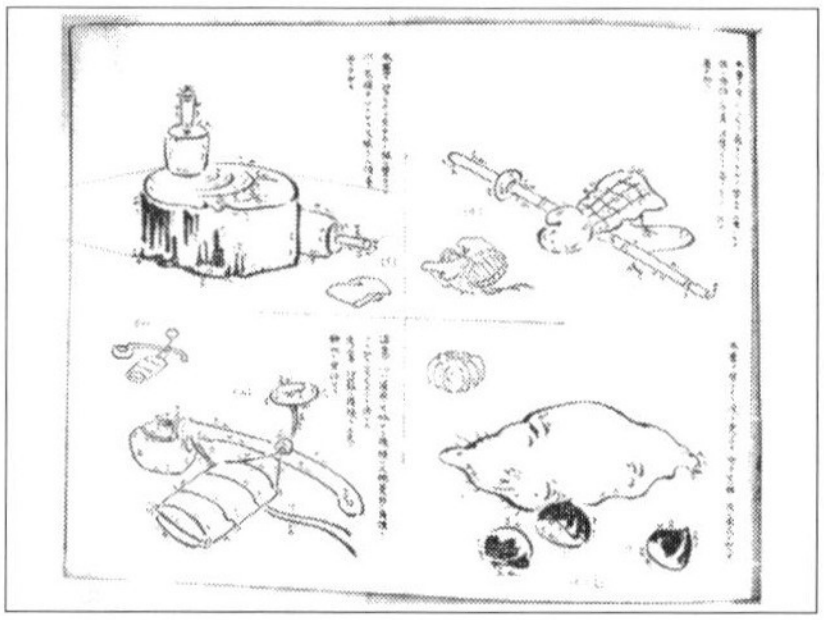

IV−29

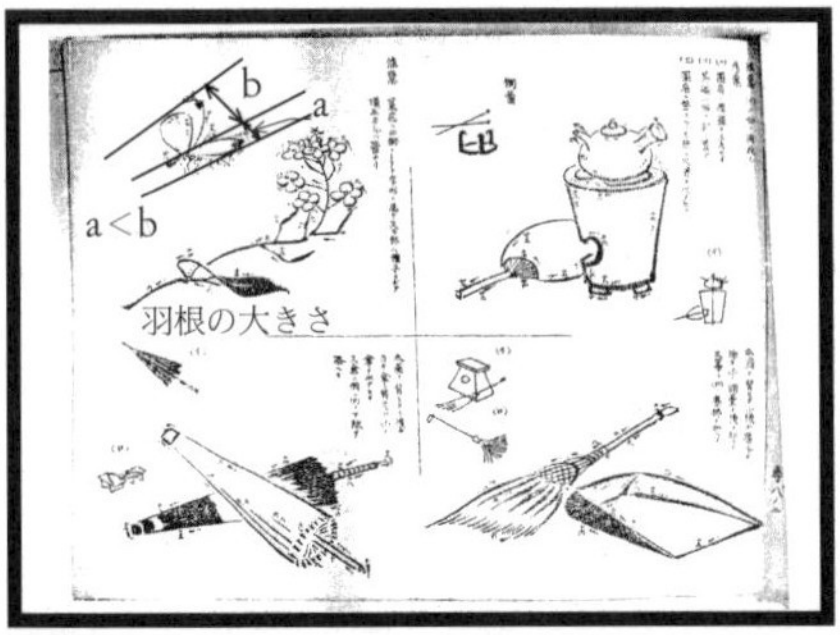

IV-30

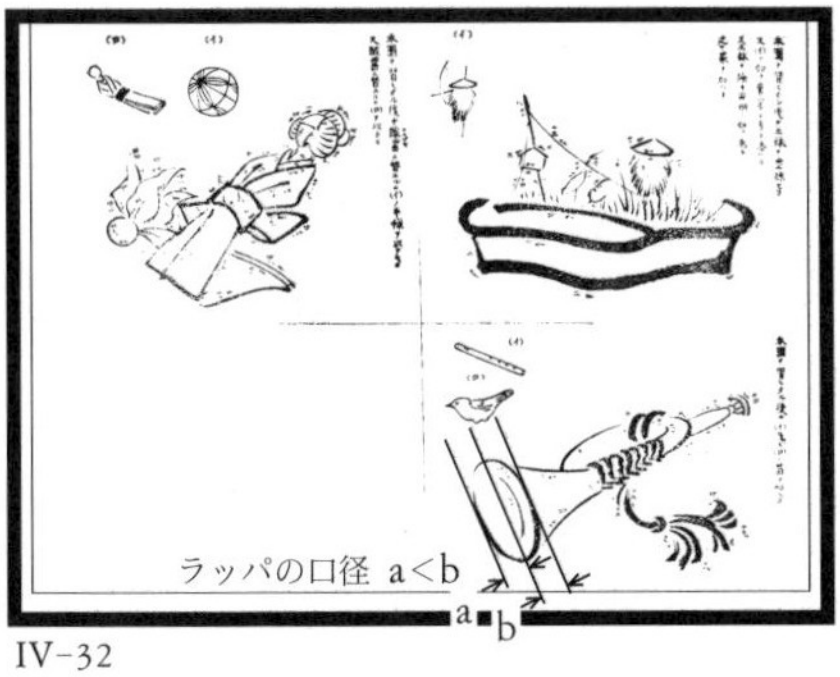

IV-32

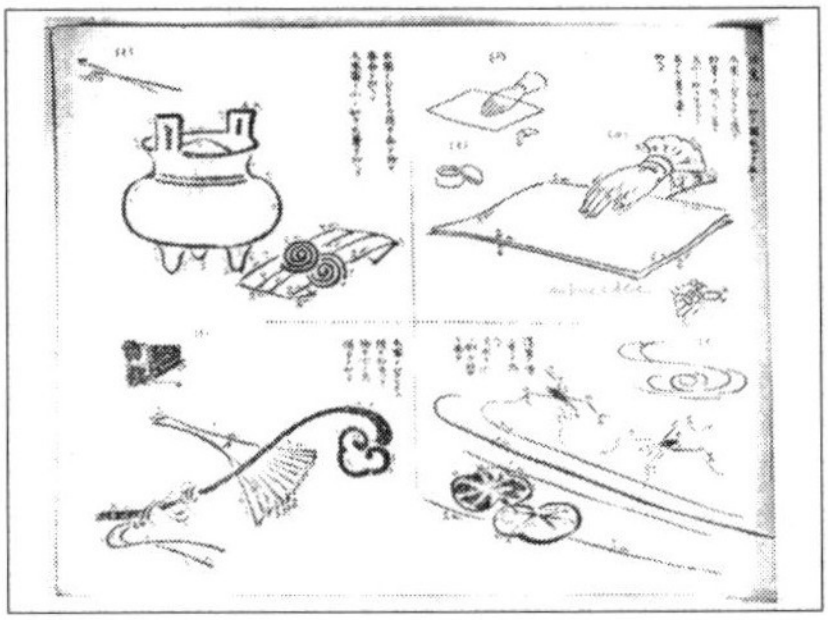

IV-31

（IV）帝國毛筆新画帖教授法　後編

川端玉章

1894（明治 27）年 11 月，三省堂

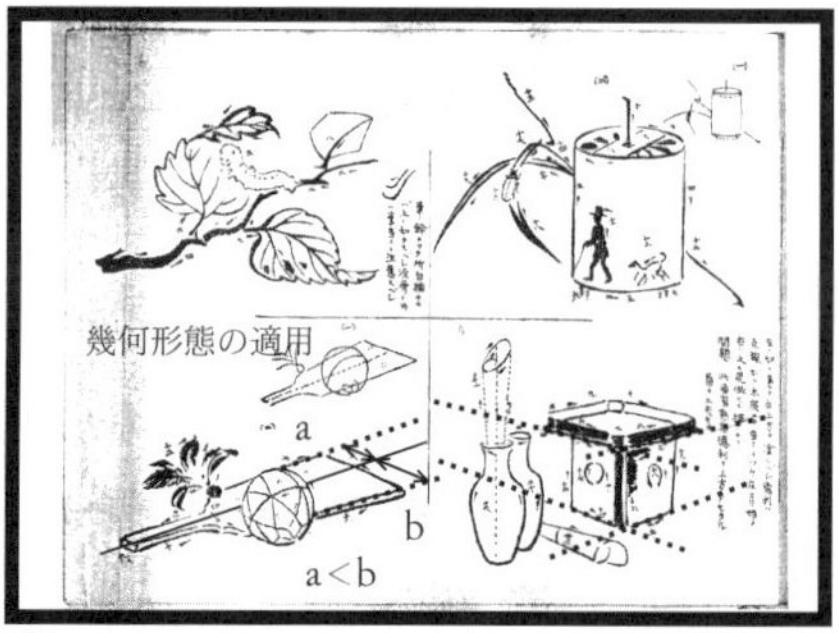

IV-34

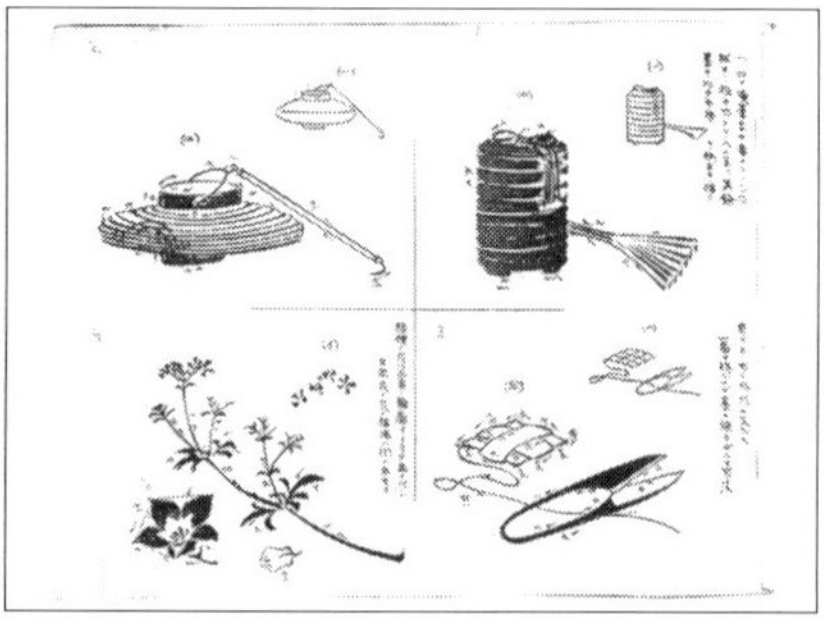

IV-33

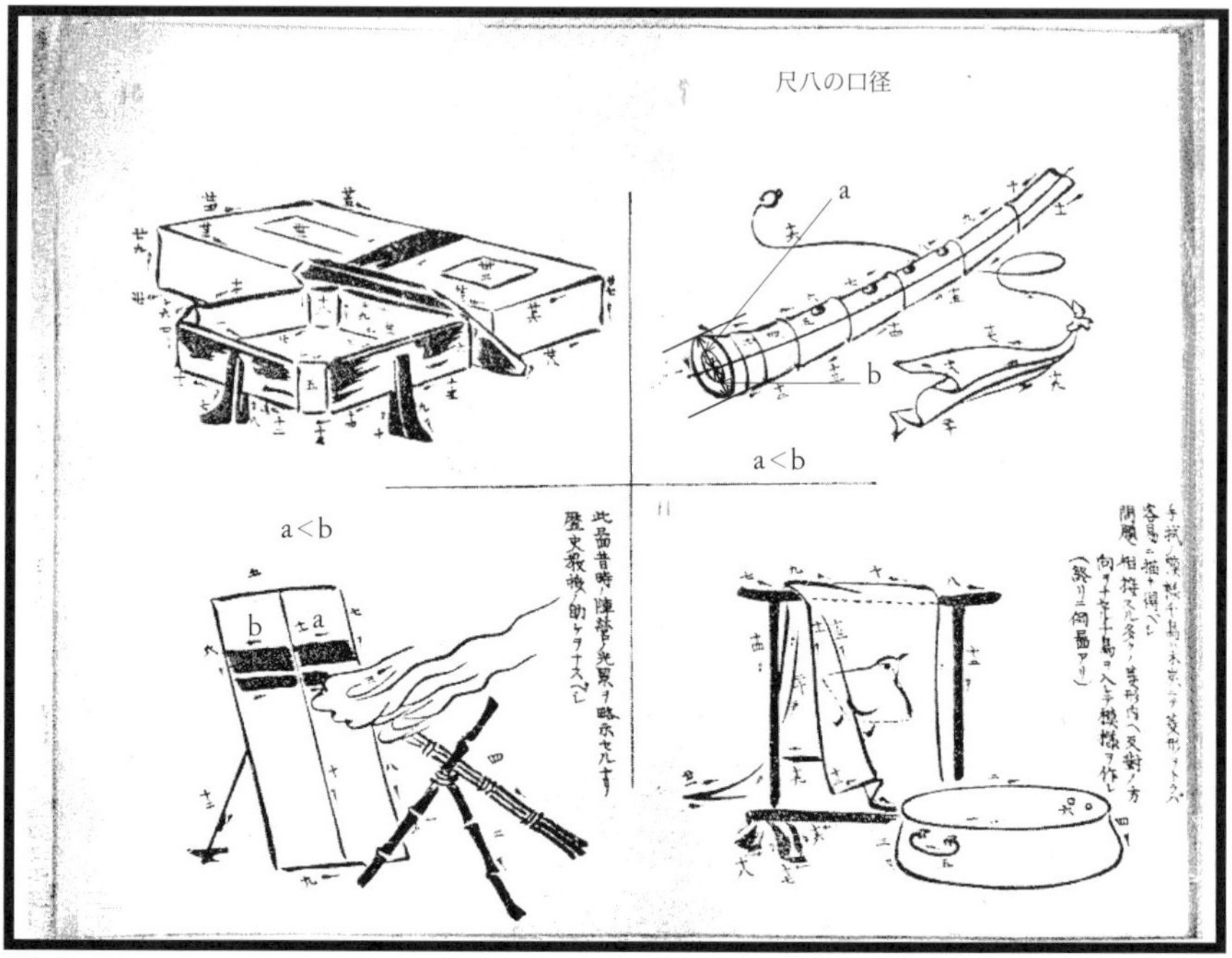

IV-35

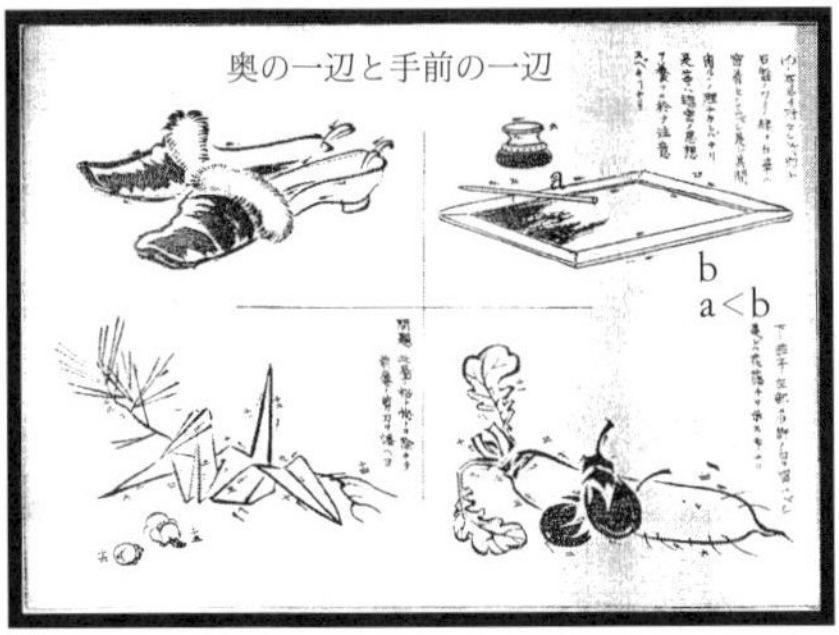

IV-37

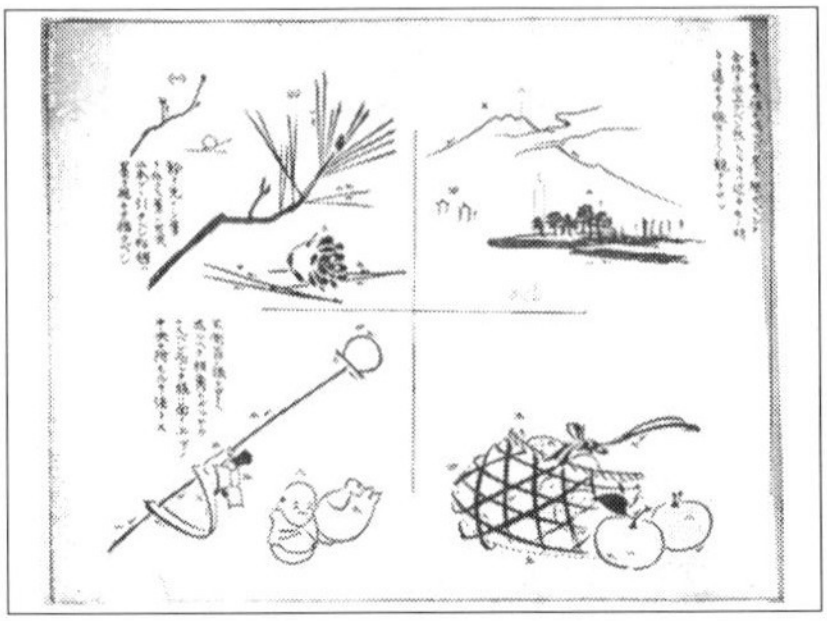
IV-36

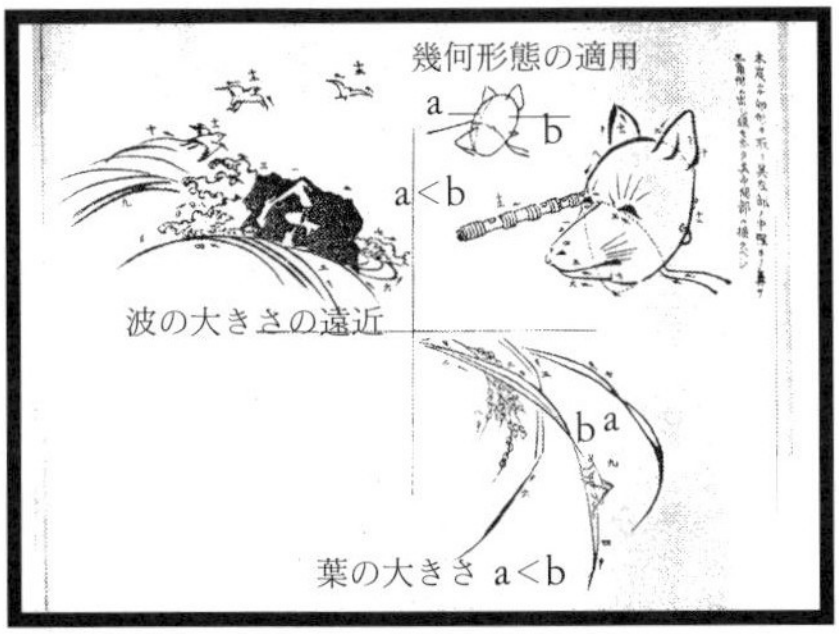

IV-39

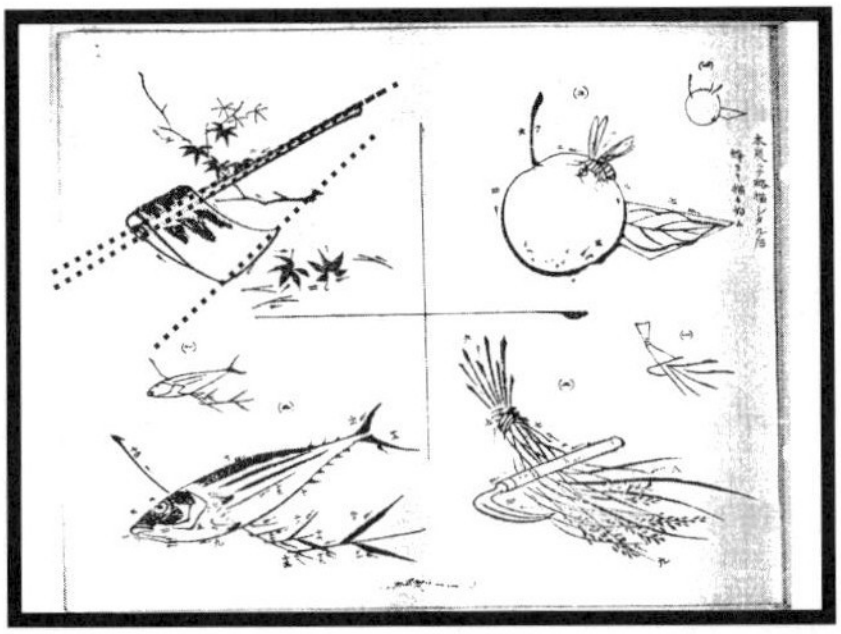
IV-38

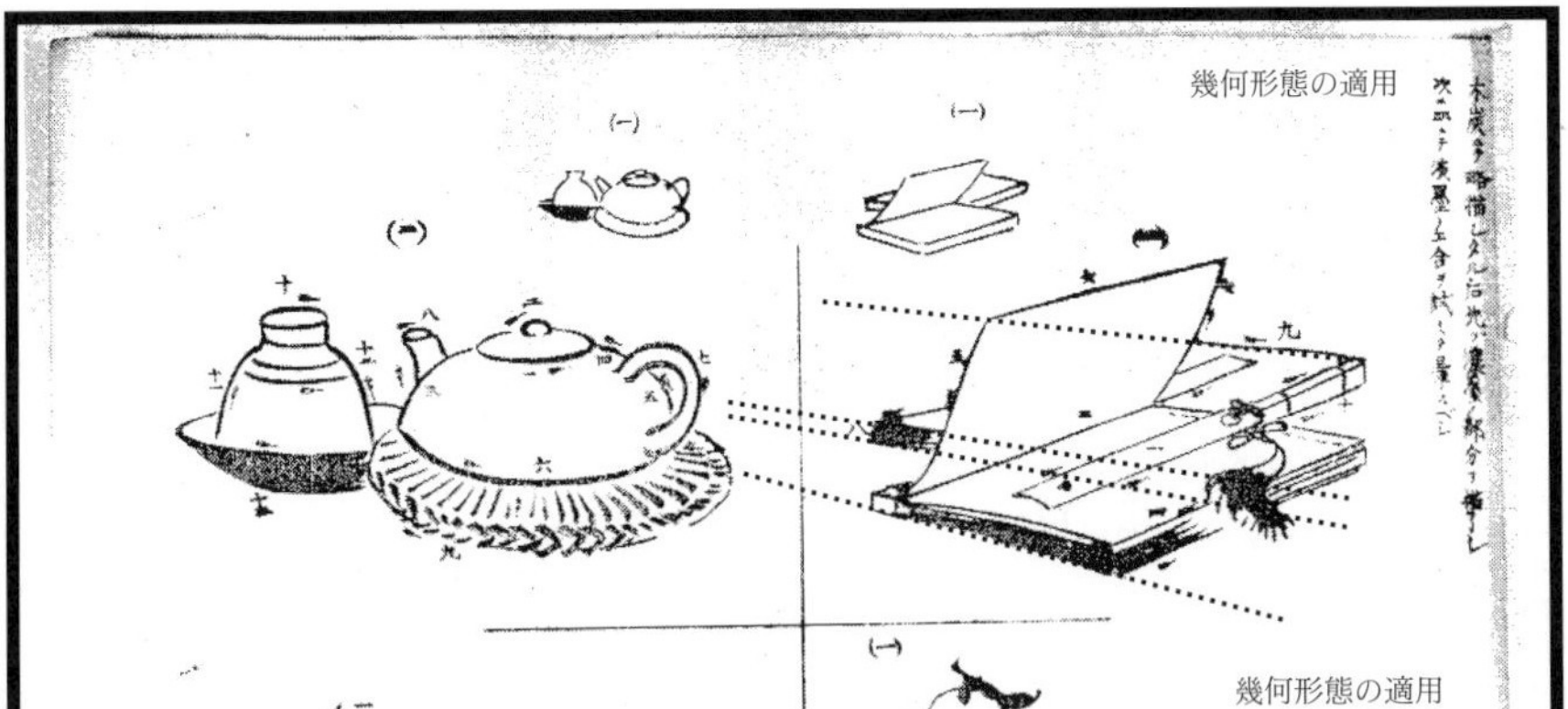

IV-40

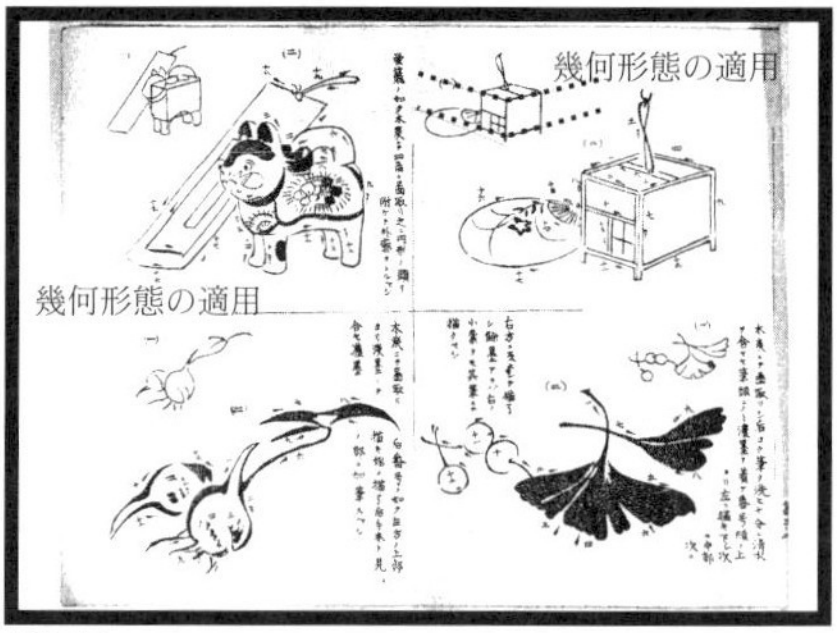

IV-41

IV-43

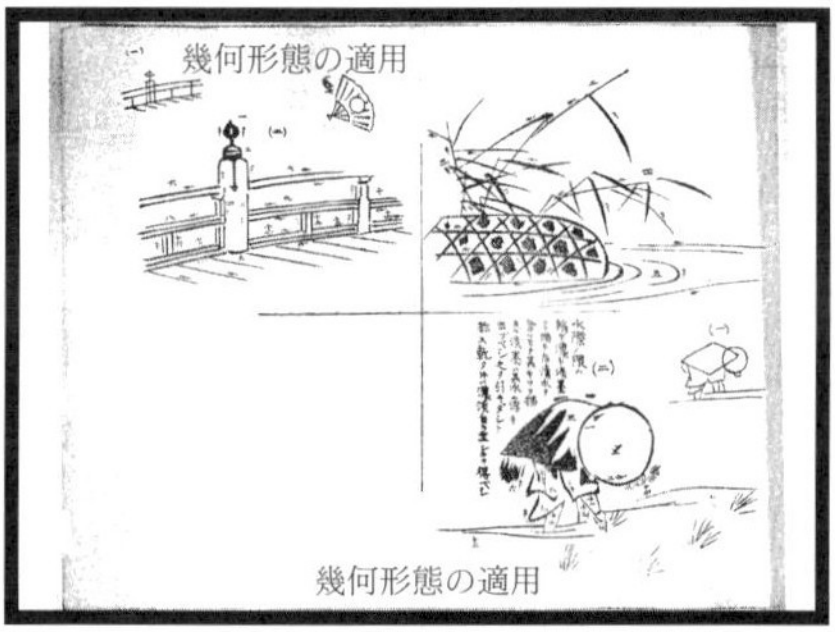

IV-42

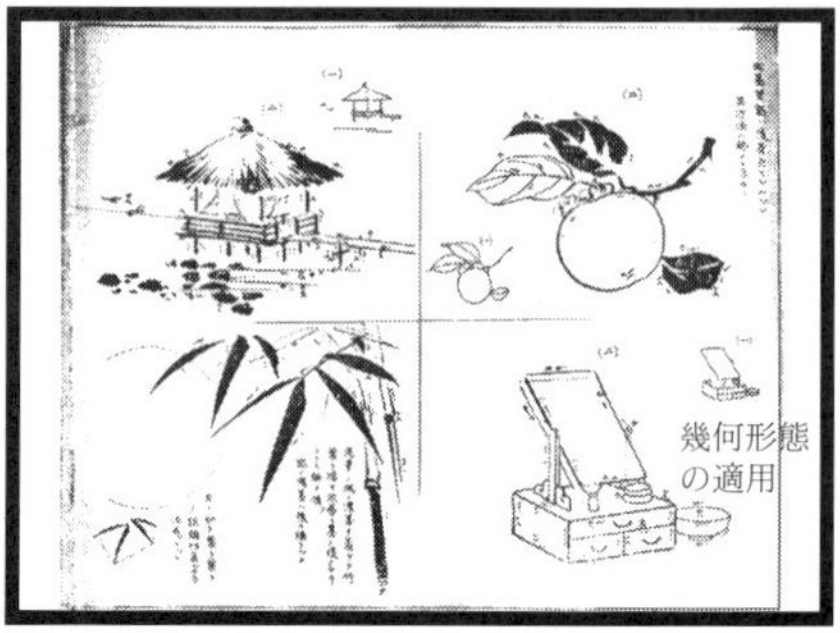

IV-45

IV-44

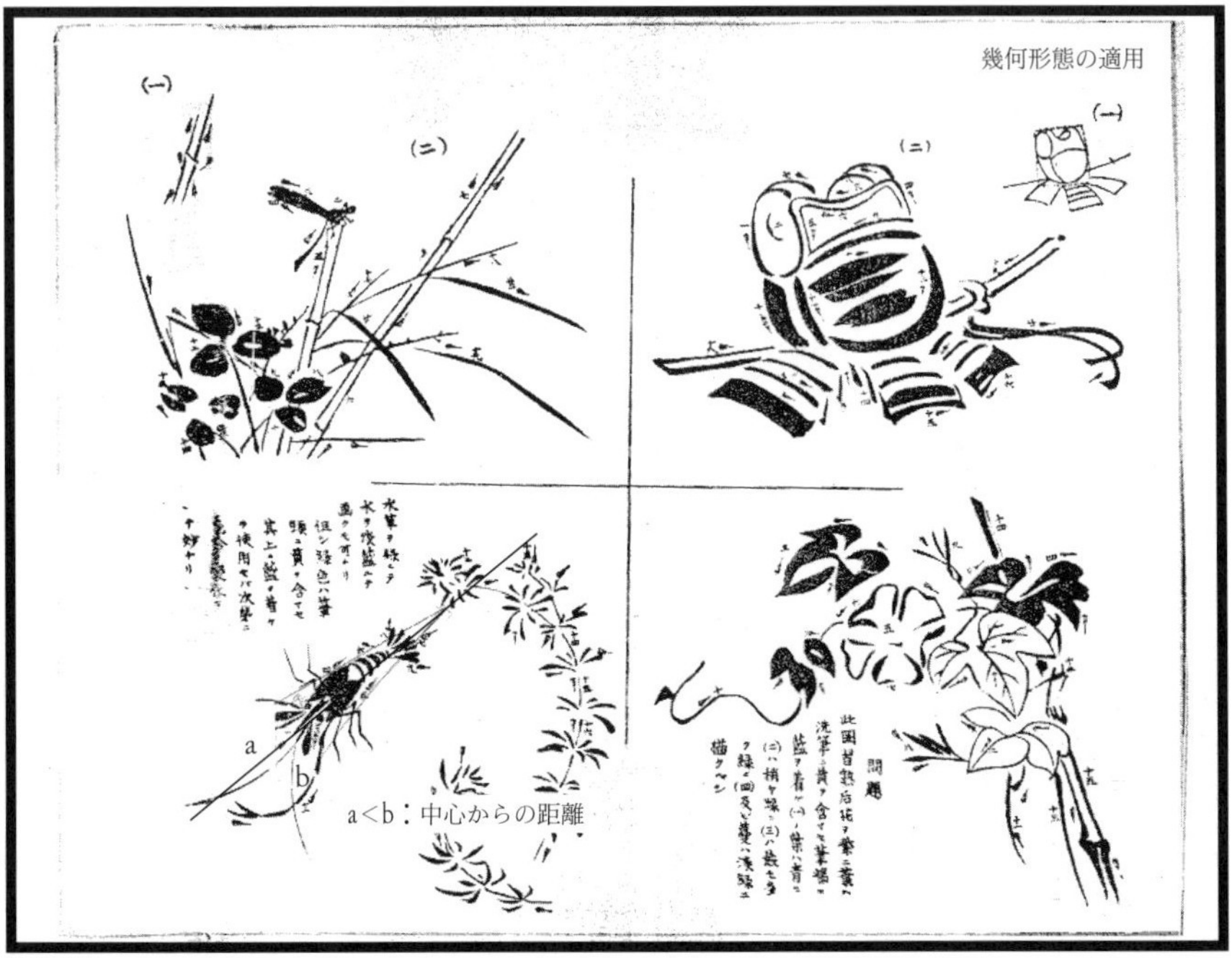

IV-46

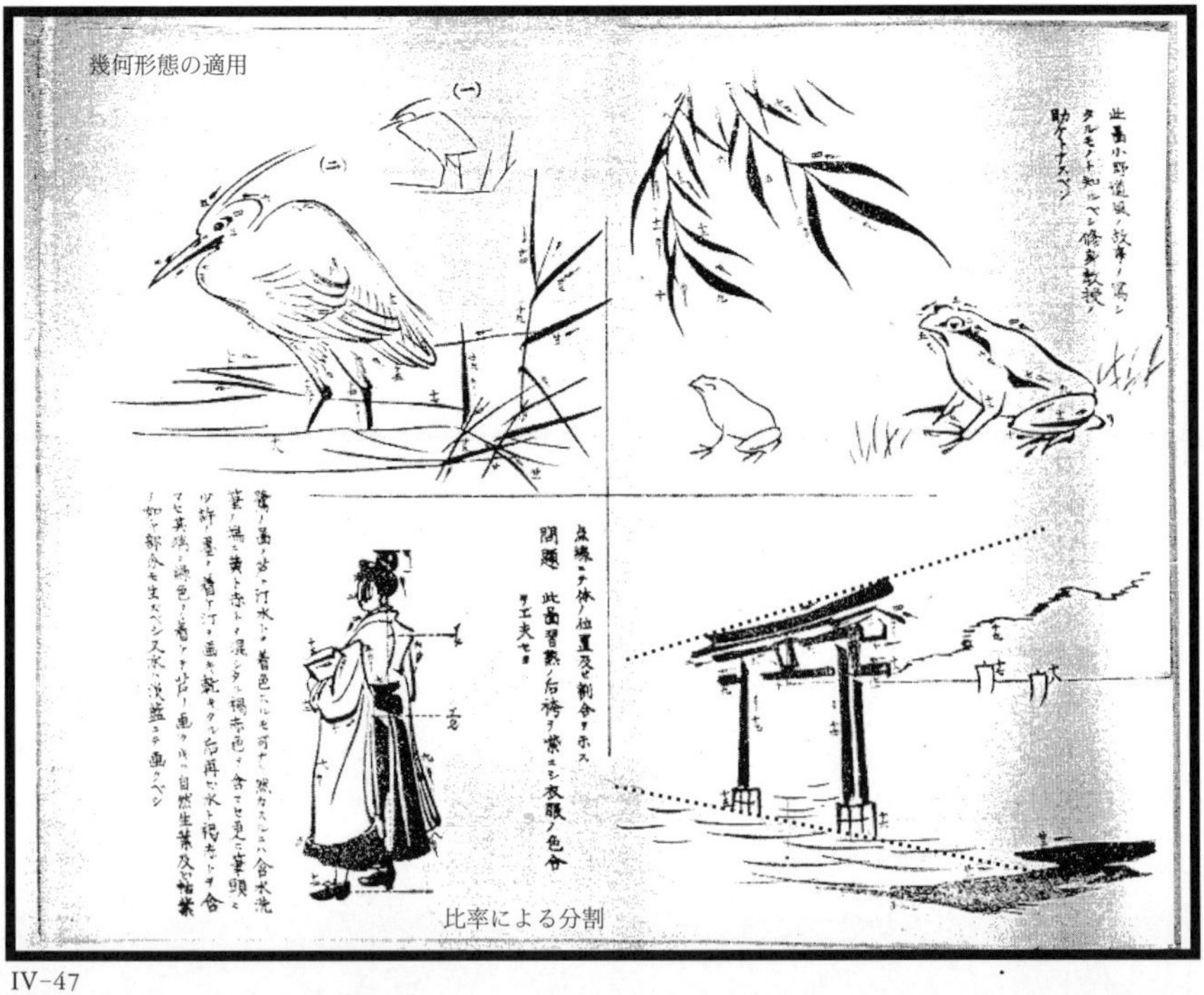

IV-47

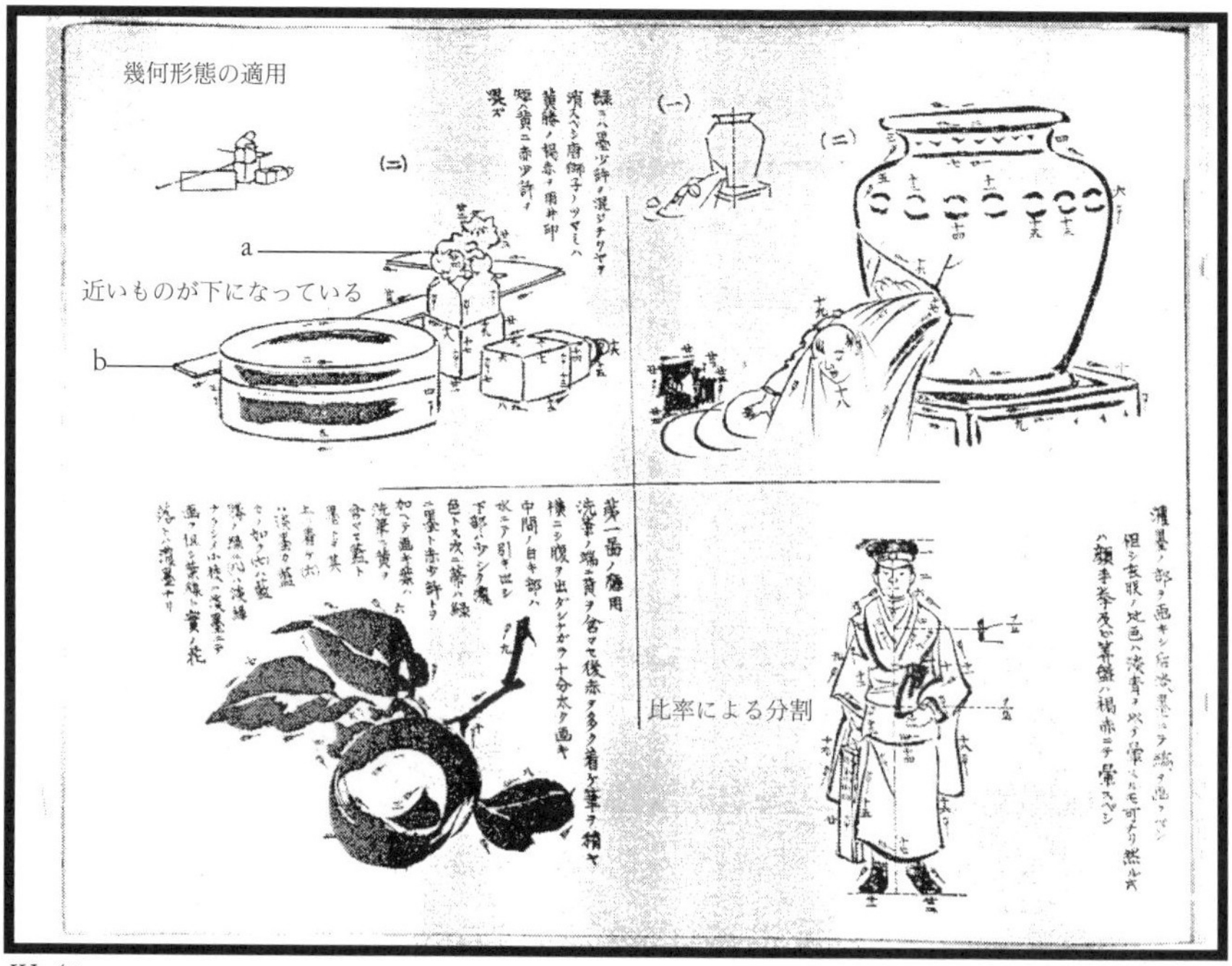
幾何形態の適用
(一)
(二)
a
近いものが下になっている
b
比率による分割

IV-48

近いものが下に
なっている
a
b
幾何形態の適用
(一)
(二)

IV-49

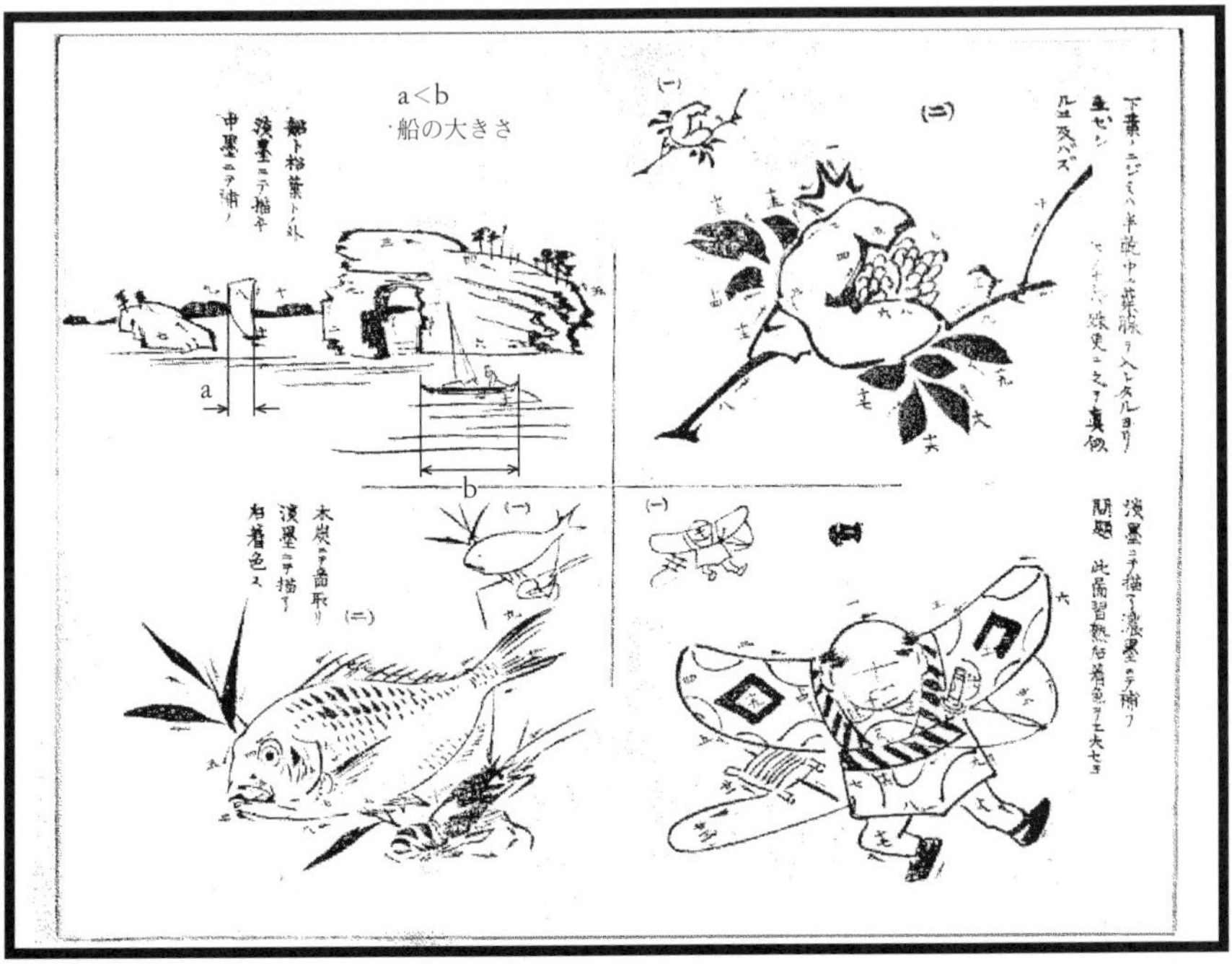

IV-50

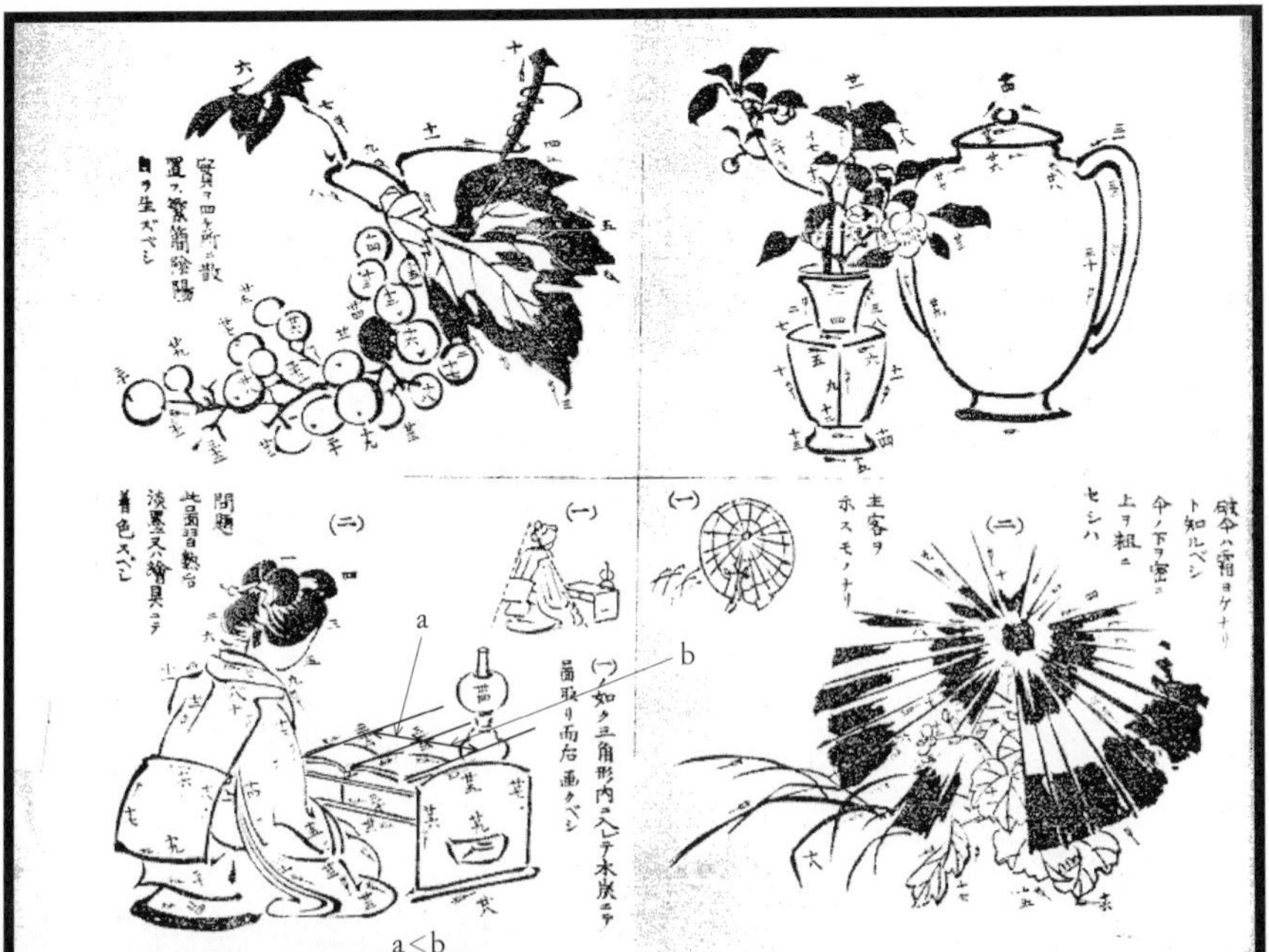

IV-51

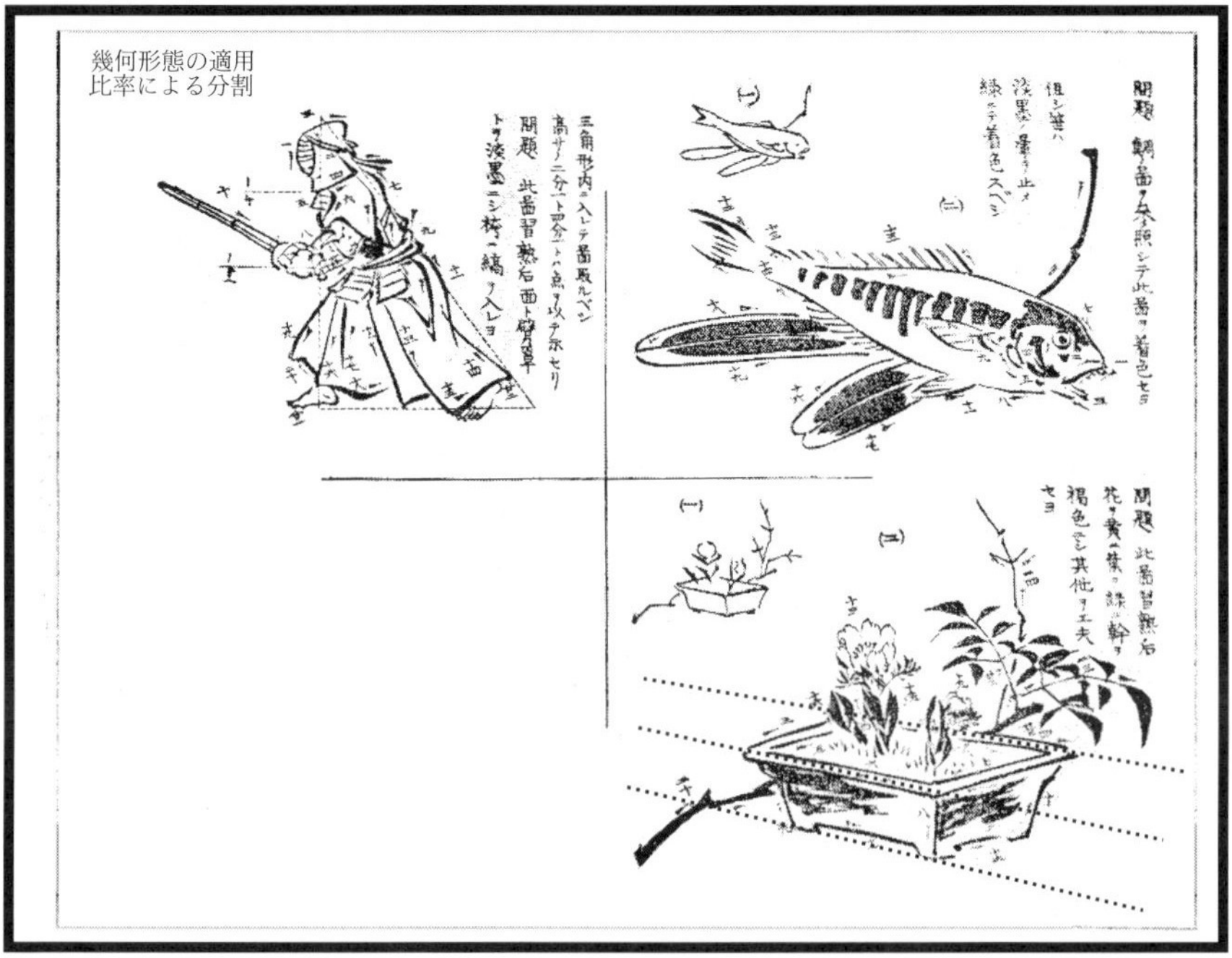
幾何形態の適用
比率による分割
問題 鯛畫ヲ參照シテ此畫ヲ着色セヨ
但シ鰭ハ
淡墨ノ暈シニ止メ
緑ニテ着色スベシ
問題 此畫習熟后
花ヲ黄ニ葉ヲ緑ニ幹ヲ
褐色ニシ其他ヲ工夫
セヨ

IV-52

IV-53

IV−54

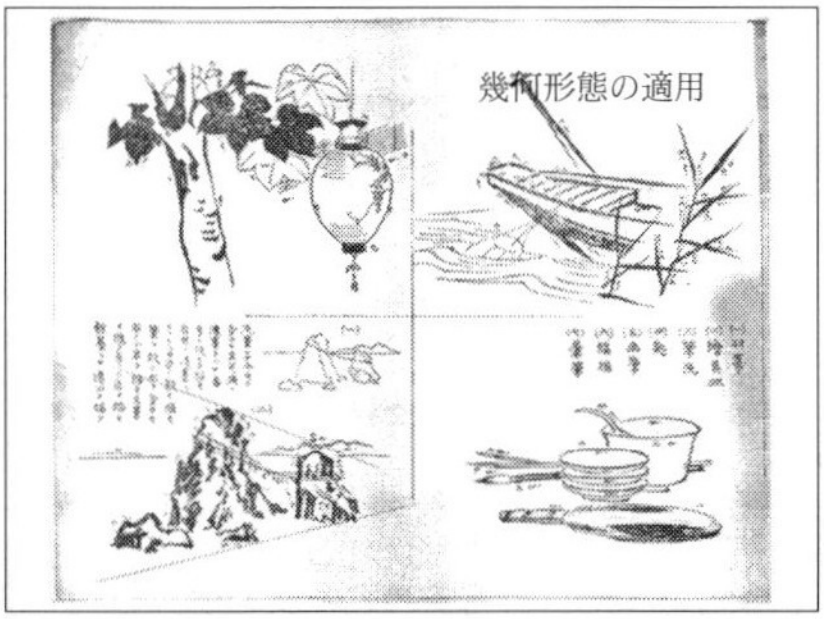

IV−55

IV−57

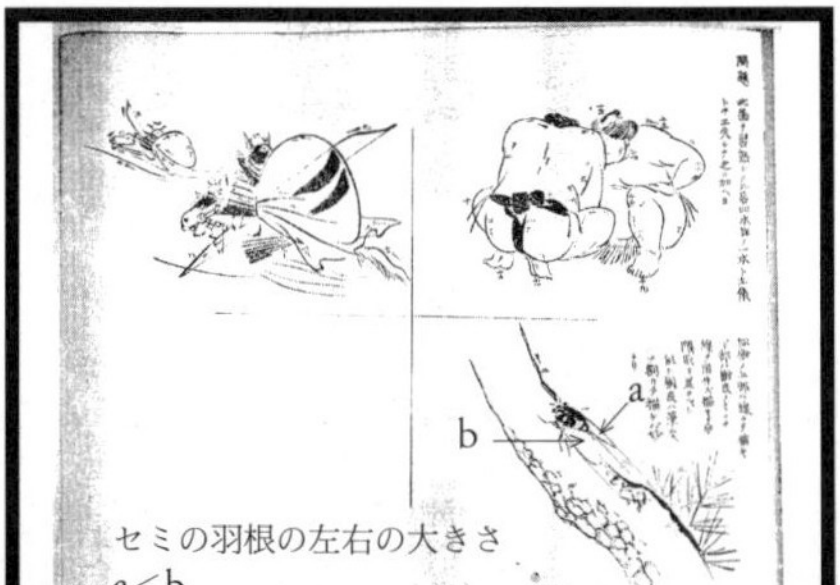

IV−56

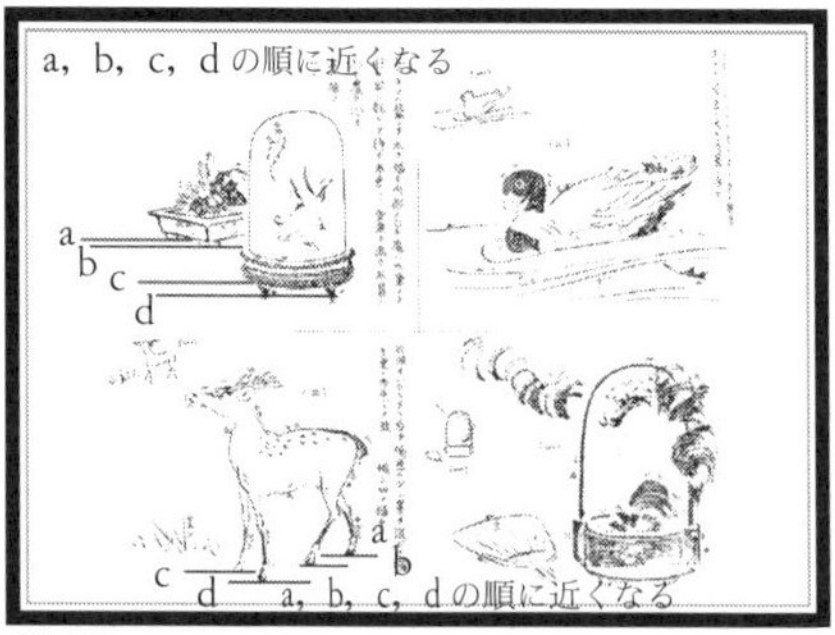

IV−58

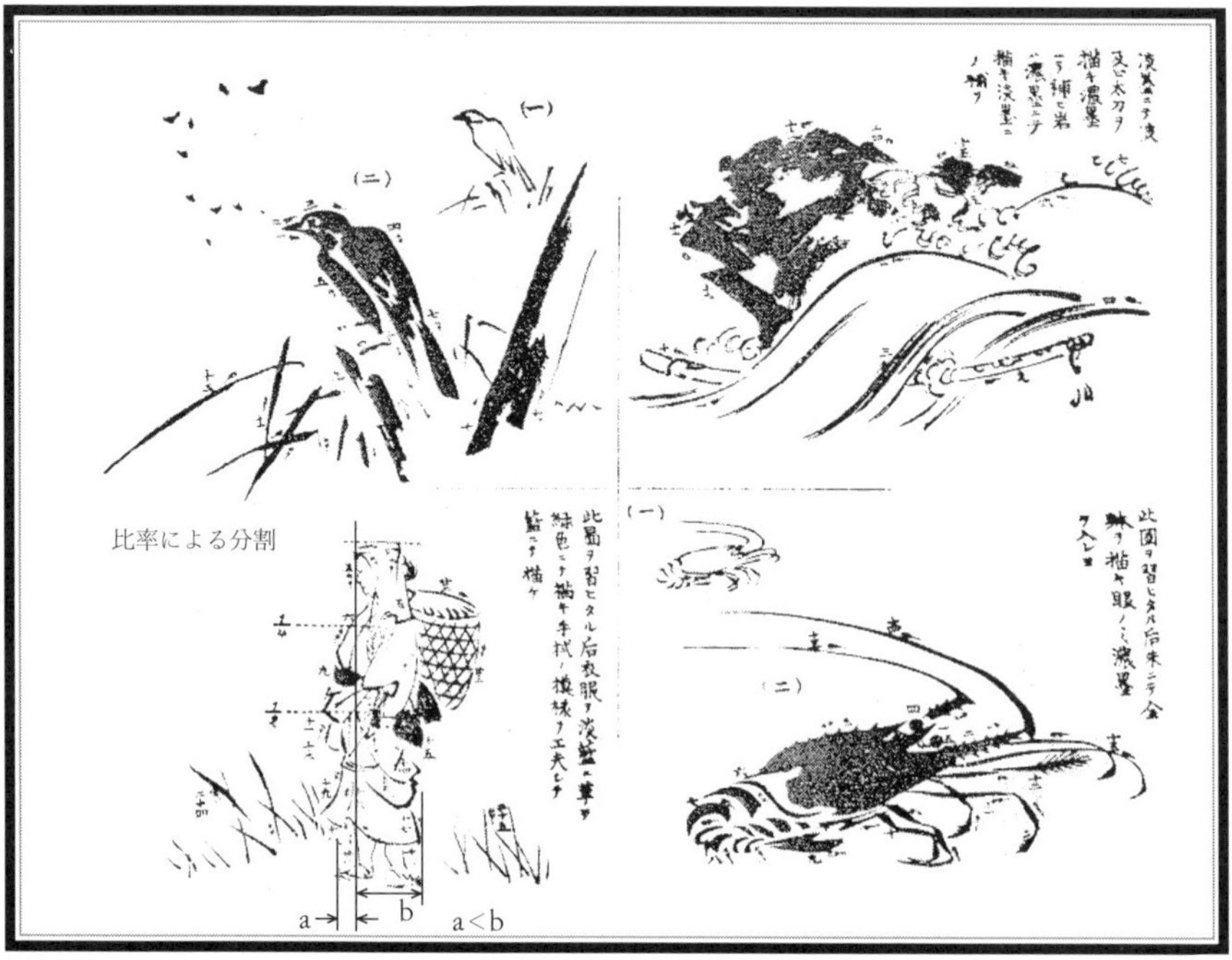

IV−59

IV−60

(IV) 帝國毛筆新画帖教授法　前・後編

補　　追

補追番号の次に（　）に入れて示したのは『帝國毛筆新画帖　前編』の掲載巻数と図版番号である。

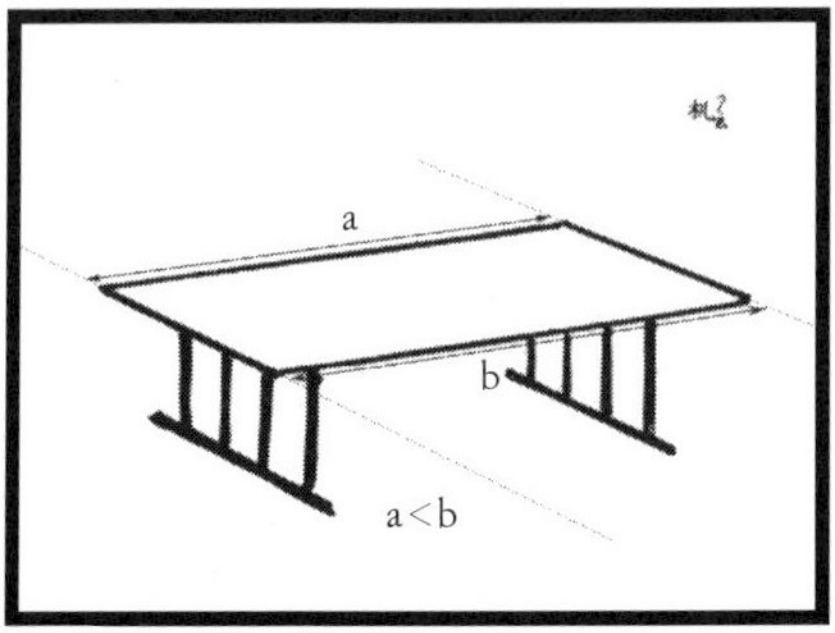

IV-補追 1（第 3 巻 6 図）

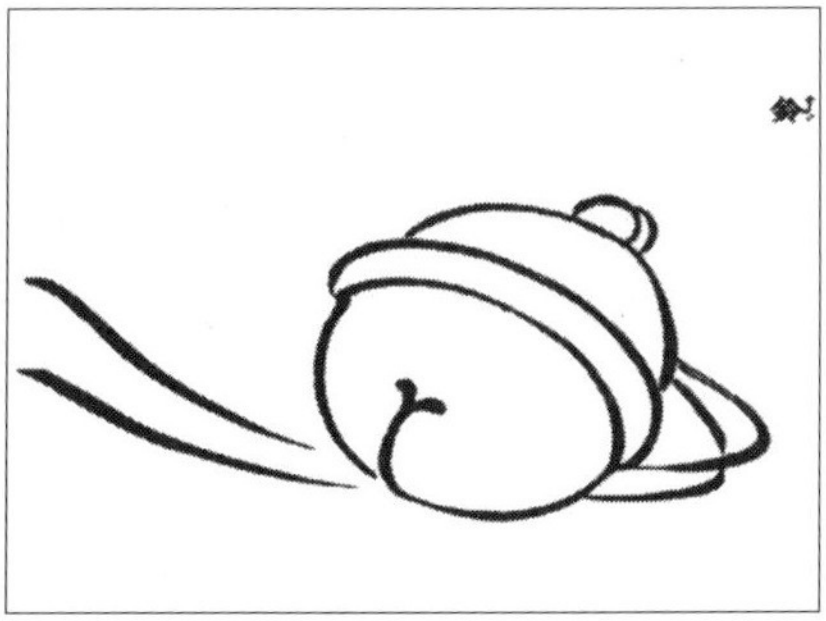

IV-補追 3（第 4 巻 11 図）

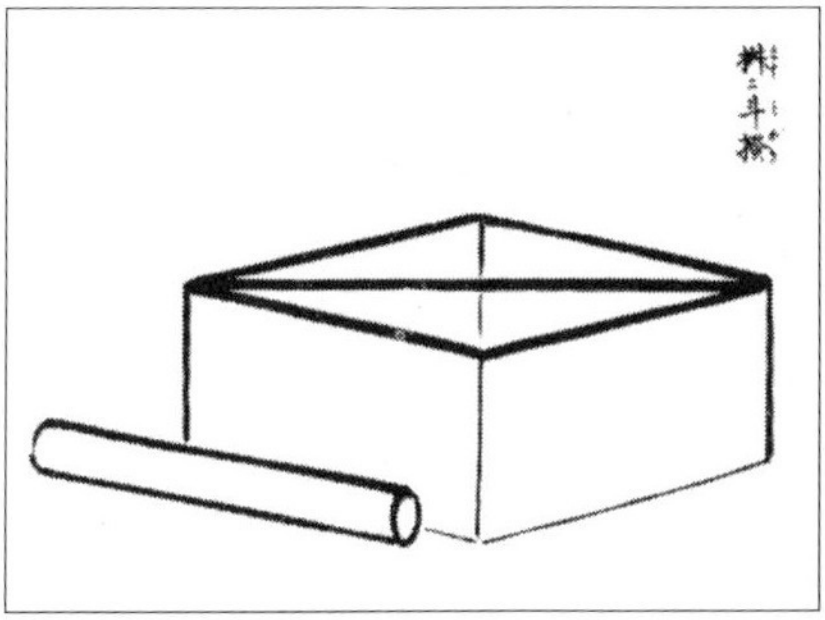

IV-補追 2（第 4 巻 10 図）

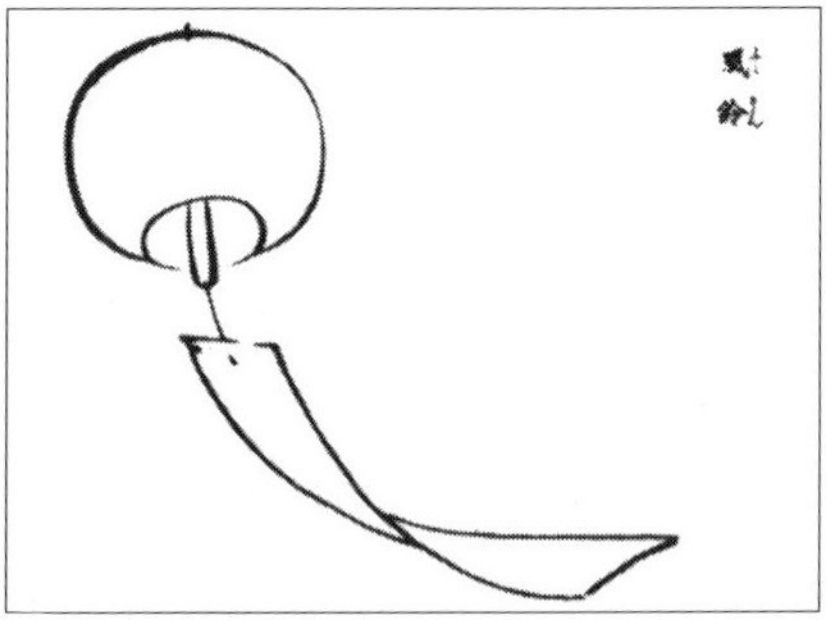

IV-補追 5（第 6 巻 9 図）

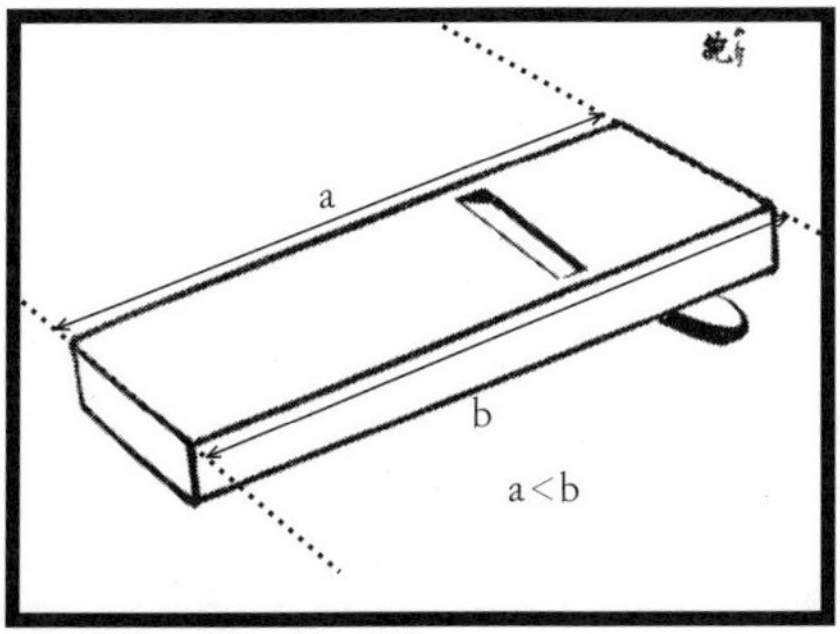

IV-補追 4（第 5 巻 1 図）

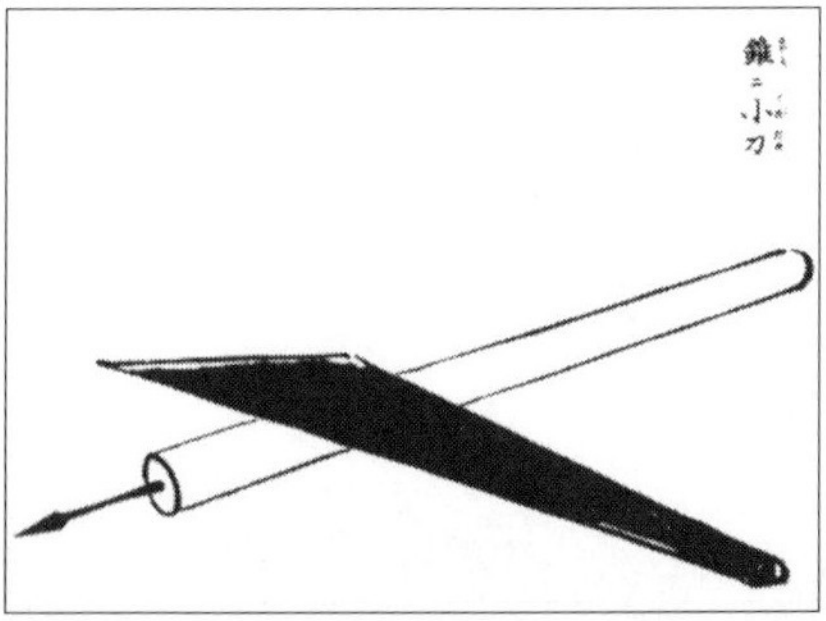

IV-補追 7（第 7 巻 11 図）

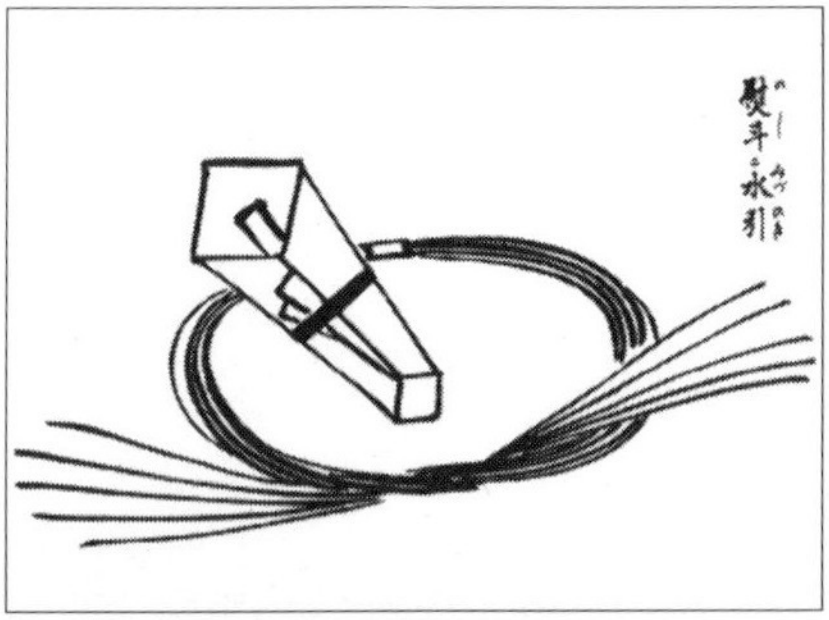

IV-補追 6（第 6 巻 12 図）

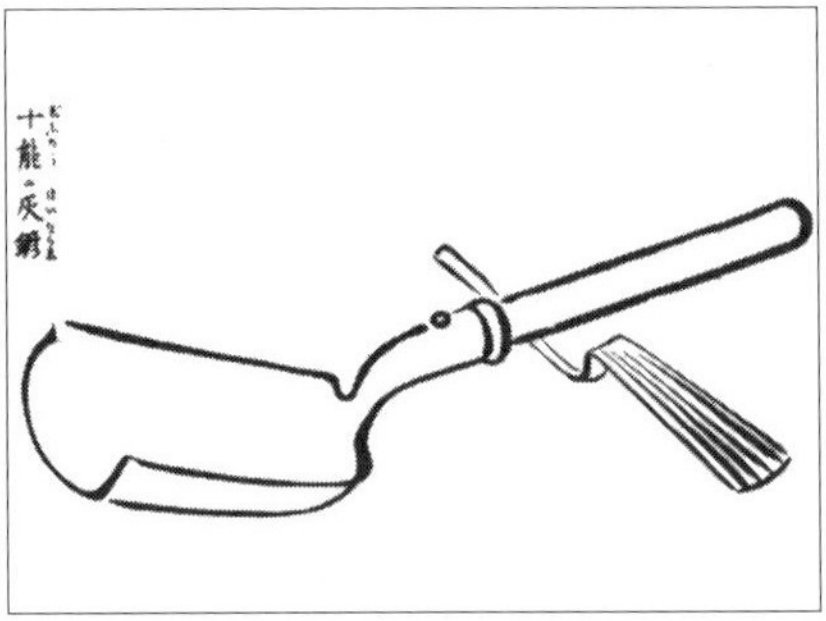

IV-補追 9（第 8 巻 4 図）

IV-補追 8（第 7 巻 12 図）

IV-補追 11（第 8 巻 13 図）

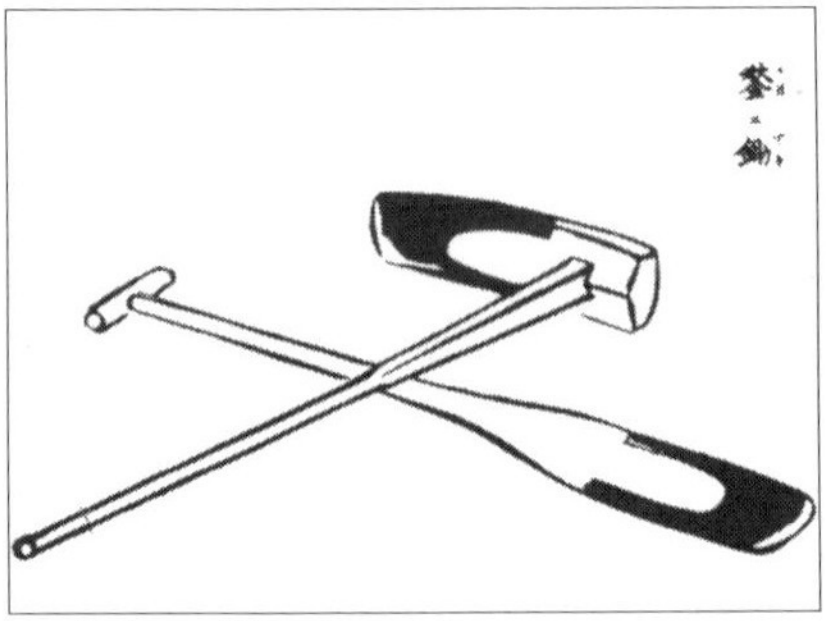

IV-補追 10（第 8 巻 12 図）

教科書図版対照表（V・VI・VII）

（VII）
尋常小學毛筆畫帖

文部省
1909（明治 42）年 12 月
文部省（大阪書籍）

（V）
尋常小學毛筆畫手本

白浜徵
1904（明治 37）年 11 月
文部省（水野書店）

（VI）
高等小學毛筆畫手本

白浜徵
1904（明治 37）年 12 月
文部省（水野書店）

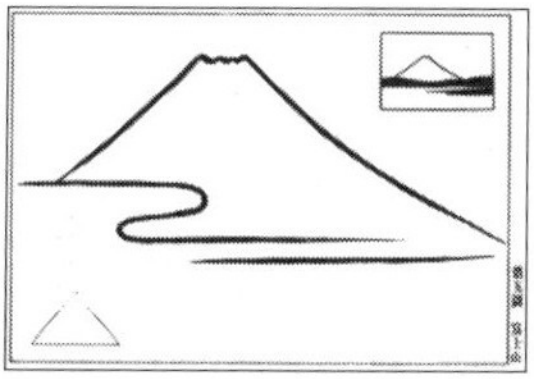
VII–5

V–14

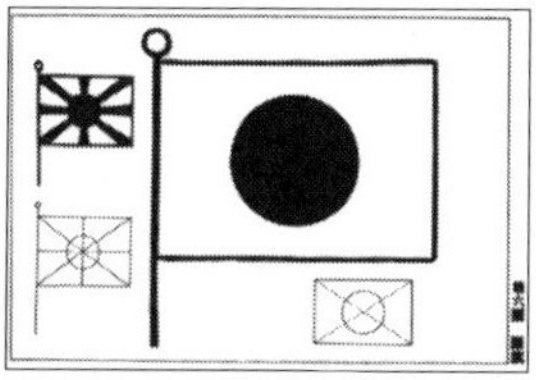
VII–6

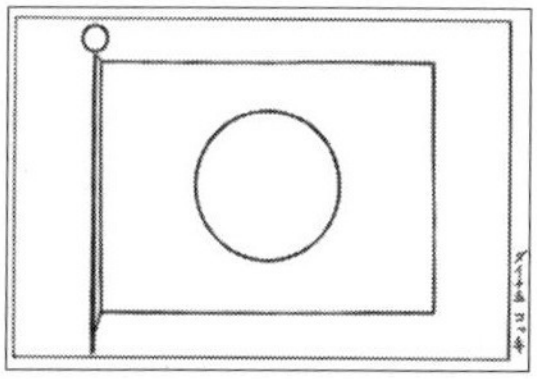
V–15

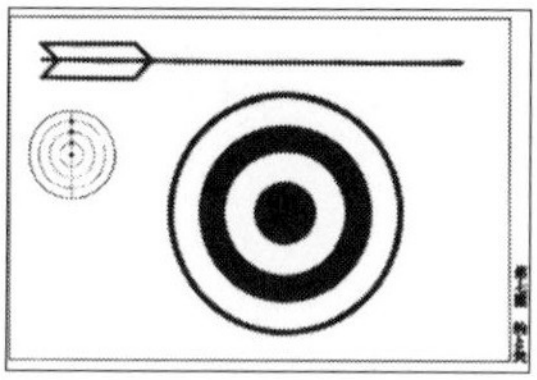
VII–7

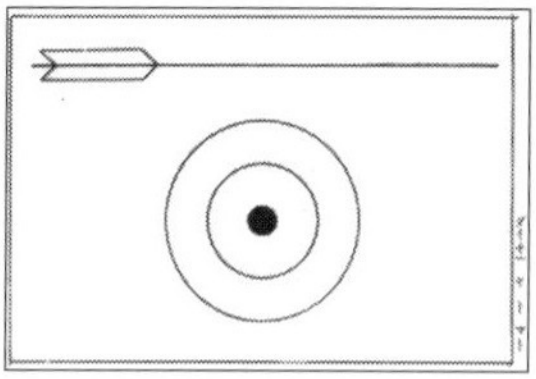
V–11

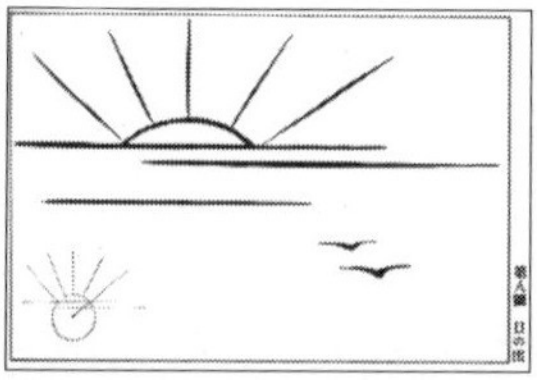
VII–8

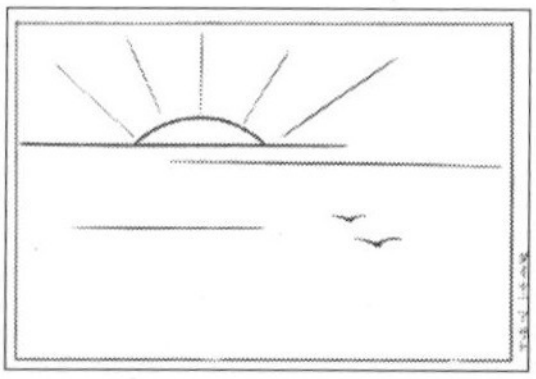
V–12

(VII) 尋常小學毛筆畫帖　(V) 尋常小學毛筆畫手本　(VI) 高等小學毛筆畫手本

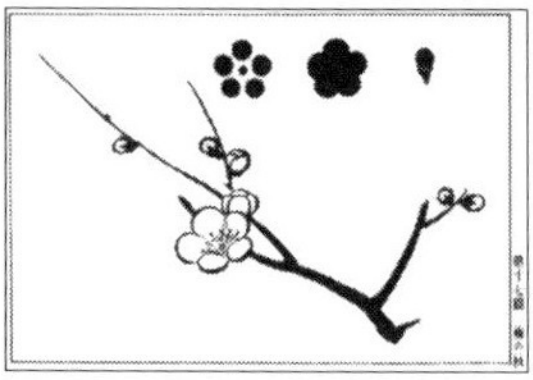
VII-17

V-73

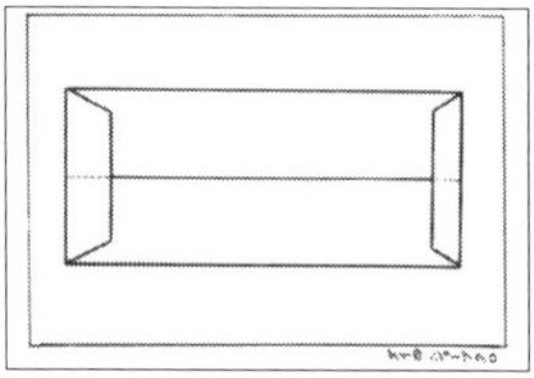
V-4

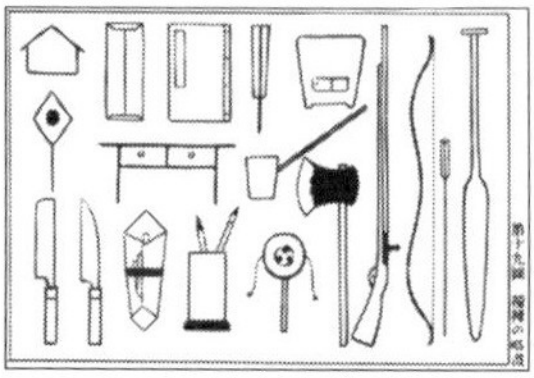
VII-19

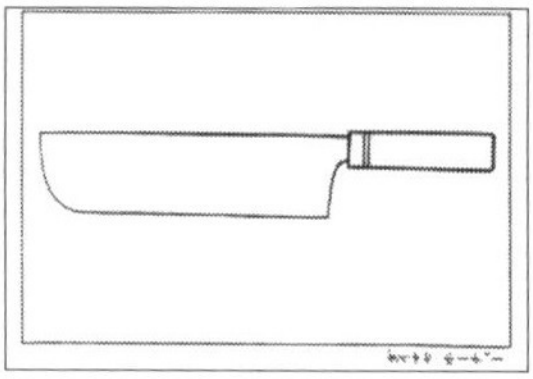
V-17

VII-20

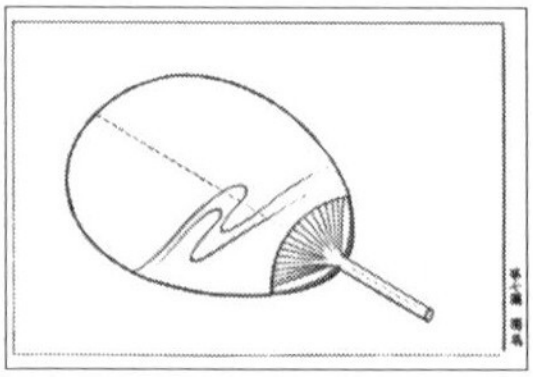
VI-7

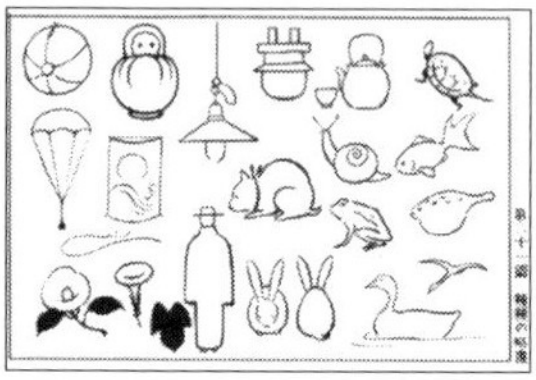
VII-21

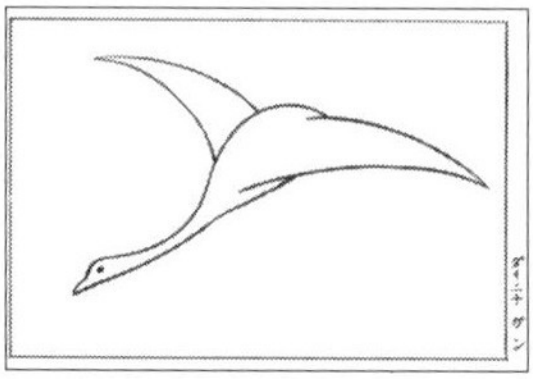
V-20

(VII) 尋常小學毛筆畫帖　(V) 尋常小學毛筆畫手本　(VI) 高等小學毛筆畫手本

VII-22

VI-2

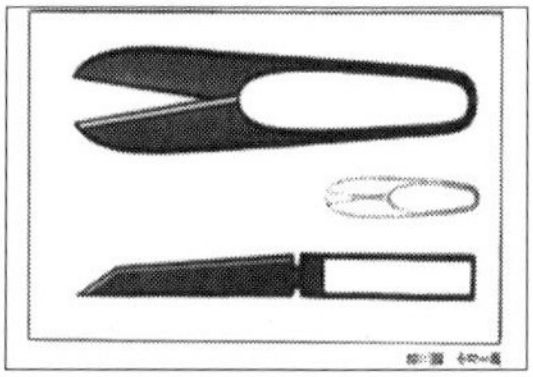

VII-24

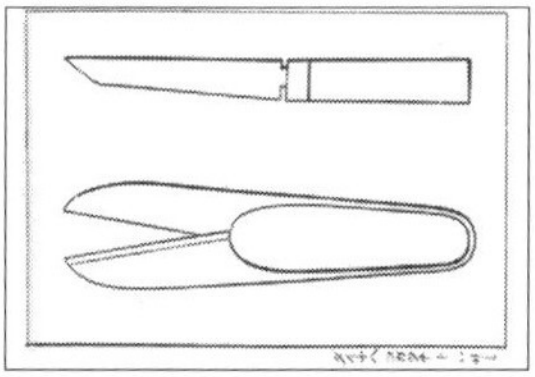

V-44

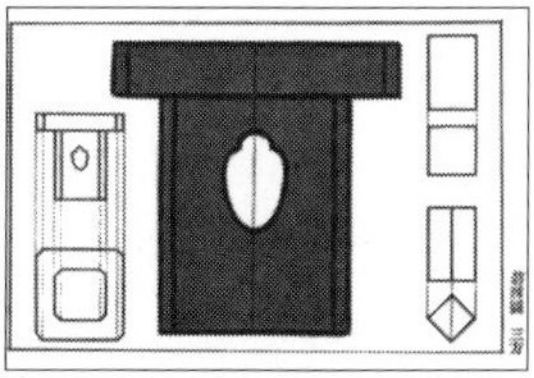

VII-25

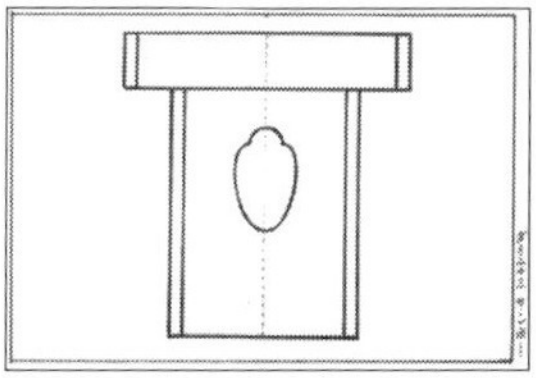

V-23

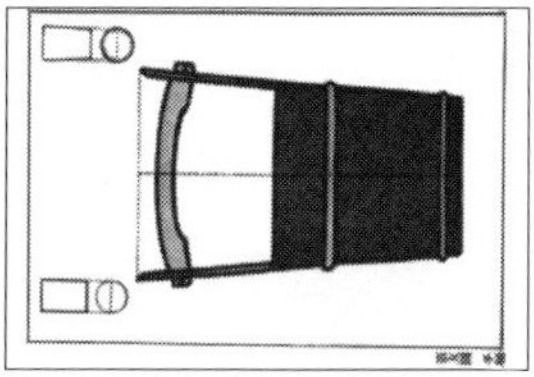

VII-26

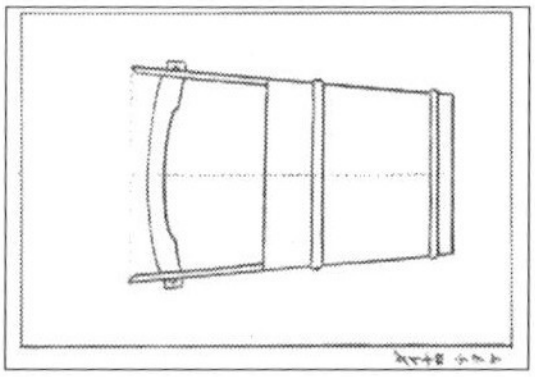

V-40

VII-28

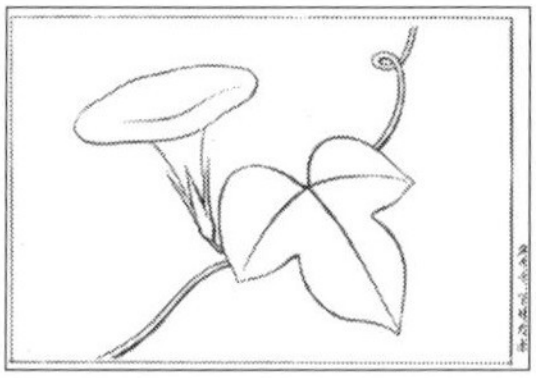

V-62

VII-30

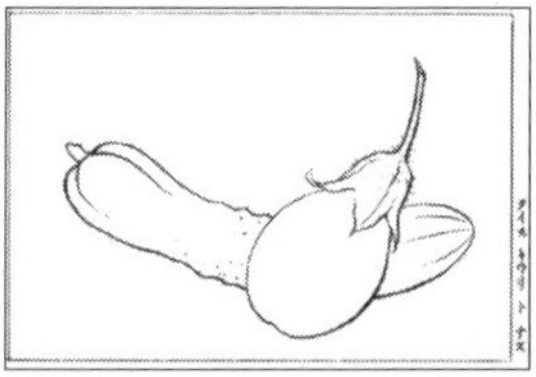

V-61

(VII) 尋常小學毛筆畫帖　(V) 尋常小學毛筆畫手本　(VI) 高等小學毛筆畫手本

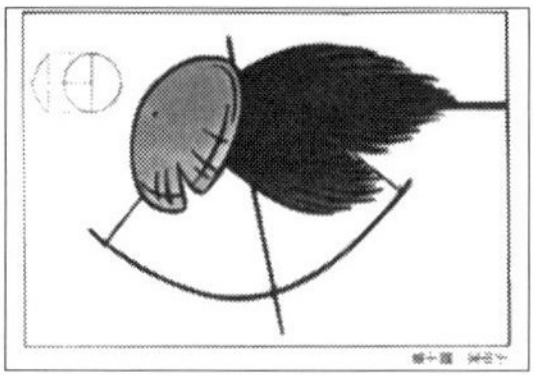

VII-31

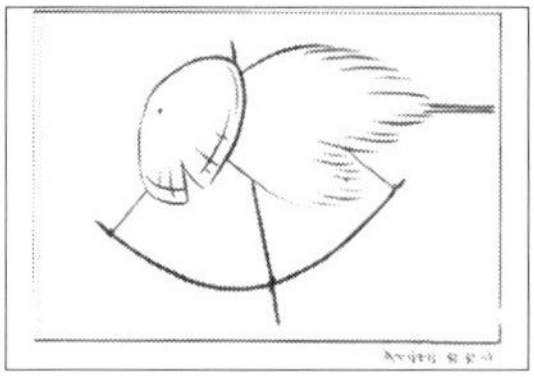

V-48

VII-33

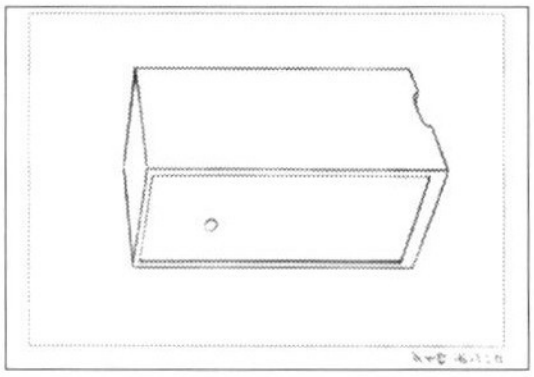

V-56

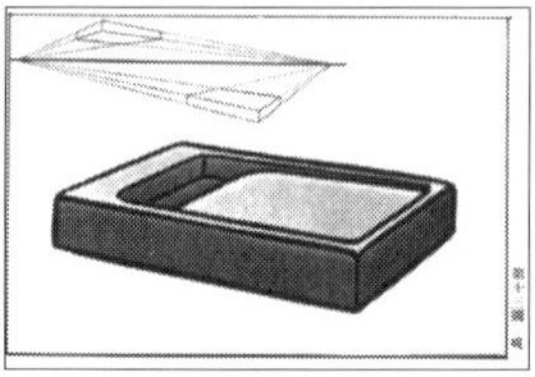

VII-34

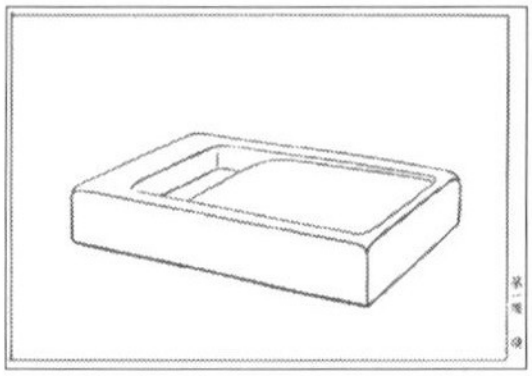

VI-1

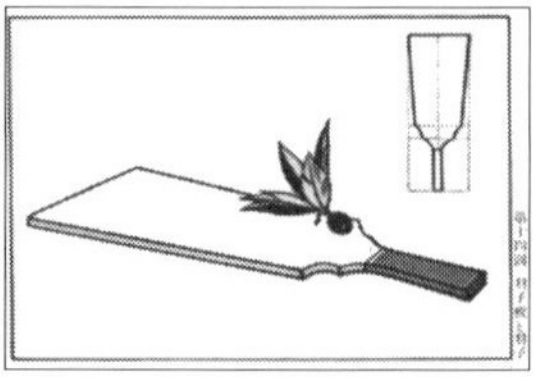

VII-35

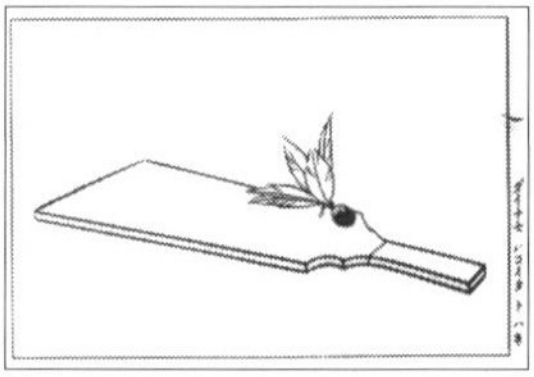

V-69

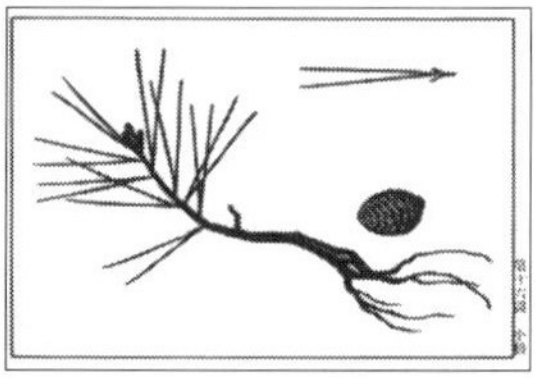

VII-37

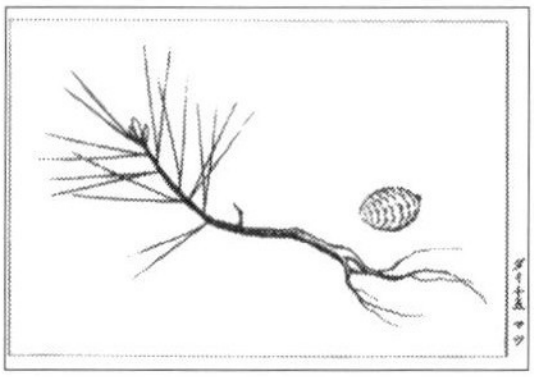

V-67

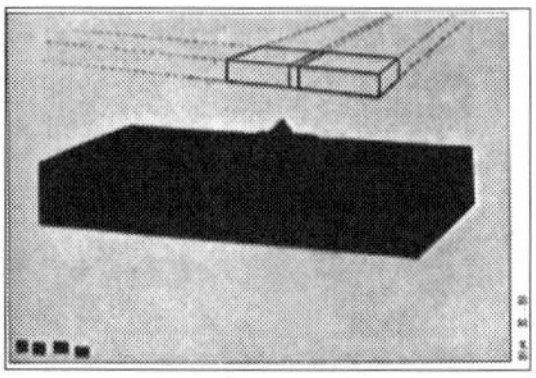

VII-42

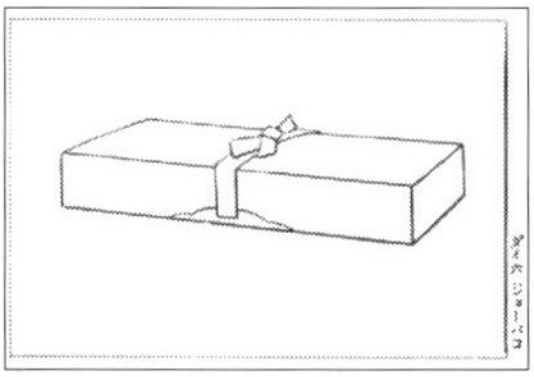

V-58

(VII) 尋常小學毛筆畫帖　(V) 尋常小學毛筆畫手本　(VI) 高等小學毛筆畫手本

VII-43

V-76

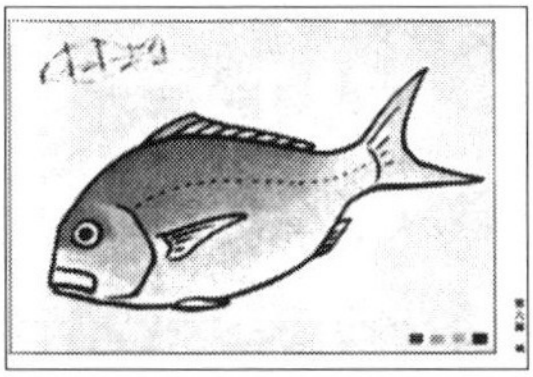
VII-46

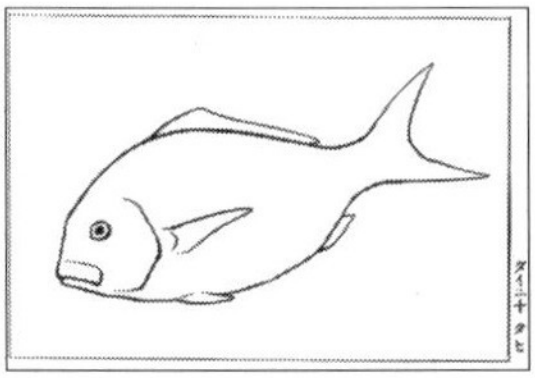
V-72

VII-47

V-63

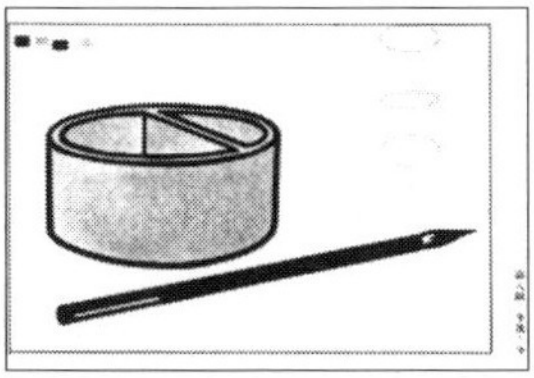
VII-48

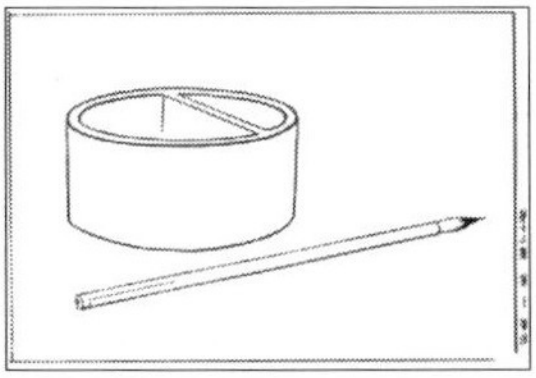
VI-13

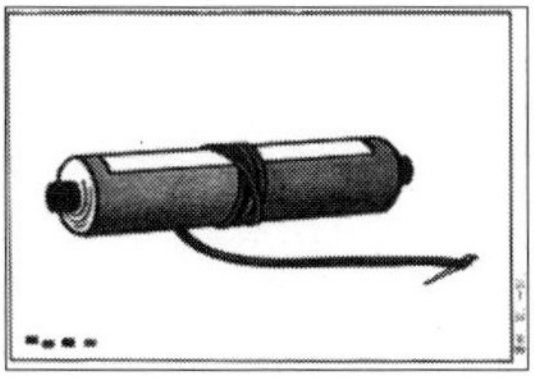
VII-52

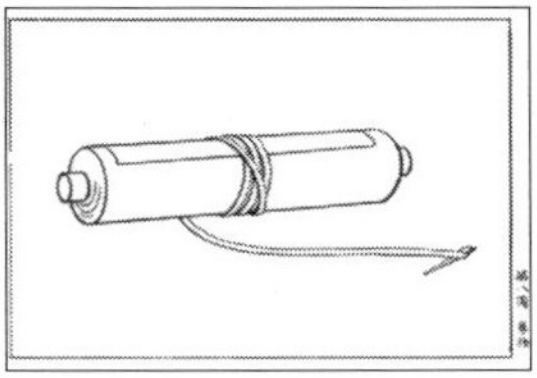
VI-8

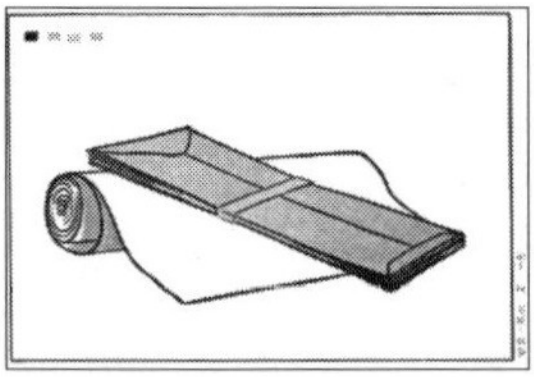
VII-53

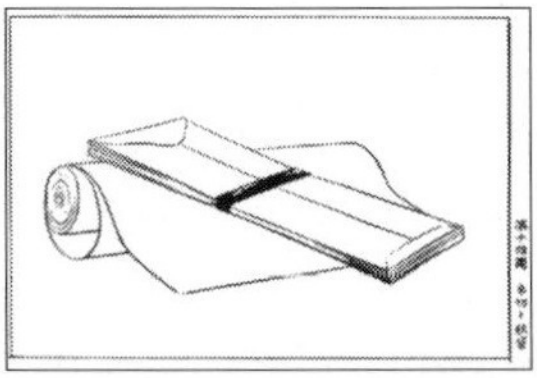
VI-14

(VII) 尋常小學毛筆畫帖　(V) 尋常小學毛筆畫手本　(VI) 高等小學毛筆畫手本

VII-54

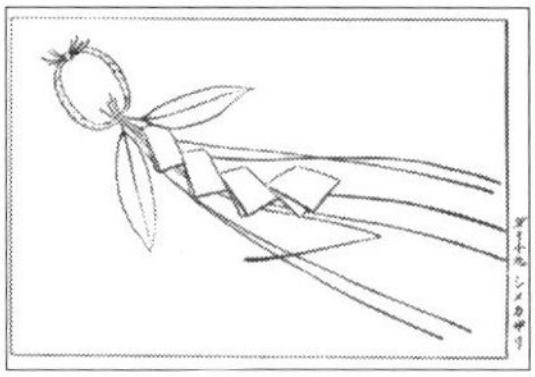
V-45

VII-55

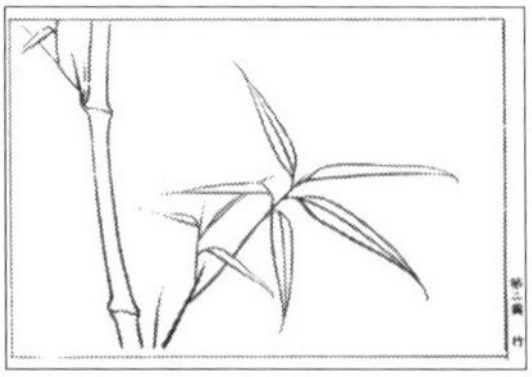
VI-28

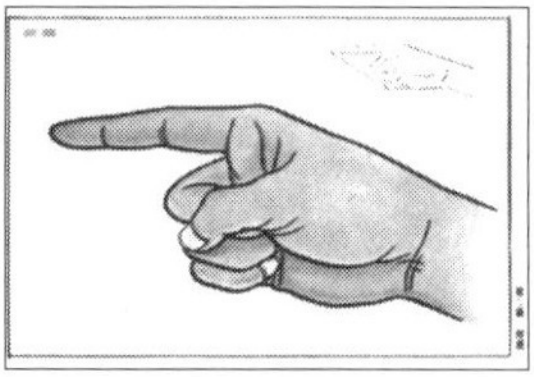
VII-59

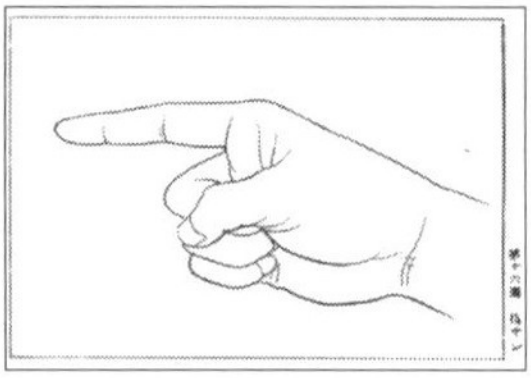
VI-16

VII-60

VI-3

VII-61

VI-6

VII-62

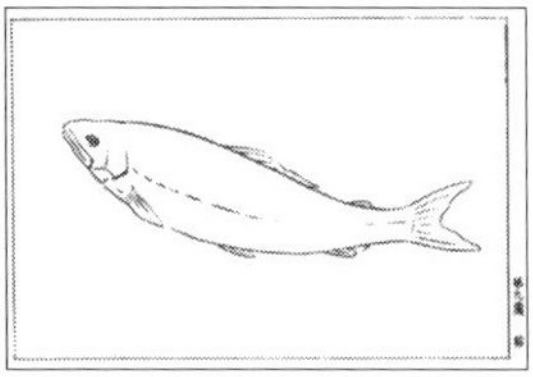
VI-9

(VII) 尋常小學毛筆畫帖　(V) 尋常小學毛筆畫手本　(VI) 高等小學毛筆畫手本

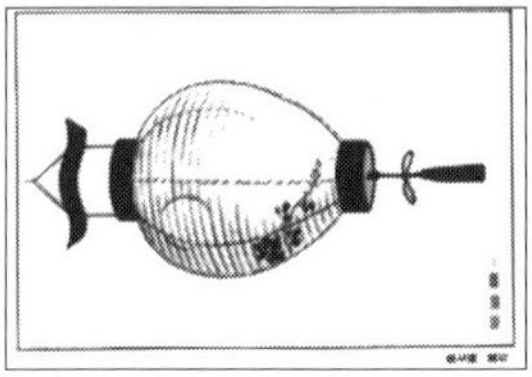
VII-64

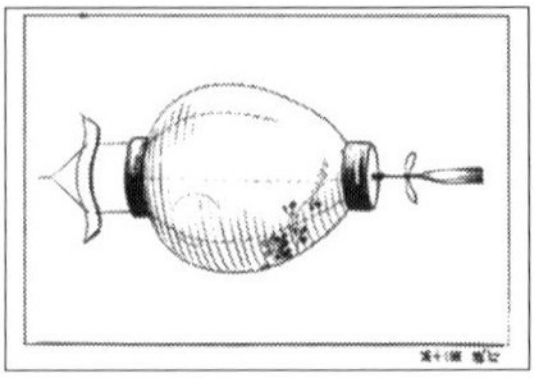
VI-37

VII-66

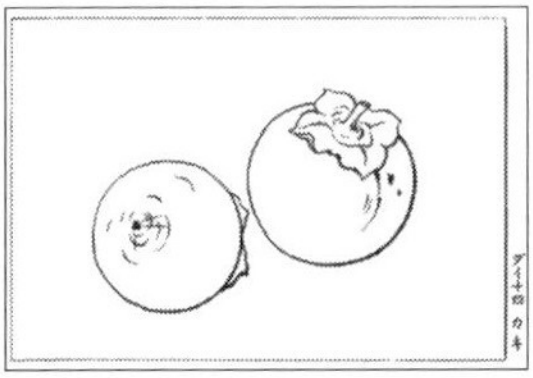
V-66

VII-67

VI-12

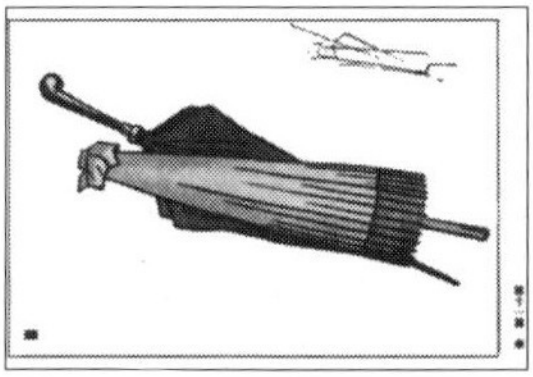
VII-68

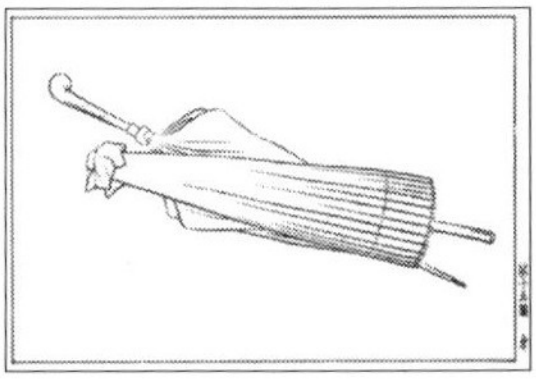
VI-41

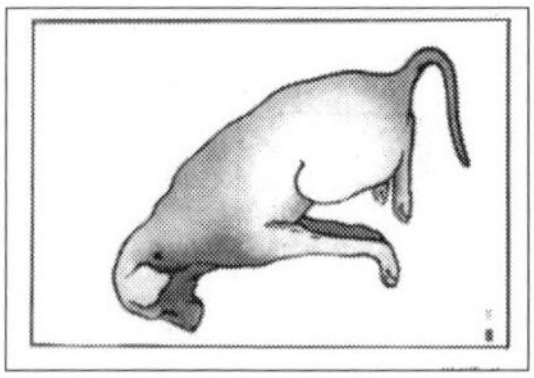
VII-69

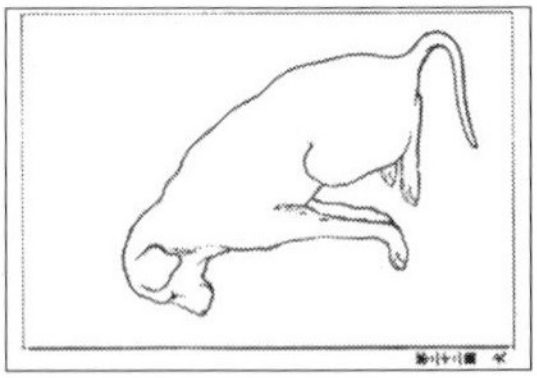
VI-22

VII-70

VI-48

(VIII) 尋常小學新定畫帖

文部省

1910 (明治 43) 年 4 月，文部省 (大阪書籍)

VIII-2

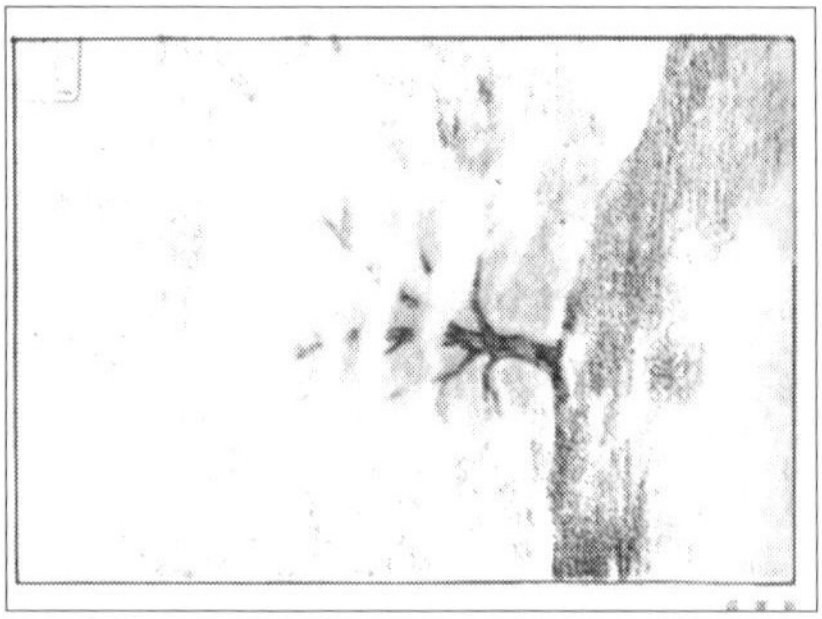

VIII-1

VIII-4

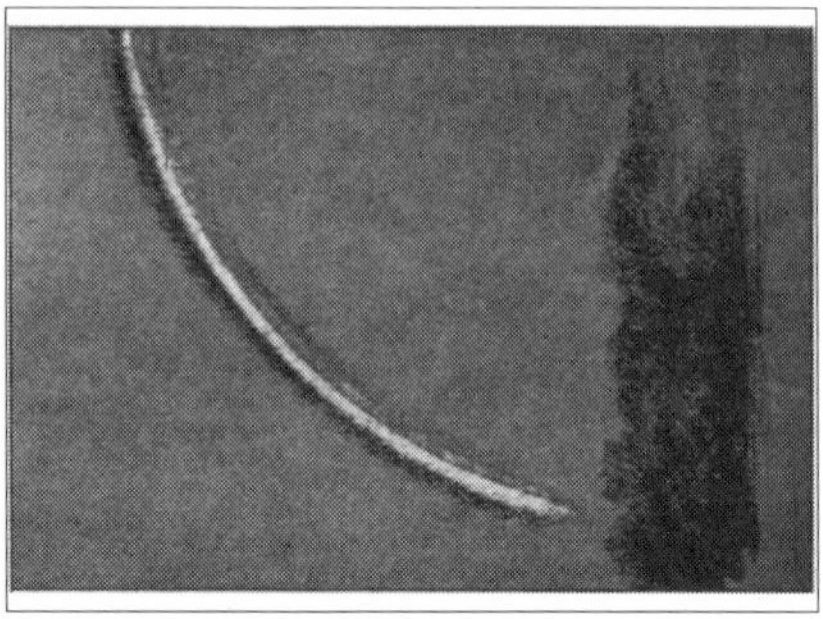

VIII-3

VIII-6

VIII-5

VIII−7

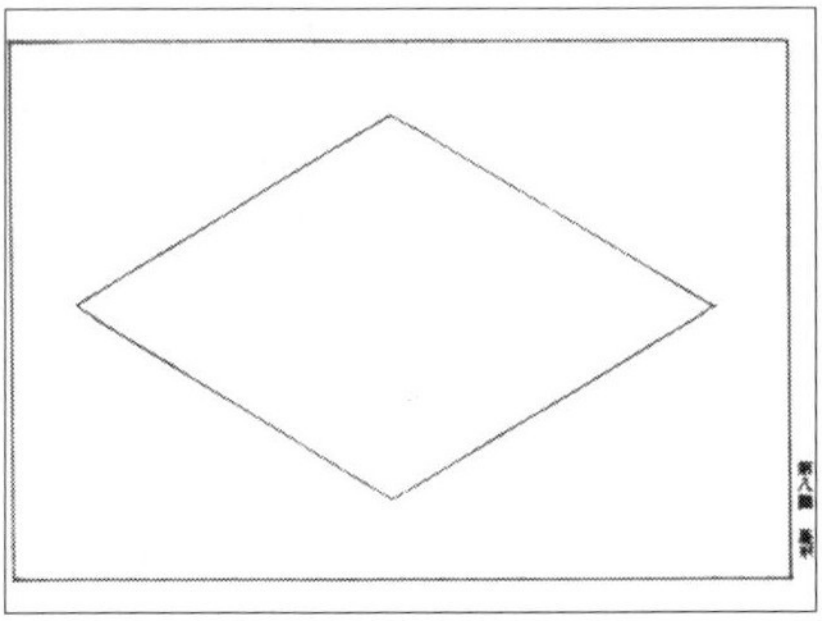

VIII−8

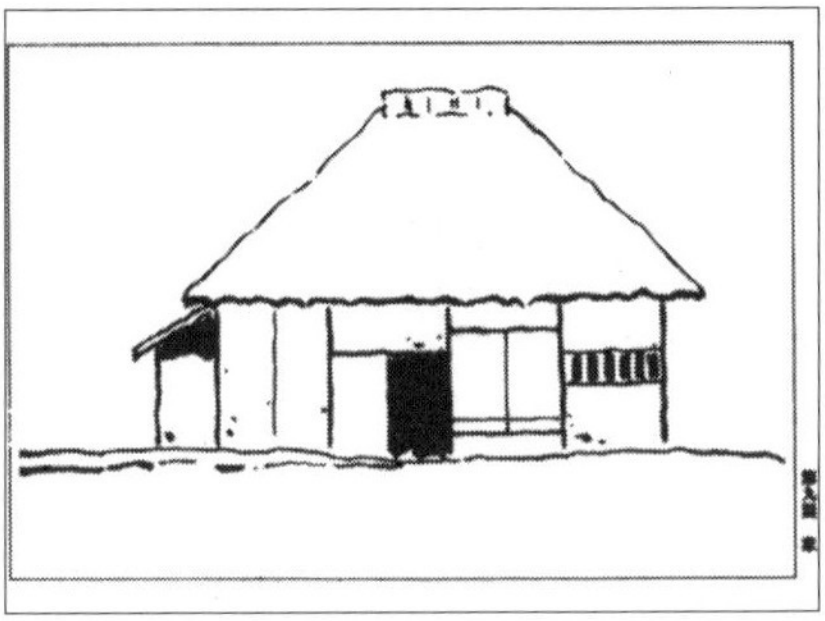

VIII−9

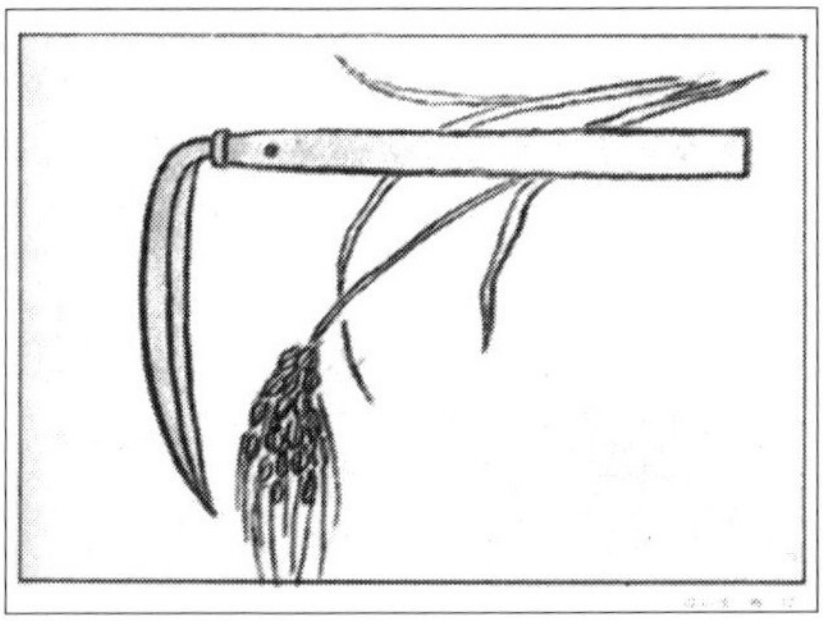

VIII−10

VIII−11

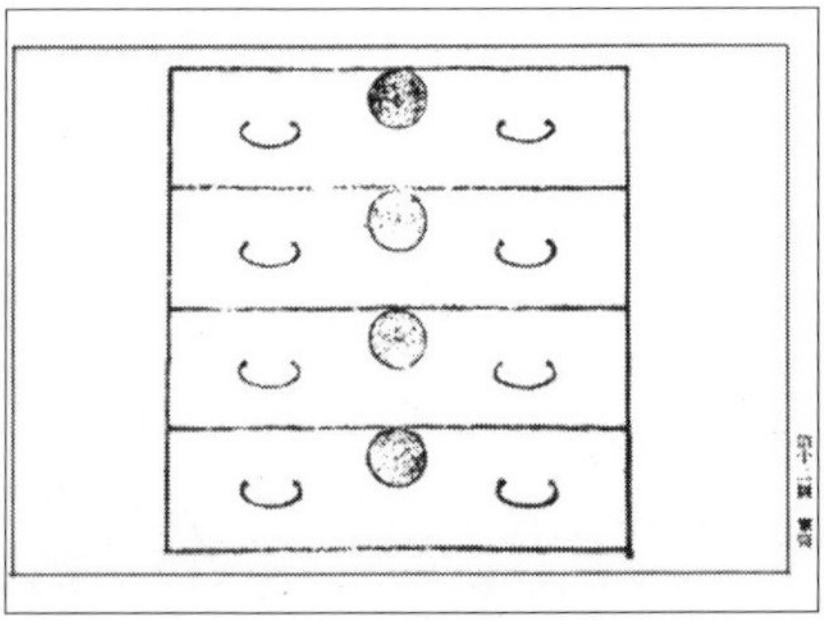

VIII−12

VIII−13

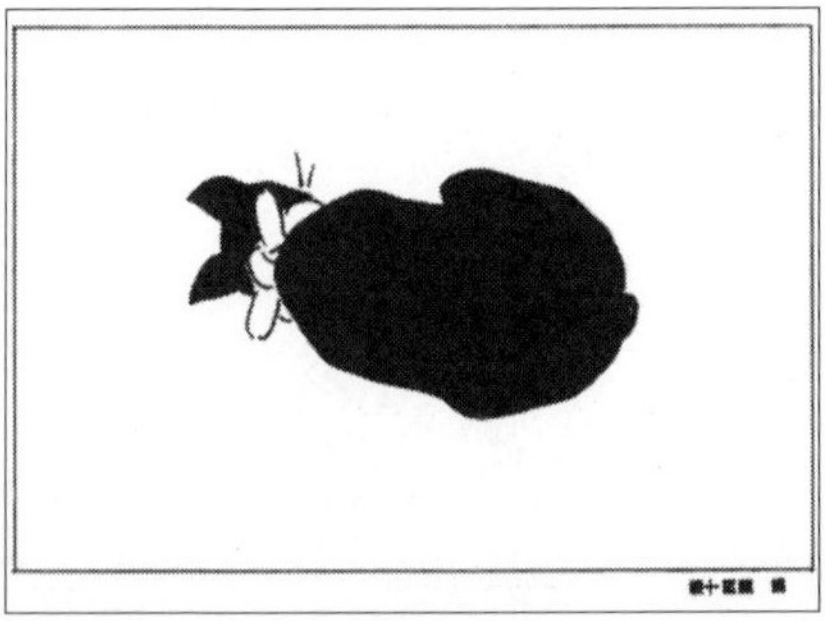

VIII−14

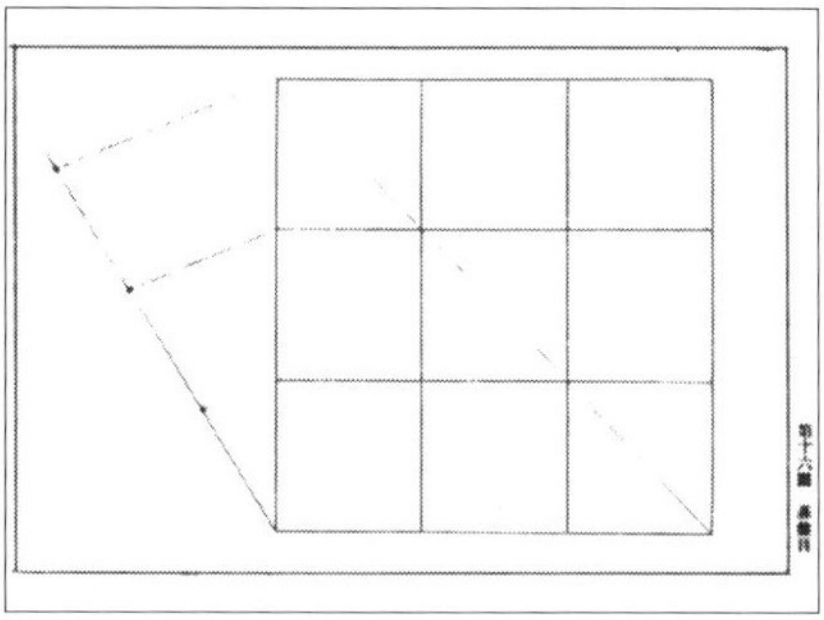

VIII−16

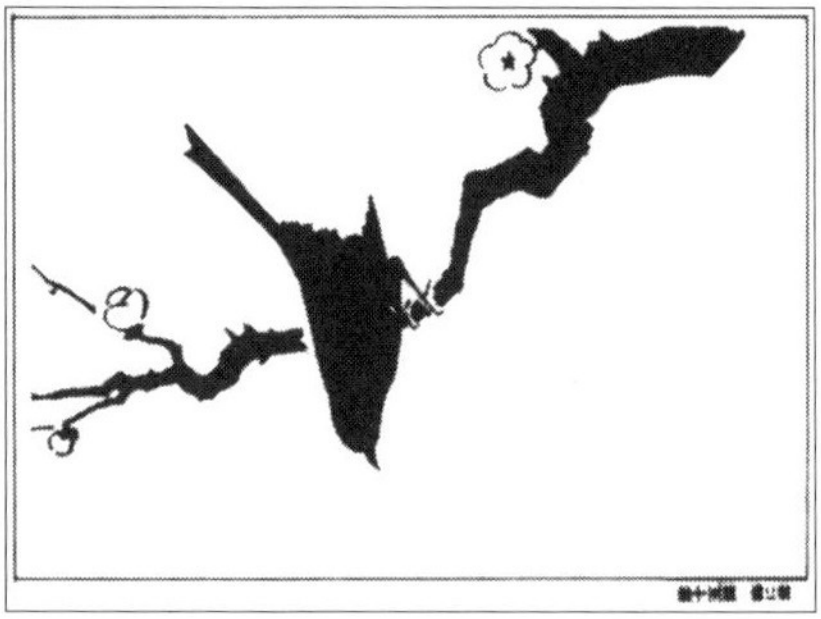

VIII−15

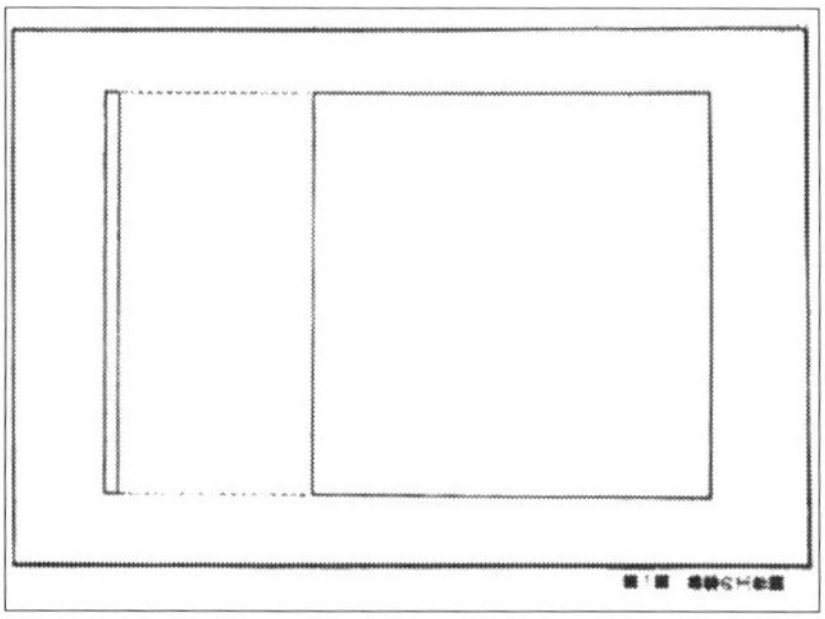

VIII−18

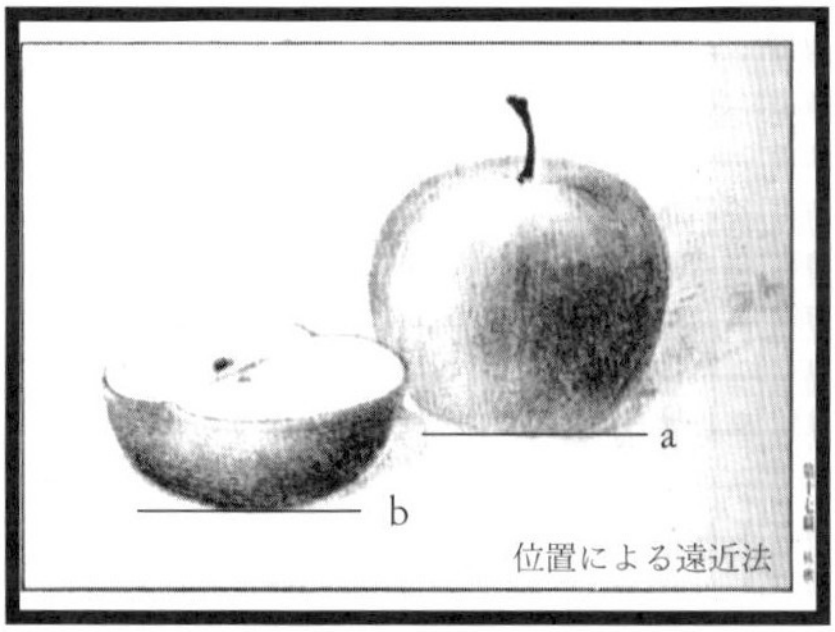

VIII−17

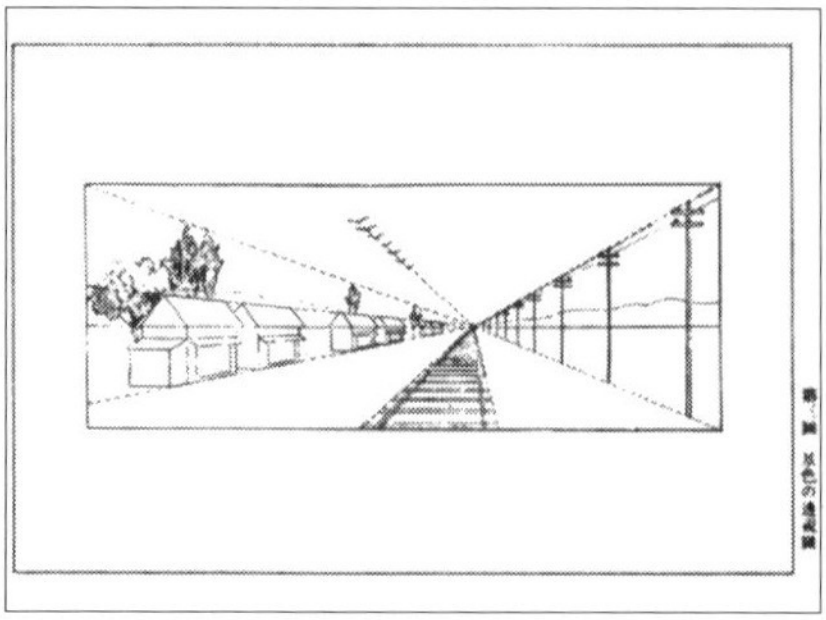

VIII−20

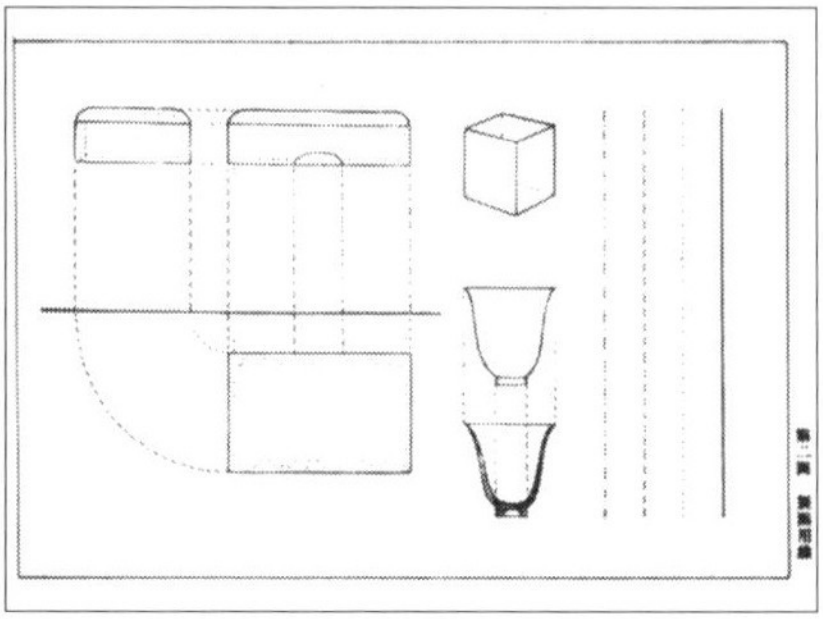

VIII−19

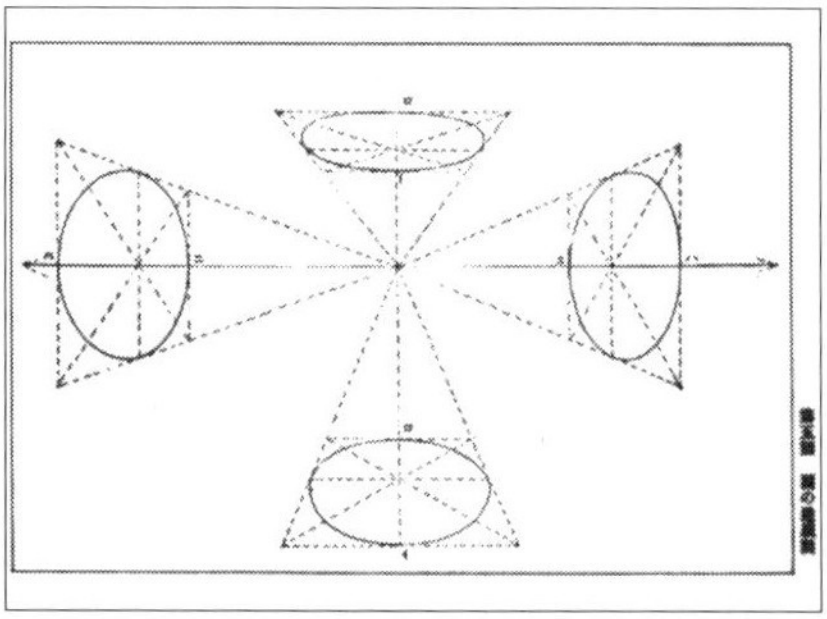

VIII−22

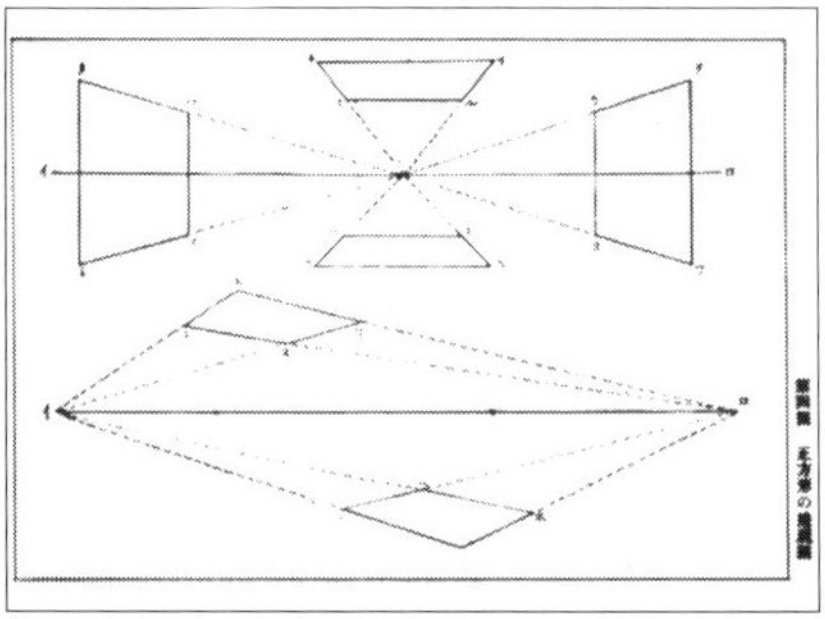

VIII−21

VIII-24

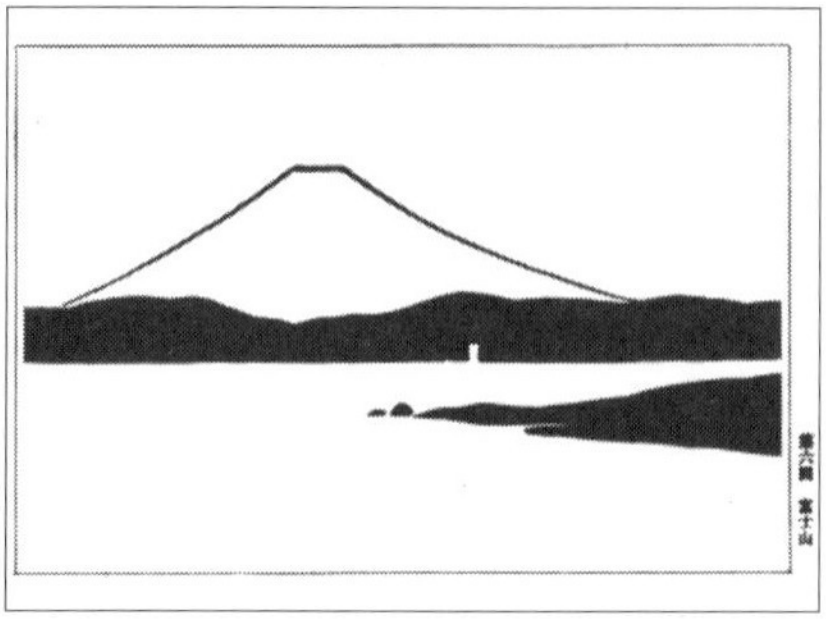

VIII-23

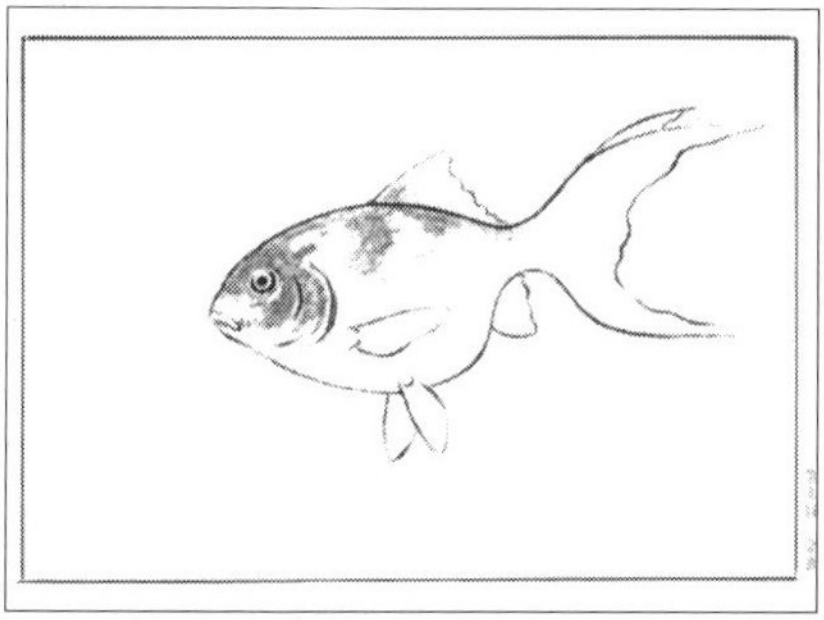

VIII-26

VIII-25

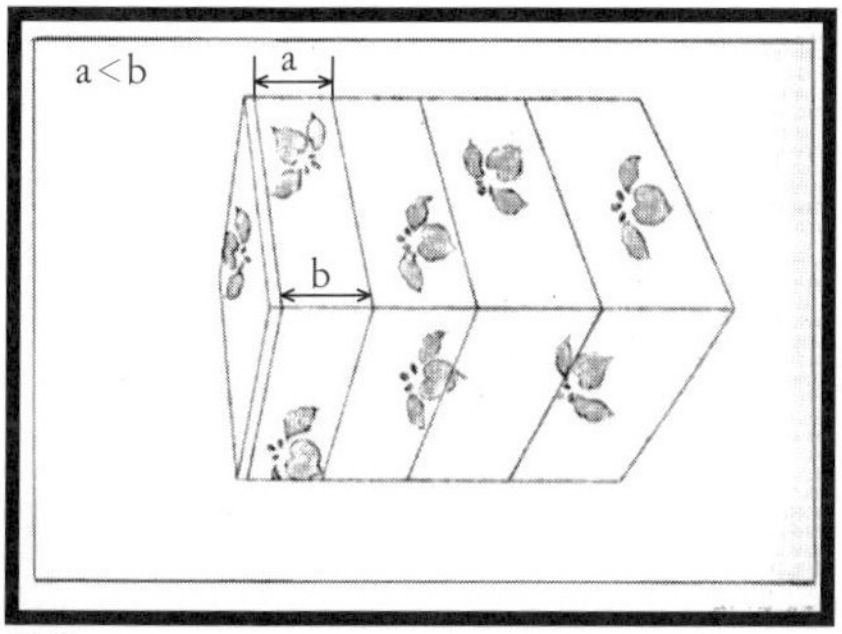

VIII-28

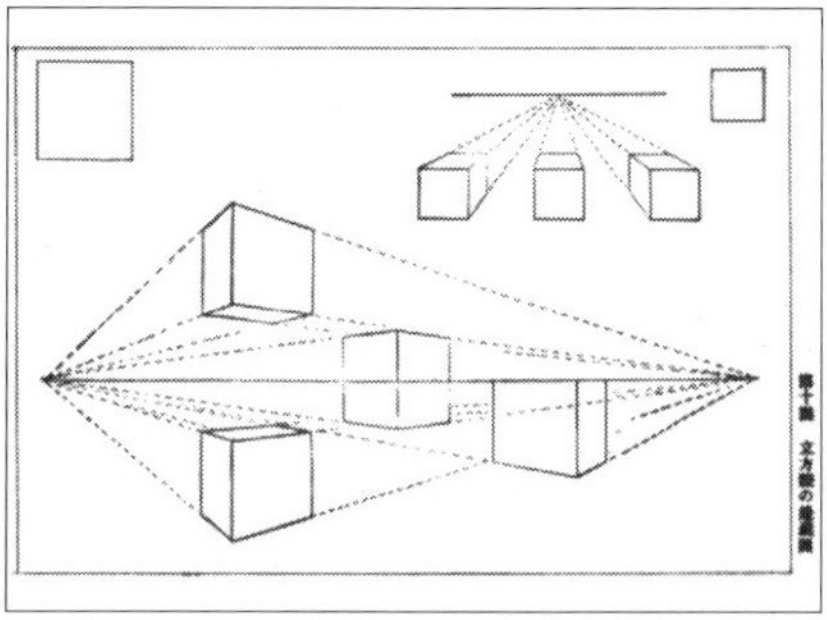

VIII-27

VIII-30

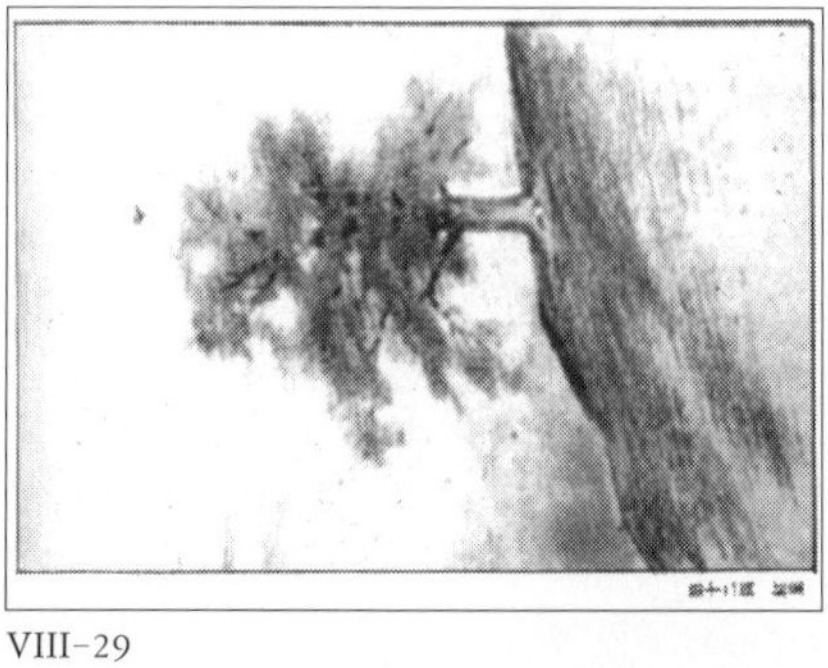

VIII-29

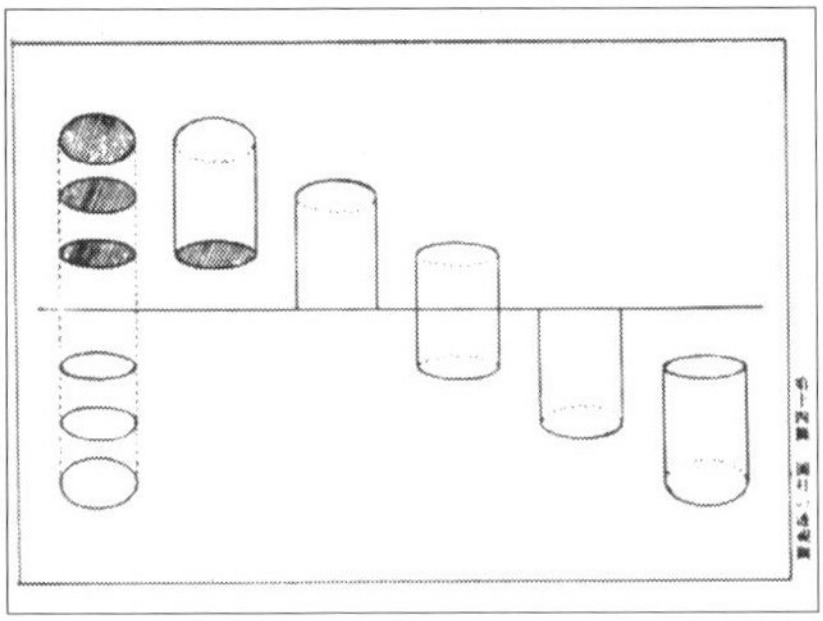

VIII-31

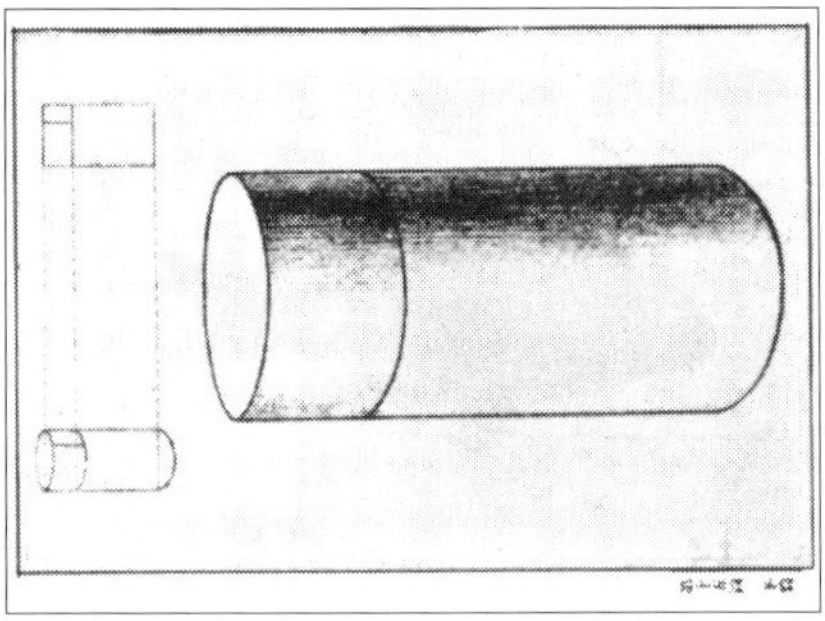

VIII-32

VIII-33

VIII-34

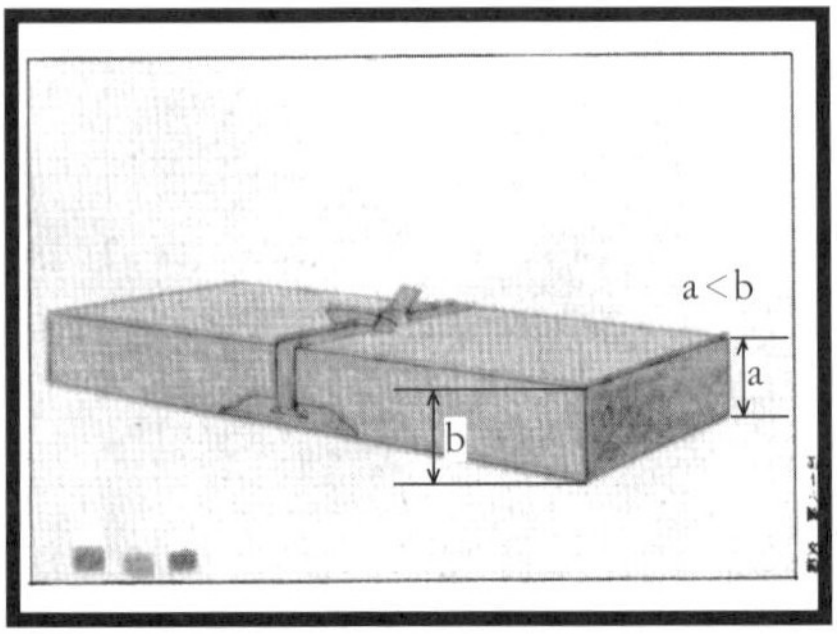

VIII-35

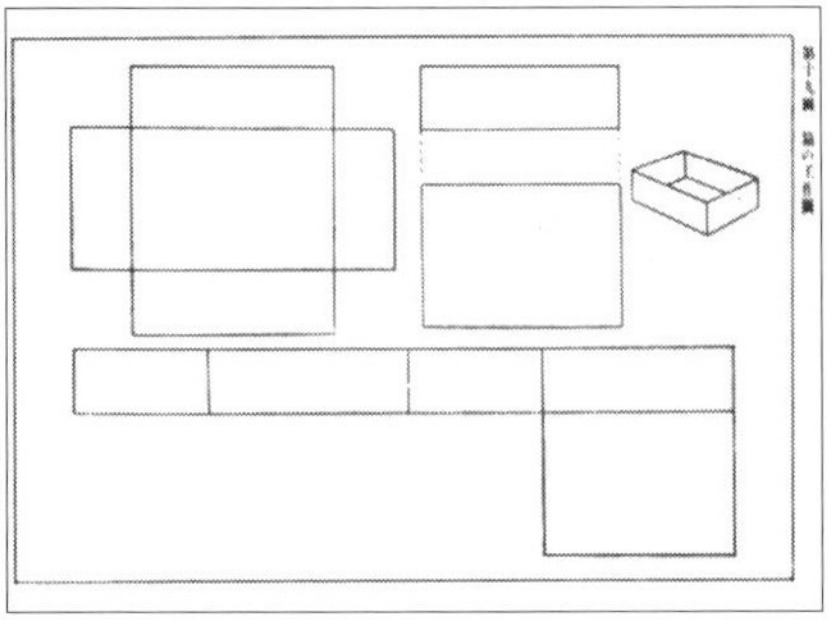

VIII-36

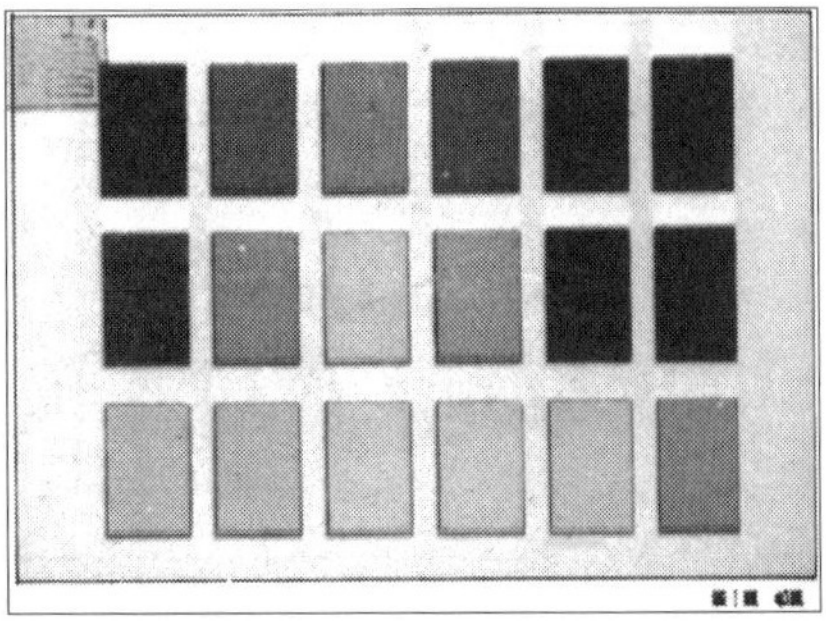

VIII-37

VIII-38

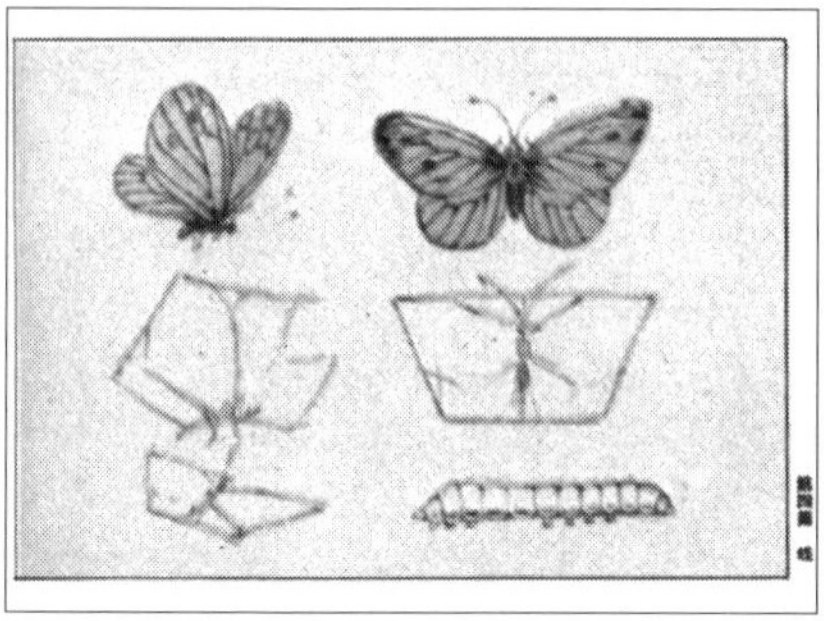

VIII-40

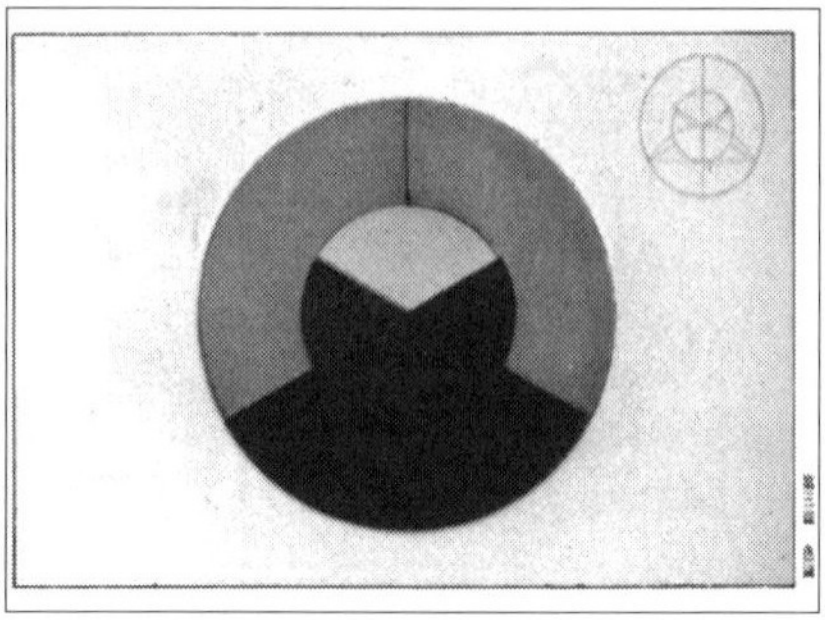

VIII-39

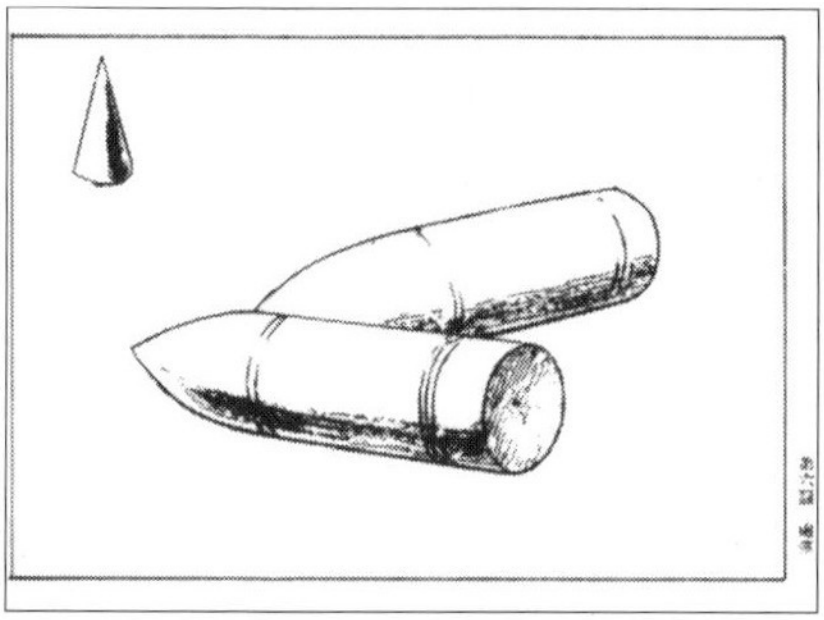

VIII-42

VIII-41

VIII-44

VIII-43

VIII-46

VIII-45

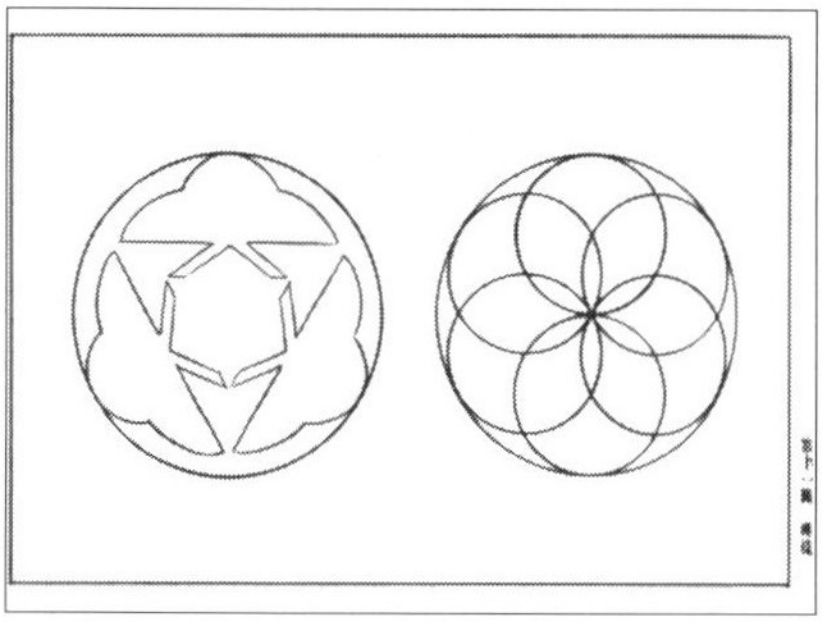

VIII-47

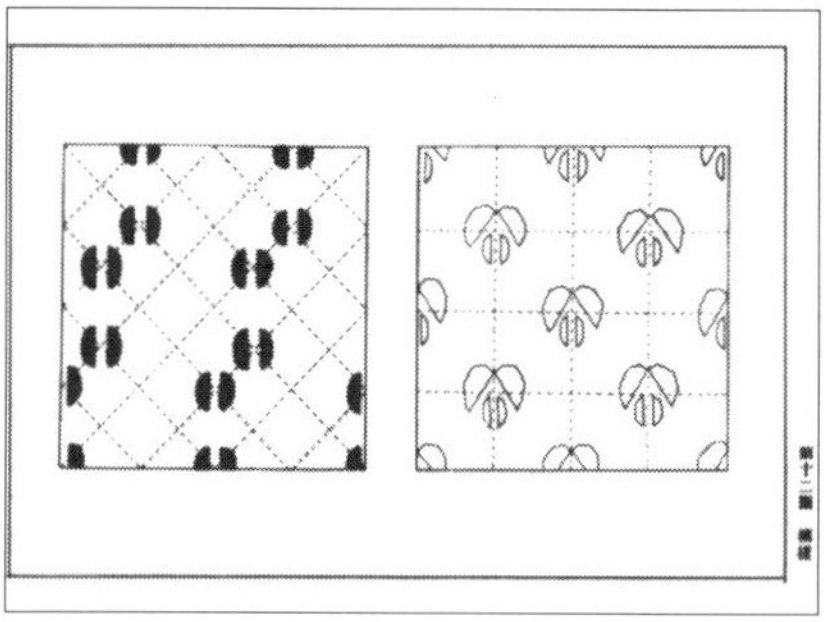

VIII-48

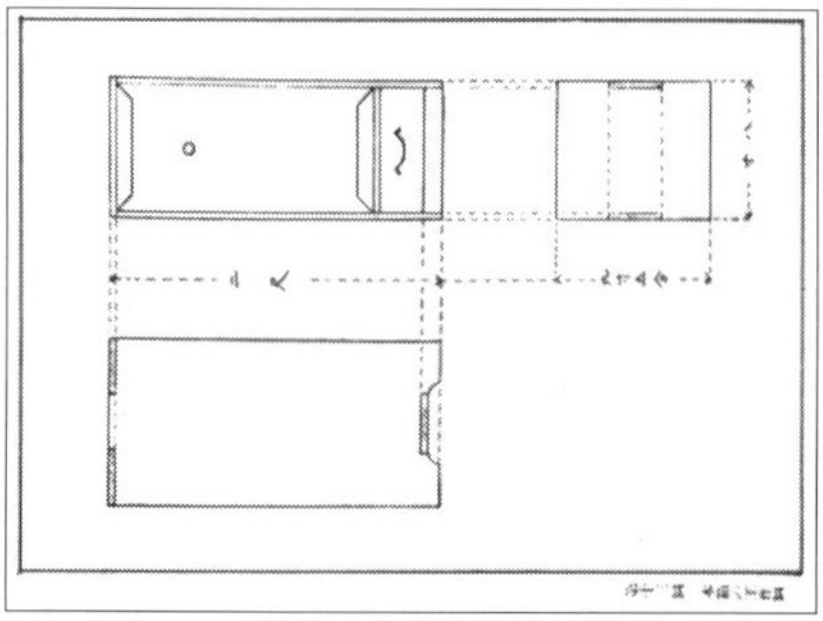

VIII-49

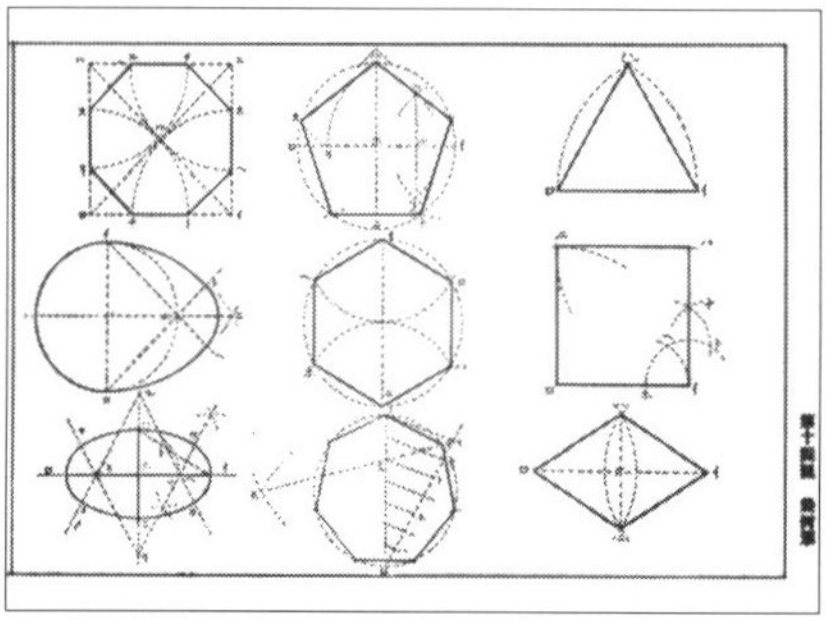

VIII-50

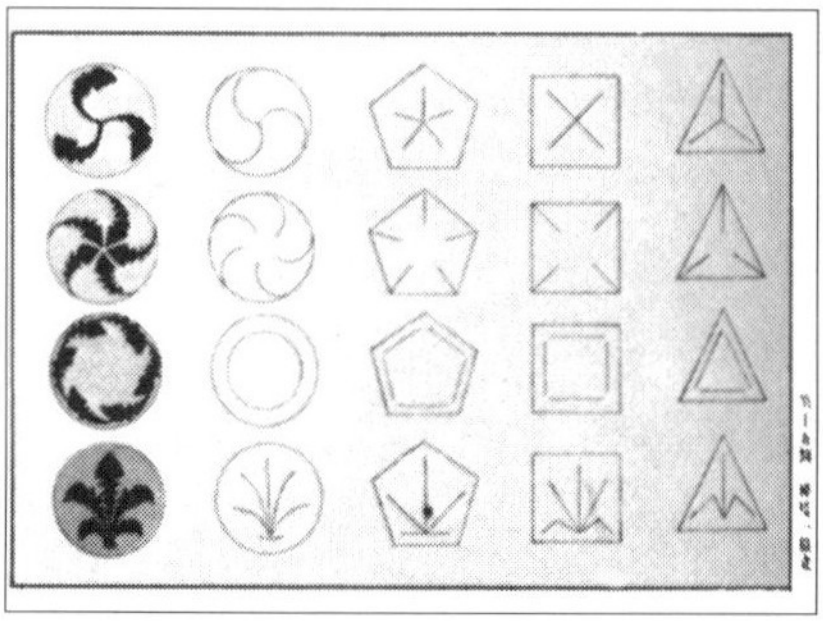

VIII-51

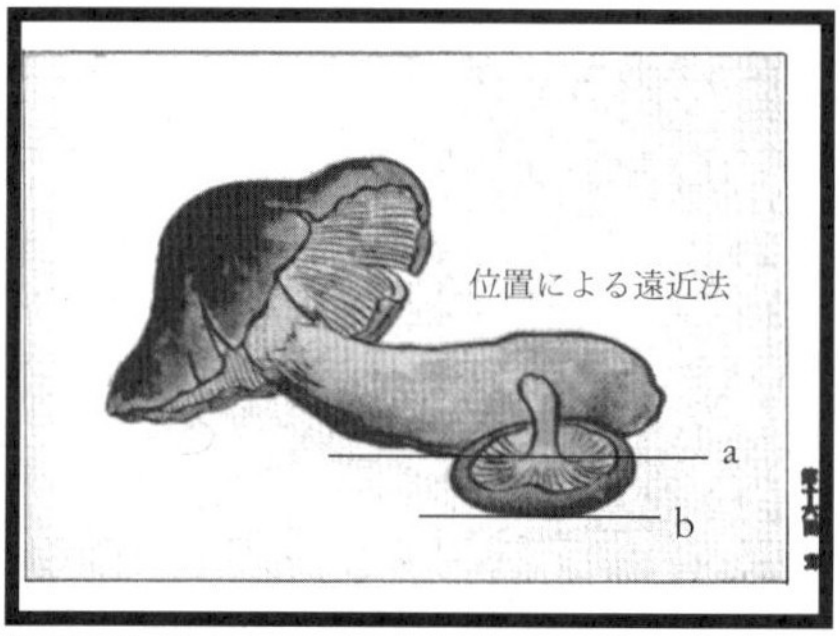

VIII-52

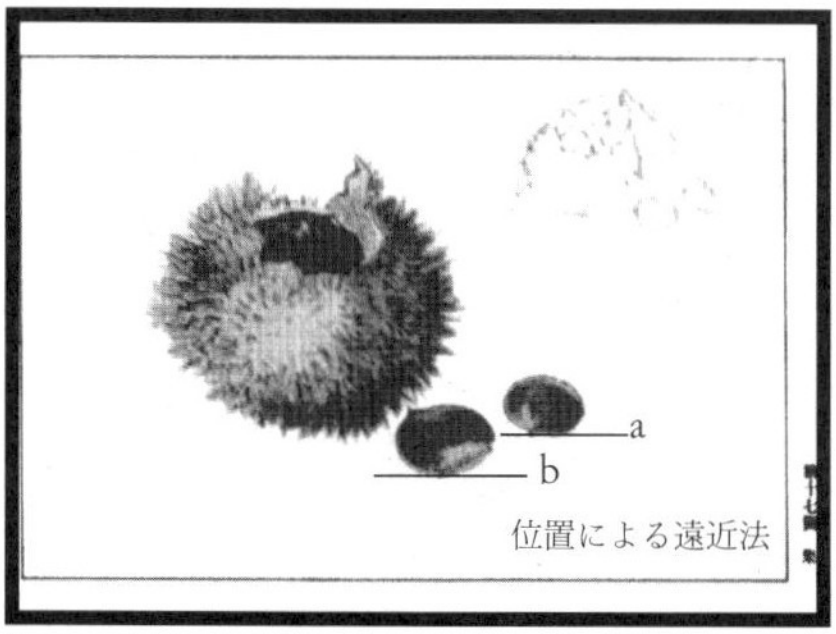

VIII-53

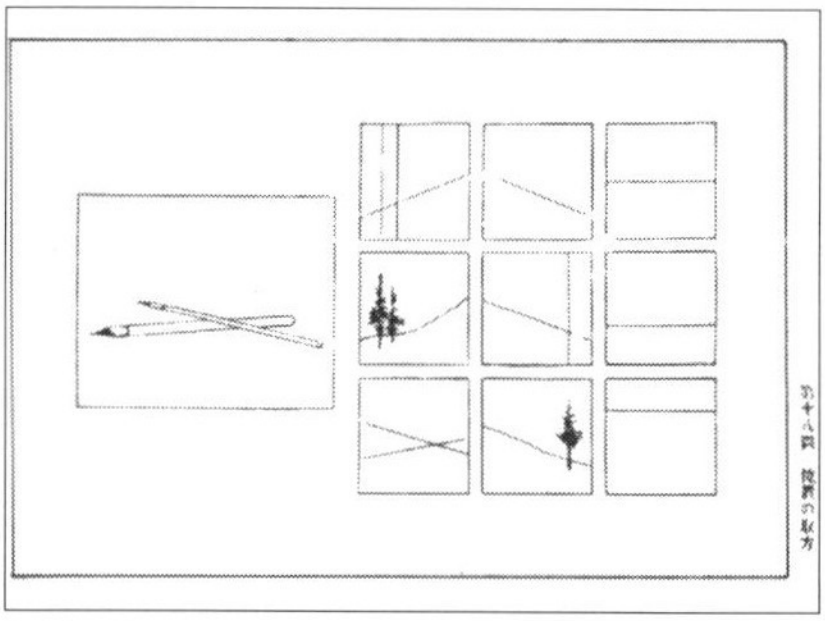

VIII-54

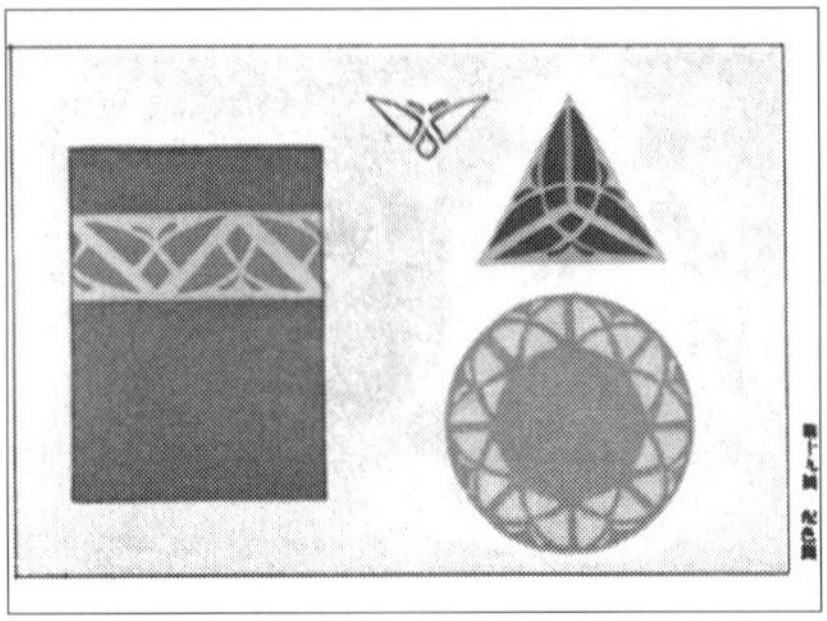
VIII-55

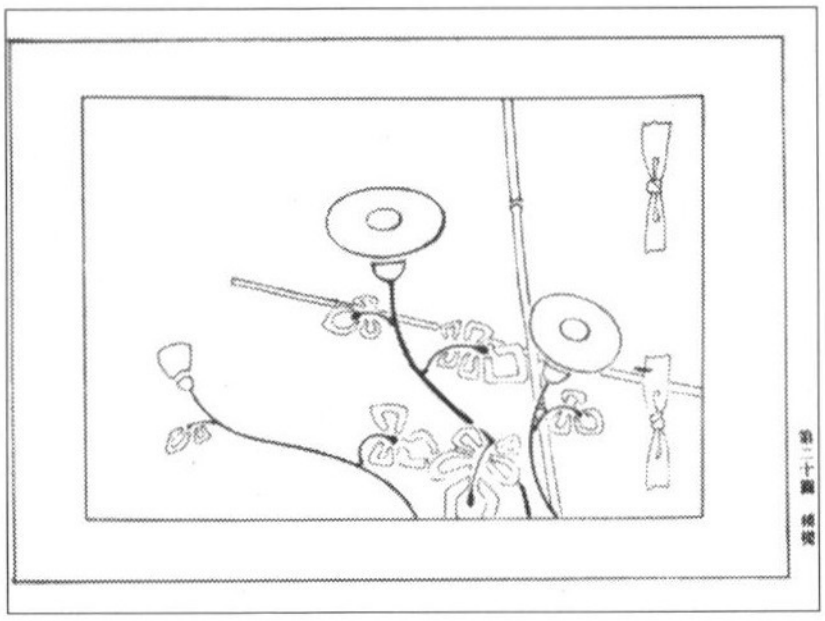
VIII-56

VIII-57

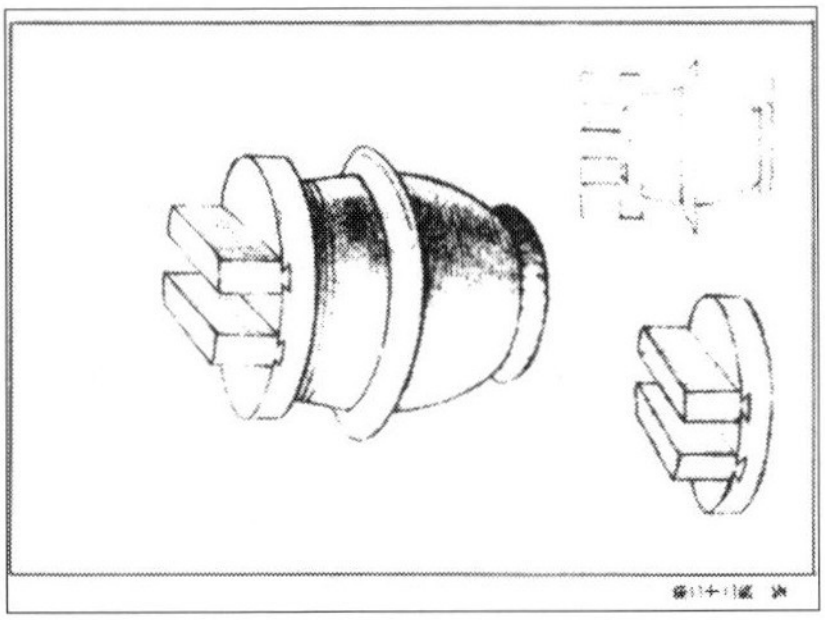
VIII-58

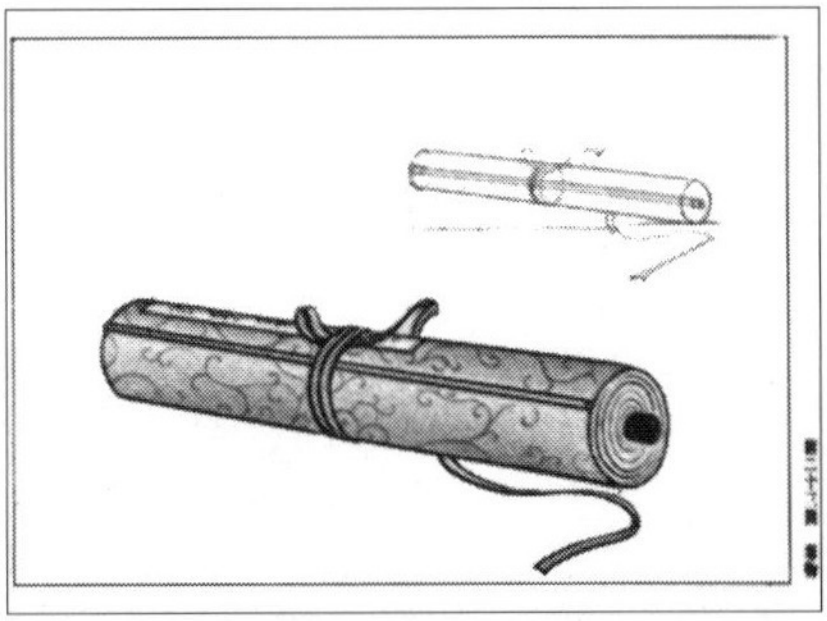
VIII-59

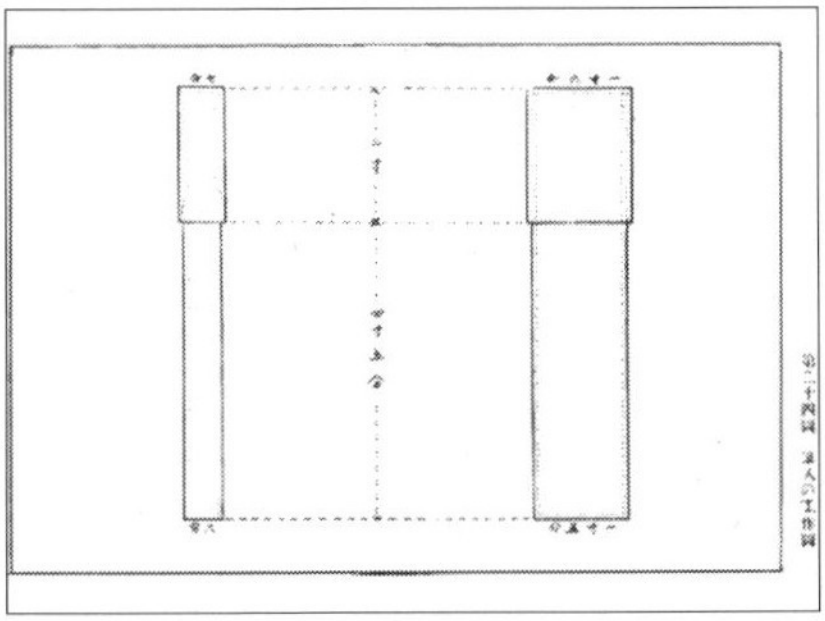
VIII-60

VIII-61

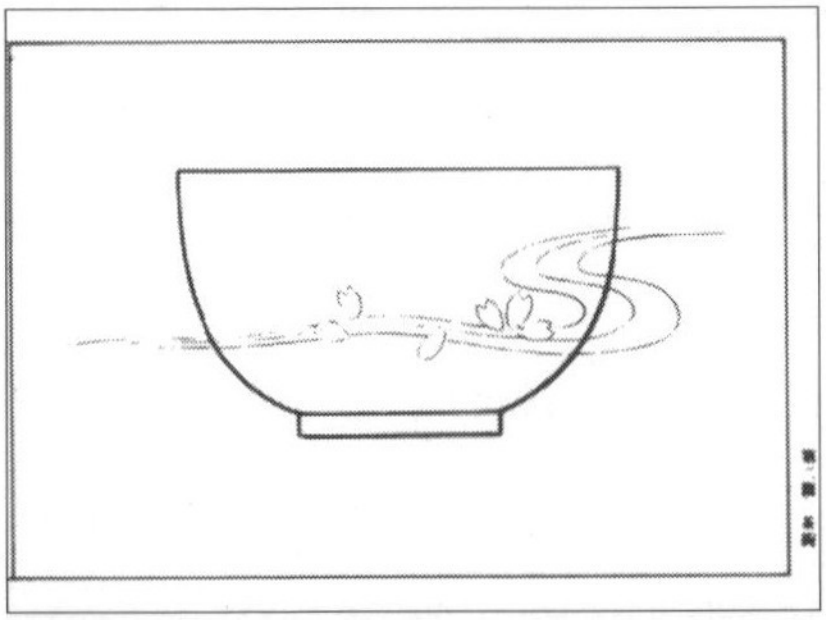
VIII-62

VIII-64

VIII-63

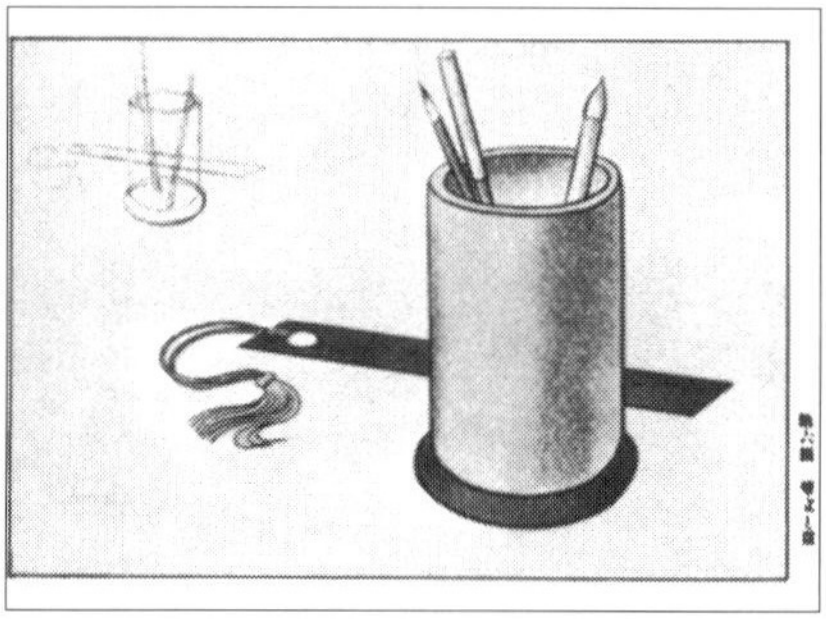
VIII-66

VIII-65

VIII-68

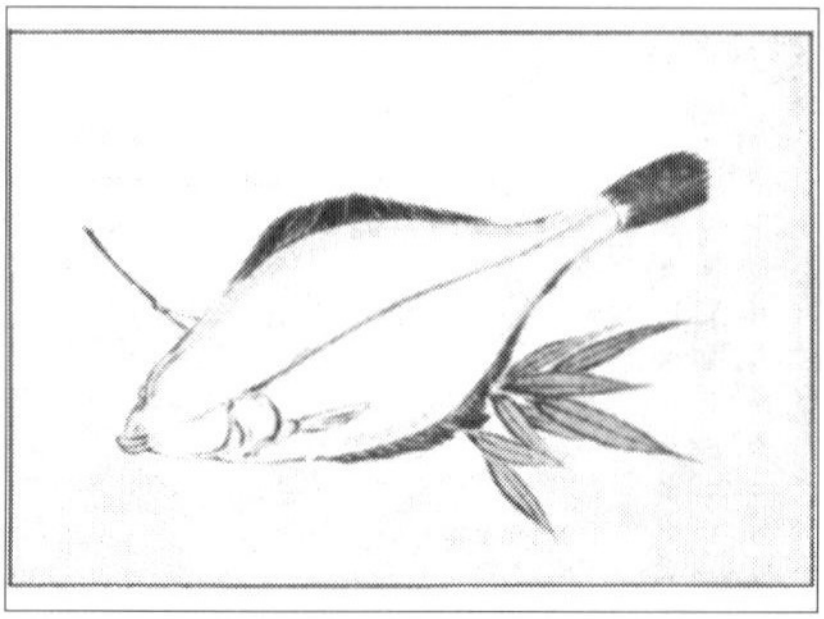
VIII-67

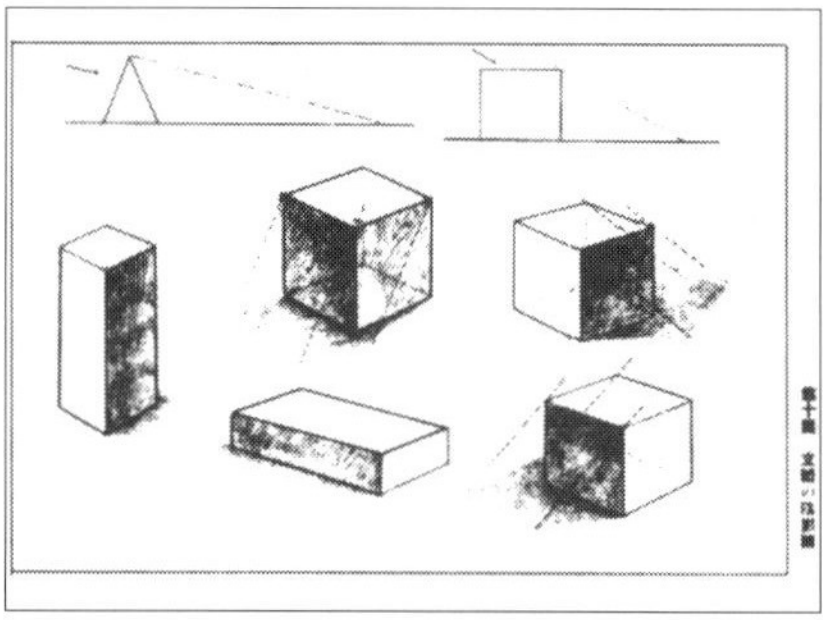
VIII-70

VIII-69

VIII−71

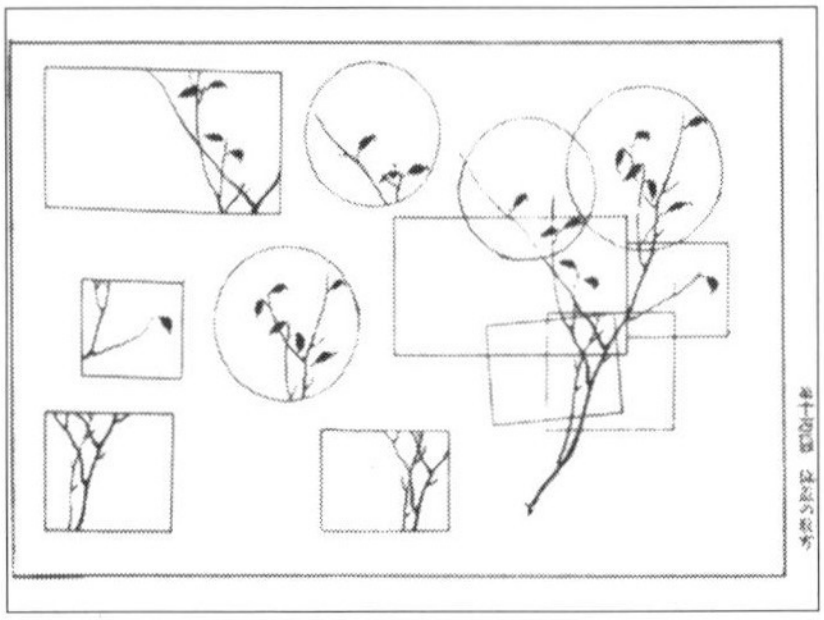

VIII−72

VIII−73

VIII−74

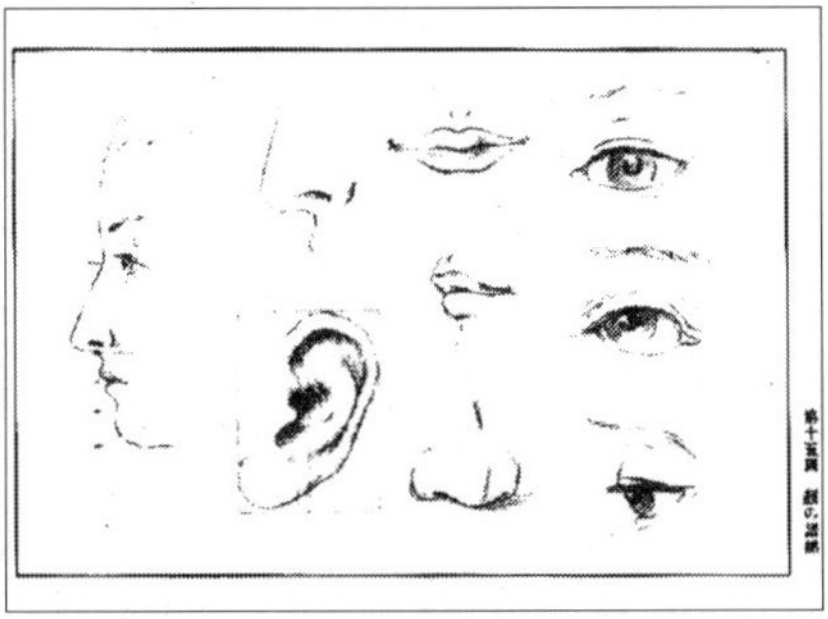

VIII−75

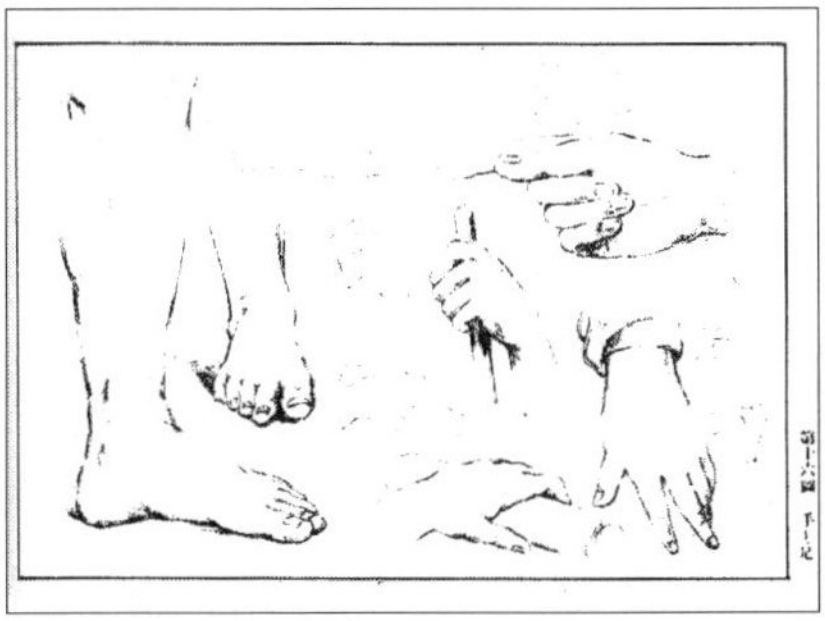

VIII−76

VIII−77

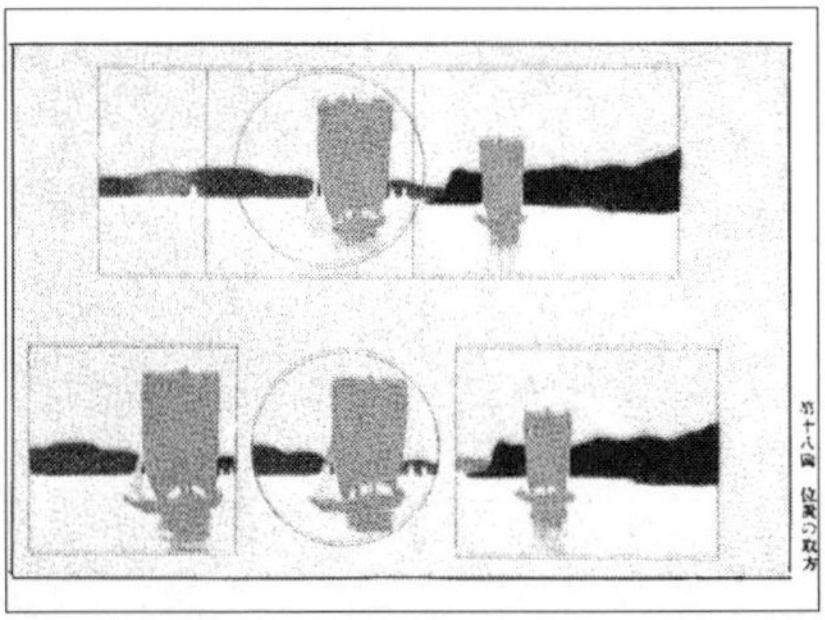

VIII−78

IX-1　図画教科書図版分析表

	教科書名	圖　畫　帖		小學毛筆畫帖	
	総図版数	248		167	
		図版数 (%)	図版番号	図版数 (%)	図版番号
遠近画法の使用	位置による遠近画法	5 (2.0%)	115, 122, 129, 132, 133	6 (3.6%)	98, 127, 133, 134, 135, 137
	遠近画法 (a＜b)	21 (8.5%)	48, 52, 57, 94, 107, 108, 113, 121, 127, 128, 144, 147, 148, 167, 168, 169, 170, 171, 173, 174, 180	42 (25.1%)	61-1, 69, 70, 75, 76, 77, 78, 79, 82, 83, 84, 88, 91, 92, 93, 94, 99, 100, 102, 107, 109, 111, 115, 116, 117, 118, 119, 120, 121, 123, 124, 126, 128, 129, 130, 131, 132, 136, 138, 139, 141, 143
	陰影画法	4 (1.6%)	109, 118, 182, 184		
	透視図法	17 (6.8%)	61, 76, 95, 96, 98, 99, 100, 101, 104, 105, 106, 141, 172, 175, 176, 177, 179		
	小　計	47 (18.9%)		48 (28.7%)	
投影図法		63 (25.4%)	18-1, 19-1, 19-2, 20-2, 21-2, 22-1, 23-1, 23-2, 23-3, 24-1, 24-2, 25-1, 25-2, 26-1, 26-2, 27-1, 27-2, 28-1, 28-2, 34, 40-1, 41, 42-1, 42-2, 43, 44, 45-1, 45-2, 47, 49, 55, 56, 60, 62, 63, 64, 65-1, 65-2, 66-1, 66-2, 67-1, 67-2, 68, 69, 71, 72, 73, 77-1, 77-2, 84, 85, 86, 87, 88, 90, 91, 95, 103, 123-1, 124-1, 124-2, 162, 187	17 (10.2%)	49-1, 49-2, 50-1, 50-2, 51-1, 51-2, 53-1, 54-1, 54-2, 55-1, 55-2, 56-1, 56-2, 57-1, 57-2, 58-1, 64-1

幾何画法の使用	幾何図	62 (25.0%)	3, 4-1, 4-2, 5-1, 5-2, 6-1, 6-2, 7-1, 7-2, 7-3, 7-4, 8-1, 8-2, 9-1, 9-2, 9-3, 10-1, 10-2, 11-1, 11-2, 12-1, 12-2, 12-3, 12-4, 13-1, 13-2, 13-3, 13-4, 14-1, 14-2, 15-1, 15-2, 16-1, 16-2, 17-1, 17-2, 18-2, 20-2, 21-1, 30-1, 30-2, 53-1, 53-2, 53-3, 53-4, 54-1, 54-2, 78-1, 78-2, 78-3, 78-4, 79-1, 79-2, 80, 81, 134-1, 134-2, 134-3, 134-4, 136, 192, 193	9 (5.4%)	1, 2, 3, 4, 5, 6, 7, 8, 9
	幾何形態の適用	1 (0.4%)	116		
	小　計	63 (25.4%)		9 (5.4%)	
比率による分割					
総　計		173 (69.7%)		74 (44.3%)	

パーセント表示は，小数点第2位以下を切り捨てにしている．

IX-2　図画教科書図版分析表

	教科書名	小學生徒毛筆畫の手ほとき		帝國毛筆新画帖　前編	
	総図版数	103		122	
		図版数 (%)	図版番号	図版数 (%)	図版番号
遠近画法の使用	位置による遠近画法	4 (3.9%)	71, 72, 73, 74	6 (5.0%)	17-1, 17-3, 23-1, 23-2, 23-4, 28-2
	遠近画法 (a<b)	25 (24.3%)	31-1, 32, 33-1, 33-2, 34, 35, 36, 37, 38, 41, 42, 43, 44, 45, 46, 48, 51, 52, 53, 54, 55, 56, 58, 75, 76	16 (13.3%)	7-3, 11-1, 11-4, 13-2, 14-2, 15-2, 15-4, 16-4, 18-3, 18-4, 21-2, 22-4, 30-2, 32-4, 補1, 補4
	陰影画法				
	透視図法			15 (12.5%)	8-4, 10-1, 10-2, 10-3, 11-3, 12-1, 12-2, 12-3, 13-1, 13-3, 19-1, 19-3, 20-1, 20-4, 25-2
	小　　計	29 (28.2%)		37 (30.8%)	
投影図法		16 (15.5%)	21-1, 21-2, 22-1, 22-2, 23-1, 23-2, 24-1, 24-2, 25-1, 25-2, 26-1, 26-2, 27-1, 27-2, 28-1, 28-2	14 (11.7%)	2-1, 2-2, 2-3, 2-4, 3-1, 3-4, 4-2, 4-4, 5-4, 6-2, 7-2, 7-4, 8-1, 14-4
幾何画法の使用	幾何図	16 (15.5%)	1, 2, 3, 4, 5, 6, 7, 8, 11, 12, 13, 14, 15, 16, 17, 18	6 (5.0%)	1-1, 1-2, 1-3, 1-4, 3-2, 3-3
	幾何形態の適用				
	小　　計	16 (15.5%)		6 (5.0%)	
比率による分割					
総　　計		61 (59.2%)		57 (47.5%)	

パーセント表示は，小数点第2位以下を切り捨てにしている．

IX-3　図画教科書図版分析表

<table>
<tr><td></td><td>教科書名</td><td colspan="5">帝國毛筆新画帖教授法　前・後編</td></tr>
<tr><td></td><td>巻　名</td><td>前編+後編</td><td colspan="2">前　　編</td><td colspan="2">後　　編</td></tr>
<tr><td></td><td>総図版数</td><td>232</td><td colspan="2">121</td><td colspan="2">111</td></tr>
<tr><td></td><td></td><td>図版数(%)</td><td>図反数(%)</td><td>図版番号</td><td>図版数(%)</td><td>図版番号</td></tr>
<tr><td rowspan="4">遠近画法の使用</td><td>位置による遠近画法</td><td>14 (6.0%)</td><td>7 (5.8%)</td><td>17-1, 17-3, 23-1, 23-2, 23-3, 23-4, 28-2</td><td>7 (6.3%)</td><td>39-2, 43-1, 49-2, 50-2, 54-3, 58-2, 58-3</td></tr>
<tr><td>遠近画法 (a<b)</td><td>23 (9.9%)</td><td>15 (12.4%)</td><td>7-3, 11-1, 11-4, 13-2, 14-2, 15-1, 15-2, 15-4, 16-4, 18-3, 18-4, 21-2, 22-4, 30-2, 32-4</td><td>8 (7.2%)</td><td>35-1, 35-3, 37-1, 44-2, 46-3, 51-3, 56-4, 57-3</td></tr>
<tr><td>陰影画法</td><td></td><td></td><td></td><td></td><td></td></tr>
<tr><td>透視図法</td><td>25 (10.8%)</td><td>16 (13.2%)</td><td>8-4, 10-1, 10-2, 10-3, 11-3, 12-1, 12-2, 12-3, 13-1, 13-3, 19-1, 19-2, 19-3, 20-1, 20-4, 25-2</td><td>9 (8.1%)</td><td>34-4, 38-2, 38-4, 47-4, 52-4, 53-1, 53-4, 60-2, 60-3</td></tr>
<tr><td colspan="2">小　計</td><td>62 (26.7%)</td><td>38 (31.4%)</td><td></td><td>24 (21.6%)</td><td></td></tr>
<tr><td colspan="2">投影図法</td><td>14 (6.0%)</td><td>14 (11.6%)</td><td>2-1, 2-2, 2-3, 2-4, 3-1, 3-4, 4-2, 4-4, 5-4, 6-2, 7-2, 7-4, 8-1, 14-4</td><td></td><td></td></tr>
<tr><td rowspan="2">幾何画法の使用</td><td>幾何図</td><td>6 (2.6%)</td><td>6 (5.0%)</td><td>1-1, 1-2, 1-3, 1-4, 3-2, 3-3</td><td></td><td></td></tr>
<tr><td>幾何形態の適用</td><td>18 (7.8%)</td><td></td><td></td><td>18 (16.2%)</td><td>34-3, 38-1, 39-1, 40-1, 40-4, 41-1, 41-2, 42-2, 42-4, 44-1, 44-4, 45-4, 46-1, 47-2, 48-2, 52-2, 56-1, 57-2</td></tr>
<tr><td colspan="2">小　計</td><td>24 (10.3%)</td><td>6 (5.0%)</td><td></td><td>18 (16.2%)</td><td></td></tr>
<tr><td colspan="2">比率による分割</td><td>4 (1.7%)</td><td></td><td></td><td>4 (3.6%)</td><td>47-3, 48-4, 49-3, 59-3</td></tr>
<tr><td colspan="2">総　計</td><td>104 (44.8%)</td><td>58 (47.9%)</td><td></td><td>46 (41.4%)</td><td></td></tr>
</table>

パーセント表示は，小数点第2位以下を切り捨てにしている．

表 X-1　尋常小學毛筆畫帖教師用・尋常小學鉛筆畫帖教師用内容分析表

第三学年

	尋常小學毛筆畫帖　指導内容	尋常小學鉛筆畫帖　指導内容
第一図	朝日に霞―円形・直線の描き方	方形―正方形・長方形の描き方
第二図	旗―四角形・直線の描き方	折本―長方形の描き方
第三図	市松模様―正方形・直線の三等分の描き方	状袋―長方形の描き方
第四図	門―水平線・垂直線の描き方	富士山―児童の工夫により任意に描かせる
第五図	富士山―直線・曲線及び割合による位置定め	三角形―斜め直線の練習・三角形の観察
第六図	国旗―長方形・円形の描き方	三つ鱗―正三角形の中の四つの三角形
第七図	的と矢―円形と直線の描き方・同心円	菱形と武田菱―直線を斜めに引く練習・菱形
第八図	日の出―弧線と直線の描き方	六角形―六角形・直線の練習
第九図	扇―弧線・直線の練習	葉―実物写生への階梯・輪郭の練習
第十図	鼠―卵形・動物の描き方	碁盤目―直線の等分法・三角定規の使用法
第十一図	葉―卵形の応用	円と蛇の目―円の性質・多角形から円を描く
第十二図	体操道具―直線・円形・曲線の練習（ダンベル　ボール等）	轡《くつわ》の紋―円の描き方・同心円・島津氏の紋
第十三図	喇叭―曲線の描き方　ロート形と三角形	扇の地紙―円の応用・弧線の描き方
第十四図	雪達磨―曲線の描き方・後方の積雪等	羽子板―左右同形の細長い形の練習
第十五図	独楽―直線・曲線の描き方・幅・高さ・中心線	猫―頭は円形，体は卵形等，随意に描かせる
第十六図	家―直線の練習・側面図・比率による描写	本―長方形の描き方・各部の割合に注目
第十七図	梅の枝―花の描き方・実物の観察	雪達磨―頭と胴の割合・目と口の位置の観察
第十八図	模様―模様の構成法・梅	本箱―正面図・三角定規・尺度の使用練習
第十九～二十一図	種々の略図―短時間に物体の要点の練習	種々の略図―短時間に物体の略図を描く・一筆書き

第四学年

	尋常小學毛筆畫帖　指導内容	尋常小學鉛筆畫帖　指導内容
第一図	桜花―花の描き方・実物使用	筆入―長方形に属する形の正面図
第二図	模様―桜・模様の構成法・定規使用	瓶―左右同形の曲線形の描き方練習
第三図	小刀と鋏―直線・曲線の描き方・左右同形	扇―三角定規，尺度，コンパス使用・正確な形
第四図	三方―器物の正面図・平面図・平塗りの練習・定規使用	鉛筆の使い方―鉛筆で紙面を塗る使い方
第五図	手桶―円柱・円錐台の正面図・平面図	中黒の紋―新田氏の紋二個の同心円・平塗り

第六図	帽子—正面図・平塗りの練習・側面図・割合	提灯—円と平塗り・平面図・球形と円柱
第七図	朝顔—植物の描き方・平塗り・形状の割合	幾何形—三角定規・尺度・コンパス使用法
第八図	梨—球に属する果実の描き方・平塗り	箒—観察したものを随意に描写・実物写生
第九図	茄子と胡瓜—卵形・円柱の果実の描き方・前後の位置，形状・大小・着彩	土蔵—左右同形の直線形の描き方練習
第十図	案山子—笠の円錐形の変化・正面図・平面図	二つ巴—コンパス使用の練習・大石良雄の紋
第十一図	箱—立方体・平行透視図・透視図法による平面図・彩色	楕円と卵形—コンパス使用の練習
第十二図	本箱—立方体・成角透視図（二点透視法）・定規尺度の使用	簞笥—三角定規とコンパスとの並用で描く図面の描き方・正面図
第十三図	硯—立方体に属する形の描き方・塗り方・実物使用（二点透視法）	糸巻—正方形の二点透視図法の練習
第十四図	羽子板と羽子—前図の応用（二点透視法の練習）長・短・角度・方向の観察	立方体—二点透視図法の応用
第十五図	硯箱—二点透視法により立体を描き，その表面に模様を描く，二点透視図法・濃淡彩色	重箱—立方体に属する形の描き方
第十六図	小松—植物の描き方の練習	硯箱—偏平な方柱に属する形の描き方
第十七図	模様—松葉を応用した模様とその構成法・定規・コンパスの使用・淡墨彩色	折紙の三方—実物の写生・その他の実物（直方体）写生
第十八・十九図	種々の略図—前年度と同じ	種々の略図—前年度と同じ

第五学年

	尋常小學毛筆畫帖　指導内容	尋常小學鉛筆畫帖　指導内容
第一図	色図—三原色・彩色教育	円盤—水平位置の円盤の透視図
第二図	文箱—立方体に属する形の描き方と彩色　♂	円柱—円柱の直立および倒れたときの透視図
第三図	猫—動物・画面の区画法—用紙を区画することで物体の位置を出す　♂	茶筒—円柱に属する形の練習・陰影を付ける　♂
第四図	蝶—虫類の描き方・左右対称形・彩色	盥《たらい》—円柱に属する形の練習・遠近法の描き方
第五図	模様—蝶の模様・定規使用・彩色	臼と杵—円柱の倒れた形・陰影と光線の関係　♂
第六図	鯛—魚類の描き方・中心線と割合・彩色	釜—円盤・円柱・半球に陰影をつける練習　♂♀
第６図		羽子板—四角形に属する形の変化　♀
第七図	鷺—鳥類の描き方・中心線と割合・淡彩　♂	手簞笥—器物の正面・平面・側面の投影図の描き方・コンパス・定規使用
第八図	筆洗と筆—円柱に属する形の描き方・実物の観察と光の関係と遠近（隅取）	平塗り—青色と黄色の平塗り練習
第九図	茶碗—半球に属する形の描き方と彩色・内外の濃淡と光線・平面図・正面図・模様の彩色　♂	平塗り—赤色と青色・国旗と弁慶縞，市松模様　♂

第９図		袋―平塗りの練習・陰影・彩色　♀
第十図	色図―三間色を三原色によって調合する練習	色図―長方形と三原色と三間色の名称と平塗り彩色
第十一図	三つ巴―コンパスの使用法の練習	柿―球の遠近と画面上の位置関係・彩色　♂
第十二図	巻物―円柱に属する形の描き方（透視法）と彩色　♂	熨斗《のし》―平面形の描き方と彩色　♂
第十三図	巻紙と状袋―巻紙の遠近と形状変化・実物	色の調合―三原色を調合し，種々の色を作る
第十四図	注連《しめなわ》―房の略筆法と彩色　♂	団扇―卵形の描き方・三原色調合と彩色
第十五図	竹―植物の描き方と彩色	馬標《うまじるし》―扇形の描き方と彩色・葵紋　♂
第十六図	模様―模様の構成法・原色とその間色との配色法	模様―模様の構成法・古来からの模様・三角定規・コンパス等使用
第十七図	景色の参考図―スケッチの要点	景色の参考図―景色の要点を描く練習

第六学年

	尋常小學毛筆畫帖　指導内容	尋常小學鉛筆畫帖　指導内容
第一図	色図―三原色・三間色・明暗色の作り方	陰影図―球・角柱・円柱を描き，陰影を付す
第二図	指差―手の描き方と彩色・児童の左手を描かす	巻物―倒れた円柱とその陰影―光線の方向と影の濃淡　♂
第２図		火熨斗《ひのし》―円柱に属する形とその陰影♀
第三図	筍―丸みを表す描き方と彩色　♂	文庫―方柱に属する形とその陰影
第四図	枇杷《びわ》―果実の描き方と彩色と大小長短の割合	帽子―曲線より成る形とその陰影　♂
第五図	鮎―位置・幅と長さの割合・彩色・軟らかい線の描き方　♂	時計―正八角形の描き方と円の 12 等分―幾何
第六図	金魚―魚の描き方と彩色・形の方向と長さ幅の割合	如露《じょろ》―円柱に属する形とその陰影
第七図	提灯―目より高い位置にある形の描き方・円柱形	田舎の景色―風景の写生，前・中・遠景の表し方
第八図	紋形―日本特有の紋形を練習・定規とコンパス使用	家屋の平面図―平面図法の練習，尺度・三角定規・コンパスで描く　♂
第九図	柿―果実の描き方と彩色・二個の柿の遠近と光線の関係（陰陽と線の大小・物体の遠近と位置の上下）　♂	色のぼかし―グラデーションの練習
	椿―花の描き方と彩色・前後の位置関係　♀	楽譜帖と琴爪―方形に属する形の描き方と彩色・陰影　♀
第十図	富士山―風景の描き方・山の遠近と重なり	富士山―色のぼかしの練習・青から黄色へのぼかし方
第 10 図	毬と折鶴―球に属する形の描き方の練習・二物間の遠近・前景　♀	
第十一図	傘―錐体に属する形の描き方・二物間の関係	軍旗―彩色の練習・旗の傾きや日の丸と布のしわの関係を描く練習

第十二図	犬—獣類の描き方（長方形を書きそれを基にして輪郭を取る）高低・長短・割合・輪郭 ♂	景色—景色の描き方と彩色の練習—遠近の区別を特に注意
第十三図	梅に鶯—花と鳥の描き方・彩色・位置・方向，図形的なとらえ方	模様—古来の模様を描き配色法を学ぶ ♂
第十四図	器物の形—立体図形の基本形の練習・器物の図案的知識の教授，楕円・直方体としてのとらえ方	模様—前図に同じ　雲型
第十五図	模様—原色と間色との配色・コンパスと定規使用	模様—前図に同じ　風車
第十六図	景色の参考図—前学年第十七図と同じ	景色の参考図—前学年の第十七図と同じ

♀は女生徒用，♂は男生徒用図版を示している．なお，図版番号が算用数字で表記されているものは，同図版として 2 課題を設定されたものである．

○参考文献
文部省『尋常小學毛筆畫帖　教師用』，文部省『尋常小學鉛筆畫帖　教師用』
（両教科書とも明治 43（1910）年 3 月 31 日，文部省発行）

表 X-2　尋常小學新定畫帖教師用内容分析表

第一学年	指導内容	用筆	図版
	＜第一学期＞		
第一図	野辺―春の野と空との色を授けて，天と地とを画かして鉛筆を横に使用する練習をなす．	鉛筆	臨画
第二図	木―木の描き方を授けて，鉛筆を横に使用する練習をなす．	鉛筆	臨画
第三図	遠方の森―遠方の森の描き方を授けて，鉛筆を縦横に使用する練習をなす．	鉛筆	臨画
第四図	山に木―山の描き方を授けて鉛筆を横に使用する練習をなす．	鉛筆	臨画
第五図	川―川の描き方を授けて森と天地との描き方を復習し，鉛筆を縦横に使用する練習をなす．	鉛筆	臨画
第六図	橋―橋の描き方を授けて，鉛筆を縦横に使用する練習をなす．	鉛筆	臨画
第七図	海に船―船の描き方を授けて，鉛筆を横に使用する練習をなす．	鉛筆	考案画
第八図	人―人を画かしめて，観察と描き方との練習をなす．	鉛筆	写生
第九図	家―家の描き方を授けて，鉛筆を縦横，斜めに使用する練習をなす．	鉛筆	臨画・記憶画
第十図	門―簡単なる門の描き方を授けて，正確なる縦横の線の描き方を練習す．	鉛筆	臨画・記憶画
第十一図	梯子―梯子の描き方を授けて，前課と同様に正確なる縦横の線の練習をなす．	鉛筆	写生
第十二図	折紙の奴凧―折紙の奴凧の描き方を授けて，正確なる縦横，斜めの線の描き方の練習をなす．	鉛筆	写生
第十三図	折紙の提灯―折紙の提灯を画かしめて，縦横，斜線の描き方並びに鉛筆を円形に使用する練習をなす．	鉛筆	写生
第十四図	球燈―球燈を画かしめて，円形の描き方並びに思想発表の練習をなす．	鉛筆	記憶画
第十五図	風船球―風船球を画かしめて，卵形の描き方の練習をなす．	鉛筆	記憶画
	＜第二学期＞		
第十六図	月―月の描き方を授けて，鉛筆を斜めに使用すること並びに思想発表の練習をなす．	鉛筆	記憶画
第十七図	団子―団子を画かしめて，円形の描き方および思想発表の練習をなす．「鉛筆にて適当の所に二本の串の位置を定め，串の上に各四個の団子を画かしめて，挿絵の如く毛筆にて仕上げをなさしむべし」(33頁)	鉛筆で串 毛筆で仕上げ	記憶画
第十八図	鶏の雛―鶏の雛を画かしめて，鳥類の描き方練習をなす．	鉛筆	臨画
第十九図	道と遠山―道と遠山との描き方を授けて，鉛筆を横に使用する練習をなす．	鉛筆	臨画
第二十図	案山子―案山子の描き方を授け，秋の田舎と空色とを画き，鉛筆を縦横に使用する練習をなす．	鉛筆	臨画

第二十一図	柿―柿を画かしめて，円形の描き方と思想発表との練習をなす.「挿画の如く組合せて画きたるものにつき，其の遠近の区別を知らしむべし」(41頁)		記憶画
第二十二図	栗―栗の描き方を授けて,曲線の描き方練習をなす.	鉛筆・毛筆	写生
第二十三図	菊―菊の花を画かしめて，花及び葉の大体の描き方練習をなす.	鉛筆	写生
第二十四図	運動会―運動会に於て児童が最も面白く感じたるものを画かしめて思想発表の練習をなす.	鉛筆	記憶画
第二十五図	国旗―国旗を画かしめて，四角形と円形との描き方練習をなす.	鉛筆	写生
第二十六図	学校―児童の昇降する学校を画かしめて，思想発表の練習をなす.	鉛筆	記憶画
第二十七図	ぶらんこ―ぶらんこの描き方を授けて，縦横の線の描き方練習をなす.	鉛筆	臨画
第二十八図	烏瓜―烏瓜を画かしめて,卵形の描き方練習をなす.	鉛筆	写生
第二十九図	牛―牛を画かしめて，獣類の大体の描き方練習をなす.	鉛筆	臨画
第三十図	人参と牛蒡―人参と牛蒡を画かしめて，野菜類の描き方練習をなす.	鉛筆	写生
	＜第三学期＞		
第三十一図	門松―門松を画かしめて，松の描き方と思想発表の練習をなす.	鉛筆	記憶画
第三十二図	福寿草―福寿草を画かしめて，簡単なる花の描き方練習をなす.	鉛筆	臨画
第三十三図	巾着―巾着を画かしめて，鉛筆を縦に使用する練習をなす.	鉛筆	臨画
第三十四図	瓢箪―瓢箪を画かしめて，円形の描き方と思想発表の練習をなす.	鉛筆	記憶画
第三十五図	犬―犬を画かしめて，獣類の描き方と思想発表との練習をなす.	鉛筆	記憶画
第三十六図	花瓶―花瓶を画かしめて，対照せる曲線より成る器物の描き方練習をなす.	鉛筆	写生
第三十七図	でんでん太鼓―でんでん太鼓を画かしめて，円形の描き方並びに思想発表の練習をなす.	鉛筆	記憶画
第三十八図	立札―立札を画かしめて，直線を正確に画く練習をなす.	鉛筆	写生
第三十九図	鰹―鰹を画かしめて，魚類の描き方と思想発表との練習をなす.	鉛筆	記憶画
第四十図	縄跳び―縄跳びの有様を画かしめて，思想発表の練習をなす.	鉛筆	記憶画

第二学年	指導内容	用筆	図版
	＜第一学期＞		
第一図	夜明―夜明の空の色の描き方を授けて，鉛筆を横に使用する練習をなす.	鉛筆	臨画

第二図	暮方一前課の応用として，暮方の空と海との色を画かしめて，鉛筆を横に使用する練習をなす.	鉛筆	臨画
第三図	島一前課の応用として，島の描き方を授けて，鉛筆を横に使用する練習をなす.	鉛筆	臨画
第四図	道と森一前課の応用として,道と森とを画かしめて,鉛筆を縦横に使用すると同時に思想発表の練習をなす.	鉛筆	記憶画
第五図	たんぽぽ一たんぽぽの花と葉とを画かしめて，花の描き方並びに思想発表の練習をなす.	鉛筆	記憶画
第六図	蓮華草一蓮華草の花と葉とを画かしめて，花の描き方並びに思想発表の練習をなす.	鉛筆	記憶画
第七図	麦一前課の応用として,麦の穂と葉とを画かしめて,植物の描き方練習をなす.	鉛筆	写生
第八図	蛍狩一蛍狩の有様を画かしめて，思想発表の練習をなす.	鉛筆	考案画
第九図	折本と状袋一折本と状袋とを画かしめて，四角形の描き方を授く.	鉛筆	臨画
第十図	本と双紙一前課の応用として，本と双紙とを画かしめて,四角形に属する形の平面の描き方練習をなす.	鉛筆	写生
第十一図	西洋状袋一前課の応用として，西洋状袋を画かしめて,四角形に属する形の平面図の描き方練習をなす.	鉛筆	写生
第十二図	枇杷一枇杷の実と葉とを画かしめて，球形に属する形の描き方練習をなす.	鉛筆	臨画
第十三図	酸漿一前課の応用として，酸漿を画かしめて，球形に属する形の描き方練習をなす.	鉛筆	臨画
第十四図	酸漿一前課の応用として，酸漿を排列したる模様を作らしめ，考案と毛筆にての描き方の練習をなす.	毛筆	考案画
第十五図	蜻蛉一蜻蛉を画かしめて，思想発表の練習をなすと同時に之を応用して模様考案の練習をなす.	鉛筆	記憶画
	＜第二学期＞		
第十六図	提灯一提灯の正面図を画かしめて，球形に属する形の描き方練習をなす.	鉛筆	写生
第十七図	山に月一黒の鉛筆にて山と空並びに月とを画かしめて，鉛筆を横に使用する練習をなす.	鉛筆	記憶画
第十八図	月と木兎一前課の応用として，月と木兎とを画かしめて，鉛筆と毛筆で塗ることの練習をなす.	鉛筆・毛筆	考案画
第十九図	千鳥一千鳥を画かしめて，飛べる鳥の姿勢を知らしめ，毛筆使用の練習をなす.	毛筆	臨画
第二十図	波に千鳥一前課の応用として，波に千鳥を画かしめて，思想の発表と考案との練習をなす.	毛筆	考案画
第二十一図	虹一虹を画かしめて，赤・橙・黄・緑・青・紫の六色の観念を正確にし,且つ曲線の描き方練習をなす.	鉛筆	臨画
第二十二図	紋形一正三角形の描き方を授け，尺度と毛筆とを使用する練習をなす.	毛筆	写生
第二十三図	武田菱一菱形および武田菱の描き方を授けて，尺度使用の練習をなす.	鉛筆	写生

第二十四図	紋形―正方形の描き方を授け，併せて正方形を区割したる紋形を工夫せしむ．	鉛筆	考案画
第二十五図	門に国旗―天長節等にて児童が観察せし門と国旗を画かしめて思想発表の練習をなす．	鉛筆	記憶画
第二十六図	鞄―鞄を画かしめて，思想発表の練習をなす．	鉛筆	記憶画
第二十七図	椛《もみじ》の葉―椛の葉を画かしめて，木の葉の描き方を練習し併せて写生の趣味を養ふ．	鉛筆	写生
第二十八図	紅葉の木―紅葉の木の趣を画かしめて，思想発表の練習をなす．	鉛筆	記憶画
第二十九図	模様―椛の葉を排列して帯模様を画かしめ，図案の趣味を養ふ．	鉛筆	考案画
第三十図	鹿―鹿を画かしめて，動物の描き方練習をなす．	毛筆	臨画
	＜第三学期＞		
第三十一図	注連―注連を画かしめて，写生の趣味を養ふ．	鉛筆	写生
第三十二図	鏡餅―鏡餅を画かしめて，思想発表の練習をなす．	鉛筆	記憶画
第三十三図	梅―梅を画かしめて，枝と花との描き方練習をなす．	鉛筆	臨画
第三十四図	橙―橙の実と葉とを画かしめて，毛筆使用の練習をなす．	毛筆	記憶画
第三十五図	雪達磨―雪達磨を画かしめて，白色のものの描き方を授く．	鉛筆・毛筆	臨画
第三十六図	鳥居―道と鳥居とを画かしめて，遠近を表す法を知らしむ．	鉛筆	写生
第三十七図	燈籠―前課の応用として，多くの燈籠を道の傍らに画かしめて，遠近の関係を知らしむ．	鉛筆	記憶画 考案画
第三十八図	土筆―土筆を画かしめて，写生の趣味を養ふものとする．	鉛筆	写生
第三十九図	啞鈴―啞鈴を画かしめて，球の描き方と毛筆の使用とを練習する．	毛筆	写生
第四十図	犬―犬を画かしめて，獣類の描き方を知らしむ．	毛筆	臨画

第三学年	指導内容	用筆	図版
	＜第一学期＞		
第一図	桜―白の地色を利用して白い花の描き方，鉛筆を横に使用する練習．	鉛筆	臨画
第二図	野辺―道と遠き森との画法．鉛筆を縦横に使用する練習．	鉛筆	臨画
第三図	虹と森―虹を描かしめ，赤・橙・黄・緑・青・紫の6色の観念を確実にし，鉛筆を縦と横と曲線状とに使用する練習．	鉛筆	臨画
第四図	薔薇―花と葉の画法練習．	鉛筆	臨画
第五図	紫陽花―前課の応用，花弁を区別せず花の団と葉とを描かしめる練習．	鉛筆	写生
第六図	線―線の種類およびその性質を知らしめ，定規の使用練習．	鉛筆	臨画
第七図	四角形―長方形と正方形との名称及びその性質と描き方．定規使用の練習．	鉛筆	写生

第八図	紋形—前課の応用として正方形を組合せたる紋形を考案.	鉛筆	考案画
第九図	正方形と長方形との応用として，煙草盆の側面を描かしめ，正面図画法の練習をなす.	鉛筆	写生
第十図	軍艦—長方形の応用として描かしめ，毛筆使用の練習をなす.	毛筆	臨画
第十一図	海戦—前課の応用として戦争の有様を描かしめ，思想発表の練習をなす.	鉛筆・毛筆	考案画
第十二図	折紙の兜—直線の描き方練習をなす.	鉛筆	写生
第十三図	折紙の蝉—直線の描き方練習をなす.	鉛筆	写生
第十四図	団扇—正面図の描き方練習をなす.	鉛筆	写生
		毛筆—地色を塗る	
第十五団	扇—正面図並びに弧線の描き方練習をなす.	毛筆	写生
	＜第二学期＞		
第十六図	三角形—正・二等辺・直角三角形の観念及び名称を授け，定規にて之を描く練習.	鉛筆	臨画
第十七図	踏台—正面図の描き方練習.	鉛筆	臨画
第十八図	踏台—正面図の描き方練習.	鉛筆	写生
第十九図	家—前課の応用として家を描かしめ，正面図の描き方練習	鉛筆—輪郭 毛筆—仕上げ	考案画
第二十図	月と海—月にて海上の輝ける有様を描かしめて，鉛筆と毛筆との使用練習をなす.	鉛筆—輪郭 毛筆—仕上げ	考案図
第二十一図	鎌と稲—正確なる描き方の練習をなす.	鉛筆	臨画
第二十二図	秋の景色—鉛筆の使用の練習をなす.	鉛筆	臨画
第二十三図	簞笥—正面図の正確なる画法を練習す.「正方体に属する形の器物につきて，投影図法として正面図，平面図，側面図，背面図あることを知らしむべし」(45頁)	鉛筆	臨画
第二十四図	角火鉢—側面図を描かしめて，四角形に属する形と側面図の描き方練習をなす.	鉛筆	写生
第二十五図	連隊旗—四角形と円形との正確なる描き方練習をなす.	鉛筆	記憶画
第二十六図	棍棒—錐体に属する形の正面図の描き方練習をなす.	鉛筆—輪郭 毛筆—仕上げ	写生
第二十七図	罎—円柱に属する形の正面図の描き方練習をなす	鉛筆—輪郭 毛筆—仕上げ	写生
第二十八図	蕪菁—球に属する形の描き方練習をなす.	毛筆	写生
第二十九図	南天—思想発表の練習をなす.	鉛筆	記憶画
第三十図	雪と木—枯木及び雪の景色を描かしめて，雪の表し方を知らしめ，且つ鉛筆を横と斜めに使用する練習をなす.	鉛筆	考案画
	＜第三学期＞		
第三十一図	羽子板—正面図の描き方の練習をなす.	毛筆	写生
第三十二図	鼠—獣類の簡易なる形の描き方の練習をなす.	毛筆	臨画

第三十三図	猫一獣類の描き方の練習をなす.	毛筆	臨画
第三十四図	梅に鶯一鳥と樹木との描き方の練習をなす.	毛筆	臨画
第三十五図	碁盤目一定長の直線を任意の数に等分すること並びに三角定規を用いて平行線を描くことを授く.	鉛筆	臨画
第三十六図	額縁一正面図を描かしめて，平行線の描き方を練習し，縦横の寸法の記入法を知らしむ.	鉛筆	写生
第三十七図	本箱一正面図の画法と正確なる画法の練習をなす.	鉛筆	写生
第三十八図	土瓶と茶碗一球と半球とに属する形の描き方並びに思想発表の練習をなす.	鉛筆	記憶画
第三十九図	林檎一球と半球とに属する形の描き方を練習し，且つ切口の変化を知らしむ.	鉛筆	臨画
第四十図	紙雛一思想発表の練習をなす.	毛筆	記憶画

第四学年	指導内容	用筆	図版
	＜第一学期＞		
第一図	糸巻の工作図一正面・平面の投影図を授け，併せて正方形の観念を確実にす.	鉛筆	臨画
第二図	製図用の線一製図に用ふる各種の線の描き方並びに用法を知らしむ. コンパスの使用.	鉛筆	説明図
第三図	画板一前課の応用として正面図・平面図の描き方練習.	鉛筆	写生
第四図	景色の透視図一一点透視法.	鉛筆	説明図
第五図	正方形の透視図一透視法を知らしむ. 一点・二点透視法.	鉛筆	説明図
第六図	石盤一前課の応用として，透視法の描き方練習をなす. 平行透視図・成角透視図.	鉛筆	考案画
第七図	円の透視図一円の透視図を知らしむ.	鉛筆	説明図
第八図	国旗一円形の変化と雛の描き方との練習.	鉛筆	写生
第九図	富士山一景色の描き方と毛筆使用の練習とをなす.	毛筆	臨画
第十図	蝶一左右相等しき形の描き方を授け，毛筆使用の練習をなす.	毛筆	臨画
第十一図	朝顔の葉一左右相等しき形を正確に描く練習をなす.	鉛筆	写生
第十二図	蔦の葉一植物の葉の描き方練習をなす.	鉛筆（水彩色）	写生
第十三図	模様一一点より出でたる線を基礎として，模様を組立つる方法を教へ，正方形内に模様を描かしむ.	鉛筆一輪郭 毛筆一仕上げ	写生
第十四図	木の葉一見方によりて種々に変化することを知らしむ.		写生
第十五図	植物の葉一前課の応用として，児童に任意の植物を選択せしめ，其の描き方の練習をなす.	鉛筆一輪郭 毛筆一平塗り	写生
	＜第二学期＞		
第十六図	鮒一魚類の描き方を知らしめ，且つ毛筆の使用の練習をなす.	毛筆	臨画
第十七図	金魚一前課の応用として，金魚を描かしめて，魚類の描き方練習をなす.	鉛筆（彩色）	臨画

第十八図	立方体の工作図―立方体の正面図・平面図・側面図を描かしめて，其の投影法を知らしむ．	鉛筆	写生
第十九図	立方体の透視図―透視図法を知らしむ．四図の地平線の意義について問答．	鉛筆	説明図・臨画
第二十図	器物―立方体の透視図法の応用として，諸種の器物の描き方の練習をなす．	鉛筆	写生
第二十一図	重箱―立方体に属する形の成角透視図法の描き方の練習をなす．	鉛筆（彩色）	臨画
第二十二図	硯箱―偏平なる器物の描き方の練習をなす．	鉛筆（彩色）	写生
第二十三図	荻の葉―荻の葉を正確に描かしめて，葉の描き方と便化の練習をなす．	鉛筆	写生
第二十四図	模様―正方形の四隅より出でたる模様の組み立て方を教えて，荻の葉の模様を考案せしむ．	鉛筆―輪郭 毛筆―地塗り	考案画
第二十五図	紅葉―秋の景色の描き方並びに鉛筆使用の練習をなす．	鉛筆	臨画
第二十六図	稲村―秋の田舎の景色の描き方並びに鉛筆使用の練習をなす．	鉛筆（彩色）	臨画
第二十七図	慈姑《くわい》―球形に属する形の描き方練習をなす．	鉛筆（水彩色）	写生
第二十八図	大根―円柱に属する形の描き方練習をなす．	鉛筆（彩色）	写生
第二十九図	円柱の工作図―円柱の正面図・平面図の透視図法を知らしむ．	鉛筆	写生
第三十図	円柱の透視図―直立せる円柱の透視図法を知らしむ．	鉛筆	説明図・記憶画
第三十一図	茶筒―前課の応用として茶筒を描かしめ，円柱に属する形の描き方の練習をなす．	鉛筆	臨画
第三十二図	湯呑―前課の応用として，円柱に属する形の器物の描き方の練習をなす．	鉛筆	写生
第三十三図	鳥―鳥類の大体の形の描き方を知らしむ．	鉛筆―輪郭 毛筆―平塗り	臨画
第三十四図	鳩―鳥類の描き方練習をなす．	鉛筆	臨画
第三十五図	文箱―立方体に属する形の描き方を練習し，併せて緒の位置の定め方を知らしむ．「各の稜の遠近と其の変化，緒の位置並びに其の緒方，色彩の濃淡と光線との関係等につきて観察せしむべし」（69頁）	鉛筆（水彩色）	臨画
第三十六図	箱の工作図―箱の展開図法を知らしむ．	鉛筆	説明図・臨画
第三十七図	文箱の工作図―箱の展開図法の応用として，文箱の展開図を描かしむ．	鉛筆	写生

第五学年	指導内容	用筆	図版
	＜第一学期＞		
第一図	色図―三原色と三間色，並びに是等の明色と暗色との観念を与えて名称を授く．	着彩	説明図
第二図	色図―円内に三原色を塗りて，種々の混合色を作らしむ．	着彩	臨画
第三図	色図―標準色の作り方，並びに彩色の練習をなす．	鉛筆・着彩	臨画
第四図	菜の花―花と葉との描き方練習をなす．	鉛筆・着彩	写生

第五図	蝶—蝶の描き方を授けて，精密なる図の描き方の練習をなす．	鉛筆・着彩	臨画
第六図	模様の組立—二方にのみ焼きたる模様の性質と其の組立方とを授く．	鉛筆・着彩	説明図
第七図	模様—前課の応用として，菜の花と蝶とを排列したる模様を描かしむ．	鉛筆・着彩	考案画
第八図	たんぽぽ—花と葉との描き方の練習をなす．	鉛筆・着彩	写生
第九図	模様—上方のみに拡がりたる帯模様組立の応用として，縦或いは横の組立方によりて模様を工夫せしめ，之を描かしむ．	鉛筆	考案画
第十図	砲弾—円錐に属する形の描き方，並びに明暗の表し方を知らしむ．	鉛筆	臨画
第十一図	筍—紡錘体に属する形の描き方並びに明暗及び彩色の施し方の練習をなす．	鉛筆・着彩	写生
第十二図	蝸牛《かたつむり》—巻貝類の描き方の練習をなす．	鉛筆・着彩	臨画
第十三図	器具—半球及び錐体に属する形の描き方練習をなす．	毛筆	写生
第十四図	位置の取り方—壜とコップとにつきて二箇の品物の位置の取り方を授く．	鉛筆	説明図
第十五図	盆と茶碗—位置の取り方の応用として，盆の上に配置したる二箇の茶碗の組立方の練習をなす．	鉛筆・着彩	考案画
第十六図	笠と鍬—円錐に属する形の物体の描き方の練習をなし，併せて二物の組立方を知らしむ．	鉛筆・着彩	臨画
第十七図	胡瓜—円柱に属する形の果実の描き方の練習をなす．	毛筆—線描 着彩	写生
第十八図	茄子—球形又は卵形に属する形の果実の描き方練習をなす．	毛筆—線描 着彩	写生
	＜第二学期＞		
第十九図	朝顔—花の描き方と簡便化との練習をなす．	毛筆—線描 着彩	写生
第二十図	配色図—濃淡を異にする同一色の配色法を知らしむ．	着彩	説明図
第二十一図	模様—前課の応用として，濃淡に異にせる同一色の配色練習をなす．	鉛筆	臨画・ 考案画
第二十二図	模様—前後左右の四方に連続する模様の形式を教えて，模様を考案せしむ．	鉛筆	考案画
第二十三図	本箱の工作図—本箱を描かしめて，器物の正面・平面・側面の透視の描き方の練習をなす．	鉛筆	臨画
第二十四図	机—前課の応用として，机を描かしめて，器物の正面･側面の透視の描き方練習をなす．「注意　看取図の書き方並びに製図に記入する寸法の書き方に注意せしむべし」(47頁)	鉛筆	写生
第二十五図	幾何形—日常必要なる平面幾何形の描き方を授く．正三角形，正方形，菱形，正五角形，卵形，楕円．三角定規，尺度，コンパス．	鉛筆	説明図 ・臨画
第二十六図	模様の組立—定まりたる輪郭内に相応したる模様を組立つる方法を知らしむ．	鉛筆・着彩	説明図

第二十七図	菊一菊の花を描かしめて，花の描き方の練習をなす．	鉛筆・着彩	写生
第二十八図	模様一円形内に菊の模様を描かしめて，意匠の練習をなす．	鉛筆・着彩	考案画
第二十九図	茸一円柱と円錐とに属する形の描き方の練習をなす．	毛筆一線描 着彩	臨画
第三十図	栗一球に属する形の描き方の練習をなす．	着彩	臨画
第三十一図	柿一球に属する形の果実の描き方の練習をなす．	着彩	写生
第三十二図	位置の取り方一画面の区割法を授けて，位置の取り方を知らしむ．	鉛筆	説明図
第三十三図	柿と栗一前課の応用として，柿と栗とを記憶画にて描かしめて，位置の取り方の練習をなす．	毛筆一線描 着彩	考案画
第三十四図	蜜柑一球に属する形の果実の描き方練習をなす．	毛筆一線描 着彩	写生
	＜第三学期＞		
第三十五図	配色図一一種の原色と他の二原色にて作りたる間色との配置法を知らしむ．	毛筆一線描 着彩	説明図
第三十六図	模様一前課の応用として，本の表紙に模様を描かしめて，配色の練習をなす．	着彩	臨画・ 考案画
第三十七図	模様一模様の単位を与へて，本の表紙模様と彩色とを工夫せしむ．	毛筆	考案画
第三十八図	書物二冊一書物を描かしめて，立方体に属する形の描き方練習をなす．モチーフ：和本と洋本	毛筆一線描 着彩	写生
第三十九図	インキ壺とペン一立方体と円柱とに属する形の描き方と二箇の品物の組合せ方との練習をなす．	着彩	写生
第四十図	筆洗一円柱に属する形の描き方の練習をなす．	鉛筆	写生
第四十一図	釜一円板，円柱及び半球に属する形の描き方の練習をなす．「注意　本課に於いては陰陽によりて線に濃淡・大小の変化をつけること．並びに蓋の線の書き方に最も注意せしむべし」(81頁)	鉛筆	臨画
第四十二図	巻物一円柱に属する形の倒れたる場合の描き方の練習をなす．	毛筆一線描 着彩	臨画
第四十三図	筆入の工作図一方柱に属する形の器物の正面と側面との透視図法の描き方の練習をなす．	鉛筆	写生
第四十四図	筆入の工作図一前課にて製図したる筆入の正面図と側面図とによりて展開図の描き方の練習をなす．	鉛筆	写生
第四十五図	模様一硯箱の表面に模様を描かしめて，立方体に属する形の器物の全面に模様を描く方法を練習す．	鉛筆	考案図

第六学年	指導内容	用筆	図版
	＜第一学期＞		
第一図	植物一写生すべき材料を任意に選択せしめて，植物の描き方の練習をなす．	着彩	写生
第二図	配色図一一種の原色と其の原色を含める間色との配色法を授けて其の練習をなす．	着彩	説明図 ・臨画
第三図	茶碗一茶碗と其の模様とを描かしめて，彩色の練習をなす．	着彩	臨画・ 考案画

第四図	模様の組立―前後左右に連続したる模様の組立方を知らしめ，其の応用として模様を考案せしむ．	着彩	説明図・考案画
第五図	提灯―児童の眼より高き位置にある提灯を描かしめて，球と円柱に属する形の描き方の練習をなす．	毛筆―線 着彩	写生
第六図	土瓶―児童の眼より低き位置にある土瓶を描かしめて，球に属する形の描き方の練習をなす．	着彩	写生
第七図	植木鉢―錐体に属する形の描き方の練習をなす．	着彩	写生
第八図	器物の形―皿・湯呑・茶碗・花瓶等の基本形を授けて，簡易なる器物の形を考案せしむ．←長方形・正方形・三角形・円の基本形・立体図案の基本形．花・星空・根の形を基礎として作られていること．		説明図・考案画
第九図	花瓶―前課の応用として，花瓶の形を考案せしむ．		考案画
第十図	盥―円柱に属する形の器物の描き方練習をなす．	着彩	写生
第十一図	筆立と栞―円柱に属する形の描き方並びに二物の組立方の練習をなす．	毛筆―線 着彩	臨画
第十二図	巻紙と状袋―円柱に属する形と長方形に属する形との練習並びに二物の組立方練習をなす．	毛筆―線 着彩	写生
第十三図	硯と筆―方柱と円柱とに属する形の描き方並びに二物の組合せ方練習をなす．	鉛筆	写生
第十四図	羽箒―羽の性質を知らしめ，其の描き方の練習をなす．	鉛筆	写生
第十五図	蝶―蝶と笹とを描かしめて，魚類の描き方と二物の組合せ方との練習をなす．	毛筆―線 着彩	臨画
	＜第二学期＞		
第十六図	傘―錐体に属する形の描き方の練習をなす．	毛筆―線 着彩	写生
第十七図	桔梗と薄―花の描き方の練習をなす．	毛筆―線 着彩	写生
第十八図	茶筒の工作図―円柱に属する形の器物の展開法を知らしむ．	鉛筆	写生
第十九図	筆立―円柱に属する形の器物の展開図と表面の模様の描き方の練習をなす．	鉛筆・着彩	写生
第二十図	鳥類―種々の鳥類を描かしめて，鳥類の描き方練習をなす．	毛筆	臨画
第二十一図	鷺―鳥の描き方の練習をなす．	毛筆―線 着彩	臨画
第二十二図	立体の陰影図―立方体に属する形の陰影法を知らしめ，且つ描き方の練習をなす．	鉛筆	説明図・臨画
第二十三図	立体の投影図―円柱と円錐との陰影法を授けて，描き方の練習をなす．	鉛筆	説明図・臨画
第二十四図	バケツ―前課の応用として，円錐に属する形の描き方並びに陰影法の描き方練習をなす．	鉛筆	写生
第二十五図	手桶―其の陰影の描き方練習をなす．	毛筆―線 着彩	写生
第二十六図	如露―円柱・円錐の結合する形並びに其の陰影の描き方の練習をなす．	鉛筆	写生

第二十七図	紅葉の折枝―植物の描き方と彩色との練習をなす.	毛筆―線 着彩	写生
第二十八図	模様―前課の応用として，紅葉を用いたる模様を考案せしむ.	毛筆―線 着彩	考案画
第二十九図	位置の取り方―折枝を描かしめて，其の一部を円および四角形内に適当に配置することを知らしむ.	毛筆	説明図 ・写生
第三十図	鯛―魚類の描き方並びに彩色の練習をなす.	鉛筆・毛筆 着彩	臨画
	＜第三学期＞		
第三十一図	乾魚―魚類の描き方練習をなす.	着彩	写生
第三十二図	蝦―伊勢蝦を描かしめて，精密なる画を描く練習をなす.		臨画
第三十三図	菓子折―方柱に属する形並びに其の陰影の描き方の練習をなす.		写生
第三十四図	包―立方体に属する形並びに其の色相・明暗の描き方の練習をなす.	毛筆―線 着彩	写生
第三十五図	顔の諸部―人の顔の諸部分の形並びに割合を知らしめて其の描き方の練習をなす.		臨画
第三十六図	手と足―手と足の描き方の練習をなす.	鉛筆	写生
第三十七図	人物（其の一，其の二）―頭と胸部とを描かしめて，人物の半身像の描き方の練習をなす.	鉛筆	臨画
第三十八図	位置の取り方―景色の位置の取り方を知らしめ，且つ其の一部分の描き方の練習をなす.	毛筆	説明図 ・臨画
第三十九図	円錐の工作図―円錐の展開方を知らしめて，其の描き方の練習をなす.	鉛筆	説明図 ・写生
第四十図	コーヒー茶碗の工作図―コーヒー茶碗と皿とを考案せしめ，且つ茶碗の側面を展開して模様の描き方の練習をなす.	鉛筆・着彩	考案図

引用末の（　）は，引用頁を示している。

○参考文献

文部省『尋常小學新定畫帖　教師用』（明治 43（1910）年 3 月 31 日，文部省発行）

謝辞にかえて

本書は、私の約一〇年間に渡る研究の結果です。本というものを世に送り出すという初めての経験は、私に多くのことを教えてくれました。それは人間の愛情とそれへの感謝の気持ちです。多くの人々が、私に無償の愛情を捧げてくれました。

この書の完成において何よりも感謝を捧げなければならないのは、初学から歴史学を厳しく指導していただいた京都大学教育学部教育史研究室の本山幸彦先生、また浅学な私の日本しか見えなかった視野を世界へと開いて下さった同研究室の岡田渥美先生、並びに教育学の視座から教育と歴史の関係を私に知らしめ、さらには学位論文への懇切な手引をしていただいた山崎高哉先生、加えていつも私を勇気付け、研究の機会を多く与えて下さった竹内洋先生、そして私が金沢で学問を継続できるきっかけを与えて下さった筧田知義先生です。本当にありがとうございました。

また学位を取得する際に、ご苦労をおかけした天野正輝先生、辻本雅史先生にも感謝を捧げます。

本書の底本となった、京都大学博士号（教育学）申請論文「明治期図画教育史研究——図画教科書図版分析を中心に」は、私の前任校であった金沢経済大学の藤井一二先生、藤則雄先生を含む同僚や職員諸兄、金沢大学や金沢美術工芸大学の学兄、金沢市役所人事課の人々、また金沢市片町の岩本重信氏を始めとする諸先輩方、小幡亨氏・新谷美樹夫氏を含む表現の仲間たちの温かいご支援のもとに脱稿できたことをここに謝意を込めて記しておきます。

出版にあたっては、現任校の神戸女子大学の同僚および同大学附属図書館小堀幸氏を始めとする図書館職員の方々、資料の使用を快く許可され多大の好意を示して下さった東京書籍教科書図書館「東書文庫」の方々、同じく国立教育研究所附属図書館の方々、京都大学附属図書館、同教育学部図書室、東京工業大学附属図書館、金沢大学附属図書館、金沢美術工芸大学附属図書館、国立国会図書館、國學院大学附属図書館、京都府立総合資料館、京都府教育研究所、金沢市立玉川図書館、神戸市立大倉山図書館、金沢市教育委員会、香川県教育委員会、岐阜県教育委員会などその他多くの皆様のご支援によって完成できました。感謝いたします。

とりわけ編集にあたられた京都大学学術出版会の鈴木哲也氏、福島祐子氏には、遅れ続ける原稿を辛抱強く待っていただき、そのうえ常に有意義なアドバイスや検討を加えていただき、本当に申し訳なく思い、また感謝しております。

さらに主に私を精神的な部分で支えてくれた連鉄也氏、本書の刊行を見る前に逝去された故高子氏には謝辞を送るとともに深く哀悼の意を表します。

最後に私の亡父であり尊敬する詩人であった中村隆、と母千鶴子、祖母笹江に心を込めて筆を置きます。

なお本書は、平成一一年度科学研究費補助金を交付され出版に至ったことを明記しておきます。

二〇〇〇年一月

中村隆文

図画教育関係略年譜（本書に関係の深い事項のみに止めている。）

一八五一（嘉永四）年　ロンドン万国博覧会

一八六七（慶応三）年　パリ万国博覧会

一八六八（明治元）年　6月　昌平学校を設置
9月　開成学校を設置

一八六九（明治二）年　6月　昌平学校を大学校とし、開成・医学両校を大学校分局とする
12月　大学校を大学、開成学校を大学南校と改称

一八七一（明治四）年　7月　文部省設置
同月　大学南校を南校と改称
11月　岩倉使節団、欧米へ出発
『西畫指南』発行

一八七二（明治五）年　5月　師範学校を東京に設置
8月　学制頒布
同月　「外国教師ニテ教授スル中学教則」を制定
9月　小学教則・中学教則略を公布
『圖法階梯』発行

一八七三（明治六）年　1月　師範学校に附属小学校を設置
3月　『文部省雑誌』の刊行を布達
5月　改正小学教則を公布
8月　大阪に師範学校を開設
ウィーン万国博覧会
『畫學書』『小學畫學書』発行

一八七四（明治七）年　1月　改正京都府下小学上等課業表を公布

一八七五（明治八）年　ケンジントン万国博覧会
7月　伊沢修二・高嶺秀夫ら師範教育研究のため米国留学へ
槇村正直、京都府権知事に就任
京都府、同府下下等小学教則を制定

一八七六（明治九）年　フィラデルフィア万国博覧会

一八七七（明治一〇）年　2月　石川県師範学校通則を制定
4月　東京大学・東京大学予備門を設置
5月　学事巡視のため、西村茂樹を第二大学区に、九鬼隆一を第三大学区に派遣
京都府、同府下上等小学教則を制定

一八七八（明治一一）年　7月　伊沢修二・高嶺秀夫留学から帰国
8月　フェノロサ来日
10月　伊沢は東京師範学校校長補、高嶺は同校校長補心得に就任
12月　小山正太郎、東京師範学校図画科教員に選任
パリ万国博覧会
『小學普通畫学本　甲之部』発行

一八七九（明治一二）年　9月　教育令公布
12月　東京師範学校教則改正
石川県小学科準則
シドニー万国博覧会

一八八〇（明治一三）年　4月　京都府下下等小学教則模本を発表

一八八一(明治一四)年
12月　改正教育令
メルボルン万国博覧会
5月　小学校教則綱領
同月　東京職工学校を設置
7月　中学校教則大綱を制定
8月　師範学校教則大綱を制定
金沢市区会、水野治三郎・内海周太郎を京都府画学校へ派遣

一八八二(明治一五)年
1月　京都府小学校教則を改定
6月　京都府知事へ同府天田郡の七校の訓導総代および学務委員総代が中等科図画科廃止を求める嘆願書を提出
5月　フェノロサ、龍池会席上で日本美術の復興を提唱
10月　第一回内国絵画共進会（農商務省）で洋画の出品拒否
8月～12月　「書」をめぐって岡倉覚三と小山正太郎が論争

一八八三(明治一六)年
3月　京都府知事へ上京区の13学区が小学中等科図画科廃止の嘆願書を提出
5月　小学図画科用筆用紙適用心得――京都府が初めて毛筆による図画教授を認可
7月　文部省、教科書認可制度を実施
9月　大日本教育会結成
11月　鹿鳴館竣工

一八八四(明治一七)年
1月　中学校通則を制定
5月　森有礼、文部省御用掛兼勤となる

一八八五(明治一八)年
10月　文部省、図画教育調査会を設置
若林虎三郎・白井毅『改正教授術』発行
8月　教育令再改正
同月　森有礼、東京師範学校監督となる
12月　文部省、図画取調掛を設置
同月　森有礼、初代文部大臣に就任
高嶺秀夫訳ジョホノット著『教育新論』（～一八八六年）発行

一八八六(明治一九)年
3月　帝国大学令
4月　小学校令
同月　師範学校令
同月　東京師範学校を高等師範学校に改組
5月　文部省、教科用図書検定条例を制定
同月　文部省、小学校ノ学科及其程度を制定
10月　岡倉・フェノロサ欧州へ調査旅行に出発
12月　石川県、小学校学科程度実施方法を制定
『普通小學畫學楷梯　前編』発刊

一八八七(明治二〇)年
1月　ハウスクネヒト、帝国大学文科大学に着任
5月　文部省、教科用図書検定規則を制定
10月　岡倉・フェノロサ帰国
同月　森有礼、第四高等中学開校式に金沢市を訪問

一八八八(明治二一)年
7月　『圖畫帖』発刊
10月　『小學毛筆畫帖』発刊

一八八九(明治二二)年　バルセロナ万国博覧会
2月　大日本帝国憲法発布
同月　森有礼、暗殺される
同月　東京美術学校開校
4月　帝国大学文科大学に特約生教育学科を開設
大日本教育会第六回総集会
パリ万国博覧会
市村才吉郎『畫學教授大意』
『小學生徒毛筆畫の手ほとき』発刊

一八九〇(明治二三)年　10月　第二次小学校令
同月　岡倉覚三、東京美術学校校長となる
同月　教育ニ関スル勅語を発布
小山正太郎、高等師範学校を非職となる

一八九一(明治二四)年　11月　小学校教則大綱
岡村増太郎による毛筆画教授の実験

一八九二(明治二五)年　3月　文部省、教科書図書検定規則を改正(検定の強化)
5月　高等師範学校附属小学科教授細目を制定
9月　小学校教科書を生徒用・教師用の二種として検定
自由党、「教育上に関する自由党の方針」

一八九三(明治二六)年　文相井上毅、図画教育について諮問
シカゴ万国博覧会

一八九四(明治二七)年　8月　日清戦争起こる
谷本富『実用教育学及教授法』
『帝國毛筆新画帖』発刊
『帝國毛筆新画帖教授法　前・後編』発刊

一八九五(明治二八)年　4月　日清講和条約調印
自由党、第八回帝国議会で「美術学校拡張に関する建議案」提出、可決

一八九六(明治二九)年　2月　臨時博覧会事務局設置
12月　大日本教育会を改組して、帝国教育会を結成
『小學毛筆畫手本』発刊

一八九七(明治三〇)年　6月　古社寺保存法公布
自由党、工芸振興案を報告書に記載
白浜徴『日本臨畫帖』発刊

一八九八(明治三一)年　3月　岡倉覚三、東京美術学校校長を非職となる――東京美術学校騒動のはじまり
7月　岡倉ら、日本美術院を創設
白浜徴『日本臨畫帖教授法』発刊

一八九九(明治三二)年　金子堅太郎、第一三回帝国議会に「美術工芸学校を京都に設立するの建議」を提出、可決
森岡常蔵『小學教授法』発刊

一九〇〇(明治三三)年　2月　根本正、第一四回帝国議会に「美術奨励に関する建議案」を提出、可決
6月　美術界有志大懇親会開催
8月　第三次小学校令
同月　小学校令施行規則を制定
パリ万国博覧会

一九〇一(明治三四)年
富山市で関西教育大会が開催される
『小學毛筆畫』『日本毛筆画帖』『新毛筆畫帖』発刊
8月 正木直彦、東京美術学校校長に就任
『小學日本畫帖』発刊

一九〇二(明治三五)年
1月 帝国教育会に「美術部(美術家懇談会)」が新設
同月 文部省「普通教育ニ於ケル図画取調委員会」を設置(委員長は正木)
3月 帝国教育会、美術局設置を政府に建議
5月 帝国教育会、美術界大懇親会を開催
同月 京都府船井郡部会総集会で図画科を論議
12月 教科書疑獄事件
文部省総務局文書課『千九百年萬國博覧会ニ於テ圖畫教育ニ關スル萬國會議』
川端玉章・柿山蕃雄『帝國毛筆新画帖教授法 全』発刊

一九〇三(明治三六)年
4月 国定教科書制度成立
8月 文部省主催「図画教授法夏期講習会」開催
9月 図画教育会結成

一九〇四(明治三七)年
2月 日露戦争始まる
3月 白浜徴、文部省留学生として欧米へ
4月 小学校国定教科書の使用を開始
6月 京都市小学校長会で毛筆画・鉛筆画論争が起こる
10月 京都府訓令第七五号を制定(国定教科書を不採用)
白浜徴『文部省講習会圖畫教授法』
図画教育会、『圖畫教科書』を発刊

一九〇五(明治三八)年
6月 兵庫県教育会「小学校図画教育につき調査事項報告書」
9月 日露講和条約調印
『尋常小學毛筆畫手本』発刊

一九〇六(明治三九)年
6月 正木直彦「図画教育会員ニ檄ス」を発表

一九〇七(明治四〇)年
3月 第四次小学校令(図画科の必修化)
同月 白浜徴、帰国
『尋常小學鉛筆畫手本』発刊

一九一〇(明治四三)年
5月 日英博覧会、ロンドンで開催
『尋常小學鉛筆畫帖』『尋常小學毛筆畫帖』『尋常小學新定畫帖』および同教師用発刊

脚註引用文献

脚注および表内経歴紹介については、煩雑となるため、一々出典をあげなかった。以下にまとめて記載しておく。

和　文

秋山龍英『日本の洋楽百年史』、第一法規、一九六六年
五十嵐栄吉編『大正人名辞典』、東洋新報社、一八一八年
石川県『石川県学事報告』一五号、石川県、一八八七年一月調べ
岩波書店編集部『岩波西洋人名辞典増補版』、岩波書店、一九八一年
梅渓昇『お雇い外国人　11　政治・法制』、鹿島研究所出版会、一九七一年
愛媛県史編さん委員会『愛媛県史　人物』、愛媛県、一九九〇年
大植四郎『明治過去帳』、東京美術、一九八八年
大高利夫『人物レファレンス事典　III　現代篇　上』、日外アソシエーツ、一九八三年
大高利夫『日本著者名・人名典拠録　3　に〜わ』、日外アソシエーツ、一九八九年
岡山県大百科事典編集委員会　山陽新聞社出版局『岡山県大百科事典』下巻、山陽新聞社、一九八〇年
小股憲明「明治期京都府の教育改策」本山幸彦編『京都府会と教育政策』、日本図書センター、一九九〇年
金子一夫『近代日本美術教育の研究』、中央公論美術出版、一九九二年
画報社編『日本美術年鑑』明治四三年〜大正元年、国書刊行会、一九九六年（画報社明治四四年〜大正二年刊の複製）
唐沢富太郎『図説　教育人物事典』上巻、ぎょうせい、一九八四年
河北倫明『原色日本美術　第30巻　近代の日本画』、小学館、一九九四年
『京都府官員録』、明治一四年二月調べ、明治一九年一月調べ、明治二一年一二月、明治二七年一月、明治三二年八月調べ、明治三五年一月調べ、京都府立総合資料館蔵
京都市立芸術大学百年史編纂委員会『百年史　京都市立芸術大学』、同大学、一九八一年
日下部三之介「東京教育時報」第二一号、一九〇二年六月一〇日

日下部三之介「東京教育時報」第二二号、一九〇二年七月一〇日
恵光院白『美術家索引　日本・東洋篇』、日外アソシエーツ、一九九一年
国史大辞典編集委員会『国史大辞典』第一巻、第二巻、第四巻、吉川弘文館、一九七九年、一九八〇年、一九八四年
斎木三郎『明治聖代教育家銘鑑　第一編』、教育実成社、一九一二年
佐藤亮一『新潮世界美術辞典』、新潮社、一九八五年
沢田章『日本畫家辞典　人名篇』、大学堂書店、一九二七年
下中弘『世界大百科事典』第二九巻、平凡社、一九九八年
創立一〇〇周年記念誌編集委員会『高松高等学校百年史』、玉翠会（高松高等学校同窓会）、一九九三年
谷信一・野間清六編『日本美術辞典』、東京堂、一九五二年
手塚晃・国立教育会館編『幕末明治海外渡航者総覧』第二巻、柏書房、一九九二年
徳光八郎編『石川県師範教育史』、金沢大学教育学部明倫同窓会、一九五三年
日本近代文学館『日本近代文学大事典』第一～六巻、講談社、一九七七～七八年
『日本人名辞典』下、日本図書センター、一九八七年（古林亀治郎篇『現代人名辞典』第二版、中央通信社、一九一二年の復刻）
日本ペスタロッチー・フレーベル学会『ペスタロッチー・フレーベル事典』、玉川大学出版部、一九九六年
美術研究所編『日本美術年鑑　昭和一四年』、美術研究所、一九四〇年
緑川亨『教育学辞典』第二巻、復刻版、岩波書店、一九八三年
『明治人名辞典II』下巻、日本図書センター、一九八八年（『日本現今人名辞典』、同発行所、一九〇〇年の復刻）
『文部省職員録』明治一七年二月調べ、明治一九年七月調べ、明治二〇年一二月調べ、明治二三年七月調べ、明治二三年一二月調べ、明治二八年一二月調べ、明治三〇年五月調べ、および明治三七年八月一日調べ、国会図書館蔵

英文

Johnson, Allen. *Dictionary of American Biography 1*. New York : Charles Scribner's Son's, 1928.
Malone, Dumas. *Dictionary of American Biography 10*. New York : Charles Scribner's Son's, 1933.
Malone, Dumas. *Dictionary of American Biography 17*. New York : Charles Scribner's Son's, 1935.
Nichols, C. S. *Dictionary of National Biography Missing Person*. Oxford Univ. Press, 1993.

人　名　索　引

索　　引（事項索引／人名索引）

1．基本的に音による五十音順である．
2．ただし適宜階層づけした項目や，他の項目を参照するよう→で示したものもある．ご留意いただきたい．
3．ゴシック体の数字は，脚註のある頁を示す．

事 項 索 引

［著　者］
中村　隆文（なかむら　たかふみ）
神戸女子大学文学部教育学科教授，京都大学博士（教育学）
1953年　神戸市生まれ
1977年　同志社大学商学部卒業
1988年　京都大学大学院教育学研究科博士後期課程単位取得退学
1996年　金沢経済大学経済学部助教授（1999年3月まで）
2000年　村尾育英会学術奨励賞受賞
教育史学会，教育社会学会，日本教育史研究会所属

「視線」からみた日本近代
—明治期図画教育史研究

平成12（2000）年4月25日　初版第一刷発行
平成18（2006）年3月30日　初版第四刷発行

著　者　中村隆文
発行人　阪上　孝

発行所　京都大学学術出版会
京都市左京区吉田河原町15-9
京大会館内（〒606-8305）
電話（075）761-6182
FAX（075）761-6190
http://www.kyoto-up.gr.jp/
振替01000-8-64677

ISBN 4-87698-099-3
Printed in Japan

印刷・製本　㈱クイックス
定価はカバーに表示してあります